齊如山百舍齋藏善本知見錄 上

俞冰 著

國家圖書館出版社

圖書在版編目（CIP）數據

齊如山百舍齋藏善本知見録：全二册 / 俞冰著 . -- 北京：
國家圖書館出版社，2017.4
ISBN 978-7-5013-5465-8

Ⅰ.①齊⋯　Ⅱ.①俞⋯　Ⅲ.①藝術—善本—彙編—中國
Ⅳ.① J-53

中國版本圖書館 CIP 數據核字（2014）第 232608 號

書　　名	齊如山百舍齋藏善本知見録（全二册）
著　　者	俞　冰　著
責任編輯	程魯潔
封面設計	九雅工作室

出　　版	國家圖書館出版社（100034 北京市西城區文津街 7 號）
	（原書目文獻出版社　北京圖書館出版社）
發　　行	010-66114536　66126153　66151313　66175620
	66121706（傳真）　66126156（門市部）
E-mail	nlcpress@nlc.cn（郵購）
Website	www.nlcpress.com →投稿中心
經　　銷	新華書店
印　　刷	北京金康利印刷有限公司
版　　次	2017 年 4 月第 1 版　2017 年 4 月第 1 次印刷

開　　本	889×1194 毫米　1/16
印　　張	43
字　　數	350 千字

書　　號	ISBN 978-7-5013-5465-8
定　　價	680.00 圓

俞冰簡介

　　1960 年生人，1983 年北京師範大學中文系畢業。現在中國藝術研究院圖書館任學術委員會副主任、典藏閱覽部暨古籍部主任，爲中國專業圖書館學會常務理事、研究館員。

　　專著有《書海蟬蹤》《古琴書圖考》《歷代日記叢鈔提要》《齊如山百舍齋藏善本知見録》《中國藝術研究院圖書館抄稿本總目提要》。

　　主編有《歷代日記叢鈔》《清末兵陣衣制圖録》《稀見明史史籍輯存》《清代兵事典籍檔册匯覽》（常務副主編）《名家書劄墨跡》《中國歷史名人別傳録》《朱批鄂太保奏摺》《稿本有泰文集》《中國地方志歷史文獻專輯·災異志·金石志》（副主編）《地方志文獻·學校考》（副主編）《地方文獻古跡志專輯》（副主編）等書。

　　曾任國家重大研究專案《十部文藝集成志書·中國戲曲志》編審、責任編輯，獲國家級個人編審成果二等獎。

序　言

　　世人皆知京劇之有梅蘭芳大師，而罔顧京劇之爲國劇必仗齊如山助力者也；藏書家談戲曲小說通俗文學之藏弆，必稱鄭氏西諦、傅氏碧蕖、綏中吳氏、鄞縣馬氏，而鮮有知高陽齊氏百舍齋之藏亦大矣哉。清末近代，齊氏堪稱西學東漸，爲體爲用之翹楚；研史遊藝，貫通中西之奇才。倘無梅蘭芳之京劇革新，便無京劇藝術之巔峰時代，倘無1913年天樂茶園齊梅之約，斷無梅氏藝術臻於化境，開宗一代。故無梅便無京劇，無齊便無梅之爲梅。

　　齊如山早年入泮，少入同文館，遊學歐洲五年，既具備堅實的舊學根基，又領略西學格物致知的精髓。少小濡染崑弋亂彈傳統戲曲，長而歷覽參悟西方戲劇藝術體系。中西戲劇的滋養，爲其助力梅蘭芳開創中國式戲曲表演體系提供了哲學思維，"泊來"他山之石，助梅氏戲曲表演藝術終成大器，並立於世界三大戲劇表演體系之林。

　　明清以降，江南富贍，富於北土，燕趙之地，財富式微，高陽齊氏，世代簪纓，郡中望族，富甲一方，致有財力，搜求善本，網羅篋中，尤以珍本善本小說戲曲爲最，稱孤稱善，遠邁同儕，至上世紀四十年代末，登封造極，蔚然大觀；世道衰微，惜不傳永，半數散佚，永隔兩岸，輾轉遷徙，跨海越洋，弆藏哈佛，得其所哉。2011年，國家圖書館出版社《哈佛燕京圖書館藏齊如山小說戲曲文獻彙刊》將藏於哈佛燕京圖書館的七十二種小說戲曲善本影印出版，孤本不孤，化身千百，流佈學界，嘉惠士林。研究家衆所周知，齊氏百舍齋藏書，半璧在哈佛，半璧在大陸，大陸則太半藏於中國戲曲研究院，現中國藝術研究院。上世紀三十年代，齊梅合作，一段佳話，共襄京劇，改革創新，遂共建國劇陳列館，齊氏出部分藏書舉以共用，並肆力搜輯整理精校抄録舊本，數年間汗牛充棟，插架琳琅，直至齊氏之往臺灣，梅將這批藏書寄存故宮博物院。1951年，梅蘭芳先生成立中國戲曲研究院時，方纔璧還，與傅惜華先生碧蕖館藏書成爲中國戲曲研究院藏書"雙璧"。古今藏書，聚散無常，三代以上，爲不散佚，幸有識者，不遺餘力，齊氏之幸，厥功在公。余有幸焉，得以披閱，擁書而坐，隨覽隨記，以作劄記，以爲芹獻，貢獻學界，何樂可知。

　　中國藝術研究院藏齊如山百舍齋善本，主要以明清善本小說、明清戲曲珍稀刻本、清代南府昇平署抄本、南府昇平署檔案文獻及齊氏收集整理抄校墨跡爲特色。譬如，清康熙間如意館朱絲欄精抄之《永慶昇平》，風貌與乾隆間安殿本差近，不避乾隆諱，爲如意館始設之物，極爲罕見。又如，清南府朱墨抄本之《武香球》，開本碩大，墨色沉鬱，楷書工穩，崑腔抄本，"玄"

字避與不避之間，康乾之物，大有文章，完本另存一部在首都圖書館，我館還有幾部單齣零種，可以相互校讎，考鏡源流。再如，康熙間南府抄本之《長生寶籙》，均避"玄"字，且識別字號很特殊，是其他南府本所少見，紙質綿白，楷書工穩，五色織錦封面，黃綾子書簽，每葉襯紙，惜其僅存"福""壽"兩冊，已不全帙，它與康乾間南府抄本風貌迥異，品貌遠勝，異常工緻。還如，民國間百舍齋紅格稿本之《劇學獺祭篇》，爲齊氏手澤，可資觀賞，可做研究，乃《齊如山全集》所未收，或爲早年齊氏未成書之手稿，世所罕也，彌足珍貴。還如，民國二十一年（1932）齊如山手稿《皮黃音韻》，抑或爲齊氏未刊之手稿，或亦編纂爲齊氏諸多著作中，可以看出齊氏筆耕不輟之辛勤歷程。還如，明末閔齊伋刻《六幻西廂》，雖有闕失，亦堪寶也，不孤也善，依樣再造，以廣傳播，是研究《西廂記》必不可少的資料。還如，南府昇平署及內務府各種承應戲、總本、題綱、單本、串頭、排場、帶戲檔、花名冊、恩賞冊檔案，爲齊氏著意搜羅，皆爲孤本，一手檔案，資料唯一，可資治史，信可信矣。還如，清乾隆五十二年（1787）英德堂刻本之四十卷本《今古奇觀》，乃從未見著録的眾多清刻本之一，可備一款，可資考證，可以見證齊氏收藏明清小說的慧眼獨具之處。

齊如山百舍齋藏善本古籍，大致可以分爲五個部分。

其一，爲百舍齋自有藏書，鈐印遍佈，諸如"齊林玉世世子孫永寶用""齊氏所藏戲曲小說印""高陽齊氏百舍齋存書之印"，這幾方朱印爲百舍齋藏書的重要標誌，書應該是齊氏早年舊藏，齊氏移居臺灣後滯留大陸，建國後輾轉捐贈中國戲曲研究院收藏，現爲中國藝術研究院圖書館藏書。這批善本往往裝幀精良，爲齊氏囊收後裝幀，並墨筆書尚，封面鈐印，卷首末遍鈐藏書印及私印，體現明清藏書家氣派。這批善本與現藏美國哈佛燕京圖書館百舍齋善本，同出一脈，堪爲"雙璧"。

其二，爲國劇陳列館（國劇學會）時期，即齊梅合作時期齊氏收集整理的稿本、抄本及以綴玉軒名義收藏並經過齊氏校點、校讀過的本子。這批藏書往往不鈐"綴玉軒"藏書印，不鈐齊氏"百舍齋"藏書印，僅鈐"如山讀過""如山過目""齊如山"朱印。封面書簽往往爲齊氏恭楷書尚，封套書簽既標"綴玉軒藏"，又標"如山題"。可見齊梅合作之和諧，樂在其中，一段佳話。

其三，爲齊如山以百舍齋紅格箋紙抄録之手稿謄録本、創作改編本、清抄過録本，特別是齊梅合作時期，經齊氏之手改編，爲梅蘭芳京劇改革仗其助力者，頗值得研究。還有一些至今仍可以認定爲齊氏未刊之手稿者，更是彌足珍貴。

其四，爲鈐"高陽齊如山珍藏"朱印的清宮南府昇平署檔案文獻抄本，這批文獻大致收藏於上世紀二十年代稍晚，清宮文獻散佚民間後所得。大多經過國劇陳列館收藏，一度寄存故宮博物院，解放後由梅蘭芳索回，捐中國戲曲研究院。其中包括昇平署安殿本、總本、存庫本、單本、題綱本、曲譜本、串頭本、排場本、承應戲本（月令承應、節令承應、宴戲、壽戲、大戲、燈戲、開場戲），特別是清宮昇平署承應演戲之遺存檔案，如帶戲記旨檔、承應戲檔、恩賞檔、學生名冊、樂器檔等等，雖斷簡殘篇，不成繫年，亦絕無僅有，存世之孤。清宮南府昇平署一應檔案文獻，至今主要分別藏於故宮博物院、國家圖書館，都已分別整理影印面世，與我院百舍齋此類藏書，還包括碧蕖館、綴玉軒、玉霜簃、慕歌堂和杜穎陶捐書及建國後文化部戲曲改進局移交的同類昇平署檔案文獻，鼎足而三，庶幾"完璧"。

其五，爲齊如山百舍齋與同時代藏書家、戲曲研究家共同藏有，終爲齊氏所收藏，後捐中國戲曲研究院。諸如，與鄭騫慕歌堂共同藏書，與傅惜華碧蕖館共同藏書，與梅蘭芳綴玉軒、與王立承鳴晦廬共同藏書，等等。由此可以看出民國時期文人間文獻枕秘共用之樂，一無藩籬，同訪道山，樂彼樂矣。

古人感歎"校書如掃塵"，既無終了，常掃常有，爬梳剔抉，參互校讎，無時或了，無處無痕。目録之學，學問起源，真正是萬事開頭難。況圖書聚散，感歎無常，同源異流，天各一方，令人扼腕。譬如百舍齋藏清宮南府昇平署文獻，集腋二百載，星散一百年，一分爲三，曷可重聚。一己之力，不過編爲目録津梁，以資學人，以饗讀者。有清一代戲曲發展，由崑弋到花雅，由宮廷到民間，由文人到藝人，雪泥鴻爪，無不留痕於南府昇平署文獻之上，它也是研究近代戲曲史獨一無二的一手文獻，可資信史，由此可以看到一個自上而下的推動力量，將中國戲曲藝術推向近現代的一個頂峰。但全面研究清宮南府昇平署檔案文獻，條分縷析，抽繹厥理，追蹤討源，探賾發微，從而全面描繪近代中國戲曲發展脈絡，還有很多功課要做，還有很長路要走，還有很多檔案文獻要梳理，辨章學術，還有很多待定結論要糾謬，考鏡源流，故也，任重道遠，殊多空白，大有可爲。所幸者，2012 年我院在王文章院長力主下，重組調整，全面整合，圖書文獻，分門別類，高度糅合，形成合力，終於使散置各個研究所的紙本文獻，聚攏一處，得窺全豹，幸莫大焉。昇平署檔案文獻藏於我院者，亦可大略描摩輪廓，更待細緻整理，異日，當與藏於故宮博物院、國家圖書館等處的同類文獻，合爲一處，抑或形成"清宮南府昇平署戲曲檔案文獻學研究暨近代中國戲曲發展"的專門學問，雖非顯學，卻不無可爲。我們也看到，《故宮珍本叢刊》業已出版，已經邁出了第一步，國家圖書館也在計劃整理出版南府昇平署文獻。不久，我們可以看到更加全面的清宮南府昇平署檔案文獻資料，爲我們加深對這個題目的研究力度，仗其助力，打下基礎。

藏書之樂在於藏弄，讀書之樂在於發微，我不禁想起著名戲曲理論家張庚老，當年，我趨府面聆教誨，您老一句"走正路，出人材"，言猶在耳，無時或忘。今天，我也年逾半百，更堅定了先生指引的路，一以貫之，戮力前行，將"史、志、論"三位一體的戲曲研究體系思路，貫徹到實際工作中，耕耘不輟，不問收穫。這也是編撰這部書録時我個人的所思所想，也是今後我個人在大師引領下的所行所藏。是書也，本擬效仿前賢，稱爲敘録，顧念淺薄，忝名知見録。是爲序。

2013 年 6 月俞冰於北京惠新北里中國藝術研究院圖書館

凡　例

1. 本書收錄經高陽齊如山先生收藏過的善本，以書中各處鈴印、題識爲依據。館藏“綴玉軒”紅格抄本之《綴玉軒劇本匯存》，是齊氏與梅氏合作期間，經齊氏之手整理抄錄的演出本或整理本，封面書籤及劇目名稱爲齊如山先生墨跡，鈴“如山”朱印，卷首亦鈴“如山”朱印，卷末鈴“梅蘭芳捐贈”，是 1956 年 9 月 22 日梅蘭芳先生捐贈中國戲曲研究院收藏，原本不屬於高陽齊如山氏藏書，故不收入本書。

2. 齊梅合作期間，綴玉軒收藏，用“綴玉軒”“公興紙店”“松古齋”“崇文齋”等紅格箋紙抄錄的劇本，這類抄本頗多，雖經齊如山校訂，但屬綴玉軒梅氏收藏，不收入本書。擬另作《綴玉軒藏書敘錄》收錄。

3. 凡“百舍齋”藏善本，後經過國劇陳列館收藏，又捐贈中國戲曲研究院，再由中國藝術研究院圖書館收藏的，說明源流。“百舍齋”之前收藏者，儘量考其源流，一應鈴印均予以釋文著錄。

4. “中國戲曲學院藏書”朱印，即 1958 年中國戲曲研究院辦中國戲曲學院時所用藏書印。60 年代初因國家經濟困難停辦。

5. 一些未鈴齊氏“百舍齋”收藏印的本子，但有齊氏墨跡的，也酌情收入，特別是其與梅蘭芳先生合作期間修改過的梅氏演出本，具有一定價值。在這批本子中，有“綴玉軒”紅格箋紙、“公興紙店”紅格箋紙、“松古齋”紅格箋紙等不同紙張抄錄，但經過齊氏校讀，一些本子中刪改墨跡是否齊氏所爲，難以確認劃分，故而，有明確齊氏墨跡者收入，不確定齊氏墨跡者暫不收入。

6. 一種傳奇雜劇單齣或一種傳奇雜劇多齣，均以中心圓點間隔，正題名的表述形式爲：《寶劍記》中單齣《寶劍記·磨斧》或《鐵冠圖》中數齣《起闖·朝議·孫探·營閫·大戰·交令》。同類抄本兩種以上書名合爲一種書名著錄者，以“·”形式處理，如昇平署弋腔抄本《花甲天開·鴻禧日永》。

7. 一些珍貴版本爲齊梅合作期間共同收藏，並歸屬“綴玉軒”，但有齊氏墨跡和鈴印，此類藏本視爲齊梅共賞，酌情收入。如清抄本《玉蓉鏡傳奇》八本等。

8. 一些珍貴版本爲齊梅合作期間二人共同收藏，並歸屬“綴玉軒”，未有齊氏墨跡和鈴印，僅署齊氏藏簽，此類藏本視爲齊梅共賞，酌情收入。如民國間“綴玉軒”紅格抄本《闡道除邪》、清昇平署四十本安殿本《昭代簫韶》等。

9. 一些未鈐齊如山藏書印，但單書中有齊如山題簽，並注明齊如山藏的古籍，也酌情收録。如清光緒八年（1882）蟾波閣《紅樓夢散套》，封套題簽爲齊如山，並明確“如山藏”。

10. 齊如山“百舍齋”與同時代藏書家共同藏有者，入此書著録，如與鄭騫“望綠蔭齋”“曙雯樓”“清晝堂”；與傅惜華“碧葉館”；與梅蘭芳“綴玉軒”，等等。這類藏書凡入其他藏家插架者，嗣諸異日，再行編纂，或續編《百舍齋藏善本書録續編》，以成完璧。我們也擬將館藏善本按藏書家分别歸檔，以繫次第，編纂提要，探賾索隱。

11. 全書收録藏書有圖與无圖部分，各按笔畫排序。

目　錄

下　冊

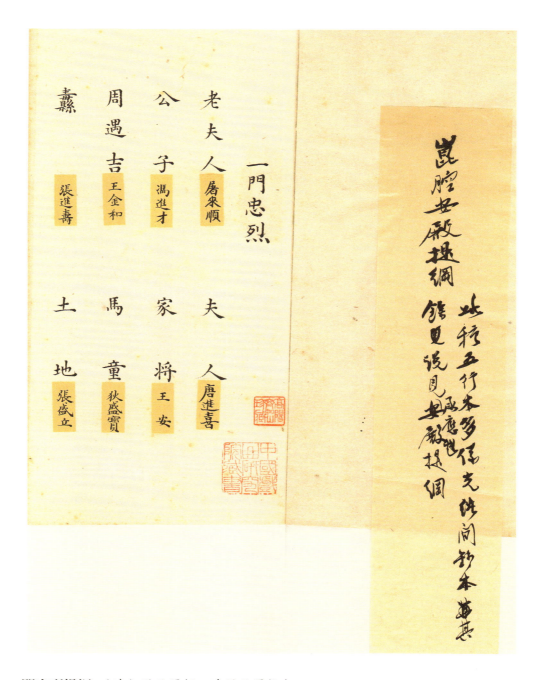

一門忠烈提綱 （清）昇平署輯　清昇平署抄本

　　高 21.5 釐米，寬 12.7 釐米。半葉五行，行字不等，無邊框。一册。書名據封面書簽題，人物腳色下有黃紙粘貼扮演演員名簽，毛裝。有國劇陳列館書簽，題"崑弋安殿提綱，齊如山藏，一門忠烈，昇平署"。封二有齊如山墨筆題識"崑腔安殿提綱。此種五行本多係光緒間抄本，其餘說見承應戲安殿提綱"。卷首末鈐"高陽齊如山珍藏""中國戲曲研究院藏書""梅蘭芳捐贈"等印。原爲高陽齊氏百舍齋藏書，後歸國劇陳列館，又捐中國戲曲研究院，現由中國藝術研究院圖書館收藏。《故宮珍本叢刊》中收錄一種。

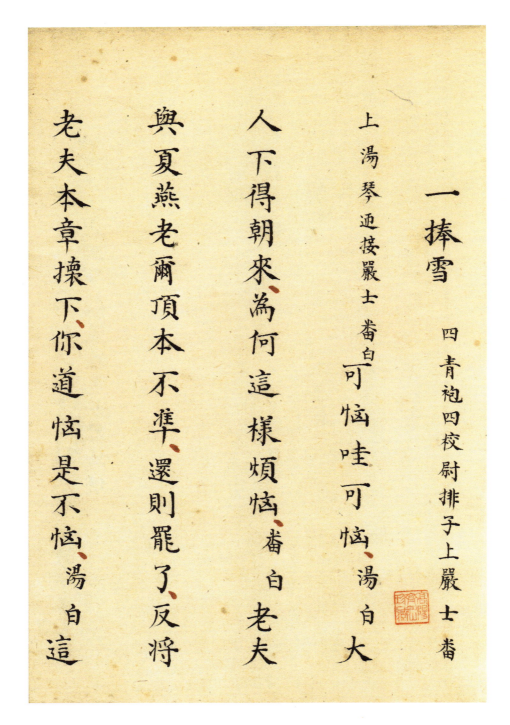

老夫本章擡下你道惱是不惱湯白這

與夏燕老爾頂本不凖還則罷了反將

人下得朝來爲何這樣煩惱番白老夫

上湯琴迎接嚴士番白可惱哇可惱湯白大

一捧雪　四青袍四校尉排子上嚴士番

一捧雪　（清）佚名撰　清昇平署朱墨抄本

　　高 26.2 釐米，寬 19 釐米。半葉五行，行十五字，小字不等，無邊框。一函兩冊兩種。封面題 "一捧雪總本"。兩冊爲兩種不同的同名劇目。京劇抄本。卷首鈐 "高陽齊如山珍藏" "中國戲曲學院藏書" "梅蘭芳捐贈" 等印。原爲高陽齊氏所藏，後歸國劇陳列館，又捐中國戲曲研究院，現由中國藝術研究院圖書館收藏。《故宮珍本叢刊》收入此兩種抄本。

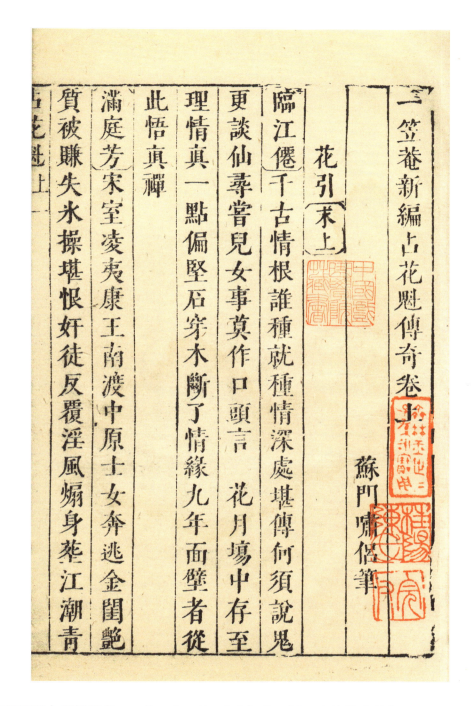

一笠菴新編占花魁傳奇 二卷二十八齣 （清）李玉撰 清粹錦堂刻本

框高 20.3 釐米，寬 13.7 釐米。半葉九行，行二十字，小字同，白口，四周單邊。一函兩冊。有插圖六葉十二幅。《一笠庵四種曲》之一。封套書簽及掛簽爲齊如山墨跡。封面卷首末鈐"桂陽陳氏""完父""高陽齊氏百舍齋存書之印""齊林玉世世子孫永寶用""齊氏所藏戲曲小說印""中國戲曲學院藏書""齊如山"等印。原爲桂陽陳氏及高陽齊氏百舍齋所藏，現由中國藝術研究院圖書館收藏。

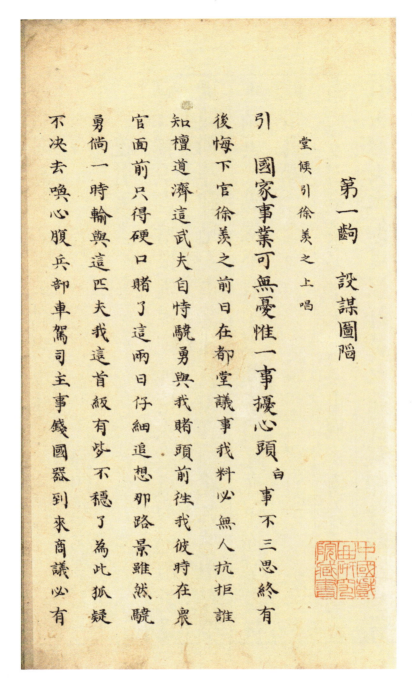

二段犀鏡圓　八齣　（清）昇平署輯　清乾隆嘉慶間昇平署抄本

高 25.5 釐米，寬 16 釐米。半葉八行，行二十二字，小字同，無邊框。一冊。毛裝。書名據封面書籤題，封面有國劇陳列館書籤，題"存庫本，齊如山藏"。封面鈐"舊外二學"。卷首末鈐"中國戲曲研究院藏書""梅蘭芳捐贈"等印。原爲齊氏所藏，齊梅合作期間歸國劇陳列館，後捐中國戲曲研究院，現由中國藝術研究院圖書館收藏。收入《承應大戲存庫本》中。吳曉鈴雙梧書屋藏一部《末段犀鏡圓》，也是南府"舊外二學"使用本。

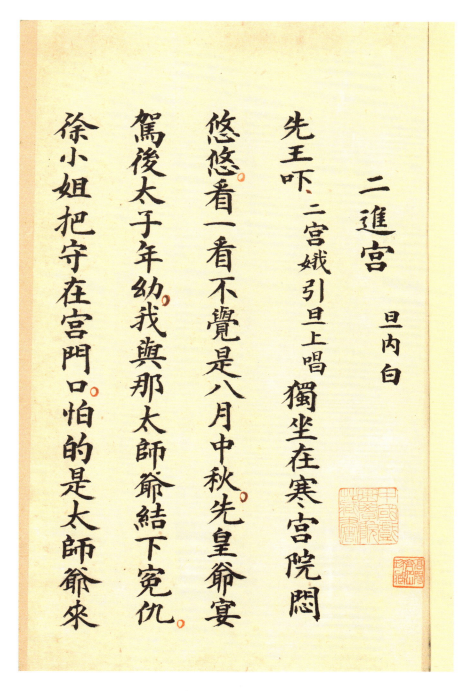

二進宮　旦內白

先王吓、二宮娥引旦上唱　獨坐在寒宮院悶

悠悠看一看不覺是八月中秋先皇爺宴

駕後太子年幼我與那太師爺結下寃仇。

徐小姐把守在宮門口怕的是太師爺來

二進宮　（清）昇平署輯　清昇平署朱墨抄本

　　高 27 釐米，寬 19 釐米。半葉五行，行十六字，小字不等，無邊框。一函一册。京劇抄本。有國劇陳列館書簽，題“本家五行皮黃存庫本，齊如山藏，二進宮總本，NO.49.–5”。抄本不標板式，字體碩大。從行款看應爲清末抄本。卷首鈐“高陽齊如山珍藏”“中國戲曲學院藏書”等印。原爲高陽齊氏所藏，後歸國劇陳列館，又捐中國戲曲研究院，現由中國藝術研究院圖書館收藏。《故宮珍本叢刊》收入提綱本一種。

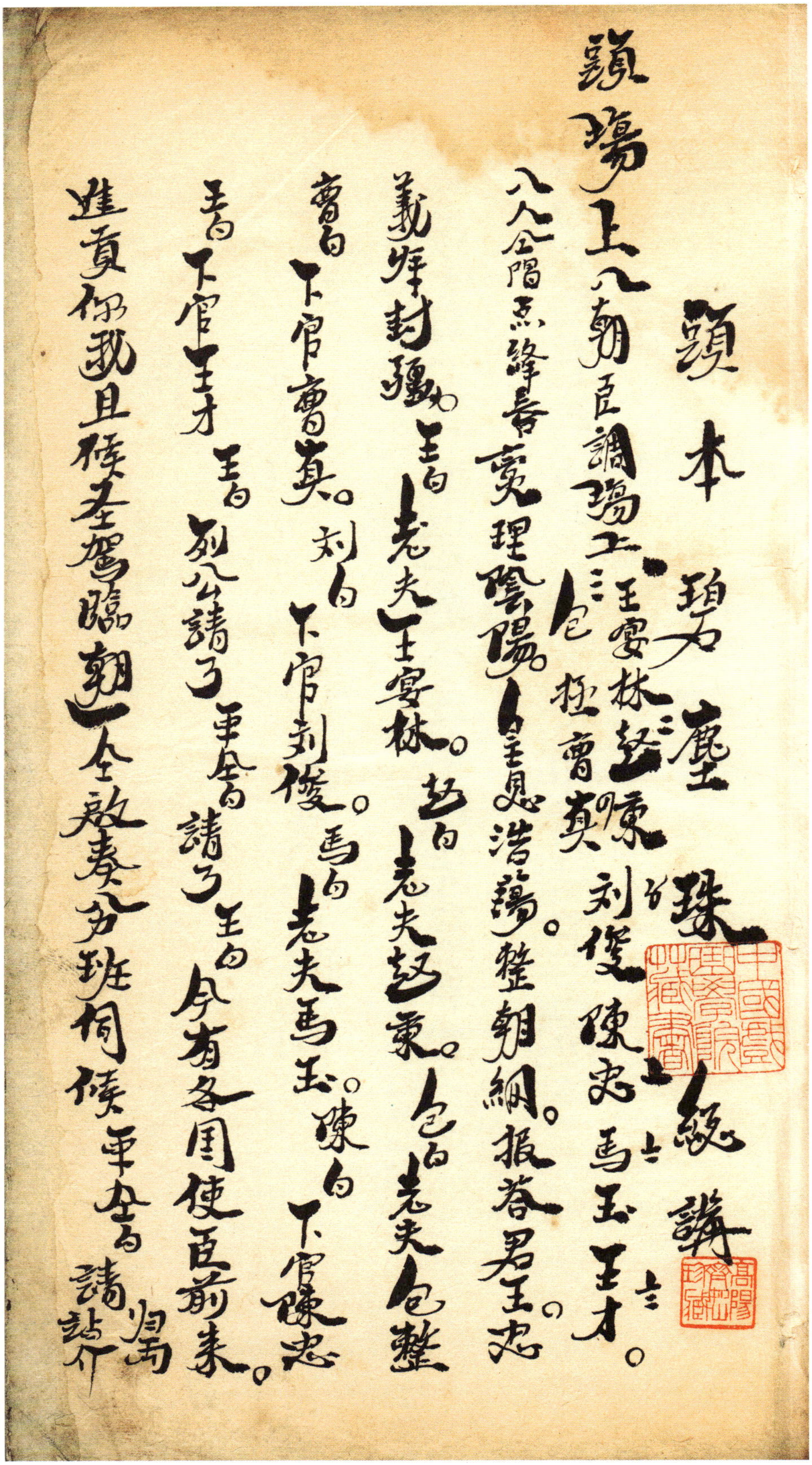

題本　碧塵珠上級講

題場上八朝臣調場上　王晏林　趙秉　刘俊　陳忠　馬玉　王才。包拯　曹英

八人仝唱点絳唇　燮理陰陽。皇恩浩蕩。整朝綱。振簪君王忠

義烽封疆。王白　老夫王晏林。趙白　老夫趙秉。包白　老夫包拯

曹白　下官曹英。刘白　下官刘俊。馬白　老夫馬玉。陳白　下官陳忠。

王白　下官王才。王白　列公請了。衆仝白　請了。王白　今有各国使臣前来。

進貢你我且候圣駕臨朝。一仝啟奏分班伺候。衆仝白　請。站介　归寓

八本碧塵珠總講 （清）佚名撰　清光緒十七年（1891）抄本

　　高 26 釐米，寬 16 釐米。半葉七行，行字不等，無邊框。一函兩冊。書名年代據卷末題。京劇抄本。封面書籤爲齊如山墨跡。卷首末鈐“高陽齊如山珍藏”、“中國戲曲學院藏書”等印。原爲高陽齊氏百舍齋所藏，後捐中國戲曲研究院，現由中國藝術研究院圖書館收藏。劇演宋代仁宗（趙禎）妃兄曹真與大夫王才狼狽爲奸，强搶書生袁文正之妻張氏，張氏不從，曹將袁夫妻二人打死，抛屍入井。適朝鮮、琉球等國進寶，中有碧塵珠忽然丟失，仁宗懸賞尋訪，珠爲已故太常寺卿伍洪方之子迎春拾去，見榜，遂別母苗氏及妻王桂英入京獻珠；路遇王才，王與其父有仇，誆迎春入曹真府中，用酒灌醉，亂棍打死，抛入井中，藏匿碧塵珠。迎春魂與母、妻託兆，苗氏乃攜王桂英入京，又誤遇王才，王才將二人誆入曹真府中，殺苗氏，而圖霸桂英；桂英佯允，洞房中灌醉曹真，乘空逃走。恰遇陳留縣令王子仁，即桂英之兄，相認後留桂英暫居衙内。包拯賑災回朝，大風吹去轎頂，落入曹真府中；包拯見疑，入曹府，曹真拒之，二人扭見仁宗。賭頭三搜曹府，不見屍；仁宗怒，下旨命王才監斬包拯。元帥馬玉征吐蕃回朝，阻止行刑，面見仁宗力保包拯，包拯得赦，罷職留京。曹真含忿，命刺客蕭光搜尋王桂英殺之。太白金星化身卜者，勸化蕭光，蕭反爲做證，徑往包拯處自首，包拯無權，與韓琦、馬玉定計，包詐病，奏請夜設烏臺陪審，曹真、王才不信，請旨至包府探看；韓琦等用歌舞侑酒，灌醉二人，包拯假設陰曹，命王桂英、蕭光與之對質，曹、王畫供，包拯據以上奏，真相大白。伍迎春復活，一家團圓，搜出碧塵珠，斬曹真、王才。本事見明人《袁文正還魂記傳奇》。滇劇又有《三狀元》演此故事。

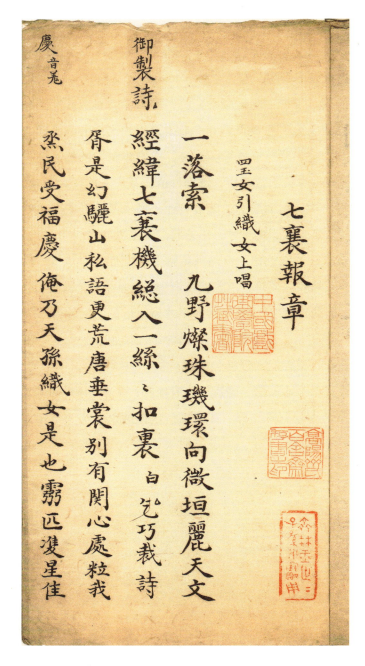

七夕承應·七襄報章·仕女乞巧　（清）昇平署輯　清同治十一年（1872）昇平署朱墨抄本
　　高24.4釐米，寬15釐米。半葉六行，行大小字不等，無邊框。一册。毛裝。封面題"七夕承應，
七襄報章，仕女乞巧"，"同治十一年改準，御製詩，飛，常年用"。有朱筆圈點。封套原題"清
書堂藏"。卷首末鈐"齊林玉世世子孫永寶用""高陽齊氏百舍齋存書之印""齊氏所藏戲曲小說
印""中國戲曲學院藏書""如山過目"等印。原爲高陽齊氏百舍齋所藏，後捐中國戲曲研究院，
現由中國藝術研究院圖書館收藏。收入館藏《月令承應》中。《故宮珍本叢刊》收入南府崑弋月
令承應戲《七襄報章·仕女乞巧》一種。

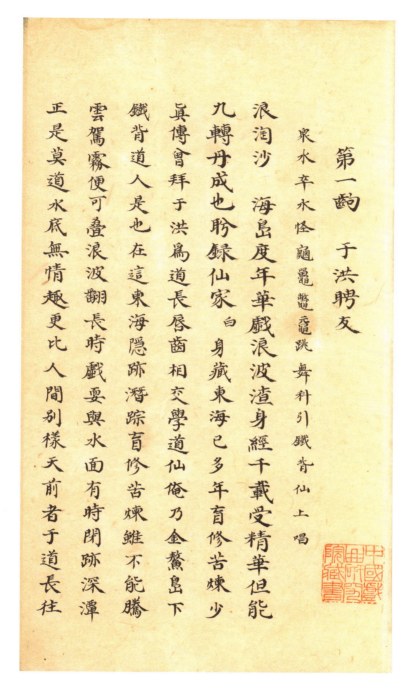

第一齣　于洪聘友

泉水辛水怪龜黿鼇黿跳　舞科引鐵背仙上唱

浪淘沙　海島度年華戲浪波渣身經千載受精華但能

九轉丹成也盼錄仙家　白身藏東海已多年盲修苦煉少

真傳曾拜于洪爲道長唇齒相交學道仙俺乃金鰲島下

鐵背道人是也在這東海隱跡潛踪盲修苦煉雖不能騰

雲駕霧便可疊浪波翻長時戲要與水面有時閑跡深潭

正是莫道水底無情趣更比人間別樣天前者于道長往

七段下南唐　八齣　（清）昇平署輯　清乾隆嘉慶間昇平署抄本

　　高 25.5 釐米，寬 16 釐米。半葉八行，行二十二字，小字同，無邊框。一冊，毛裝。書名據封面書簽題，封面有國劇陳列館書簽，題"存庫本，齊如山藏"。封面鈐"舊外二學"，書"吉"字。卷首末鈐"中國戲曲研究院藏書""梅蘭芳捐贈"等印。原爲齊氏所藏，齊梅合作期間歸國劇陳列館，後捐中國戲曲研究院，現由中國藝術研究院圖書館收藏。收入《承應大戲存庫本》中。吳曉鈴"雙楮書屋"藏《四段下南唐》。《故宮珍本叢刊》收入"亂彈單齣"《下南唐》一種。

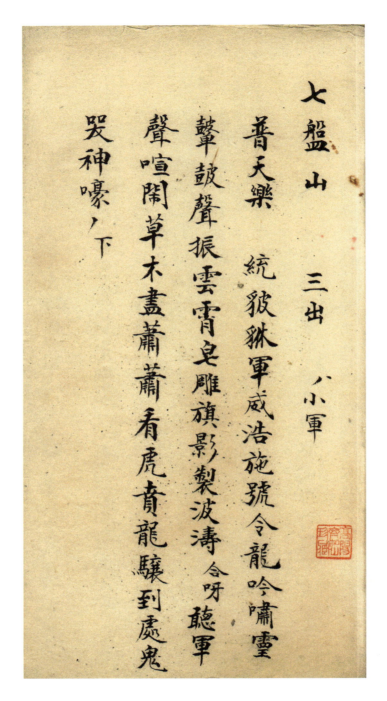

七盤山 三出 八小軍

普天樂　統貔猱軍威浩施號令龍吟嘯靈
鼙鼓聲振雲霄皂雕旗影製波濤合呀聽軍
聲喧鬧草木盡蕭蕭看虎賁龍驤到處鬼
哭神嚎下

七盤山 （清）佚名輯　清抄本

　　高 25 釐米，寬 14.5 釐米。半葉五行，行字不等，無邊框。清代戲曲各腳公用單本，卷首題"小軍上"，"小軍跟卜從善上仝唱"，"小軍跟白廣恩仝唱"。有朱筆圈點刪改。似爲內府、昇平署承應戲抄本。卷首鈐"高陽齊如山珍藏"等印。原爲高陽齊氏百舍齋收藏，現由中國藝術研究院圖書館收藏。收入館藏《各腳公用大本》中。《故宮珍本叢刊》收入南府崑曲單齣一種，崑曲曲譜一種，昇平署串頭一種。

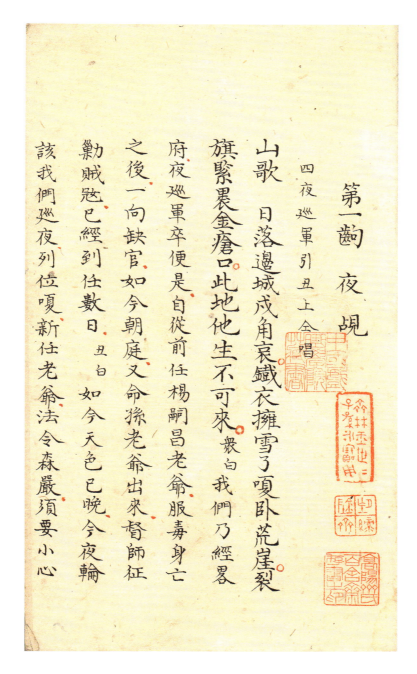

第一齣　夜覘

四夜巡軍引丑上　合唱

山歌　日落邊城戌角哀鐵衣擁雪了嗄臥荒崖裂

旗緊裹金瘡口此地他生不可來　眾白我們乃經畧

府夜巡軍卒便是自從前任楊嗣昌老爺服毒身亡

之後一向缺官如今朝庭又命孫老爺出來督師征

勦賊寇巳經到任數日　丑白如今天色已晚今夜輪

該我們巡夜列位嗄新任老爺法令森嚴須要小心

七盤山總本　四齣　（清）昇平署輯　清昇平署抄本

　　高 24.8 釐米，寬 17 釐米。半葉八行，行二十字，小字同，無邊框。一函一冊。毛裝。書名據封面書籤題。齣目爲：夜覘、營閧、大戰、誤擒。有朱筆圈點，紙質墨色均符合清中期昇平署抄本特徵。卷首末鈐"望綠蔭齋""齊林玉世世子孫永寶用""高陽齊氏百舍齋存書之印""齊氏所藏戲曲小說印""中國戲曲學院藏書""齊如山"等印。原爲望綠蔭齋鄭氏及齊如山百舍齋藏書，後捐中國戲曲研究院，現由中國藝術研究院圖書館收藏。《故宮珍本叢刊》中收錄南府崑曲單齣一種，崑曲曲譜一種，昇平署串頭一種。

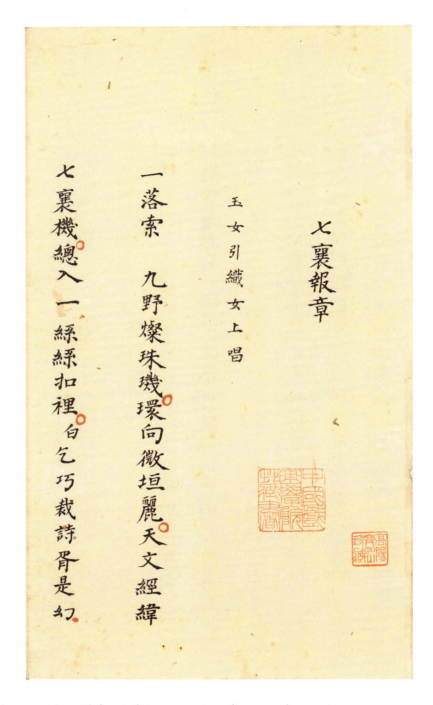

七襄報章·仕女乞巧總本 （清）昇平署輯　清昇平署朱墨抄本

　　高 24 釐米，寬 15.4 釐米。半葉四行，行大小字十八字，無邊框。一冊。書名據封面書籤題。有國劇陳列館書籤，題"同光時代安殿本，齊如山藏，七夕承應，七襄報章，仕女乞巧"。有朱筆圈點。有工尺譜。卷首末鈐"高陽齊如山珍藏""中國戲曲研究院藏書"等印。原爲高陽齊氏所藏，齊梅合作期間歸國劇陳列館，後捐中國戲曲研究院，現由中國藝術研究院圖書館收藏。《故宮珍本叢刊》收入南府崑弋月令承應戲《七襄報章·仕女乞巧》一種。

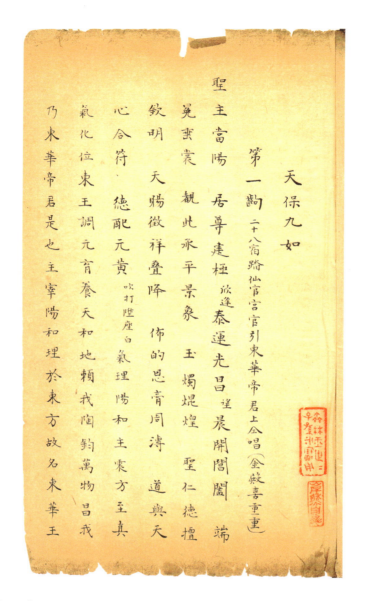

九九大慶十種 （清）昇平署輯　清昇平署抄本

高 29 釐米，寬 17.7 釐米。半葉八行，行二十一字，無邊框。一函十冊。書名據封套書簽題，封套題"清內府抄本""舊抄昇平署本，因老手題"。封套墨跡似乎是鄭騫書寫。從紙張看不像昇平署本，或是清代據昇平署本過録的精抄本。函套中夾鉛筆簽"抄本，九九大慶十種，十冊，二百六十元，汶萊閣"。各本名目：《天保九如》十六齣、《吉星葉慶》八齣、《萬壽無疆》十二齣、《洞仙共祝》八齣、《瓜瓞緜綿》八齣、《天開壽域》十二齣、《中秋慶節》八齣、《四靈效徵》十二齣、《太平王會》十二齣、《昇平雅頌》八齣。封面卷首末鈐"高陽齊氏百舍齋存書之印"、"齊林玉世世子孫永寶用"、"齊氏所藏戲曲小說印"、"岸然自異"、"齊如山"等印。原爲高陽齊氏百舍齋所藏，後捐中國戲曲研究院，現由中國藝術研究院圖書館收藏。國家圖書館、北京大學圖書館藏有《九九大慶》昇平署抄本。

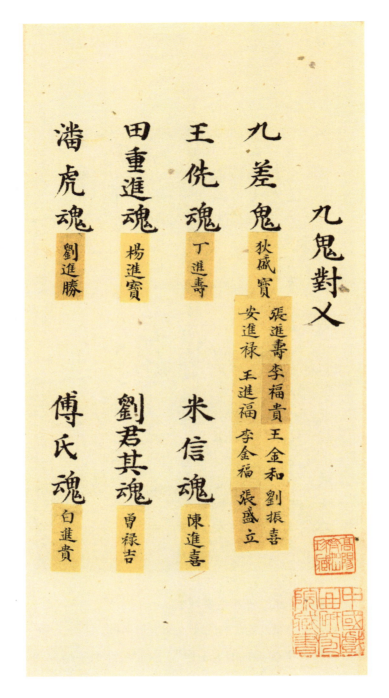

九鬼對乂提綱　（清）昇平署輯　清昇平署抄本

　　高 21.5 釐米，寬 12.7 釐米。半葉五行，行字不等，無邊框。一册。書名據封面書簽題，人物腳色下有扮演演員名簽粘貼，毛裝。有國劇陳列館書簽，題"崑弋安殿提綱，齊如山藏，九鬼對乂"。卷首末鈐"高陽齊如山珍藏"、"中國戲曲研究院藏書"、"梅蘭芳捐贈"等印。原爲高陽齊氏百舍齋藏書，後歸國劇陳列館，後由中國戲曲研究院收藏，現爲中國藝術研究院圖書館藏書。

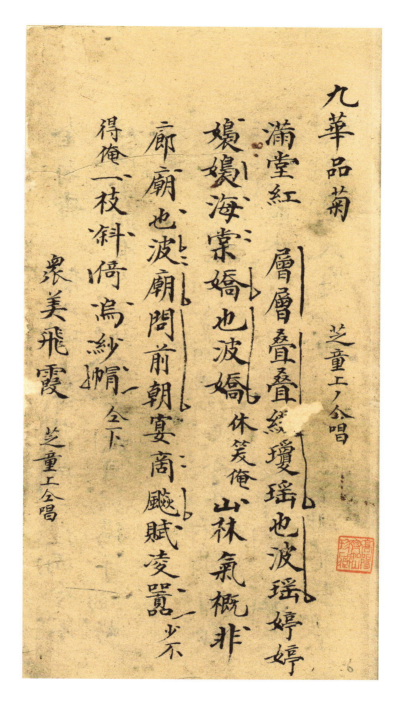

九華品菊 （清）佚名輯　清抄本

　　高 25 釐米，寬 14.5 釐米。半葉六行，行字不等，無邊框。清代戲曲各腳公用單本，卷首題"芝童上，仝唱"。有墨筆圈點刪改。似爲內府、昇平署承應戲所遺抄本。卷首鈐"高陽齊如山珍藏"等印。原爲高陽齊氏百舍齋收藏，現由中國藝術研究院圖書館收藏，收入館藏《各腳公用大本》中。《故宮珍本叢刊》收入南府昇平署《九華品菊·衆美飛霞》崑弋月令承應戲一種，提綱一種，《九華品菊》排場一種。

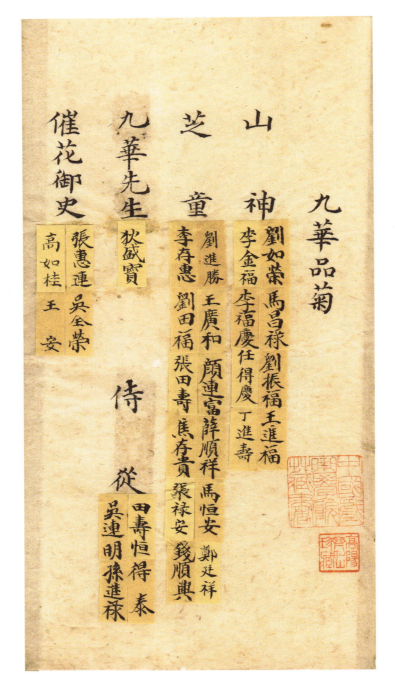

九華品菊・衆美飛霞提綱 （清）昇平署輯　清昇平署抄本

　　高 21.5 釐米，寬 12.5 釐米。半葉五行，行字不等，無邊框。一冊。毛裝。書名據封面書簽。承應戲安殿提綱。有國劇陳列館簽，題"承應戲安殿提綱，齊如山藏"。抄本黃紙粘貼演員姓名簽，以備該腳色飾演演員之更換，至有多人姓名重疊一處者。卷首末鈐"高陽齊如山珍藏""中國戲曲研究院藏書""梅蘭芳捐贈"等印。原爲高陽齊氏所藏，齊梅合作期間歸國劇陳列館，後捐中國戲曲研究院，現由中國藝術研究院圖書館收藏。收入館藏《梅藏安殿本》函中。

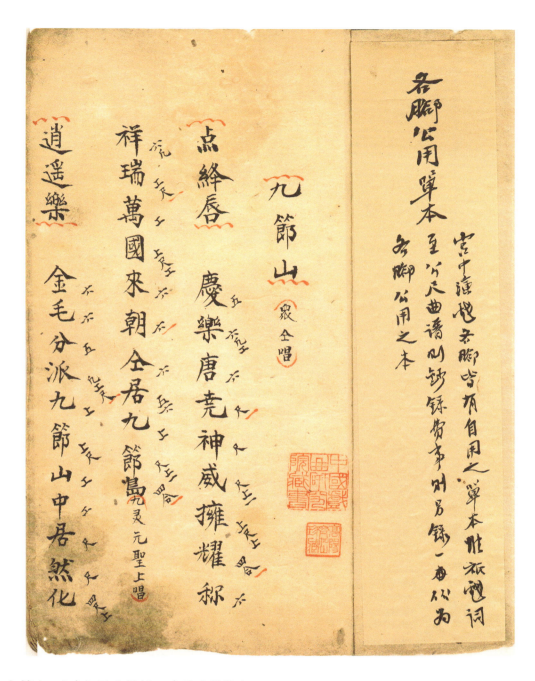

九節山 （清）昇平署輯　清昇平署抄本

高 24 釐米，寬 14.5 釐米。半葉四行，行字不等，無邊框。毛裝。封面題 "九節山曲譜"。有國劇陳列館簽，題 "各腳單本，公用曲譜，齊如山藏"。有朱筆圈點。有工尺譜。齊如山題識 "各腳公用單本，宮中演戲各腳皆有自用之單本，惟祇戲詞至公尺曲譜，則抄錄費事，則另錄一份，爲各腳公用之本"。卷首末鈐 "高陽齊如山珍藏" "中國戲曲研究院藏書" "梅蘭芳捐贈" 等印。原爲高陽齊氏收藏，齊梅合作期間歸國劇陳列館，後捐中國戲曲研究院，現由中國藝術研究院圖書館收藏。收入館藏《公用單本》中。

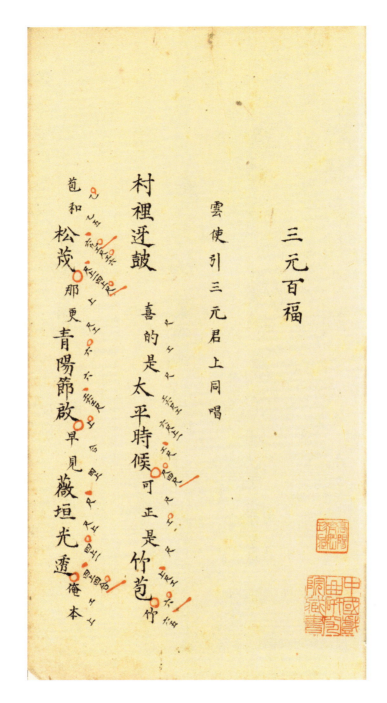

三元百福總本 （清）昇平署輯　清昇平署朱墨抄本

　　高 24 釐米，寬 15.4 釐米。半葉四行，行二十字，無邊框。一冊。毛裝。書名據封面書簽題。有國劇陳列館書簽，題 "同光時代安殿本，齊如山藏"。有朱筆圈點，有工尺譜。卷首末鈐 "高陽齊如山珍藏"、"中國戲曲研究院藏書"、"梅蘭芳捐贈" 等印。原爲高陽齊氏所藏，齊梅合作期間歸國劇陳列館，後捐中國戲曲研究院，現由中國藝術研究院圖書館收藏。《故宮珍本叢刊》收入南府崑曲開場承應戲一種，提綱一種，排場一種。

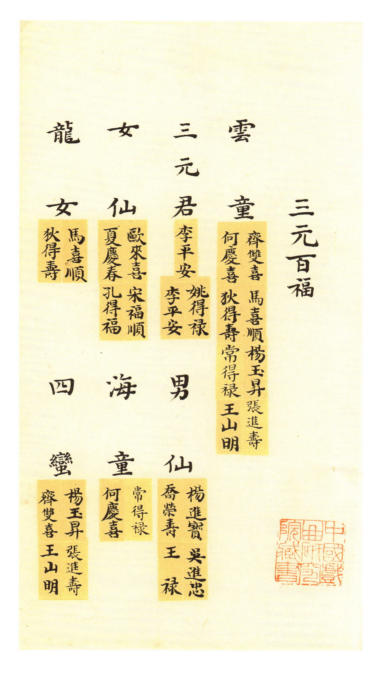

三元百福提綱 （清）昇平署輯　清昇平署抄本

　　高 21.4 釐米，寬 12.5 釐米。半葉五行，行字不等，無邊框。一册。毛裝。書名據封面書簽。承應戲安殿提綱本。有國劇陳列館簽，題“承應戲安殿提綱，齊如山藏”。黃紙粘貼演員姓名簽以備該腳色飾演演員之更換。至有多人姓名重疊一處者。卷首末鈐“高陽齊如山珍藏”“中國戲曲研究院藏書”“梅蘭芳捐贈”等印。原爲高陽齊氏所藏，齊梅合作期間歸國劇陳列館，後捐中國戲曲研究院，現由中國藝術研究院圖書館收藏。收入館藏《承應戲安殿提綱》函中。《故宮珍本叢刊》收入南府崑曲開場承應戲一種，提綱一種，排場一種。

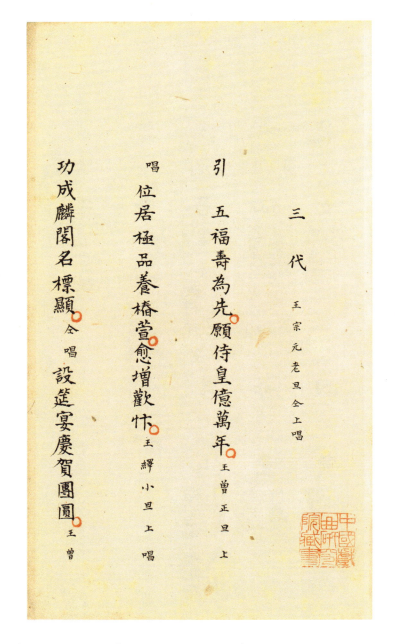

三代總本 （清）昇平署輯　清同治光緒間昇平署朱墨抄本

　　高 24 釐米，寬 15.4 釐米。半葉四行，行大小字不等，無邊框。一冊。毛裝。書名據封面書籤題。有國劇陳列館書籤，題 "崑曲四行安殿本，齊如山藏"。有朱筆圈點，有工尺譜。館藏《崑曲四行曲譜》中《亭會總本》卷前有齊如山墨筆題識 "崑曲四行安殿本，此亦爲同光時代之物，至光緒中年則專尚皮黃梆子腔矣"。齊氏此言蓋謂崑腔皮黃梆子腔之交替。卷首末鈐 "中國戲曲研究院藏書" "梅蘭芳捐贈" 等印。原爲高陽齊氏所藏，齊梅合作期間歸國劇陳列館，後捐中國戲曲研究院，現由中國藝術研究院圖書館收藏。收入館藏《崑曲四行曲譜》中。《故宮珍本叢刊》收入南府崑腔單齣一種。

三代提綱　（清）昇平署輯　清昇平署抄本

　　高 21.4 釐米，寬 12.5 釐米。半葉五行，行字不等，無邊框。一册。毛裝。書名據封面書簽題。承應戲安殿提綱本。有國劇陳列館簽，題"承應戲安殿提綱，齊如山藏"。黃紙粘貼演員姓名簽以備該腳色飾演演員之更換。至有多人姓名重疊一處者。卷首末鈐"高陽齊如山珍藏""中國戲曲研究院藏書""梅蘭芳捐贈"等印。原爲高陽齊氏所藏，齊梅合作期間歸國劇陳列館，後捐中國戲曲研究院，現由中國藝術研究院圖書館收藏。收入館藏《承應戲安殿提綱》函中。《故宮珍本叢刊》收入南府崑腔單齣一種。

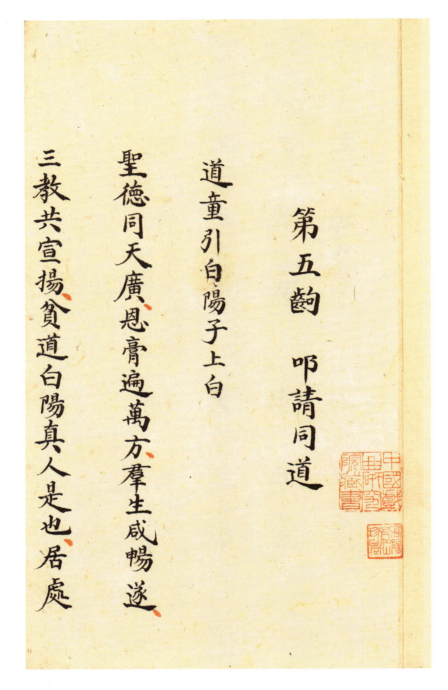

第五齣　叩請同道

道童引白陽子上白

聖德同天廣恩膏遍萬方羣生咸暢遂

三教共宣揚貧道白陽真人是也居處

三仙供祝總本　存五齣　（清）昇平署輯　清光緒間昇平署朱墨抄本

高24釐米，寬15.4釐米。半葉四行，行大小字不等，無邊框。一冊。毛裝。書名據封面書籤題。有國劇陳列館書籤，題"光緒時代安殿本，齊如山藏"。有朱筆圈點。有工尺譜。存第五至第九齣。卷首末鈐"高陽齊如山珍藏""中國戲曲研究院藏書""梅蘭芳捐贈"等印。原爲高陽齊氏所藏，齊梅合作期間歸國劇陳列館，後捐中國戲曲研究院，現由中國藝術研究院圖書館收藏。收入館藏《光緒朝昇平署曲譜》中。

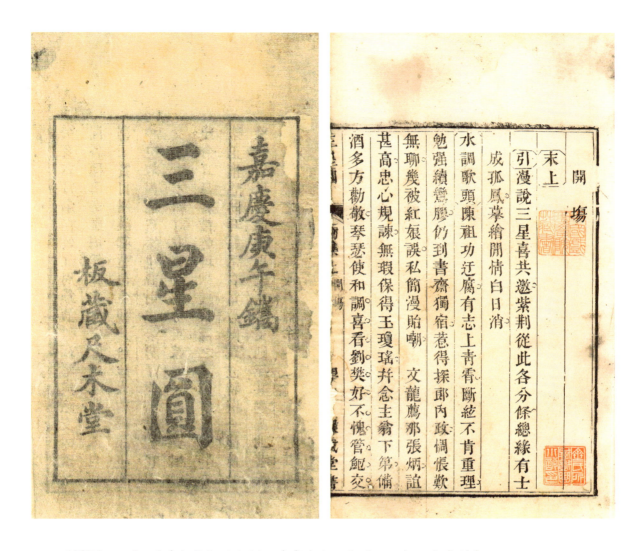

三星圓 四集 （清）梅軒居士撰 清嘉慶十五年（1810）尺木堂刻本

框高 19.5 釐米，寬 13.5 釐米。半葉九行，行二十字，白口，四周雙邊，單黑魚尾。兩函十二册。書名據牌記題。牌記題"嘉慶庚午鐫，三星圓，板藏尺木堂"。版心題"踵武堂書"。封套書簽及掛簽爲齊如山墨跡。卷前有嘉慶十五年（1810）採荷老人《乩序》。有王煦《三星圓題詞》，胡樹本跋語，初集題詞，例言，插圖十六幅，一圖一詠，戲脚（行當脚色），臉譜，全部提綱，《三星圓初集》齣目。初集二十五齣，二集二十七齣，三集二十五齣，四集二十七齣。採荷老人稱："今閱三星圓，傳奇紀實，忠奸善惡，報應昭然，俾觀者不獨賢人君子，即愚夫愚婦，未有不感慨而發其忠孝之誠，滅其奸邪之念。非獨聳觀，頗勘益世，可謂得傳奇之正者矣。"封面卷首末鈐"高陽齊氏百舍齋存書之印""齊林玉世世子孫永寶用""齊氏所藏戲曲小說印""中國戲曲學院藏書""如山讀過"等印。原爲高陽齊氏百舍齋所藏，後捐中國戲曲研究院，現由中國藝術研究院圖書館收藏。

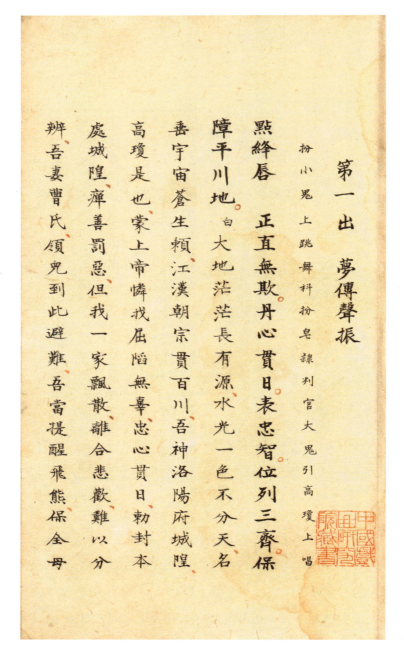

第一出　夢傳聲振

扮小兒上跳舞科扮皁隸判官大兒引高瓊上唱

點絳唇　正直無欺丹心貫日表忠智位列三齊保

障平川地　白　大地茫茫長有源水光一色不分天名

垂宇宙蒼生賴江漢朝宗貫百川吾神洛陽府城隍

高瓊是也蒙上帝憐戎屈惱無辜忠心貫日勅封本

處城隍癉善罰惡但我一家飄散離合悲歡難以分

辨吾妻曹氏領兒到此避難吾當提醒飛熊保全母

三段默麒麟串關　四齣　（清）昇平署輯　清乾隆嘉慶間昇平署朱墨抄本

　　高 24.5 釐米，寬 15.5 釐米。半葉八行，行二十字，小字同，無邊框。一冊，毛裝。書名據封面書簽題，封面有國劇陳列館書簽，題"存庫本，齊如山藏"，"默麒麟，齊如山藏，承應大戲存庫本，NO.67."。有朱筆圈點。封面鈐"舊小班"印。卷首末鈐"中國戲曲研究院藏書""梅蘭芳捐贈"等印。原爲齊氏所藏，齊梅合作期間歸國劇陳列館，後捐中國戲曲研究院，現由中國藝術研究院圖書館收藏。收入《承應大戲存庫本》中。《故宮珍本叢刊》收入南府崑弋承應戲抄本一種。

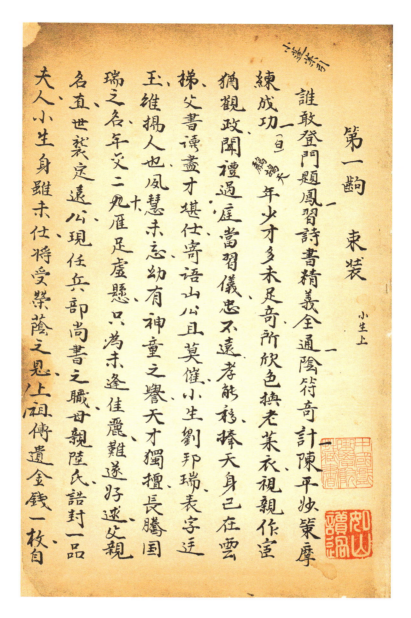

小金錢傳奇 三十九齣 （清）佚名撰 清抄本

高 26.5 釐米，寬 19 釐米。半葉九至十行，行字不等，無邊框。一函兩冊。書名據封套書簽題。封套書簽題"小金錢傳奇，兩本，綴玉軒藏，如山"。封套書簽及掛簽爲齊如山墨跡。卷首鈐"如山讀過""中國戲曲學院藏書"等印。原爲齊梅合作期間齊如山收集，後捐中國戲曲研究院，現爲中國藝術研究院圖書館藏書。齣目爲：束裝、負米、謀誣、賄懇、奸通、囑證、會審、法場、訂姻、滅占、沖散、送珠、接書、遇救、現瑞、整殘、心贈、拜姑、敘別、設擂、比武、劫劉、異救、設伏、雙奔、香迷、路劫、留訂、巧會、進香、合巹、暗護、急敘、救圍、捲逆、戮奸、祭忠、封王、團圓。封二題"虞復良履歷，江南安徽省安慶府望江縣報捐童生民籍虞躍淮實年四十一歲，身中面光目正須有，曾祖衍文，祖彌貴，父宏梅"。

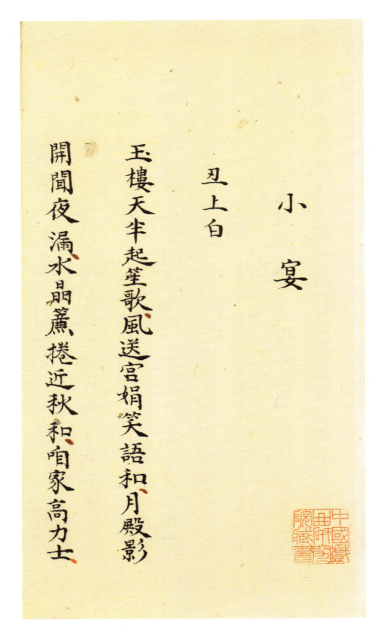

小宴總本 （清）昇平署輯　清同治光緒間昇平署朱墨抄本

　　高 24 釐米，寬 15.4 釐米。半葉四行，行大小字不等，無邊框。一册。毛裝。書名據封面書籤題。有國劇陳列館書籤，題"崑曲四行安殿本，齊如山藏"。有朱筆圈點。有工尺譜。卷首末鈐"中國戲曲研究院藏書""梅蘭芳捐贈"等印。原爲高陽齊氏所藏，齊梅合作期間歸國劇陳列館，後捐中國戲曲研究院，現由中國藝術研究院圖書館收藏。收入館藏《崑曲四行曲譜》中。《故宮珍本叢刊》收入昇平署崑曲單齣一種。《中國劇目辭典》和《中國崑劇大辭典》著錄此劇。

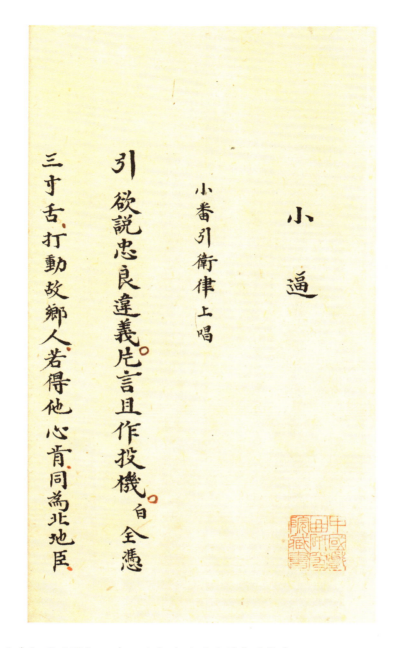

小逼總本　（清）昇平署輯　清同治光緒間昇平署朱墨抄本

高 24 釐米，寬 15.4 釐米。半葉四行，行大小字不等，無邊框。一冊。毛裝。書名據封面書簽題。有國劇陳列館書簽，題"崑曲四行安殿本，齊如山藏"。有朱筆圈點。有工尺譜。卷首末鈐"中國戲曲研究院藏書""梅蘭芳捐贈"等印。原爲高陽齊氏所藏，齊梅合作期間歸國劇陳列館，後捐中國戲曲研究院，現由中國藝術研究院圖書館收藏。收入館藏《崑曲四行曲譜》中。《故宮珍本叢刊》收入崑曲單齣本一種。

小蓬萊傳奇

黃碧簽

提綱　末上

踏莎行碧落飛騰黃泉蹭蹬漫言賞罰皆天定須知人事即天心天公也不操權柄孝

子尋親忠臣盡命丹衷至性相輝映拈毫雙譜入哀絲昭昭白日光同鏡

東海劉清韻古香填詞
古僮錢梅坡香岩較訂

第一齣　埽殿

場上先挂芸華宮扁外雲巾棕色道袍仙粧軋拂上

點絳唇望斷三清飄來孤影蓬萊頂絳闕層層彩霧瑞煙交併

紛紛人鬼已殊科想到神仙劫更多能自黃泉升碧落只爭一念莫蹉跎小神八堰廟

鎮土地是也官卑俸薄地廣事繁送迎上聖尊祇稽察游魂蕩魄兢兢業業擾擾攘攘

只說總無出頭之期那復望有吐氣之日不料有一謫降仙官漸迷本性小神特於夢

小蓬萊傳奇　十種　（清）劉清韻撰　（清）錢梅坡校訂　清光緒二十六年（1900）上海藻文石印本

框高 12.2 釐米，寬 9 釐米。半葉十二行，行三十四字，小字同，白口，四周單邊，單黑魚尾。一函六冊。封面書籤題"小蓬萊仙館傳奇，庚子三月，長洲章鈺"。書名葉題"小蓬萊閣傳奇十種，□亭汪鳴鑾署檢"。牌記題"庚子仲春上海藻文石印"。封套書籤及掛籤爲齊如山墨跡。有光緒二十六年（1900）俞樾序言，《小蓬萊傳奇目録》，卷末有曲園居士跋語。封面序端卷首末鈐"高陽齊氏百舍齋存書之印""齊林玉世世子孫永寶用""齊氏所藏戲曲小說""中國戲曲學院藏書"等印。原爲高陽齊氏百舍齋藏，後捐中國戲曲研究院，現由中國藝術研究院圖書館收藏。

《小蓬萊傳奇》十種包括：《黄碧簽》十二齣、《丹青副》十二齣、《炎涼券》八齣、《鴛鴦夢》十二齣、《氤氲釧》十齣、《英雄配》十二齣、《天風引》十齣、《飛虹嘯》十齣、《鏡中圓》五齣、《千秋淚》四齣。

劉清韻（1841—1915），原名古香，小字觀音，行三，又稱劉家三妹，室名瓣香閣、小蓬萊仙館，江蘇海州（今東海）人。周丹原有《劉古香女史傳》。劉從六歲起延師啓蒙，初師建陵老人王翊，後以師禮事同門周丹原。十八歲嫁給沭陽錢梅坡，錢梅坡也是當時著名文士，他們吟詩作畫，互相題識。劉清韻罄奩資爲梅坡納側室。清光緒二十三年（1897），摯友張西渠攜所撰十種傳奇到杭州，擬付梓印行，是年秋沭陽大雨，洪澤湖溢，貲財盡散，僅存《小蓬萊仙館傳奇》十種。後夫婦流寓江南，鬻畫爲生。光緒二十六年（1900），杭州吳季英爲付石印，龍游令婁縣楊古醖校讎，曲園居士俞樾作序，可稱文壇佳話。

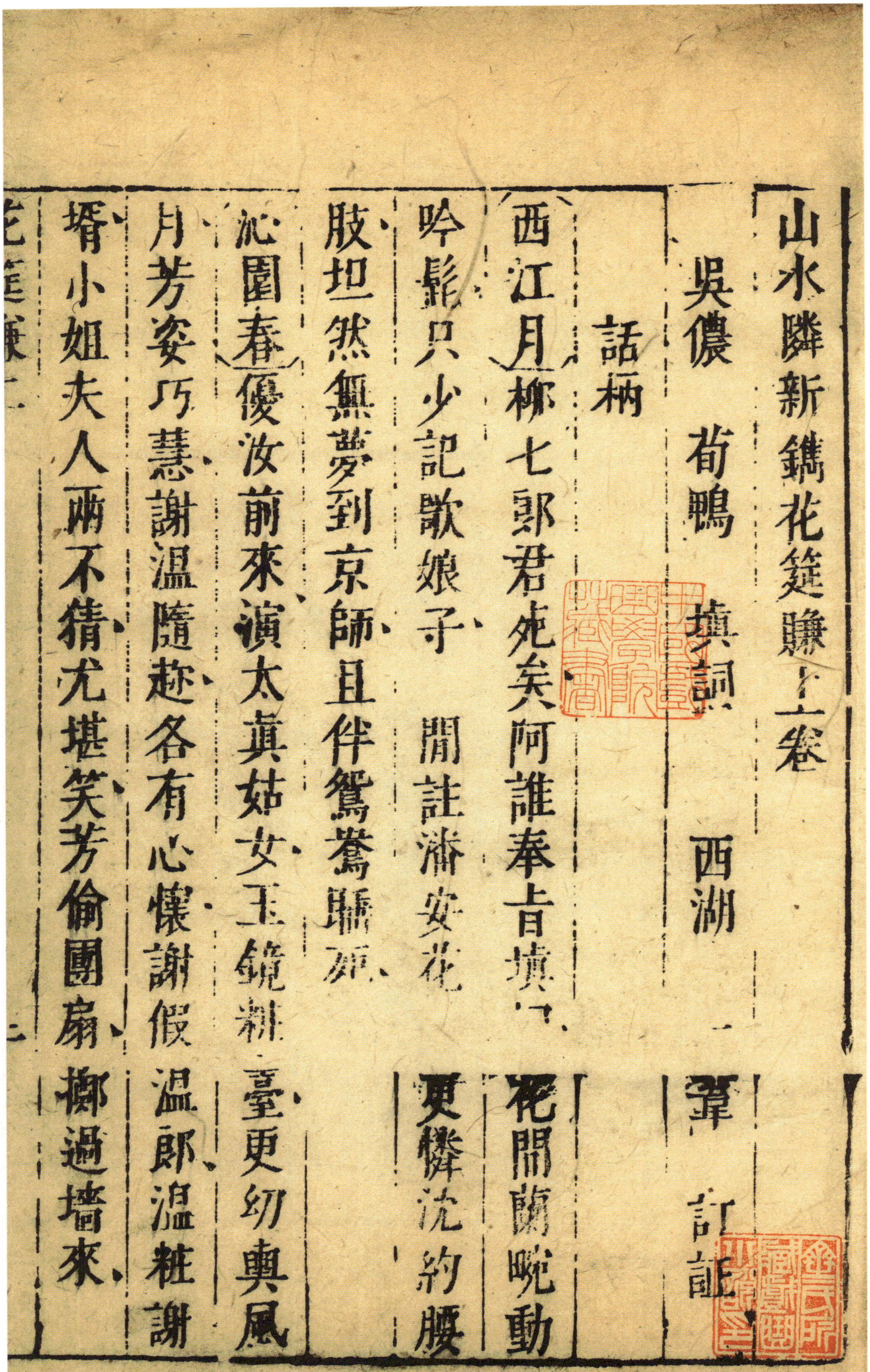

山水鄰新鐫花筵賺上卷

吳儂　荀鴨　填詞　西湖　一羣　訂證

話柄

西江月　柳七郎君死矣阿誰奉旨填詞　花間蘭畹動吟髭只少記歌娘子　閒註潘安花　更憐沈約腰肢坦然無夢到京師且伴鶯鶯驕婿

沁園春　優汝前來演太真姑女玉鏡粧臺更幼輿風月芳姿巧慧謝温隨趁各有心懷謝假温郎温粧謝壻小姐夫人兩不猜尤堪笑芳偷團扇擲過墻來

花筵賺　上　二

山水鄰新鐫花筵賺 二卷二十八齣 （明）范文若撰（明）西湖一葦訂正 明刻本

框高 19.8 釐米，寬 14 釐米。半葉九行，行二十字，小字雙行，白口，四週單邊，單白魚尾。一函兩册。封套書簽爲齊如山墨跡。卷前有《花筵賺目》。有插圖六葉六幅，一圖一畫。此書目録標二十九齣，實際二十八齣。上卷卷首題"山水鄰新鐫花筵賺"，"吳儂荀鴨填詞，西湖一葦訂證"。下卷卷首題"花筵賺"，"吳儂荀鴨填詞"。《目録》中第一齣爲"話柄"，正文"話柄"不標齣次，算作開篇。第一齣"鰥歎"，第二齣"鵠吟"，以下均不標齣名只標齣次。此本爲明刻《十種傳奇》本。封面卷首末鈐"高陽齊氏百舍齋存書之印""齊林玉世世子孫永寶用""齊氏所藏戲曲小説印""如山過目""中國戲曲學院藏書"等印。原爲高陽齊氏百舍齋收藏，後捐中國戲曲研究院，現由中國藝術研究院圖書館收藏。齊如山另藏一部《十種傳奇》本之《山水鄰新鐫花筵賺》。有殘。

吳儂荀鴨即范文若，范文若（1587—1634），原名景文，字更生，號香令，又號吳儂、荀鴨。上海籍邑人。明萬曆三十四年（1606）舉人，萬曆四十七年（1619）進士。少時即頗爲上海縣學教諭黃居中所賞識。與許士柔、孫朝肅、王焕如、馮明玠組成"佛水山房社"，享名一時。天啓元年（1621）授四川漢水縣知縣，二年（1622）調浙江秀水縣，後再調湖北光化縣，遷南京兵部主事，又遷南京評事，後丁憂辭歸。著有傳奇十六種《花筵賺》《夢花酣》《鴛鴦棒》《花眉旦》（又殘曲）《金明池》（又殘曲）《勘皮靴》（又殘曲）《雌雄旦》（又殘曲）《生死夫妻》（又殘曲）《歡喜冤家》（又殘曲）《千里駒》《金鳳釵》《倩畫眉》（一作《倩畫姻》）《斑衣歡》《晚香亭》《鬧樊樓》《綠衣人》等。僅存《花筵賺》《夢花酣》《鴛鴦棒》三種，有崇禎年間博山堂刊本，合稱《博山堂三種》，今藏國家圖書館，《古本戲曲叢刊》二集據以影印。祁彪佳《遠山堂曲品》中將范文若的《花筵賺》傳奇列爲首類"逸品"，盛贊有加："洗脱之極，意局皆凌虚而出，具是'語不驚人死不休'。温之癡，謝之顛，此記之空峭，當配之爲三。"清人高奕《新傳奇品》著録"范香令"一條，稱其作爲"琪花瑤草，餘香襲人"。鄭振鐸《插圖本中國文學史》中稱吳炳、孟稱舜、范文若"同爲臨川派的最偉大的劇作家"。

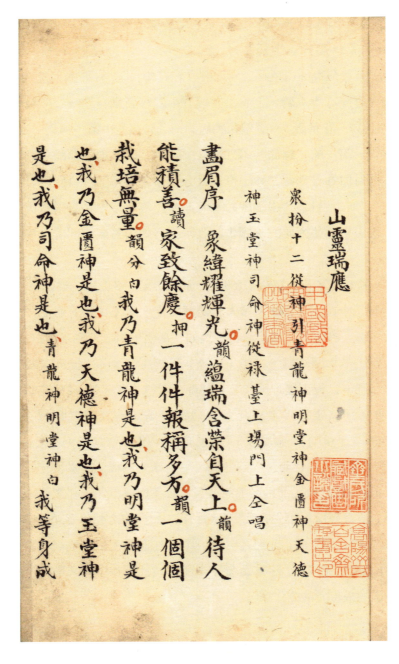

山靈瑞應 （清）昇平署輯　清昇平署抄本

　　高 24.5 釐米，寬 15.8 釐米。半葉八行，行二十二字，小字同，無邊框。一册。毛裝。書名據封面書籤題，八行抄本爲清中期以前產物。有朱筆圈點。封套題"清畫堂藏"。封面卷首末鈐"高陽齊氏百舍齋存書之印""齊氏所藏戲曲小說印"、"中國戲曲學院藏書"、"如山讀過"等印。原爲高陽齊氏百舍齋所藏，後捐中國戲曲研究院，現由中國藝術研究院圖書館收藏。收入館藏《法宮雅奏九九大慶》中同函中另有《山靈瑞應》第四齣一册、《山靈瑞應呼萬歲者三》一册、《山靈瑞應串關》一册。《故宮珍本叢刊》收入南府崑弋開場承應戲一種。

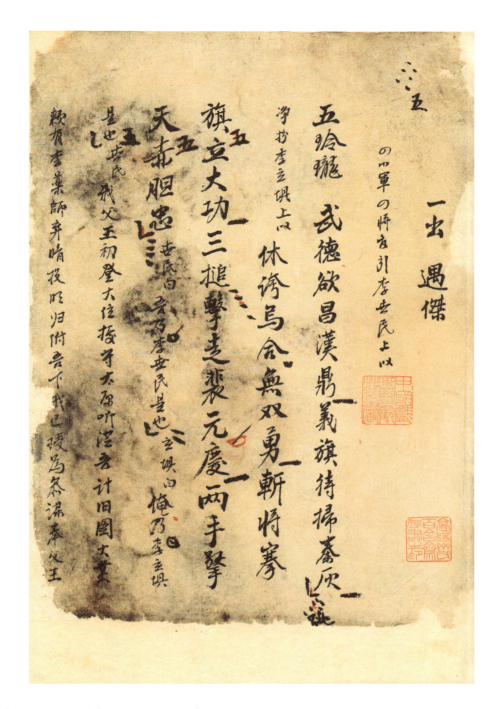

千金閘 四齣 （清）昇平署輯 清昇平署抄本

高 30.5 釐米，寬 23.5 釐米。半葉八至十行，行字不等，無邊框。一函一冊。書名據封面書簽題，封面題"鼓板"。封套題"清畫堂藏"。或爲嘉道間昇平署承應戲用本。有墨筆圈點。封面卷首末鈐"高陽齊氏百舍齋存書之印""齊林玉世世子孫永寶用""齊氏所藏戲曲小說印""如山讀過""中國戲曲學院藏書"等印。原爲高陽齊氏百舍齋收藏，後捐中國戲曲研究院，現由中國藝術研究院圖書館收藏。《故宮珍本叢刊》收入南府崑腔單齣一種，昇平署串頭一種。

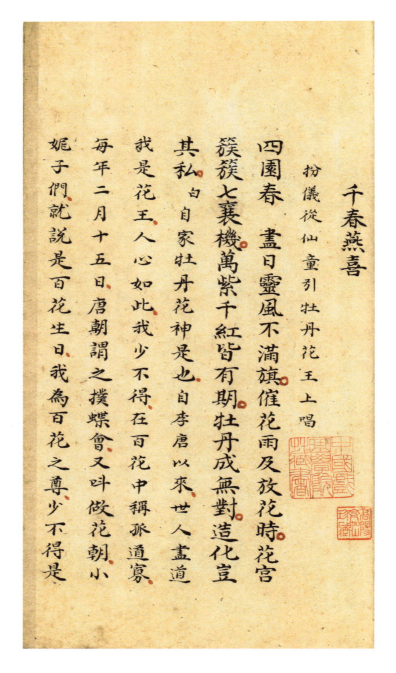

千春燕喜·百花獻壽 （清）昇平署輯　清昇平署抄本

　　高 24 釐米，寬 15.7 釐米。半葉八行，行二十一字，小字同，無邊框。一函一册。毛裝。有
國劇陳列館籤"嘉道間安殿本，齊如山藏，千春（秋）燕喜，百花獻壽"。有齊如山題識"嘉道
間安殿本，乾隆時安殿本最爲精美，嘉慶以後漸趨樸素簡單矣；且亦半共分八行，或爲省紙也"。
卷首鈐"高陽齊如山珍藏""中國戲曲學院藏書"等印。原爲齊氏藏書，後捐中國戲曲研究院，
現由中國藝術研究院圖書館收藏。《故宮珍本叢刊》收入南府崑弋月令承應戲《千春燕喜·百花
獻壽》一種，昇平署崑弋月令承應戲曲譜一種，提綱一種。

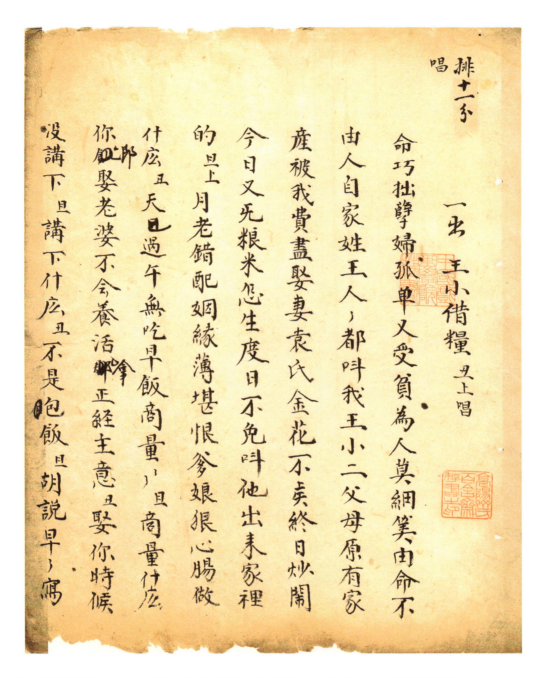

王小借糧串關　四齣　（清）昇平署輯　清道光十二年（1832）昇平署抄本

　　高 28 釐米，寬 24.5 釐米。半葉九行，行字不等，無邊框。一冊。毛裝。書名據封面題，封面題"十二年，排五刻九分，四月十五日同樂園承應六刻"。封套題"清晝堂藏"，"眼前報，附提綱，道光十二年昇平署在同樂園承演用底本，遠復所藏"。此本或即稱之"眼前報"，第一齣叫做"王小借糧"。封面卷首末鈐"高陽齊氏百舍齋存書之印""齊林玉世世子孫永寶用""齊氏所藏戲曲小說印""如山讀過""中國戲曲學院藏書"等印。原爲高陽齊氏百舍齋藏，後捐中國戲曲研究院，現由中國藝術研究院圖書館收藏。

乞食圖（又名後崔張） 二卷三十二齣 （清）錢維喬撰 （清）同學諸子評點 清乾隆間小林棲刻本

高 17.2 釐米，寬 13.5 釐米。半葉十行，行二十三字，小字同，白口，左右雙邊，單黑魚尾。一函四冊。此書書名葉原缺，應爲"竹初樂府第三種，一名虎阜緣，乞食圖，小林棲藏板"。封套書籤爲齊如山墨跡。白紙本。卷前有乾隆五十年（1785）竹初居士序言、題詞。封面目録卷首末鈐"高陽齊氏百舍齋存書之印""齊林玉世世子孫永寶用""齊氏所藏戲曲小說印""中國戲曲學院藏書""齊如山"等印。原爲高陽齊氏百舍齋藏書，後捐中國戲曲研究院，現由中國藝術研究院圖書館收藏。

錢維喬（1739—1806），清文學家、戲曲作家。字樹參、季木，小字阿逾，號曙川，又號竹初、半園、半竺道人、半園逸叟、林棲居士，江蘇武進人。清乾隆十年（1745）狀元錢維城弟，人稱"常州二錢"。乾隆二十七年（1762）舉人，乾隆、嘉慶間任遂昌、鄞縣知縣，講學於如皋露香草堂，因喜竹趣，故名竹初居士。乾隆三十三年（1768）爲悼亡妻，取《孔雀東南飛》本事，作《碧落緣》傳奇二卷。又據《聊齋志異·阿寶》，作《鸚鵡媒》傳奇二卷。上卷二十一齣，下卷二十齣，係演述孫荊與王寶娘兩人生死之戀，手法奇特，受到許多江南名士的賞識。乾隆三十四年（1769）公車北上落第滯留京師。因一睹明代畫家張靈（夢晉）美女、花鳥畫各一幀，筆墨秀潤，與唐寅相仿佛，歸里後考據張靈生平，見《張靈崔瑩合傳》，尤感其事其情之悲，乃作《虎阜緣》（又名《乞食圖》《後崔張》）傳奇

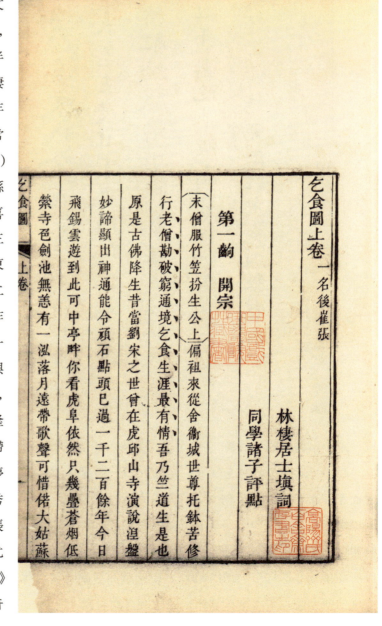

二卷，演述張靈與崔瑩悲歡離合生死之戀的故事，頗受當時士林與梨園欣賞。因劇中主人公與《西廂記》張生崔鶯鶯同姓，故亦有《後崔張》之名。又因劇中穿插風流名士唐寅等人故事，在乾隆年間的演出曾轟動一時。錢維喬任浙江遂昌、鄞縣知縣期間，將所作的三種傳奇刊於官署，合稱《竹初樂府》，有多種刻本傳世。另著有《錢竹初山水精品》《竹初文鈔》《竹初詩鈔》《竹初未定稿》等，並曾與錢大昕合修《鄞縣志》。歸里後，於嘉慶八年（1803）購得半園之半爲宅，以度晚年，作《半園之半記》。題詞第一人就是錢大昕，稱"嘉定姪大昕"，可知與之同宗。

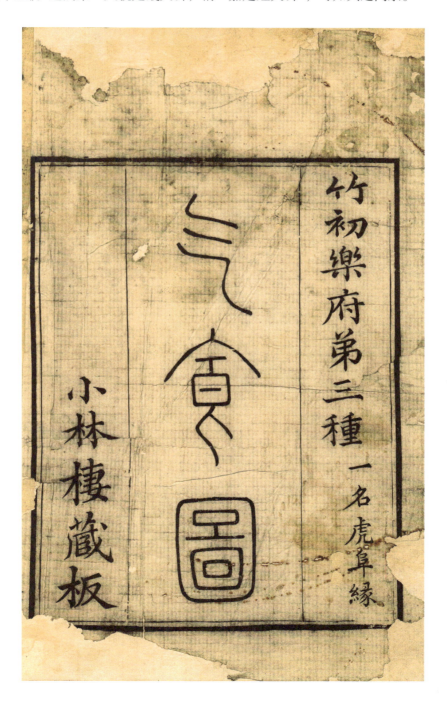

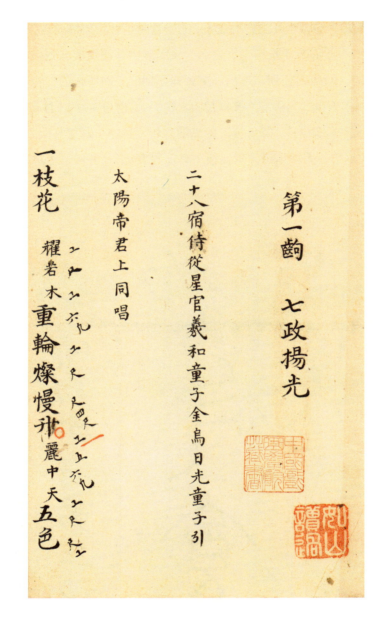

天香慶節 十六齣 （清）昇平署輯 清昇平署朱墨抄本

高 24 釐米，寬 15 釐米。半葉四行，行大小字不等，無邊框。一函四冊。毛裝。封面題"天香慶節總本"。有國劇陳列館書籤，題"光緒時代安殿本，齊如山藏"。有朱筆圈點。有工尺譜。第一冊前四齣有改詞粘貼黃紙書籤，題"聖母"。各齣目錄爲：七政揚光、金英表瑞、直圖好合、曲倩良媒、冰人自薦、荒服求王、攝將龍頷、鬧散駕幰、奪堉角勝、銜寶生嫌、揮戈揚威、尋跡追蹤、擬續鸞交、空勞鳳卜、烏兔歸元、天香慶祝。卷首鈐"如山讀過""中國戲曲學院藏書"等印。原爲高陽齊氏所藏，後捐中國戲曲研究院，現由中國藝術研究院圖書館收藏。《故宮珍本叢刊》收入昇平署崑弋承應宴戲一種，昇平署崑弋承應壽戲一種，昇平署崑弋本戲曲譜一種，昇平署串頭一種。

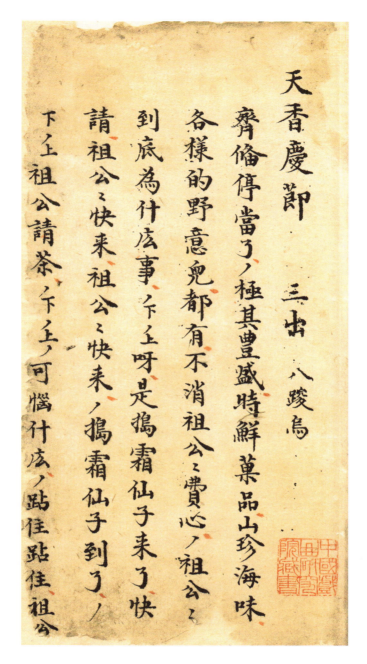

天香慶節　存六齣　（清）昇平署輯　清昇平署抄本

　　高 24 釐米，寬 14.5 釐米。半葉六行，行字不等，無邊框。毛裝。封面題"天香慶節，清宮各腳單本，如山藏"。有國劇陳列館簽，題"各腳單本，齊如山藏"。存第三齣、第九齣、第十二齣、第十三齣、第十五齣、第十六齣。卷首末鈐"中國戲曲研究院藏書""梅蘭芳捐贈"等印。原爲高陽齊氏收藏，齊梅合作期間歸國劇陳列館，後捐中國戲曲研究院，現由中國藝術研究院圖書館收藏。收入館藏《公用單本》中。《故宮珍本叢刊》收入昇平署崑弋承應宴戲一種，昇平署崑弋承應壽戲一種，昇平署崑弋本戲曲譜一種，昇平署串頭一種。

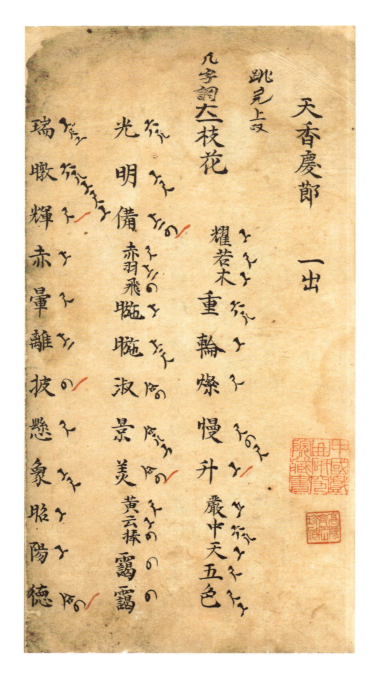

天香慶節曲譜 前八齣 （清）昇平署輯 清昇平署抄本

高 24 釐米，寬 14.5 釐米。半葉四行，行字不等，無邊框。毛裝。封面題"天香慶節曲譜前八齣"。有國劇陳列館簽，題"各腳公用單本，齊如山藏"。有朱筆圈點。有工尺譜。卷首末鈐"高陽齊如山珍藏""中國戲曲研究院藏書""梅蘭芳捐贈"等印。原爲高陽齊氏收藏，齊梅合作期間歸國劇陳列館，後捐中國戲曲研究院，現由中國藝術研究院圖書館收藏。收入館藏《公用單本》中。《故宮珍本叢刊》收入昇平署崑弋承應宴戲一種，昇平署崑弋承應壽戲一種，昇平署崑弋本戲曲譜一種，昇平署串頭一種。

第一齣　七政揚光

二十八宿侍從星官羲和童子金烏日光童子引

太陽帝君上同唱

一枝花　耀若木重輪燦慢升麗中天五色光明備

赤羽飛旐旎淑景美黃雲捧靄靄靄瑞鄲暉赤暈離披

懸象昭陽德義和整六螭出黃道八極增光臨紫宸

千門洞霽太陽帝君白聖德昌明政頌平黃中赤暈

獻休徵日光自與恩光配照育寰區物物生吾乃太

天香慶節總本　十六齣　（清）昇平署輯　清乾隆嘉慶間昇平署抄本

高 25.5 釐米，寬 16 釐米。半葉八行，行二十字，小字同，無邊框。四冊。毛裝。書名據封面書籤題，封面有國劇陳列館書籤，題"存庫本，齊如山藏"。有齊如山墨筆題識"存庫本，說見第□號老存庫本，此種八行本乃乾嘉以後之物"。原本齊氏以為是同光時代產物，後更改為乾嘉以後時代，是有考慮的。卷首末鈐"中國戲曲研究院藏書""梅蘭芳捐贈"等印。原為齊氏所藏，齊梅合作期間歸國劇陳列館，後捐中國戲曲研究院，現由中國藝術研究院圖書館收藏。收入《承應大戲存庫本》中。《故宮珍本叢刊》收入昇平署崑弋承應宴戲一種，昇平署崑弋承應壽戲一種，昇平署崑弋本戲曲譜一種，昇平署串頭一種。

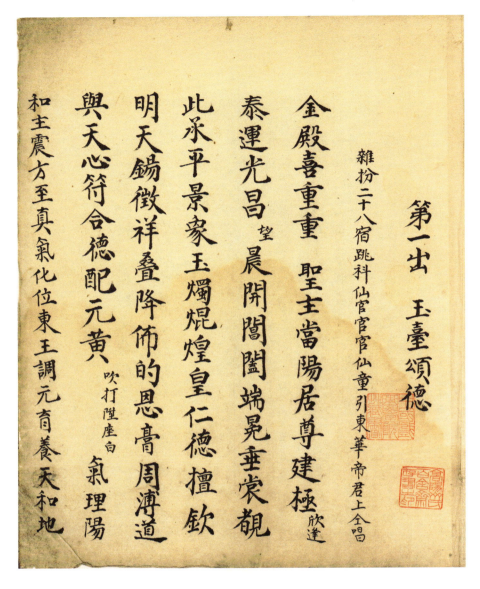

第一出　玉臺頌德

雜扮二十八宿跳科仙官官官仙童引東華帝君上全唱

金殿喜重重　聖主當陽居尊建極欣逢

泰運光昌坒　晨開閶闔端晃垂裳覩

此承平景象玉燭焜煌皇仁德擅欽

明天錫徵祥叠降飾的恩膏周溥道

與天心符合德配元黃　吹打陞座白　氣理陽

和主震方至真氣化位東王調元育養天和地

天保九如　前八齣後八齣　（清）昇平署輯　清昇平署抄本

　　高 28.5 釐米，寬 25 釐米。半葉八行，行大小字不等，無邊框。一函兩冊。毛裝。書名據封面書簽題，封面題"天保九如，前八齣，後八齣，鼓板"。封套題"昇平署本，附提綱，清書堂藏"。或爲內府傳抄本。劇名典故出自《詩經·小雅·天保》，詩中連用了九個"如"字，有祝賀福壽延綿之意，舊時常以祝賀福壽綿長。此抄本爲宮廷慶典承應戲劇目。前後抄工不一致。字體開本碩大挺闊。封面卷端卷末鈐"高陽齊氏百舍齋存書之印""齊氏所藏戲曲小說印""中國戲曲學院藏書""如山過目"等印。原爲高陽齊氏百舍齋藏書，後捐中國戲曲研究院，現由中國藝術研究院圖書館收藏。《故宮珍本叢刊》收入昇平署崑弋承應大戲一種，提綱本一種。

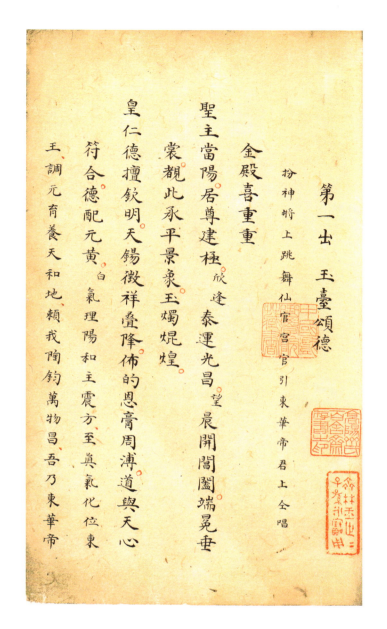

天保九如 十二齣 （清）南府輯 清南府朱墨抄本

高 24.8 釐米，寬 16 釐米。半葉八行，行二十二字，小字同，無邊框。一函一冊。毛裝。書名據封面題，封面題"舊大班，慶"。齣目爲：玉臺頌德、香國賡歌、松竹雙清、葵心向日、徒求附驥、添籌益算、協律調元、錯訛誤索、推詳律呂、競舞芳菲、恩敷百匯、壽祝九如。封面卷首末鈐"齊林玉世世子孫永寶用""高陽齊氏百舍齋存書之印""中國戲曲學院藏書""如山讀過"等印。原爲齊氏所藏，後捐中國戲曲研究院，現由中國藝術研究院圖書館收藏。行款規整，抄功工穩，墨色沉鬱，朱筆粲然，爲南府抄本。《天保九如》有前後各八齣（鼓板）大開本抄本，有十六齣本，均爲齊如山藏書，此十二齣本與另兩種不同。《故宮珍本叢刊》收入昇平署崑弋承應大戲一種，提綱本一種。

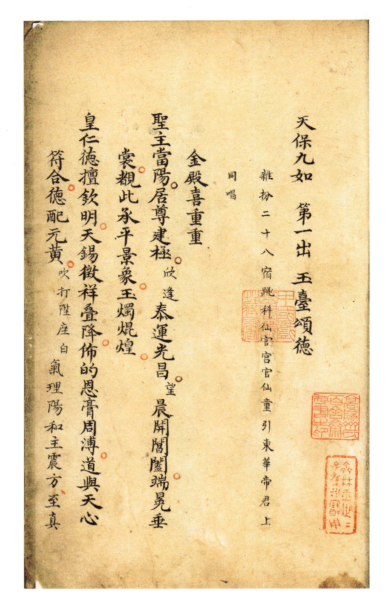

天保九如 十六齣 （清）南府輯 清南府朱墨抄本

高 26 釐米，寬 17.8 釐米。半葉八行，行二十二至二十三字，小字同，無邊框。一函兩冊。行款規整，抄功工穩，墨色沉鬱，朱筆粲然，爲南府時期產物。與齊如山另外兩種《天保九如》抄本對比，此本紙張更加老舊。與另一種十六齣大字本齣目全同。齣目爲：玉臺頌德、香國賡歌、松竹雙清、梅花三弄、葵心向日、君子爭名、徒求附驥、幸得攀鴻、添籌益算、協律調元、幻假欺真、錯訛誤索、推詳律呂、鬥舞芳菲、恩敷百匯、壽祝九如。卷首末鈐"齊林玉世世子孫永寶用""高陽齊氏百舍齋存書之印""齊氏所藏戲曲小說印""中國戲曲學院藏書""如山讀過"等印。原爲齊氏百舍齋藏書，後捐中國戲曲研究院，現由中國藝術研究院圖書館收藏。《故宮珍本叢刊》收入昇平署崑弋承應大戲一種，提綱本一種。

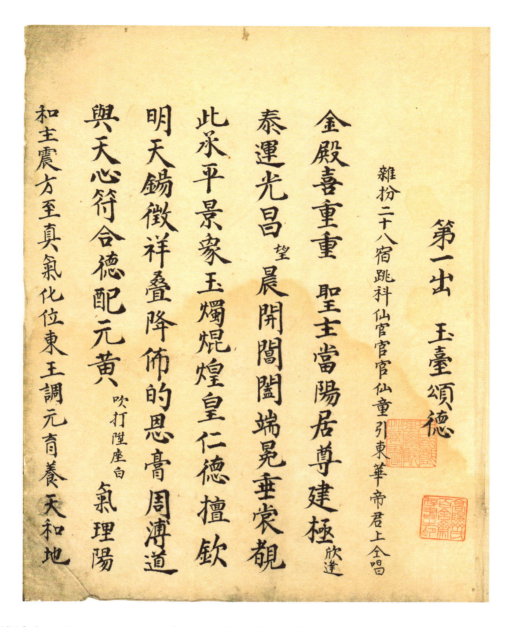

第一出　玉臺頌德

雜扮二十八宿跳科仙官官官仙童引東華帝君上全唱

金殿喜重重　聖主當陽居尊建極欣逢

泰運光昌塁　晨開閶闔端冕垂裳覿

此承平景象玉燭焜煌皇仁德檀欽

明天錫徵祥疊降佈的恩膏周溥道

與天心符合德配元黃吹打陞座白　氣理陽

和主震方至真氣化位東王調元育養天和地

天保九如　前八齣後八齣　（清）南府輯　清南府抄本

高 28.3 釐米，寬 25 釐米。半葉八行，行十四字，小字不等，無邊框。一函兩冊。毛裝。封面題“鼓板”。封套題“清書堂藏”。爲大開本大字抄本。行款規整，字體工穩，應爲清中期以前南府抄本。齣目爲：玉臺頌德、香國賡歌、松竹雙清、梅花三弄、葵心向日、君子爭名、徒求附驥、幸得攀鴻、添籌益算、協律調元、幻假欺真、錯訛誤索、推詳律呂、鬥舞芳菲、恩敷百匯、壽祝九如。卷首末鈐“高陽齊氏百舍齋存書之印”“齊氏所藏戲曲小說印”“中國戲曲學院藏書”“如山過目”等印。原爲清書堂及齊氏百舍齋藏書，後捐中國戲曲研究院，現由中國藝術研究院圖書館收藏。書中“祝”和“寧”字均不避諱。《故宮珍本叢刊》收入昇平署崑弋承應大戲一種，提綱本一種。

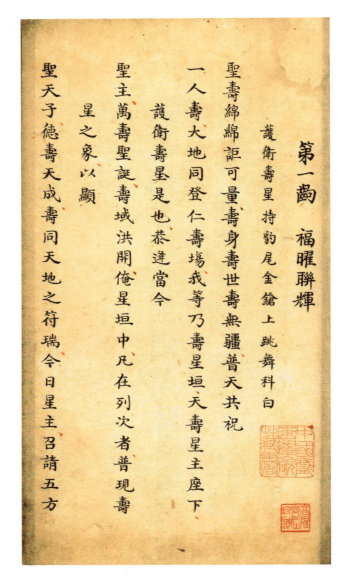

天開壽域 *十二齣改十齣 （清）南府輯 清南府抄本*

　　高24.5釐米，寬15.8釐米。半葉八行，行二十二字，小字同，無邊框。一函一册。書名據封面書簽題，封面題"南府抄本天開壽域，齊如山藏"。有國劇陳列館簽，題"奉旨改訂本，齊如山藏"。原封面題"十二齣改十齣，准"。有朱筆圈點，有黃紙貼簽修改處。通常行款規整、字數劃一、抄功工穩、半葉八行者爲清中期以前南府產物。卷末有題識曰："奉旨改訂本說明，清宮戲本有因情節及時間關係時有改定，如係傳旨著改，則可將該本隨意勾抹，再行繕進。如係奉上意指示，須用黃紙將原文粘糊，奉帝撰文書於黃紙上，呈閱後，始得繕清。此即奉旨特改之本也。"題識不是齊如山字跡。卷首鈐"高陽齊如山珍藏""中國戲曲學院藏書"等印。原爲齊氏藏書，後捐中國戲曲研究院，現由中國藝術研究院圖書館收藏。《天開壽域》是宮廷大戲《九九大慶》中一部分。

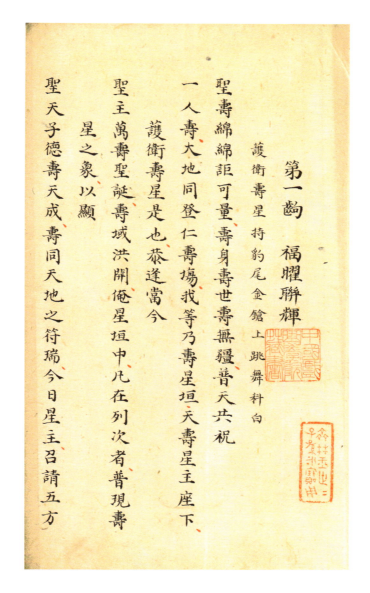

天開壽域總本　十齣附提綱　（清）昇平署輯　清昇平署朱墨抄本

　　高24.8釐米，寬16釐米。半葉八行，行二十二字，無邊框。一函兩册。毛裝。書名據封面題，封套題"清畫堂藏"。有朱筆圈點。提綱本有黄紙名簽粘貼。封面卷首末鈐"高陽齊氏百舍齋存書之印""齊林玉世世子孫永寶用""齊氏所藏戲曲小説印""如山過目""中國戲曲學院藏書"等印。原爲高陽齊氏百舍齋收藏，後捐中國戲曲研究院，現由中國藝術研究院圖書館收藏。《天開壽域》爲宫廷大戲《九九大慶》中一部分。

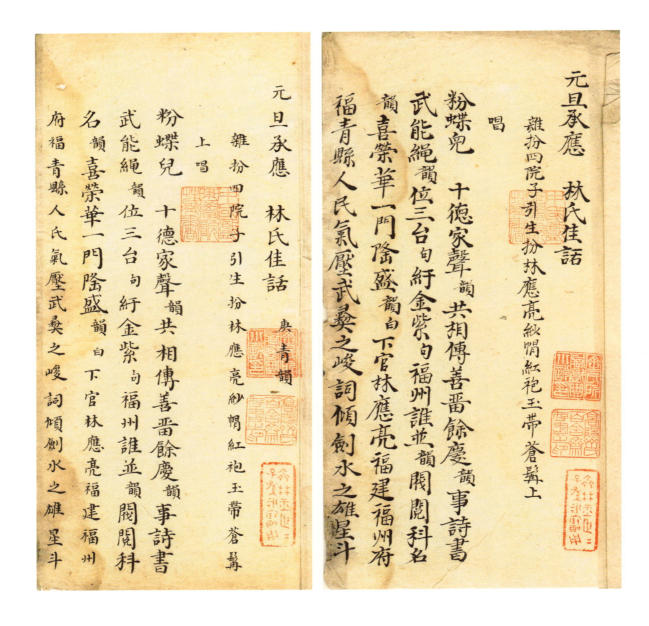

元旦承應·林氏佳話 （清）昇平署輯　清乾隆嘉慶間昇平署朱墨抄本

　　高24釐米，寬12.5釐米。半葉七行，行二十字，小字同，無邊框。一册。毛裝。封面題"元旦承應，林氏佳話"。有朱筆圈點。七行抄本爲乾嘉稍晚時期産物。封套原題"清晝堂藏"。卷首末鈐"齊林玉世世子孫永寶用""高陽齊氏百舍齋存書之印""齊氏所藏戲曲小説印""中國戲曲學院藏書""如山過目"等印。原爲高陽齊氏百舍齋所藏，後捐中國戲曲研究院，現由中國藝術研究院圖書館收藏。收入館藏《月令承應》中。《月令承應》中另有一《林氏佳話》抄本，與此抄本近似，但抄寫草率。

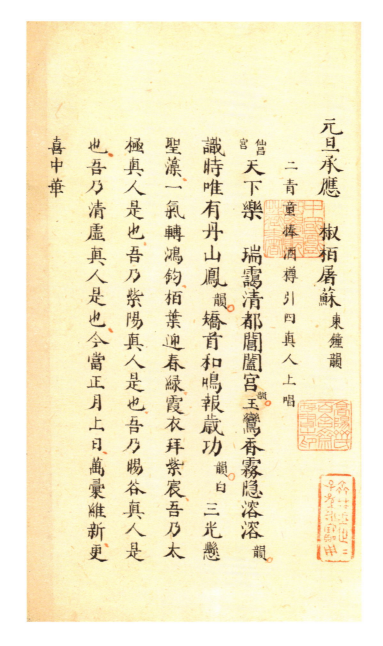

元旦承應‧椒柏屠蘇‧放生古俗 （清）昇平署輯　清乾隆嘉慶間昇平署朱墨抄本

高 24.4 釐米，寬 16.4 釐米。半葉八行，行二十二字，小字同，無邊框。一冊。毛裝。封面題 "元旦承應，椒柏屠蘇，放生古俗"。有朱筆圈點。此本抄功工穩，較一般昇平署抄本更佳。封套原題 "清畫堂藏"。卷首末鈐 "齊林玉世世子孫永寶用" "高陽齊氏百舍齋存書之印" "齊氏所藏戲曲小說印" "中國戲曲學院藏書" "如山過目" 等印。原爲高陽齊氏百舍齋所藏，後捐中國戲曲研究院，現由中國藝術研究院圖書館收藏。收入館藏《月令承應》中。清宮六十三齣節令開場承應戲中 "元旦" 爲 "喜朝五位、歲發四時、椒柏屠蘇、放生古俗、五位迎年、七聲獻歲、文氏家慶、喜溢寰中"。

元曲選 十集（二十子集）一百種 （明）臧懋循輯 明萬曆四十三至四十四年（1615—1616）刻本

框高 20.7 釐米，寬 13.5 釐米。半葉九行，行二十字，小字同，白口，左右雙邊，單黑魚尾。十六函七十六冊。前有臧懋循萬曆四十三年（1615）《元曲選序》，明涵虛子（朱權）《元曲論》，明陶宗儀《天台陶九成論曲》。《元曲選目録》分十集，甲乙丙丁戊己庚辛壬癸，每集分上、下集，前五集爲萬曆四十三年（1615）刻板，後五集爲萬曆四十四年（1616）刻板，各標《元曲選目録》。《元曲選》是分前後兩次於萬曆四十三至四十四年刊刻，這是很明確的，但其先後行世的刷印本確實很多也很混亂，散佈在很多的公私收藏家手中，到底其初刻初印是怎樣的面貌，至今還沒有一個定論。大約有原刻本、萬曆四十三年至四十四年（1615—1616）刻本、萬曆間博古堂、雕蟲館刻本等，究其一點，也不過是初刻印與後印本的關係，至今沒有提出覆刻的概念。這部藏本與《續修四庫全書》中浙江圖書館藏本相同，插圖均爲 222 幅，但浙江圖書館藏本並無"丁集下《呂洞賓三醉岳陽樓》"之"徐神翁斜纜釣魚舟""漢鍾離翻作抱官囚"兩幅插圖。根據該劇末尾"題目正名"來看，這兩幅插圖內容與該劇無涉，是誤裝訂入該劇卷首的。藏本封面序端卷首末鈐"齊林玉世世子孫永寶用""高陽齊氏百舍齋存書之印""齊氏所藏戲曲小說印""中國戲曲學院藏書""齊如山"等印。原爲高陽齊氏百舍齋所藏，後捐中國戲曲研究院，現由中國藝術研究院圖書館收藏。此版本其刷印應距離初刻初印本不遠，板印完整，綫條清晰，刷印均勻，筆鋒畢現。但插圖紙張明顯有異於文字部分，有可能插圖與文字刻板不是同時所刻。茲姑待考。

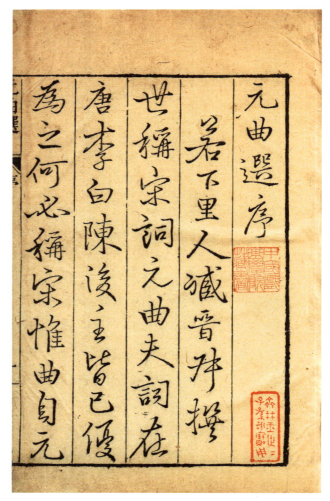

百舍齋藏本插圖存缺情況，齊氏在重整裝幀時，將所缺插圖一一墨線勾勒板框，原樣裝訂於各卷卷前。現將存佚列於後：

"乙集下"《薛仁貴》，兩幅，缺。

"丙集上"《老生兒》，兩幅，缺。

"丙集上"《磦砂擔》，兩幅，缺。

"丙集下"《凍蘇秦》，兩幅，缺。

"丁集下"《伍員吹簫》，兩幅，缺。

"丁集下"《黑旋風》，兩幅，缺。

"巳集上"《青衫淚》，兩幅，缺。

"巳集下"《趙禮讓肥》，兩幅，缺。

"巳集下"《竹葉舟》，兩幅，缺。

"庚集上"《金安壽》，兩幅，缺。

"庚集下"《單鞭奪槊》，兩幅，缺。

"辛集上"《東坡夢》，兩幅，缺。

"辛集上"《氣英布》，兩幅，缺。

"辛集下"《隔江鬥智》，兩幅，缺。

"辛集下"《度柳翠》，兩幅，缺。

"辛集下"《盆兒鬼》，兩幅，缺。

"壬集上"《抱妝盒》，兩幅，缺。

"壬集下"《連環記》，兩幅，缺。

"癸集上"《看錢奴》，兩幅，缺。

"戊集上"《陳摶高臥》，四幅缺兩幅。

"庚集下"《城南柳》，四幅缺兩幅。

"辛集上"《金線池》，四幅缺兩幅。

"辛集下"《魔合羅》，四幅缺兩幅。

"壬集下"《蕭淑蘭》，四幅缺兩幅。

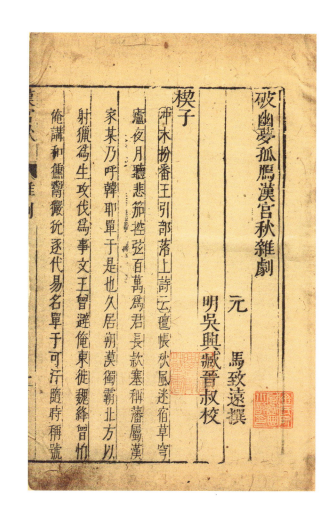

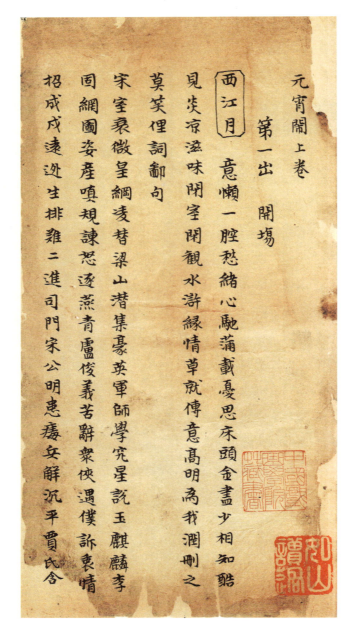

元宵鬧 二卷二十七齣 （明）李素甫撰 清抄本

高 23 釐米，寬 14.3 釐米。半葉八行，行字不等，無邊框。一函三冊。有國劇陳列館籤，題"元宵鬧傳奇，綴玉軒藏，明李素甫撰"。卷首末鈐"如山讀過""中國戲曲學院藏書"等印。原為齊梅合作期間齊如山鑒定收藏，後捐中國戲曲研究院，現由中國藝術研究院圖書館收藏。

李素甫，生卒年不詳，崇禎元年（1628）前後在世，字位行，吳江人。工曲，著有傳奇《稻花劫》《落花風》《再生蓮》《賣愁村》《元宵鬧》五種。其中《元宵鬧》一種或作朱佐朝作。

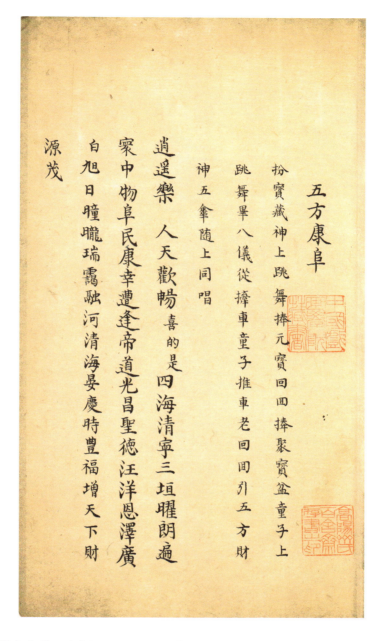

五方康阜·萬寶光華 （清）昇平署輯　清昇平署抄本

　　高 25 釐米，寬 16.2 釐米。半葉八行，行二十二字，小字同，無邊框。一冊。毛裝。書名據封面書簽題，封面題"十二年十二月看准折全形"。封套題"清晝堂藏"。封面卷首末鈐"高陽齊氏百舍齋存書之印""齊氏所藏戲曲小說印""中國戲曲學院藏書""如山讀過"等印。原爲高陽齊氏百舍齋所藏，後捐中國戲曲研究院，現由中國藝術研究院圖書館收藏。收入館藏《法宮雅奏九九大慶》中。《故宮珍本叢刊》收入崑腔單齣《五方康阜》一種。館藏封套題"清晝堂藏"而不鈐鄭騫藏書印的情況也有，不知鄭氏與清晝堂關係如何，是否一也，待考。

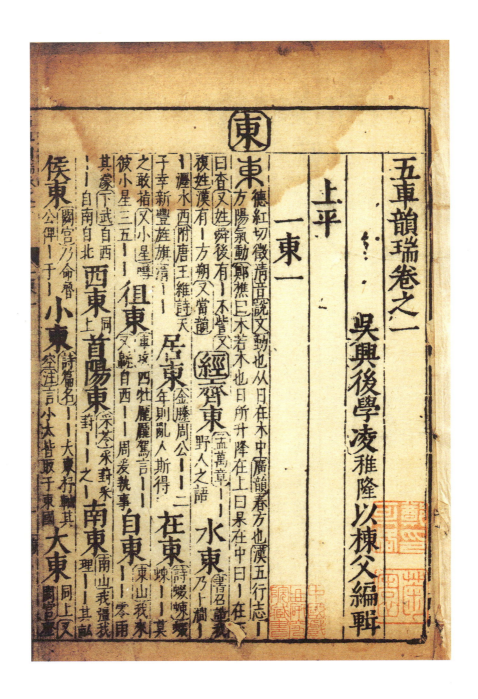

五車韻瑞　一百六十卷　（明）淩稚隆輯　明刻本

框高 22 釐米，寬 15.8 釐米。半葉十行，行二十字，小字雙行二十七字，白口，左右雙邊，單黑魚尾。四函二十四冊。卷首有明謝肇淛《五車韻瑞序》，序端版心下方刻"吳興沈□□"，漫漶不清。序言書口白魚尾，與書中正文版式不一致，或爲補配。卷前有《五車韻瑞目錄》，有《洪武正韻》四十七葉半，或爲誤裝訂入，待考。卷一版心下方刻"陶""仲元""貞公""伯""守""元"等刻工名。卷端序端卷末鈐"如山讀過""泰定山房""鄭可格印""菊園""中國戲曲研究院藏書""梅蘭芳捐贈"等印。宋代蘇籀有《邵公濟求泰定山房十詩》，顯然與藏書之泰定山房無關。此書原藏家鄭可格（菊園）不可考，後由百舍齋齊如山搜集，綴玉軒珍藏。

《五車韻瑞》，明代淩稚隆（生卒年不詳）編輯。此書仿陰時夫《韻府群玉》而成。在每一韻之下，先列出一小篆，後以韻隸事。意爲網羅經史子集群籍詞藻依韻排比，故曰《五車韻瑞》。至於清康熙年間成書的《佩文韻府》則是在《韻府群玉》《五車韻瑞》的基礎上編纂而成。

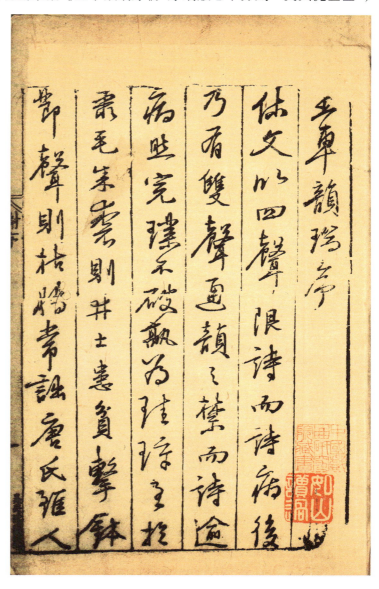

五義風 二卷三十齣 （清）佚名
撰 清初朱墨抄本

　　高 24.8 釐米，寬 15 釐米。半葉
十行，行字不等，無邊框。一函兩冊。
書名據封面書籤題。有國劇陳列館籤，
題 "五義風，綴玉軒藏，不題撰人"。
封二題 "丙辰臘月念六日，移居永泉
寺西街"。有腳色表演提示。原封套題
"康雍間抄本"。卷首末鈐 "養志堂玩
賞圖書" "笏石" "陳鐸" "觀其妙" "遊
戲" "寧府" "如山讀過" "中國戲曲學
院藏書" 等印。原爲齊梅合作期間齊
如山鑒定收藏，後捐中國戲曲研究院，
現由中國藝術研究院圖書館收藏。陳
鐸藏戲曲抄本在藝術研究院圖書館還
有相當一批。鈐 "寧府" "觀其妙" "遊
戲" 的印抄本也有相當一批藏本。其
中 "遊戲" 印在《紅雪樓九種》中羅
聘曾使用此二字印。是否此人，待考。
羅聘（1733—1799），清代畫家，字遯
夫，號兩峰，又號衣雲、別號花之寺、
金牛山人、師蓮老人。祖籍安徽歙縣，
其先輩遷居揚州。他是 "揚州八怪"
中最年輕者，爲金農入室弟子，未仕，
好遊歷。繪畫人物、佛像、山水、花果、
梅、蘭、竹等，無所不工。

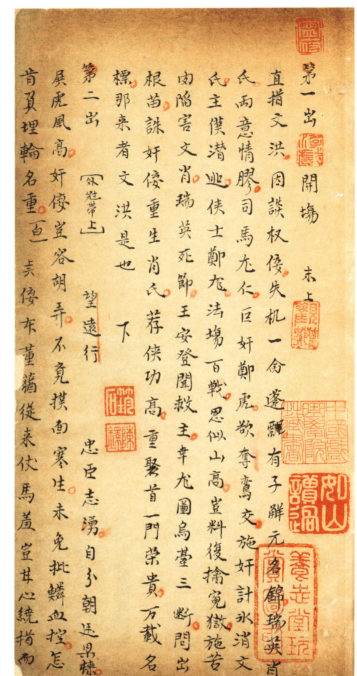

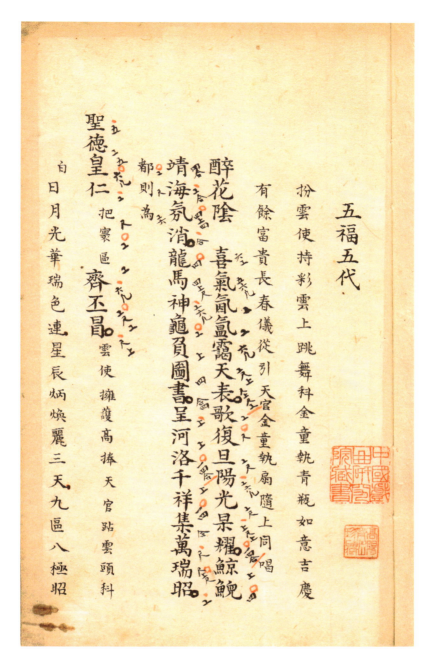

五福五代總本 （清）昇平署輯　清昇平署朱墨抄本

高 24 釐米，寬 15.4 釐米。半葉八行，行二十二字，無邊框。一冊。毛裝。書名據封面書簽題。封面題"五福五代總本"。有國劇陳列館書簽，題"嘉道間安殿本，齊如山藏"。有朱墨圈點。有工尺譜。八行本爲清中期以前抄本，行款整飭，裝幀規範，墨色瑩潤，抄功工穩。卷首末鈐"高陽齊如山珍藏""中國戲曲研究院藏書""梅蘭芳捐贈"等印。原爲高陽齊氏所藏、齊梅合作期間收集整理之昇平署文獻，歸國劇陳列館，後捐中國戲曲研究院，現由中國藝術研究院圖書館收藏。《故宮珍本叢刊》收入昇平署崑弋開場承應戲一種，昇平署排場本一種。

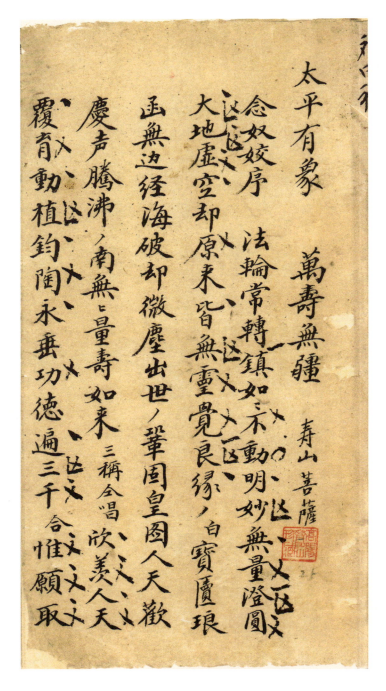

太平有象·萬壽無疆 （清）佚名輯　清抄本

　　高 25 釐米，寬 14.5 釐米。半葉六行，行字不等，無邊框。清代戲曲各腳公用單本，書口右上角墨筆題"劉田福"，此人應該是此腳色扮演之演員。卷首題"壽山，菩薩"。有墨筆圈點刪改。似爲內府、昇平署承應戲所遺物件。卷首鈐"高陽齊如山珍藏"等印。原爲高陽齊氏百舍齋藏，現由中國藝術研究院圖書館收藏。收入館藏《各腳公用大本》中。《故宮珍本叢刊》收入南府崑弋承應宴戲一種。

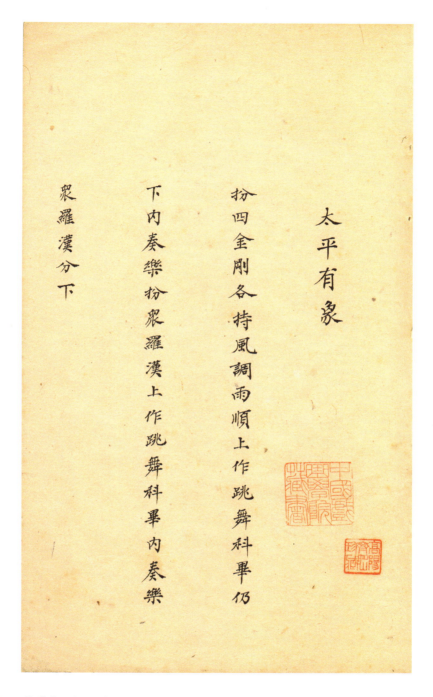

太平有象·萬壽無疆　（清）昇平署輯　清昇平署朱墨抄本

高 24 釐米，寬 15.3 釐米。半葉四行，行大小字不等，無邊框。一函一冊。封面題"太平有象、
萬壽無疆總本"。有國劇陳列館書籤，題"臨時改詞安殿本，齊如山藏"。有朱墨圈點。有工尺譜。
有臨時改詞粘貼書籤"榮惠皇貴妃千秋令郎""聖母"。卷首鈐"高陽齊如山珍藏""中國戲曲
學院藏書"等印。原爲高陽齊氏所藏，後捐中國戲曲研究院，現由中國藝術研究院圖書館收藏。
《故宮珍本叢刊》收入南府崑弋承應宴戲一種。

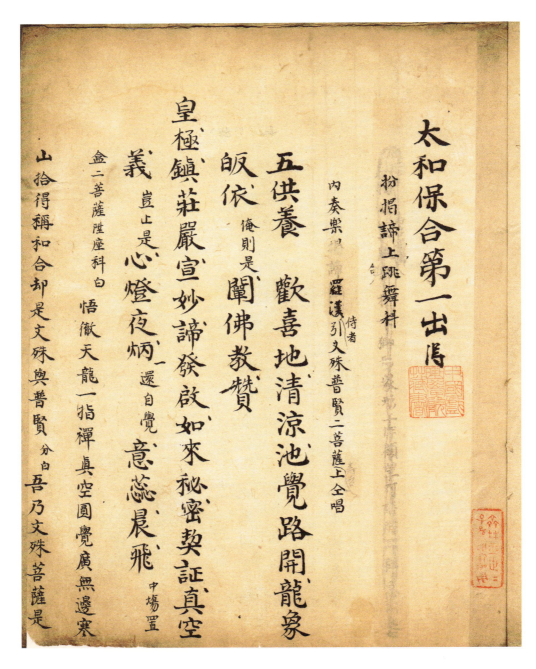

太和保合　十二齣附提綱　（清）昇平署輯　清昇平署抄本

高 28.7 釐米，寬 24.5 釐米。半葉九行，行字不等，無邊框。一函兩冊。毛裝。封套題"清書堂藏"。封套書籤題"太和保合，嘉道間昇平署承應用本，附提綱，灌隱藏"。有白紙改動粘貼籤。抄功隨意，有墨筆圈改。"提綱"本有黃紙粘貼演員人名籤。封面卷首末鈐"高陽齊氏百舍齋存書之印""齊林玉世世子孫永寶用""齊氏所藏戲曲小說印""如山過目""中國戲曲學院藏書"等印。原爲高陽齊氏百舍齋藏，後捐中國戲曲研究院，現由中國藝術研究院圖書館收藏。

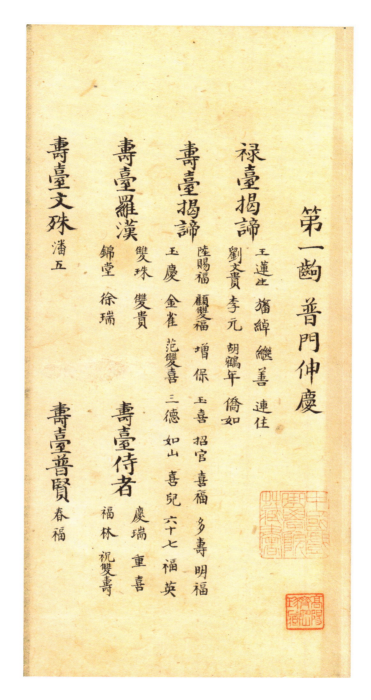

太和保合提綱 十二齣（清）昇平署輯 清昇平署抄本

高 22.5 釐米，寬 13.2 釐米。半葉五行，行字不等，無邊框。一册。書名據封面書籤。存庫本提綱。有國劇陳列館簽。題"存庫本提綱，齊如山藏"。封面題"南府抄本太和保合提綱，齊如山藏"，爲齊如山墨跡。卷首末鈐"高陽齊如山珍藏""中國戲曲研究院藏書""梅蘭芳捐贈"等印。原爲高陽齊氏所藏，齊梅合作期間歸國劇陳列館，後捐中國戲曲研究院，現由中國藝術研究院圖書館收藏。收入館藏《梅藏安殿本》函中。

瓦口關 （清）昇平署輯　清昇平署朱墨抄本

高 25.5 釐米，寬 16 釐米。半葉四行，行字不等。毛裝。封面題 "瓦口關總本"。有國劇陳列館書簽，題 "梆子安殿本，齊如山藏，昇平署"。故事本事出於《三國演義》第七十回 "猛張飛智取瓦口隘，老黃忠計奪天蕩山"。此抄本爲清代晚期昇平署抄本。卷首鈐 "高陽齊如山珍藏" "中國戲曲學院藏書" 等印。初爲高陽齊如山百舍齋收藏，後歸國劇陳列館，再歸中國戲曲研究院，最終由中國藝術研究院圖書館收藏。《故宮珍本叢刊》收入昇平署提綱本兩種。

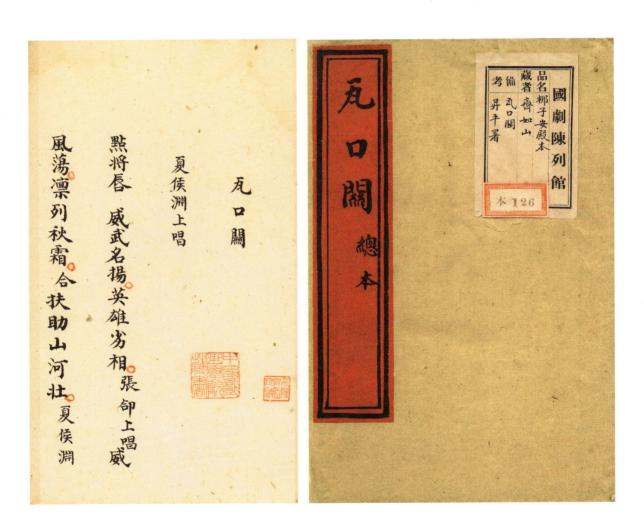

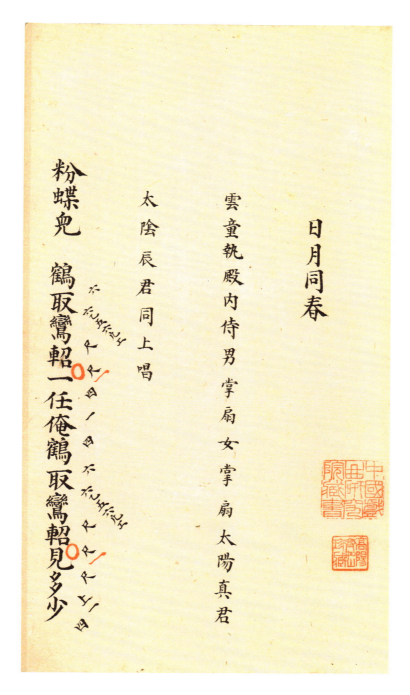

日月同春總本 （清）昇平署輯　清光緒間昇平署朱墨抄本

高 24 釐米，寬 15.4 釐米。半葉四行，行大小字不等，無邊框。一冊。毛裝。書名據封面書籤題。有國劇陳列館書籤，題“光緒時代安殿本，齊如山藏”。有朱筆圈點。有工尺譜。卷首末鈐“高陽齊如山珍藏”“中國戲曲研究院藏書”“梅蘭芳捐贈”等印。原爲高陽齊氏所藏，齊梅合作期間歸國劇陳列館，後捐中國戲曲研究院，現由中國藝術研究院圖書館收藏。收入館藏《光緒朝昇平署曲譜》中。

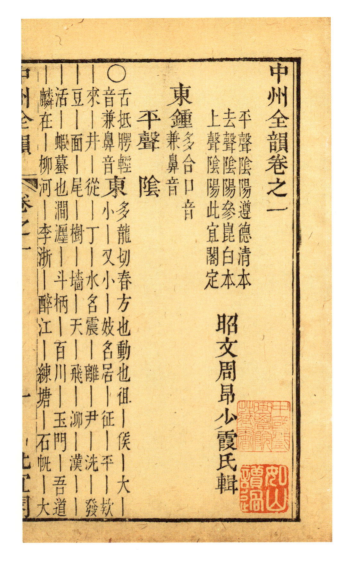

中州全韻 二十二卷首一卷 （清）周昂輯 清此宜閣刻本

框高 21.3 釐米，寬 12.3 釐米。半葉八行，行二十字，小字雙行同，左右雙邊，單魚尾。兩函十冊。版心題"此宜閣"。書名葉題"昭文周少霞增校，新訂中州全韻，此宜閣藏板"。前有《新訂中州全韻目錄》。卷首爲周少霞《此宜閣天籟》。封套書籤爲齊如山墨跡。此書爲清代韻書，開篇有一段周少霞的文字，錄於下："辛亥月十三日，夜夢一偉丈夫謂余曰：'子具神解於周德清之入聲字作平上去，其音皆得所準乎？'余曰：'未也。'曰：'昔潘次耕作類音，每於平聲字即將轉入聲之字作切，頗有獨見。今德清之入聲字何不本次推之。'言訖而寤。思之未會其妙。且而以音葉之，取入聲本字之平上去各從其類爲切，宛若天籟。乃知一病五年，臨終得此神授，開數百年未啓之秘，亦有數存其間耶。少霞誌。"卷首鈐"如山讀過""中國戲曲學院藏書"等印。原爲高陽齊氏所藏，後捐中國戲曲研究院，現由中國藝術研究院收藏。周昂，即周少霞，生卒年不詳，常熟人。

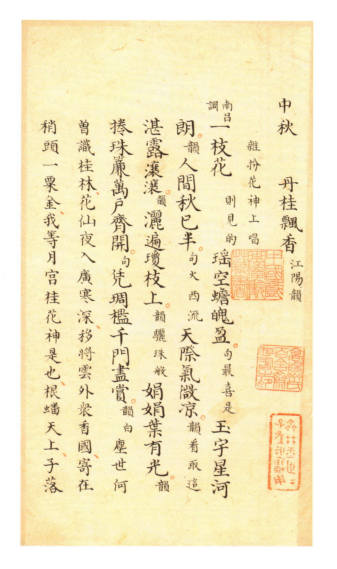

中秋宴戲承應·丹桂飄香·霓裳獻舞串關 （清）昇平署輯　清乾隆嘉慶間昇平署朱墨抄本

高 24.4 釐米，寬 16.4 釐米。半葉八行，行二十二字，小字同，無邊框。一冊。毛裝。書名據封面題，封面題"中秋宴戲承應、丹桂飄香、霓裳獻舞串關"。封套原題"清晝堂藏"。有朱筆圈點。此本抄功工穩，較一般昇平署抄本爲佳。卷首末鈐"齊林玉世世子孫永寶用""高陽齊氏百舍齋存書之印""齊氏所藏戲曲小說印""中國戲曲學院藏書""如山過目"等印。原爲高陽齊氏百舍齋所藏，後捐中國戲曲研究院，現由中國藝術研究院圖書館收藏。收入館藏《月令承應》中。《故宮珍本叢刊》收入南府崑弋月令承應戲一種。

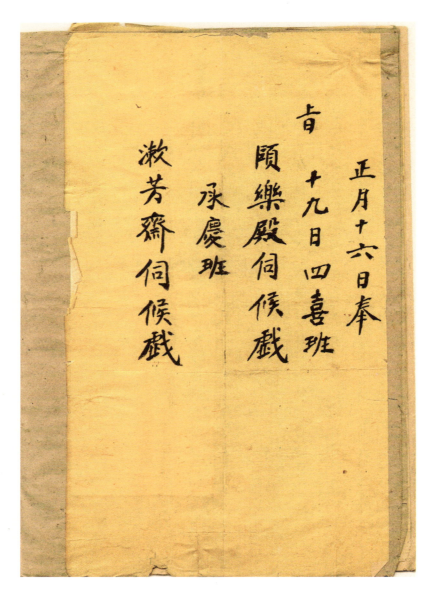

内務府記旨檔 （清）内務府輯　清光緒二十二至三十二年（1896—1906）内務府抄本

高 26.5 釐米，寬 22.5 釐米。半葉行、字不等，無邊框。四冊。粘貼本。封面題"内務府記旨檔，齊如山藏"。爲昇平署進宮承應演戲傳旨。卷首鈐"高陽齊如山珍藏""中國戲曲研究院藏書"等印。原爲高陽齊氏所藏，後捐中國戲曲研究院，現由中國藝術研究院圖書館收藏。

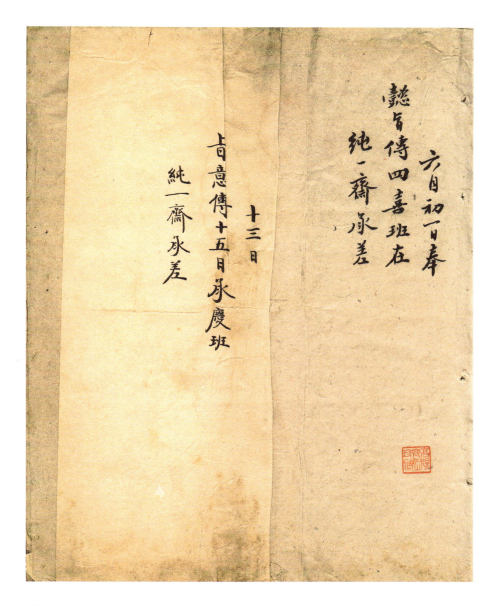

内務府帶戲記旨檔 （清）内務府輯　清光緒二十一年（1895）内務府抄本

高 26.5 釐米，寬 22.5 釐米。半葉行、字不等，無邊框。一册。粘貼本。封面題"内務府帶戲記旨檔，齊如山藏"。内容爲昇平署進宫承應演戲傳旨。卷首鈐"高陽齊如山珍藏""中國戲曲研究院藏書"等印。原爲高陽齊氏所藏，後捐中國戲曲研究院，現由中國藝術研究院圖書館收藏。

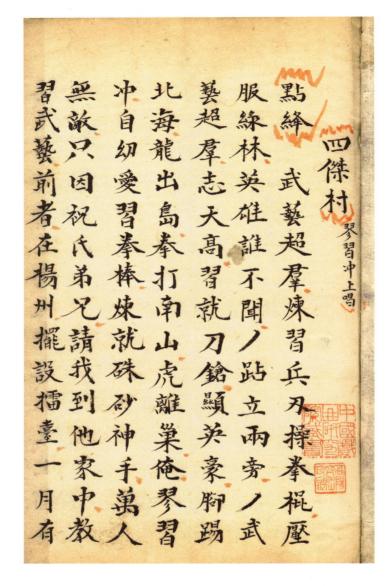

內學太監自用單本四十八種　清內務府輯　清內務府精抄本

高 23 釐米，寬 12.5 釐米。各冊半葉七至八行字不等，無邊框。一函四冊。書名據封套書簽代擬，爲清代內務府內學太監演劇自用之本。單本包括：惡虎村、五雷陣、鎮壇州、鎮壇州、黃鶴樓、四傑村、定軍山、豔陽樓、定軍山、翠屏山、界牌關、諸仙鎮、八臘廟、鐵籠山、戰宛城、鎮壇州、馬家鎮、難中福、取南郡、蓮花湖、大名府、惡虎村、飛叉鎮、洗浮山、伐東吳、四傑村、溪皇莊、落馬湖、魚腸劍、出祁山、趙家樓、戰北原、一枝蘭、單刀、黃鶴樓、翠鳳樓、水帘洞、賈家樓、回荊州、安天會、九連燈、翠鳳樓、伐子都、趙家樓、洪海郡、趙家樓、雙盜印、起解。同名劇目爲不同單本。卷首鈐"高陽齊如山珍藏""梅蘭芳捐贈""中國戲曲研究院藏書"等印。原爲齊氏百舍齋藏書，後歸國劇陳列館，後捐贈中國戲曲研究院，現由中國藝術研究院圖書館收藏。

化人遊詞曲 十齣 （清）丁耀亢著 清順治間刻本

框高 19.5 釐米，寬 12.5 釐米。半葉九行，行二十四字，小字同，白口，四周單邊，單黑魚尾。一函一冊。封面書籤題"化人遊，丁野鶴先生著，史鐵樵藏書"。卷前有清順治四年（1647）

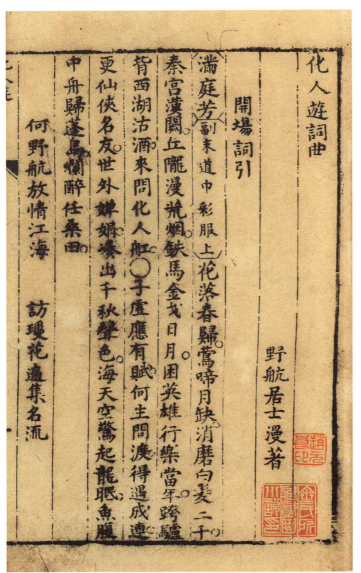

龔鼎孳《化人遊詞序》，順治五年（1648）宋琬《總評》，《化人遊詞曲目録》，《化人遊妝扮腳色》。每齣後有評語。封面卷首末鈐"趙元良""高陽齊氏百舍齋存書之印""齊林玉世世子孫永寶用""齊氏所藏戲曲小說印""中國戲曲學院藏書""齊如山"等印。原爲趙元良、高陽齊氏百舍齋所藏，後捐中國戲曲研究院，現由中國藝術研究院圖書館收藏。封套書籤及掛籤爲齊如山墨跡。此書板式與《赤松遊傳奇》不同。不避"玄"字，爲順治間刻本。

丁耀亢（1599—1669），字西生，號野鶴，別署紫陽道人，又號木雞道人、漆園遊鶊、華表人等等。山東諸城人，祖居藏馬山下（今山東省膠南市大村鎮）。明末清初詩人、劇作家、小說家。《續金瓶梅》《隔簾花影》皆出其手。作傳奇《西湖扇》二卷，《化人遊》一卷，《蚺蛇膽》二卷、《赤松遊》三卷，曾於順治時進呈。

介山記 二卷二十四折 （清）宋廷魁撰 清乾隆十五年（1750）刻本

框高 21.5 釐米，寬 14.8 釐米。半葉上下欄，上欄十行，小字雙行六字，下欄二十四字，小字同，白口，左右雙邊，單黑魚尾。一函四冊。書名葉題"竹溪山人介山記"。封套書籤爲齊如山墨跡。有方苞序言，彭遵泗序言，乾隆五年（1740）張正任序言，李文炳序言，《介山記題詩》，陳之縞《介山竹溪先生小像》及姜廷繆像贊，秀水諸錦題詩一葉，宋廷魁自識《或問》，《介山記目錄》。卷末有乾隆十五年（1750）宋廷魁跋語。封面卷首末鈐"高陽齊氏百舍齋存書之印""齊林玉世世子孫永寶用""齊氏所藏戲曲小說印""中國戲曲學院藏書""中國戲曲研究院藏書"等印。原爲高陽齊氏百舍齋收藏，後捐中國戲曲研究院，現由中國藝術研究院圖書館收藏。我館又有一部鈐有"如山讀過"朱印的《介山記》，無秀水諸錦題詩一葉。

宋廷魁（1710—? ），字其英，號竹溪，別署竹溪居士、竹溪山人、了翁。介休縣（今山西介休市）張良村人。清詩人、書畫家、戲劇家和小說家。工書畫，尤擅畫竹，宗法黃公望，山西介休源神廟、北京瀛臺等地均有其墨跡。父親宋邦和爲雍正年間舉人，未入仕。廷魁年幼喪母，入學爲生員，秋闈屢不中，潛心詩文，著有《竹溪詩文集》（又稱《宋了翁先生詩文編》）《雪籟集》《鶴鳴集》。廷魁根據介之推事演成傳奇《介山記》。

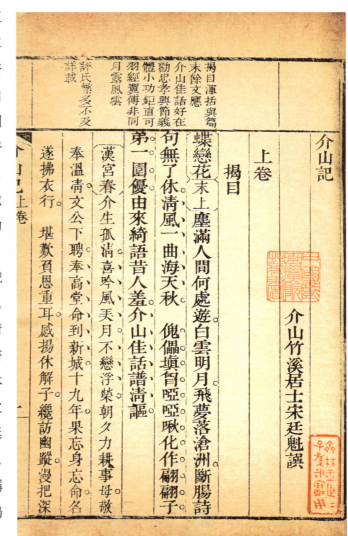

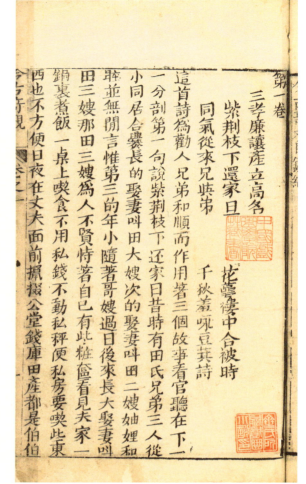

今古奇觀　四十卷　（明）姑蘇抱甕老人輯　清乾隆五十二年（1787）英德堂刻本

框高 20.5 釐米，寬 13.5 釐米。半葉十一行，行二十四字，小字雙行同，白口，四周單邊，單黑魚尾。一函八册。牌記題“乾隆丁未重鐫，墨憨齋手定，今古奇觀，英德堂藏板”。卷前有姑蘇笑花主人漫題序言，《今古奇觀目録》。封面序端卷端卷末鈐“高陽齊氏百舍齋存書之印”“齊林玉世世子孫永寶用”“齊氏所藏戲曲小説印”“如山過目”“中國戲曲學院藏書”等印。《中國通俗小説總目提要》著録此書。國家圖書館、上海圖書館、首都圖書館藏有迄今認爲最早的清初刻本；巴黎圖書館藏清吳郡寶瀚樓刻本，又題“喻世明言二刻”，有圖四十葉，有人認爲是明刻；此外還有清芥子園刻本，爲國家圖書館藏。同文堂刻本、文英堂刻本、清乾隆三十年（1765）汗簡齋刻本（題金聖歎評）均藏於南京圖書館。據考證該書約成於明崇禎五年（1632）至十七年（1644）間，題“墨憨齋手定”，應是假託馮夢龍之名。藝術研究院圖書館所藏這部書此前均未見提到，白紙本，高陽齊如山氏收藏，後輾轉收於中國戲曲研究院，最終由中國藝術研究院圖書館收藏。

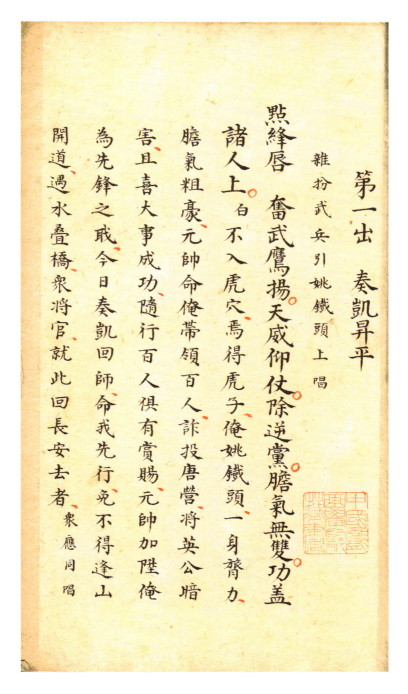

月中桂串關 八齣 （清）南府輯 清南府抄本

高 24.5 釐米，寬 16 釐米。半葉八行，行二十一字，小字同，無邊框。一冊。毛裝。書名據封面題，封面題"月中桂，三段，串關"。"吉"字簽，鈐"舊大班"。有國劇陳列館簽"存庫本，齊如山"，"月中桂，齊如山，崑腔存庫本，NO.69."。封套題"月中桂傳奇，清南府抄本"。有朱筆圈點。行款工整，符合南府抄本面貌。卷首鈐"中國戲曲學院藏書"等印。齣目爲：奏凱昇平、懷情酬酢、閨媛訂身、英雄息足、誤劫鹿馬、再奪桃僵、悄粧盜印、魃救擊兵。

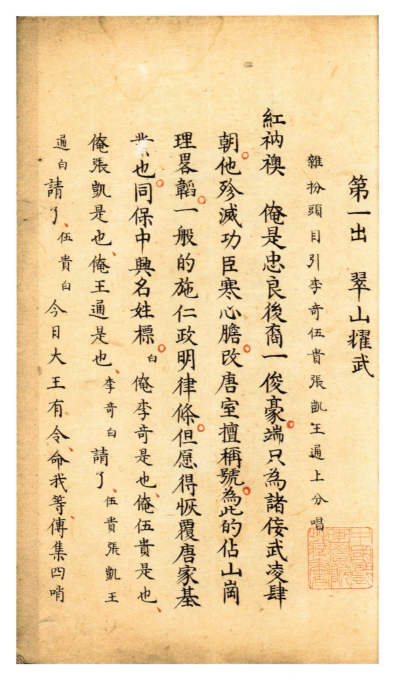

月中桂串關　八齣　（清）南府輯　清南府抄本

高 24.5 釐米，寬 16 釐米。半葉八行，行二十一字，小字同，無邊框。一冊。毛裝。書名據封面題，封面題"月中桂，四段，串關"，帶"吉"字簽，鈐"舊大班"。有國劇陳列館簽"存庫本，齊如山"。有齊如山藏簽"舊存庫本，齊如山藏"。封套題"月中桂傳奇，清南府抄本"。有朱筆圈點。行款規整，符合南府抄本面貌。卷首鈐"中國戲曲學院藏書"等印。齣目爲：翠山耀武、安平斥佞、房州設擂、護國趨朝、廷靜辯罪、劫奪山敘、喜慰解愠、月中桂圓。

月令承應 （清）昇平署輯　清昇平署抄本

高 27.5 釐米，寬 23.5 釐米。半葉十行，行字不等，無邊框。一函兩册。有墨筆刪改圈點。封套題"清畫堂藏"。此書爲松蘿館舊藏，後經鄭騫收集裝幀，上册題識曰："月令承應，松蘿館藏舊抄本朱墨鼓板，上元，東皇佈令，斂福賜民，上元，萬花向榮，御苑獻瑞，浴佛，六祖講經，長沙救子。"鈐"鄭騫"印。下册題識曰："月令承應，松蘿館藏舊抄本朱墨鼓板，七夕，七襄報章，仕女乞巧，中元，佛旨渡魔，魔王答佛，除夕，金庭奏事，賜福同明。"鈐"鄭騫"印。松蘿館輯録昇平署舊本很多，與"青城山民"或爲同一人，本館另有藏本。十行昇平署抄本爲清中期以前產物，紙張墨色均符合這個時期面貌。封面卷首末鈐"高陽齊氏百舍齋存書之印""齊氏所藏戲曲小說印""齊林玉世世子孫永寶用""中國戲曲學院藏書""如山過目"等印。原爲松蘿館舊藏，經鄭騫收藏，又經高陽齊氏百舍齋收藏，後捐中國戲曲研究院，現由中國藝術研究院收藏。

鄭騫（1906—1991），遼寧鐵嶺人，字因百，筆名蜀生、灌筠、愧二陶室主人、穎白、聞韶、孔在齊。取辛棄疾"愛桐蔭滿庭清晝"的詞義名其書齋爲"桐蔭清晝堂"。館題"清晝堂藏"善本均爲鄭騫舊藏。

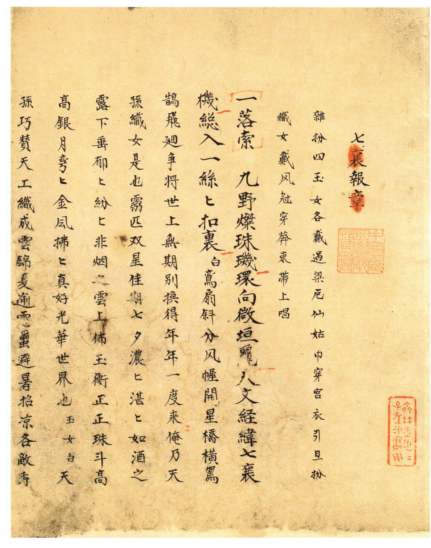

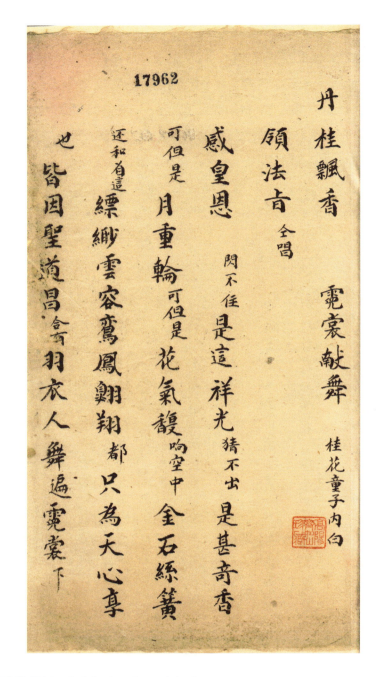

丹桂飄香·霓裳獻舞 （清）佚名輯　清抄本

　　高 25 釐米，寬 14.5 釐米。半葉六行，行字不等，無邊框。清代戲曲各腳公用單本，卷首題"桂花童子內白"。似爲內府、昇平署承應戲所遺物件。卷首鈐"高陽齊如山珍藏"。原爲高陽齊氏百舍齋藏，現由中國藝術研究院圖書館收藏。收入館藏《各腳公用大本》中。此書有半葉八行二十二字朱墨抄本，爲南府崑腔月令承應戲抄本，《穿戴提綱》《崑戲目錄》《開團場節令等總目錄》《節令宴戲大戲軸子目錄》《中國古籍善本書目》和《中國劇目辭典》均著錄。《故宮珍本叢刊》收入南府崑弋月令承應戲一種。

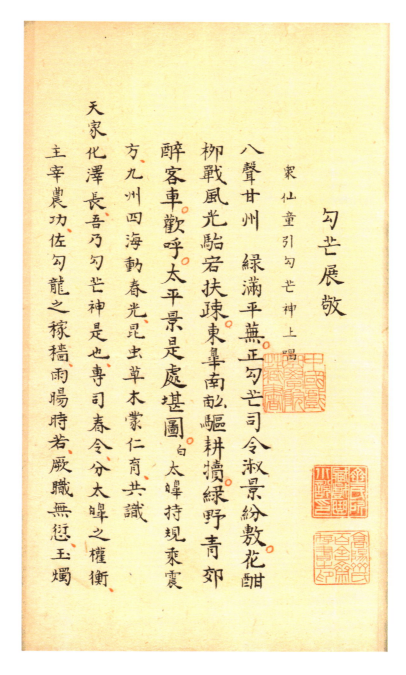

勾芒展敬 （清）昇平署輯　清昇平署抄本

　　高 24.7 釐米，寬 16.3 釐米。半葉八行，行二十二字，小字同，無邊框。一册。毛裝。書名據封面書簽題。封面題"玄暉閣藏昇平署抄本，蜀人□□□□"。有朱筆圈點。封套題"清書堂藏"。封面卷首末鈐"高陽齊氏百舍齋存書之印""齊氏所藏戲曲小說印""中國戲曲學院藏書""如山讀過"。原爲高陽齊氏百舍齋所藏，後捐中國戲曲研究院，現由中國藝術研究院圖書館收藏。收入館藏《法宮雅奏九九大慶》中。《故宮珍本叢刊》收入昇平署崑弋開場承應戲一種。

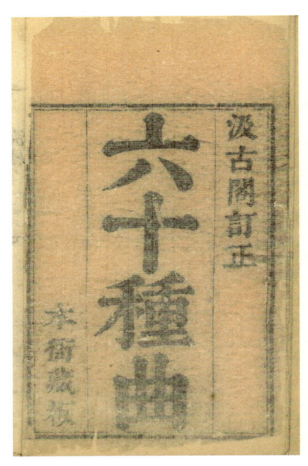

六十種曲 十二集一百二十種 （明）毛晉輯 明末汲古閣刻清重印本

　　框高 20.2 釐米，寬 13 釐米。半葉九行，行十九字，小字同，白口，左右雙邊。六函一百二十冊。六函分禮、樂、射、御、書、數。封套書簽及掛簽爲齊如山墨跡。書名據總目錄題，目錄版心題"汲古閣"。分"子丑寅卯辰巳午未申酉戌亥"十二集，每集各五種。書名葉題"汲古閣訂正，六十種曲，本衙藏板"。每十種爲一本，題"繡刻演劇十本，第一套"。下列十種名目，以下各本同。卷前有登高日閱世道人之《演劇首套弁語》，有《六十種曲總目》。封面序端目錄卷首鈐"高陽齊氏百舍齋存書之印""齊氏所藏戲曲小說印""齊林玉世世子孫永寶用""孫華卿印""中國戲曲學院藏書"等印。原爲高陽齊氏百舍齋藏書，後捐中國戲曲研究院，現由中國藝術研究院收藏。孫華卿，不詳，待考。

　　毛晉（1599—1659），字子晉，常熟（今屬江蘇）人。明代藏書家，藏有八萬四千多冊善本，多爲明刻本，亦有些宋、元善本，並築汲古閣、目耕樓弄藏圖書。又以汲古閣名義刊刻古籍，所刻以底本精善、校勘審慎而享譽。《六十種曲》是最早最大的一部戲曲總集，其中約二十種是現存戲曲劇本中最早或最好的。該書編於明崇禎年間，分六帙，在三年內陸續出齊。初印本沒有總名稱，而是在每帙第一種的扉葉上題"繡刻演劇十本"，每一種又題"繡刻某某記定本"，所以這部書又名爲《繡刻演劇十本》，或《繡刻演劇》。清康熙年間全帙告竣重印時，才定名《六十種曲》。書中收集《琵琶記》等傳奇作品五十九種，《西廂記》雜劇一種，共六十種。傳奇既收湯顯祖《還魂記》，又收碩園改本《牡丹亭記》。該書版本存世頗多，一直到清道光二十五年（1845）還有遞修本。

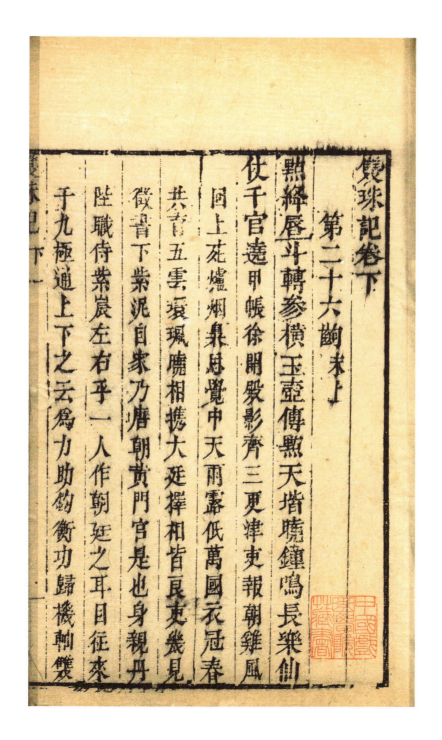

六幻西廂記　六種　（明）閔齊伋輯　明致和堂刻本

框高 22 釐米，寬 15.8 釐米。半葉十行，行二十字，白口，四周雙邊。兩函十二冊。書名葉題 "三山誚客閔遇五校，六幻西廂記，附詩賦說夢，圍棋闃局，五劇箋疑，園林午夢，致和堂藏版"。卷前有三山誚客閔寓五的《會真六幻》。内容包括唐元稹撰《會真記》，元稹、杜牧、沈亞之、李紳的《會真詩》，方諸生的《會真賦》，《錢塘夢》，還有《會真說》，《董解元西廂記》上下本，《王實甫西廂記》四本，《李日華南西廂記》上下本，《陸天池南西廂記》上下本附《園林午夢》，閔寓五的《五劇箋疑》。陸天池《南西廂記》所附《園林午夢》原缺。"致和堂" 爲明末清初的著名書坊，影響廣泛。《六幻西廂記》是版本流變和文本傳播過程中重要典籍，見證了

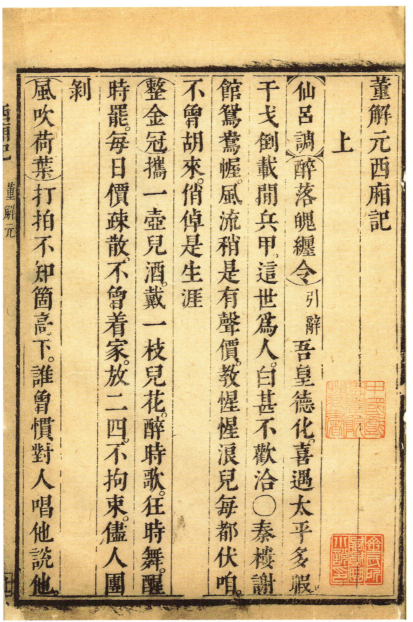

《西廂記》版本演變過程，是歷代各種版本《西廂記》的祖本，版刻風格反映了明代閔刻戲曲典籍的基本面貌。封面序端卷首鈐 "齊林玉世世子孫永寶用" "高陽齊氏百舍齋存書之印" "齊氏所藏戲曲小說印" "中國戲曲學院藏書" 等印。原爲高陽齊氏百舍齋所藏，後捐中國戲曲研究院，現由中國藝術研究院圖書館收藏。此書 2012 年由文化藝術出版社依據原本再造出版。

閔齊伋，生卒年不詳，字寓五（又作遇五），又字及武，烏程（今浙江湖州）人。明諸生，自幼勤奮，酷嗜詩文小說戲曲，一生以刻書爲事。明萬曆四十四年（1616）刊行朱墨套印《春秋左傳》，後又改爲五色套印，先後刻印經、史、子、集等一批典籍及諸多戲曲、

小說，形成獨特風格。有明一代，與著名刻書家、著作家淩蒙初齊名。著有《六書通》。曾批校《國語》《國策》《檀弓》《孟子》等書，精校匯刻，士人能讎一字之訛者，即贈以全帙，輾轉校讎，悉成善本。《碑傳集補》中有傳。

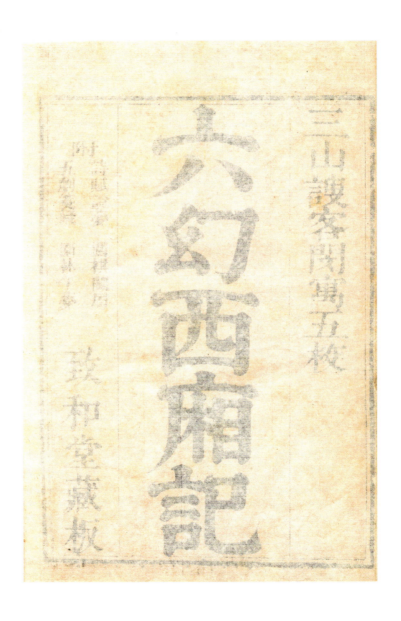

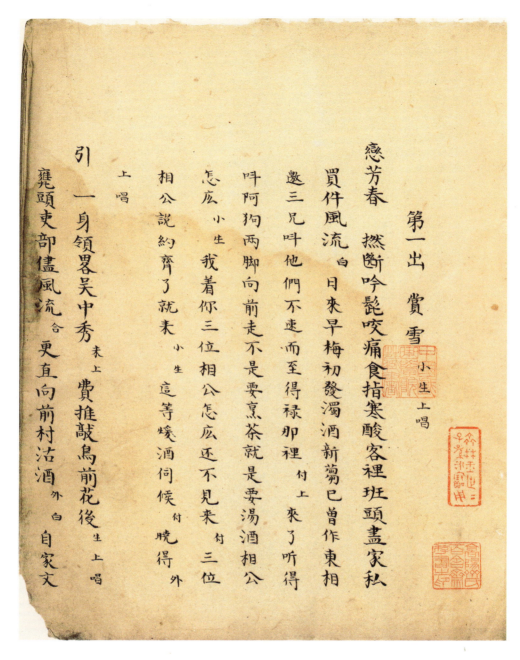

文星現總本　八齣　（清）佚名撰　清抄本

　　高 28.5 釐米，寬 25.5 釐米。半葉十行，行字不等，無邊框。一函一冊。毛裝。書名據封面題。
封套書籤題"昇平署本，清書堂藏"。此應爲清中期以前抄本，抄功工穩，行款規範，或爲南府
抄本。有朱筆增改圈點。齣目包括：賞雪、妝乞、破法、舟避、賣梨、追蹤、勾疏、訴情。封面
卷首末鈐"高陽齊氏百舍齋存書之印""齊林玉世世子孫永寶用""齊氏所藏戲曲小說印""中國
戲曲學院藏書""如山讀過"等印。原爲高陽齊氏百舍齋藏書，後捐中國戲曲研究院，現由中國
藝術研究院圖書館收藏。

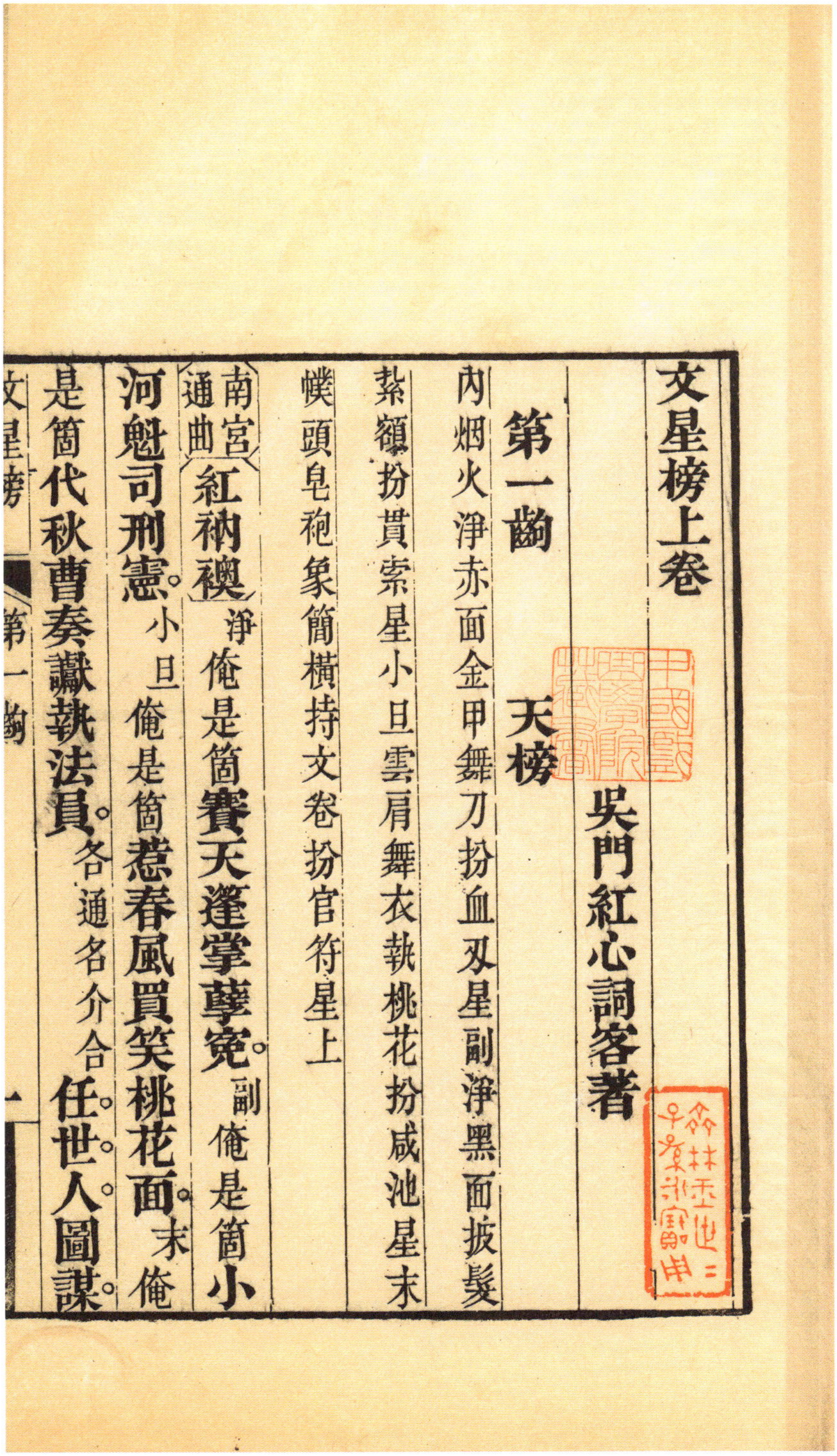

文星榜上卷

吳門紅心詞客著

第一齣

天榜

內烟火淨赤面金甲舞刀扮血双星副淨黑面披髮
紮額扮貫索星小旦雲肩舞衣執桃花扮咸池星末
怪頭皂袍象簡橫持文卷扮官符星上

南宮〔紅衲襖〕淨俺是箇賽天蓬掌孽冤。〔副〕俺是箇小
通曲
河魁司刑憲。〔小旦〕俺是箇惹春風買笑桃花面末俺
是箇代秋曹奏讞執法員。各通名介合任世人圖謀

文星榜　第一齣

文星榜　二卷三十二齣　（清）沈起鳳撰　清古香林刻本

框高 16.6 釐米，寬 12.3 釐米。半葉九行，行二十字，小字單雙行同，黑口，左右雙邊，單黑魚尾。一函兩册。書名葉題"紅心詞客著，文星榜，古香林藏板"。封套書簽及掛簽爲齊如山墨跡。有《文星榜傳奇目録》。封面序端卷首末鈐"高陽齊氏百舍齋存書之印""齊氏所藏戲曲小說印""齊林玉世世子孫永寶用""中國戲曲學院藏書""齊如山"等印。原爲高陽齊氏百舍齋所藏，後捐中國戲曲研究院，現由中國藝術研究院收藏。

沈起鳳（1741—？），字桐威，號賁漁，又號紅心詞客，蘇州人。清乾隆三十三年（1768）舉於鄉，後會試屢不第，遂寄情詞曲自娛。劇作三四十種，風行大江南北。高宗南巡，官紳所備迎鑾供御大戲，皆出其手筆。妻張雲，亦工詩文，頗享唱隨之樂。嘗爲祁昌縣教官，晚年以選人客死都門。起鳳所作曲，今僅見其友石韞玉所刻之四種，爲《報恩緣》《才人福》《文星榜》《伏虎韜》（《奢摩他室曲叢》），此外名目之可考者，有《千金笑》《泥金帶》《黃金屋》三種，還有《曲諧》。又著有雜記小說《諧鐸》十二卷行世。

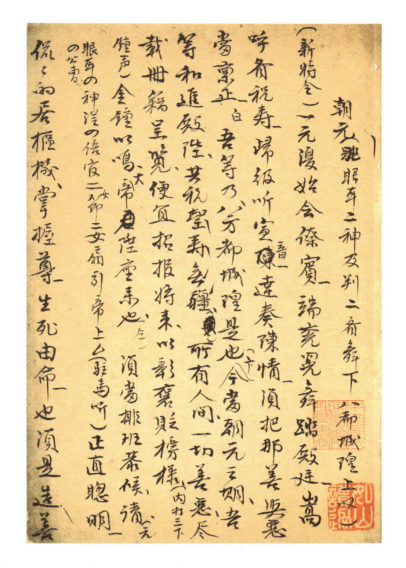

幻緣箱傳奇　存三本　（清）丘園撰　清抄本

高 28.5 釐米，寬 19 釐米。半葉行、字不等，無邊框。存第一、三、五本。第一本八齣，爲"朝元、榮任、茗敘、山操、掛旛、議盜、送飯、盜箱"。第三本七齣，爲"出征、提解、會戰、廟會、賺城、提劫、逼降"。第五本五齣，爲"女詫、狼僕、幸陳、賜婚、幻圓"。此抄本不似文人手筆，應爲藝人抄錄。封套書籤題"幻緣箱傳奇，三本，綴玉軒藏，如山"，爲齊如山墨跡。抄寫時期大約爲清中期以前。有墨筆圈改。卷首鈐"如山讀過""中國戲曲學院藏"等印。此書爲齊梅合作期間經齊氏之手收藏校閱。《古本戲曲叢刊三集》收錄該劇。

丘園（1617—1690），字嶼雪，蘇州常熟人，隱居塢邱山。擅繪畫，工詩，喜度曲，精音律。畫仿吳中沈石田，與文壇名宿吳偉業、尤侗等有深交。爲人"跌蕩不羈，恥事干謁"。《海虞詩苑》有小傳，稱他"於音律最精，分寸節度，累黍不差，梨園弟子畏服之"。他是"蘇州派"的重要成員，平生作傳奇三種，即《黨人碑》《幻緣箱》和《御袍恩》。

玉尺樓傳奇 二卷四十齣 （清）盧見曾撰 清乾隆間寫刻本

框高 18.5 釐米，寬 14.3 釐米。半葉十行，行二十一字，小字同，白口，左右雙邊，單黑魚尾。一函四冊。有眉批，行四字。有圈點，無行格。書名葉、序言原缺。卷前有《天尺樓傳奇

目錄》。爲《雅雨堂兩種曲》之一。封面目錄卷首末鈐"西園主人金石文字之章""許氏苓西年在天立身歷東西南北之洋""高陽八子""高陽齊氏百舍齋存書之印""齊氏所藏戲曲小說印""齊林玉世世子孫永寶用""中國戲曲學院藏書""齊如山"等印。原爲西園主人許氏苓西及高陽齊氏百舍齋藏書，後捐中國戲曲研究院，現由中國藝術研究院圖書館收藏。

盧見曾（1690—1768），字澹園，又字抱孫，號雅雨，又號道悅子，山東德州人。康熙六十年（1721）進士。官洪雅知縣、灤州知州、永平知府、長蘆兩淮鹽運使。性極高廓，不拘小節，體貌矮瘦，人稱"矮盧"。學詩於王漁洋，愛才好客，四方名士咸集，流連唱和，一時稱爲"海內宗匠"。乾隆三十三年（1768），兩淮鹽引案發，被拘，病死揚州獄中。著有《雅雨堂詩文集》等，刻有《雅雨堂叢書》。紀的長女嫁盧見曾之孫盧蔭文，因鹽引案牽連，紀昀獲譴，戍烏魯木齊。

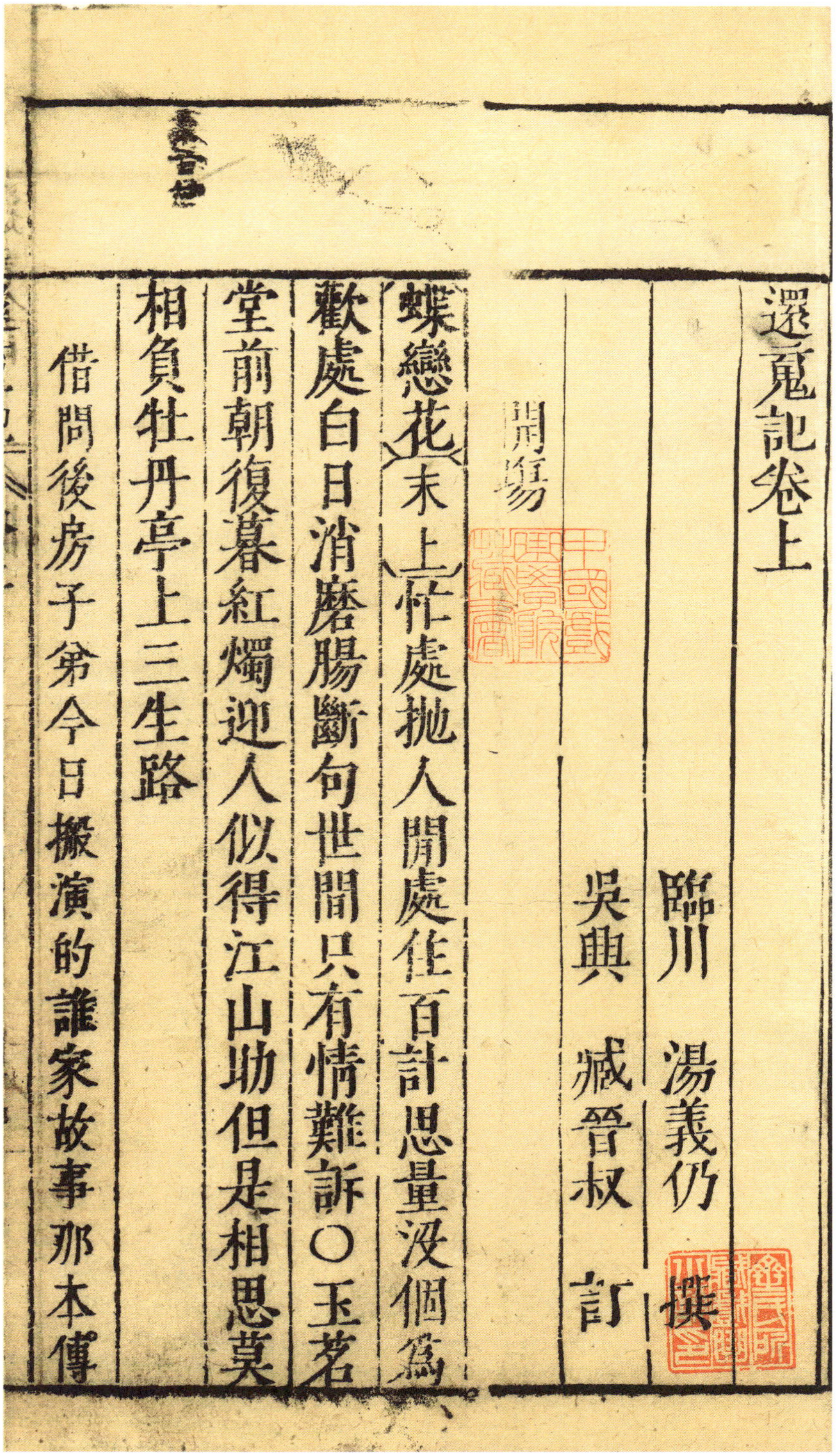

還冤記卷上

臨川　湯義仍　撰

吳興　臧晉叔　訂

開卷　陽

蝶戀花 末上 恁處拋人開處住 百計思量沒個爲

歡處白日消磨腸斷句 世間只有情難訴〇玉茗

堂前朝復暮紅燭迎人 似得江山助但是相思莫

相負牡丹亭上三生路

借問後房子弟今日搬演的誰家故事那本傳

玉茗堂四種傳奇　八卷　（明）湯顯祖撰　（明）臧懋循訂　明萬曆間刻清乾隆二十六年（1761）吳郡書業堂遞修本

框高 22.5 釐米，寬 14.2 釐米。半葉上下欄九行，行十九字，小字同，白口，左右雙邊，單白魚尾，眉批雙行五字。四函十六册。封套書簽爲齊如山墨跡。封面序端卷首鈐"高陽齊氏百舍齋存書之印""齊林玉世世子孫永寶用""齊氏所藏戲曲小說""中國戲曲學院藏書"等印。原爲高陽齊氏百舍齋藏，後捐中國戲曲研究院，現由中國藝術研究院圖書館收藏。該書版刻最大特點是插圖精美生動，栩栩如生，反映了明代晚期戲曲小說插圖刻板的最高水準。

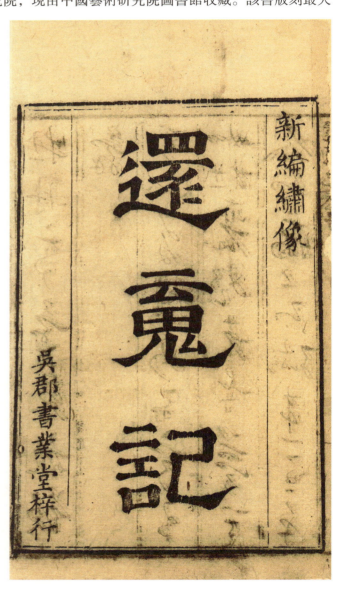

還魂記　二卷三十五折　書名葉題"新編繡像，還魂記，吳郡書業堂梓行"。前有萬曆四十六年（1618）臧晉叔《玉茗堂傳奇引》，萬曆十六年（1588）清遠道人《牡丹亭還魂記題辭》，目録。插圖十七葉半三十五幅。

紫釵記　二卷三十六折　前有萬曆二十三年（1595）清遠道人《紫釵記題辭》，目録，插圖十四葉二十八幅（插圖有補配，極精美考究）。

邯鄲記　二卷二十八折　書名葉題"新編繡像，邯鄲記，吳郡書業堂梓行"。前有萬曆九年（1581）臨川居士《邯鄲夢記題辭》，目録，插圖十二葉二十四幅。

南柯記　二卷三十五折　書名葉題"新編繡像，南柯記，吳郡書業堂梓行"。前有萬曆二十八年（1600）清遠道人《南柯記題辭》，目録，插圖十七葉半三十五幅。

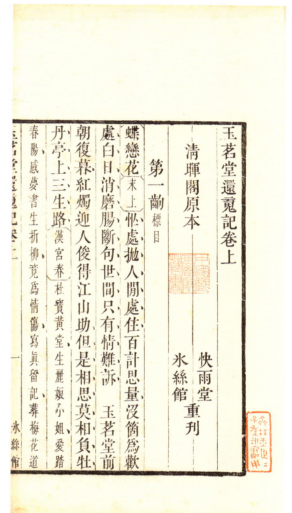

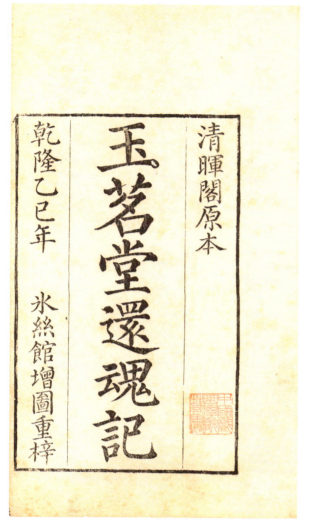

玉茗堂還魂記　二卷五十五齣　（明）湯顯祖撰　清乾隆五十年（1785）快雨堂冰絲館據明末清暉閣張弘毅（若檀）原本重刻本

框高 21 釐米，寬 13.4 釐米。半葉九行，行二十字，小字同，白口，四周單邊。一函兩冊。版心題"冰絲館"。有眉批雙行五字。牌記題"清暉閣原本，玉茗堂還魂記，乾隆乙巳年，冰絲館增圖重梓"。封套題簽爲齊如山墨跡。白紙本。插圖三十九幅。卷前有《冰絲館重刻還魂記敘》，天啓三年（1623）謔庵居士題於清暉閣之《批點玉茗堂牡丹亭敘》，萬曆二十六年（1598）清遠道人題詞，《重刻清暉閣批點牡丹亭凡例》，《玉茗堂還魂記目錄》。封面序端卷首末鈐"高陽齊氏百舍齋存書之印""齊氏所藏戲曲小說印""齊林玉世世子孫永寶用""中國戲曲學院藏書""齊如山"等印。原爲高陽齊氏百舍齋收藏，後捐中國戲曲研究院，現由中國藝術研究院圖書館收藏。

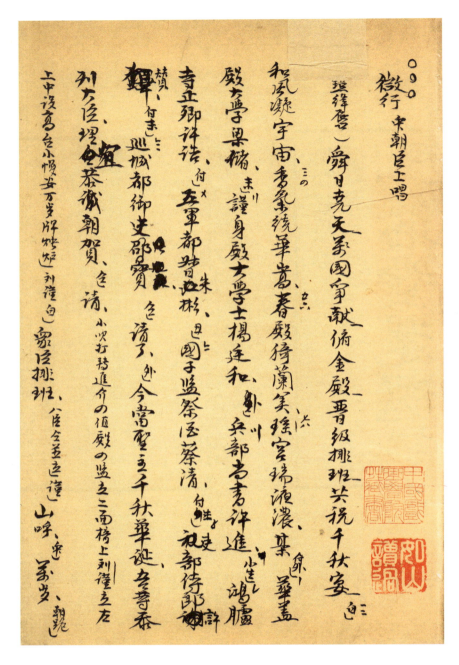

玉蓉鏡傳奇　八本　（清）佚名撰　清抄本

高 29.5 釐米，寬 19 釐米。半葉八行，行字不等，無邊框。一函四冊。書名據封套書籤題，
封套書籤爲齊如山墨跡，題“玉蓉鏡傳奇，四本，綴玉軒藏，如山”。卷中各本前有夾籤，唱曲牌，
每本下有兩字齣目。封套題“四本”實爲裝幀“四冊”。有墨筆刪改。有國劇陳列館書籤，題“玉
蓉鏡，梅蘭芳藏，不題撰人”。卷首鈐“如山讀過”“中國戲曲學院藏書”等印。原爲齊梅合作
期間齊氏收集，後捐中國戲曲研究院，現由中國藝術研究院圖書館收藏。此書爲孤本，雖爲綴
玉軒藏，但經過齊氏之手，可以視爲齊梅共賞。故酌收。

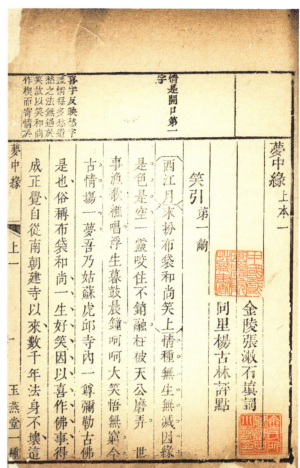

玉燕堂四種曲 （清）張堅撰　清乾隆間刻本

框高 19.4 釐米，寬 14 釐米。半葉上下欄，小字雙行六字，下欄十行二十字，小字同，白口，四周單邊，單黑魚尾。兩函十六冊。版心題"玉燕堂一種"（一種至四種不同，四種書前各有書名葉）。書名據書名葉題，書名葉題"玉燕堂四種曲，夢中緣，梅花簪，懷沙記，玉獅墜"。封套書簽及掛簽爲齊如山墨跡。卷前有乾隆十五年（1750）唐英序言。卷首鈐"高陽齊氏百舍齋存書之印""齊林玉世世子孫永寶用""齊氏所藏戲曲小說印""中國戲曲學院藏書""齊如山"等印。原爲高陽齊氏百舍齋所藏，後捐中國戲曲研究院，現由中國藝術研究院圖書館收藏。四種中《夢中緣》刊刻時間最早，爲乾隆十六年（1751），由唐英捐資刊刻。

夢中緣　上下本四十六齣　（清）張堅撰　（清）楊古林評點

書名葉題"漱石填詞，夢中緣，玉燕堂一種"。有楊楫序，徐孝常序，乾隆十二年（1747）陳震序，吳定璋序，韓縉紳序，朱奕曾序，金門詔序，自序，題詞，王魯川跋。

梅花簪　上下本四十齣　（清）張堅撰　（清）柴次山評點

書名葉題"漱石填詞，梅花緣，玉燕堂二種"。有自序，吳禹洛序。

懷沙記　上下本三十二齣　（清）張堅撰　（清）沈學子評點

書名葉缺，有乾隆二十三年（1758）沈大成（學子）序言，王俊古序，凡例，自序，屈原列傳，屈原外傳。

玉獅墜　上下本三十齣　（清）張堅撰　（清）張龍輔評點

書名葉題"漱石填詞，玉獅墜，玉燕堂四種"。有張龍輔序，王汝衡序，自序。

張堅（1681—1771），字齊元，號漱石，江蘇江寧人。鄉試屢不第，嘗以詩文獲知鄂爾泰，列入《南邦黎獻集》，卒無所遇，以諸生終。嘗作《江南一秀才歌》自嘲，時人遂稱爲"江南一秀才"。善曲，先作《夢中緣》，時年十九歲。次作《梅花簪》，稿始成，即爲南京優伶購去，易名《賽荆釵》，搬演轟動。繼又成《懷沙記》，再成《玉獅墜》。此四傳奇，總名《玉燕堂四種曲》。據《詞餘叢話》記録，張堅晚年嘗宿錢塘酒家，有老嫗夜縫衣，其所用針綫簿乃《抄夢中緣》稿本，丹鉛燦然，問之，因言主人有幼女，頗嫻吟詠，愛誦是編，年十六，以癆死，此其遺物。堅翻閱，內有題詩一首，頗露憐才心意，問老嫗女子姓名，終不肯言，乃以一金易其本而歸。

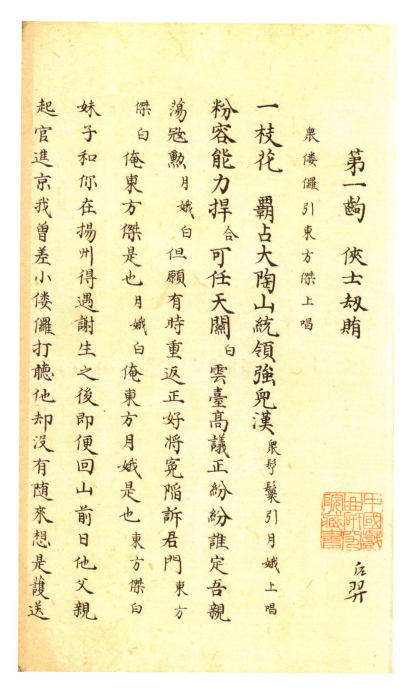

玉鴛鴦 八齣　（清）昇平署輯　清乾隆嘉慶間昇平署抄本

高 25.5 釐米，寬 16 釐米。半葉八行，行二十二字，小字同，無邊框。一冊。毛裝。書名據封面書簽題，封面題 "玉鴛鴦，四段八齣"。封面有國劇陳列館書簽，題 "存庫本，齊如山藏，NO.22–25."。封面鈐 "舊外二學"，書 "吉" 字。卷首末鈐 "中國戲曲研究院藏書" "梅蘭芳捐贈" 等印。原爲齊氏所藏，齊梅合作期間歸國劇陳列館，後捐中國戲曲研究院，現由中國藝術研究院圖書館收藏。收入《承應大戲存庫本》中。

玉龍球傳奇　三本四十二齣　（清）佚名撰　清抄本

高 25 釐米，寬 18.8 釐米。半葉六行，行字不等，無邊框。一函三冊。書名據封套書簽題，封面書簽及掛簽爲齊如山墨跡。封套題"玉龍球傳奇，三本，綴玉軒藏，如山"。有朱筆圈點，有上下場演員腳色提示。卷首鈐"如山讀過""中國戲曲學院藏書"等印。原爲齊梅合作期間收集，後捐中國戲曲研究院，現由中國藝術研究院圖書館收藏。浙江紹劇老演員王茂源上世紀三十年代曾灌録《玉龍球》唱片。上本齣目爲：降凡、敕鎮、赴祝、慶壽、議婚、說親、促配、宮奏、驚報、刺韓、計逃、奏拿、醉救、喬扮、途歎、歸寨。中本齣目爲：激變、義別、起興、執婿、放麟、提解、劫姑、崑會、逼獻、神護、媛遇、擺陣。下本齣目爲：鬧坊、刺連、園救、儲庇、避兵、接應、寨議、除奸、護佞、敗賊、逢舊、迎駕、孝泣、殿圓、起義（第四十二齣爲殿圓，爲末齣）。

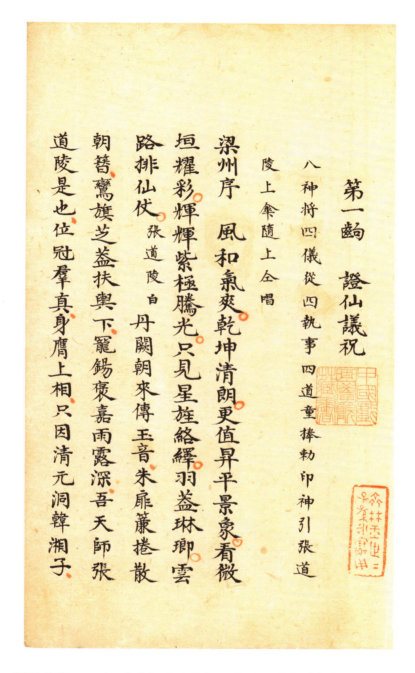

玉露秋香·洞仙拱祝 八齣 （清）昇平署輯 清昇平署朱墨抄本

高25釐米，寬17釐米。半葉八行，行字不等，無邊框。一函一冊。書名據封面題，封套題"清書堂藏"。有朱筆圈點，有黃紙粘貼修改便簽。爲改辭安殿本。封面卷首末鈐"高陽齊氏百舍齋存書之印""齊林玉世世子孫永寶用""齊氏所藏戲曲小說印""如山過目""中國戲曲學院藏書"等印。原爲高陽齊氏百舍齋藏，後捐中國戲曲研究院，現由中國藝術研究院圖書館收藏。

未央天 （清）佚名輯　清抄本

高 30 釐米，寬 15 釐米。半葉八行，行字不等，無邊框。一函一冊。有朱筆圈點。封面題"未央天，帽兒"。鈐"高陽齊如山珍藏"印。帽兒戲即舊時開鑼戲，一般為《天官賜福》《百壽圖》之類吉祥戲，也有以小型武戲充之。該本紙質老舊，抄功一般，不是昇平署本。卷首鈐"高陽齊如山珍藏""中國戲曲學院藏書"等印。原為高陽齊氏所藏，後捐中國戲曲研究院，現由中國藝術研究院圖書館收藏。《未央天》又名《滾釘板》，《故宮珍本叢刊》收錄昇平署提綱本一種，昇平署排場本一種，均題"滾釘板"。

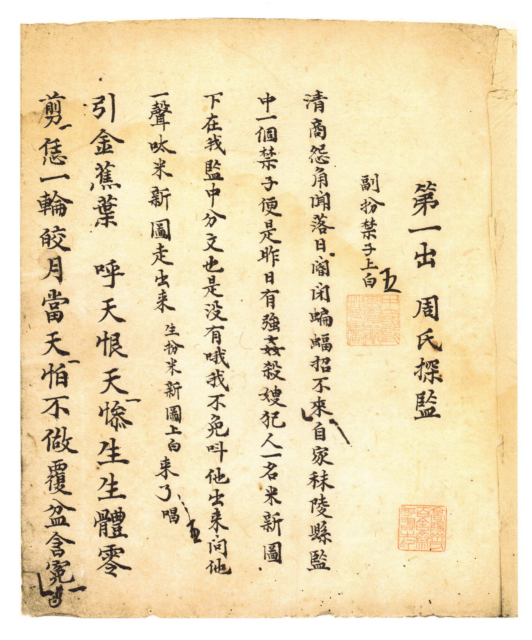

未央天 四齣 （清）佚名撰 清抄本

高 27.5 釐米，寬 24.5 釐米。半葉八行，行字不等，無邊框。一函一冊。毛裝。書名據封面題，封面題 "未央天，鼓板，四齣"。封套書籤題 "昇平署本，清晝堂藏"。此抄本應爲清中期以前抄本，或爲南府抄本。四齣包括：周氏探監、藏婆服毒、僞獻假首、搥鼓鳴冤。封面卷首末鈐 "高陽齊氏百舍齋存書之印" "齊林玉世世子孫永寶用" "齊氏所藏戲曲小說印" "中國戲曲學院藏書" "如山讀過" 等印。原爲高陽齊氏百舍齋藏書，後捐中國戲曲研究院，現由中國藝術研究院圖書館收藏。《未央天》又名《滾釘板》，《故宮珍本叢刊》收錄昇平署提綱本一種，昇平署排場本一種，均題 "滾釘板"。

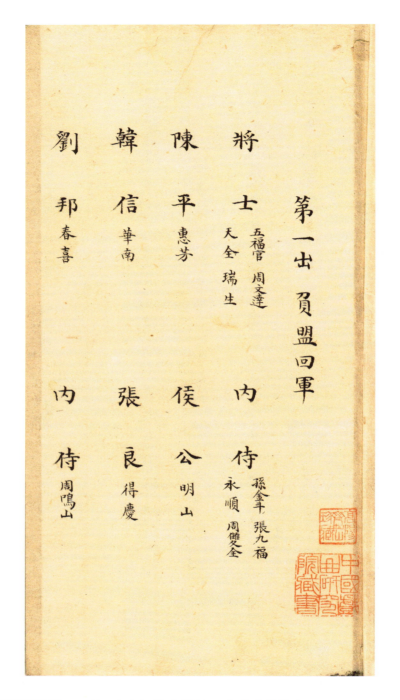

末段演義楚漢傳提綱　八齣　（清）昇平署輯　清昇平署抄本

　　高 21.4 釐米，寬 12.5 釐米。半葉五行，行字不等，無邊框。一册。毛裝。書名據封面書簽。
存庫本提綱。有國劇陳列館簽，題"存庫本提綱，齊如山藏"。封面題"舊大班"。卷首末鈐"高
陽齊如山珍藏""中國戲曲研究院藏書""梅蘭芳捐贈"等印。原爲高陽齊氏所藏，齊梅合作期
間歸國劇陳列館，後捐中國戲曲研究院，現由中國藝術研究院圖書館收藏。收入館藏《存庫本
提綱》函中。《故宮珍本叢刊》收録昇平署提綱《楚漢傳》一種。

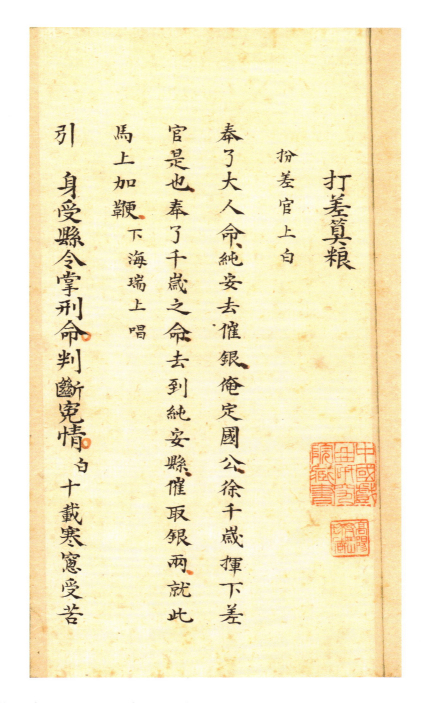

打差算糧　（清）昇平署輯　清昇平署朱墨抄本

　　高 22.5 釐米，寬 13 釐米。半葉六行，行二十字，小字同，無邊框。一函一冊。毛裝。京劇抄本。有國劇陳列館書籤，題"皮黃安殿本，齊如山藏，打差算糧"。封面題"打差算糧總本"。卷首末鈐"高陽齊如山珍藏""中國戲曲研究院藏書""梅蘭芳捐贈"等印。原爲高陽齊氏所藏，後歸國劇陳列館，又捐中國戲曲研究院，現由中國藝術研究院圖書館收藏。《故宮珍本叢刊》收錄亂彈單齣一種。

古今韻會舉要 三十卷 （宋）黃公紹輯 （元）熊忠舉要 日本刻本

框高 21.3 釐米，寬 16.3 釐米。半葉八行，行字不等，小字雙行二十三字，粗黑口，四周雙邊，雙對花魚尾。兩函十五冊。卷首有明嘉靖十五年（1536）張鯤《刻古今韻會序》，有《古今韻會舉要凡例》。此書版本頗多，有元刻本、明嘉靖十五年（1536）秦鉞、李舜臣刻嘉靖十七年（1538）劉儲秀補刻本、明萬曆二十八年（1600）溫陵許國誠潤州公署刻本、明刻本、清光緒九年（1883）淮南書局刻本、光緒二年（1876）抄本、日本刻本。清代藏書家莫友芝九弟莫祥芝的三子莫棠（1865—1929）在光緒二十五年（1899）一段題識中提到日本刻本。稱"仲武兄嘗語余云：'吾家景山舊藏《韻會舉要》，元刊初印，紙墨精絕，後爲人竊去。光緒癸未，兄爲淮南書局提調官，更假一元本重梓，其時先君曾命以所收日本翻嘉靖本付兄備梓。頃獲此本吳下，猶係元刻，在今日已希遇矣！亟重裝訂，而以舊紙補其缺葉之數。'己亥十月記。"明代方日升撰《古今韻會舉要小補》一書在日本正保、慶安之間，約清順治四年至五年（1647—1648）刊刻，所以這部《古今韻會舉要》大致應該刊刻於這個時間。莫棠稱翻嘉靖本，元刻本是小字雙行二十三字款黑口，明嘉靖本有小字雙行二十三字款但是白口，所以日本刊本底本應該是不確定的。

黃公紹於元世祖至元二十九年（1292）以前編過一部《古今韻會》，廣徵典故，注重訓詁。黃的同鄉，又在他家坐過館的熊忠認爲《古今韻會》注釋太繁，於是在元成宗大德元年（1297）編纂《古今韻會舉要》。他參照了劉淵《壬子新刊禮部韻略》，共分一百零七韻。和一百零六韻相比，多了

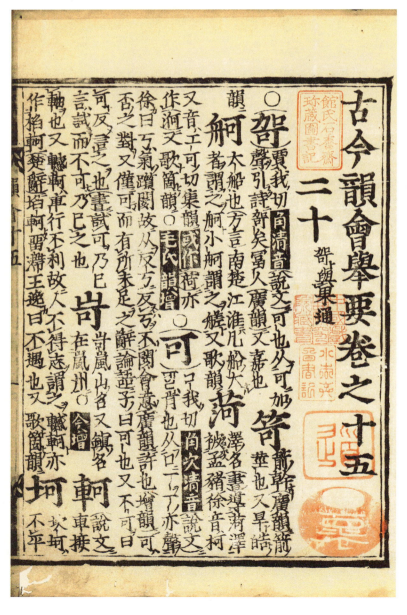

一個"拯"韻。

　　此書從封皮和紙張看均爲常見到的日本刻書用皮紙，原封原簽原裝裱。序、卷前卷末鈐"水志齋圖書記""館氏石香齋珍藏圖書記""道""懷""如山讀過""梅蘭芳捐贈""中國戲曲研究院藏書"等印。此書應該是高陽齊如山得自水志齋、石香齋，後歸綴玉軒珍藏，再後歸中國戲曲研究院收藏。

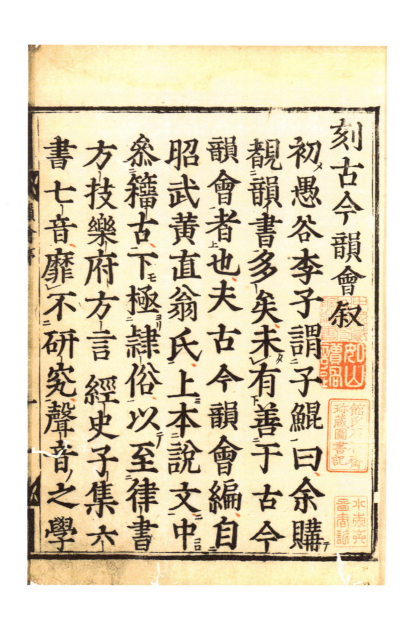

古柏堂傳奇雜劇　存兩種　（清）唐英撰　清乾隆間瀋陽唐氏古柏堂刻本

框高 20.5 釐米，寬 13.3 釐米。半葉九行，行二十字，中字三十字，小字四十字，白口，四周雙邊，單黑魚尾。一函兩冊。存《傭中人》一齣、《梁上眼》八齣。版心題"古柏堂"。卷前有乾隆十八年（1753）董榕《傭中人傳奇序》，《傭中人樂府題詞》。封套書簽爲齊如山墨跡。封面序端卷首鈐"高陽齊氏百舍齋存書之印""齊林玉世世子孫永寶用""齊氏所藏戲曲小說""中國戲曲學院藏書"等印。原爲高陽齊氏百舍齋藏，後捐中國戲曲研究院，現由中國藝術研究院圖書館收藏。

唐英（1682—1756 年），字俊公，號蝸寄老人，漢軍正白旗人，世居遼寧瀋陽。清雍正至乾隆時任景德鎮御窯督陶官。自清雍正六年（1728）始，協理年希堯在景德鎮駐廠督理窯務。乾隆元年（1736）先後管理淮安關、九江關，兼理窯務，除短期外調粵關，前後歷時二十餘年。還撰寫了《陶成紀事碑》《陶冶圖說》等專著。《古柏堂傳奇雜劇》共十七種，五種傳奇，十二種雜劇，內容觸及社會問題，宣揚因果報應，渲染忠孝節義，語言生動情節曲折，曲詞通俗不受格律約束，適合場上演出。唐英自蓄家班時時搬演，借鑒亂彈及民間傳說，後世常常演此劇目，他將《張古董借妻》改編成《天緣債》，《勘雙釘》《孟津河》改編成《雙釘案》（即《釣金龜》）。《十字坡》《面缸笑》《梅龍鎮》也都被改編成京劇上演。

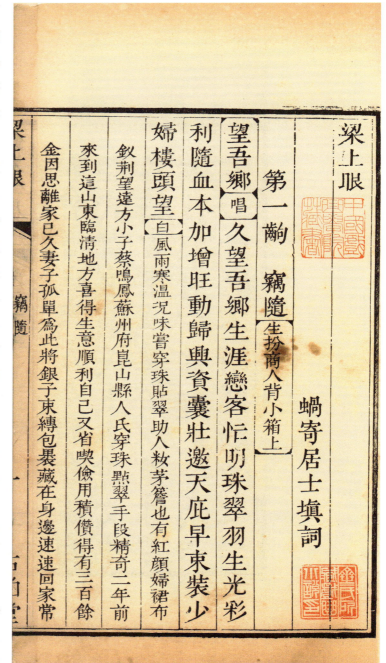

古笑史 十九部 （清）李漁鑒定 （清）竹笑居士刪輯 清康熙間刻本

框高 19.4 釐米，寬 13 釐米。半葉九行，行二十一字，白口，四周單邊，單黑魚尾。一函六冊。卷前書名葉題 “笠翁鑒定，竹笑居士重訂，古笑史，龍子猶原本，本衙藏板翻刻必究”。並有 “奇賞” 二字印和圓形龍鳳紋圖案。有清康熙六年（1667）湖上笠翁的《序古笑史》。據序言稱，此書爲明代馮夢龍編輯，名爲《譚概》，銷售不暢，改名《古今笑》後大賣，到清康熙間出版時李漁作序改名爲《古笑史》。查明代墨憨齋刻本確有《古今笑》一書，三十六卷本，但無《譚概》一書，而有明代刻本《古今譚概》三十卷。這三種書均是半葉九行二十一字，《古今笑》和《古今譚概》版式相近，有別于《古笑史》。版心題 “笑史”。並題各部名稱和部次，計有：癡絕部、專愚部、迂腐部、怪誕部、謬誤部、無術部、苦海部、不韻部、癖嗜部、越情部、佻達部、矜嫚部、貧儉部、汰侈部、貪穢部、鷙忍部、容悅部、顏甲部、閨誡部十九部，每部前有目錄。每部開篇有 “子猶曰” 評語。全書僅在 “癡絕部” 卷端題 “古笑史卷之一，湖上笠翁鑒定，竹笑居士刪輯”。其他各部卷端均不題卷數和輯錄者。國家圖書館此書著錄爲康熙間刻本三十四卷，或與我院藏本不同，或我院藏本爲殘卷，待考。此書序言卷端鈐 “齊林玉世世子孫永寶用”，卷端鈐 “中國戲曲學院藏書” 等印。原爲高陽齊如山百舍齋藏書，後輾轉歸於中國戲曲研究院，現由中國藝術研究院圖書館收藏。

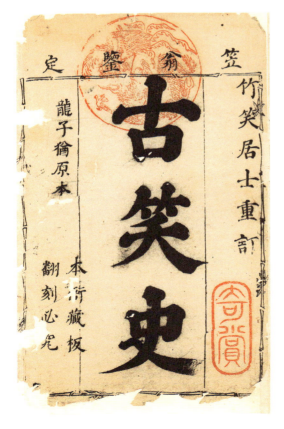
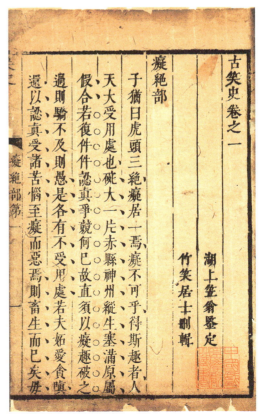

本家太監自用單本　清佚名輯　清內府精抄本

高 23 釐米，寬 12.5 釐米。半葉八行，行二十四字，小字雙行同，無邊框。一函一册。書名據封面書簽題，封面書簽爲齊如山墨跡。全書包括六殿、望兒樓、藥茶計、朱砂痣、別宮、斬子、換子、狀元譜、岳家莊、棉山、雪盃園、御碑亭、甘露寺、草橋關、得意緣、鍘美案、六月雪、賜繡旗（對刀罵子）、臨潼山、八大錘、盜宗卷、魚腸劍二十二種京劇單本。爲清代內廷太監演劇自用之本，有刪改粘貼，有破損修復。卷首鈐"高陽齊如山珍藏""中國戲曲學院藏書"等印。原爲齊氏百舍齋藏書，1958 年後捐贈中國戲曲研究院，現由中國藝術研究院圖書館收藏。

《故宮珍本叢刊》收錄昇平署亂彈單齣及提綱本《六殿》兩種，子弟書《望兒樓》一種，昇平署提綱本《朱砂痣》一種，昇平署亂彈單齣《別宮》一種，昇平署提綱本《法場換子》一種，昇平署亂彈單齣《狀元譜》一種；昇平署亂彈單齣及提綱本《岳家莊》兩種；昇平署亂彈單齣《御碑亭》一種；昇平署亂彈單齣及提綱本《甘露寺》兩種，昇平署亂彈本戲及提綱本《得意緣》兩種，昇平署亂彈單齣《鍘美案》一種，昇平署崑腔單齣《對刀步戰》一種，南府崑腔單齣《臨潼山》一種，昇平署亂彈單齣《八大錘》一種，昇平署亂彈單齣《魚腸劍》一種。

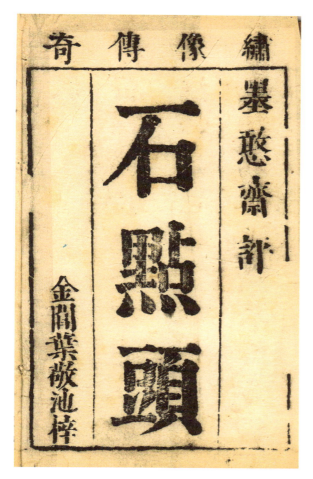
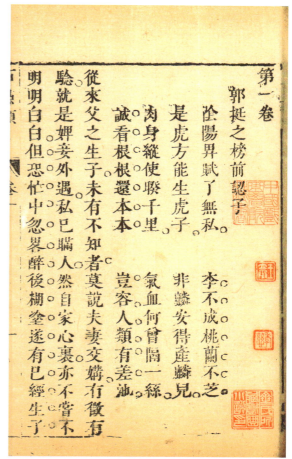

石點頭　十四卷　（明）天然癡叟撰　（明）馮夢龍評　明金閶葉敬池刻本

　　框高 19.8 釐米，寬 14 釐米。半葉九行，行二十字，白口，四週單邊，單黑魚尾。一函十册。書名葉題"繡像傳奇，墨憨齋評，石點頭，金閶葉敬池梓"。卷前有"古吳龍子猶"撰序言，有《石點頭目次》。有插圖十四葉二十八幅，一圖一文以配合十四卷正文。正文天頭有眉批。"墨憨齋主人""龍子猶"即馮夢龍。據胡士瑩考證，天然癡叟即席浪仙。《中國通俗小說總目提要》著錄此書。該小說有明金閶葉敬池刻本、明帶月樓刻本、明同仁堂刻本、道光二年（1822）敘府竹春堂小字本、光緒二十一年（1895）上海書局石印本。清代版本又題名爲"醒世第二奇書""五續今古奇觀"。中國藝術研究院圖書館藏本序端卷端卷末鈐"鳴晦廬珍藏金石書畫記""王立承""孝慈""齊林玉世世子孫永寶用""高陽齊氏百舍齋存書之印""齊氏所藏戲曲小說印""如山過目""中國戲曲學院藏書"等印。王立承是民國間藏書家、出版家，字孝慈，所編《鳴晦廬藏書目》收錄王氏所藏善本。可以確認此書先由王氏鳴晦廬藏，轉由齊如山百舍齋藏，再輾轉由中國戲曲研究院、中國戲曲學院收藏，最終由中國藝術研究院圖書館收藏。

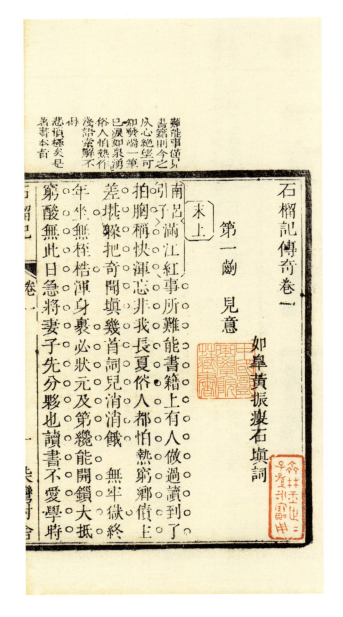

石榴記傳奇　四卷三十二齣　（清）黃振填詞　清乾隆間柴灣村舍刻本

　　框高 15.8 釐米，寬 11.6 釐米。半葉九行，行十九字，小字同，白口，四周雙邊，單黑魚尾。一函四册。有眉批雙行五字。版心題"柴灣村舍"。卷前有蔣宗海序言，顧雲序言，題詞，乾隆三十七年（1772）柴灣村農《小引》，柴灣村農《凡例》，《石榴記傳奇目録》，黃峻跋語。封套書簽爲齊如山墨跡。據跋語稱此書刊刻於乾隆三十五年（1770）後。黃振此傳奇創作於這一年夏天，後經黃峻校訂付梓。封面卷首末鈐"高陽齊氏百舍齋存書之印""齊林玉世世子孫永寶用""齊氏所藏戲曲小說印""中國戲曲學院藏書""齊如山"等印。原爲高陽齊氏百舍齋所藏，後捐中國戲曲研究院，現由中國藝術研究院圖書館收藏。黃振，生卒年不詳，字瘦石，號柴灣村農，江蘇如皋人，《石榴記》取材於《豔異編》，其中《神感》一齣係顧茨山所補。另有《斜陽館詩文集》。

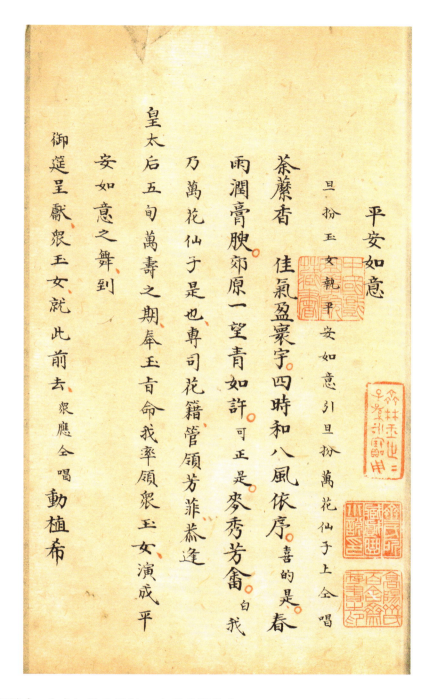

平安如意總本 （清）昇平署輯　清昇平署抄本

　　高 24 釐米，寬 16.2 釐米。半葉八行，行二十二字，小字同，無邊框。一冊。毛裝。書名據封面書籤題。封套題"清書堂藏"。有朱筆圈點。封面卷首末鈐"高陽齊氏百舍齋存書之印""齊氏所藏戲曲小說印""齊林玉世世子孫永寶用""中國戲曲學院藏書""如山讀過"等印。原爲高陽齊氏百舍齋所藏，後捐中國戲曲研究院，現由中國藝術研究院圖書館收藏。收入館藏《法宮雅奏九九大慶》中。《故宮珍本叢刊》收入昇平署崑弋開場承應戲一種，昇平署排場本一種。

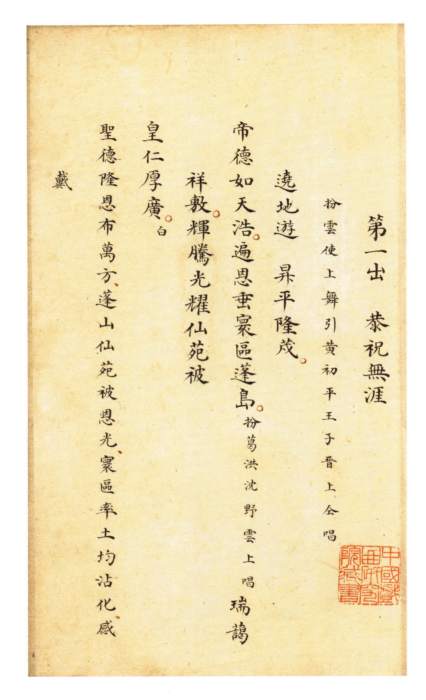

第一出 恭祝無涯

扮雲使上舞引黃初平王子晉上全唱

遠地遊 昇平隆茂。

帝德如天浩遍恩壺寰區蓬島 扮葛洪沈野雲上唱 瑞藹

祥敷輝騰光耀仙苑被

皇仁厚廣白

戴

聖德隆恩布萬方蓬山仙苑被恩光寰區率土均沾化感

平齡傳 八齣 （清）昇平署輯 清乾隆嘉慶間昇平署抄本

高 25.5 釐米，寬 16 釐米。半葉八行，行二十二字，小字同，無邊框。一册，毛裝。書名據封面書籤題，封面題"平齡傳，四段，八齣"。封面有國劇陳列館書籤，題"存庫本，齊如山藏"。封面鈐"舊大班"，書"吉"字。卷首末鈐"中國戲曲研究院藏書""梅蘭芳捐贈"等印。原爲齊氏所藏，齊梅合作期間歸國劇陳列館，後捐中國戲曲研究院，現由中國藝術研究院圖書館收藏。收入《承應大戲存庫本》中。

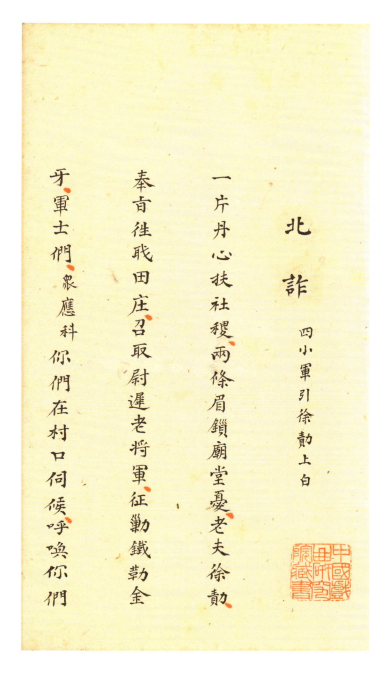

北詐總本 （清）昇平署輯　清同治光緒間昇平署朱墨抄本

　　高 24 釐米，寬 15.4 釐米。半葉四行，行大小字不等，無邊框。一冊。毛裝。書名據封面書
簽題。有國劇陳列館書簽，題"崑曲四行安殿本，齊如山藏"。有朱筆圈點。有工尺譜。館藏《崑
曲四行曲譜》中《亭會總本》卷前有齊如山墨筆題識"崑曲四行安殿本，此亦爲同光時代之物，
至光緒中年則專尚皮黃梆子腔矣"。齊氏此言蓋謂崑腔皮黃梆子腔之交替。卷首末鈐"中國戲曲
研究院藏書""梅蘭芳捐贈"等印。原爲高陽齊氏所藏，齊梅合作期間歸國劇陳列館藏，後捐中
國戲曲研究院，現由中國藝術研究院圖書館收藏。收入館藏《崑曲四行曲譜》中。

田居乙記 （明）方大鎮撰　明萬曆至泰昌間秀水沈氏刻本

框高 20.2 釐米，寬 13.5 釐米。半葉八行，行十八字，白口，四周雙邊，單黑魚尾。一函兩冊。爲《寶顏堂秘笈・匯集》另種。書名葉題"田居乙記"。卷前有萬曆三十五年（1607）方大鎮《田居乙記小敘》《田居乙記目》。卷末有秀水知縣史樹德《田居乙記後序》。該書版本頗多，有明萬曆間秀水沈氏《寶顏堂秘笈》本、明尚白齋鐫《陳眉公訂正秘笈》本、有清順治三年（1646）周南李際期宛委山堂《說郛續集》本、清《五朝小說》本、民國十五年（1926）上海掃葉山房《五朝小說大觀・皇明百家小說》本、民國十一年（1922）上海文明書局《寶顏堂秘笈》石印本。基本款式有九行二十字和八行十八字兩種。該書序端卷端鈐"御題留雲""齊林玉世世子孫永寶用""中國戲曲學院藏書"等印。早年由高陽齊如山收藏，後輾轉由中國戲曲研究院收藏，最終由中國藝術研究院圖書館收藏。

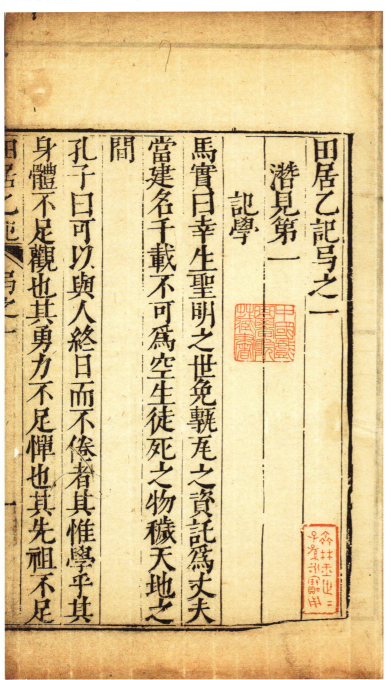

方大鎮（1560–1629）字君靜，號魯岳，安徽桐城人。明萬曆十七年（1589）進士，授大名府推官。上任後平反冤案，救活一百三十多人，擢爲御史，因病請假歸。萬曆三十五年（1607）復出，巡鹽浙江，後巡按河南，後遷大理寺少卿。當時名人如鄒元標、馮從吾等皆所推重。門人私諡"文孝"，祀於本邑忠孝祠、鄉賢祠及浙江名宦祠。著有《易意》《詩意》《禮說》各若干卷、《奏議》六卷、《荷新義》八卷、《田居乙記》四卷、《甯澹居詩集》十三卷、《文集》十二卷。

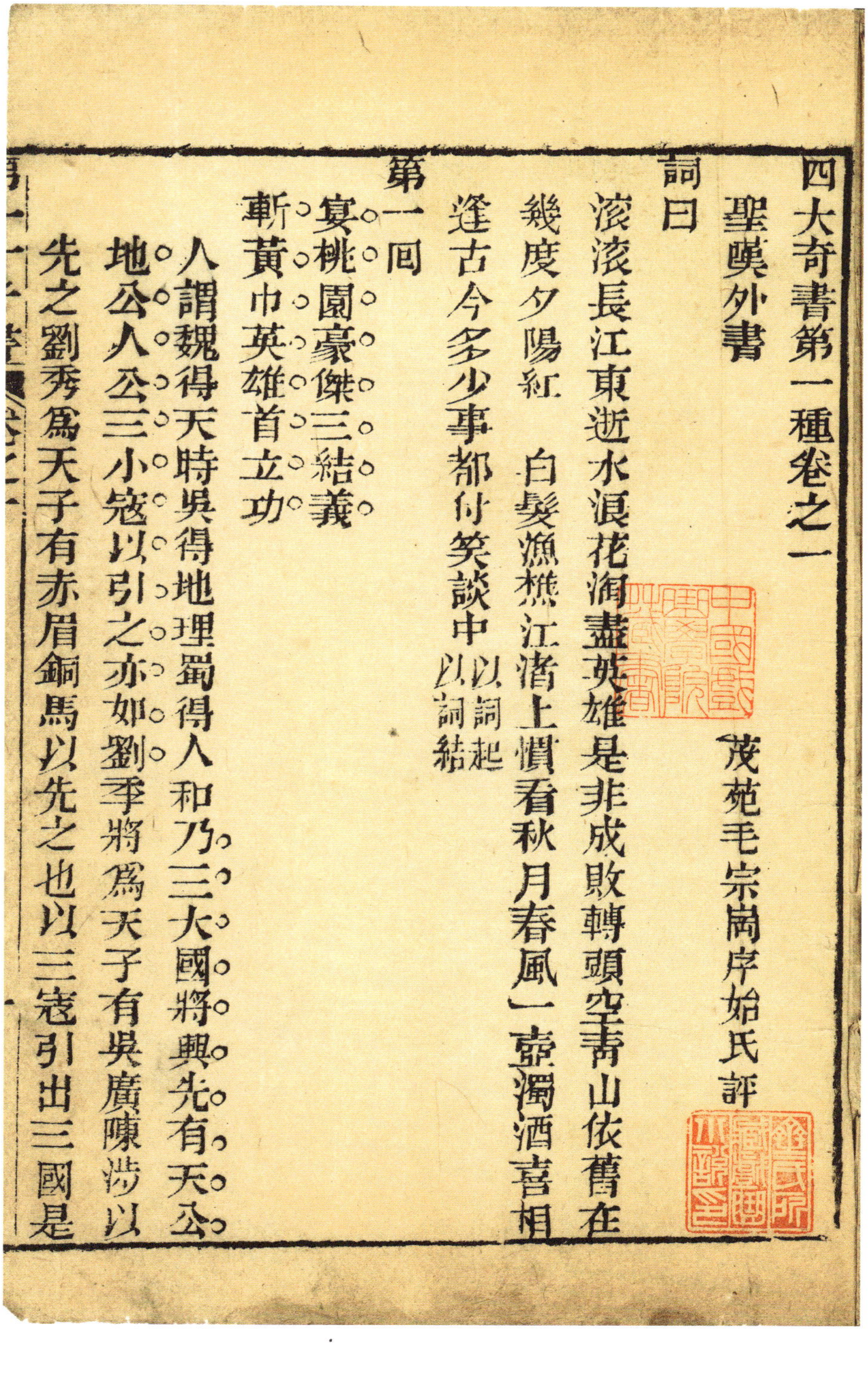

四大奇書第一種卷之一

聖歎外書

　　　　　　　　　茂苑毛宗崗序始氏評

詞曰

滾滾長江東逝水浪花淘盡英雄是非成敗轉頭空青山依舊在

幾度夕陽紅　白髮漁樵江渚上慣看秋月春風一壺濁酒喜相

逢古今多少事都付笑談中 以詞起 以詞結

第一回

　斬黃巾英雄首立功

　宴桃園豪傑三結義

人謂魏得天時吳得地理蜀得人和乃三大國將興先有天公

地公人公三小寇以引之亦如劉季將為天子有吳廣陳涉以

先之劉秀為天子有赤眉銅馬以先之也以三寇引出三國是

四大奇書第一種　十九卷一百二十回卷首一卷　（清）毛宗崗評　清初大魁堂刻本

框高 19 釐米，寬 14 釐米。半葉十二行，行二十六字，小字雙行同，白口，四周單邊，單黑魚尾。無行格，有圈點。二十二冊。版心題"第一才子書"。卷前書名葉題"金聖歎外書，毛聲山評點三國志，繡像金批第一才子書，大魁堂藏版"，卷前有清順治元年（1644）金聖歎序言、凡例、《讀三國法》《四大奇書第一種書目》。《書目》卷端題："聖歎外書，茂苑毛宗崗序始氏評，聲山別集，吳門杭永年資能氏定，卷首序文，讀法，凡例，總目，圖像。"插圖一百二十葉二百四十幅，一卷一葉兩幅插圖。正文卷端題"四大奇書第一種卷之一，聖歎外書，茂苑毛宗崗序始氏評"。據考，《三國志演義》在明代版本很多，多種目錄著作著錄，清順治初年到康熙初年間，長洲毛綸、毛宗崗父子兩人，在一百二十回本《李卓吾先生批評三國志》基礎上，

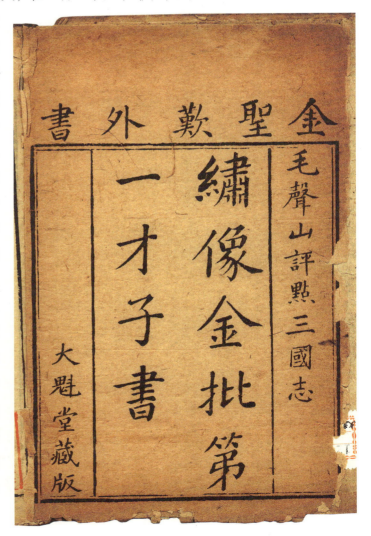

調整回目，修飾文字，刪削論讚，改換詩文，增刪情節，加以評點，撰寫《讀法》，形成這部《四大奇書第一種》（《第一才子書三國志》），並託名金聖歎批評，偽造一篇金聖歎序言，並一再強調"金聖歎外書""聖歎外書"。《中國通俗小說總目提要》著錄此版本，最早版本爲康熙年間刻本，六十卷一百二十回。藝術研究院這部藏本爲十九卷一百二十回。應該是在此基礎上的覆刻本。在卷一第一回第四、五葉處"玄"字有避諱有不避諱者，應爲順治本康熙間覆刻本，避諱字沒有全部修板。藏本封面序端卷端卷末鈐"高陽齊氏百舍齋存書之印""齊林玉世世子孫永寶用""齊氏所藏戲曲小說印""如山讀過""中國戲曲學院藏書"等印。原爲齊如山百舍齋藏書，後歸中國戲曲研究院，最終由中國藝術研究院圖書館收藏。

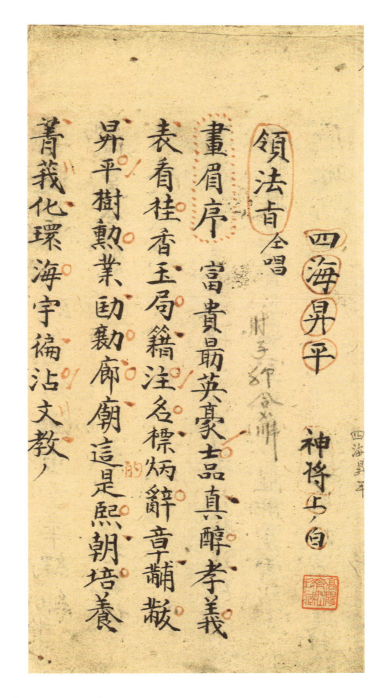

四海昇平 （清）佚名輯　清抄本

　　高 25 釐米，寬 14.5 釐米。半葉六行，行十五字，無邊框。清代戲曲各腳公用單本，卷首題
"神將上，白"。"劉田福"應該是此腳色扮演之演員。有朱筆圈點。又有墨筆圈點刪改。紙張老舊，
年代久遠，墨色沉鬱，抄功工穩。似爲内府、昇平署承應戲所遺物件。卷首鈐"高陽齊如山珍藏"。
原爲高陽齊氏百舍齋收藏，現由中國藝術研究院圖書館收藏。收入館藏《各腳公用大本》中。《故
宮珍本叢刊》收入南府崑弋開場承應戲一種，昇平署提綱一種，昇平署串頭一種。

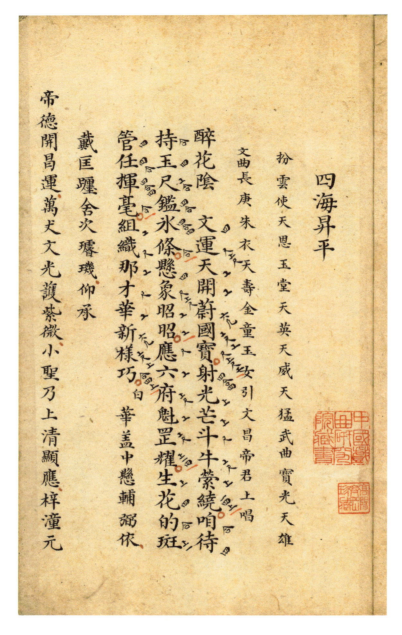

四海昇平 （清）昇平署輯　清昇平署朱墨抄本

高 24 釐米，寬 15.4 釐米。半葉八行，行大小字二十二字，無邊框。一册。毛裝。書名據封面書簽題。封面題"四海昇平總本"。有國劇陳列館書簽，題"嘉道間安殿本，齊如山藏。NO.7.–9."。有朱墨圈點。有工尺譜。爲齊梅合作期間收集整理之昇平署文獻。行款整飭，裝幀規範，墨色瑩潤，抄功工穩。卷首末鈐"高陽齊如山珍藏""中國戲曲研究院藏書""梅蘭芳捐贈"等印。原爲高陽齊氏所藏，後歸國劇陳列館，又捐中國戲曲研究院，現由中國藝術研究院圖書館收藏。《故宮珍本叢刊》收入南府崑弋開場承應戲一種，昇平署提綱一種，昇平署串頭一種。

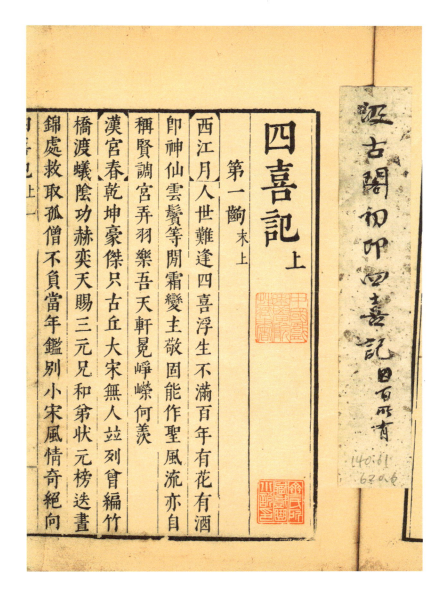

四喜記 二卷四十二齣 （明）謝讜撰 （明）毛晉編 明刻本

框高 20 釐米，寬 13.3 釐米。半葉九行，行十九字，小字同，白口，左右雙邊。一函兩冊。卷前有《四喜記目錄》（目錄分上下卷）。此爲明末毛晉所刻《繡刻演劇六十種》本。原封面書籤爲鄭騫墨跡，題"汲古閣初印四喜記，因百所有"。封面卷首末鈐"高陽齊氏百舍齋存書之印""齊林玉世世子孫永寶用""齊氏所藏戲曲小說印""如山過目""中國戲曲學院藏書""中國戲曲研究院藏書"等印。原爲鄭騫及高陽齊氏百舍齋收藏，後捐中國戲曲研究院，現由中國藝術研究院圖書館收藏。

謝讜（1512—?），字獻忠，號海門，上虞（今屬浙江）人，明嘉靖二十三年（1544）進士，作傳奇《四喜記》，著作有《海門集》《古虞集》《草言》等。《四喜記》另有毛晉汲古閣《六十種曲》本，爲明刻清初印本及道光二十五年印本，行款與此同，但是黑口，與此版不同。

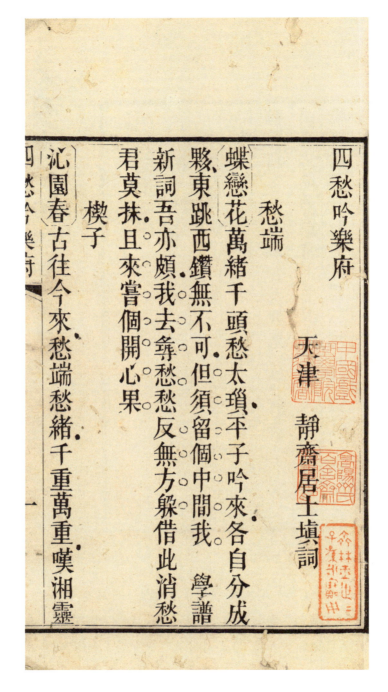

四愁吟樂府　　四種　（清）靜齋居士撰　　清刻本

　　框高 18.5 釐米，寬 12.5 釐米。半葉九行，行十八字，小字雙行同，白口，四周單邊，單黑魚尾。一函一冊。白紙本。卷端題"天津，靜齋居士填詞"。有圈點。爲清代中期以前雜劇作品，包括"吊湘""送窮""絕交""論錢"，作者不詳。卷首鈐"高陽齊氏百舍齋存書之印""齊林玉世世子孫永寶用""齊氏所藏戲曲小說印""中國戲曲學院藏書"等印。原爲高陽齊氏所藏，後捐中國戲曲研究院，現由中國藝術研究院圖書館收藏。

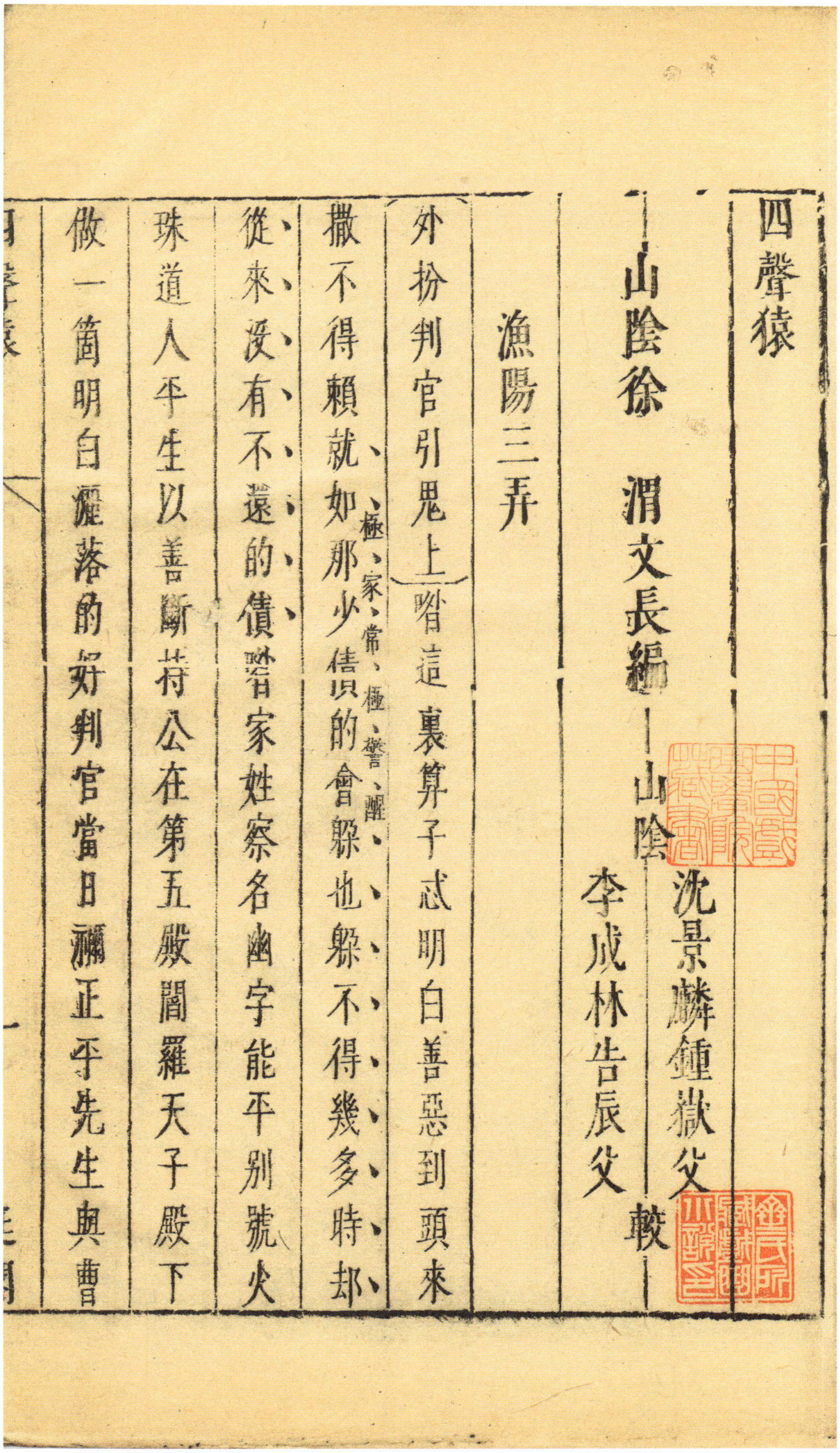

四聲猿

山陰徐　渭文長編

山陰　沈景麟鍾嶽父
李成林告辰父　較

漁陽三弄

外扮判官引鬼上　咱這裏算子忒明白善惡到頭來撒不得賴就如那少債的會躲也躲不得幾多時却（極、家、常、極、警、醒）從來沒有不還的債咱家姓察名幽字能平別號火珠道人平生以善斷符公在第五殿閻羅天子殿下做一箇明白灑落的好判官當日禰正平先生與曹

四聲猿 （明）徐渭編 （明）沈景麟 李成林校 明延閣刻本

框高 20.8 釐米，寬 15 釐米。半葉九行，行二十字，大小字同，白口，四周單邊，單白魚尾。一函兩冊。版心題"延閣"。有夾批。書名葉題"繡像，徐文長先生著，四聲猿，本衙藏板"。卷前有天放道人序言，《四聲猿總目》。有插圖（左右兩個半葉拼成一幅完整插圖，置於各種卷前）。封套書簽及掛簽爲齊如山墨跡。封面序端卷首末鈐"高陽齊氏百舍齋存書之印""齊林玉世世子孫永寶用""齊氏所藏戲曲小說""中國戲曲學院藏書""如山過目"等印。原爲高陽齊氏百舍齋藏，後捐中國戲曲研究院，現由中國藝術研究院圖書館收藏。齊氏還藏有一部清道光元年（1821）抱青閣刻本，現藏本館。《四聲猿》明代版本又有明萬曆四十二年（1614）鍾人傑刻本，另有一種半葉十行二十字的本子。

 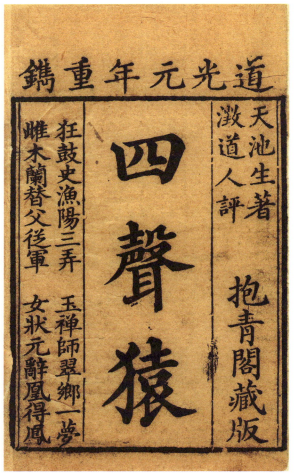

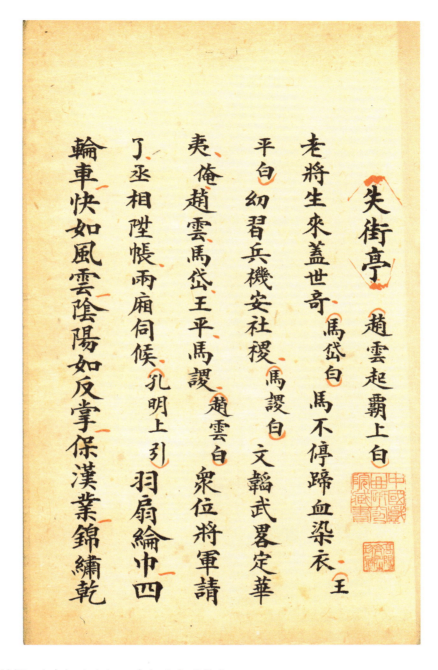

失街亭總録 （清）佚名輯　清內府朱墨抄本

　　高 26.5 釐米，寬 19 釐米。半葉六行，行十七至十八字，無邊框。書名據封面書籤題。毛裝。有朱筆圈點。不標曲牌及板式。有國劇陳列館書籤，題"本家六行皮黃二簧存庫本，齊如山藏，失街亭總録，NO.47-5-1."。卷首末鈐"高陽齊如山珍藏""中國戲曲研究院藏書""梅蘭芳捐贈"等印。原爲高陽齊氏百舍齋藏書，後歸國劇陳列館，又歸中國戲曲研究院，現由中國藝術研究院圖書館收藏。收入館藏《內學六行皮黃存庫本》中。《故宮珍本叢刊》收録昇平署崑弋承應壽戲一種，昇平署亂彈單齣一種，昇平署提綱本一種。

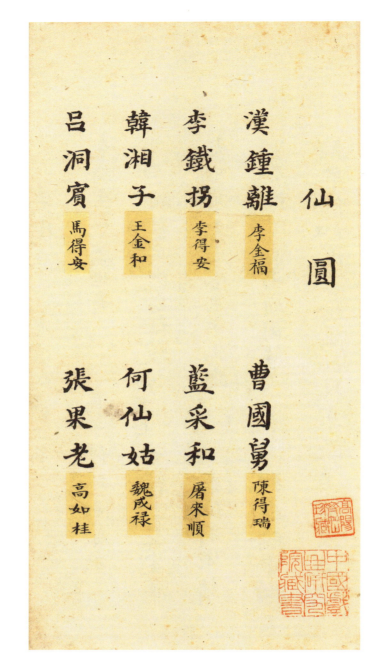

仙圓提綱 （清）昇平署輯　清昇平署抄本

　　高 21.5 釐米，寬 12.7 釐米。半葉五行，行字不等，無邊框。一冊。書名據封面書籤題，人物腳色下有扮演演員名籤粘貼（黃色），毛裝。此本爲國劇陳列館原藏，書籤遺失，其編序恰好爲“本 140”，排在“本 139”《雷擊元霸提綱》之後，爲崑弋安殿本提綱。卷首末鈐“高陽齊如山珍藏”“中國戲曲研究院藏書”“梅蘭芳捐贈”等印。原爲高陽齊氏百舍齋藏，後歸國劇陳列館，又捐中國戲曲研究院，現由中國藝術研究院圖書館收藏。《故宮珍本叢刊》收錄昇平署崑腔單齣一種，昇平署崑腔單齣曲譜一種。

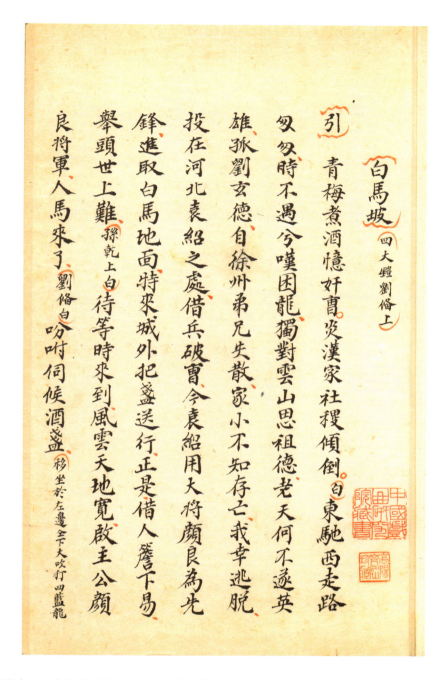

白馬坡總本　（清）南府輯　清南府朱墨抄本

　　高 27 釐米，寬 18 釐米。半葉八行，行二十二字，小字不等，無邊框。書名據封面書籤題。
毛裝。有朱筆圈點，不標板式。卷首末鈐"高陽齊如山珍藏""中國戲曲研究院藏書""梅蘭芳
捐贈"等印。原爲高陽齊氏百舍齋藏書，後歸國劇陳列館，後捐中國戲曲研究院，現由中國藝
術研究院圖書館收藏。收入館藏《內學八行皮黃存庫本》。

白雪齋選訂樂府吳騷合編　四卷　（明）張琦選輯　（明）張旭初刪訂　明崇禎十年（1637）張師齡刻本

框高 20 釐米，寬 14.9 釐米。半葉九行，行二十字，小字雙行同，白口，四周單邊，單白魚尾。兩函八冊。書名葉題"盛明襍劇，吳薗次先生論定，樂府吳騷，吳郡大來堂"。卷前有騷隱居士楚叔題於小墨墨居《吳騷合編序》（後影抄配），魏良輔《曲律》，凡例（末有"白雪齋主人謹識"字樣）。有《顧曲麈談》一篇（包括"填詞訓""作家偶評""曲譜辯""情癡寱言"四篇，"作家偶評"四字鏟掉）。有《白雪齋選訂樂府吳騷合編目次》（各卷目次置於各卷卷前）。各卷中有插圖二十幅，均爲兩個半葉合成，這是該書插圖的特點，明代戲曲小說插圖中也有類似版刻插圖。

從騷隱居士楚叔題於小墨墨居《吳騷合編序》中可知，此書是虎林張楚叔、張旭初兄弟所輯，

其侄張師齡刊刻。張楚叔名琦，武林（今浙江杭州）人，號騷隱居士，又號白雪齋主人。張旭初爲楚叔從弟，號半嶺道人，又號嶺樵。明萬曆間張楚叔編輯《吳騷初集》，於萬曆四十二年（1614）梓行，一時紙貴，嗣有二集、三集之編，並以"吳騷"命名，取上承楚騷之意，最終與弟旭初在前三編基礎上"口去氾濫，近補新聲"，輯成《吳騷合編》四卷。計收套曲二百多套，小令四十多首，除十一套北曲外均爲南曲。反映明代中後期崑曲興盛後崇尚豔詞，推重音律，審調諧聲，合譜依韻的取向，幽期歡會，惜別離情，哀怨感傷之風日盛。

我院這部《吳騷合編》，品相完好，裝幀精美，封面序端卷端卷末鈐"翁三中""朱文彥印"、"冠南""六經以外無奇書"、"高陽齊氏百舍齋存書之印""齊林玉世世

子孫永寶用""齊氏所藏戲曲小說""齊如山""中國戲曲學院藏書"等印。可知藏書源流，從朱氏、翁氏，再到齊如山百舍齋收藏，後歸中國戲曲研究院，最終由中國藝術研究院圖書館收藏。其中翁氏據考爲常熟翁氏，明代翁孺安撰《素蘭集》兩卷抄本，卷端鈐"翁三中""鬲庵秘笈""常熟翁之繕藏本""常熟翁迴孫所讀書"等印。翁孺安（？—1627），明末女詩人、畫家，字靜和，號素蘭。三中、之繕、迴孫爲其宗親。所以《吳騷合編》明末清初曾爲常熟翁氏所藏。

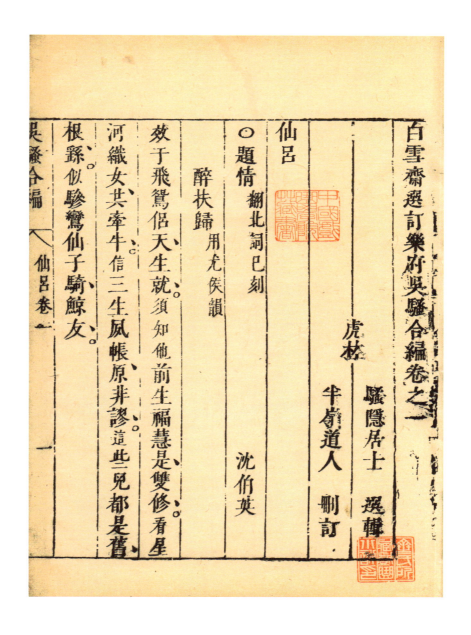

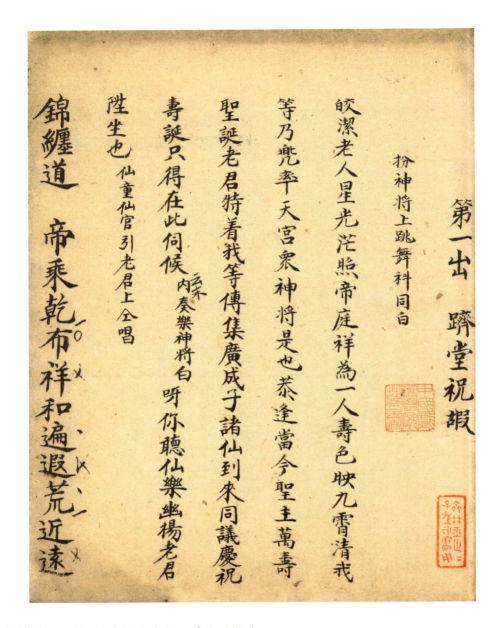

瓜瓞綿長 　八齣　（清）南府輯　清南府抄本

高 28.5 釐米，寬 23.3 釐米。半葉八行，行大小字不等，無邊框。一冊。毛裝。書名據封面書簽題，封面題"瓜瓞綿長，鼓板"。封面鈐"曙雯樓藏"。有墨筆圈點。封套題"清晝堂藏"。這種大開本大字抄本，應是早期南府產物。館藏有此鈐印者均爲較好版本。齣目包括：躋堂祝嘏、葵藿懷丹、壽徵百臺、瓜實千年、爭添壽算、競獻暇齡、懽騰忭舞、瓜瓞綿長。封面卷首末鈐"高陽齊氏百舍齋存書之印""齊林玉世世子孫永寶用""齊氏所藏戲曲小說印""中國戲曲學院藏書""齊如山"等印。原爲鄭氏曙雯樓及高陽齊氏百舍齋所藏，後捐中國戲曲研究院，現由中國藝術研究院圖書館收藏。《故宮珍本叢刊》收入南府崑弋開場承應戲一種。

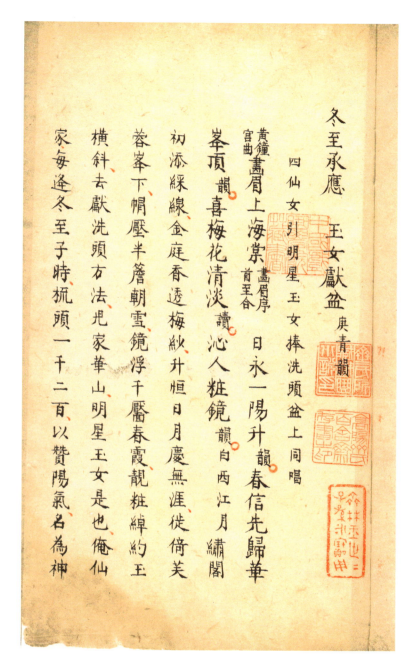

冬至承應·玉女獻盆·金仙奏樂 （清）昇平署輯　清乾隆嘉慶間昇平署朱墨抄本

　　高 24.3 釐米，寬 16 釐米。半葉八行，行二十二字，小字同，無邊框。一冊。毛裝。有朱筆圈點。書名據卷中各齣題。封套原題"清畫堂藏"。此本抄功工穩，較一般昇平署抄本為佳。卷首末鈐"齊林玉世世子孫永寶用""高陽齊氏百舍齋存書之印""齊氏所藏戲曲小說印""中國戲曲學院藏書""如山過目"等印。原為高陽齊氏百舍齋所藏，後捐中國戲曲研究院，現由中國藝術研究院圖書館收藏。收入館藏《月令承應》中。《故宮珍本叢刊》收入南府崑弋月令承應戲及提綱本各一種。

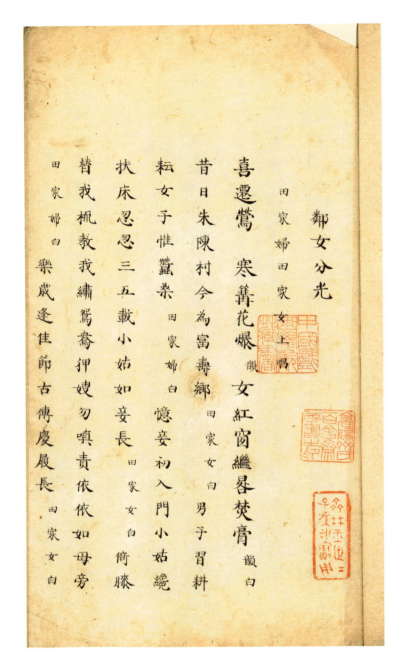

冬至承應・鄰女分光・野人獻曝串關 （清）昇平署輯　清乾隆嘉慶間昇平署朱墨抄本

高25釐米，寬15.5釐米。半葉八行，行二十字，小字同，無邊框。一册。毛裝。有朱筆圈點。書名據封面。封面題"冬至承應，鄰女分光，野人獻曝串關"。封套原題"清晝堂藏"。此本抄功工穩，較一般昇平署抄本爲佳。卷首末鈐"齊林玉世世子孫永寶用""高陽齊氏百舍齋存書之印""齊氏所藏戲曲小說印""中國戲曲學院藏書""如山過目"等印。原爲高陽齊氏百舍齋所藏，後捐中國戲曲研究院，現由中國藝術研究院圖書館收藏。收入館藏《月令承應》中。《故宫珍本叢刊》收錄提綱本一種。

永慶昇平 四齣 （清）如意館輯 清康熙間如意館朱絲欄精抄本

框高 20.6 釐米，寬 14.5 釐米。半葉九行，行二十字，小字單雙行同，白口，四周雙邊，單黑魚尾。一函一冊。書名爲輯錄者據封面書籤題。封面題"永慶昇平，如意館抄本，如山藏"。有國劇陳列館書籤"如意館抄本，齊如山藏，永慶昇平"。原封面及扉葉題"永慶昇平"，鈐"外頭學記"。有朱筆圈點。紙張老舊，抄功工穩，朱墨粲然。其中"象教弘宣西來意"之"弘"字、"佛力弘施感荷宜"之"弘"字，均不避乾隆諱。定爲康熙間抄本爲宜。卷首末鈐"高陽齊如山珍藏""中國戲曲學院藏書"等印。原爲齊氏藏書，後捐中國戲曲研究院，現由中國藝術研究院圖書館藏書。

清康熙三十一年（1692），康熙帝意欲設立如意館，當時主要爲了研究、陳列西方的科技成果。建成後成爲清朝以繪畫供奉皇室的一個專門機構。匯聚了全國各地的繪畫大師、書畫家、製瓷大師。康、雍、乾三朝如意館爲皇家管理，同治、光緒朝如意館隸屬於內務府造辦處。這種款式制式的宮廷抄本屬於極盡精工的產物。與乾隆間安殿本面貌很像，這種款式一直沿用到乾隆朝。

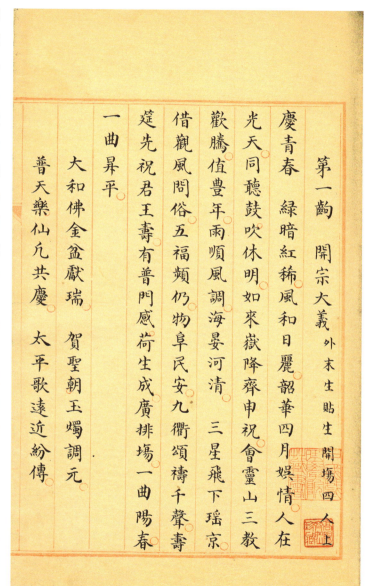

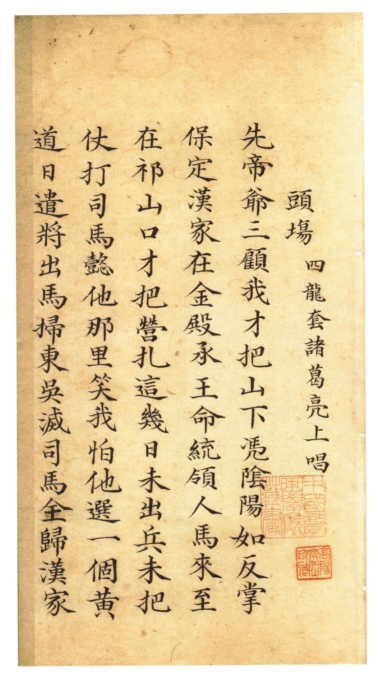

頭場　四龍套諸葛亮上唱

先帝爺三顧我才把山下馮陰陽如反掌

保定漢家在金殿承王命統領人馬來至

在祁山口才把營扎這幾日未出兵未把

仗打司馬懿他那里笑我怕他選一個黃

道日遣將出馬掃東吳滅司馬全歸漢家

出祁山　頭場　（清）昇平署輯　清昇平署抄本

　　高 24.5 釐米，寬 14.8 釐米。半葉六行，行十六字，小字同，無邊框。書名據封面書籤題。封面書籤題"出祁山，總部"。京劇抄本。卷中有諸葛亮白"大膽"。紙張墨色均符合昇平署抄本情況，字體碩大，與一般昇平署抄本不同，抄功工穩，或爲清末稍早的本子。卷首鈐"高陽齊如山珍藏""中國戲曲學院藏書"。原爲高陽齊氏百舍齋藏書，後捐中國戲曲研究院，現由中國藝術研究院圖書館收藏。

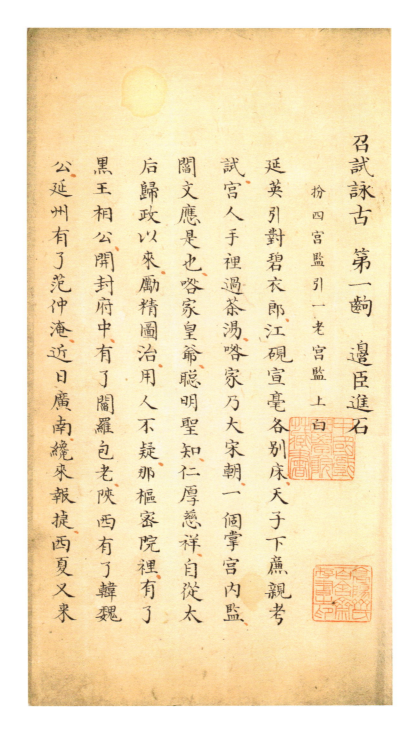

召試詠古　第一齣　邊臣進石

扮四宮監引一老宮監上

延英引對碧衣郎江硯宣毫各別床天子下蓆親考

試宮人手裡過茶湯咯家乃大宋朝一個掌宮內監

閣文應是也咯家皇爺聰明聖知仁厚慈祥自從太

后歸政以來勵精圖治用人不疑那樞密院裡有了

黑王相公開封府中有了閻羅包老陝西有了韓魏

公延州有了范仲淹近日廣南繞來報捷西夏又來

召試詠古串關　兩齣　（清）昇平署輯　清昇平署抄本

高 25.2 釐米，寬 16.7 釐米。半葉八行，行二十一字，小字同，無邊框。一册。毛裝。書名據封面書籤題。有朱筆圈點。封套題"清晝堂藏"。封面卷首末鈐"高陽齊氏百舍齋存書之印""齊氏所藏戲曲小說印""中國戲曲學院藏書""如山讀過"等印。原爲高陽齊氏百舍齋藏，後捐中國戲曲研究院，現由中國藝術研究院圖書館收藏。收入館藏《法宮雅奏九九大慶》中。

皮黃音韻 附錄六章 齊如山撰 民國二十一年（1932）百舍齋紅格稿本

框高 17.2 釐米，寬 11.2 釐米。半葉八行，行二十字，白口，四周單邊，單黑魚尾。一函兩冊。版心題"百舍齋"。卷前有民國二十一年（1932）王榮山序言，目錄，凡例。有齊如山朱筆圈點及眉批。卷端題"齊如山編"。序言、凡例、目錄及卷首末前有"如山""中國戲曲學院藏書"等印。茲錄目錄於下：凡例、中東轍、江陽轍、人臣轍、言前轍、一七轍、姑蘇轍、懷來轍、么條轍、梭撥轍、發花轍、由求轍、耶邪轍。附錄：第一章論轍韻、第二章十三道轍、第三章皮黃用中州韻、第四章論庚青韻與中東韻人臣兩轍皆可通、第五章論尖團音、第六章論皮黃之念字。目錄、凡例、眉批爲齊如山墨跡，正文或爲抄手謄錄。藝術研究院另藏兩部齊如山先生《皮黃音韻》的稿本，爲三冊本和五冊本兩種，百舍齋紅格箋紙抄錄，有修改眉批，封面有齊如山墨筆書簽，顯然是齊如山氏增補刪改修訂本，封面題"齊如山編纂"。沒有王榮山序言。那麼這部兩冊抄本應該是殺青後的謄抄本，三個版本可以參互印證。

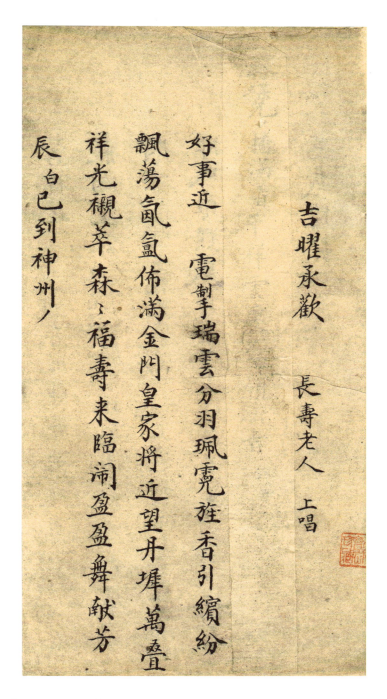

吉曜承歡 （清）佚名輯　清抄本

高 25 釐米，寬 14.5 釐米。半葉六行，行字不等，無邊框。清代戲曲各腳公用單本，卷首題"長壽老人，上唱"。有朱筆圈點。原第一隻唱【粉蝶兒】，後被粘貼，待修改，類似這種情況其他昇平署抄本中也有出現。似爲内府、昇平署承應戲所遺物件。卷首鈐"高陽齊如山珍藏"印。原爲高陽齊氏百舍齋藏，現由中國藝術研究院圖書館收藏。收入館藏《各腳公用大本》中。《故宮珍本叢刊》收錄昇平署崑弋開場承應戲一種，昇平署排場本一種。

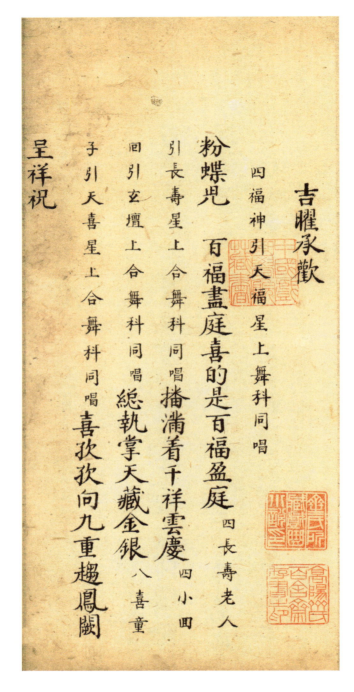

吉曜承歡 （清）昇平署輯　清昇平署抄本

　　高 23.2 釐米，寬 13 釐米。半葉七行，行二十字，小字同，無邊框。一冊。毛裝。書名據封面書籤題。封套題"清書堂藏"。封面卷首末鈐"高陽齊氏百舍齋存書之印""齊氏所藏戲曲小說印""中國戲曲學院藏書""如山讀過"等印。原爲高陽齊氏百舍齋所藏，後捐中國戲曲研究院，現由中國藝術研究院圖書館收藏。收入館藏《法宮雅奏九九大慶》中。《故宮珍本叢刊》收錄昇平署崑弋開場承應戲一種，昇平署排場本一種。

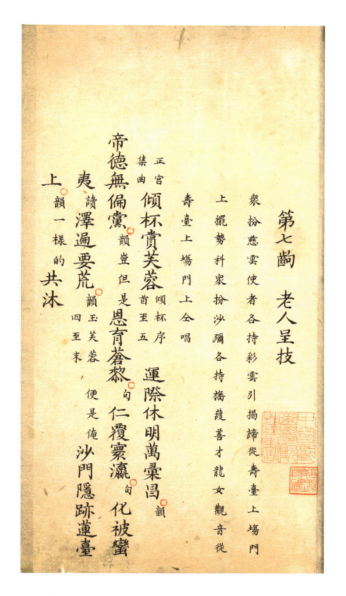

老人呈技　存一齣　（清）昇平署輯　清同治間朱墨抄本

　　高 24.5 釐米，寬 15 釐米。半葉八行，行二十二字，無邊框。一函一冊。書名據國劇陳列館書簽題，國劇陳列館書簽題"老人呈技，御筆改定本，齊如山藏"。卷末有題識："同治御筆所改之安殿本說明：宮中戲本皇帝恒親自刪改，乾隆時尤甚。此本則同治帝所改者。因咸豐之名有'詝'字，故本中住、祝等字皆改。昔戲詞中袛有'且住'字樣，無'且慢'二字。自此本經皇帝改後，宮中戲遇'且住'皆改念'且慢'矣。宮中改念外邊亦效之。故至今尚有念'且慢'二字者，習慣然也。"此題識不似齊氏筆跡。此本爲《老人呈技》第七齣。朱墨筆刪改。卷中朱筆爲同治皇帝批改。鈐有"高陽齊如山珍藏""中國戲曲學院藏書"等印。《故宮珍本叢刊》中收入《古佛朝天·老人呈技》崑腔單齣一種，爲南府抄本及《老人呈技》昇平署抄本。清末有在同樂園搬演《老人呈技》的記載。

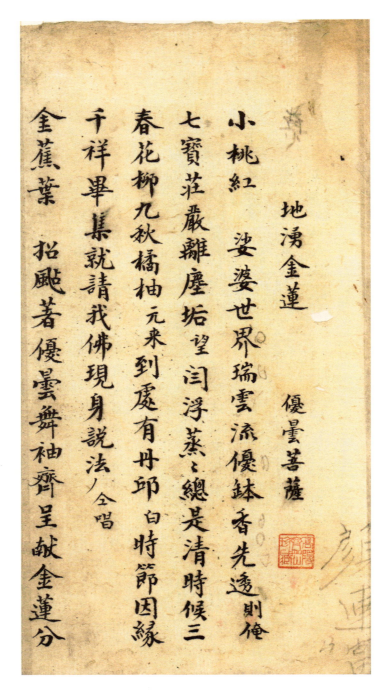

地湧金蓮 （清）佚名輯　清抄本

　　高 25 釐米，寬 14.5 釐米。半葉六行，行字不等，無邊框。清代戲曲各腳公用單本，卷首題"優曇菩薩"。紙張老舊，年代久遠，墨色沉鬱，抄功工穩。由書品看似爲內府、昇平署承應戲所遺物件。卷首鈐"高陽齊如山珍藏"印。原爲高陽齊氏百舍齋收藏，現由中國藝術研究院圖書館收藏。收入館藏《各腳公用大本》中。《故宮珍本叢刊》收入南府崑弋開場承應戲一種，崑弋承應大戲一種。

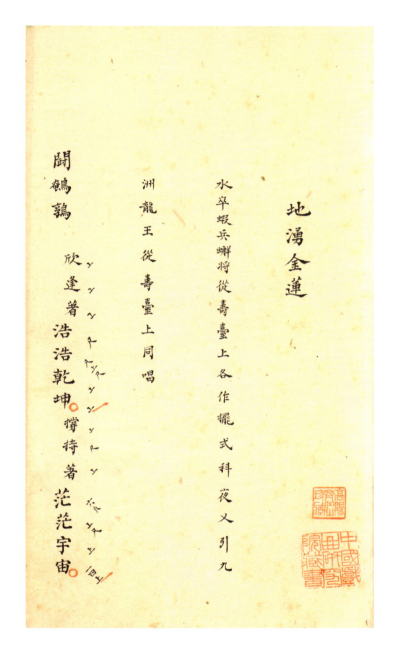

地湧金蓮總本 （清）昇平署輯　清昇平署朱墨抄本

高 24 釐米，寬 15.4 釐米。半葉四行，行大小字二十字，無邊框。一册。毛裝。書名據封面書籤題。有國劇陳列館書籤，題"同光時代安殿本，齊如山藏"。有朱筆圈點。有工尺譜。此種抄本抄功工穩，行款規範，紙張考究，齊如山先生認爲有可能是嘉道時期安殿本。有齊氏墨筆便籤夾於册中。從品相看，裝幀清爽，十足書品，基本是庫藏多年沒有經常翻檢之册。應爲同光時代抄本或抄録時間更早一些。卷首末鈐"高陽齊如山珍藏""中國戲曲研究院藏書""梅蘭芳捐贈"等印。原爲高陽齊氏所藏，齊梅合作期間歸國劇陳列館，後捐中國戲曲研究院，現由中國藝術研究院圖書館收藏。《故宮珍本叢刊》收入南府崑弋開場承應戲一種，崑弋承應大戲一種。

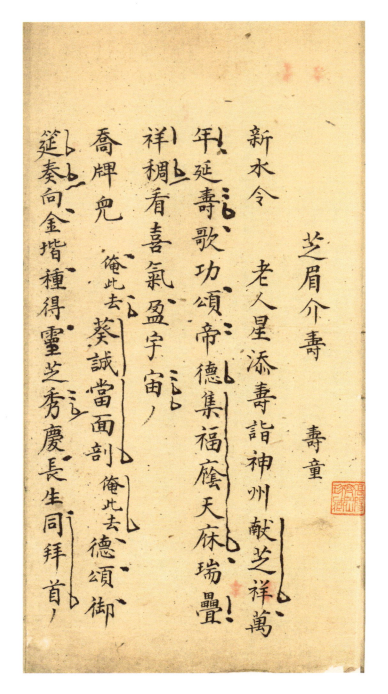

芝眉介壽 （清）佚名輯　清抄本

　　高 25 釐米，寬 14.5 釐米。半葉六行，行字不等，無邊框。清代戲曲各腳公用單本。卷首題
"壽童"，右側書口題 "劉田福"，應該是此腳色扮演之演員。似爲內府、昇平署承應戲所遺物件。
卷末題 "秀峰秀亭"，或爲藏家，或爲抄手。卷首鈐 "高陽齊如山珍藏" 等印。原爲高陽齊氏百
舍齋藏，現由中國藝術研究院圖書館收藏。收入館藏《各腳公用大本》中。《故宮珍本叢刊》收
錄昇平署崑弋開場承應戲一種。

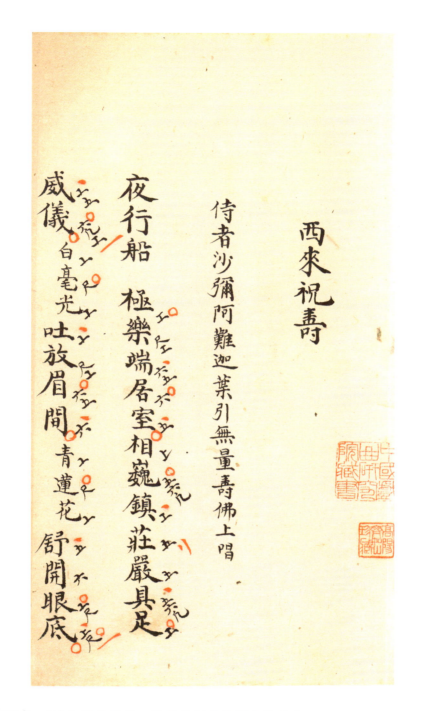

西來祝壽總本 （清）昇平署輯　清光緒間昇平署朱墨抄本

　　高 24 釐米，寬 15.4 釐米。半葉四行，行大小字不等，無邊框。一冊。毛裝。書名據封面書簽題。有國劇陳列館書簽，題“光緒時代安殿本，齊如山藏”。有朱筆圈點。有工尺譜。卷首末鈐“高陽齊如山珍藏”“中國戲曲研究院藏書”“梅蘭芳捐贈”等印。原爲高陽齊氏所藏，齊梅合作期間歸國劇陳列館，後捐中國戲曲研究院，現由中國藝術研究院圖書館收藏。收入館藏《光緒朝昇平署曲譜》中。《故宮珍本叢刊》收入昇平署崑弋承應宴戲曲譜《老佛西來祝聖壽》一種。

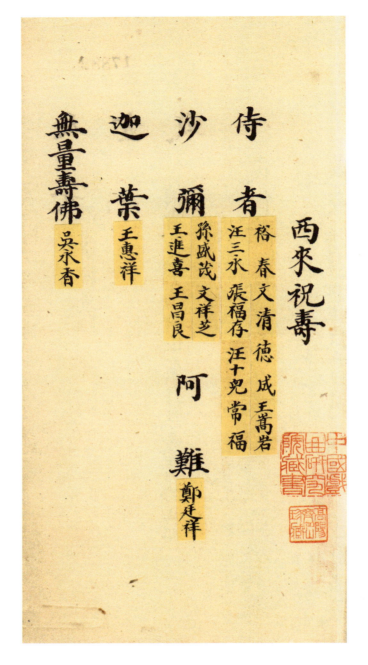

西來祝壽提綱 （清）昇平署輯　清昇平署抄本

　　高 21.4 釐米，寬 12.5 釐米。半葉五行，行字不等，無邊框。一册。毛裝。書名據封面書籤題。承應戲安殿提綱本。有國劇陳列館籤，題 "承應戲安殿提綱，齊如山藏"。黃紙粘貼演員姓名籤以備該腳色飾演演員之更換。至有多人姓名重疊一處者。卷首末鈐 "高陽齊如山珍藏" "中國戲曲研究院藏書" "梅蘭芳捐贈" 等印。原爲高陽齊氏所藏，齊梅合作期間歸國劇陳列館，後捐中國戲曲研究院，現由中國藝術研究院圖書館收藏。收入館藏《承應戲安殿提綱》函中。《故宮珍本叢刊》收入昇平署崑弋承應宴戲曲譜《老佛西來祝聖壽》一種。

西廂記　十六齣　（元）王實甫撰　清道光二年（1822）桐花閣刻本

框高 17.5 釐米，寬 14.3 釐米。半葉十行，行二十一字，小字同，大黑口，四周雙邊，雙對黑魚尾。一函四册。書名葉題"桐花閣校定西廂記北曲"。卷前有道光二年（1822）吳蘭修序，有《附論十則》。卷末有邵詠跋，道光二年（1822）長白秀琨跋。卷端題"桐花閣校本"。封套書籤及掛籤爲齊如山墨跡。白紙本。封面卷首末鈐"秣陵王氏樹庭""樹庭""高陽齊氏百舍齋存書之印""齊林玉世世子孫永寶用""齊氏所藏戲曲小說印""中國戲曲學院藏書""齊如山""王氏偶寄草堂珍藏書畫之印"等印。原爲王氏偶寄草堂及高陽齊氏百舍齋所藏，後捐中國戲曲研究院，現由中國藝術研究院圖書館收藏。

吳蘭修，生卒年不詳，道光元年（1821）前後在世，廣東嘉應人，字石華，嘉慶十三年（1808）舉人，官信宜訓導，生平枕經葄史，築守經堂於粵秀書院，藏書數萬卷。蘭修所著有《荔村吟》《桐花閣詞》，及《南漢紀》五卷，《端溪硯史》三卷等。《清史列傳》有傳。對於《西廂記》，吳以爲"字字沉著，筆筆超脫，元人原本無以過之"，但是後人刪改太多，尤其以金聖歎"割截破碎，幾失本來面目耳"，他用諸如六十家本、六幻本、琵琶本、葉氏本、金聖歎本，重加校勘，曲的部分採用七八成，科白採用四五成，雖然已經不是王實甫的原著了，但是首尾貫穿比此前諸本更加完善。

桐花閣校本除此道光二年（1822）本外，還有一種與之行款相同而字跡不同的版本，應該也是道光間刻本。行款全同，前序同，《附論十則》末尾缺補論四行，多出吳蘭修書劄兩通，邵詠致芝房師書一通，桐花閣節本《董解元西廂記》。卷末缺道光二年（1822）長白秀琨跋。整體字體較齊藏本瘦硬，筆劃細如遊絲。關鍵是書口爲白口，與齊藏本迥異，是黃紙本。应是重刻本。這個本子是慕歌堂鄭氏藏書，有鄭騫題簽，也經過齊如山收藏，有齊氏鈐印。

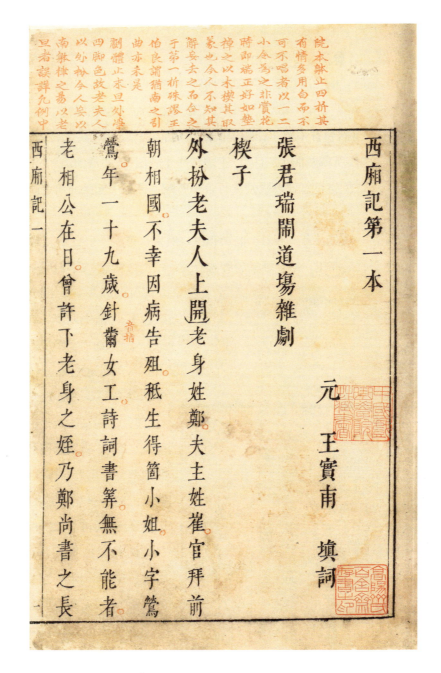

西廂記　五本　（元）王實甫填詞　明閔齊伋刻朱墨套印本

框高 20.7 釐米，寬 14.5 釐米。半葉八行，行十八字，小字單雙行同，白口，左右雙邊。一函五冊。眉批小字雙行。每本前附"解證"。每本四折一楔子。卷末附元人無名氏增"對弈"一折。該書經過裝裱，爲金鑲玉裝，原封面、書名葉、序言處均缺。封套書簽爲齊如山墨跡。此書《中國古籍善本書目》著録。封面卷首末鈐"高陽齊氏百舍齋存書之印""齊林玉世世子孫永寶用""齊氏所藏戲曲小說印""中國戲曲學院藏書""如山讀過"等印。原爲高陽齊氏百舍齋所藏，後捐中國戲曲研究院，現由中國藝術研究院圖書館收藏。

西樓記 二卷三十五齣 （明）袁于令撰 （明）陳繼儒批評 （明）徐肅穎刪潤 （明）蕭鳴盛校閱 明師儉堂刻本

框高 22 釐米，寬 14.5 釐米。半葉上下欄，上欄雙行，行四字，下欄九行，行二十四字，小字雙行同，白口，四周單邊。一函兩册。卷端題"雲間陳眉公繼儒批評，柘浦敷莊徐肅穎刪潤，富沙儆韋蕭鳴盛校閱"。版心題"師儉堂板"。有插圖二十二葉十一幅，兩個半葉拼爲一幅。封套書簽爲齊如山墨跡。封面卷首末鈐"高陽齊氏百舍齋存書之印""齊林玉世世子孫永寶用""齊氏所藏戲曲小說印""中國戲曲學院藏書""齊如山"等印。原爲高陽齊氏百舍齋所藏，後捐中

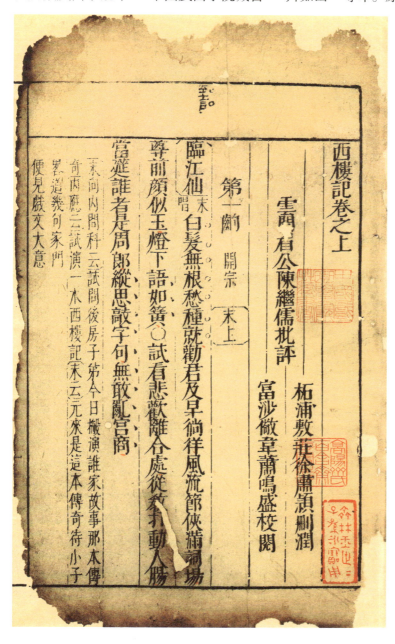

國戲曲研究院，現由中國藝術研究院圖書館收藏。《西樓記》善本有明代毛晉汲古閣刻本，明代玉茗堂批評本，乾隆五十五年（1790）寧我齋刻本，清代昇平署抄本，民國初吳梅藏抄本，明代師儉堂刻本是較少見到的版本。《綴白裘》收錄此劇。

袁于令（1592—1674？），原名韞玉，又名晉，字令昭，一字鳬公，號籜庵，又號幔亭、白賓、吉衣主人，吳縣人。約卒於清康熙十三年（1674），年在七十歲以外。明末生員。于令工曲，師葉憲祖，所作有雜劇《雙鶯傳》，傳奇《西樓記》《金鎖記》《玉符記》《珍珠記》《鷫鸘裘》（以上五種合稱《劍嘯閣傳奇》），《長生樂》及《瑞玉記》（均爲曲錄）。一說《金鎖記》或爲袁氏所作。其中以《西樓記》最著名。另有通俗小說《隋史遺文》十二卷六十回（見《中國通俗小說書目》），大概作於崇禎時。

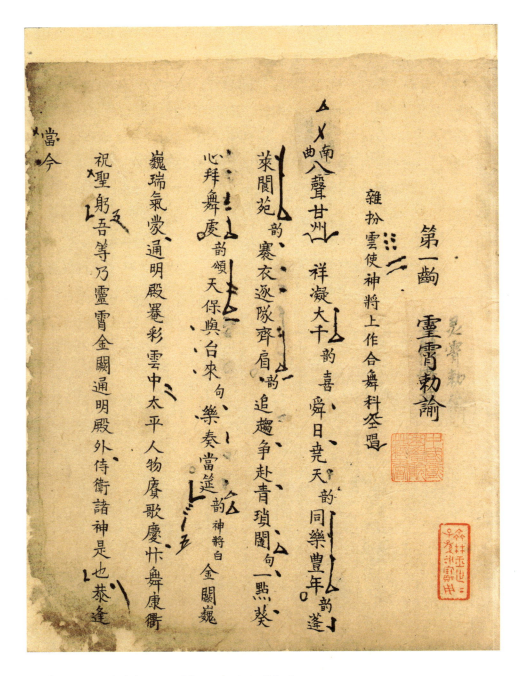

百子呈祥 八齣 （清）昇平署輯 清昇平署抄本

　　高 29.5 釐米，寬 23.5 釐米。半葉八行，行字不等，無邊框。一函兩冊。封套題 "清畫堂藏"。書名據封面書簽題。封面題 "鼓板，劉記"。有墨筆圈改。有工尺譜。紙質老舊，開本碩大，行款規整，抄功工穩，爲較早的昇平署用本。封面卷首末鈐 "高陽齊氏百舍齋存書之印" "齊林玉世世子孫永寶用" "齊氏所藏戲曲小說印" "齊如山" "中國戲曲學院藏書" 等印。原爲高陽齊氏百舍齋收藏，後捐中國戲曲研究院，現爲中國藝術研究院圖書館藏書。《故宮珍本叢刊》收入南府崑弋開場承應戲一種，串頭本一種，排場本一種。

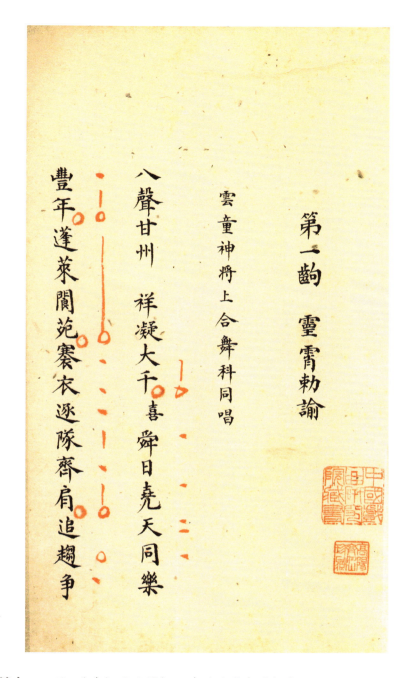

百子呈祥總本 八齣 （清）昇平署輯 清昇平署朱墨抄本

　　高 24 釐米，寬 15.4 釐米。半葉四行，行大小字不等，無邊框。兩册。毛裝。封面題前後本（即上下册），各四齣。書名據封面書簽題。有國劇陳列館書簽，題"臨時改辭安殿本，齊如山藏"。改辭黃紙粘貼處題"皇后千秋"。有朱筆圈點。有工尺譜。卷首末鈐"高陽齊如山珍藏"、"中國戲曲研究院藏書""梅蘭芳捐贈"等印。原爲高陽齊氏所藏，齊梅合作期間歸國劇陳列館，後捐中國戲曲研究院，現由中國藝術研究院圖書館收藏。《故宫珍本叢刊》收入南府崑弋開場承應戲一種，串頭本一種，排場本一種。

百福駢臻串關　（清）昇平署輯　清昇平署抄本

高 25.5 釐米，寬 16.5 釐米。半葉八行，行二十二字，小字同，無邊框。一册。毛裝。書名
據封面書簽題。封套題"清晝堂藏"。有朱筆圈點。封面卷首末鈐"高陽齊氏百舍齋存書之印""齊
氏所藏戲曲小說印""中國戲曲學院藏書""如山讀過"等印。原爲高陽齊氏百舍齋所藏，後捐
中國戲曲研究院，現由中國藝術研究院圖書館收藏。收入館藏《法宮雅奏九九大慶》中。《故宮
珍本叢刊》收入南府崑弋開場承應戲一種，排場本一種。

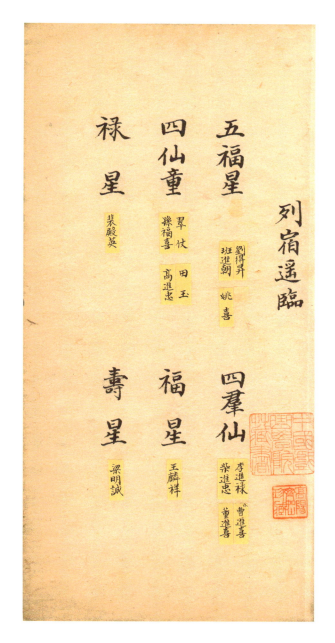

列宿遙臨·雙星永慶提綱 （清）昇平署輯　清昇平署抄本

　　高 22.5 釐米，寬 13.2 釐米。半葉五行，行字不等，無邊框。一冊。毛裝。封面題"皇子成婚承應，列宿遙臨，雙星永慶"。黃紙粘貼演員姓名簽以備該腳色飾演演員之更換。至有多人姓名重疊一處者。書名據封面書簽題，爲承應戲安殿提綱。有國劇陳列館簽，題"承應戲安殿提綱，齊如山藏，皇子成婚承應"。卷首末鈐"高陽齊如山珍藏""中國戲曲研究院藏書""梅蘭芳捐贈"等印。原爲高陽齊氏所藏，齊梅合作期間歸國劇陳列館，後捐中國戲曲研究院，現爲中國藝術研究院圖書館藏書。收入館藏《梅藏安殿本》函中。故宮藏有《列宿遙臨·雙星永慶》總本，半葉八行，行二十二字，崑腔本。紫禁城出版社曾結集出版過影印本。

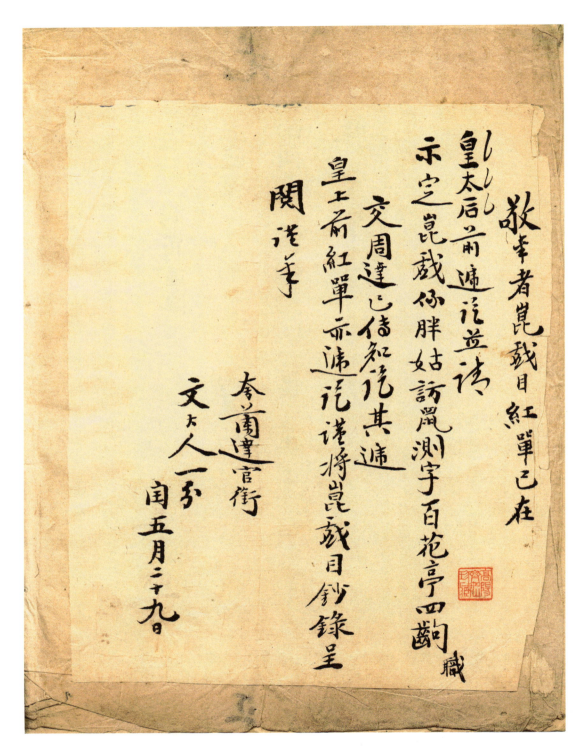

光緒二十一年內務府帶戲啓帖底檔 （清）內務府輯　清光緒二十一年（1895）內務府抄本

高 28 釐米，寬 22.5 釐米。半葉行、字不等，無邊框。一冊。書名據封面書籤題，封面題"齊如山藏"。年代據原封面題。封面卷首鈐"高陽齊如山珍藏""中國藝術研究院戲曲研究所藏書"等印。收入館藏《內務府底檔》冊中。

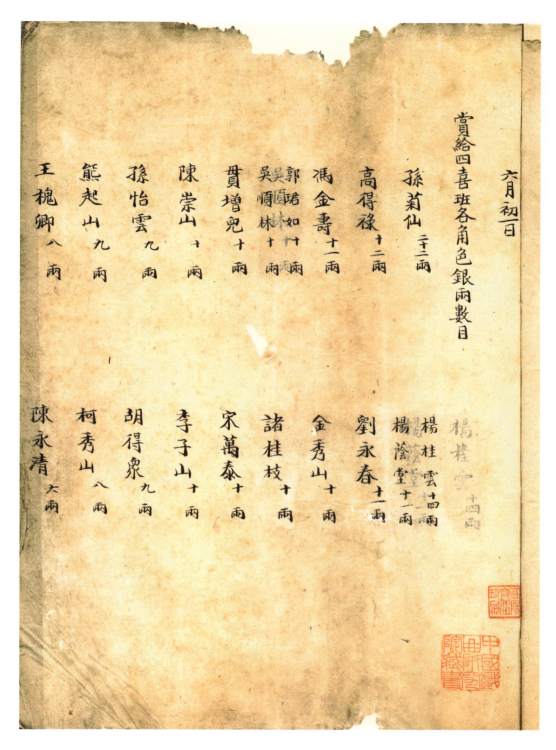

賞給四喜班各角色銀兩數目

六月初一日

孫菊仙 二十二兩

高得祿 十二兩　　劉永春 十二兩

馮金壽 十一兩　　楊蔭堂 十一兩

郭珺如 十兩　　　楊桂雲 十四兩

吳順林 十兩

貫增兜 十兩　　　金秀山 十兩

陳崇山 十兩　　　諸桂枝 十兩

孫怡雲 九兩　　　宋萬泰 十兩

熊起山 九兩　　　李子山 十兩

王槐卿 八兩　　　胡得象 九兩

　　　　　　　　柯秀山 八兩

陳永清 六兩

光緒二十一年內務府擬賞戲班銀兩檔　（清）內務府輯　清光緒二十一年（1895）內務府抄本
高 28 釐米，寬 22.5 釐米。半葉行、字不等，無邊框。書名據封面書簽題，封面題"齊如山藏"，年代據原封面題。卷首鈐"高陽齊如山珍藏""中國戲曲研究院藏書"等印。收入館藏《內務府底檔》冊中。

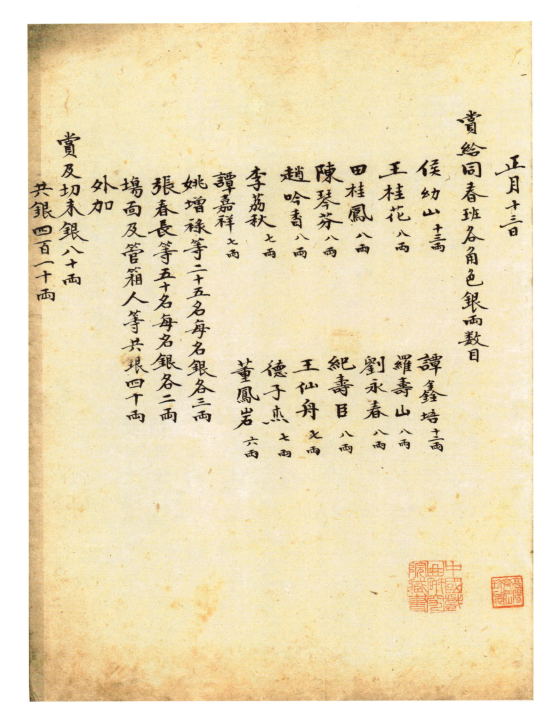

正月十三日

賞給同春班各角色銀兩數目

侯幼山 十三兩

王桂花 八兩　　譚鑫培 十二兩

田桂鳳 八兩　　羅壽山 八兩

陳琴芬 八兩　　劉永春 八兩

趙吟香 八兩　　紀壽臣 八兩

李荔秋 七兩　　王仙舟 七兩

譚嘉祥 七兩　　德子杰 七兩

姚增祿等二十五名每名銀各三兩　　董鳳岩 六兩

張春長等五十名每名銀各二兩

場面及管箱人等共銀四十兩

外加

賞及切末銀八十兩

共銀四百一十兩

光緒二十二年內務府擬賞檔 （清）內務府輯　清光緒二十二年（1896）內務府抄本

高28釐米，寬22.5釐米。半葉行、字不等，無邊框。書名據封面書簽題，封面題"齊如山藏"。年代據原封面題。原封面題有"漱芳齋"。封面卷首鈐"高陽齊如山珍藏""中國戲曲研究院藏書"等印。收入館藏《內務府底檔》冊中。

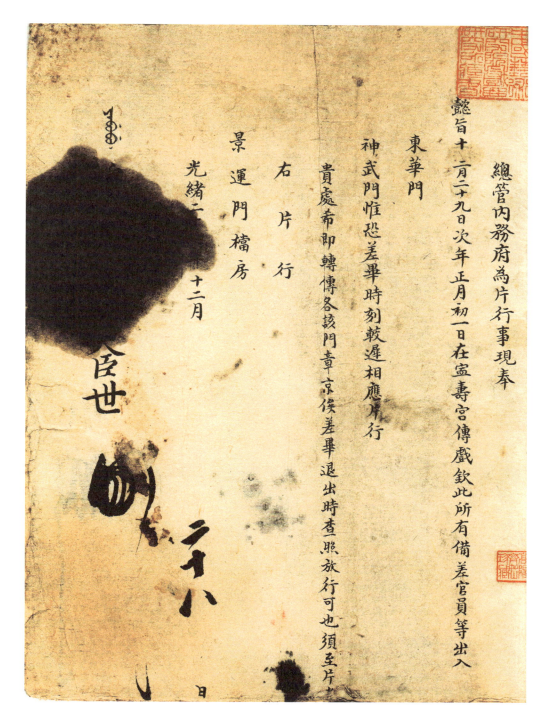

光緒二十八年至二十九年內務府片行各門底檔 （清）內務府輯　清光緒二十八至二十九年
（1902—1903）內務府抄本

　　高 28 釐米，寬 22.5 釐米。半葉行、字不等，無邊框。一冊。書名據封面書籤題，封面題"齊
如山藏"。年代據原封面題。卷首鈐"高陽齊如山珍藏""中國藝術研究院戲曲研究所藏書"等印。
在館藏《內務府底檔》冊中。

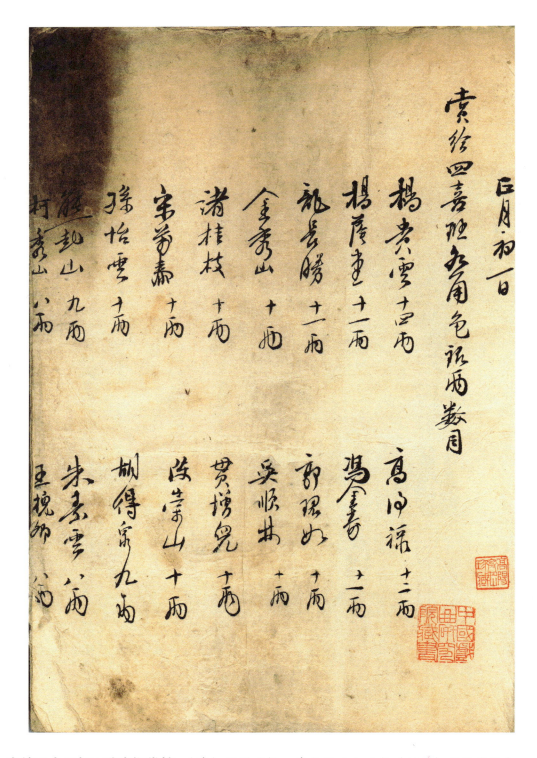

光緒二十三年內務府擬賞檔 （清）內務府輯　清光緒二十三年（1897）內務府抄本

高 28 釐米，寬 22.5 釐米。半葉行、字不等，無邊框。一冊。書名據封面書簽題，封面題“齊如山藏”。年代據原封面題。封面卷首鈐“高陽齊如山珍藏”“中國戲曲研究院藏書”等印。收入館藏《內務府底檔》冊中。

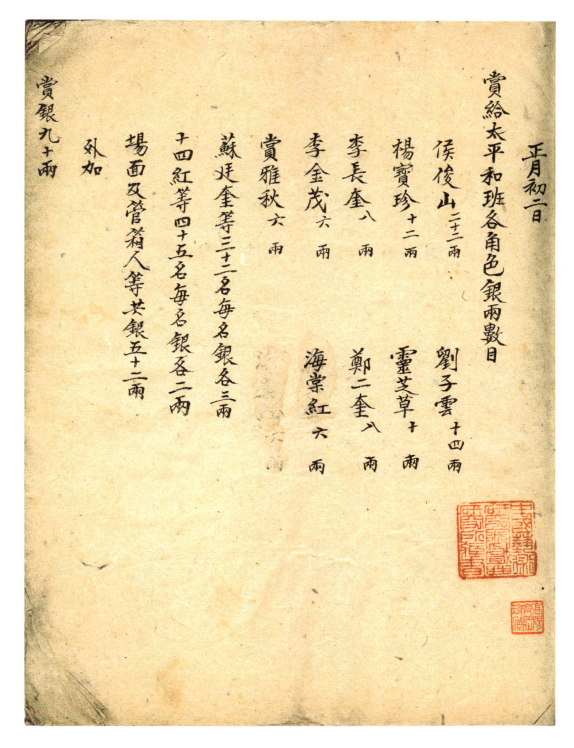

正月初二日

賞給太平和班各角色銀兩數目

侯俊山 二十二兩　劉子雲 十四兩

楊寶珍 十二兩　靈芝草 十兩

李長奎 八兩　鄭二奎 八兩

李金茂 六兩　海棠紅 六兩

賞雅秋 六兩

蘇廷奎等三十二名每名銀各三兩

十四紅等四十五名每名銀各二兩

場面及管箱人等共銀五十二兩

外如

賞銀九十兩

光緒二十五年內務府擬賞檔 （清）內務府輯　清光緒二十五年（1899）內務府抄本

高 28 釐米，寬 22.5 釐米。半葉行、字不等，無邊框。書名據封面書簽題，封面題"齊如山藏"。年代據原封面題。封面卷首鈐"高陽齊如山珍藏""中國藝術研究院戲曲研究所藏書"等印。收入館藏《內務府底檔》冊中。

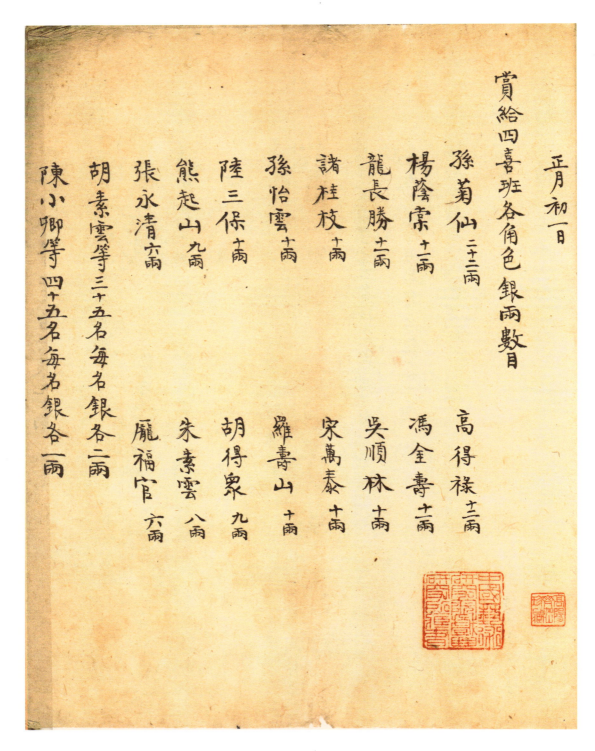

正月初一日

賞給四喜班各角色銀兩數目

孫菊仙 二十二兩　　高得祿 十二兩

楊蔭棠 十二兩　　馮全壽 十二兩

龍長勝 十二兩　　吳順林 十兩

諸桂枝 十兩　　宋萬泰 十兩

孫怡雲 十兩　　羅壽山 十兩

陸三保 十兩　　胡得眾 九兩

熊起山 九兩　　朱素雲 八兩

張永清 六兩　　龐福官 六兩

胡素雲等三十五名每名銀各二兩

陳小卿等四十五名每名銀各一兩

光緒二十六年內務府擬賞檔　（清）內務府輯　清光緒二十六年（1900）內務府抄本

高 28 釐米，寬 22.5 釐米。半葉行、字不等，無邊框。一冊。書名據封面書籤題，封面題"齊如山藏"。年代據原封面題。封面卷首鈐"高陽齊如山珍藏""中國戲曲研究院藏書"等印。收入館藏《內務府底檔》冊中。

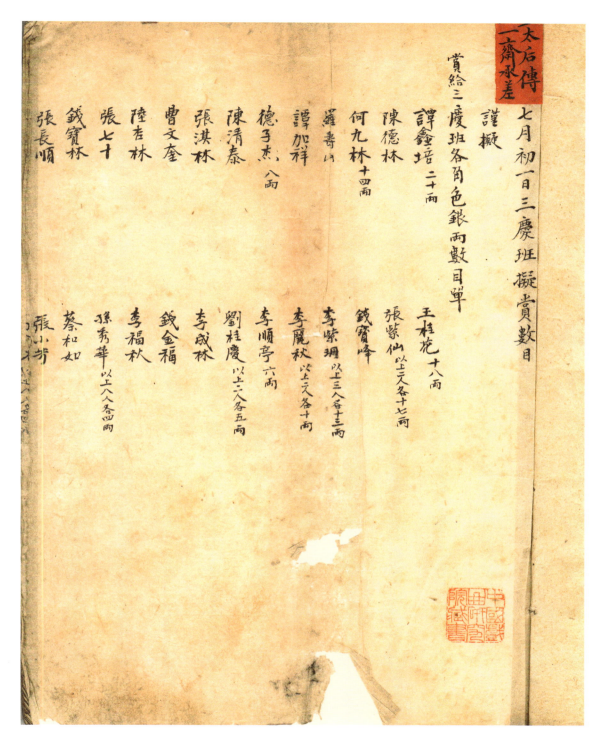

七月初一日三慶班擬賞數目

賞給三慶班各角色銀兩數目單

謹擬

太后傳
一齋承差

譚鑫培　二十兩

陳德林

何九林　十四兩

羅壽山

譚加祥

德子杰　八兩

陳清泰

張淇林

曹文奎

陸杏林

張七十

錢寶林

張長順

王桂花　十八兩

張紫仙以上文各十七兩

錢寶峰

李紫珊以上三人各十三兩

李麗秋以上文各十兩

李順亭　六兩

劉桂慶以上文各五兩

李成林

李福秋

錢金福

孫秀華以上八人各四兩

蔡和如

張小芬

光緒十九年內務府擬賞戲班銀兩檔　（清）內務府輯　清光緒十九年（1893）內務府抄本

高 28 釐米，寬 22.5 釐米。半葉行、字不等，無邊框。一冊。書名據封面書籤題。封面題"齊如山藏"。年代據原封面題。有紅紙墨筆籤。卷首鈐"中國戲曲研究院藏書"印。收入館藏《內務府底檔》冊中。

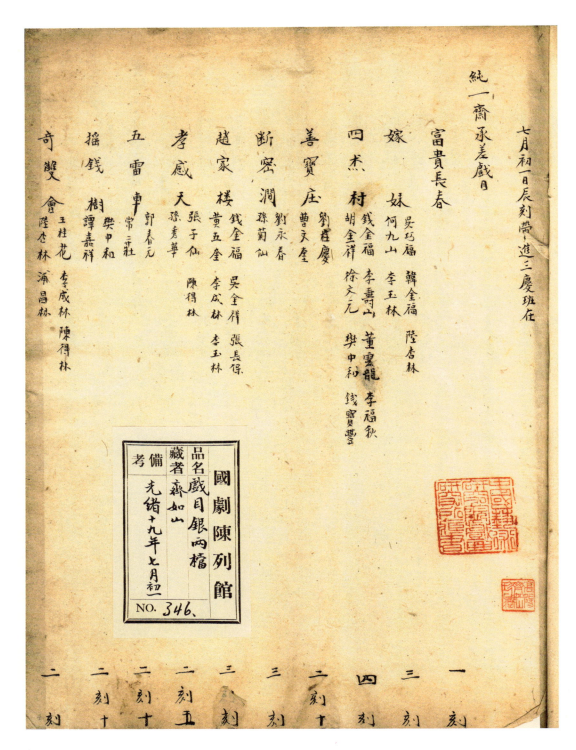

光緒十九年內務府戲目銀兩檔 （清）內務府輯　清光緒十九年（1893）內務府抄本

　　高 28 釐米，寬 22.5 釐米。半葉行、字不等，無邊框。一册。書名據封面書籤題，封面題"齊如山藏"。年代據原封面題。卷首鈐"高陽齊如山珍藏""中國戲曲研究院藏書"等印。收入館藏《內務府底檔》册中。

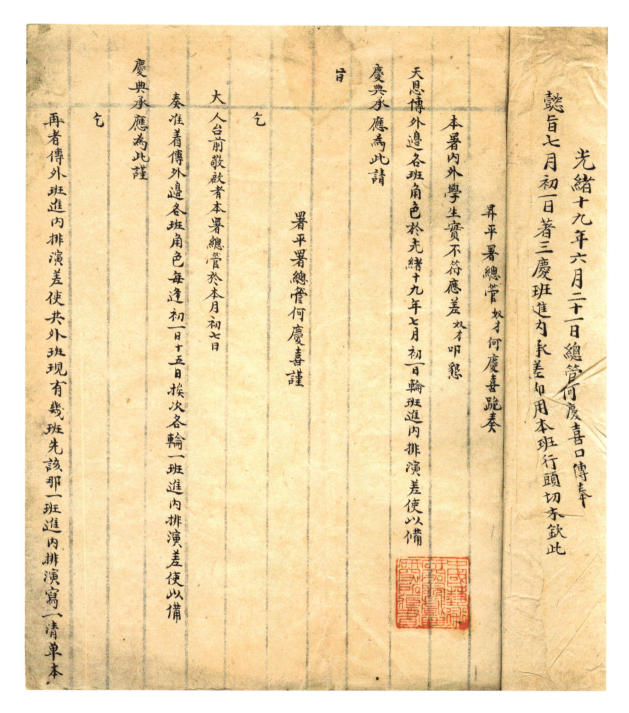

光緒十九年六月二十一日總管何慶喜口傳奉

懿旨七月初一日著三慶班進內承差如用本班行頭切末欽此

昇平署總管奴才何慶喜跪奏

本署內外學生實不符應差奴才叩懇

天恩傳外邊各班角色於先緒十九年七月初一日輪班進內排演差使以備

旨

慶典承應為此請

署平署總管何慶喜謹

大人台前敬啟者本署總管於本月初七日

奏准著傳外邊各班角色每逢初一日十五日挨次各輪一班進內排演差使以備

乞

慶典承應為此謹

再者傳外班進內排演差使共外班現有幾班先該那一班進內排演寫一清單本

光緒十九年內務府雜錄檔 （清）內務府輯　清光緒十九年（1893）內務府抄本
高 28 釐米，寬 22.5 釐米。半葉行、字不等，無邊框。一冊。書名據封面書籤題，封面題“齊如山藏”。年代據原封面題。卷首鈐“中國藝術研究院戲曲研究所藏書”印。收入館藏《內務府底檔》冊中。

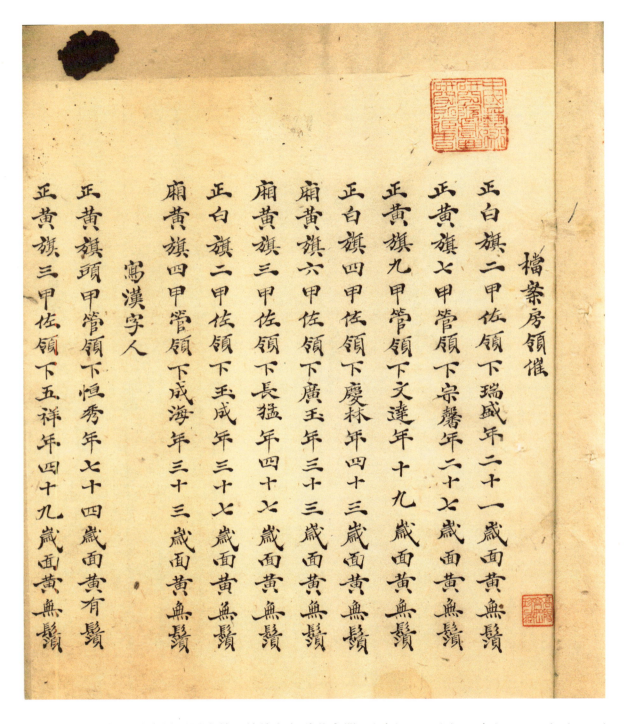

光緒十三年內務府昇平署當差人等旗色年貌花名冊 （清）內務府輯　清光緒十三年（1887）
內務府抄本

　　高 28 釐米，寬 22.5 釐米。半葉行、字不等，無邊框。一冊。書名據封面書簽題，封面題"齊
如山藏"。年代據原封面題。卷首鈐"高陽齊如山珍藏""中國藝術研究院戲曲研究所藏書"等印。
收入館藏《內務府底檔》冊中。

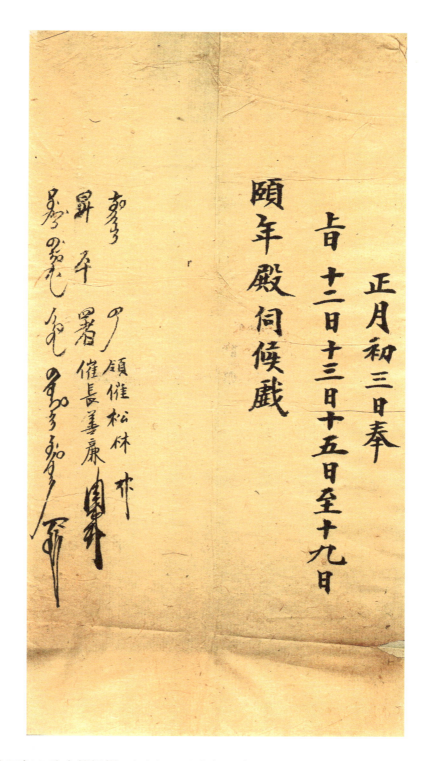

光緒三十四年内務府雜録檔 （清）内務府輯　清光緒三十四年（1908）内務府抄本

高 28 釐米，寬 22.5 釐米。半葉行、字不等，無邊框。一册。書名據封面書籤題。封面題"齊如山藏"。年代據原封面題。封面卷首鈐"高陽齊如山珍藏""中國藝術研究院戲曲研究所藏書"等印。收入館藏《内務府底檔》册中。

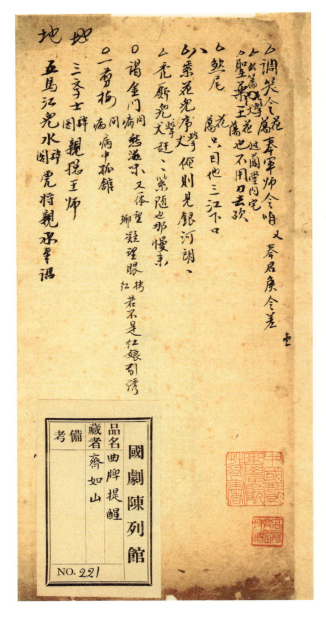

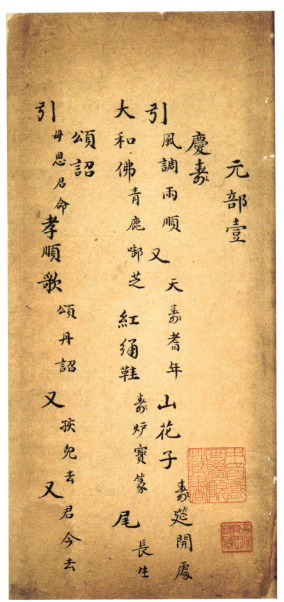

曲牌提醒 （清）佚名輯　清乾隆間抄本

　　高 25 釐米，寬 14.5 釐米。半葉行、字不等，無邊框。書名據封面書簽題。封面題"如山"。有國劇陳列館書簽題"曲牌提醒，齊如山藏，NO.221.222."。封套題"乾隆抄本"。著錄曲牌名稱，劇目齣、折名稱，首句唱詞。卷首末鈐"高陽齊如山珍藏""中國戲曲學院藏書"等印。原爲齊如山藏，後捐中國戲曲研究院，現由中國藝術研究院圖書館收藏。齊如山百舍齋另藏一部乾隆間抄《曲牌提醒》四冊本，亦藏中國藝術研究院圖書館。

曲話　五卷存兩卷　（清）梁廷枏撰　清刻本

框高 15.5 釐米，寬 12.2 釐米。半葉八行，行十八字，白口，四周雙邊，雙對黑魚尾。一函一册。有朱筆圈點。書名葉題"曲話"。卷前有嘉應李黼平序言。該書有《藤花亭十種》本。封面卷首末鈐"新城陳氏收藏圖書之印""高陽齊氏百舍齋存書之印""齊林玉世世子孫永寶用""齊氏所藏戲曲小說印""中國戲曲學院藏書""中國戲曲研究院藏書"等印。原爲新城陳氏及高陽齊氏百舍齋收藏，後捐中國戲曲研究院，現由中國藝術研究院圖書館收藏。

梁廷枏（1796—1861），字章冉，號藤花亭主人，廣東順德縣人。出身書香門第，少時遍覽家中藏書，稍長，精研史學，擅詩文戲曲。道光十四年（1834）考中副榜貢生。歷任澄海縣教諭，廣州越華、粵秀書院監院，學海堂學長，粵海關志總纂，廣東海防書局總纂。咸豐初，入林則徐幕襄贊夷務，敘功獲賞內閣中書加侍讀銜。著作約三十八種，二百八十八卷。較著名者有《藤花亭詩文集》《南漢書》《夷氛紀聞》。雜劇有《圓香夢》《江海夢》《斷緣夢》《曇花夢》，合稱"小四夢"。傳奇有《了緣記》一種。

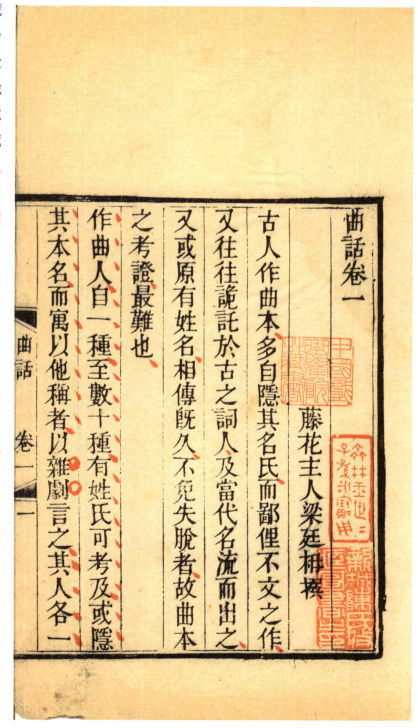

回春夢 二卷二十四齣 （清）顧森編 （清）楊坊訂 （清）王元常評 清道光三十年（1850）三鱸堂刻本

框高 18.3 釐米，寬 14 釐米。半葉九行，行二十字，小字同，黑口，四周雙邊，單黑魚尾。一函兩冊。書名葉牌記原缺。有道光十九年（1839）王元常《回春夢序》，雲庵老人自序，嘉慶四年（1799）張寶樹《題回春夢並序》，題詞，《雲庵先生傳》，有道光三十年（1850）顧森外孫楊坊跋，目錄。卷末題"姻小弟王元常再題""水安愚弟戴綏拜評"。封套及掛簽爲齊如山墨跡。封套題簽"回春夢，慕歌堂藏曲，因百"。封面目錄卷首末鈐"高陽齊氏百舍齋存書之印""齊氏所藏戲曲小說印""中國戲曲學院藏書""齊如山"等印。原爲慕歌堂鄭騫及高陽齊氏百舍齋藏書，後捐中國戲曲研究院，現由中國藝術研究院圖書館收藏。三鱸堂刻本，牌記題"庚戌冬月，回春夢傳奇，三鱸堂藏板"。可以確定的是齊藏本爲三鱸堂本。

顧森，生卒年不詳，乾隆間在世，字廷培，一字錦柏，號雲庵，姑蘇長洲人，吳中望族，少貧廢學，隨兄北上遊京。著有《雲庵雜錄》。

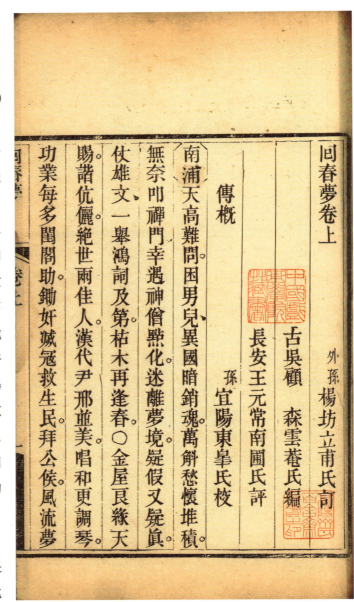

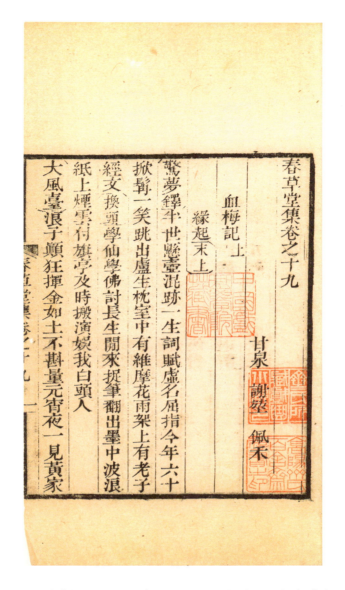

血梅記 二卷三十齣 （清）謝堃撰 清道光二十五年（1845）春草堂刻本

框高 12.5 釐米，寬 9.8 釐米。半葉九行，行二十一字，小字同，黑口，左右雙邊，單黑魚尾。一函兩冊。書名葉題"血梅記"。封套書簽及掛簽爲齊如山墨跡。封面卷首末鈐"高陽齊氏百舍齋存書之印""齊林玉世世子孫永寶用""齊氏所藏戲曲小說印""如山過目""中國戲曲學院藏書"等印。原爲高陽齊氏百舍齋收藏，後捐中國戲曲研究院，現由中國藝術研究院圖書館收藏。

謝堃（1784—1844），字佩禾，號春草詞人，揚州（今屬江蘇）人。國子監生。一生困頓，寄食四方。著有《春草堂集》三十六卷。所撰傳奇四種：《黃河遠》《十二金錢》《繡帕記》《血梅記》，合刻爲《春草堂四種曲》，今存道光二十五年（1845）刊《春草堂集》。謝堃的作品還有《花木小志》一卷、《書畫所見錄》一卷、《金玉瑣碎》一卷、《春草堂詩話》八卷、《雨窗寄所記》四卷。

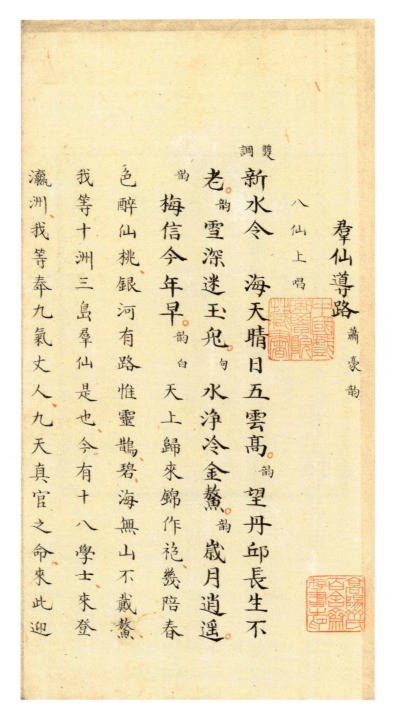

行幸瀚苑・群仙導路・學士登瀛 （清）昇平署輯　清昇平署抄本

　　高 25.5 釐米，寬 15.5 釐米。半葉八行，行十八字，小字同，無邊框。一册。毛裝。有朱筆圈點。書名據封面書簽題。封套題"清晝堂藏"。封面卷首末鈐"高陽齊氏百舍齋存書之印""齊氏所藏戲曲小說印""中國戲曲學院藏書""如山讀過"等印。原爲高陽齊氏百舍齋所藏，後捐中國戲曲研究院，現由中國藝術研究院圖書館收藏。收入館藏《法宮雅奏九九大慶》中。

呈福錫福〔八波羅粗扰千金如意燈上舞介〕（慶春酒）鎮神霄發慈慧光財阜

招財利市列大財星君改喜娃六合

聚把善人移我掌財源似水長惟幽窖地中藏只一朝禎祥

一个神祇孚覲（財白）富貴由人造天心護善門康寧多喜慶福祿壽

全臻我乃都督咸掌財源通達定慧星君是也解慍阜財虞聖慶

南董之曲理源裕用台康蓄柬序之儲乃者雲間富姓素稱積善之門

巳降生天富星承繼宗祧泮名錦章表字雄文命中註定福祿辭賒

上帝勅命將金艮十害移置福地賜彼亨用甲神肴徃福地去者〔東立合以〕

運金艮隨道平康概移向富家潛徃待他每時來運向神光瑞光善

致慶一場報首功善人每兩（東旬）巳到福地了（財）妙吓移花揚木神明現大富

天来宣強求好福地也〔八重扰囍字燈引 天喜星上 告以天白〕〔順知喜家元淀畫亘古善人福自昌

我乃天喜星為曰雲間富錦章屢積善果與桂家雲讖結下良緣今

梯天之期巳屆店將喜光一照以合刃姓之玖（財星嘗作見） 通達星君稽首（財）

全家慶　八齣　（清）佚名撰　清內府抄本

高 28 釐米，寬 18.5 釐米。半葉十二行，行大小字不等，無邊框。一冊。書名據封面書簽題。封面題"全家慶，清內府刪改本，共八齣，青城山民藏曲"。扉葉有青城山民題識曰："此全家慶傳奇也，曲海總目提要卷四十六著錄，此本情節較提要所敘簡單，而齣目挑場，純是內廷承應規模，蓋南府中人刪改以供喜壽慶賀時串演耳。原作未見傳本，此雖刪節，亦可貴也。近得殘本傳奇，頗多場無傳刻者，真所謂抱殘守缺者矣。戊寅殘臘青城山民手誌，時距己卯立春僅十餘日，明年當不致如今歲之憂懼驚恐耶。"青城山民，無考，經過此人之手抄校的本子中國藝術研究院圖書館還有一些，看得出是有取捨的。八齣齣目爲呈福錫福、令節燈嬉、歡宴敘表、訪仙奇逅、卜契良因、雙騰紫霄、明珠偕老、福節綿長。卷首末鈐"高陽齊氏百舍齋存書之印""齊氏所藏戲曲小說印""中國戲曲學院藏書""如山讀過"等印。原爲高陽齊氏百舍齋所藏，後捐中國戲曲研究院，現由中國藝術研究院圖書館收藏。

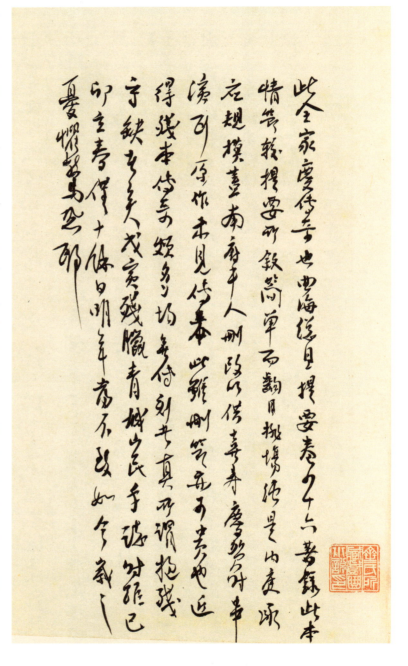

各腳單本 （清）昇平署輯　清昇平署抄本

高 24 釐米，寬 14.5 釐米。半葉四行，行字不等，無邊框。毛裝。封面題"二本混元盒第九齣至十四齣孫氏，□進福"。有國劇陳列館簽，題"各腳單本，齊如山藏"。此冊包括：二本《混元盒》第九齣、第十齣、第十四齣。頭本《闡道除邪》第二齣、第十二齣。二本《闡道除邪》第七齣、第十五齣（版心上方題"劉田福"）、第十六齣。卷首末鈐"中國戲曲研究院藏書""梅蘭芳捐贈"等印。原爲高陽齊氏所藏，齊梅合作期間歸國劇陳列館，後捐中國戲曲研究院，現由中國藝術研究院圖書館收藏。收入館藏《公用單本》中。《故宮珍本叢刊》收錄《闡道除邪》昇平署崑弋壽戲一種，提綱本兩種。宮廷崑弋演出本《闡道除邪》演張天師除五毒故事，崑曲本又名《混元盒》。

崑曲劇本《混元盒》傳奇，六十九齣。乾嘉以前甚爲流行，後內廷據此改爲崑弋承應大戲《闡道除邪》。同治年間，四大徽班之春臺班，又取《混元盒》傳奇與《闡道除邪》宮廷大戲，並增入《封神傳》小說之"碧遊宮""翻天印"諸事改編而成，仍名《混元盒》。既非純粹崑曲，亦不全爲皮黃，乃亦崑亦皮黃兼奏之亂彈劇。

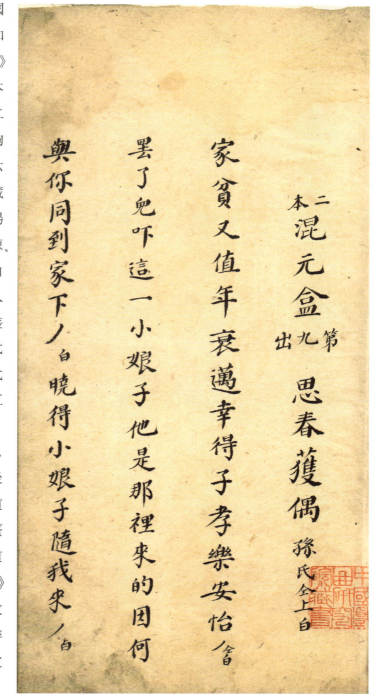

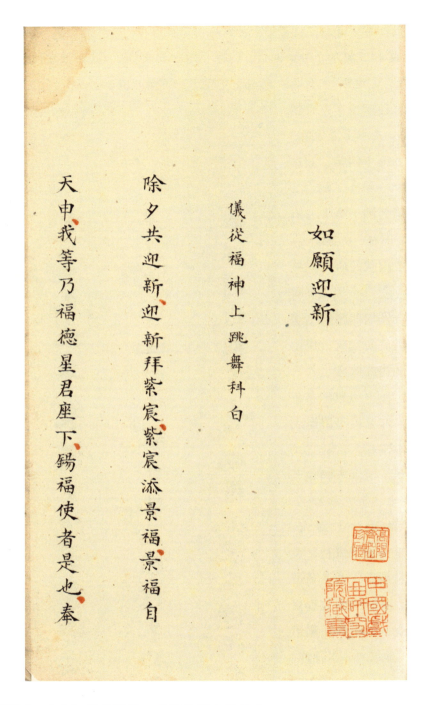

如願迎新總本 （清）昇平署輯　清昇平署朱墨抄本

　　高 24 釐米，寬 15.4 釐米。半葉四行，行大小字十八字，無邊框。一冊。毛裝。書名據封面書簽題。有國劇陳列館書簽，題"同光時代安殿本，齊如山藏"。有朱筆圈點。有工尺譜。卷首末鈐"高陽齊如山珍藏""中國戲曲研究院藏書""梅蘭芳捐贈"等印。原爲高陽齊氏所藏，齊梅合作期間歸國劇陳列館，後捐中國戲曲研究院，現由中國藝術研究院圖書館收藏。《故宮珍本叢刊》收入南府崑弋月令承應戲一種，昇平署提綱本一種。

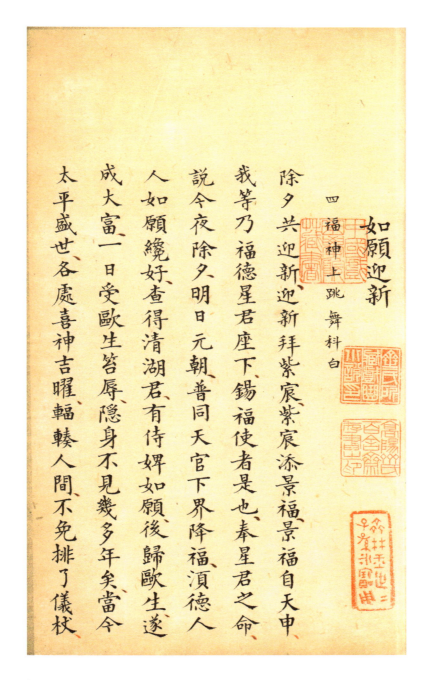

如願迎新總本 （清）昇平署輯　清乾隆嘉慶間昇平署朱墨抄本

　　高 22.8 釐米，寬 14.8 釐米。半葉八行，行二十字，小字同，無邊框。一冊。毛裝。書名據封面題，封面題"如願迎新總本"。有朱筆圈點。封套原題"清畫堂藏"。卷首末鈐"齊林玉世世子孫永寶用""高陽齊氏百舍齋存書之印""齊氏所藏戲曲小說印""中國戲曲學院藏書""如山過目"等印。原爲高陽齊氏百舍齋所藏，後捐中國戲曲研究院，現由中國藝術研究院圖書館收藏。收入館藏《月令承應》中。《故宮珍本叢刊》收入南府崑弋月令承應戲一種，昇平署提綱本一種。

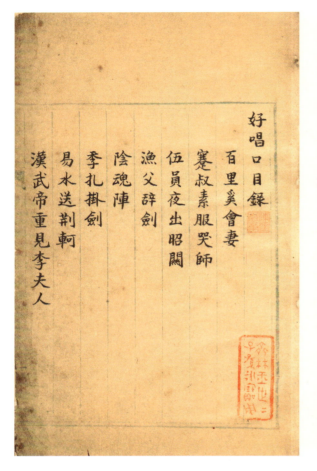

好唱口　陳濠敬輯　綠格精抄本

高 13.5 釐米，寬 10.8 釐米。半葉九行，行十六字，白口，左右雙邊，單黑魚尾。一函四冊。金鑲玉裝幀。書名據目錄題。卷前有《好唱口目錄》，五十五齣劇目，老粵劇劇本。抄錄年代約爲清末民國初。目錄卷首鈐"陳濠敬章""齊林玉世世子孫永寶用""中國戲曲學院藏書"等印。陳氏或爲輯錄者或爲收藏者，後爲高陽齊如山收藏，又經中國戲曲學院收藏，現由中國藝術研究院圖書館收藏。

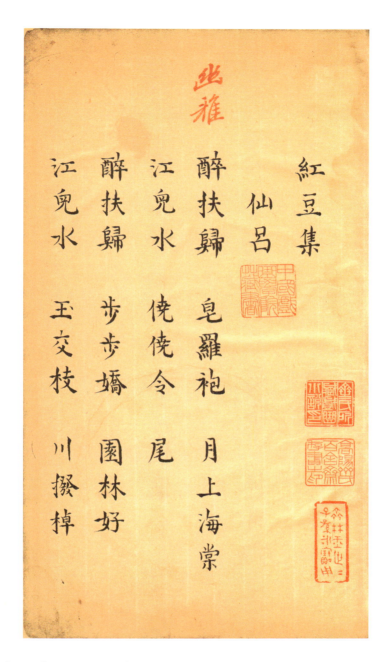

抄本紅豆集曲 （清）佚名輯　清朱墨抄本

　　高 27 釐米，寬 17 釐米。半葉六行，行十二字，無邊框。一函四冊。書名據封套書籤題，封套書籤爲齊如山墨跡。有朱筆圈點及朱筆抄錄，標"最慢、稍慢、急板"。封面卷首鈐"齊林玉世世子孫永寶用""高陽齊氏百舍齋存書之印""齊氏所藏戲曲小說印""中國戲曲學院藏書"等印。原爲高陽齊氏百舍齋所藏，後捐中國戲曲研究院，現爲中國藝術研究院藏書。

赤松遊傳奇　三卷四十五齣　（清）丁耀亢撰　清順治間刻本

框高 20.5 釐米，寬 13.8 釐米。半葉九行，行二十二字，小字雙行同，白口，左右雙邊，單黑魚尾。一函三冊。封套書籤及掛籤爲齊如山墨跡。不避"玄"字，應爲順治刻本。卷前有順治九年（1652）查繼佐《赤松遊序》、順治六年（1649）華表人《作赤松遊本末》、順治六年（1649）丁野鶴《赤松遊題詞》、《嘯臺偶著詞例數則》、《赤松遊傳奇目錄》。此爲《丁野鶴集五種》之一。封面卷首末鈐"高陽齊氏百舍齋存書之印""齊林玉世世子孫永寶用""齊氏所藏戲曲小說印""中國戲曲學院藏書""齊如山"等印。原爲高陽齊氏百舍齋所藏，後捐中國戲曲研究院，現爲中國藝術研究院圖書館藏書。

丁耀亢（1599—1669），字西生，號野鶴，野航居士，別署紫陽道人，又號木雞道人、漆園遊鷁、華表人等。山東諸城人，祖居藏馬山下（今山東膠南市大村鎮），明末清初的詩人、文學家、劇作家、小說家。崇禎舉人，以諸生遊江南，著《天史》十卷，與董其昌交好。順治九年（1652），由順天籍拔貢，充鑲白旗教習。其時名公時彥多有結交，聲名漸著。順治十一年（1654）爲容城教諭，十六年（1659）遷惠安知縣，次年以母老告歸，終老未仕。據乾隆《諸城志》記載，丁六旬後目疾，著《四庫總目提要》一卷。一生著述頗多，《續金瓶梅》小說和《西湖扇》《化人遊》《蚺蛇膽》《赤松遊》四種傳奇之外，尚有詩詞集《逍遙遊》《椒丘集》《陸舫詩草》《江乾草》《歸山草》《聽山亭草》，輯爲《丁野鶴遺稿》。

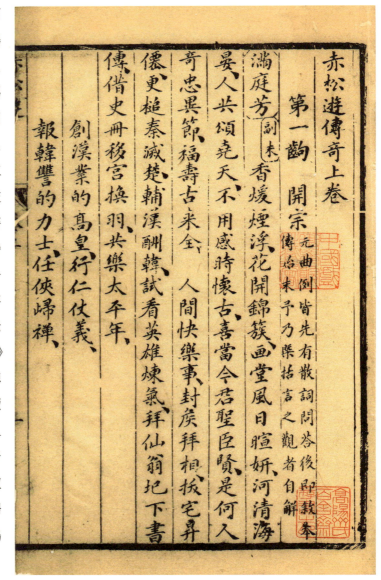

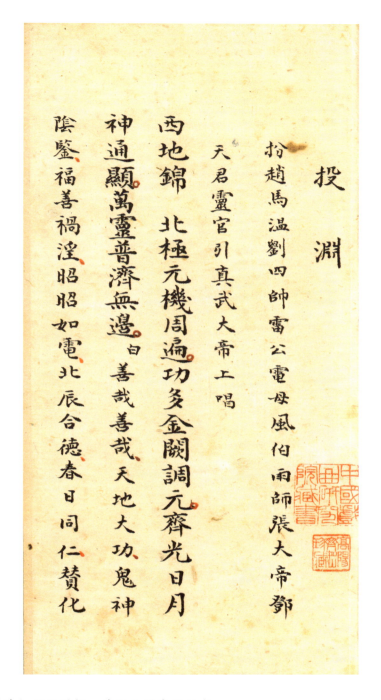

投淵總本　（清）昇平署輯　清昇平署朱墨抄本

　　高22.7釐米，寬13.4釐米。半葉六行，行大小字不等，無邊框。一冊。毛裝。有朱筆圈點。有工尺譜。書名據封面書簽題。有國劇陳列館書簽，題"崑曲六行安殿本，齊如山藏"。六行安殿本稍早於四行安殿本，爲同光稍早時期產物。卷首末鈐"高陽齊如山珍藏""中國戲曲研究院藏書""梅蘭芳捐贈"等印。原爲高陽齊氏所藏，齊梅合作期間歸國劇陳列館，後捐中國戲曲研究院，現由中國藝術研究院圖書館收藏。《故宮珍本叢刊》收入昇平署崑腔單齣一種。

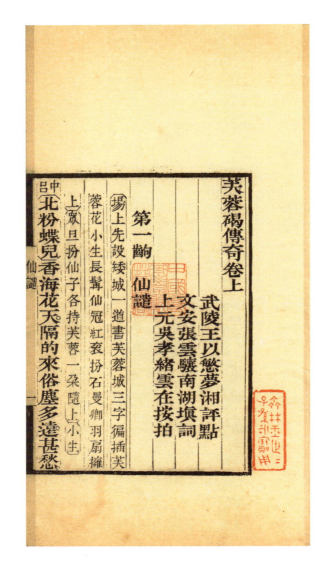

芙蓉碣傳奇　二卷四十齣　（清）張雲驤填詞　（清）王以憼評點　（清）吳孝緒按拍　清光緒九年（1883）刻本

框高 13.5 釐米，寬 9.8 釐米。半葉九行，行十八字，小字同，黑口，左右雙邊。一函一册。書名葉題"芙蓉碣"。卷前有光緒九年（1883）樊增祥序言，光緒四年（1878）自序，題詞，目録。卷末有光緒四年（1878）吳孝緒跋語。封面卷末有容齋題識："辛卯秋闈後遊廠肆史公所贈，容齋記"，"張南湖爲人偏淺，以薄伎邀譽。未聞君子之大道也，亦不過爲兒女輩遣悶耳，容齋主人又記。"封面卷首末鈐"高陽齊氏百舍齋存書之印""齊林玉世世子孫永寶用""齊氏所藏戲曲小説印""中國戲曲學院藏書""齊如山"等印。原爲高陽齊氏百舍齋所藏，後捐中國戲曲研究院，現由中國藝術研究院圖書館收藏。

張雲驤，生卒年不詳，字南湖，直隸文安人，工作曲，著有《芙蓉碣》傳奇一種，《曲録》著録。其女張潤娥適"民國第一外交官"顧維鈞。

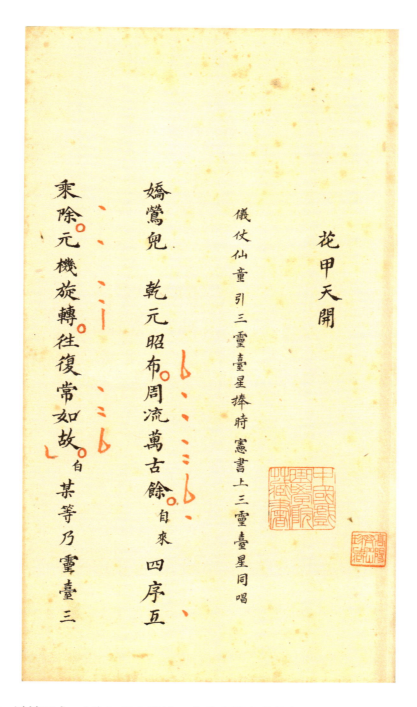

花甲天開·鴻禧日永 （清）昇平署輯　清昇平署朱墨抄本

　　高24釐米，寬15.5釐米。半葉四行，行十八字，小字同，無邊框。有朱筆圈點。毛裝。封面題"花甲天開鴻禧日永總本"。有國劇陳列館書籤，題"弋腔安殿本，齊如山藏，花甲天開，鴻禧日永，昇平署，NO.12.–2."。卷首末鈐"高陽齊如山珍藏""中國戲曲研究院藏書""梅蘭芳捐贈"等印。原爲高陽齊氏百舍齋藏書，後歸國劇陳列館，後捐中國戲曲研究院，現由中國藝術研究院圖書館收藏。《故宮珍本叢刊》收入昇平署崑弋月令承應戲一種，提綱本一種。

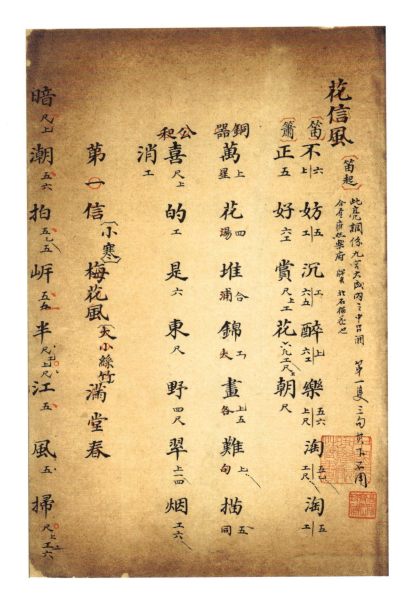

花信風鑼鼓譜 （清）佚名輯　清寶德堂抄本

　　高 26.5 釐米，寬 19.3 釐米。半葉六行，行字不等，無邊框。一函一冊。封面題“寶德堂戴製”。書名據國劇陳列館簽題。國劇陳列館簽題“花信風鑼鼓譜，齊如山藏，寶德堂抄本，NO.217.”卷首末鈐“高陽齊如山珍藏”“中國戲曲學院藏書”等印。原爲齊如山藏，後捐中國戲曲研究院，現爲中國藝術研究院圖書館藏書。

　　花開時吹過的風叫做“花信風”，意即帶有開花音訊的風候。明張岱《夜行船》裏這樣記載：“唐徐師川詩云：一百五日寒食雨，二十四番花信風。”《歲時記》曰：“一月二氣六候，自小寒至穀雨。四月八氣二十四候，每候五日，以一花之風信應之。”二十四番花信風，又稱二十四風，應花期而起，所以叫信。《夏小正》《詩經》《禮記》《呂氏春秋》《演繁錄》《廣群芳譜》等皆記載二十四花信風。

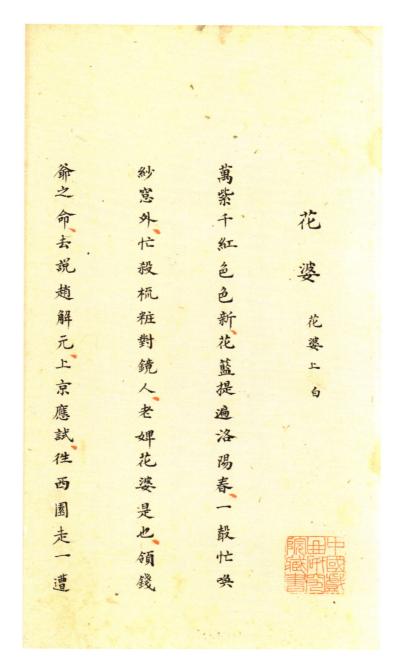

花婆總本 （清）昇平署輯　清同治光緒間昇平署朱墨抄本

　　高 24 釐米，寬 15.4 釐米。半葉四行，行大小字不等，無邊框。一册。毛裝。書名據封面書
簽題。有國劇陳列館書簽，題"崑曲四行安殿本，齊如山藏"。有朱筆圈點。有工尺譜。館藏《崑
曲四行曲譜》中《亭會總本》卷前有齊如山墨筆題識"崑曲四行安殿本，此亦爲同光時代之物，
至光緒中年則專尚皮黃梆子腔矣"。齊氏此言蓋謂崑腔皮黃梆子腔之交替。卷首末鈐"中國戲曲
研究院藏書""梅蘭芳捐贈"等印。原爲高陽齊氏所藏，齊梅合作期間歸國劇陳列館，後捐中國
戲曲研究院，現由中國藝術研究院圖書館收藏。收入館藏《崑曲四行曲譜》中。

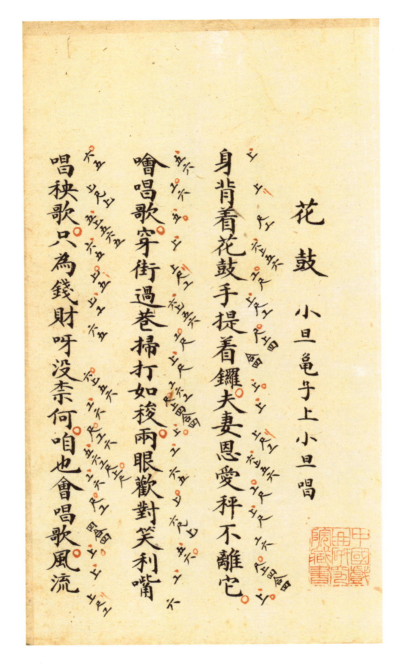

花鼓總本 （清）昇平署輯　清同治光緒間昇平署朱墨抄本

高 24 釐米，寬 15.4 釐米。半葉四行，行大小字不等，無邊框。一冊。毛裝。有朱筆圈點。有工尺譜。書名據封面書簽題。有國劇陳列館書簽，題"崑曲四行安殿本，齊如山藏"。館藏《崑曲四行曲譜》中《亭會總本》卷前有齊如山墨筆題識"崑曲四行安殿本，此亦爲同光時代之物，至光緒中年則專尚皮黃梆子腔矣"。齊氏此言蓋謂崑腔皮黃梆子腔之交替。卷首末鈐"中國戲曲研究院藏書""梅蘭芳捐贈"等印。原爲高陽齊氏所藏，齊梅合作期間歸國劇陳列館，後捐中國戲曲研究院，現由中國藝術研究院圖書館收藏。收入館藏《崑曲四行曲譜》中。

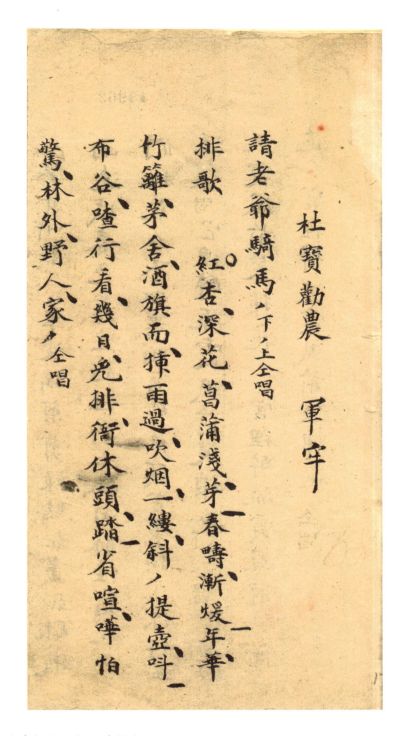

杜寶勸農 （清）佚名輯　清抄本

　　高25釐米，寬14.5釐米。半葉六行，行字不等，無邊框。清代戲曲各腳公用單本。卷首題"軍牢"。有墨筆圈點刪改。紙張老舊，年代久遠，墨色沉鬱，抄功工穩。從書品看似爲内府、昇平署承應戲所遺物件。與其他同類抄本收入館藏《各腳公用大本》中。原爲高陽齊氏百舍齋收藏，現由中國藝術研究院圖書館收藏。《故宫珍本叢刊》收入昇平署崑腔單齣一種。

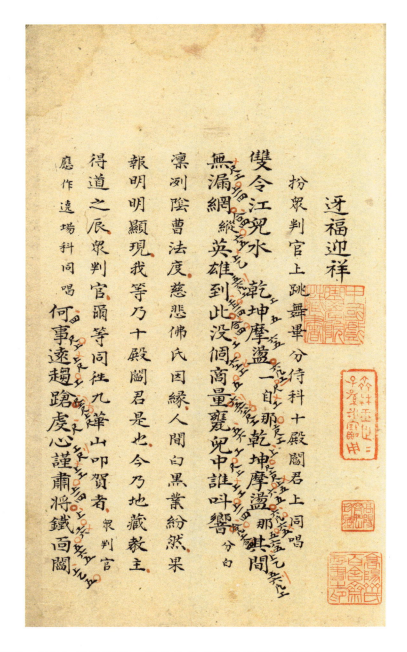

迓福迎祥總本 （清）昇平署輯　清乾隆嘉慶間昇平署朱墨抄本

高 24 釐米，寬 15.5 釐米。半葉八行，行二十字，小字同，無邊框。一冊。毛裝。有朱筆圈點。有工尺譜。書名據封面書籤題，封面題"迓福迎祥總本"。封套原題"清晝堂藏"。此書原有國劇陳列館書籤，已佚。卷首末鈐"齊林玉世世子孫永寶用""高陽齊氏百舍齋存書之印""齊氏所藏戲曲小說印""高陽齊如山珍藏""中國戲曲學院藏書""如山過目"等印。原爲高陽齊氏百舍齋所藏，後歸國劇陳列館，後捐中國戲曲研究院，現由中國藝術研究院圖書館收藏。收入館藏《月令承應》中。《故宮珍本叢刊》收入昇平署崑弋月令承應戲一種，昇平署崑弋單腳本一種，提綱本一種。

吟風閣雜劇　四卷　（清）楊潮觀撰　清乾隆三十四年（1769）恰好處刻本

框高 17.5 釐米，寬 12.7 釐米。半葉九行，行十九字，小字同，黑口，四周單邊，單黑魚尾。一函四册。牌記題“乾隆己丑重鐫，校定，吟風閣，恰好處藏版”。封套書簽及掛簽爲齊如山墨跡。有小引、目録、題詞。封面卷首末鈐“高陽齊氏百舍齋存書之印”“齊林玉世世子孫永寶用”“齊氏所藏戲曲小説印”“中國戲曲學院藏書”“齊如山”等印。原爲高陽齊氏百舍齋所藏，後捐中國戲曲研究院，現由中國藝術研究院圖書館收藏。

楊潮觀（1712—1791），字宏度，號笠湖，江蘇金匱（今無錫）人。清代戲曲作家，作品均爲單折雜劇，共三十二種，輯爲《吟風閣雜劇》。乾隆元年（1736）舉人，入實録館供職。後歷任山西文水，河南固始、杞縣、林縣，江蘇邳州，四川邛州、瀘州等十六縣知縣。乾隆三十三年（1768）在邛州知州任上，他修復了卓文君妝樓。次年六月，他又修葺官舍，取名“小西園”，並在園中建造“吟風閣”，約集戲曲藝人演唱。並將平生劇作加以修改補正，輯成《吟風閣雜劇》四卷三十二種。多取材於歷史故事、神話傳說，切中時弊，批評官場黑暗，提倡清正廉潔，勤儉樸質，具有積極的社會意義和較高的藝術價值。乾隆四十五年（1780），楊潮觀一度返回無錫，卜地另建“吟風閣”。翌年告老辭官歸里。另纂有《林縣誌》《左鑒》。另著有《周禮指掌》《易象舉隅》《家語貫珠》《心經指月》《金剛寶筏》《笠湖詩稿》《吟風閣詩抄》《吟風閣詞抄》等。

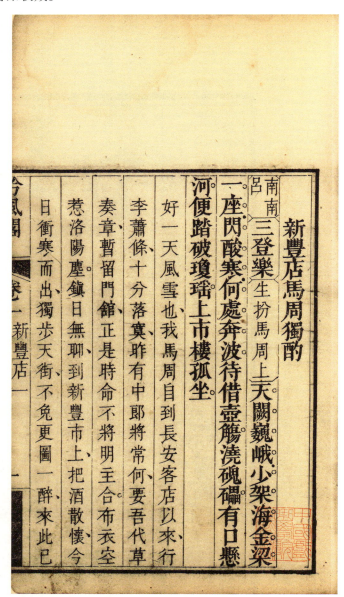

吳吳山三婦合評牡丹亭還魂記　二卷五十五齣附錄或問紀事跋一卷　（明）湯顯祖撰　（清）陳同評點　（清）談則評點　（清）錢宜參評　清康熙間夢園刻本

框高 21.5 釐米，寬 15 釐米。半葉上下欄，上欄眉批雙行七字，下欄十行二十字，小字同，黑口，四周單邊，單黑魚尾。有圈點夾批。書名葉題"吳吳山三婦合評，牡丹亭，夢園藏書，弨道堂圖記，翻刻必究"（弨，或爲"弘"字，避諱）。卷前有總目，總目標明各部分頁碼，這是該書較有特點的地方，是書商精心爲之。有康熙三十三年（1694）林以寧題序言，吳舒鳧、談則、錢宜題序七則四葉。原序有明萬曆十六年（1588）湯顯祖的題詞。有目錄，有《牡丹亭還魂記色目》。卷末有《還魂記附錄》《還魂記或問》《還魂記紀事》《還魂記像》，有馮嫻、李淑、顧姒、洪之則跋。封面序端卷首末鈐"海寧徐氏""自知書屋珍賞""酒魔欣賞""高陽齊氏百舍齋存書之印""齊氏所藏戲曲小說印""齊林玉世世子孫永寶用""中國戲曲學院藏書""中國戲曲研究院藏書""徐恩墉印""子植""如山過目"等印。原爲海寧徐氏自知書屋藏書，後爲高陽齊氏百舍齋收藏，後捐中國戲曲研究院，現由中國藝術研究院收藏。該書爲初刻初印，裝幀精良，金鑲玉裝裱。

吳吳山，即吳人，又名儀一，字舒鳧，生於清順治十四年（1657），錢塘人氏，因居吳山草堂，故又字吳山，與《桃花扇》作者洪昇有親戚關係。"三婦"指吳舒鳧早逝的原配陳同，以及前後兩任續弦談則和錢宜，三人彼此從未謀面，皆由衷喜愛《牡丹亭》。陳同，酷愛詩書，曾得《牡丹亭》手抄本，視爲至寶，有七絕云："昔時閑論《牡丹亭》，殘夢今知未易醒。自在一靈花月下，不須留影費丹青。"康熙四年（1665），慷慷不起，藏《牡丹亭》於枕中，日日相伴，死後留下了經她評點的《牡丹亭》上卷，其夾註、眉批"密行細

字，塗改略多，紙光囧囧，若有淚跡"。

康熙十一年（1672），吳再娶談則，談偶然得陳同評本，竟愛不釋手，遂仿陳同的筆法，續補評點《牡丹亭》下卷，"杪茫微會，若出一手，弗辨誰同誰則"。談氏體弱，婚後三年不幸早逝。再十餘年後，吳吳山再娶錢宜。錢氏並非書香門第，卻天資聰穎，不數年便通詩文。偶一日，開箱見到陳同、談則評點《牡丹亭》，"怡然解會，如則見同本，時夜分燈炧，嘗倚枕把讀"。並勸吳舒鳧將評本刊刻，"願賣金釧爲鋟板資"。康熙三十三年（1694），終得付梓。元夕之夜，她虔誠地"至淨几於庭，裝遞一冊供之上方，設杜小姐位，折紅梅一枝貯膽瓶中，燃燈，陳酒果爲奠"。至夜深，忽夢杜麗娘，醒後描像一幅，並吟詩曰"從今解識春風面，腸斷羅浮曉夢邊"。三婦事跡始末，吳舒鳧《三婦評本牡丹亭序》記述詳備。

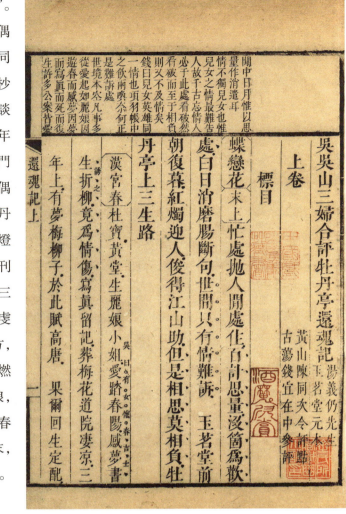

牡丹亭還魂記　二卷五十五齣　（明）湯顯祖編　（明）朱元鎮校　明萬曆間懷德堂刻本

框高 21 釐米，寬 13 釐米。半葉十行，行二十二字，小字單雙行同，白口，四周單邊，單黑魚尾。一函四冊。書名葉題"重鎸繡像，牡丹亭，懷德堂藏板"。版心題"還魂記"。有明萬曆二十六年（1598）清遠道人之題辭、目錄。有插圖四十幅。封套書簽及掛簽爲齊如山墨跡。這個本子是《牡丹亭還魂記》明代版本中較常見的本子，品相殊覺完好，裝幀精良，金鑲玉精裱，黃紙刷印。封面序端卷首末鈐"高陽齊氏百舍齋存書之印""齊氏所藏戲曲小說印""齊林玉世世子孫永寶用""中國戲曲學院藏書""齊如山"等印。原爲高陽齊氏百舍齋收藏，後捐中國戲曲研究院，現由中國藝術研究院收藏。

牡丹亭還魂記　　二卷五十五齣　　（明）湯顯祖編　　明萬曆間刻本

　　框高 21 釐米，寬 13 釐米。半葉十行，行二十二字，小字單雙行同，白口，四周單邊，單黑魚尾。一函兩冊。版心題"還魂記"。有明萬曆二十六年（1598）清遠道人之《牡丹亭還魂記題辭》（係抄配）《牡丹亭還魂記目》。有插圖四十幅。這個本子是《牡丹亭還魂記》明代版本中較多常見的本子，品相殊覺完好，裝幀精良，金鑲玉精裱，黃紙刷印。應該在朱元鎮校對本之前。在齊如山收藏前此本經過遠復主人收藏，有遠復主人題識："貴池劉氏暖紅室刻還魂記即據此本，以他本參校並摩全圖四十葉。劉氏跋語頗以此本爲難得，甚自珍異，近年曲學日昌，舊本漸出如此刻者，已不甚足貴，惟初印本圖上款識不缺者爲難得耳。余去年曾得一本，雖未必初印，較此部卻爲遠勝，惜佚去序文裝於彼冊，好事至此亦殊可憐憫。余填詞已是迷途，治曲竟陷魔窟，大有孫行者被裝入寶瓶衝撞不出之慨，時年未遇觀音，今日倉卒中無復覓三根救命毫毛耳。丁丑新秋遠復主人書於遠而不復堂。"遠復主人以爲此本是初刻初印，似非，待考。貴池劉氏暖紅室本與乾隆冰絲館刻清暉閣原本相同。封面序端卷首末鈐"高陽齊氏百舍齋存書之印""齊氏所藏戲曲小說印""齊林玉世世子孫永寶用""中國戲曲學院藏書""齊如山"等印。原爲高陽齊氏百舍齋收藏，後捐中國戲曲研究院，現由中國藝術研究院收藏。

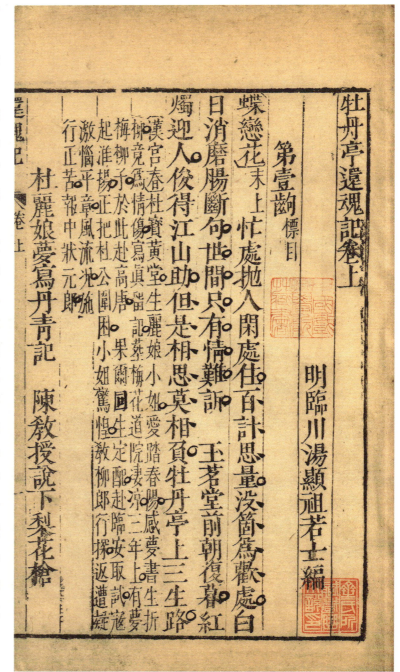

牡丹亭還魂記　二卷五十五齣　（明）湯顯祖編　明萬曆間刻本

框高 21 釐米，寬 13 釐米。半葉十行，行二十二字，小字單雙行同，白口，四周單邊，單白魚尾。一函四册。版心題"還魂記"。有明萬曆二十六年（1598）清遠道人之《牡丹亭還魂記題辭》《牡丹亭還魂記目》。有插圖四十幅。這個本子是《牡丹亭還魂記》明代版本中較早的本子，品相殊覺完好，裝幀精良，金鑲玉精裱，白紙初刻初印。用這個本子與我館"遠復主人"題識的本子比較，明顯要更早更精良，紙張也不一樣，是白紙本，插圖也更接近初刻初印，最重要的是此本是白魚尾，與"遠復主人"題識的本不同，而"遠復主人"題識的本在這一點上與朱元鎮校本相同。或許"遠復主人"題識的本與朱元鎮校本均爲覆刻本。封面序端卷首末鈐"望綠蔭齋""慕歌家世""青城山民""鄭騫""高陽齊氏百舍齋存書之印""齊氏所藏戲曲小說印""齊林玉世世子孫永寶用""中國戲曲學院藏書""中國戲曲研究院藏書""齊如山"等印。從鈐印位置看"望綠蔭齋""慕歌家世""青城山民""鄭騫"均爲鄭騫印鑒。原爲青城山民、鄭騫藏書，後爲高陽齊氏百舍齋收藏，後捐中國戲曲研究院，現由中國藝術研究院收藏。2012 年文化藝術出版社影印出版。

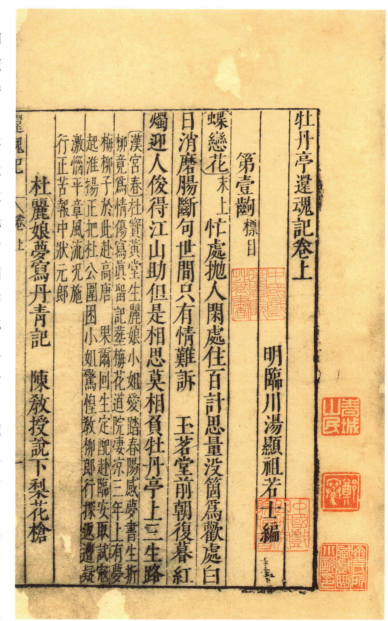

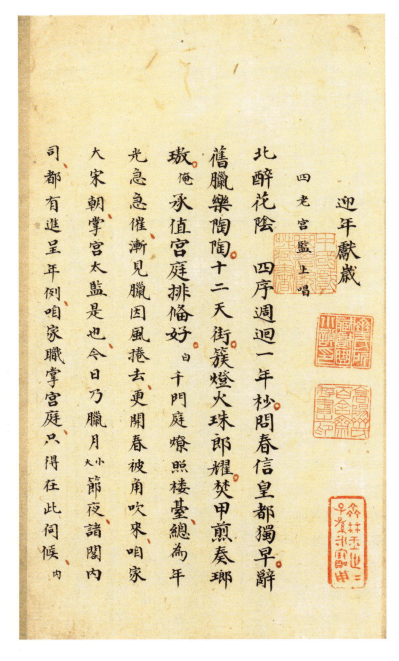

迎年獻歲 （清）昇平署輯　清乾隆嘉慶間昇平署朱墨抄本

　　高 24.4 釐米，寬 16.4 釐米。半葉八行，行二十字，小字同，無邊框。一册。毛裝。封面題"迎年獻戲，松蘿館藏昇平署抄本之一，青城山樵"。有朱筆圈點。八行抄本為乾嘉時期產物。封套原題"清畫堂藏"。卷首末鈐"齊林玉世世子孫永寶用""高陽齊氏百舍齋存書之印""齊氏所藏戲曲小說印""中國戲曲學院藏書""如山過目"等印。原為高陽齊氏百舍齋所藏，後捐中國戲曲研究院，現由中國藝術研究院圖書館收藏。收入館藏《月令承應》中。《故宮珍本叢刊》收入昇平署提綱本《五位迎年七肇獻歲》一種。

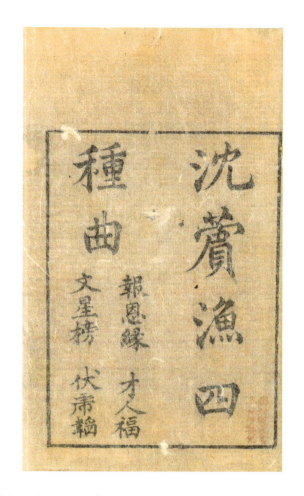

沈薲漁四種曲 （清）沈起鳳撰　清古香林刻本

　　框高 17.2 釐米，寬 12.7 釐米。半葉九行，行二十字，小字同，黑口，左右雙邊，單黑魚尾。一函六冊。版心題"沈氏四種傳奇序""樂府解題"。書名葉題"沈薲漁四種曲，報恩緣，才人福，文星榜，伏虎韜"。卷前有吳門獨學老人序，花韻庵主人《樂府解題四則》。封套書簽爲齊如山墨跡。

　　報恩緣　二卷三十七齣　書名葉題"紅心詞客著，報恩緣，古香林藏板"。
　　文星榜　二卷三十二齣　書名葉題"紅心詞客著，文星榜，古香林藏板"。
　　才人福　二卷三十二齣　書名葉題"紅心詞客著，才人福，古香林藏板"。
　　伏虎韜　二卷二十九齣　書名葉題"紅心詞客著，伏虎韜，古香林藏板"。

　　卷末各處有墨筆題識，題識者無考，記録光緒三至四年（1877—1878）間觀看此書的情況，主要是公餘閒暇閱讀此書的地點時間，也間或加以評論。所以，此書應在光緒四年（1878）以前刊刻。封面序端卷首末鈐"高陽齊氏百舍齋存書之印""齊林玉世世子孫永寶用""齊氏所藏戲曲小說""中國戲曲學院藏書""齊如山"等印。原爲高陽齊氏百舍齋藏，後捐中國戲曲研究院，現爲中國藝術研究院圖書館藏書。

　　沈起鳳（1741—1802），字桐威，號蕡漁、蓉洲，又號紅心詞客，蘇州人。乾隆三十三年（1768）舉於鄉，會試屢不第，抑鬱無聊，放情詞曲自娛。所作戲曲三、四十種，風行大江南北。乾隆四十五年、四十九年高宗南巡，官紳所備迎鑾供御大戲，皆出其手筆。妻張雲，亦工詩文，頗享唱隨之樂，嘗爲安徽祁門、全椒教諭，晚年客死都門。起鳳所作曲，今僅見其友人石韞玉所刻之四種，爲《報恩緣》《才人福》《文星榜》《伏虎韜》。此外有名目之可考者，計《千金笑》《泥金帶》《黃金屋》三種，又著有《十三經管見》《諧鐸》《續諧鐸》《人鵠》《吹雪詞》《紅心詞》等。

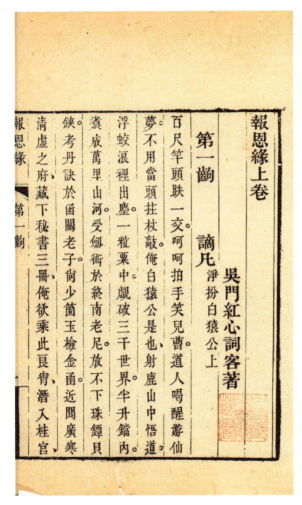

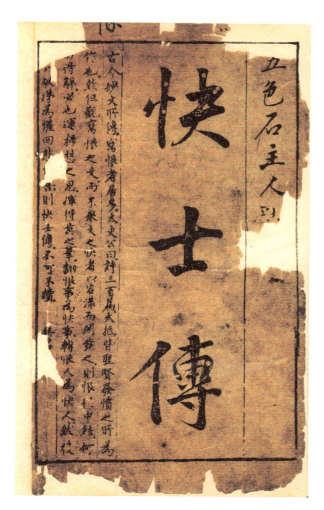

快士傳 十六卷 （清）五色石主人新編 清寫刻本

　　框高 19 釐米，寬 11.9 釐米。半葉八行，行二十字，白口，四周單邊，單黑魚尾。有圈點。無行格。一函八冊。關於該書版本年代或著錄清初，或著錄乾隆間，可以參照。寫刻本字體雋秀，走筆流暢，刻功工巧，年代較早。卷前有書名葉題："五色石主人□□，快士傳，古今妙文所傳寫恨者居多，太史公曰：詩三百篇大抵皆聖賢發憤之所爲作也。然但觀寫恨之文，而不舉文之快者，以宕漾而開發之，則恨從中結，何□得解，必也運掃愁之思，揮得意之筆，翻恨事爲快事，轉恨人爲快人，然後□□破涕爲歡，回悲□樂，則快士傳不可不讀。樂石□□。"書名葉板框上方有字被裁切掉。有五色石主人題序言，目錄。五色石主人據考爲清人徐述夔別號。該書國家圖書館有藏本，行款與我館同，我館藏本未見著錄。從品相上看，我館藏本基本完好，無大的破損缺失。封面序端卷端卷末鈐"高陽齊氏百舍齋存書之印""齊林玉世世子孫永寶用""齊氏所藏戲曲小說印""如山過目""中國戲曲學院藏書"等印。初爲高陽齊如山百舍齋藏書，後歸中國戲曲研究院，最終由中國藝術研究院圖書館收藏。

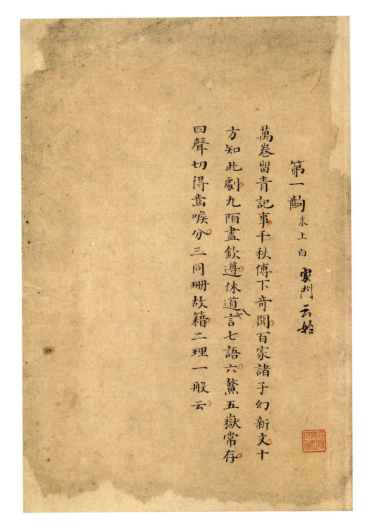

武香球　六十三齣　（清）佚名撰　清南府朱墨抄本

高 28.2 釐米，寬 20.2 釐米。半葉九行，行二十字，無邊框。兩函八冊。書名據封面書簽題，封面題 "齊如山藏"。紙質老舊，抄功工穩，行款規整，格式清晰，有朱筆圈點眉批夾批，極似早期南府抄本，每齣有後加上的四字墨筆名目，爲後添加，傳奇抄本，天頭處有朱筆 "崑" 字，應爲崑曲本。鈐 "高陽齊如山珍藏" 印。原本分元、亨、利、貞四集，現存三集缺元集。亨集兩冊第一齣至十六齣，利集兩冊第十七至三十二齣，貞集四冊第三十三至六十三齣。《古本戲曲叢刊》收錄二卷六十三齣本。首都圖書館和北京大學圖書館合編的《明清抄本孤本戲曲叢刊》中收錄一種二卷六十三齣的《武香球》，藝研院圖書館藏本缺元集，也是六十三齣，比較一下，首都圖書館藏本並不是昇平署故物，乃清中期烏絲欄精抄校本。這部《武香球》或爲康熙間抄本，第六齣道白中避 "玄" 字諱。第二十一、二十二、二十三齣 "玄" 字不避諱。全本明顯有三種以上字體，不同時間抄錄，或爲康熙稍早的產物。原本四冊，缺一冊，尚與其他兩種版本齣數相同，那麼，原有之 "元" 集應該是什麼劇目？或者 "武香球" 前另有所演劇目，待考。

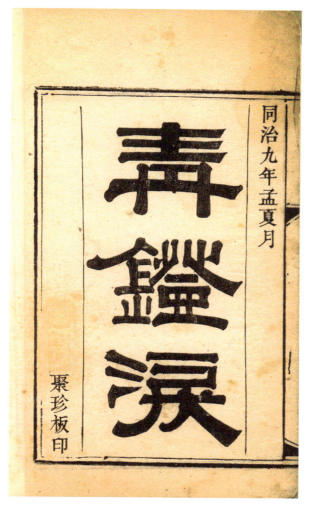
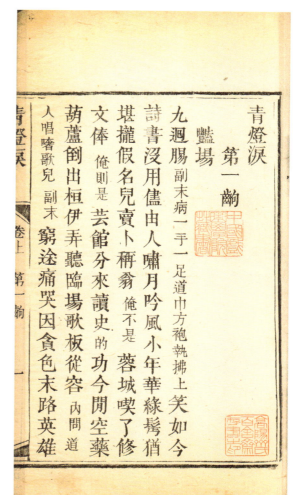

青燈淚 二卷三十六齣首一卷 （清）蔣恩瀛撰 清同治九年（1870）活字本

框高 19 釐米，寬 13 釐米。半葉九行，行十七字，小字雙行二十二字，白口，四周雙邊，雙對黑魚尾。一函四冊。牌記題"同治九年孟夏月，青燈淚，聚珍板印"。封套書簽及掛簽爲齊如山墨跡。卷前有清同治元年（1862）吳之驤《青燈淚傳奇序》，同治九年（1870）郭儼《青燈淚傳奇敘》《青燈淚題詞》、自序、錢塘葉襄（松友）《事略》、目錄。蔣恩瀛於道光十五年（1835）秋與葉襄（松友）同遊，根據葉講述某鄉閨秀故事並所作詩詞創作而成，並與諸位詩友共賞。《青燈淚傳奇》另有光緒十六年（1890）黃梅蔣氏樂安官廨刻本。封面卷首末鈐"高陽齊氏百舍齋存書之印""齊林玉世世子孫永寶用""齊氏所藏戲曲小說印""齊如山""中國戲曲學院藏書"等印。原高陽齊氏百舍齋收藏，後捐中國戲曲研究院，現爲中國藝術研究院圖書館藏書。

蔣恩瀛，又名蔣效濂，黃梅人，字西泉，清道光五年（1825）舉人。其叔父蔣鏞，嘉慶六年進士，道光元年連江知縣，擢知州，補澎湖通判，道光九年任臺防同知。著有《澎湖紀略續編》。《臺灣通史》多取材於是書。其堂兄弟蔣夢樓，道光舉人，蔣奎樓，道光進士。

長生寶錄　二本二十二齣　（清）南府輯　清康熙間南府抄本

高 28.5 釐米，寬 23 釐米。半葉九行，行字不等，無邊框。一函兩冊。書名據封面書簽題。封套題"長生寶錄，齊如山藏，清南府抄本"，爲齊如山墨跡。有插圖四幅。存"福"字本和"壽"字本，應該至少還有兩本。爲崑、弋戲曲抄本。其中"南極星君下太玄"之"玄"字、"這仙家變化，玄裏還玄"之"玄"字、"仙種玄微"之"玄"字、"果然物小玄機大"之"玄"字、"給你家做十七八代的玄孫"之"玄"字、"篆靈文金光炫耀"之"炫"字，均避康熙諱。封面使用五彩大花織錦，黃凌子書簽，楷書恭錄。有襯紙，白綿紙。此外，此抄本紙張墨色抄功裝幀，特別是所使用的朱筆標記符號，與乾隆後南府抄本截然不同，十分少見，此或即康熙本，也許就是一個內府進呈本。卷首末鈐"高陽齊如山珍藏""中國戲曲學院藏書"等印。原爲齊如山藏，後捐中國戲曲研究院，現由中國藝術研究院圖書館藏。《故宮珍本叢刊》中沒有與之名稱相似的本子，此本特殊，或爲康熙南府時期皇家專事精抄供奉內廷之物。

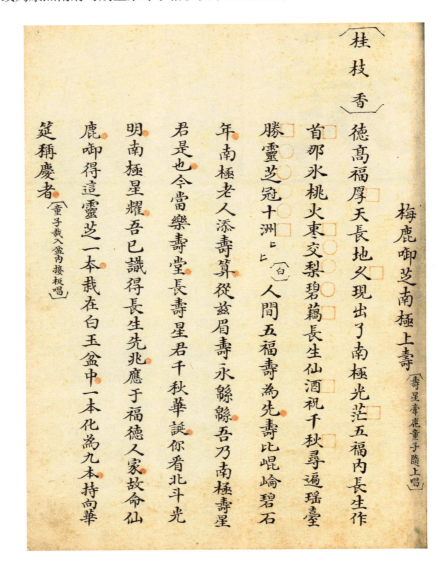

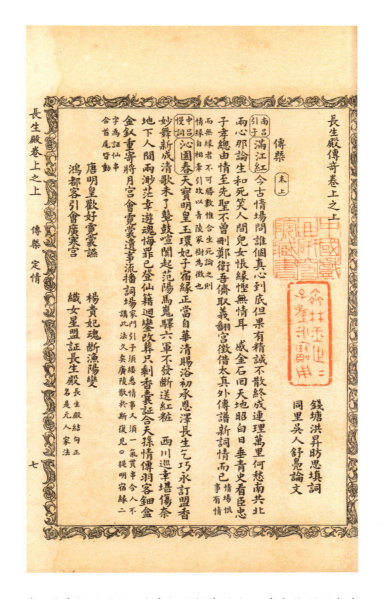

長生殿傳奇 四卷 （清）洪昇撰 （清）吳舒鳧論文 清光緒間石印本

框高 15.3 釐米，寬 11 釐米。半葉十五行，行三十四字，小字同，博古欄。一函四冊。有圖五十幅。書名葉題"增圖長生殿傳，泉唐趙賢（子雄）書"。封套書簽爲齊如山墨跡。前有康熙十八年（1679）洪昇自序，徐麟題序，吳舒鳧題序，白居易《長恨歌》，陳鴻《長恨歌傳》。卷次分上下卷，卷中又各分上下兩卷。卷前有齣目。共五十折。

《長生殿》有多種版本流傳，有民國十年（1921）、十七年（1928）上海掃葉山房石印本、光緒十六年（1890）上海文瑞樓鉛印本。清刻本也有單欄雙欄兩種，最早的應該是康熙間刻本。封面序端卷首末鈐"高陽齊氏百舍齋存書之印""齊氏所藏戲曲小說印""齊林玉世世子孫永寶用""中國戲曲學院藏書""梅蘭芳捐贈"等印。原爲齊梅合作期間高陽齊氏百舍齋藏，後捐中國戲曲研究院，現由中國藝術研究院收藏。

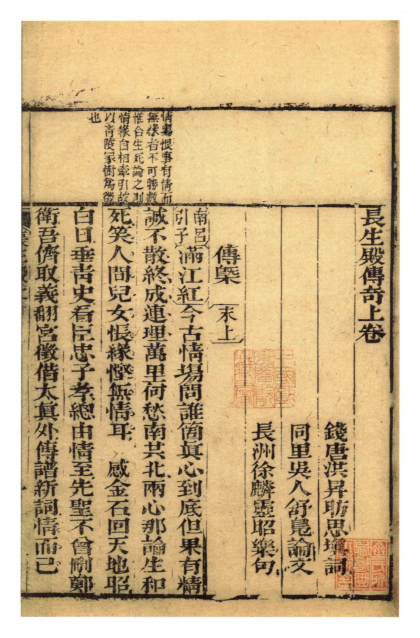

長生殿傳奇　二卷五十折　（清）洪昇填詞　（清）吳舒鳧論文　（清）徐麟樂句　清刻本

　　框高 20 釐米，寬 14.3 釐米。半葉上下欄，上欄雙行七字，下欄半葉十行二十字，小字同，白口，四周單邊，單魚尾。一函四册。書名葉題"錢塘洪昉思編，長生殿，本衙藏板"。前有徐麟題序言，康熙十八年（1679）洪昇自序，白居易《長恨歌》，目錄。此書原題"清康熙刻本"，似非。康熙間稗畦草堂刻本爲半葉十行，行二十字，黑口，四周單邊。封面序端卷首末鈐"高陽齊氏百舍齋存書之印""齊氏所藏戲曲小說印""齊林玉世世子孫永寶用""中國戲曲學院藏書""如山過目"等印。原爲高陽齊氏百舍齋收藏，後捐中國戲曲研究院，現由中國藝術研究院圖書館收藏。

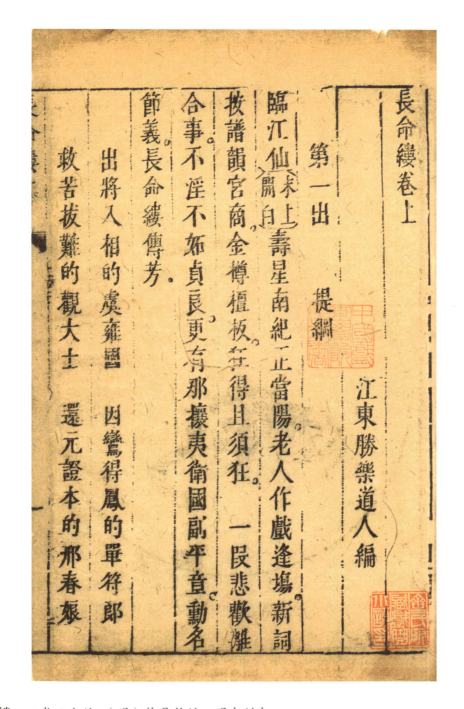

長命縷 二卷三十齣 （明）梅鼎祚編 明末刻本

高 20.5 釐米，寬 14 釐米。半葉九行，行二十字，小字雙行同，白口，四周單邊，單黑魚尾。一函兩册。卷前有目録，插圖八幅（插圖原爲十幅缺第二葉兩幅）。版本爲明刊《十種傳奇》本。封面卷首末鈐 "高陽齊氏百舍齋存書之印" "齊林玉世世子孫永寶用" "齊氏所藏戲曲小説印" "如山過目" "中國戲曲學院藏書" 等印。原爲高陽齊氏百舍齋收藏，後捐中國戲曲研究院，現爲中國藝術研究院藏書。原書署名江東勝樂道人，即明代文學家梅鼎祚。

拍案驚奇 三十六卷 （明）凌濛初撰 清乾隆四十九年（1784）聚錦堂刻本

框高 20.8 釐米，寬 14.2 釐米。半葉十二行，行二十五字，白口，四周單邊，單黑魚尾。兩函十二冊。牌記題"乾隆甲辰年新鐫，姑蘇原本，繡像拍案驚奇，聚錦堂梓行"。卷前有"即空觀主人題於□樽"之《拍案驚奇序》，目録。文中署名作者爲即空觀主人，即凌濛初（1580—1644），明末戲曲小說家，號初成，別號即空觀主人，浙江烏程（今吳興）人，受馮夢龍影響編纂《拍案驚奇》，史稱"二拍"。此書有四十卷和三十六卷兩種版本，日本藏有該書最早版本，即明崇禎元年（1628）尚友堂刻本，四十卷半葉十行二十字，有圖四十葉，版心題"尚友堂"。此書約成於天啓末年（1627），民國三十年（1941）王古魯從日本拍攝了一部分書影，1957 年出版的《初刻拍案驚奇》用北京大學藏馬廉藏覆刻尚友堂本爲底本，參以日本藏本。1985 年上海古籍出版社據日本藏本影印出版。此外，該書還有清消閒居刻本，爲三十六卷本十行二十四字有圖，藏於大連圖書館、北京大學圖書館、國家博物館；清蘇州松鶴齋刻本，三十六卷十二行二十五字白口四周單邊，藏於北京大學圖書館；清萬元樓刻本藏於國家圖書館；清同人堂刻本藏於巴黎圖書館。我館這部清聚錦堂刻本應該和清松鶴齋刻本一個系統，此前未見著録。序端目録端卷端卷末鈐"高陽齊氏百舍齋存書之印""齊氏所藏戲曲小說印""齊林玉世世子孫永寶用""齊如山""中國戲曲學院藏書"等印。該書是高陽齊如山收藏，後輾轉收藏於中國戲曲研究院，最終由中國藝術研究院圖書館收藏。

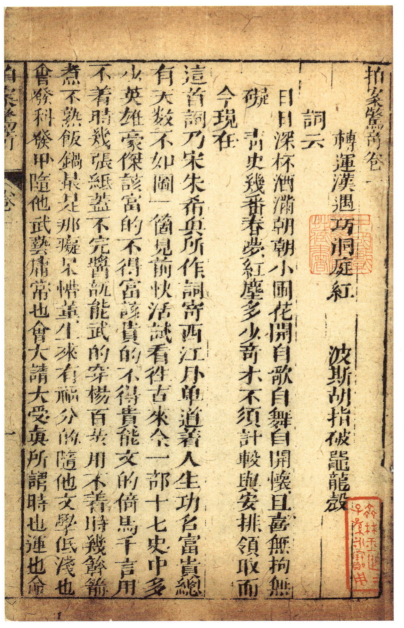

東西兩晉志傳 十二卷三百四十七回 （明）佚名撰 明萬曆四十年（1612）周氏大業堂刻遞修本

框高 22 釐米，寬 14.5 釐米。半葉十二行，行二十四字，白口，各卷左右雙邊，四周雙邊、四周單邊不等，單黑魚尾。上下雙欄。兩函十二册。西晉四卷一百一十六回，東晉八卷二百三十一回。卷前有《東西兩晉演義序》，末尾題名處挖去，又有《新鍥重訂出像注釋通俗演義東西兩晉志傳題評目録》，書名據此題。據孫楷第《中國通俗小說書目》著録作者爲"雉衡山人"。《中國通俗小說總目提要》稱序言作者即該書編者，名楊爾曾，字聖魯，號雉衡山人，浙江錢塘人。《西晉志傳》四卷及《東晉志傳》卷一至卷四，有插圖，卷五至卷八無插圖。版心各自題"西晉志傳"和"東晉志傳"。《東西晉志傳·紀元》裝訂在《東晉志傳》卷前。

《西晉志傳》卷一正文卷端題："新鍥重訂出像□□西晉志傳通俗演義題評。秣陵陳氏尺蠖齋評釋，繡谷周氏大業堂校梓。"《西晉志傳》卷一挖去兩字應爲"注釋"二字。卷二卷四均題"新鍥重訂出像注釋通俗演義西晉志傳題評"。卷三題"新鍥重訂出像通俗演義西晉志傳題評"，少了"注釋"二字。卷一與卷二卷三卷四不同，"通俗演義"四字在"西晉志傳"後邊。

《東晉志傳》卷一卷三正文卷端題"新鍥重訂出像注釋通俗演義東晉志傳題評"。在《東晉志傳》八卷中還有兩種題名款式，即卷二卷四卷七題"新鍥重訂出像□□通俗演義東晉志傳題評"，卷五卷六卷八題"新鍥重訂出像通俗演義東晉志傳題評"兩種。一是挖去"注釋"兩字，一是沒有"注釋"兩字。

該書版本首推北京大學圖書

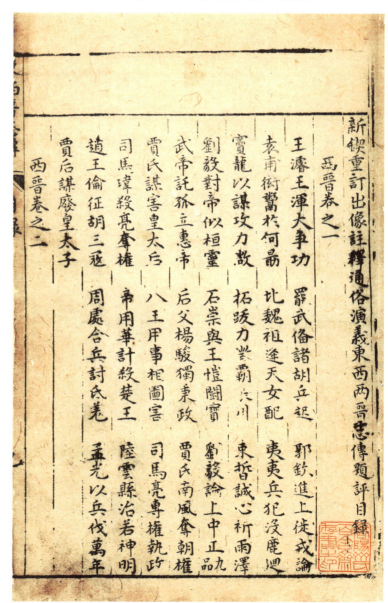

館藏明萬曆四十年（1612）周氏大業堂刻本，各卷插圖題畫工名"王少淮寫像"。上欄有眉批。

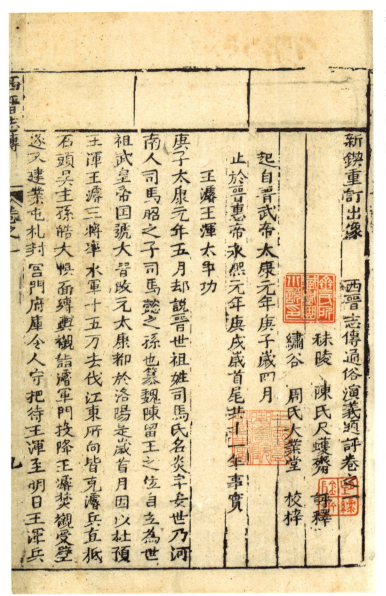

其次南京圖書館藏本爲明周氏大業堂刻本的遞修本，有書名葉一葉，沒有畫工名"王少淮寫像"字樣，與藝研院藏本相同，但藝研院藏本已無書名葉，《中國通俗小說總目提要》未見著錄。其次還有清初帶月樓重刻本藏於首都圖書館和南京圖書館，此外還有清英德堂刻本和清光緒二十二年（1896）上海石印本。

從藏本看，各卷明顯有後來補刻挖改鑲板痕跡，紙張前後也不一致，有三種不同紙張，可以斷定是書商用多種葉子攢成的完本。這個本子封面序端目錄端卷端卷末鈐"齊林玉世世子孫永寶用""高陽齊氏百舍齋存書之印""齊氏所藏戲曲小說印""望綠蔭齋""如山讀過""中國戲曲學院藏書"等印。封套書簽爲齊如山墨跡，原爲鄭氏望綠蔭齋及高陽齊氏百舍齋藏書，後輾轉收藏於中國戲曲研究院，現由中國藝術研究院圖書館收藏。

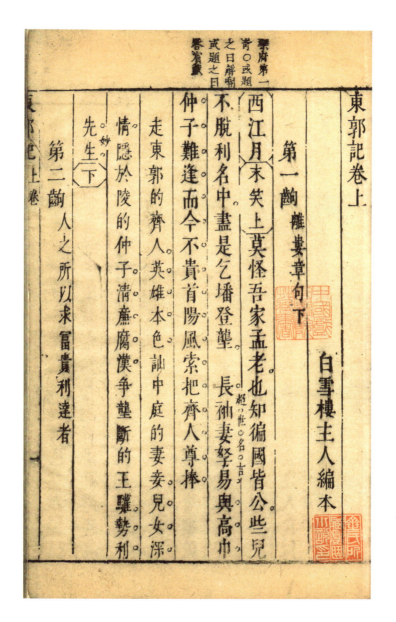

東郭記 二卷四十四齣 （明）孫仁孺編 明崇禎間刻本

框高 20.8 釐米，寬 14.6 釐米。半葉十行，行二十字，小字同，白口，四周單邊。一函兩册。有眉批四字雙行，有夾批圈點。卷前有萬曆四十六年（1618）峨眉子書於白雪樓之《東郭記引》，《東郭記目録》，《齊人生本傳》。附《時義》一首（齊人一妻至嬌其妻妾）。此版本爲《白雪樓二種》之一。國家圖書館著録稱"清夢園印本"。封面卷首末鈐"高陽齊氏百舍齋存書之印""齊林玉世世子孫永寶用""齊氏所藏戲曲小說印""齊如山""中國戲曲學院藏書"等印。原爲高陽齊氏百舍齋收藏，後捐中國戲曲研究院，現由中國藝術研究院圖書館收藏。

孫仁孺，生卒年不詳，約萬曆四十年（1612）前後在世。號蛾眉子，亦稱白雪樓主，蜀人，工於曲，著有傳奇《醉鄉記》《東郭記》，合稱《白雪樓二種》，並傳於世。

東廂記　四卷十六齣卷首一卷　（清）湯世瀠填詞　（清）胡來照評點　清光緒間上海申報館鉛印本

框高 12.2 釐米，寬 9.5 釐米。半葉十二行，行二十六字，小字不等，白口，四周雙邊，單黑魚尾。一函四冊。書名葉題"東廂記"。牌記題"申報館仿聚珍板印"。前有清道光十三年（1833）澹寧居士《東廂記序》，李島序言，清道光十一年（1831）鶴汀主人自序，鶴汀主人再序，目録，凡例，《引訓》《先輩駁語》《傳聞四說》《鶯鶯答張生書》。著者序言稱："僕惡西廂之誨淫，而惜其夢結之猶有可取也，爰另作十六齣，以張生留京候試，寓大覺寺之東廂爲題，敘其悔過潛修，悲沉淪於既往，辭婚拒色，堅操守於方來。鶯鶯則風聞別贅，誤信訛傳，歎紅顏薄命，惟之死而靡他。念白髮高堂暫飯空而留養，庶幾失之東隅收之桑榆，不甚憾於人心，既不大違乎天理，然後與以作合，與以成雙，僕之不知而作職是故耳。"著者認爲《西廂記》誨淫，所以"此記大意爲救西廂之誨淫。夫張生見色而迷，鶯鶯聽琴而蕩，甚至朝出暮入，醜聲穢態，毫不知羞，而世人讚之慕之，苟無果報昭彰，何以警醒愚俗。故始以道童指點起，終以道童援引結。"封面序端卷首末鈐"燕京大學圖書館""父子馬丁""高陽齊氏百舍齋存書之印""齊氏所藏戲曲小說印""齊林玉世世子孫永寶用""中國戲曲學院藏書""如山過目"等印。原經燕京大學、馬丁父子、高陽齊氏百舍齋收藏，後捐中國戲曲研究院，現由中國藝術研究院收藏。

雨花臺傳奇　　二卷三十二齣　（清）徐崑填詞　（清）崔桂林評點　清乾隆間劉育槐刻本

框高 19.8 釐米，寬 13.8 釐米。半葉上下欄，上欄雙行六字，下欄十行二十字，小字同，黑口，四周單邊，單黑魚尾。一函四册。卷前有乾隆二十八年（1763）楊維棟序言、乾隆二十七年（1762）崔桂林序言、題詞、目録。卷末題"蒲阪世弟崔桂林拜跋"。版本據卷端題"同里雲岩臥子劉育槐兆三授梓"。封套及掛簽爲齊如山墨跡。封面目録卷首末鈐"高陽齊氏百舍齋存書之印""齊氏所藏戲曲小說印""中國戲曲學院藏書""齊如山"等印。原爲高陽齊氏百舍齋藏書，後捐中國戲曲研究院，現由中國藝術研究院圖書館收藏。

徐崑（1715—？），字後山，平山（一作平陽）人，相傳徐崑生蒲松齡故後，以松齡之卒年爲其生年，即康熙五十四年（1715）。工詩文，著有《柳崖外編》。亦擅製曲，著有《雨花臺》傳奇。

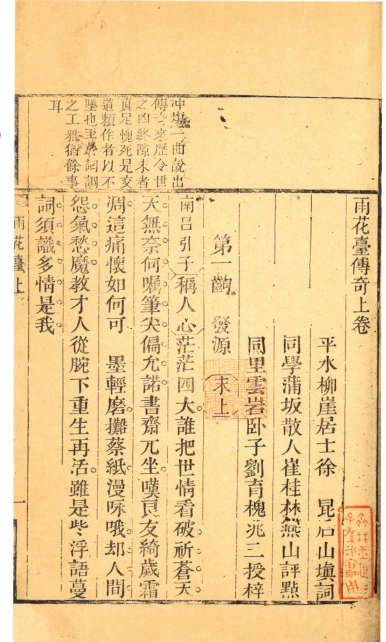

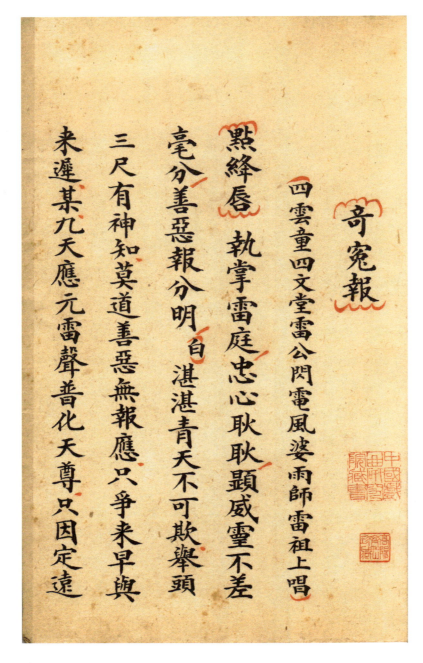

奇冤報總講　（清）佚名輯　清內府朱墨抄本

高 26.5 釐米，寬 19 釐米。半葉六行，行十七字，小字不等，無板框。書名據封面書籤題，
毛裝，有朱筆圈點。有國劇陳列館書籤，題"本家六行皮黃二簧存庫本，齊如山藏，奇冤報總講，
NO.47-5-1."。卷首末鈐"高陽齊如山珍藏""中國戲曲研究院藏書""梅蘭芳捐贈"等印。原爲
高陽齊氏百舍齋藏書，齊梅合作期間歸國劇陳列館，後捐中國戲曲研究院，現由中國藝術研究
院圖書館收藏。收入館藏《內學六行皮黃存庫本》中。《故宮珍本叢刊》收入昇平署提綱本一種，
昇平署崑腔單齣《烏盆記》一種，《烏盆記》提綱一種。此劇又名《烏盆記》《定遠縣》。

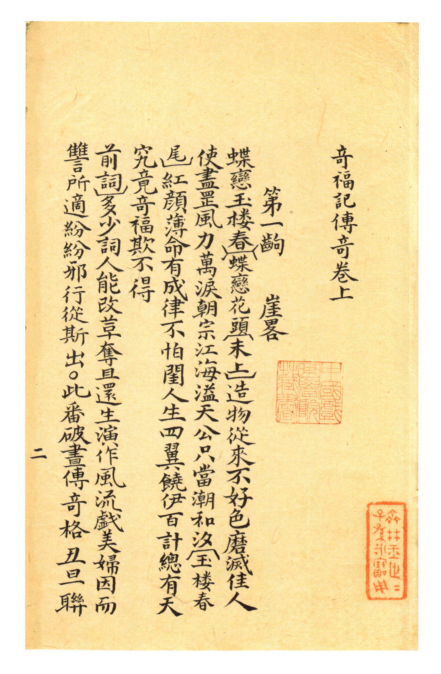

奇福記傳奇（又名奈何天傳奇） 二卷三十齣 （清）湖上笠翁撰 清抄本

　　高 23.5 釐米，寬 16.5 釐米。半葉行、字不等，無邊框。一函四冊。卷前有目録。《笠翁傳奇十種》之一。封套書簽爲齊如山墨跡。封面卷首末鈐"董錦清""綺堂""高陽齊氏百舍齋存書之印""齊林玉世世子孫永寶用""齊氏所藏戲曲小説印""中國戲曲學院藏書""齊如山"等印。原爲董錦清（綺堂）及高陽齊氏百舍齋所藏，後捐中國戲曲研究院，現由中國藝術研究院圖書館收藏。該書版本有康熙間刻本、民國七年（1918）石印本、清經術堂《笠翁傳奇十二種》袖箱本、清紫珍道人批評本、清大知堂本等版本。此本或據康熙間刻本過録。

昆侖奴

汝南梅鼎祚禹金編　會稽王驥德伯良訂

山陰徐　渭文長潤　山陰劉雲龍迅侯校

總目

〔西江月〕千里空群冀北、十年任俠江東、誰能肉眼識英雄、且作癡呆朦朧〇生計迷花縱酒、新詞弄月嘲風、試聽換羽更移宮、可道人奴沒用、

汾陽王重賢輕色　紅綃伎手語情傳

崔千牛侯門作壻　昆侖奴劍俠成仙

昆侖奴

昆侖奴 四折 （明）梅鼎祚編 （明）王驥德訂 （明）徐渭潤 （明）劉雲龍校 影抄明萬曆四十三年（1615）劉雲龍刻本

框高 21.5 釐米，寬 15 釐米。半葉九行，行二十字，小字同，左右雙邊，單白魚尾。一函一册。此本與萬曆本、崇禎《盛明雜劇》本均有相同與不盡相同之處。版心題"帖藏"。卷前有陳繼儒序言（古陵蔡羲書）、田水月的題詞、萬曆四十三年（1615）王驥德題辭、萬曆十二年（1584）梅鼎祚《昆侖奴傳奇自題》《昆侖奴本傳》。插圖八個半葉拼成四幅。抄錄精美，繪圖工致。卷末跋語，未抄錄完成。封套題簽爲齊如山墨跡。封面卷首末鈐"高陽齊氏百舍齋存書之印""齊林玉世世子孫永寶用""齊氏所藏戲曲小說印""中國戲曲學院藏書"等印。原爲高陽齊氏百舍齋所藏，後捐中國戲曲研究院，現由中國藝術研究院圖書館收藏。

梅鼎祚（1549—1615），明代文學家，戲曲、小說家。字禹金，號勝樂道人，安徽宣城人。父守德爲嘉靖間進士，官給事中，因忤嚴嵩出知紹興府，累遷至雲南參政，後歸建書院講學，世稱"宛溪先生"。萬曆時申時行薦舉鼎祚入朝，辭不赴。歸隱於"書帶園"，又建"天逸閣""東壁樓""鹿裘石室"等處，藏書達數萬卷，一生以讀書、藏書、著書爲樂。與著名藏書家焦竑、馮夢楨、趙琦美訂約，各自訪求博採遺書軼典，珍本秘笈，每隔三年聚會於金陵，各出所藏精本，互相勘錄，終未圓滿。與湯顯祖交誼最深，兩人相互批評所作文章、詩賦。所抄書用藍格紙，版心印有"東壁樓"三字。中年以後，專注詩文典籍的搜集編輯和戲劇創作，著有傳奇《玉合記》《長命縷》，雜劇《昆侖奴》。《玉合記》爲崑山派的扛鼎之作，在中國戲曲史上具有一定影響。藏書印有"梅印鼎祚""梅禹金藏書""鼎祚""鹿裘石室之藏""天逸藏書"等。著有詩文《梅禹金集》二十卷，小說《才鬼記》十六卷、《青泥蓮花記》十三卷。又輯有《歷代文紀》《漢魏八代史乘》《唐樂苑》《古樂苑》《宛雅》《鹿裘石室集》等。

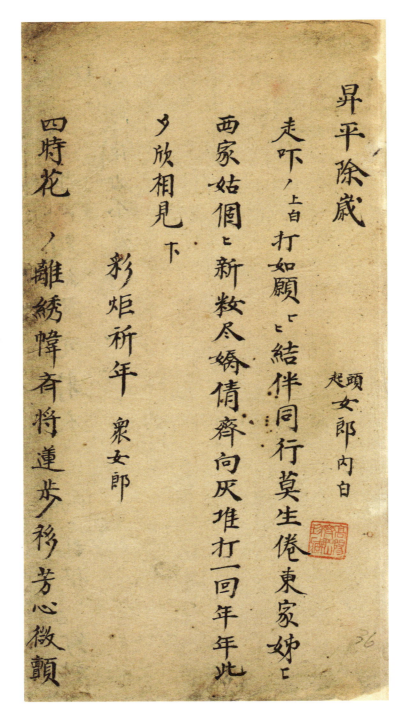

昇平除歲·彩炬祈年　（清）佚名輯　清抄本

　　高 25 釐米，寬 14.5 釐米。半葉六行，行字不等，無邊框。清代戲曲各腳公用單本。卷首題
"衆女郎"。有墨筆圈點刪改。似内府、昇平署承應戲所遺物件。卷首鈐"高陽齊如山珍藏"印。
原爲高陽齊氏百舍齋藏，現由中國藝術研究院圖書館收藏。收入館藏《各腳公用大本》中。《故
宫珍本叢刊》收録南府崑弋月令承應本一種，提綱本一種。

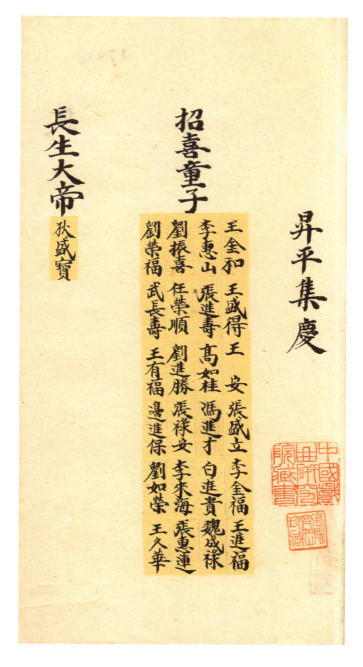

昇平集慶提綱 （清）昇平署輯　清昇平署抄本

　　高 21.4 釐米，寬 12.5 釐米。半葉三行，行字不等，無邊框。一冊。毛裝。書名據封面書簽。承應戲安殿提綱本。有國劇陳列館簽，題 "承應戲安殿提綱，齊如山藏"。黃紙粘貼演員姓名簽以備該腳色飾演演員之更換。至有多人姓名重疊一處者。卷首末鈐 "高陽齊如山珍藏" "中國戲曲研究院藏書" "梅蘭芳捐贈" 等印。原爲高陽齊氏所藏，齊梅合作期間歸國劇陳列館，後捐中國戲曲研究院，現由中國藝術研究院圖書館收藏。收入館藏《承應戲安殿提綱》函中。《故宮珍本叢刊》收入昇平署崑弋開場承應戲一種。

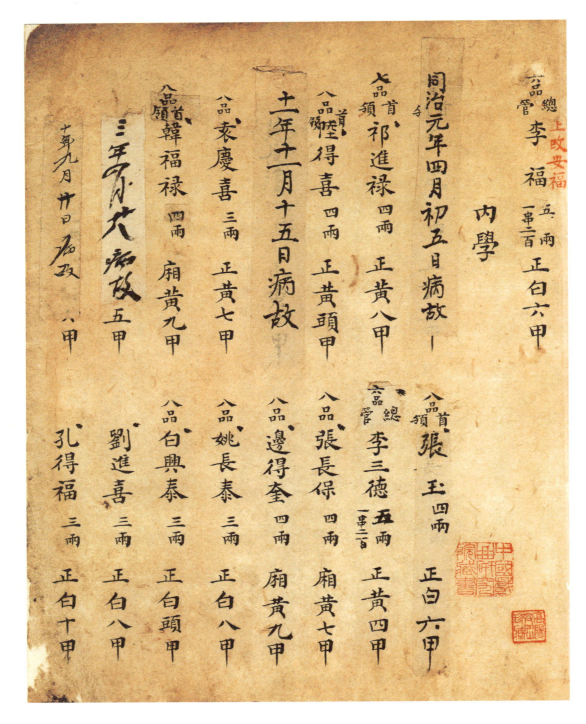

昇平署內外花名檔 （清）昇平署輯　清咸豐同治間昇平署抄本

　　高 27.5 釐米，寬 23.5 釐米。半葉十行，行字不等，無邊框。一函兩冊。書名據封面書簽題，
封面題"昇平署內外花名檔，咸豐十年，同治十年，如山藏"。卷首鈐"高陽齊如山珍藏""中
國戲曲研究院藏書"等印。原爲高陽齊氏所藏，後捐中國戲曲研究院，現由中國藝術研究院圖
書館收藏。

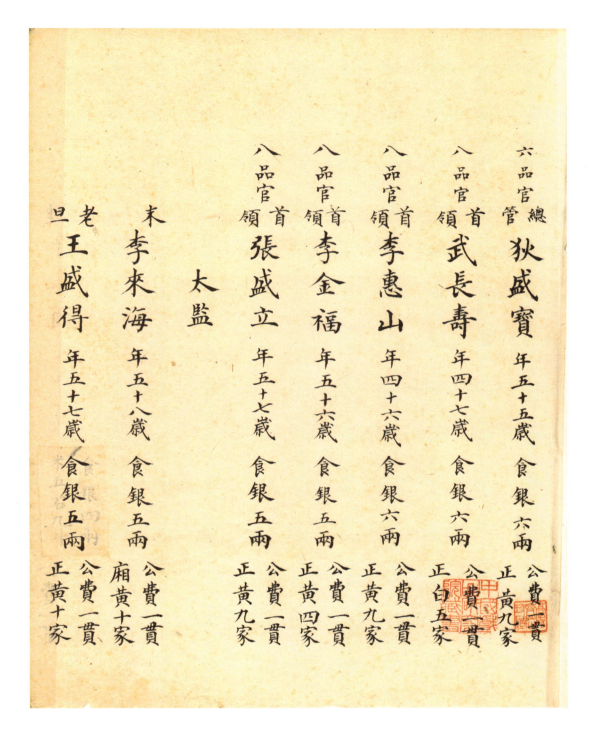

昇平署花名檔 （清）昇平署輯　民國三年（1914）昇平署抄本

高 27.5 釐米，寬 22.8 釐米。半葉八行，行、字不等，無邊框。一册。毛裝。書名據封面代擬。封面題"宣統六年正月立，花名檔"。宣統六年即民國三年（1914）。卷首鈐"高陽齊如山珍藏""中國戲曲研究院藏書"等印。原爲高陽齊氏所藏，後捐中國戲曲研究院，現由中國藝術研究院圖書館收藏。收於館藏《昇平署檔案抄匯》中。

昇平署抄本單折八種 （清）昇平署輯　清昇平署抄本

高 26.7 釐米，寬 23.3 釐米。半葉九至十行，行大小字不等，無邊框。一函兩册。有朱筆圈點，有朱筆夾批。有工尺譜。包括《掃花·三醉》（串關）《遊園·驚夢》（鼓板）《盜令》（鼓板）《絮閣》（鼓板）《單刀會》（鼓板）《拷紅》（鼓板）《罷宴》（鼓板）《梳妝·擲戟》（鼓板）。昇平署八行九行抄本是乾嘉時期風格。崑曲抄本。封面有“外”字樣，應爲崑曲内外學抄本。此書有“鄭騫”朱印，有“曙雯樓藏”朱印，封套題“清晝堂藏”。幾家藏家是什麽關係，待考。這幾家藏家所餘善本於藝研院圖書館還有收藏。在一些藏本中，“鄭騫”私印與“曙雯樓”“慕歌堂”“望綠蔭齋”“因百所有”“鄭騫”“鄭”“騫”幾方印鈐於一處，並書套有“清晝堂藏”字樣，或即鄭騫藏書。封面卷首鈐“齊林玉世世子孫永寶用”“高陽齊氏百舍齋存書之印”“齊氏所藏戲曲小說印”“中

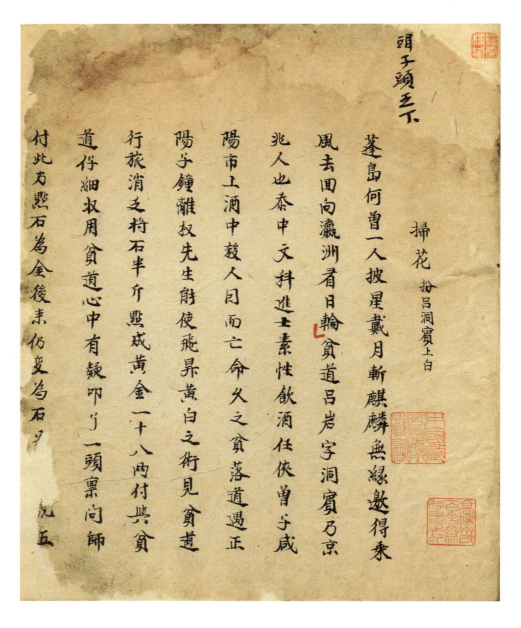

國戲曲學院藏書"等印。原爲高陽齊氏百舍齋所藏，後捐中國戲曲研究院，現由中國藝術研究院圖書館收藏。《故宮珍本叢刊》收入崑腔單齣《掃花》一種，昇平署子弟書《遊園尋夢》一種，昇平署崑腔單齣《盜令》一種，昇平署崑腔單齣《單刀會》一種，昇平署子弟書《拷紅》一種，昇平署崑腔單齣《罷宴》一種，昇平署崑腔單齣《梳妝擲戟》一種。

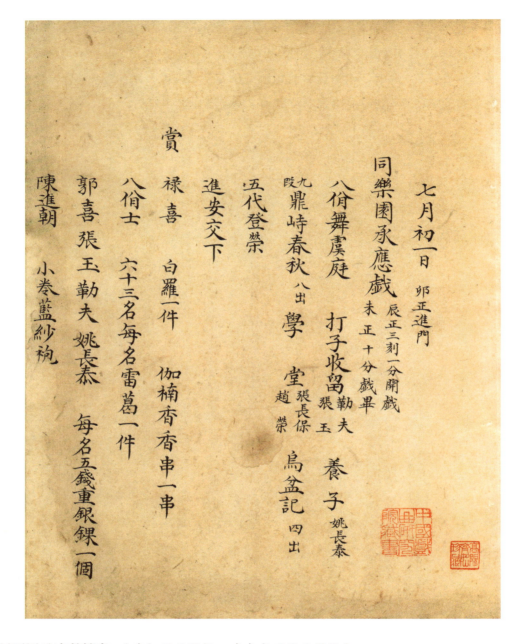

昇平署承應戲檔案 （清）昇平署輯　清嘉慶間昇平署抄本

　　高 27 釐米，寬 23.5 釐米。半葉十行，行字不等，無邊框。一函兩冊。書名據封面代擬。封套書簽題"昇平署檔案，齊如山藏"。有同樂園承應戲、敷春堂承應戲、養心殿伺候帽兒排、重華宮承應戲、乾清宮承應戲、壽康宮承應戲、慎德堂後院伺候帽兒排。檔案中提到的祿喜、張明德、長青，均爲嘉慶道光間昇平署太監。道光七年（1827）張明德引苑長清出宮藏匿惇親王府案也牽連到祿喜。此檔案起於七月初一，止於十二月二十九。卷首鈐"高陽齊如山珍藏""中國戲曲研究院藏書"等印。原爲高陽齊氏所藏，後捐中國戲曲研究院，現由中國藝術研究院圖書館收藏。

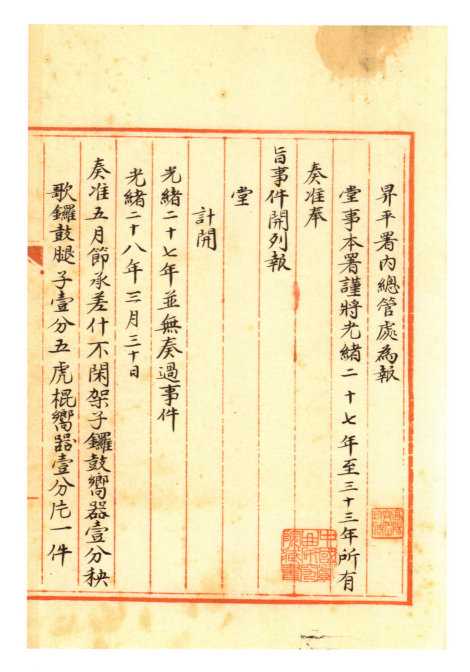

昇平署奏准事項匯報 （清）昇平署輯　清光緒二十八至三十三年（1902—1907）紅格抄本

框高 19.6 釐米，寬 15.5 釐米。半葉十行，行字不等，白口，四周雙邊，單黑魚尾。一册。書名據封面書簽題，封面書簽爲齊如山墨跡。題"如山藏"。至清末光宣時期，昇平署檔案間或有用紅格紙抄録者，已不純用昇平署早期專用皮紙，末世跡象漸漸顯現出來。卷首鈐"高陽齊如山珍藏""中國戲曲研究院藏書"等印。原爲高陽齊氏所藏，後捐中國戲曲研究院，現由中國藝術研究院圖書館收藏。收録館藏《昇平署檔案六種》中。

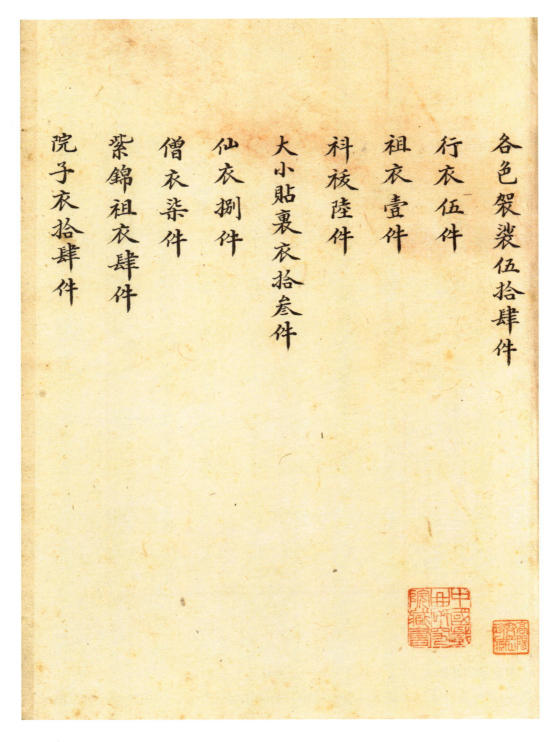

各色袈裟伍拾肆件

行衣伍件

祖衣壹件

科祓陸件

大小貼裏衣拾叁件

仙衣捌件

僧衣柒件

紫錦祖衣肆件

院子衣拾肆件

昇平署殘行頭檔案三種 （清）昇平署輯　清昇平署抄本

　　高 26 釐米，寬 20.5 釐米。半葉九行，行字不等，無邊框。一册。書名據封面書簽題，封面爲齊如山墨跡。卷首鈐"高陽齊如山珍藏""中國戲曲研究院藏書"等印。原爲高陽齊氏所藏，後捐中國戲曲研究院，現由中國藝術研究院圖書館藏。收於館藏《昇平署檔案抄匯》中。

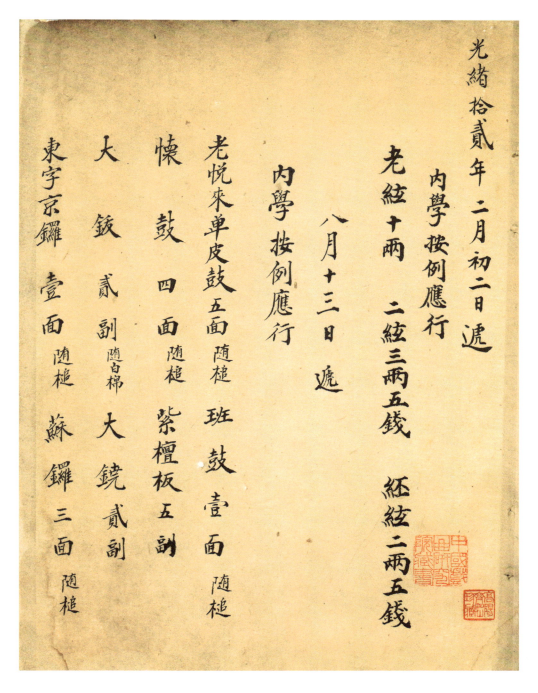

昇平署樂器檔 （清）昇平署輯　清光緒宣統間昇平署抄本

高 28 釐米，寬 24 釐米。半葉行、字不等，無邊框。一冊。書名據外封面書簽題，外封爲齊如山墨跡。原封面題"光緒十二、三、四、五、六、七、八年正月立，宣統元、二、三年"。實際年代截止稱"宣統十年"，即民國七年（1918）。卷首鈐"高陽齊如山珍藏""中國戲曲研究院藏書"等印。原爲高陽齊氏所藏，後捐中國戲曲研究院，現由中國藝術研究院圖書館收藏。收於館藏《昇平署檔案抄匯》中。

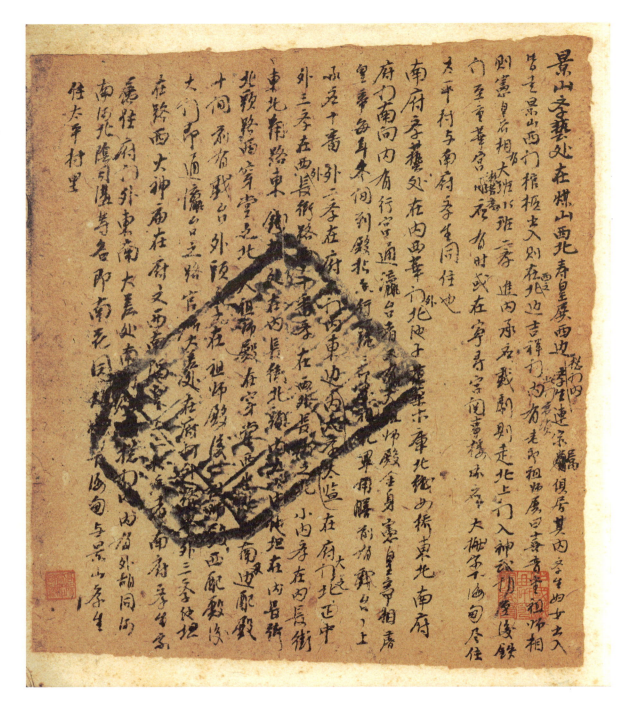

昇平署檔案拾零 （清）昇平署輯　清昇平署抄本

　　高 30.3 釐米，寬 29.19 釐米。半葉行、字不等，無邊框。一冊。書名據封面書簽題，封面書簽爲齊如山墨跡，題"如山藏"。此爲昇平署檔案另種粘貼本。卷首鈐"高陽齊如山珍藏""中國戲曲研究院藏書"等印。原爲高陽齊氏所藏，後捐中國戲曲研究院，現由中國藝術研究院圖書館收藏。收録館藏《昇平署檔案六種》中。

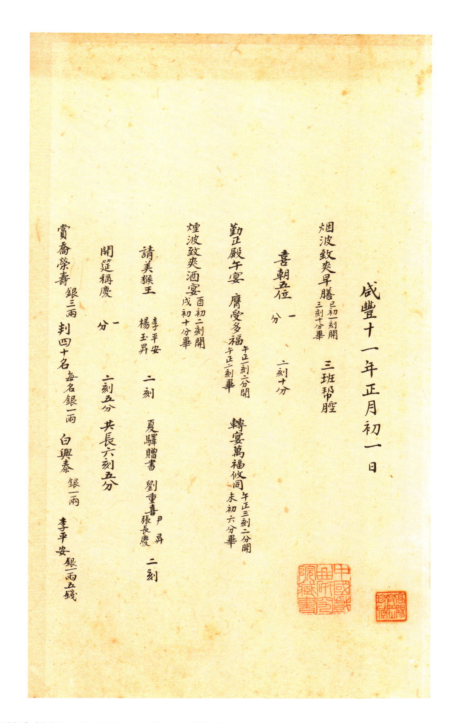

昇平署檔案摘録　昇平署輯　清昇平署抄本

高 29 釐米，寬 19.6 釐米。半葉八行，行字不等，無邊框。檔案記載從咸豐十一年至光緒三十三年（1861—1907）。書名據封面書籤題，封面書籤爲齊如山墨跡，又題有"如山藏"字樣。卷首鈐"高陽齊如山珍藏""中國戲曲研究院藏書"等印。原爲高陽齊氏所藏，後捐中國戲曲研究院，現由中國藝術研究院圖書館收藏。收入館藏《昇平署檔案六種》中。

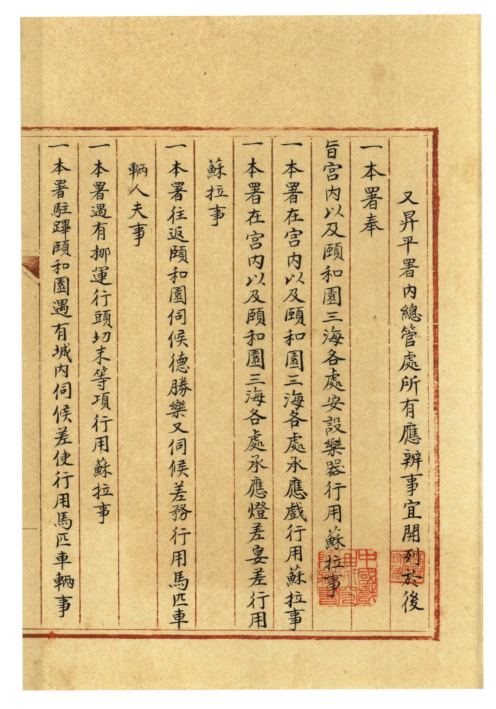

又昇平署内總管處所有應辦事宜開列於後

一本署奉

旨宮内以及頤和園三海各處安設樂器行用蘇拉事

一本署在宮内以及頤和園三海各處承應戲行用蘇拉事

一本署在宮内以及頤和園三海各處承應燈差宴差行用蘇拉事

一本署往返頤和園伺候德勝樂又伺候差務行用馬匹車輛人夫事

一本署遇有挪運行頭切末等項行用蘇拉事

一本署駐蹕頤和園遇有城内伺候差使行用馬匹車輛事

昇平署總管處應辦事項 （清）昇平署輯　清宣統三年（1911）紅格抄本

框高 19.6 釐米，寬 15.5 釐米。半葉十行，行字不等，白口，四周雙邊，單黑魚尾。一册。書名據封面書簽題。封面書簽爲齊如山墨跡，又題"如山藏"字樣。卷首鈐"高陽齊如山珍藏""中國戲曲研究院藏書"等印。原爲高陽齊氏所藏，後捐中國戲曲研究院，現由中國藝術研究院圖書館收藏。收入館藏《昇平署檔案六種》中。

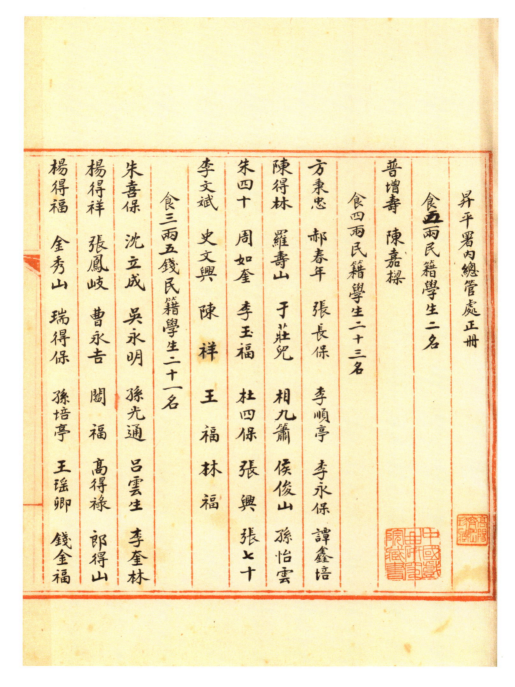

昇平署內總管處正冊

食五兩民籍學生二名

　普增壽　陳嘉樑

食四兩民籍學生二十三名

方秉忠　郝春年　張長保　李順亭　李永保　譚鑫培
陳得林　羅壽山　于莊兒　相九簫　侯俊山　孫怡雲
朱四十　周如奎　李玉福　杜四保　張興　張七十
李文斌　史文興　陳祥　王福　林福
食三兩五錢民籍學生二十一名
朱喜保　沈立成　吳永明　孫光通　呂雲生　李奎林
楊得祥　張鳳岐　曹永吉　閻福　高得祿　郎得山
楊得福　金秀山　瑞得保　孫培亭　王瑤卿　錢金福

昇平署關於民籍學生各檔附節令承應戲名　（清）昇平署輯　清光緒三十一年（1905）紅格抄本

　　框高 19.6 釐米，寬 15.5 釐米。半葉十行，行字不等，白口，四周雙邊，單黑魚尾。一册。書名據封面書籤題，封面書籤爲齊如山墨跡。又題“齊如山藏”字樣。卷首鈐“高陽齊如山珍藏”“中國戲曲研究院藏書”等印。原爲高陽齊氏所藏，後捐中國戲曲研究院，現由中國藝術研究院圖書館收藏。收入館藏《昇平署檔案六種》中。

昇平寶筏　十本二百四十齣　（清）張照撰　清昇平署抄本

高 27.3 釐米，寬 18.8
釐米。半葉十行，行二十四
字，無邊框。四函二十
册，金鑲玉裝，每本有目
錄。封套題簽及掛簽爲齊
如山墨跡。鈐有"曙雯樓
藏""高陽齊氏百舍齋存書
之印""齊林玉世世子孫永
寶用""齊氏所藏戲曲小說
印""如山讀過""中國戲曲
研究院藏書"等印。原爲鄭
氏曙雯樓及高陽齊氏百舍齋
收藏，後捐中國戲曲研究
院，現由中國藝術研究院收
藏。《昇平寶筏》，研究家認
爲只有抄本行世，國家圖書
館、故宫博物院、北京大學
圖書館均有藏本。《古本戲
曲叢刊九集》收錄故宫藏
本。高陽齊氏這個藏本也是
清宫昇平署抄本，或者是據
昇平署抄本的過錄之本，從
紙張上看，它不是典型的昇
平署抄本用紙，紙質老舊程
度可以稱得上清抄本，各個
抄本情節彼此之間有繁簡差
異。《故宫珍本叢刊》收錄
昇平署提綱本一種十三册，
串頭本一種五册。

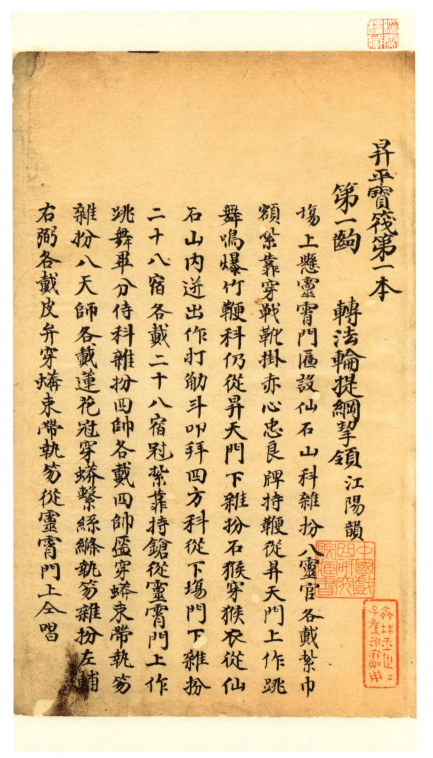

昇平寶筏第一本　二十四齣　（清）張照撰　清昇平署朱墨抄本

高 24 釐米，寬 13.5 釐米。半葉七行，行十六字，小字雙行同，無邊框。一函四冊。封套題簽及掛簽爲齊如山墨跡。封套題"清末朱墨抄本"。封套内題"壬午四月得于東安市場冷攤，老簡"。鈐有"高陽齊氏百舍齋存書之印""齊林玉世世子孫永寶用""齊氏所藏戲曲小說印""如山讀過""中國戲曲研究院藏書"等印。原爲高陽齊氏百舍齋收藏，後捐中國戲曲研究院，現由中國藝術研究院收藏。《昇平寶筏》，研究家認爲只有抄本行世，國家圖書館、故宫博物院、北京大學圖書館均有藏本。《古本戲曲叢刊九集》收錄故宫藏本。高陽齊氏這個藏本也是清宫昇平署傳抄本，或者是據昇平署抄本的過錄本，紙張不是昇平署抄本典型用紙，但紙質老舊，抄功工穩，朱墨粲然，朱筆圈點，爲精抄本，文人手筆，惜散佚不全。《昇平寶筏》傳世抄本情況各異，各個抄本情節彼此之間有繁簡差異。

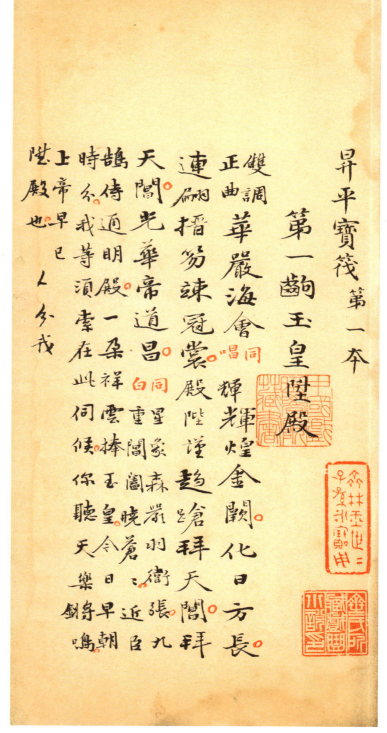

明僮合録 （清）餘不釣徒撰 （清）殿春生輯 清同治六年（1867）擷芝館刻本

框高18.5釐米，寬11.4釐米。半葉六行，行二十字，小字雙行同，白口，四周雙邊，單黑魚尾。一函一册。書名葉題"明僮敍録"。牌記題"丁卯六月擷芝館栞"。包括《明僮小録》和《明僮續録》兩種。前有同治六年（1867）爻山劍石主人《明僮合録序》、咸豐六年（1856）餘不釣徒《明僮小録序》、同治五年（1866）殿春生《明僮續録序》。卷末有同治六年（1867）碧裏生《明僮合録跋》。卷末壓腳處題"板存琉璃廠東門桶子胡同龍文齋"。所謂"明僮"，是指梨園中的童伶於私寓侑酒待客者，當時蔚成風氣。《小録》的作者"爰其見聞所及，粗爲梗概之陳"，録明僮八人爲之傳（傳中另及三人）。殿春生續之，又記載明僮十二人（傳中另及二人）。爻山劍石主人序中稱："有騷壇詞伯，燕國酒人，聽雅奏於梨園，寓深情於藻鑒……因時寄興。"雖屬文人茶餘飯後無聊之作，但終究是保存了咸同間伶人生活的面貌。與嘉慶間《評花》《衆香國》屬於一類，有戲曲歷史資料價值。封面序言卷端目録鈐"齊林玉世世子孫永寶用""齊氏所藏戲曲小說""高陽齊氏百舍齋存書之印""中國戲曲學院藏書"等印。原爲高陽齊氏百舍齋藏書，後歸中國戲曲研究院，現由中國藝術研究院圖書館收藏。卷中鈐"確齋"，是刻板刷印上去的，或爲作者名號。

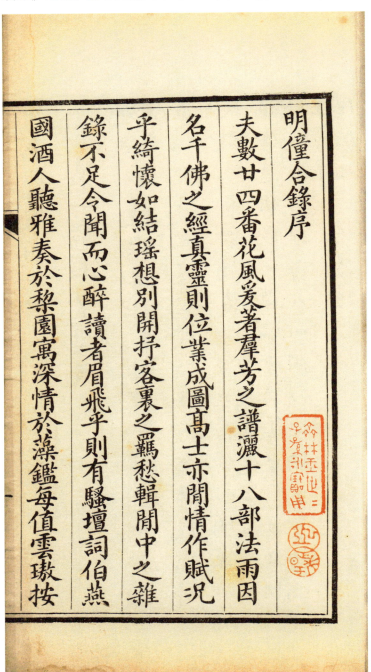

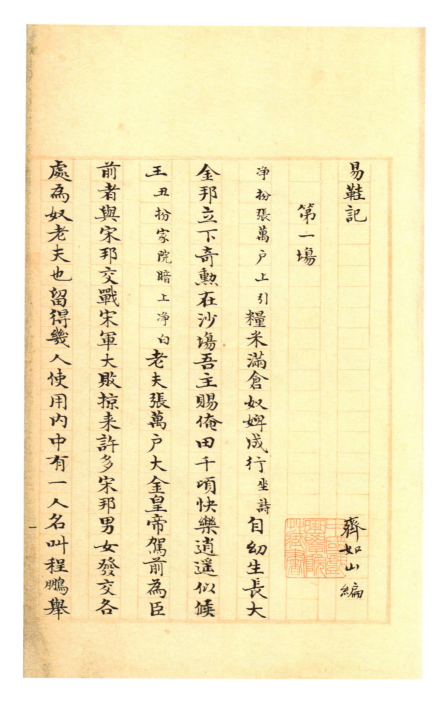

易鞋記 十七場　齊如山編　民國間綴玉軒紅格抄本

　　框高 18.3 釐米，寬 13.9 釐米。半葉七行，行二十二字，白口，四周單邊，單黑魚尾。版心題"綴玉軒"。一函一冊。封面題"齊如山編，綴玉軒，易鞋記總本"。京劇劇本。卷首鈐"中國戲曲學院藏書"印。此爲齊梅合作期間改編之劇本，謄抄本。封面題字或爲齊氏墨跡。齊氏一部分藏書或用綴玉軒紅格箋紙抄錄，不鈐私印。1958 年後捐贈中國戲曲研究院，現由中國藝術研究院圖書館收藏。

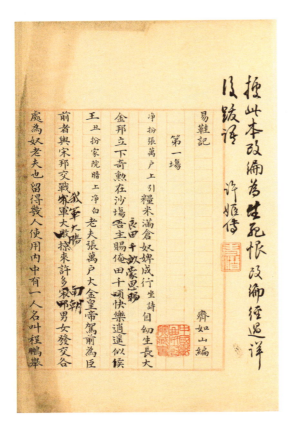

易鞋記 十七場　齊如山編　民國間綴玉軒紅格抄本

框高 18.3 釐米，寬 13.9 釐米。半葉七行，行二十二字，白口，四周單邊，單黑魚尾。版心題"綴玉軒"。一函一冊。卷首末有許姬傳題識跋語。有墨筆刪改。此本爲齊梅合作期間齊如山改編，爲齊氏稿本。梅蘭芳演出之《生死恨》就是據此改編。鈐"中國戲曲研究院藏書"印。現由中國藝術研究院圖書館藏。

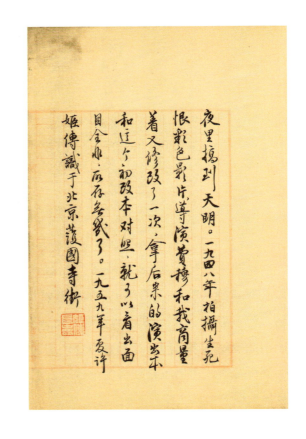

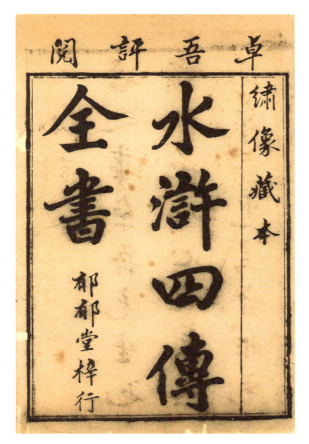
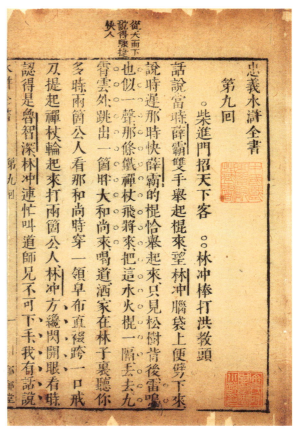

忠義水滸全書 一百二十回 （明）施耐庵集撰 （明）羅貫中纂修 明鬱鬱堂刻本

框高 20.3 釐米，寬 14.5 釐米。半葉十行，行二十二字，白口，四周單邊。版心題"水滸全書，鬱鬱堂四傳"。無行格，有圈點，有行四字眉批，有旁批，卷一至卷八爲影抄補配。四函四十八冊。卷前有書名葉題："卓吾評閱，繡像藏本，水滸四傳全書，鬱鬱堂梓行。"有楊定見《小引》《出像評點忠義水滸全書發凡》《水滸忠義一百八人籍貫出身》《新鐫李氏藏本忠義水滸全書引首》（"引首"卷端題：施耐庵集撰，羅貫中纂修）《宣和遺事》《忠義水滸全書目録》。有插圖六十葉一百二十幅。此版本爲百二十回繁本系統的明袁無涯刻本嗣出，行款同，缺李贄序言。該版本是在明萬曆三十八年（1610）容與堂刻本（百回本）基礎上，增加了征田虎、征王慶情節，其中李贄評語和容與堂本不同，當另有底本依據。此外，明寶翰樓刻本與這個本子是一個系統。這部藏本封面序端、目録端、卷端卷末鈐"高陽齊氏百舍齋存書之印""齊林玉世世子孫永寶用""齊氏所藏戲曲小說印""齊如山""中國戲曲學院藏書"等印。原爲高陽齊如山百舍齋藏書，後歸中國戲曲研究院，最終由中國藝術研究院圖書館收藏。該書做過金鑲玉裝幀錦緞雲套。

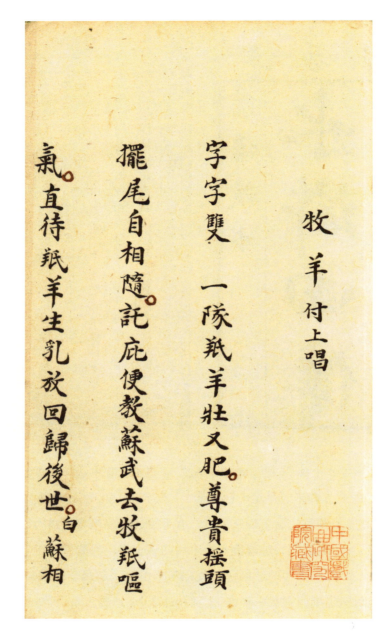

牧羊總本 （清）昇平署輯　清同治光緒間昇平署朱墨抄本

　　高24釐米，寬15.4釐米。半葉四行，行大小字不等，無邊框。一冊。毛裝。書名據封面書籤題。有國劇陳列館書籤，題"崑曲四行安殿本，齊如山藏"。有朱筆圈點。有工尺譜。館藏《崑曲四行曲譜》中《亭會總本》卷前有齊如山墨筆題識"崑曲四行安殿本，此亦爲同光時代之物，至光緒中年則專尚皮黃梆子腔矣"。齊氏此言蓋謂崑腔皮黃梆子腔之交替。卷首末鈐"中國戲曲研究院藏書""梅蘭芳捐贈"等印。原爲高陽齊氏所藏，齊梅合作期間歸國劇陳列館，後捐中國戲曲研究院，現由中國藝術研究院圖書館收藏。收入館藏《崑曲四行曲譜》中。《故宮珍本叢刊》收入南府崑腔單齣一種。

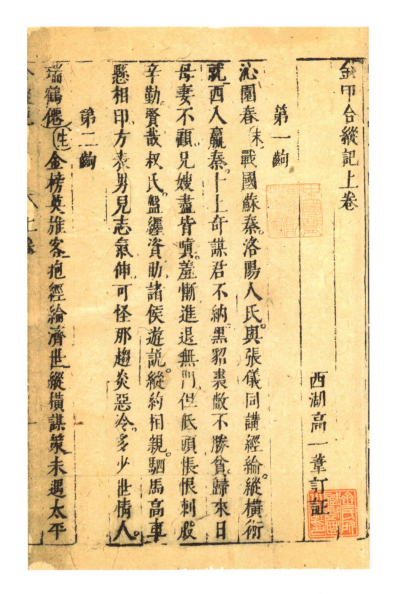

金印合縱記（又名黑貂裘） 上下卷三十二齣 （明）西湖高一葦訂正 明刻本

框高 21.2 釐米，寬 14.4 釐米。半葉十行，行二十二字，小字雙行同，白口，左右雙邊，單白魚尾。一函兩冊。卷端不題著者，祇題"西湖高一葦訂証"。卷前有目錄。插圖六葉六幅一圖一畫。著者爲明代蘇復之，後經過高一葦訂正刊刻。封套書簽爲齊如山墨跡。封面卷首末鈐"高陽齊氏百舍齋存書之印""齊林玉世世子孫永寶用""齊氏所藏戲曲小說印""如山過目""中國戲曲學院藏書""中國戲曲研究院藏書"等印。原爲高陽齊氏百舍齋收藏，後捐中國戲曲研究院，現爲中國藝術研究院圖書館藏書。此爲明刻《十種傳奇》本。此傳奇另有民國初劉世珩暖紅室《匯刻傳奇》本。

蘇復之，生卒年不詳，元末明初戲曲作家，朱權《太和正音譜》將其列爲洪武時期作家，或名蘇復，官指揮。

金貂記傳奇　二卷三十四齣　（明）佚名撰　民國間許氏環翠樓據明富春堂本抄本

高 25.3 釐米，寬 14.5 釐米。半葉八行，行大小字不等，無邊框。一函四冊。封面卷首末鈐"遊戲翰墨""竹林深處是家鄉""環翠樓""高陽齊氏百舍齋存書之印""齊林玉世世子孫永寶用""齊氏所藏戲曲小說印""齊如山""中國戲曲學院藏書"等印。原爲許之衡環翠樓抄藏，後經鄭騫慕歌堂和高陽齊氏百舍齋收藏，後捐中國戲曲研究院，現爲中國藝術研究院圖書館藏書。

《金貂記傳奇》爲明佚名撰，有明代富春堂刻本。明版《歌林拾翠》選有第六、七齣，與此抄本情節略同，文字有差異。《歌林拾翠》所錄"鬧殿""歸田""飲社"等齣，不盡合律，句子多於原曲牌，可能是弋腔本。這個本子看來一一合律，文字也在中駟之間。明代富春堂刻本中，多處龐雜而不合音律，這個本子倒是屬於上乘之作。刻本卷首附載元人尉遲恭的《不伏老》，抄錄時被抄手拿掉。富春堂刻本《白袍記》在《歌林拾翠》中與《金貂記》混在一起，抄錄者也特別將他們區別開來，目的是使後世讀者看到《金貂記》的全貌。此書封套上有慕歌堂題識，曰："富春堂、世德堂、文林閣刻曲極多，現存者不下五六十種，北平圖書館藏五十餘種，已同瑰寶矣。此環翠樓依富春堂刻本抄者，差訛尚少。環翠爲近時藏曲大家，然則此亦中郎之虎賁也。丙子（民國二十五年，1936）夏日保翠齋書坊持售，以十二元得之，是年新秋因百記於北平東城八條寓廬之慕歌堂。環翠樓爲番禺許守白室名。朱遏先售與圖書館之曲籍，強半爲環翠樓抄，如此書者，其中駟也。"

許之衡（1877—1935），字守白，號飲流，室名飲流齋，又名環翠樓，別署曲隱道人、冷道人，廣東番禺人。早年曾留學日本，回國後在北京大學、北平師範大學、北平女子文理學院的國文系任教授。

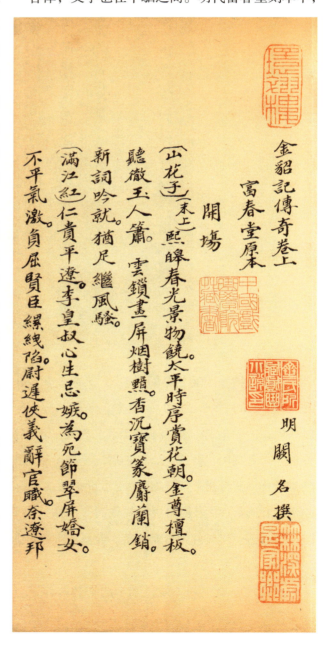

京劇坊刻本七十一種　*齊如山輯　清末民國間坊刻本暨石印本*

各冊半葉行、字不等，書口邊框魚尾不等，開本大小不等。一函七十一冊。1956 年 9 月 22日捐贈中國戲曲研究院收藏。封面卷端鈐"齊如山藏""如山所藏""中國戲曲研究院藏書"等印。原爲高陽齊如山收藏，後由中國戲曲研究院收藏，現由中國藝術研究院圖書館收藏。

各冊劇目版本如下：

戰蒲關（刻本）、新出百戲真詞化子拾金（石印本）兩部、新出百戲真詞化子拾金（致文堂刻本）、文明新劇路遙知馬力（鉛印本）、打面缸（廠西門南柳巷路東聚魁堂石印本）、新出梅蘭芳準詞黛玉葬花（北京致文堂刻本，上下冊）、新刻狀元譜（錦文堂刻本）、狀元譜（刻本）、賈玉破案著淩遲處閉環報應馬思遠三本（石印本）、新刻遊武廟（泰安翰墨林刻石印本）、文明新戲南天門（德記鉛印本）、大保國（刻本）、一捧雪（廠西門南柳巷路東聚魁堂刻本）、新刻二黃三娘教子（刻本）、新刻二黃調三娘教子（打磨廠東口寶文堂石印本）、新刻二黃三娘教子（北京致文堂刻本）、劉禄敬小上墳（鉛印本）、京都三慶班抄出小上墳（義興堂刻本）、譚鑫培真詞問樵鬧府（打磨廠東口寶文堂刻本）、譚鑫培真詞打棍出箱（打磨廠東口致文堂刻本）、譚鑫培真詞打棍出箱（打磨廠東口寶文堂刻本）、新刻二黃梆子皆可用釣金龜（京都致文堂原版）、新出釣金龜（老二酉堂刻本）、打龍袍（京都錦文堂刻本）、新抄包公斷後（遇後）（文盛堂刻本）、串貫雙包案（寶文堂刻本）、新刻名班戲鍘包勉頭本（東泰山刻本）、串貫太君辭朝（聚文堂刻本）、譚鑫培洪洋洞（泰山堂刻本）、新刻二黃托兆碰碑（打磨廠東口寶文堂石印本）、新刻四郎回令（錦文堂石印本）、新刻四郎探母（錦文堂石印本）、新刻探母（刻本）、新刻二黃托兆碰碑（打磨廠東口寶文堂刻本）、新刻龔雲準詞滑油山（打磨廠東

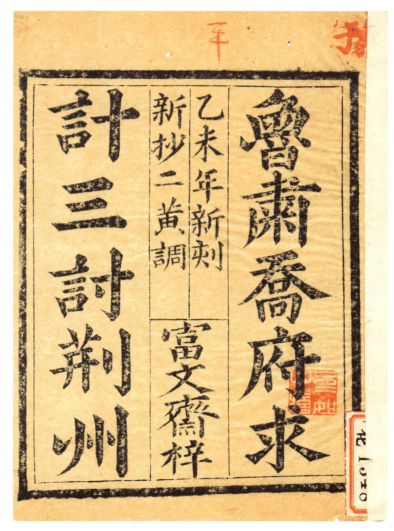

口寶文堂刻本）、回龍閣（寶文堂石印本）兩部、串貫跑坡（文盛堂石印本）、趕三關（石印本）、新刻別窰（義興堂石印本）、新刻慶壽（濟南石印本）、太白醉寫（石印本）、徐策跑城（義興堂石印本）、舉鼎觀畫（廠西門南柳巷路東聚魁堂刻本）、新刻二黃調蘆花河（泰安翰墨林刻本）、御果園（石印本）、新抄白良關（錦文堂刻本）、新刻二黃桑園寄子（京都錦文堂刻本）、乙未年新刻新抄二黃調魯肅喬府求計三討荆州（富文齋刻本，乙未，清光緒二十一年 1895）、余三勝新詞鳳鳴關譚鑫培（刻本）、小叫天金秀山二黃準詞天水關（致文堂刻本）、串貫戰宛城（文盛堂石印本）、戲曲研究社國劇小叢書舊本失街亭（鉛印本）、借雲（刻

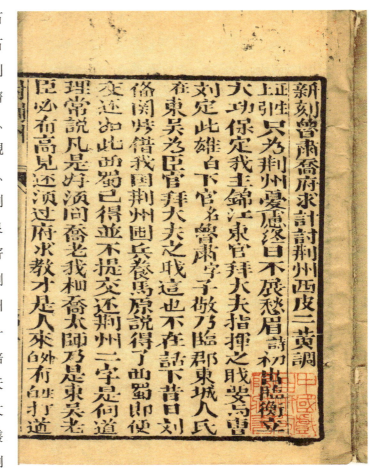

本）、鳳儀亭（刻本）串貫捉曹放曹（京都打磨廠東口路南寶文堂石印本）、新刻捉曹（刻本）、捉曹放曹（京都錦文堂石印本）、新刻西皮百壽圖（石印本）、串貫百壽圖（京都打磨廠東口路南寶文堂石印本）、斬姚期（文吉堂刻本）、新刻二黃草橋關（打磨廠泰山堂石印本）、新刻草橋關姚期綁子上殿（文吉堂刻本）、新刻取滎陽（錦文堂石印本）、譚叫天真詞魚藏劍（錦文堂石印本）、新刻文昭關（寶文堂石印本）、奉琴（刻本）、楊月樓紫仙二黃準詞秋胡戲妻（京都石印本）、新刻二黃聞太師回朝（泰安翰墨林石印本）。

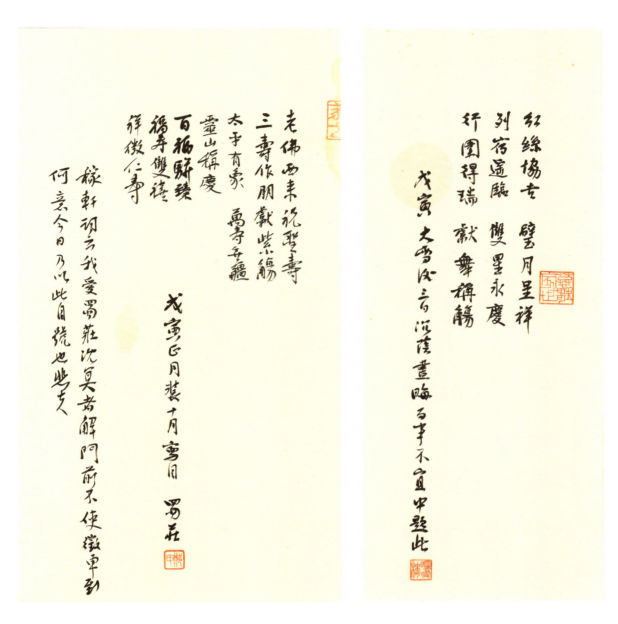

法宮雅奏·九九大慶 （清）昇平署輯　清昇平署抄本

高 30 釐米，寬 23.5 釐米。半葉八行，行字不等，無邊框。一函三冊。書名據封套書籤題。封套題"清晝堂藏"。此書經過鄭氏蜀莊（又名玄暉）收藏修整裝幀成三冊。鈐"曙雯樓藏""慕歌家世"等印。每冊卷前扉葉有鄭氏題識及各冊戲目。封面卷首末鈐"高陽齊氏百舍齋存書之印""齊氏所藏戲曲小說印""齊林玉世世子孫永寶用""如山過目""望綠蔭齋""青城山民""中國戲曲學院藏書""如山過目"等印。原爲高陽齊氏百舍齋藏書，其中經過鄭氏、青城山民收藏，後捐中國戲曲研究院，現由中國藝術研究院收藏。

此書是不同時期單獨抄本合訂裝幀而成，明顯年代有差異。從行款、格式、抄本紙張墨色看，大部分爲清中期以前產物。有多處刪改。其中《御制》（鼓板）一種封面題"同治六年五月十一日"。其中幾種有朱筆圈點題識，並鈐"鄭騫"朱印。如《靈山稱慶》（鼓板）一種封面朱筆題"鄭氏曙雯樓藏昇平署舊抄戲曲之一"，鈐"曙雯樓藏""鄭騫"等印。《福壽雙喜》（鼓板）一種封面鈐"鄭氏""騫""曙雯樓藏"等印。可知"曙雯樓藏"與鄭騫或即一人。又，其中《祥徵仁壽》（鼓板）一種，封面鈐"望綠蔭齋""青城山民"等印。看來"望綠蔭齋"與"青城山民"有關，以往以爲此堂號或屬齊如山氏，似非。不確，待考。

《中國古籍善本書目》和《中國劇目詞典》著錄昇平署抄本《法宮雅奏》四十八卷本。爲崑弋承應大戲。乾隆初年編寫了不少崑、弋腔傳奇大戲。乾隆九年（1744）成書、十一年（1746）刻印的《九宮大成》，其中曲例所引劇目，已有《法宮雅奏》《九九大慶》。

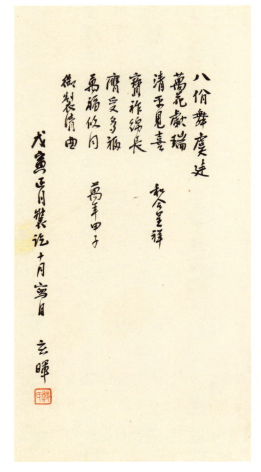

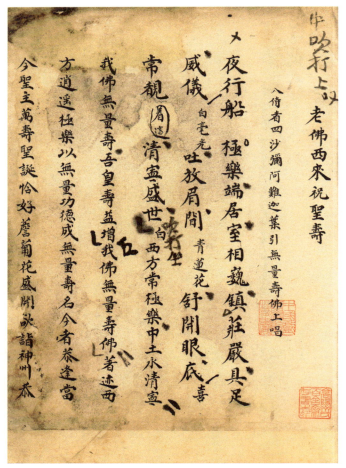

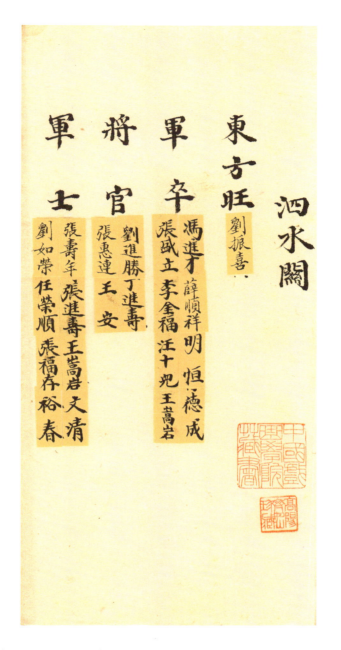

泗水關提綱 （清）昇平署輯　清昇平署抄本

高 21.5 釐米，寬 12.5 釐米。半葉五行，行字不等，無邊框。一冊。毛裝。書名據封面書簽。皮黃安殿提綱。有國劇陳列館簽。題“皮黃安殿提綱，齊如山藏，昇平署泗水關”。黃紙粘貼演員姓名簽以備該腳色飾演演員之更換，至有多人姓名重疊一處者。有齊如山題識“皮黃安殿提綱，此係光緒抄本，其餘說見承應戲安殿本”。卷首末鈐“高陽齊如山珍藏”“中國戲曲研究院藏書”“梅蘭芳捐贈”等印。原爲高陽齊氏所藏，齊梅合作期間歸國劇陳列館，後捐中國戲曲研究院，現由中國藝術研究院圖書館收藏。收入館藏《梅藏安殿本》函中。《故宮珍本叢刊》收入昇平署崑腔單齣曲譜一種。

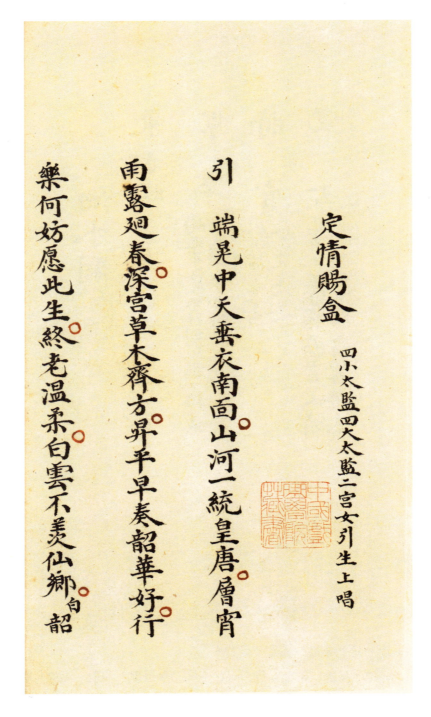

定情賜盒總本 （清）昇平署輯　清昇平署朱墨抄本

　　高 24 釐米，寬 15 釐米。半葉四行，行大小字十七至十八字，無邊框。一册。書名據封面書簽題。有國劇陳列館書簽，題"崑曲四行安殿本，齊如山藏"。有朱筆圈點。有工尺譜。卷首末鈐"中國戲曲學院藏書"印。原爲高陽齊氏所藏，齊梅合作期間歸國劇陳列館，後捐中國戲曲研究院，現由中國藝術研究院圖書館收藏。《故宮珍本叢刊》收入昇平署崑腔單齣一種。

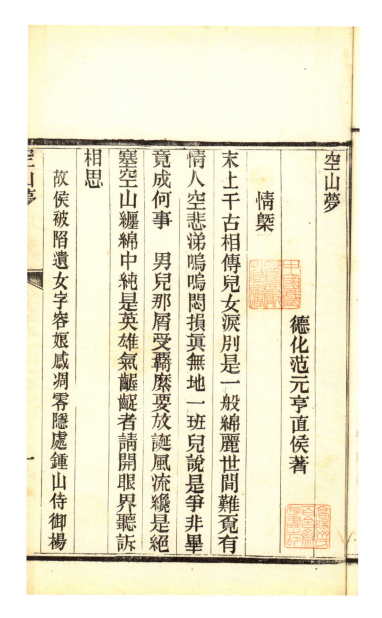

空山夢　二卷八齣　（清）范元亨撰　清光緒十七年（1891）范氏良鄉官廨刻本

　　框高 20.3 釐米，寬 15 釐米。半葉九行，行二十字，白口，四周雙邊，單黑魚尾。一函一冊。書名葉題"空山夢"。有問園主人序言、題詞、目録。此爲《問園遺集》本。封套書籤及掛籤爲齊如山墨跡。封面卷首末鈐"高陽齊氏百舍齋存書之印""齊林玉世世子孫永寶用""齊氏所藏戲曲小說印""中國戲曲學院藏書"等印。原爲高陽齊氏百舍齋收藏，後捐中國戲曲研究院，現爲中國藝術研究院圖書館藏書。

　　范元亨（1819—1855），清代戲曲作家。字直侯，號問園主人，九江（今屬江西）人。咸豐間舉人，貧困潦倒而終，著有《問園詩文集》，焚於戰火，今僅存遺詩七十一首，輯爲《問園遺集》。所撰傳奇有《空山夢》《秋海棠》（已佚）。

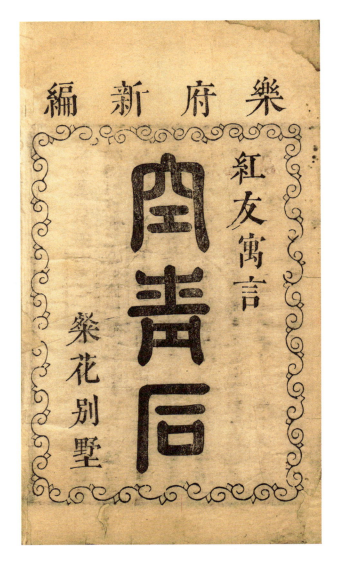

空青石傳奇　二卷二十九齣　（清）萬樹編次　（清）吳棠禎題評　清康熙間萬氏粲花別墅刻本

　　框高 18.5 釐米，寬 13 釐米。半葉九行，行二十二字，小字同，白口，四周單邊，單黑魚尾。一函兩冊。有眉批五字雙行。版心題“粲花別墅”。書名葉題“樂府新編，紅友寓言，空青石，粲花別墅”。卷前有康熙二十五年（1686）吳棠禎序言、《空青石傳奇目次》。此爲《擁雙豔三種》本。封套書籤及掛籤爲齊如山墨跡。封面卷首末鈐“高陽齊氏百舍齋存書之印”“齊林玉世世子孫永寶用”“齊氏所藏戲曲小說印”“齊如山”“中國戲曲學院藏書”等印。原爲高陽齊氏百舍齋收藏，後捐中國戲曲研究院，現由中國藝術研究院圖書館收藏。

　　萬樹（1630—1688），字紅友，一字花農，號山翁、紅友山農，常州府宜興（今江蘇宜興縣）人。明末戲曲作家吳炳外甥。清順治間以監生遊學北京，未得官而歸。康熙二十一年（1682）入兩廣總督吳興祚幕，專司一切奏議文牘，暇時創作戲劇供吳府伶人敷演侑觴。清康熙二十七年（1688）憂鬱成疾，拜辭回鄉，不幸病死於廣西旅途中，終年僅五十八歲。所作戲曲共有二十餘種，今僅可考見其劇名十六種。計雜劇八種：《珊瑚珠》《舞霓裳》《藐姑仙》《青錢賺》《焚書鬧》《罵東風》《三茅庵》《玉山宴》。傳奇八種：《風流棒》《空青石》《念八翻》《錦塵帆》《十串珠》《萬金甕》《金神鳳》《資齊鑒》。其中《風流棒》《空青石》《念八翻》三種合刻爲《擁雙豔三種》。詩文集《堆絮園集》《花濃集》，已失傳，僅存《璿璣碎錦》《香膽詞》傳世。

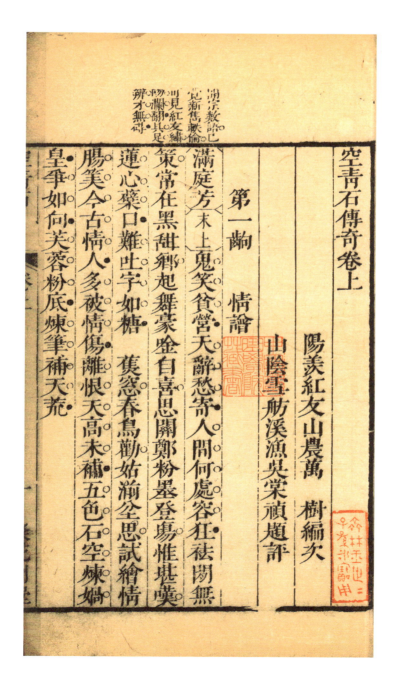

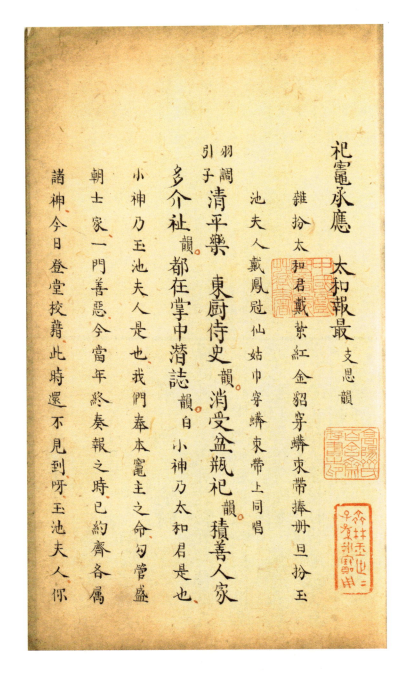

祀竃承應・太和報最・司命錫禧 （清）昇平署輯　清乾隆嘉慶間昇平署朱墨抄本

　　高 24.5 釐米，寬 16 釐米。半葉八行，行二十字，小字同，無邊框。一册。毛裝。書名據封面書簽，封面題 “祀竃承應，太和報最，司命錫禧”。有朱筆圈點。八行抄本爲乾嘉時期産物。封套原題 “清晝堂藏”。卷首末鈐 “齊林玉世世子孫永寶用”“高陽齊氏百舍齋存書之印”“齊氏所藏戲曲小說印”“中國戲曲學院藏書”“如山過目” 等印。原爲高陽齊氏百舍齋所藏，後捐中國戲曲研究院，現由中國藝術研究院圖書館收藏。收入館藏《月令承應》中。《故宮珍本叢刊》收入南府崑弋月令承應戲一種。

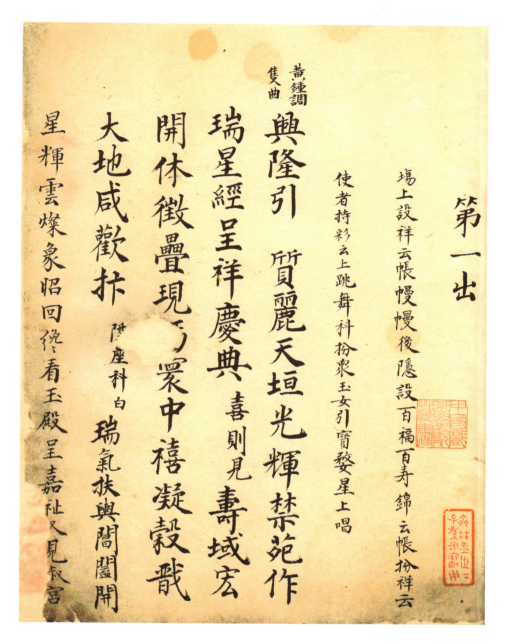

承乾介壽 六齣 （清）昇平署輯 清昇平署抄本

　　高 28.7 釐米，寬 23.5 釐米。半葉八行，行字不等，無邊框。一函一册。書名據封面題。封面題"鼓板"，鈐鄭騫藏書印。封套題"清晝堂藏"，有黃紙改動粘貼簽。"聖母福德""聖母皇太后聖壽大慶""母后萬壽無疆""聖母萬壽之期""孟冬朔日開光""母后""母后萬壽之期"等等，稱呼不一致。紙張老舊，行款墨色都與清中期以前南府昇平署抄本相近似。封面卷首末鈐"高陽齊氏百舍齋存書之印""齊林玉世世子孫永寶用""齊氏所藏戲曲小說印""齊如山""中國戲曲學院藏書"等印。原爲高陽齊氏百舍齋收藏，後捐中國戲曲研究院，現爲中國藝術研究院圖書館藏書。《故宮珍本叢刊》收入昇平署崑弋承應大戲曲譜一種，提綱本一種。

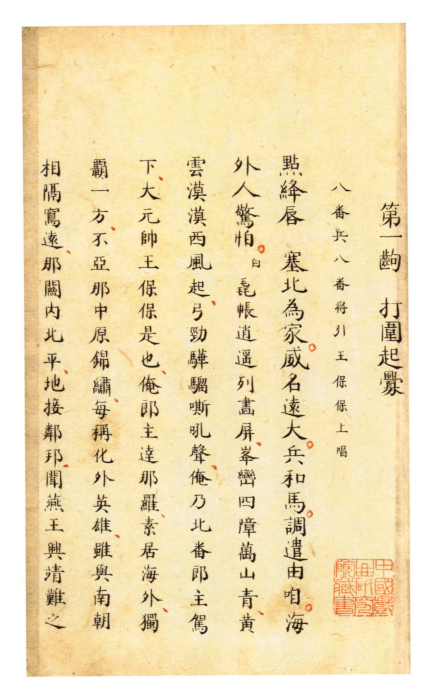

承運圖串關 八齣 （清）昇平署輯 清乾隆嘉慶間南府昇平署朱墨抄本

高 25.5 釐米，寬 16 釐米。半葉八行，行二十字，小字同，無邊框。一册。書名據封面書簽題，封面有國劇陳列館書簽，題"存庫本，齊如山藏"。後裝幀封面題簽爲齊如山墨跡，題"南府抄本承運圖，齊如山藏"。抄功工穩，較一般抄本爲好。卷首末鈐"中國戲曲研究院藏書""梅蘭芳捐贈"等印。原爲齊氏所藏，齊梅合作期間歸國劇陳列館，後捐中國戲曲研究院，現由中國藝術研究院圖書館收藏。收入《承應大戲存庫本》中。《故宮珍本叢刊》收入崑弋本戲曲譜一種。

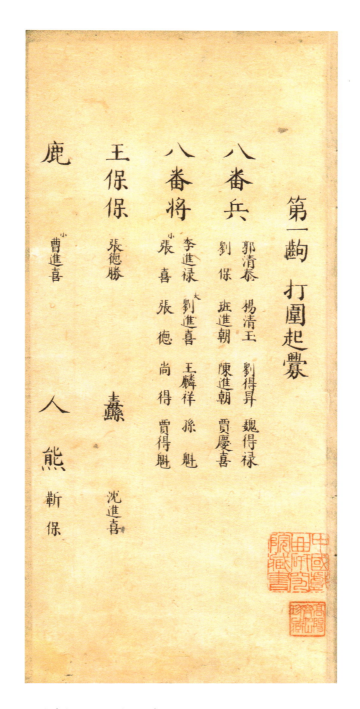

承運圖提綱　八齣　（清）昇平署輯　清昇平署抄本

　　高 21.4 釐米，寬 12.5 釐米。半葉五行，行字不等，無邊框。一册。書名據封面書籤題。存庫本提綱。封面題“南府抄本承運圖提綱，齊如山藏”，爲齊如山墨跡。卷首末鈐“高陽齊如山珍藏”“中國戲曲研究院藏書”“梅蘭芳捐贈”等印。原爲高陽齊氏所藏，齊梅合作期間歸國劇陳列館，後捐中國戲曲研究院，現由中國藝術研究院圖書館收藏。收入館藏《存庫本提綱》函中。《故宫珍本叢刊》收入昇平署崑弋本戲曲譜一種。

陌花軒雜劇 十齣 （清）黄方胤撰 清蘭印本

框高 18.6 釐米，寬 13.2 釐米。半葉九行，行十九字，小字同，白口，左右雙邊，單黑魚尾。一函一册。書名葉題"陌花軒雜劇"。前有秦淮盈盈馬麗華《陌花軒雜劇序》。有雙行四字眉批。初刻蘭印品相十足。封套書簽及夾簽爲齊如山墨跡。封面卷首末鈐"齊林玉世世子孫永寶用""高陽齊氏百舍齋存書之印""齊氏所藏戲曲小說印""中國戲曲學院藏書""齊如山"等印。原爲高陽齊氏百舍齋所藏，後捐中國戲曲研究院，現由中國藝術研究院收藏。

黃方胤，生卒年不詳。金陵（今江蘇南京）人。明末清初戲曲作家，原名方儒，一作方蔭、方印，字醒狂，號醒狂散人，父黃蟄南曾在吏部任職。兄弟四人皆擅詞曲，不事科舉，居秦淮河畔，混跡青樓，爲時人譏。著有《陌花軒小集》（又名《陌花軒小詞》，又名《陌花軒雜劇》），散曲集《曲巷詞餘》（已佚）。所撰《柳浪雜劇》集，包括雜劇七種：《倚門》《再醮》《淫僧》《偷期》《督妓》《孌童》《懼内》，今存於世。

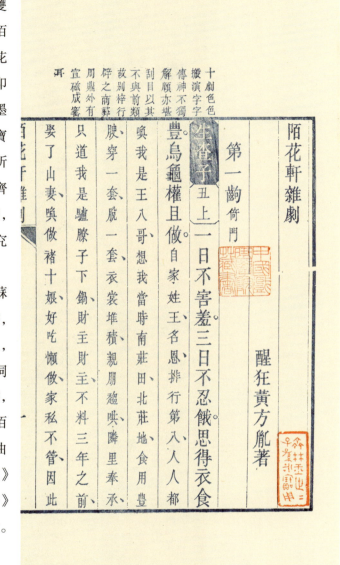

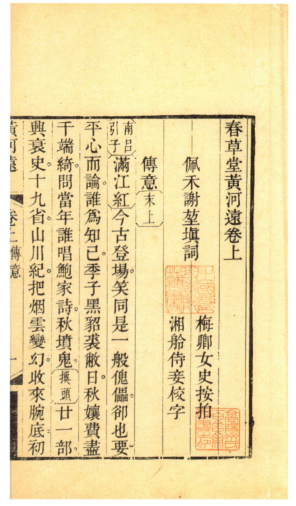

春草堂黃河遠　二卷二十四齣　（清）謝堃填詞　（清）梅卿女士按拍　（清）湘舲侍妾校字　清道光十年（1830）春草堂刻本

框高 17 釐米，寬 11.5 釐米。半葉八行，行十九字，小字同，大黑口，左右雙邊，雙對黑魚尾。一函兩冊。牌記題“道光庚寅新鐫，黃河遠傳奇，春草堂藏板”。卷前有春草詞人《黃河遠小引》，目録。封套書簽及掛簽爲齊如山墨跡。封面卷首末鈐“高陽齊氏百舍齋存書之印”“齊林玉世世子孫永寶用”“齊氏所藏戲曲小說印”“齊如山”“中國戲曲學院藏書”“中國戲曲研究院藏書”等印。原爲高陽齊氏百舍齋收藏，後捐中國戲曲研究院，現爲中國藝術研究院圖書館藏書。

謝堃（1784—1844），字佩禾，號春草詞人，揚州（今屬江蘇）人。國子監生。一生困頓，客幕四方。著有《春草堂集》三十六卷。所撰傳奇四種《黃河遠》《十二金錢》《繡帕記》《血梅記》，合刻爲《春草堂四種曲》，今存道光二十五年（1845）刊《春草堂集》本。謝堃著作品另有《花木小志》一卷、《書畫所見録》一卷、《金玉瑣碎》一卷、《春草堂詩話》八卷、《雨窗寄所記》四卷。

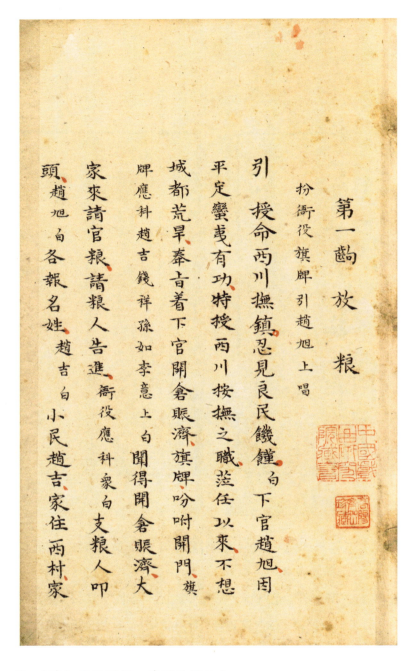

珍珠配 四齣 （清）昇平署輯 清昇平署抄本

高 24 釐米，寬 15.5 釐米。半葉八行，行二十字，小字同，無板框。一册。毛裝。有朱筆圈點。封面書籤題"珍珠配總本"。有國劇陳列館書籤，題"珍珠配，齊如山藏，崑曲吹腔合唱本，NO。316。"。計有放糧、私囑、衙敘、珠圓四齣。卷首末鈐"高陽齊如山珍藏""中國戲曲研究院藏書""梅蘭芳捐贈"等印。原爲高陽齊如山藏書，後歸國劇陳列館，再由中國戲曲研究院收藏，最終由中國藝術研究院圖書館收藏。收入館藏《老二黃劇本集》中。《故宮珍本叢刊》收入昇平署崑腔單齣一種，昇平署提綱本一種。

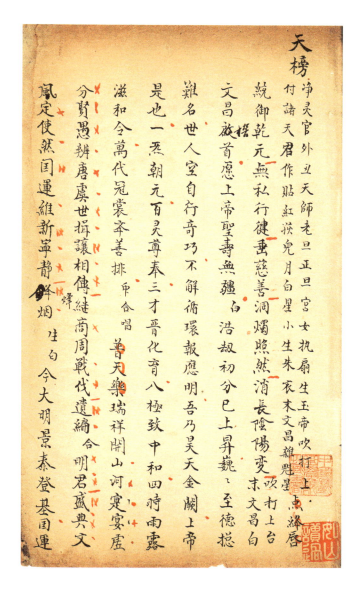

珍珠塔傳奇 四本三十六齣附道情一種 （清）佚名撰 清抄本

高 30.5 釐米，寬 20.5 釐米。半葉八行，行字不等，無邊框。一函四冊。書名據封套書簽題。封套書簽題"珍珠塔傳奇，四本，綴玉軒藏，如山"。有朱筆圈點，有上下場演員腳色提示。有工尺譜。有墨筆刪改。紙張老舊，抄功工穩。封面書簽及掛簽爲齊如山墨跡。卷首鈐"如山讀過""中國戲曲學院藏書"等印。爲齊梅合作期間收集，後捐中國戲曲研究院，現由中國藝術研究院圖書館收藏。齣目爲：天榜、議貸、盟義、謀陷、投記、番操、拜別、誤情、驚休、賺離、上壽、贈塔、亭會、拷婢、劫贈、雪救、設計、誤留、挽辯、屈陷、審問、探監、交兵、訂試、救延、謀婚、賺聘、辯冤、歸家、落庵、會姑、大戰、道情、泣塔、庵會、榮封。卷中夾有國劇陳列館簽"三嘯姻緣傳奇，清無名氏撰，齊如山藏"。第二本卷末題"明景泰二年辛未科天榜題名錄第一甲第一名，方卿河南開封府祥符縣人，第二名第三名"。與抄本內容無關。

珊瑚玦傳奇 二卷二十八齣 （清）周穉廉填詞 清康熙間書帶堂刻本

　　框高 19 釐米，寬 13.5 釐米。半葉九行，行二十字，小字同，白口，四周單邊。一函兩冊。卷前插圖兩幅，一圖一詠。有《元寶媒傳奇目錄》。封套題簽及掛簽爲齊如山墨跡。清初戲曲作家周穉廉即可笑人。此本爲《容居堂三種曲》之一。封面目錄卷首末鈐“高陽齊氏百舍齋存書之印”“齊氏所藏戲曲小說印”“齊林玉世世子孫永寶用”“中國戲曲學院藏書”“齊如山”等印。原爲高陽齊氏百舍齋藏書，後捐中國戲曲研究院，現由中國藝術研究院圖書館收藏。《曲海總目提要》著錄。二十九齣尾殘缺。這個刻本實際有二十八齣，從第二十二齣起齣目刻板有誤。無第二十二齣目，第二十三齣“陳情”應爲第二十二齣“陳情”。第二十六齣“合玦”誤刻爲第二十七齣。第二十七齣“欽封”刻板正確。第二十八齣“天圓”誤刻爲第二十九齣。致使有兩個“第二十七齣”。第二十九齣應爲第二十八齣。

　　原卷前應有愚谷老人《珊瑚玦傳奇序》一篇，愚谷老人即張天湜，《明詞綜》中有詞。並有插圖四幅一圖一詠。

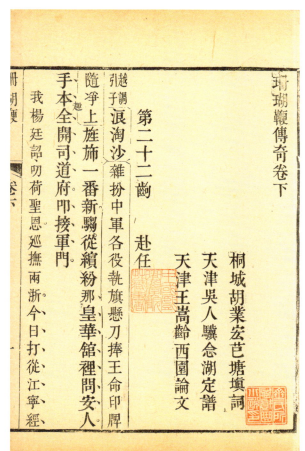

珊瑚鞭傳奇 二卷二十一齣 （清）胡業宏填詞 （清）吳人驥定譜 （清）王嵩齡論文 清乾隆四十三年（1778）穿柳亭刻本

框高 19.5 釐米，寬 15 釐米。半葉十行，行二十字，小字同，白口，四周單邊，單黑魚尾。一函四冊。牌記題"乾隆戊戌年新鐫，桐城胡芭塘外集，天津王西園校定，珊瑚鞭，□□□藏板"。有胡業宏自序、乾隆四十三年（1778）蔣士銓序言、例言、目錄。行間有夾批圈點。封套書簽及掛簽爲齊如山墨跡。卷末有長白富森布跋語。封面卷首末鈐"高陽齊氏百舍齋存書之印""齊林玉世世子孫永寶用""齊氏所藏戲曲小說印""中國戲曲學院藏書""齊如山"等印。原爲高陽齊氏百舍齋所藏，後捐中國戲曲研究院，現爲中國藝術研究院圖書館藏書。

胡業宏，生卒年不詳。清代戲曲作家。字芭塘，別署小新豐山人，桐城（今屬安徽）人，寓居天津。所撰傳奇《珊瑚鞭》，今存於世。《珊瑚鞭》取材自《玉嬌梨》小說，胡氏感慨古今才子之不爲人知，縱爲閨中女子相知，也無益矣，與識才之人相知是一件千古幸事。

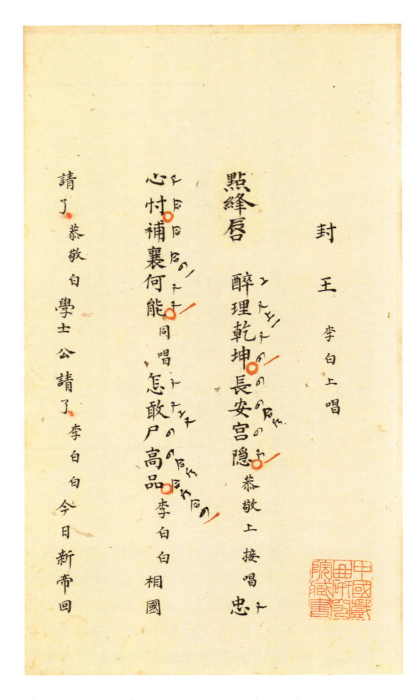

封王總本 （清）昇平署輯　清同治光緒間昇平署朱墨抄本

　　高 24 釐米，寬 15.4 釐米。半葉四行，行大小字不等，無邊框。一冊。毛裝。書名據封面書簽題。有國劇陳列館書簽，題"崑曲四行安殿本，齊如山藏"。有朱筆圈點。有工尺譜。卷首末鈐"中國戲曲研究院藏書""梅蘭芳捐贈"等印。原爲高陽齊氏所藏，齊梅合作期間歸國劇陳列館，後捐中國戲曲研究院，現由中國藝術研究院圖書館收藏。收入館藏《崑曲四行曲譜》中。《故宮珍本叢刊》收入昇平署崑腔單齣《卸甲封王》一種。

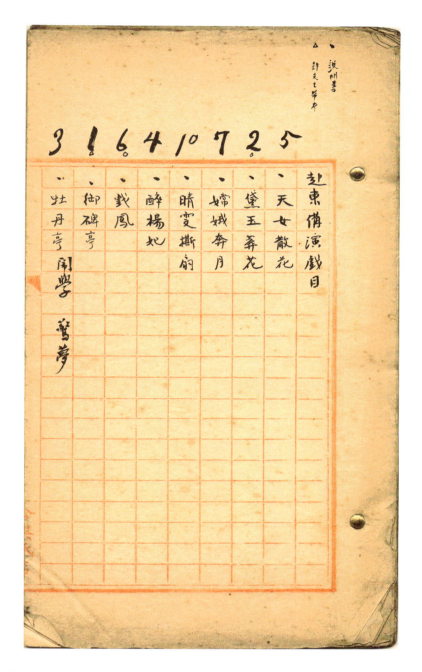

赴東備演戲目 齊如山輯 民國間公興紙店紅格抄本

　　框高 19 釐米，寬 13 釐米。半葉九行，行二十字，白口，四周雙邊，單黑魚尾。版心題“公興紙店”。毛裝。書名據卷端題。收入梅蘭芳赴日演出的準備劇目十四齣，及每一劇目的演員配備，有刪改，可以看出當時與梅氏搭戲的演員和飾演腳色。與梅氏一同赴日演出的有姚玉芙、貫大元、姜妙香、芙蓉草、董玉林、何喜春、高慶奎、趙粹秋、朱玉龍、高連奎等。1956 年 9 月 22 日中國戲曲研究院收藏，鈐“中國戲曲研究院藏書”印。現由中國藝術研究院圖書館收藏。雖不鈐齊氏朱印，但確爲齊氏墨跡，故收。

赴東應備行頭　　*齊如山輯　　民國間公興紙店紅格抄本*

　　框高 19 釐米，寬 13 釐米。半葉九行，行二十字，白口，四周雙邊，單黑魚尾。版心題"公興紙店"。毛裝。書名據卷端題。收入梅蘭芳赴日演出的準備劇目所用行頭，其中"仙女帔"即我館館藏之梅氏行頭。1956 年 9 月 22 日中國戲曲研究院收藏，鈐"中國戲曲研究院藏書"印。現由中國藝術研究院圖書館收藏。雖不鈐齊氏朱印，但確爲齊氏墨跡，故收。

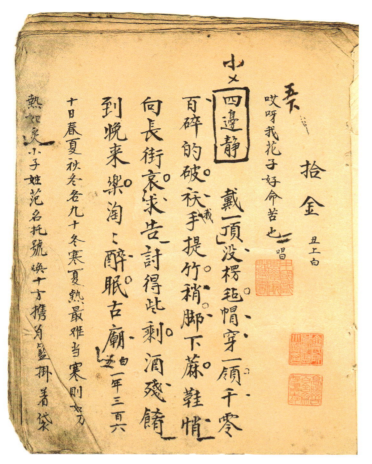
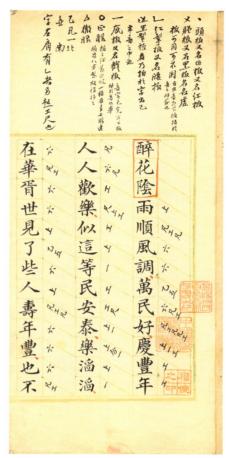

拾金 （清）佚名撰　清抄本

　　高 28 釐米，寬 25 釐米。半葉八行，行字不等，無邊框。一函一冊。毛裝。書名據封面題。封面題"拾金，轂本"。此抄本應為清中期以前抄本，或為南府抄本。封面卷首末鈐"高陽齊氏百舍齋存書之印""齊林玉世世子孫永寶用""齊氏所藏戲曲小說印""中國戲曲學院藏書"、"如山讀過"等印。原為高陽齊氏百舍齋藏書，後捐中國戲曲研究院，現由中國藝術研究院圖書館收藏。齊如山還藏有一部綠格字三行譜三行抄本，有齊氏墨筆題識，是葉懷庭本及南府本合錄。封套書簽題"昇平署本，清畫堂藏"。《故宮珍本叢刊》收入昇平署崑腔單齣一種。

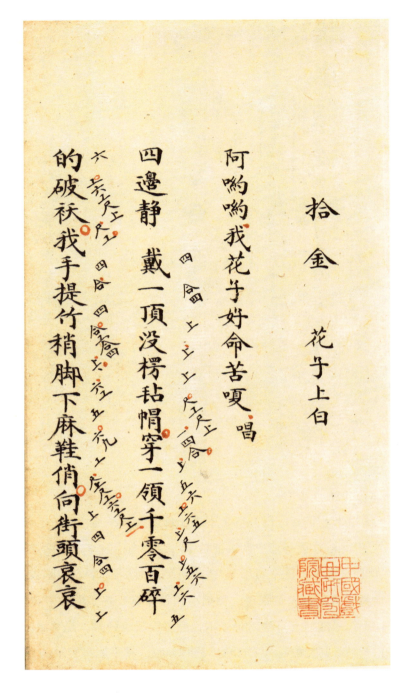

拾金總本 （清）昇平署輯　清同治光緒間昇平署朱墨抄本

　　高 24 釐米，寬 15.4 釐米。半葉四行，行大小字不等，無邊框。一冊。毛裝。書名據封面書
簽題。有國劇陳列館書簽，題"崑曲四行安殿本，齊如山藏"。有朱筆圈點。有工尺譜。卷首末
鈐"中國戲曲研究院藏書""梅蘭芳捐贈"等印。原爲高陽齊氏所藏，齊梅合作期間歸國劇陳列
館，後捐中國戲曲研究院，現由中國藝術研究院圖書館收藏。收入館藏《崑曲四行曲譜》中。《故
宮珍本叢刊》收入昇平署崑腔單齣一種。

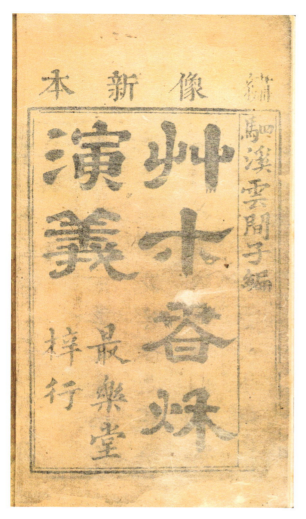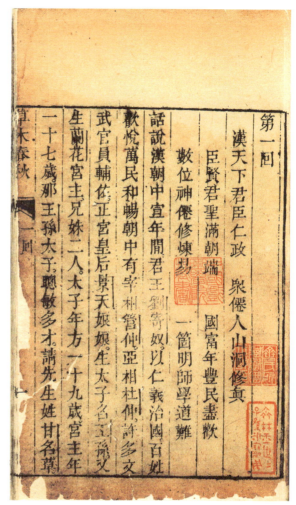

草木春秋演義 三十二回 （清）雲閑子集撰 （清）樂山人纂修 清最樂堂刻本

框高 18.5 釐米，寬 12.8 釐米。半葉九行，行二十字，白口，左右雙邊，單黑魚尾。一函六冊。卷前有書名葉題"繡像新本，馴溪雲間子編，草木春秋演義，最樂堂梓行"（注：引首端序言落款處均題"雲閑子"而不做"雲間子"）。有馴溪雲閑子撰自敘、《草木春秋演義引首》、目録。有圖十葉二十幅，爲人物插圖。卷端不題書名，逕書回次。《中國通俗小說總目提要》未提及我院這部高陽齊如山百舍齋藏本。我院藏本封面序端卷端卷末鈐"高陽齊氏百舍齋存書之印""齊林玉世世子孫永寶用""齊氏所藏戲曲小說印""齊如山""中國戲曲學院藏書"等印。原爲高陽齊如山藏書，後歸中國戲曲研究院，現由中國藝術研究院圖書館收藏。

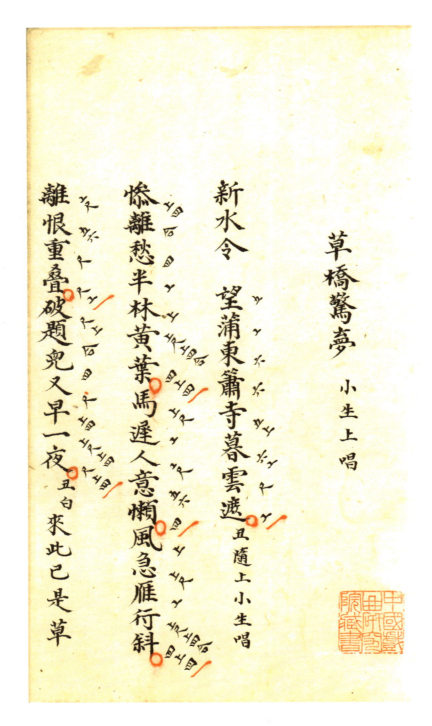

草橋驚夢總本 （清）昇平署輯　清同治光緒間昇平署朱墨抄本

高 24 釐米，寬 15.4 釐米。半葉四行，行大小字不等，無邊框。一冊。毛裝。書名據封面書籤題。有國劇陳列館書籤，題"崑曲四行安殿本，齊如山藏"。有朱筆圈點。有工尺譜。卷首末鈐"中國戲曲研究院藏書""梅蘭芳捐贈"等印。原爲高陽齊氏所藏，齊梅合作期間歸國劇陳列館，後捐中國戲曲研究院，現由中國藝術研究院圖書館收藏。收入館藏《崑曲四行曲譜》中。

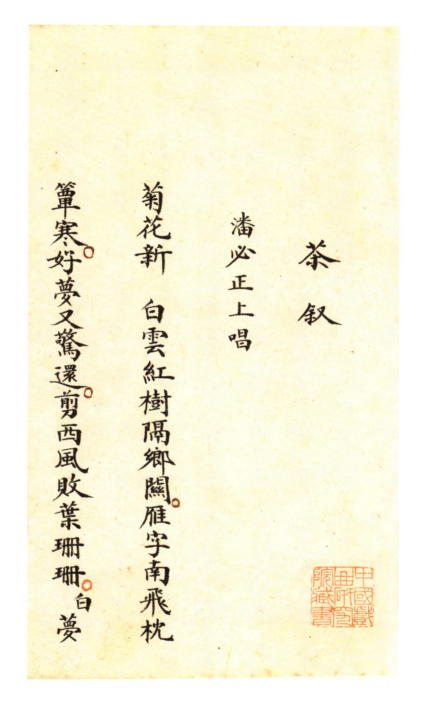

茶敘·問病總本 （清）昇平署輯　清同治光緒間昇平署朱墨抄本

　　高 24 釐米，寬 15.4 釐米。半葉四行，行大小字不等，無邊框。一册。毛裝。書名據封面書籤題。有國劇陳列館書籤，題"崑曲四行安殿本，齊如山藏"。有朱筆圈點。有工尺譜。卷首末鈐"中國戲曲研究院藏書""梅蘭芳捐贈"等印。原爲高陽齊氏所藏，齊梅合作期間歸國劇陳列館，後捐中國戲曲研究院，現由中國藝術研究院圖書館收藏。收入館藏《崑曲四行曲譜》中。《故宮珍本叢刊》收入昇平署崑弋壽戲一種。

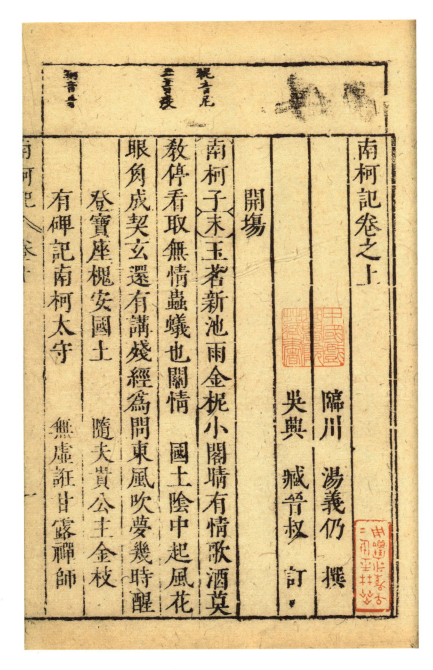

南柯記　二卷三十五折　（明）湯顯祖撰　（明）臧晉叔訂　明臧晉叔刻本

　　框高22釐米，寬14釐米。半葉上下欄，上欄眉批雙行五字，下欄九行十九字，小字同，白口，左右雙邊，單白魚尾。一函四冊。前有萬曆二十八年（1600）清遠道人的題辭、目録、插圖三十五幅分屬三十五折。封套書簽及掛簽爲齊如山墨跡。封面序端卷首末鈐"高陽齊氏百舍齋存書之印""齊氏所藏戲曲小說印""齊林玉世世子孫永寶用""中國戲曲學院藏書""齊如山"等印。原爲高陽齊氏百舍齋收藏，後捐中國戲曲研究院，現由中國藝術研究院收藏。暖紅室匯刻傳奇本《玉茗堂南柯記》不是根據這個明刻本。

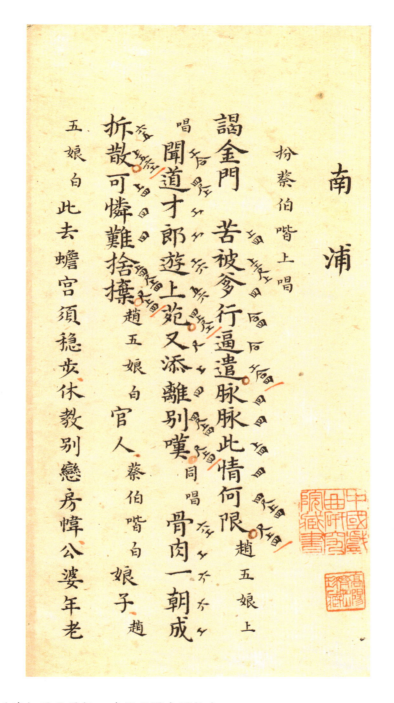

南浦總本 （清）昇平署輯　清昇平署朱墨抄本

高 22.2 釐米，寬 13 釐米。半葉六行，行大小字不等，無邊框。一册。毛裝。書名據封面書籤題。有朱筆圈點。有工尺譜。卷首末鈐"高陽齊如山珍藏""中國戲曲研究院藏書""梅蘭芳捐贈"等印。原爲高陽齊氏所藏，齊梅合作期間歸國劇陳列館，後捐中國戲曲研究院，現由中國藝術研究院圖書館收藏。收入館藏《崑曲四行曲譜》中。與同函中同光間崑曲四行安殿本款式不同，應爲稍早於同治光緒時代的本子。《故宮珍本叢刊》收入昇平署崑腔單齣一種。

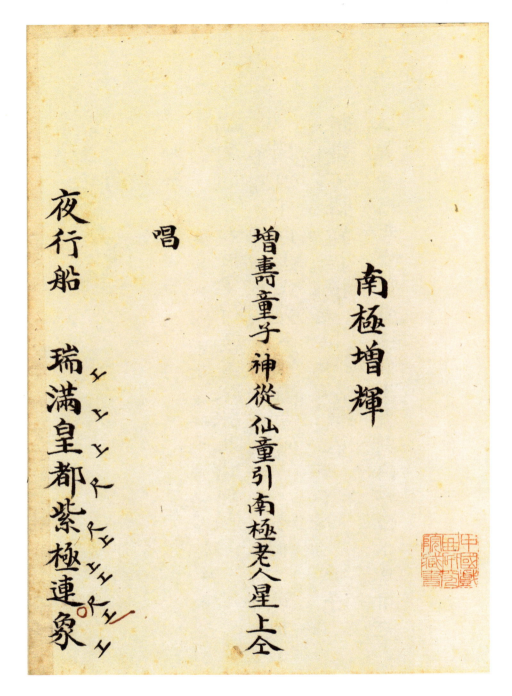

南極增輝總本 （清）昇平署輯　清昇平署朱墨抄本

　　高 26.5 釐米，寬 19 釐米。半葉四行，行大小字不等，無板框。一函一冊。毛裝。書名據封面書簽題。有朱筆圈點。有工尺譜。有國劇陳列館書簽，題"慈禧晚年安殿本，齊如山藏，南極增輝"。卷首末鈐"中國戲曲研究院藏書""梅蘭芳捐贈"等印。原爲高陽齊氏所藏，後歸國劇陳列館，後捐中國戲曲研究院，現由中國藝術研究院圖書館收藏。《故宮珍本叢刊》收入昇平署崑弋開場承應戲一種，昇平署崑弋承應宴戲曲譜一種，昇平署排場本一種。

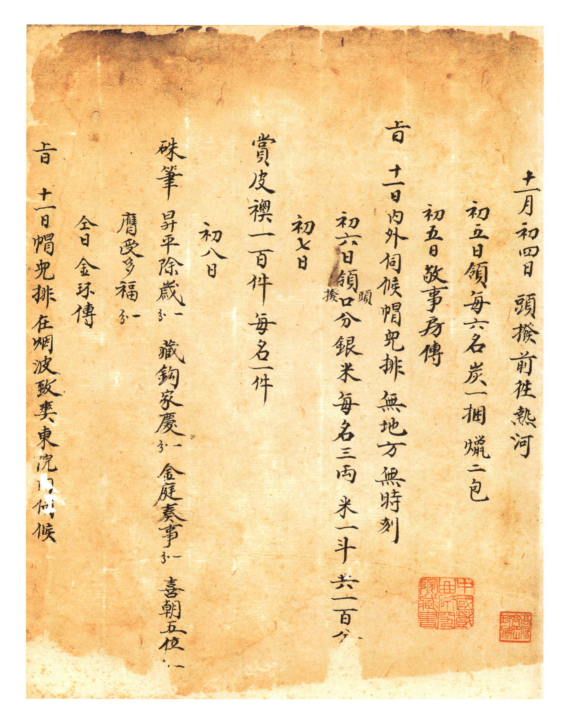

咸豐朝知會檔 （清）昇平署輯　清咸豐間抄本

　　高 28.5 釐米，寬 24 釐米。半葉十二行，行字不等，無邊框。一册。封面書籤爲齊如山墨跡，題"咸豐朝，如山藏"。有國劇陳列館書籤，題"咸豐朝知會檔，齊如山藏，No.2-1."。卷首鈐"高陽齊如山珍藏""中國戲曲研究院藏書"等印。原爲高陽齊氏所藏，後捐中國戲曲研究院，現爲中國藝術研究院圖書館藏書。收録館藏《昇平署檔案六種》中。

昭代簫韶　四十本一百六十齣　（清）王廷章　范文賢撰　民國間朱墨抄本

　　高 27.5 釐米，寬 19 釐米。半葉八行，行大小字不等，無邊框。四函四十册。毛裝。有齊如山藏書籤，爲齊氏墨跡。有國劇陳列館書籤，題"昭代簫韶，齊如山藏，承應大戲後臺公用總本，NO.78."。《昭代簫韶》二十卷首一卷二百四十齣，有清嘉慶十八年（1813 年）武英殿刻朱墨套印本，光緒間改編爲京劇本。這個本是後來依據昇平署藏本謄抄的本子，後附抄錄劇本收支銀兩清單（用北平故宮博物院紅格箋紙抄錄），雖封面書品款式依據昇平署原樣，但紙張不是早期昇平署用紙，大概爲民國初昇平署抄本過錄本。卷首鈐"中國戲曲學院藏書"印。原爲高陽齊氏所藏，後捐中國戲曲研究院，現由中國藝術研究院圖書館收藏。

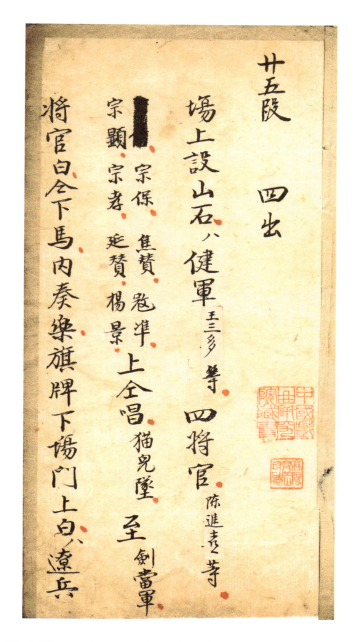

昭代簫韶二十五段串頭 （清）昇平署輯　清咸豐九年（1859）抄本

　　高 24.5 釐米，寬 14.5 釐米。半葉四行，行字不等，無邊框。一册。毛裝。封面題"咸豐九年六月三十日准，二十五段昭代簫韶串頭"。卷册中粘貼之名簽，爲搬演演員姓名，每一脚色至有多人擔當。卷首末鈐"高陽齊如山珍藏""中國戲曲研究院藏書""梅蘭芳捐贈"等印。原爲高陽齊氏收藏，齊梅合作期間歸國劇陳列館，後捐中國戲曲研究院，現由中國藝術研究院圖書館收藏。《故宮珍本叢刊》收入昇平署串頭本一種，第十四册。

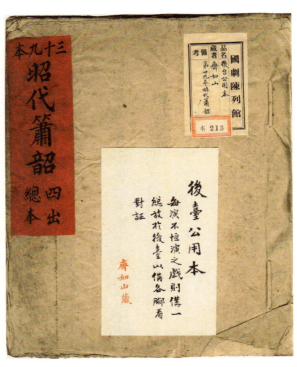

昭代簫韶第三十九本　四齣　（清）王廷章　范文賢撰　清昇平署抄本

高 28 釐米，寬 24 釐米。半葉六行，行大小字不等，無邊框。毛裝。一函一冊。書名據封面書籤題。封面書籤題"三十九本昭代簫韶四齣總本"。有國劇陳列館書籤，題"後臺公用本，齊如山藏，第三十九本昭代簫韶"。卷前有齊如山題識"後臺公用本，每演不恒演之戲則備一總放於後臺以備各腳看對證"。卷末有齊如山題識："後臺公用本。宮中演戲例在後臺置一總本以備各腳參考，蓋因各腳自用之本祇錄本人應念詞句，至與自己有關之他腳應念何詞，則一概不錄，故臨時須有總本互相對證也。"卷首末鈐"中國戲曲研究院藏書""梅蘭芳捐贈"等印。原爲高陽齊氏所藏，後歸國劇陳列館，後捐中國戲曲研究院，現由中國藝術研究院圖書館收藏。《故宮珍本叢刊》收入昇平署崑弋承應壽戲一種。昇平署亂彈本戲《昭代簫韶》第一至九冊、第二十一至二十九冊，不全帙。南府昇平署崑弋本戲曲譜第四十二冊、第五十八冊。昇平署提綱本一種。昇平署串頭本一種，第十四冊。由此可以看出清宮南府昇平署檔案文獻的散佚程度。

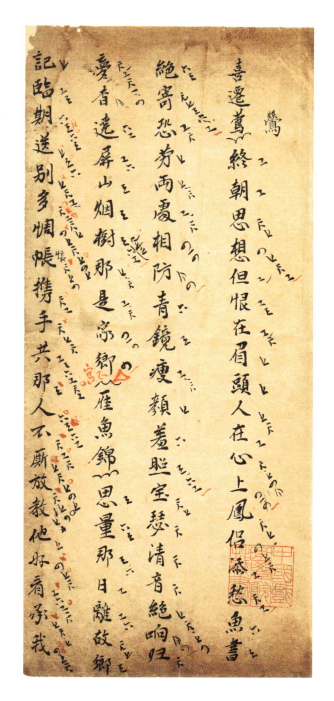

思鄉曲譜 （清）陳金雀輯　清餘慶堂抄本

高 29.5 釐米，寬 14.8 釐米。半葉四行，行字不等，無邊框。一函一册。有朱筆圈點。有工尺譜，書名輯録者據封面書籤題。封面題"學古篆伶記，餘慶堂陳"。後附明人傳奇目録，崑曲抄本。封面卷端鈐"高陽齊如山珍藏""中國戲曲學院藏書"等印。原爲高陽齊氏藏書，後捐中國戲曲研究院，現由中國藝術研究院圖書館收藏。餘慶堂陳金雀輯録抄寫了一批清代劇本，中國藝術研究院圖書館有藏。

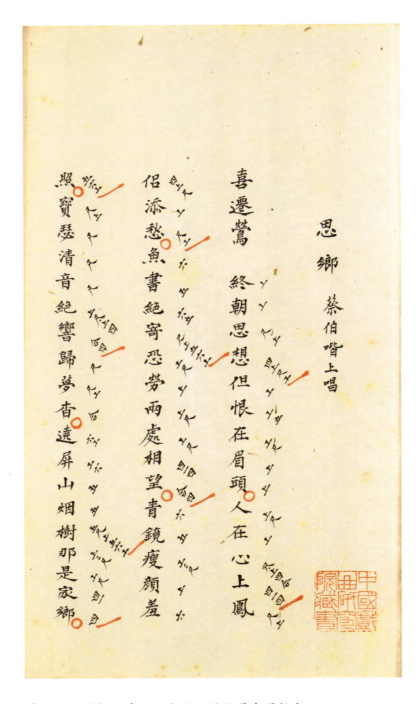

思鄉總本 （清）昇平署輯　清同治光緒間昇平署朱墨抄本

　　高 24 釐米，寬 15.4 釐米。半葉四行，行大小字不等，無邊框。一册。毛裝。書名據封面書
簽題。有國劇陳列館書簽，題"崑曲四行安殿本，齊如山藏"。有朱筆圈點。有工尺譜。卷首末
鈐"中國戲曲研究院藏書""梅蘭芳捐贈"等印。原爲高陽齊氏所藏，齊梅合作期間歸國劇陳列
館，後捐中國戲曲研究院，現由中國藝術研究院圖書館收藏。收入館藏《崑曲四行曲譜》中。《故
宮珍本叢刊》收入南府崑腔單齣一種。

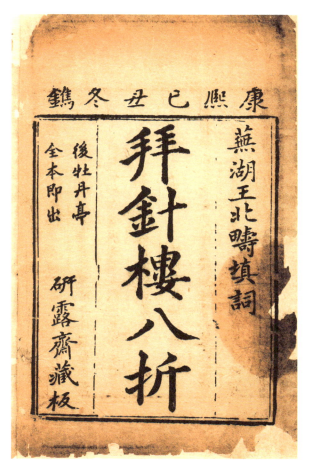

拜針樓八折　八折　（清）王墅填詞　（清）研露齋主人批點　清康熙四十八年（1709）研
露齋刻本

框高 23.5 釐米，寬 14 釐米。半葉三欄，上欄小字雙行六字，下欄小字雙行四字，中欄八行
二十字，小字同，白口，四周單邊。一函一冊。牌記題"康熙己丑冬鐫，蕪湖王北疇填詞，拜
針樓八折，後牡丹亭，全本即出，研露齋藏板"。封套書籤爲齊如山墨跡。有研露齋主人楊天祚
序言。封面卷首末鈐"高陽齊氏百舍齋存書之印""齊林玉世世子孫永寶用""齊氏所藏戲曲小
說印""中國戲曲學院藏書""齊如山"等印。原爲高陽齊氏百舍齋所藏，後捐中國戲曲研究院，
現爲中國藝術研究院圖書館藏書。

王墅，生卒年均不詳，一說乾隆三十一年（1766）前後在世，字北疇，蕪湖人。二十歲補
弟子員，詩文自抒胸臆，不屑拾前人牙慧，亦不以珍愛自賞，隨手丟散。其劇作《拜針樓八折》
（民國間修《蕪湖縣誌》作《拜針樓傳奇》）演後賓王戀歌妓紅曉煙，遊蕩成性，新婦豐采蘋，
拒絕洞房，欲以針毀容，激勵其進取。賓王悔過，閉樓苦讀，後竟擢大魁，豐亦爲之再娶曉煙歸。
該書除研露齋本外還有清貴德堂刻本及光緒五年（1879）貴德堂重刻本。

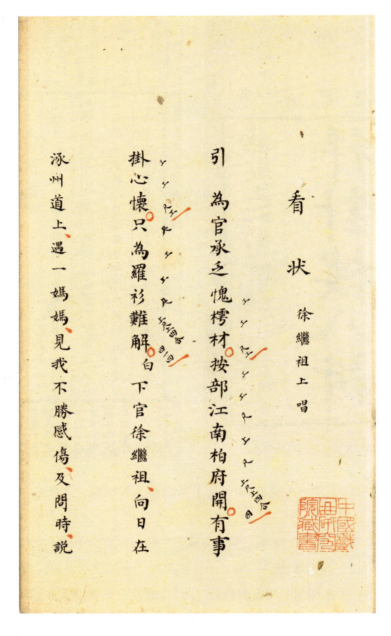

看狀總本 （清）昇平署輯　清同治光緒間昇平署朱墨抄本

高 24 釐米，寬 15.4 釐米。半葉四行，行大小字不等，無邊框。一册。毛裝。書名據封面書籤題。有國劇陳列館書籤，題"崑曲四行安殿本，齊如山藏"。有朱筆圈點。有工尺譜。館藏《崑曲四行曲譜》中《亭會總本》卷前有齊如山墨筆題識"崑曲四行安殿本，此亦爲同光時代之物，至光緒中年則專尚皮黃梆子腔矣"。齊氏此言蓋謂崑腔皮黃梆子腔之交替。卷首末鈐"中國戲曲研究院藏書""梅蘭芳捐贈"等印。原爲高陽齊氏所藏，齊梅合作期間歸國劇陳列館，後捐中國戲曲研究院，現由中國藝術研究院圖書館收藏。收入館藏《崑曲四行曲譜》中。《故宮珍本叢刊》收入昇平署壽戲一種。

香雪亭新編耆英會記　二卷三十齣　（清）喬萊撰　民國二十年（1931）喬氏來鶴堂刻本

框高 18.3 釐米，寬 13.5 釐米。半葉十行，行十九字，小字同，大黑口，左右雙邊，雙順黑魚尾。一函兩冊。書名葉題"耆英會記"。牌記題"辛未冬邑人朱孫輝題喬氏來鶴堂藏板"。卷末有道光十年（1830）載縣止巢題識，光緒二十七年（1901）六世孫喬瑜題識。封面目録卷首末鈐"高陽齊氏百舍齋存書之印""齊氏所藏戲曲小說印""齊林玉世世子孫永寶用""中國戲曲學院藏書""齊如山"等印。原爲高陽齊氏百舍齋藏書，後捐中國戲曲研究院，現由中國藝術研究院圖書館收藏。

喬萊（1642—1694），江蘇寶應人，字子靜、石林，號畫川逸叟，康熙六年（1667）進士，舉鴻博，授翰林，官侍講，充日講起居注官，轉侍讀，與修《明史》，罷歸。少從王士禎遊，與梁清標交厚，常於"蕉林書屋"雅集，著有《應制集》《使粵集》《歸田集》及《易俟》二十卷。《清史稿》有傳。

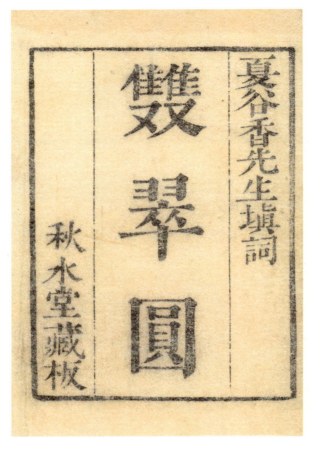
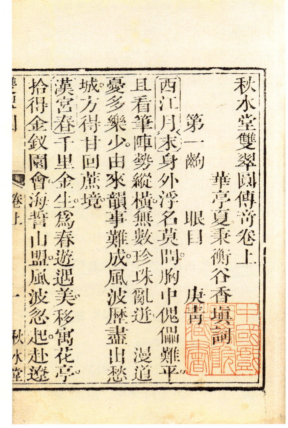

秋水堂雙翠圓傳奇　二卷三十八齣　（清）夏秉衡填詞　清乾隆間刻本

框高 10.3 釐米，寬 7.8 釐米，半葉九行。行十六字，小字同，白口，四周雙邊，單黑魚尾。一函六冊。書名葉題"夏谷香先生填詞，雙翠圓，秋水堂藏板"。卷前有乾隆三十二年（1767）夏秉衡序言、目録（目録分上下卷）。有插圖八幅，一圖一詠。封面卷首末鈐"高陽齊氏百舍齋存書之印""齊林玉世世子孫永寶用""齊氏所藏戲曲小說印""齊如山""中國戲曲學院藏書"等印。原爲高陽齊氏百舍齋收藏，後捐中國戲曲研究院，現爲中國藝術研究院藏書。

夏秉衡（1726—1774？），字平千，號谷香、谷香子，華亭（今上海松江縣）人。乾隆十七年（1752）舉人。乾隆二十八年（1763）任蒲城知縣，乾隆三十年（1765）遷盩厔（今陝西周至）知縣。乾隆十六年（1751），嘗刻所輯《清綺軒詞選》三十卷。著有《清綺軒初集》。所撰傳奇三種《百寶箱》《雙翠圓》《詩中聖》，合稱《秋水堂三種》，今存。《雙翠圓》演《虞初新志》中胡宗憲借名妓王翠翹誘殺徐海事，是夏秉衡乾隆三十二年（1767）在陝西周至官署任上養病時據稗史所撰。

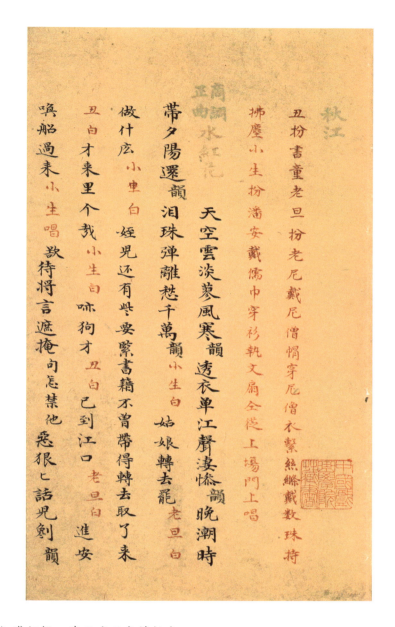

秋江　（清）溥侗輯　清王府五色精抄本

高 26.8 釐米，寬 17.5 釐米。半葉八行，行二十五字，小字同，無邊框。一函一冊。紅黄蘭綠黑五色抄本。封面有國劇陳列館書籤，題"王府精抄本，齊如山藏"。卷首末鈐"中國戲曲學院藏書"印。卷末有溥侗給齊如山信函："如山先生鑒：茲送上拙書一幅，又，家祖時所用曲本《秋江》《絮閣》，各殘五紙，均希查入，匆匆手此，即候，文安。社弟侗頓首。一月二十八日。"卷末有齊如山題識："王府精抄本，前清戲劇經皇帝提倡，各親貴幾無不愛好，爭相抄録，精益求精，故時將五色抄本進奉皇帝之事，於是各府自備五色抄本，以便玩讀者亦復不少。"原爲溥侗家藏，後歸國劇陳列館，後捐中國戲曲研究院，現由中國藝術研究院圖書館收藏。此本極可珍視，頗不多見。

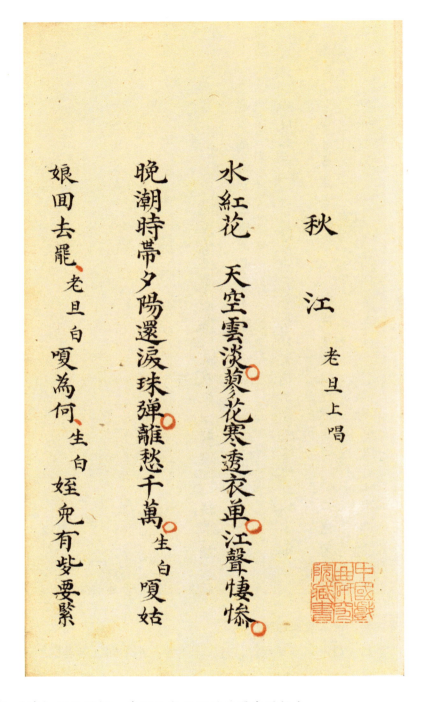

秋江總本 （清）昇平署輯　清同治光緒間昇平署朱墨抄本

高 24 釐米，寬 15.4 釐米。半葉四行，行大小字不等，無邊框。一冊。毛裝。書名據封面書籤題。有國劇陳列館書籤，題"崑曲四行安殿本，齊如山藏"。有朱筆圈點。有工尺譜。卷首末鈐"中國戲曲研究院藏書""梅蘭芳捐贈"等印。原爲高陽齊氏所藏，齊梅合作期間歸國劇陳列館，後捐中國戲曲研究院，現由中國藝術研究院圖書館收藏。收入館藏《崑曲四行曲譜》中。《故宮珍本叢刊》收入昇平署崑腔單齣一種。

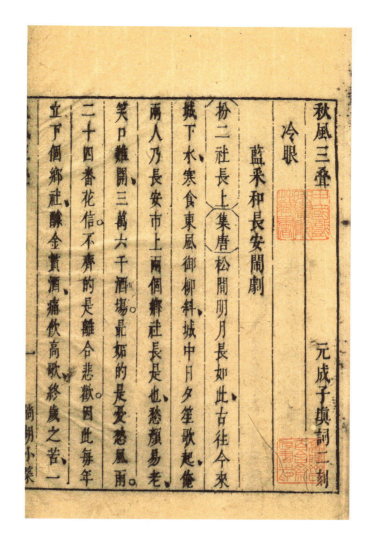

秋風三疊 （明）來集之撰　清倘湖小築刻本

框高 18.2 釐米，寬 14 釐米。半葉九行，行十八字，小字同，白口，四周單邊。一函一冊。卷前有毛萬齡序言、目録。有插圖三幅。卷端題"元成子填詞二刻"。封套書籤及掛籤爲齊如山墨跡。卷首鈐"高陽齊氏百舍齋存書之印""齊林玉世世子孫永寶用""齊氏所藏戲曲小說印""中國戲曲學院藏書""齊如山"等印。原爲高陽齊氏百舍齋所藏，後捐中國戲曲研究院，現爲中國藝術研究院圖書館藏書。

來集之（1604—1682），初名偉才，又名鎔，字元成，號倘湖、元成子，浙江蕭山長河人，明崇禎十三年（1640）進士，官安慶府推官，遷兵部主事，南明福王時官至太常寺少卿。南明弘光政權覆滅後，隱居倘湖之濱，耕讀自給。精於《易》，尤工曲，所作有雜劇《冷眼·藍采和長安鬧劇》《英雄淚·阮步兵憐廝啼紅》《俠女新聲·鐵氏女花院全貞》，總名《秋風三疊》。又有《挑燈劇》《碧紗籠》《女紅紗》。能詞，詞風慷慨悲壯，其《應天長·江東遺事》十首，讚頌明末抗清殉難的十位烈士，惟其詞多不合律。

秋聲譜　三種　（清）嚴廷中填詞　（清）李菱娥正譜　清咸豐四年（1854）刻本

框高 16.6 釐米，寬 13.2 釐米。半葉十一行，行十九字，小字同，白口，左右雙邊，單黑魚尾。一函一册。封面有"藹人題籤，秋聲譜"。卷前有咸豐二年（1852）周樂清序言，題辭，道光十九年（1839）嚴廷中《自記》，咸豐四年（1854）嚴廷中《再記》。卷末題"鏡波李菱娥正譜"。卷末有朱蔭培跋語。序端卷首卷末齊林玉世世子孫永寶用""高陽齊氏百舍齋存書之印""齊氏所藏戲曲小說之印""中國戲曲學院藏書""中國戲曲研究院藏書""齊如山"等印。原爲高陽齊氏百舍齋藏書，後捐中國戲曲研究院，現由中國藝術研究院圖書館收藏。

嚴廷中（1795—1864 年），字古卿，號秋槎，一號巖泉山人，別署秋槎居士、紅豆道人，雲南宜良框遠鎮觀光街人，清庠生。少年隨父游宦，性好吟詠，十三歲詩詞便誦動京華。二十歲詩集《拈花一笑錄》刊刻問世。廷中道光元年（1821）援例任山東萊陽縣丞，後遷諸城、福山、蓬萊知縣，繼調兩淮鹽運司。道光十五年（1835）以病歸。中途全家羈留揚州、南京一年。客居揚州期間，所著《春草詩四律》風靡文苑，大江南北和者千百。道光十七年（1834），定居故里，主講雉山書院。道光二十六年（1846），再次出任姜山、文登、萊陽縣丞。同治三年（1864）卒於萊陽，路遙柩不能歸，葬於萊陽黃家莊。嚴廷中作有雜劇《武則天風流案卷》（一名《判艷》）《沈媚娘秋窗情話》（一名《譜秋》）《洛陽殿無雙艷福》四齣（一名《洛陽殿》），合稱《秋聲譜》。民國間鄭振鐸將《秋聲譜》收入《清人雜劇初集》。另著有《紅蕉吟館詩餘》《巖泉山人四選詩》《紅豆廂剩曲》《弦索漁鼓詞》《懷人小草》《麝塵詞》《兩間草堂古文》《藥欄詩話》等。

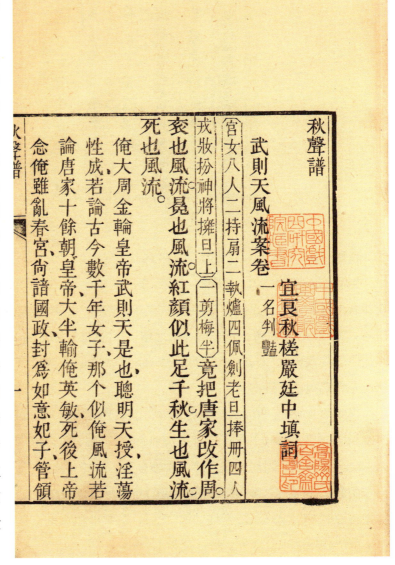

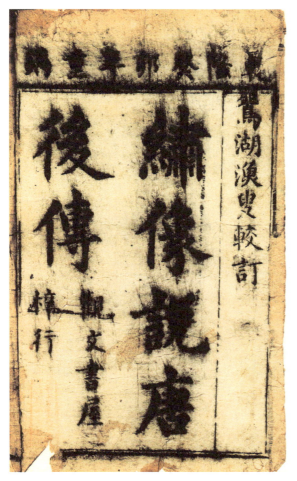
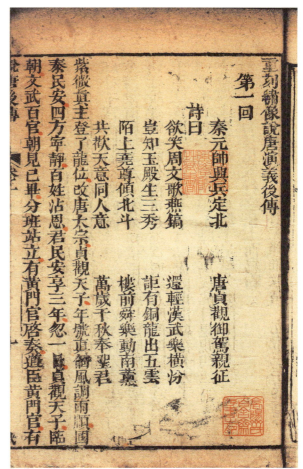

重刻繡像說唐演義後傳　　十卷五十五回　　（清）駕湖漁叟校訂　　清乾隆四十八年（1783）觀文書屋刻本

框高 21 釐米，寬 13.8 釐米。半葉十一行，行二十五字，白口，四周單邊，單黑魚尾。一函十冊。牌記題"乾隆癸卯年重鐫，駕湖漁叟較訂，繡像說唐後傳，觀文書屋梓行"。版心上方刻"說唐後傳"。版心下方刻"斌（係刻工注記）"。卷前有序言，序言落款被挖掉，不知誰氏，或爲駕湖漁叟自序。有《新刻繡像增異說唐後傳目錄》，有圖二十葉四十幅，爲人物插圖。考駕湖漁叟當爲嘉興人，駕湖即嘉興南湖。這是一個挖改過的本子，卷中有挖板鑣板痕跡，應該是在此前的版本基礎上形成的。此書封面鈐一商號印記，題"長春齋，西安門內中間大街路北出賃四大各種奇書，撕寫圖抹者男盜女娟，半月一換外有托裱學堂書一應俱全天，官爲記，號，月，日，賃"。封套書簽爲高陽齊如山題識"說唐後傳，蒸鍋鋪出賃本"。封面序端目錄端卷端鈐"高陽齊氏百舍齋存書之印""齊林玉世世子孫永寶用""齊氏所藏戲曲小說印""中國戲曲學院藏書"等印。原爲高陽齊如山藏書，後輾轉歸中國戲曲研究院，最終由中國藝術研究院圖書館收藏。

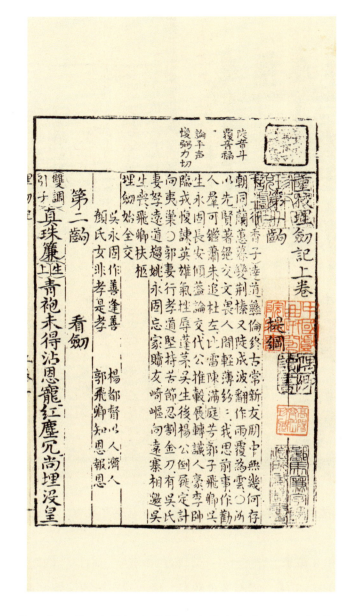

重校埋劍記　二卷三十六齣　（明）沈璟撰　民國十九年（1930）國立北平圖書館據鄞縣馬氏不登大雅文庫藏繼志齋本影印本

　　框高 17.5 釐米，寬 11.8 釐米。半葉上下欄，上欄五字雙行，下欄十行二十字，小字雙行同，白口，四周單邊。一函兩冊。有插圖十二幅。扉葉題"二十年一月持贈如山先生，馬廉"。書名葉題"鐫重校出像點板埋劍記，繼志齋原板"。封面題"埋劍記上下，如山"。爲齊氏墨跡。牌記題"原書版框高營造尺六寸八分寬四存四分，民國十九年八月國立北平圖書館借鄞縣馬氏不登大雅文庫藏本影印"。原鈐"鄞馬廉字隅卿所藏圖書""隅卿讀書""不登大雅之堂"等印。卷首鈐"高陽齊如山珍藏""中國戲曲研究院藏書"等印。原爲高陽齊氏所藏，後捐中國戲曲研究院，現爲中國藝術研究院圖書館藏書。

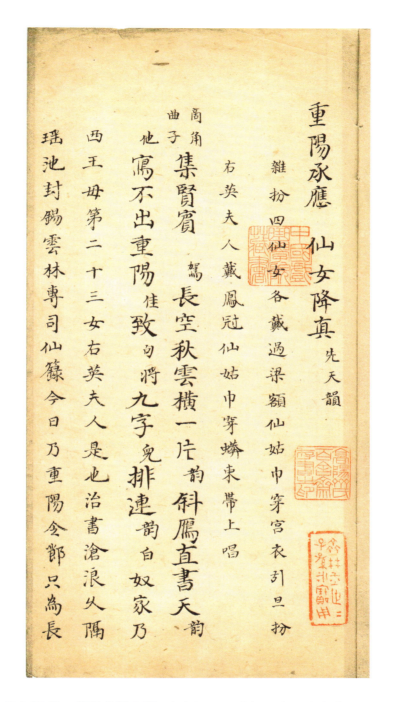

重陽承應·仙女降真·華陽成道串關 （清）昇平署輯　清乾隆嘉慶間昇平署朱墨抄本

高25.4釐米，寬14.5釐米。半葉八行，行二十一字，小字同，無邊框。一冊。毛裝。書名據封面書籤，封面題"重陽承應，仙女降真，華陽成道串關"。封套原題"清書堂藏"。有朱筆圈點。卷首末鈐"齊林玉世世子孫永寶用""高陽齊氏百舍齋存書之印""齊氏所藏戲曲小說印""中國戲曲學院藏書""如山過目"等印。原爲高陽齊氏百舍齋所藏，後捐中國戲曲研究院，現由中國藝術研究院圖書館收藏。收入館藏《月令承應》中。

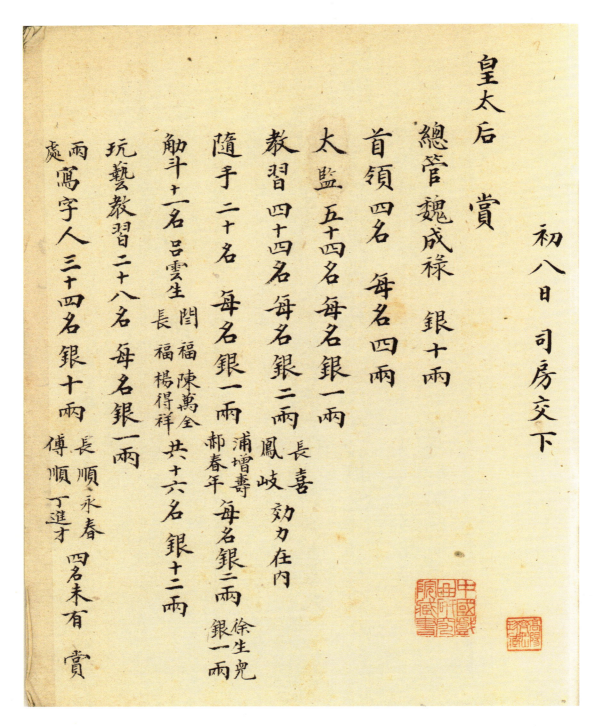

皇太后恩賞檔 （清）昇平署輯 清宣統三年（1911）昇平署抄本

高 26 釐米，寬 22.8 釐米。半葉十行，行字不等，無邊框。一冊。毛裝。封面題"宣統三年正月立，恩賞檔"。書名據卷端代擬。卷首鈐"高陽齊如山珍藏""中國戲曲研究院藏書"等印。原為高陽齊氏所藏，後捐中國戲曲研究院，現由中國藝術研究院圖書館藏。收於館藏《昇平署檔案抄匯》中。

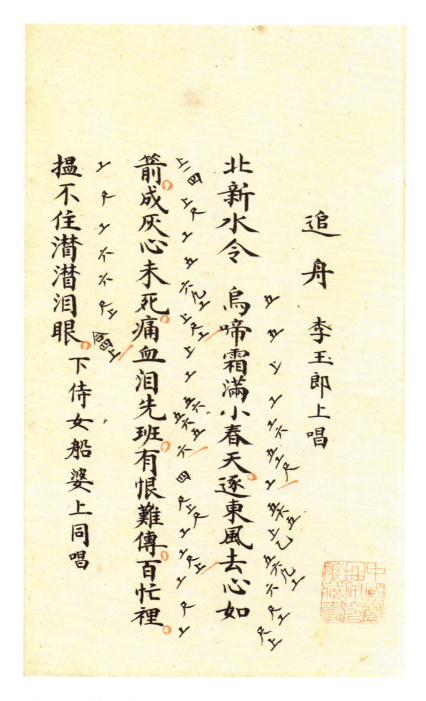

追舟總本 （清）昇平署輯　清同治光緒間昇平署朱墨抄本

高 24 釐米，寬 15.4 釐米。半葉四行，行大小字不等，無邊框。一冊。毛裝。書名據封面書簽題。有國劇陳列館書簽，題"崑曲四行安殿本，齊如山藏"。有朱筆圈點。有工尺譜。卷首末鈐"中國戲曲研究院藏書""梅蘭芳捐贈"等印。原爲高陽齊氏所藏，齊梅合作期間歸國劇陳列館，後捐中國戲曲研究院，現由中國藝術研究院圖書館收藏。收入館藏《崑曲四行曲譜》中。《故宮珍本叢刊》收入昇平署崑腔單齣一種。

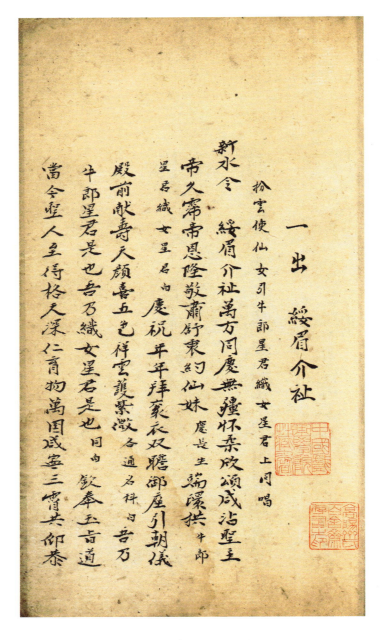

衍慶長生總本　八齣　（清）昇平署輯　清昇平署抄本

　　高 26.3 釐米，寬 17.8 釐米。半葉八行，行大小字不等，無邊框。一函一冊。毛裝。書名據封面書簽題。封套題"清晝堂藏"。齣目爲：綏眉介祉、信訛換容、詫夫受誑、誤索仙丹、信偽笞真、錯認截路、還丹息鬥、同介長生。抄功隨意，爲藝人手筆，紙質墨色均符合清中期昇平署抄本特徵。卷首末鈐"齊林玉世世子孫永寶用""高陽齊氏百舍齋存書之印""齊氏所藏戲曲小說印""中國戲曲學院藏書""如山讀過"等印。原爲齊如山百舍齋藏書，後捐中國戲曲研究院，現由中國藝術研究院圖書館收藏。《故宮珍本叢刊》收錄南府崑弋開場承應戲一種，昇平署提綱本一種。

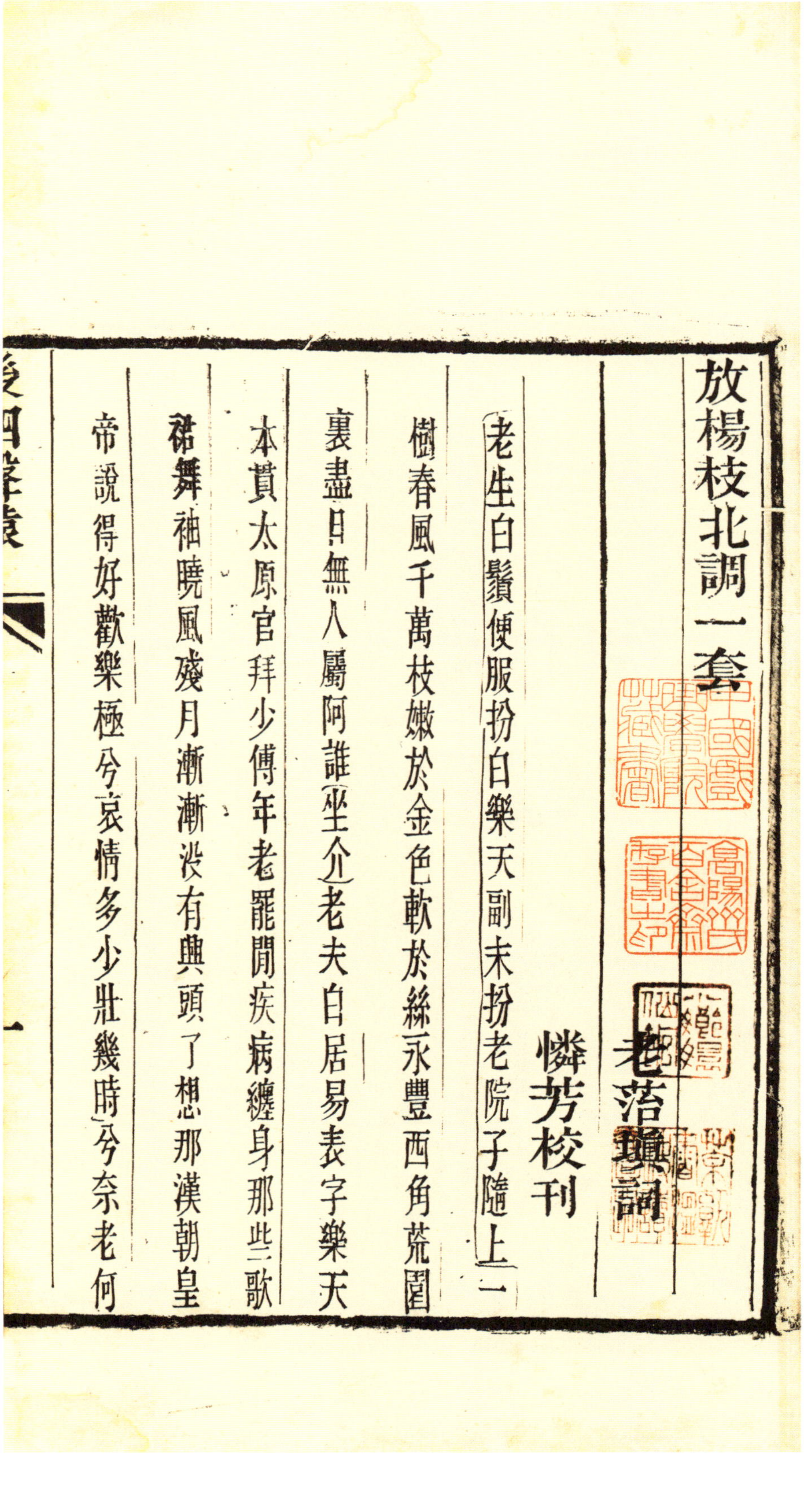

放楊枝北調一套

憐芳校刊

(老生白鬚便服扮白樂天 副末扮老院子隨上)(一)

樹春風千萬枝嫩於金色軟於絲永豐西角荒圍

裏盡日無人屬阿誰(坐介)老夫自居易表字樂天

本貫太原官拜少傅年老罷閒疾病纏身那些二歌

祇舞袖曉風殘月漸漸沒有興頭了想那漢朝皇

帝說得好歡樂極兮哀情多少壯幾時)兮奈老何

後四聲猿 （清）桂馥填詞 （清）憐芳校刊 清道光二十九年（1849）木活字本

框高 17.5 釐米，寬 13.2 釐米。半葉九行，行二十字，小字單雙行同，白口，左右雙邊，單黑魚尾。白紙本。一函一冊。封面書簽題"後四聲猿，道光己酉龍門江開題"。牌記題"道光己酉四月上浣，後四聲猿，味蕉軒聚珍板"。有道光二十九年（1849）憐芳居士的序、題詞。包括：《放楊枝北調》一套，寫白居易晚年放蓄養歌姬事；《題園壁南調》一套，寫陸游沈園重逢休妻唐氏事；《謁帥府北調》一套，寫蘇東坡拜謁權貴遭冷遇事；《投图中南調》一套，寫李賀身後詩稿棄置图中遺失事。卷首鈐"薛嬛仙館""高陽齊氏百舍齋存書之印""齊林玉世世子孫永寶用""齊氏所藏戲曲小說印""中國戲曲學院藏書""如山讀過"等印。原爲薛嬛仙館及高陽齊氏百舍齋所藏，後捐中國戲曲研究院，現由中國藝術研究院圖書館藏。

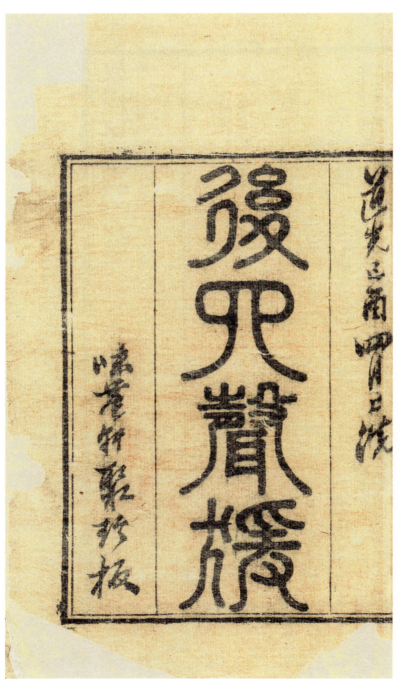

桂馥（1736—1805），字未穀，一字東卉，號雩門，別號蕭然山外史，晚號稱老苔，又號瀆井，自刻印曰"瀆井復民"。山東曲阜人。乾隆五十五年（1790）進士，官雲南永平縣知縣。書法家，文字訓詁學家。精於碑版考證，尤善隸書。他賣田築"藉書園"藏書萬卷，收藏有宋本《說文解字韻譜》、元抄本《紫雲增修禮部韻略釋疑》《雁門集》等稀見之本於"十二篆師精舍"，曾爲"閱微草堂"題寫匾額。著有《說文義證》《繆篆分韻》《晚學集》《劄樸》《續三十五舉》《再續三十五舉》等。

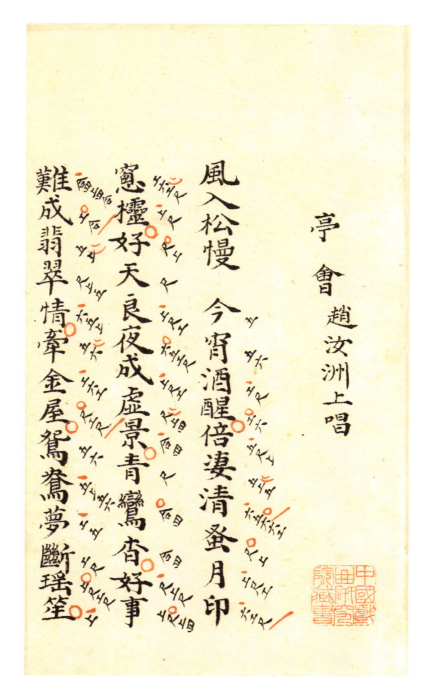

亭會總本 （清）昇平署輯　清同治光緒間昇平署朱墨抄本

高 24 釐米，寬 15.4 釐米。半葉四行，行大小字不等，無邊框。一冊。毛裝。書名據封面書簽題。有國劇陳列館書簽，題"崑曲四行安殿本，齊如山藏"。有朱筆圈點。有工尺譜。卷首末鈐"中國戲曲研究院藏書""梅蘭芳捐贈"等印。原爲高陽齊氏所藏，齊梅合作期間歸國劇陳列館，後捐中國戲曲研究院，現由中國藝術研究院圖書館收藏。收入館藏《崑曲四行曲譜》中。《故宮珍本叢刊》收入昇平署崑腔單齣一種，昇平署崑腔單齣曲譜一種。

度曲須知 兩卷附絃索辯訛兩卷附雜曲 （明）沈寵綏撰 明崇禎十二年（1639）刻清順治六年（1649）沈標遞修本

框高 20 釐米，寬 12.2 釐米。半葉八行，行二十二字，小字雙行同，白口，四周單邊。一函四册。卷前有顏俊彥序言，崇禎十二年（1639）沈寵綏自序，凡例，總目（目録末題"茂苑顧允升暘甫父、松陵張培道叔賢父較鐫"）。《絃索辯訛》卷前有崇禎十二年（1639）沈寵綏自序，順治六年（1649）沈標續序，凡例，《詞學先賢姓氏》，總目（目録末題"松陵張培道、茂苑顧允升較鐫"）。序端卷首鈐"如山讀過""中國戲曲學院藏書"等印。此書封面題"綴玉軒藏"，是齊梅合作期間齊如山搜集、梅蘭芳收藏。後捐中國戲曲研究院，現由中國藝術研究院圖書館收藏。

沈寵綏（？—1645），吳江人，字君徵，號適軒主人，別署不棹遊館。約生於明萬曆年間。家資殷富，少小聰慧，明諸生，未入仕，一生蓄養歌僮家伎，度曲爲生。其友顏俊彥在《度曲須知序》中說："君徵淵靜靈慧，於書無所不窺，於象律青鳥諸學，無所不曉，而尤醉心聲歌。"沈氏曾從鄉里前輩得沈璟所撰《南九宮十三調曲譜》，總結其於宮調聲律雖能正僞辨異，但仍未能使讀者知其所以然，遂於明崇禎初，蟄居姑蘇郊外虎丘山僧舍，專心致力於《弦索辯訛》與《度曲須知》二書。前者專爲弦索歌唱者指明應用的字音和口法。書中列舉數套曲子，逐字注音，以示規範。後者則將南北曲之源流、格調、字母、發音、歸韻諸種方法，一一辨析其故，使度曲者有規則可循。清初學者李光地盛讚他"有功於詞曲"。《弦索辯訛》與《度曲須知》係作者度曲實踐經驗之積累，至今崑劇演員常用爲唱曲之依據。他所撰另一部音韻專書《中原正韻》，未完稿，便遭兵燹，不久辭世。

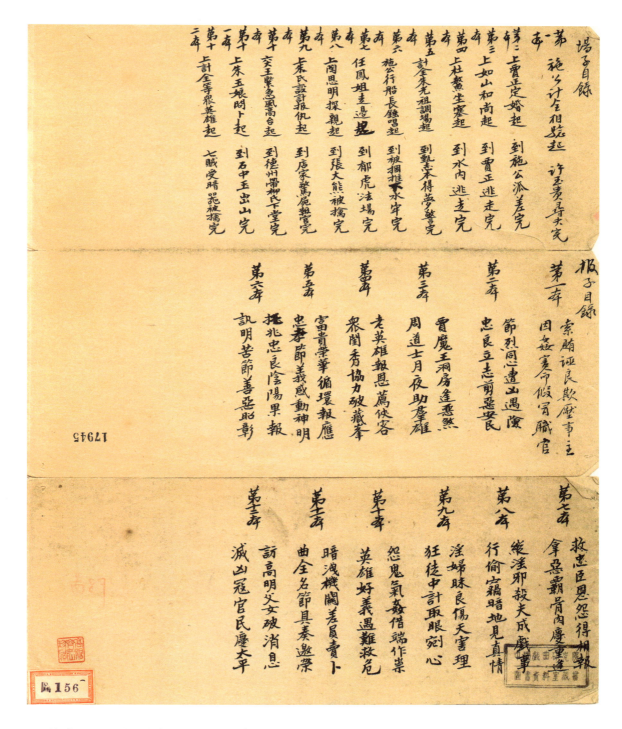

施公　十二本　（清）佚名輯　清抄本

　　全書僅一頁，高 100 釐米，寬 27.5 釐米。半葉行、字不等。書名據第一本上場“施公”二字題。有演戲提綱、各本腳色名稱、扮演演員、各場場子目錄。鈐“高陽齊如山珍藏”“梅蘭芳捐贈”“中國戲曲研究院圖書資料室藏書”等印。原爲高陽齊氏百舍齋收藏，後捐中國戲曲研究院，現由中國藝術研究院圖書館收藏。

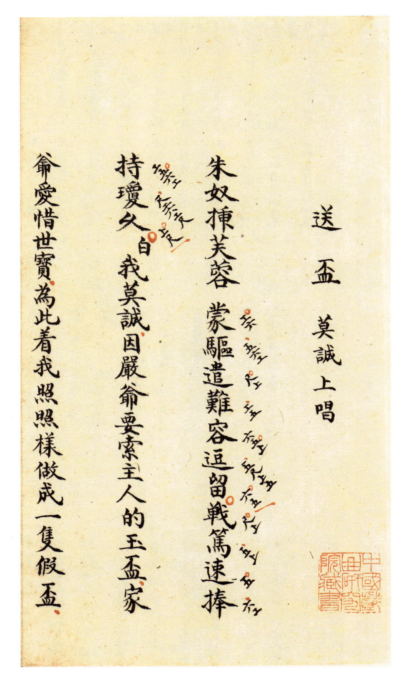

送盃總本 （清）昇平署輯　清同治光緒間昇平署朱墨抄本

高 24 釐米，寬 15.4 釐米。半葉四行，行大小字不等，無邊框。一册。毛裝。書名據封面書
簽題。有國劇陳列館書簽，題 "崑曲四行安殿本，齊如山藏"。有朱筆圈點。有工尺譜。卷首末
鈐 "中國戲曲研究院藏書" "梅蘭芳捐贈" 等印。原爲高陽齊氏所藏，齊梅合作期間歸國劇陳列
館，後捐中國戲曲研究院，現由中國藝術研究院圖書館收藏。收入館藏《崑曲四行曲譜》中。《故
宮珍本叢刊》收入昇平署崑腔單齣一種。

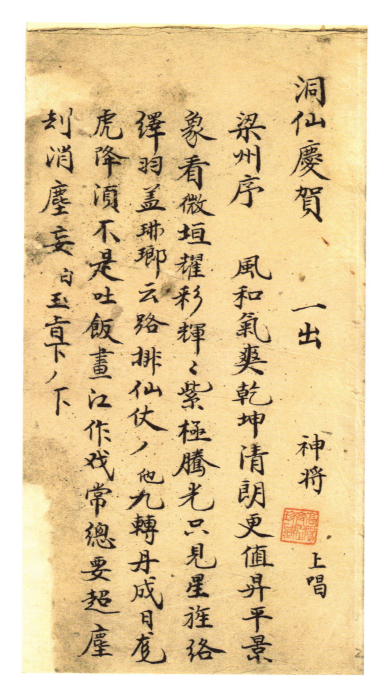

洞仙慶賀

梁州序　　一出　　神將　上唱

風和氣爽乾坤清朗更值昇平景
象看微垣權彩輝〻紫極騰光只見星旌絡
繹羽蓋琳瑯云路排仙仗〻他九轉丹成日度
虎降濵不是吐飯畫江作戲常總要超塵
刼消塵妄　白玉音下〻下

洞仙慶賀　存四齣　（清）佚名輯　清抄本

　　高 25 釐米，寬 14.5 釐米。半葉六行，行字不等，無邊框。清代戲曲各腳公用單本，選第一、四、五、八齣。卷首題"神將上，唱"。紙張老舊，年代久遠，墨色沉鬱，抄功工穩。從書品看似爲内府、昇平署承應戲所遺物件。卷首鈐"高陽齊如山珍藏"等印。原爲高陽齊氏百舍齋收藏，現由中國藝術研究院圖書館收藏。收入館藏《各腳公用大本》中。《故宮珍本叢刊》收入昇平署排場本一種。

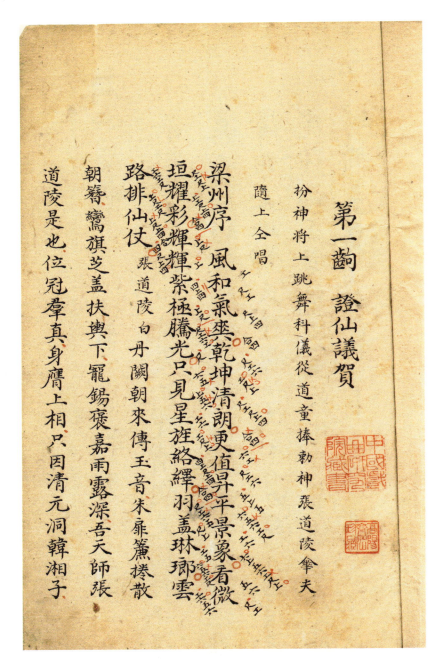

洞仙慶賀總本　八齣　（清）昇平署輯　清昇平署朱墨抄本

高 24 釐米，寬 15.4 釐米。半葉八行，行大小字二十二字，無邊框。一冊。毛裝。書名據封面書簽題。封面題"洞仙慶賀總本"。有國劇陳列館書簽，題"嘉道間安殿本，齊如山藏"。有朱墨圈點。有工尺譜。本書爲齊梅合作期間收集整理之昇平署文獻。八行本爲清中期抄本，行款整飭，裝幀規範，墨色瑩潤，抄功工穩。卷首末鈐"高陽齊如山珍藏""中國戲曲研究院藏書""梅蘭芳捐贈"等印。原爲高陽齊氏所藏，後歸國劇陳列館，後捐中國戲曲研究院，現由中國藝術研究院圖書館收藏。《故宮珍本叢刊》收入昇平署排場本一種。

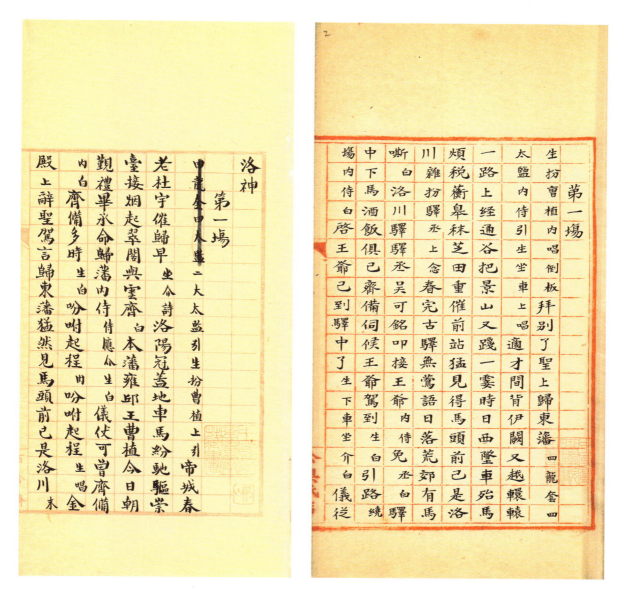

洛神 四場 齊如山改編 民國間百舍齋紅格抄稿本

框高 17.3 釐米，寬 11.3 釐米。半葉八行，行二十字，白口，四周單邊，單黑魚尾。版心題"百舍齋"。京劇劇本。齊如山改編，有刪改，是修改過的未定稿本子。封面題"齊如山"。封面卷首鈐"如山""中國戲曲學院藏書"等印。藝研院另藏一部民國間"公興紙店"紅格精抄本，應該是他的定稿本。兩者在排場、鋪陳、唱詞、科介均有較大出入，看得出齊如山先生在稿本到定本之間有較大修改增飾。

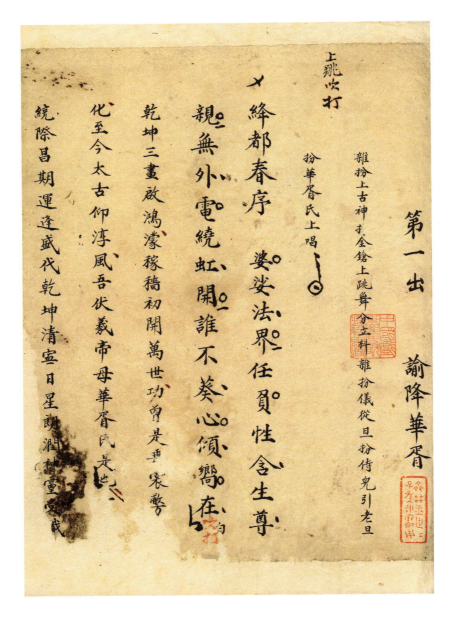

神天葉慶 八齣 （清）昇平署輯 清昇平署抄本

高 31 釐米，寬 24 釐米。半葉八行，行字不等，無邊框。一函一冊。書名據封面書簽題。封面題"鼓板"。有朱墨筆圈點刪改及符號。紙張符合南府昇平署抄本特性，抄功一般，爲藝人手筆。封套題"清畫堂藏"。卷首末鈐"齊林玉世世子孫永寶用""高陽齊氏百舍齋存書之印""齊氏所藏戲曲小說印""中國戲曲學院藏書"等印。藏本據封套著錄爲昇平署抄本，或即南府產物，待考。這部抄本與《萬國嵩呼》一種合裝一函，出自清劉兆奎之手，或爲劉氏供奉搬演之用。原爲清畫堂及齊如山百舍齋藏書，後捐中國戲曲研究院，現由中國藝術研究院圖書館收藏。《故宮珍本叢刊》收錄南府崑弋開場承應戲一種，昇平署崑弋承應大戲曲譜一種，昇平署排場本一種。

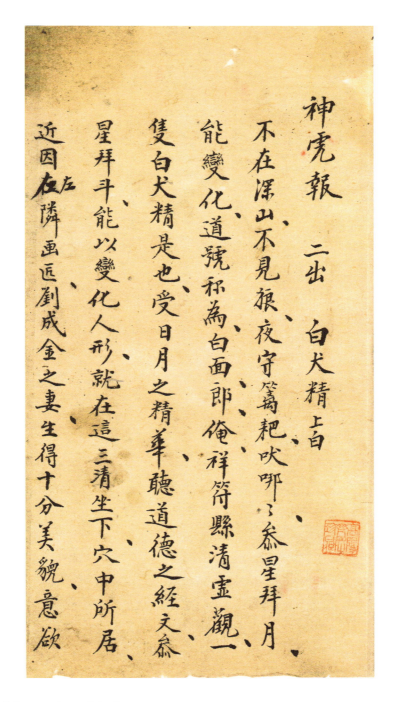

神虎報 二齣 白犬精上白

不在深山不見狠、夜守篱笆耙吠哪、恭星拜月、

能變化道號称為白面郎倪祥符縣清靈觀一

隻白犬精是也、受日月之精華聽道德之經文恭

星拜斗能以變化人形就在這三清坐下穴中所居、

近因左隣畫匠劉成金之妻生得十分美貌意欲

神虎報 （清）佚名輯 清抄本

高25釐米，寬14.5釐米。半葉六行，行十五字，無邊框。清代戲曲各腳公用單本，卷首題"白犬精上，白"。有墨筆圈點刪改。紙張老舊，年代久遠，墨色沉鬱，抄功工穩。從書品看似為內府、昇平署承應戲所遺物件。卷首鈐"高陽齊如山珍藏"。原為高陽齊氏百舍齋收藏，現由中國藝術研究院圖書館收藏。收入館藏《各腳公用大本》中。《故宮珍本叢刊》收入昇平署崑弋壽戲一種，昇平署崑弋本戲曲譜一種，昇平署提綱本一種。

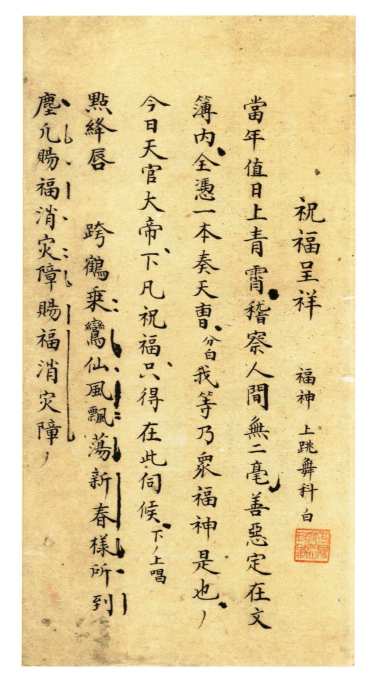

祝福呈祥 （清）佚名輯　清抄本

　　高25釐米，寬14.5釐米。半葉六行，行字不等，無邊框。清代戲曲各腳公用單本，卷首題"福神，上跳舞科，白"。有墨筆圈點刪改。紙張老舊，年代久遠，墨色沉鬱，抄功工穩。從書品看似爲內府、昇平署承應戲所遺物件。卷首鈐"高陽齊如山珍藏"印。原爲高陽齊氏百舍齋收藏，現由中國藝術研究院圖書館收藏。收入館藏《各腳公用大本》中。《故宮珍本叢刊》收入昇平署崑弋開場承應戲一種。

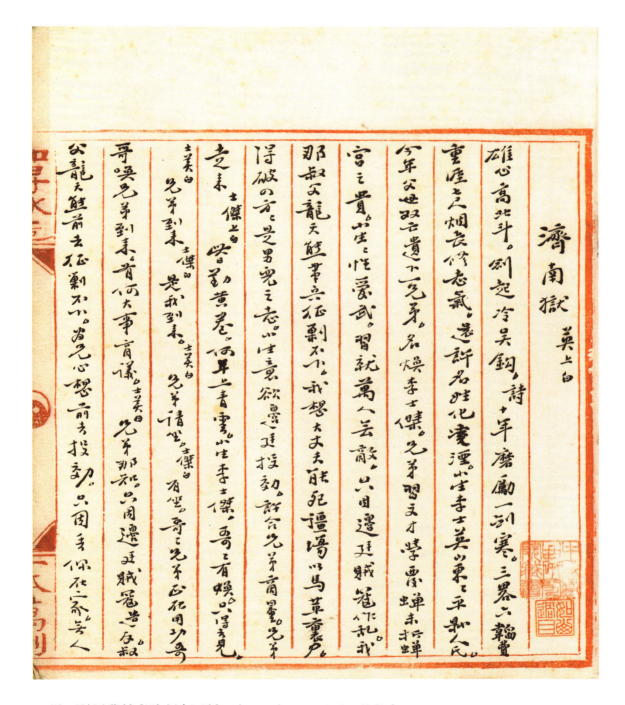

陝西牖民學社秦腔劇本四種 齊如山輯 民國間紅格抄本

　　框高 20.5 釐米，寬 20.5 釐米。半葉十至十一行，行字不等，白口，四周雙邊，雙對黑魚尾。版心題"和昇永造，一本萬利"，紅格帳頁。一函四冊。封面題"陝西牖民學社，中華民國二十□□□□"。包括"濟南獄""清素庵全本""十王廟全集"（又名如意簪）"玉燕釵全集"。卷首鈐"如山過目""中國戲曲研究院藏書"等印。此書原爲齊如山先生所藏，後歸中國戲曲研究院，現由中國藝術研究院圖書館收藏。

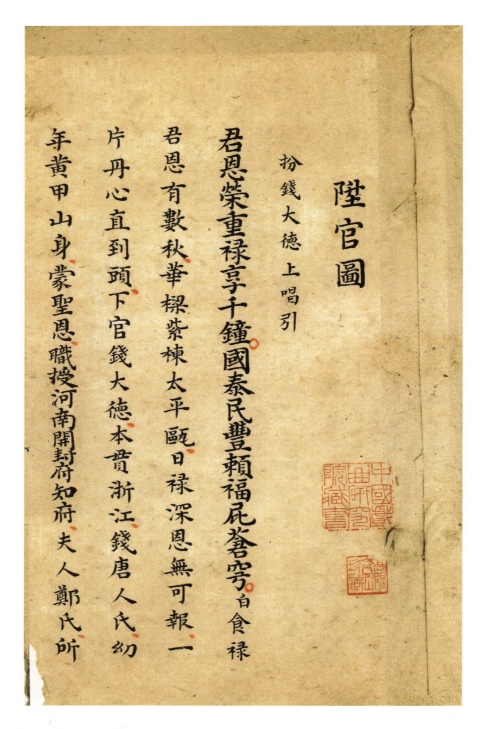

陞官圖 （清）昇平署輯　清昇平署抄本

　　高 22.5 釐米，寬 13 釐米。半葉六行，行字不等，無板框。一冊。毛裝。有朱筆圈點。原有
國劇陳列館書籤，缺。老徽調二黃本。卷首末鈐"高陽齊如山珍藏""中國戲曲研究院藏書""梅
蘭芳捐贈"等印。原爲高陽齊如山藏書，後歸國劇陳列館，再由中國戲曲研究院收藏，最終由
中國藝術研究院圖書館收藏。收入館藏《老二黃劇本集》中。

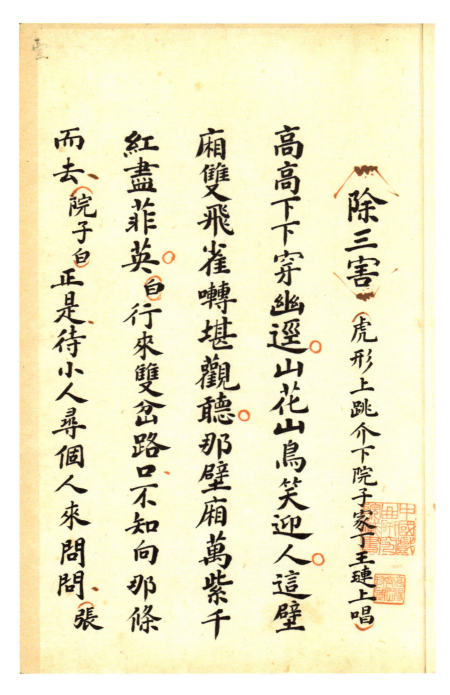

除三害總本 （清）佚名輯　清內府硃墨抄本

　　高 27.3 釐米，寬 18.8 釐米。半葉五行，行大小字不等，無板框。毛裝。有朱筆圈點。書名據封面書籤題。有國劇陳列館書籤，題"本家五行皮黃存庫本，齊如山藏，除三害總本，NO.49-5-1."。收入館藏《內學五行皮黃存庫本》中。卷首末鈐"高陽齊如山珍藏""中國戲曲研究院藏書""梅蘭芳捐贈"等印。原爲高陽齊氏百舍齋藏書，後歸國劇陳列館，後捐中國戲曲研究院，現由中國藝術研究院圖書館收藏。《故宮珍本叢刊》收入昇平署亂彈單齣一種。

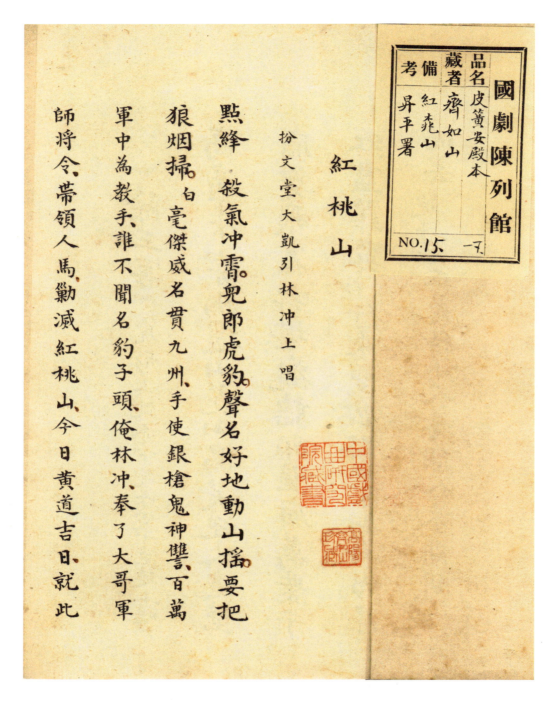

紅桃山 （清）昇平署輯　清昇平署抄本

　　高 22 釐米，寬 13 釐米。半葉六行，行二十字，小字同，無板框。一函一册。毛裝。封面題 "紅桃山總本"。有朱筆圈點。有國劇陳列館書籤，題 "皮黃安殿本，齊如山藏，昇平署，NO.15-7."。封面黃色封皮紅色書籤。卷首末鈐 "高陽齊如山珍藏" "中國戲曲研究院藏書" "梅蘭芳捐贈" 等印。原爲高陽齊氏百舍齋藏書，後捐國劇陳列館，後捐中國戲曲研究院，現由中國藝術研究院圖書館收藏。《故宮珍本叢刊》收入昇平署亂彈單齣一種，提綱本一種。

紅雪樓九種曲 （清）蔣士銓撰　清乾隆間刻本

框高 16.7 釐米，寬 13.8 釐米。半葉九行，行二十二字，小字同，白口，四周單邊，單黑魚尾。眉批兩行五字。一函十册。書名據封套書籤題，封套題籤"紅雪樓九種曲"。封面題"紅雪樓九種填詞"。封面序端卷首卷末鈐"高陽齊氏百舍齋存書之印""齊林玉世世子孫永寶用""齊氏所藏戲曲小說""中國戲曲學院藏書"等印。原爲高陽齊氏百舍齋藏，後捐中國戲曲研究院，現由中國藝術研究院圖書館收藏。

第一種：香祖樓（一名《轉情關》） 兩卷三十二齣 （清）藏園居士填詞　兩峰外史評文　種木山人訂譜

書名葉題"史院填詞，清容外集，香祖樓，紅雪樓藏板"。有乾隆三十九年（1774）種木居士陳守詒後序、羅聘《論文一則》、題詞、乾隆三十九年（1774）藏園居士自序、目錄。

第二種：臨川夢　兩卷二十齣 （清）蔣士銓填詞　明新正譜　錢世錫評校

書名葉題"史院填詞，清容外集，臨川夢，紅雪樓藏板"。有乾隆三十九年（1774）蔣士銓自序、玉茗堂先生傳、湯顯祖《論輔臣科臣疏》、目錄。

第三種：空谷香傳奇　兩卷三十齣 （清）蔣士銓填詞　高東井題評

書名葉題"史院填詞，清容外集，空谷香，紅雪樓藏板"。有蔣士銓自序、乾隆三十六年（1771）張三禮序言、題詞、目錄。

第四種：一片石　四齣 （清）王興吾評定　蔣士銓填詞　吳承緒正譜

書名葉題"史院填詞，清容外集，一片石，紅雪樓藏板"。有蔣士銓自序、題詞、圖志、目錄。

第五種：第二碑（又名《後一片石》） 六齣 （清）藏園居士填詞　見亭外史正譜　蒼厓老人評校

書名葉題"史院填詞，清容外集，第二碑，紅雪樓藏板"。有乾隆四十一年（1776）王均榘序言、阮龍光序言、蔣士銓自序、題詞、目錄。

第六種：四絃秋（一名《青衫淚》） 四齣 （清）清容主人填詞　鶴亭居士正拍　夢樓居士題評

書名葉題"清容外集，四絃秋，紅雪樓藏板"。有乾隆三十八年（1773）張景宗序言、秋聲館主人江春識、蔣士銓自序、詩餘；題詞；目錄。

第七種：桂林霜　兩卷二十四齣 （清）蔣士銓填詞　張三禮評文　楊迎鶴正譜

書名葉題"史院填詞，清容外集，桂林霜，紅雪樓藏板"。有乾隆三十六年（1771）張三禮序；乾隆三十六年（1771）蔣士銓自序、馬文毅公傳、題詞、目錄。

第八種：雪中人　十六齣 （清）蔣士銓填詞　李士珠正譜　錢世錫評點

書名葉題"史院填詞，清容外集，雪中人，紅雪樓藏板"。有清容居士《雪中人填詞自序》、鐵丐傳、目錄。

第九種：冬青樹　兩卷三十八齣　（清）蔣士銓填詞

書名葉題"史院填詞，清容外集，冬青樹，紅雪樓藏板"。有乾隆四十六年（1781）張塤序、乾隆四十六年（1781）自序、目錄。

蔣士銓（1725—1784），字心餘、苕生，號藏園，又號清容居士，晚號定甫，鉛山（今江西）人。乾隆二十二年（1757）進士，官翰林院編修，乾隆二十九年（1764）主講蕺山書院、崇文書院、安定書院，與袁枚、趙翼合稱"江右三大家"，乾隆譽之為"江右名士"。所著《忠雅堂詩集》存詩二千五百六十九首，平生散佚詩文頗多，創作戲曲三十九種。《紅雪樓九種曲》又稱《藏園九種曲》。

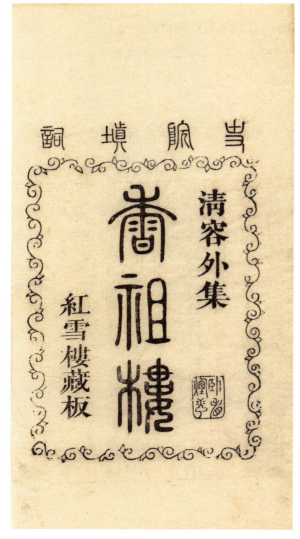
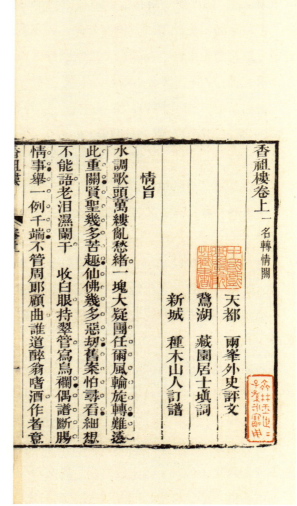

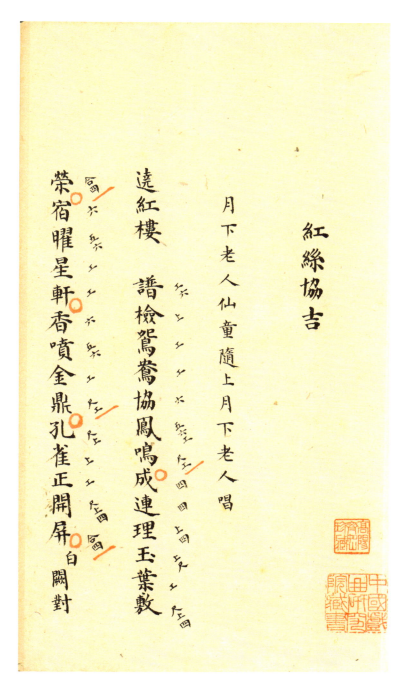

紅絲協吉·璧月呈祥總本 （清）昇平署輯　清昇平署朱墨抄本

高24釐米，寬15.4釐米。半葉四行，行大小字二十字，無邊框。一冊。毛裝。書名據封面書籤題。有國劇陳列館書籤，題"同光時代安殿本，齊如山藏"。有朱筆圈點。有工尺譜。卷首末鈐"高陽齊如山珍藏""中國戲曲研究院藏書""梅蘭芳捐贈"等印。原爲高陽齊氏所藏，齊梅合作期間歸國劇陳列館，後捐中國戲曲研究院，現由中國藝術研究院圖書館收藏。此劇有六行抄本，與四行本同一時期。《故宮珍本叢刊》收入昇平署崑弋承應宴戲一種。

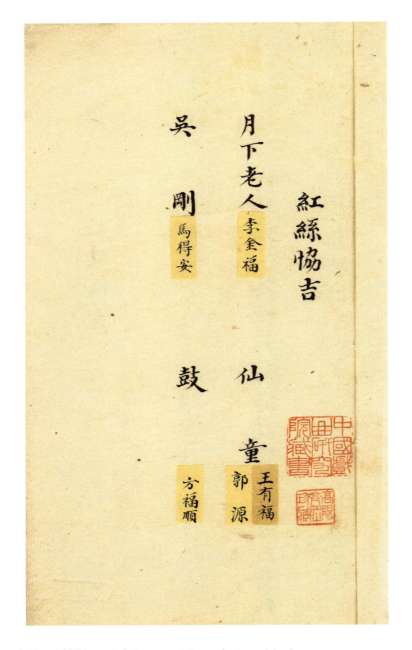

紅絲協吉·璧月呈祥提綱 （清）昇平署輯　清昇平署抄本

　　高 21.4 釐米，寬 12.5 釐米。半葉四行，行字不等，無邊框。一冊。毛裝。書名據封面書籤。承應戲安殿提綱本。有國劇陳列館籤，題"承應戲安殿提綱，齊如山藏"。黃紙粘貼演員姓名籤以備該腳色飾演演員之更換。至有多人姓名重疊一處者。卷首末鈐"高陽齊如山珍藏""中國戲曲研究院藏書""梅蘭芳捐贈"等印。原爲高陽齊氏所藏，齊梅合作期間歸國劇陳列館，後捐中國戲曲研究院，現爲中國藝術研究院圖書館藏書。收入館藏《承應戲安殿提綱》函中。此劇昇平署承應戲有六行本。大致與四行本同時期。《故宮珍本叢刊》收入昇平署崑弋承應宴戲一種。

紅樓夢 一百二十回 （清）曹雪芹撰 清乾隆五十六年（1791）萃文書屋木活字本

框高 17.3 釐米，寬 11.9 釐米。半葉十行，行二十四字，白口，四周雙邊，單黑魚尾。四函二十四冊。一百二十回卷末題"萃文書屋藏板"。卷前有清乾隆五十六年（1791）高鶚敍言一篇，有插圖二十四葉一圖一詠，有目録十三葉。該書的收藏單位有北京大學圖書館、社科院圖書館、原蘇聯列寧格勒民族研究所和中國藝術研究院圖書館（原中國戲曲研究院圖書館）。此書即程偉元、高鶚補寫後四十回本，胡適稱爲"程甲本"的《紅樓夢》，也是"程甲本"的最早一個本子。一直到民國間的各種《紅樓夢》版本均以此爲底本。中國藝術研究院圖書館這部活字本第二十七回第七葉上方有朱印兩方，爲"東廠扇料""萬茂魁記"，紅學家胡文斌先生據此考爲京都刻本，亦即萃文書屋。在北京，朱印是紙張供應商的鈐記。藏本封面序端、目録端、卷端、卷末鈐"高陽齊氏百舍齋存書之印""齊林玉世世子孫永寶用""齊氏所藏戲曲小說印""中國戲曲學院藏書""齊如山"等印。原爲高陽齊如山百舍齋藏書，後歸中國戲曲研究院，最終由中國藝術研究院圖書館收藏。

紅樓夢散套 十六折 （清）吳鎬填詞 （清）黃兆魁訂譜 清光緒八年（1882）蟾波閣刻本

框高 17.5 釐米，寬 12.8 釐米。半葉八行，行十九字，小字同，白口，左右雙邊。一函六冊。版心下方題 "蟾波閣"。封套題 "紅樓夢散套，如山藏"。卷前有光緒元年（1875）聽濤居士序、荊石山民《自題紅樓夢散套》、璞山老人題詞、目錄（目錄卷末題 "太倉張浩三鐫"）。每折前有插圖兩幅。每折分兩部分，前半部爲吳鎬填詞，後半部爲黃兆魁訂譜。此藏本爲白紙本。卷首鈐 "中國戲曲學院藏書" 印，未鈐高陽齊如山藏印。原爲高陽齊氏收藏，後捐中國戲曲研究院，現爲中國藝術研究院圖書館藏書。館藏另一部副本，鈐章遍佈，確爲百舍齋藏書。此書有清光緒間初印及清末重印本之分，從卷端 "填詞" 的 "填" 字上，可以看出區別，圖版尺寸大小清晰度也有區別。原書前有書名葉 "荊石山民填詞，繡像紅樓夢散套，曲譜附，蟾波閣刊本"。書名葉背後有懺摩居士題詞。

吳鎬，生卒年不詳，字荊石，號荊石山民。清代戲曲作家，江蘇太倉人，監生。父稬擢至京口遊擊，鎬獨喜文墨，不習制帖，專攻詩文，騷經選學，靡不殫究，文筆古雅，爲彭兆蓀所賞。家道中落，嗜酒病卒。著有《荊石山房詩文集》《紅樓夢散套》十六折。《紅樓夢散套》用於崑曲清唱，備受吳梅推崇，認爲遠勝仲振奎、陳鍾麟的《紅樓夢傳奇》。聽濤居士序言稱 "今此制，選詞造語，悉從清遠道人《四夢》打勘出來，益復諧音協律，窈眇鏗鏘，故得案頭俊俏，場上當行，兼而有之"。

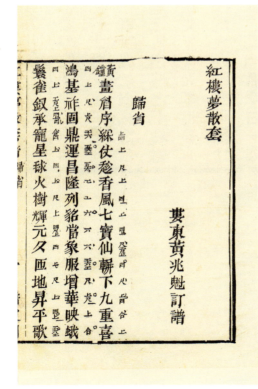
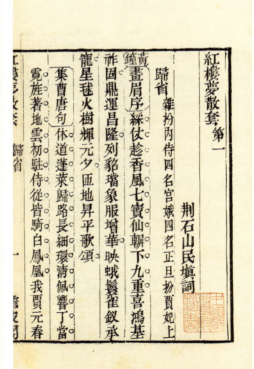

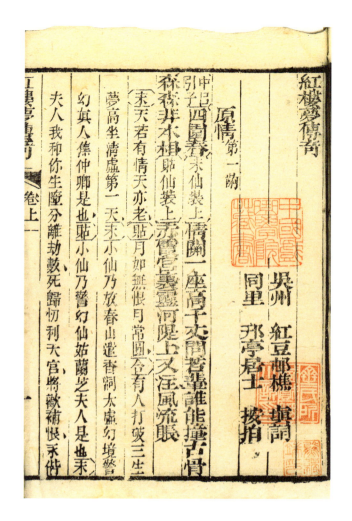

紅樓夢傳奇 二卷五十六齣 （清）仲雲澗填詞 （清）邗江居士按拍 清嘉慶四年（1799）
刻本

框高 14 釐米，寬 10 釐米。半葉十行，行二十四字，小字單行同，白口，左右雙邊，單黑魚
尾。一函五冊。卷前有乾隆五十六年（1791）韓藻序言、凡例，插圖兩幅，一圖一詠，有目錄、
題詞。封面目錄卷首末鈐"熊緒端印""高陽齊氏百舍齋存書之印""齊氏所藏戲曲小說印""中
國戲曲學院藏書""如山過目"等印。原爲熊緒端及高陽齊氏百舍齋藏書，後捐中國戲曲研究院，
現由中國藝術研究院圖書館收藏。封套書簽爲齊如山墨跡。熊緒端（1890—1961），河南光山人，
字伯履，近代法學家。

仲雲澗（1749—? ），江蘇泰州人。據《道光泰州志》載，"仲振奎，字春龍，號雲澗"，別
號紅豆邨樵、花史氏（插圖題詠落款爲"花史氏"，又題"羅浮山人"，或爲另一別號）。他"工
詩，法少陵，爲文精深浩瀚，出入三蘇，平生著作無體不有，而稿多散佚"。他是兼採《紅樓夢》
小說及《紅樓續夢》改編爲戲曲，並成功搬上舞臺的第一人。乾隆五十七年（1792）秋，便譜
寫成崑曲折子戲《葬花》一折，嘉慶三年（1798）改編成五十六齣《紅樓夢傳奇》。

紅樓夢傳奇　八卷八十齣　（清）陳鍾麟填詞　清道光十五年（1835）刻本

框高 19.5 釐米，寬 13 釐米。半葉九行，行十九字，小字同，黑口，左右雙邊。一函八冊。牌記題"紅樓夢傳奇，元和陳厚甫填詞，道光乙未夏汪驤卿題"。卷前有《紅樓夢集古題詞》、目錄。卷末題"粵東省城西湖街汗青齋承刊"。封套及掛籤爲齊如山墨跡。封面卷首末鈐"高陽齊氏百舍齋存書之印""齊林玉世世子孫永寶用""齊氏所藏戲曲小說印""齊如山""中國戲曲學院藏書"等印。原爲高陽齊氏百舍齋收藏，後捐中國戲曲研究院，現爲中國藝術研究院圖書館藏書。

陳鍾麟（1763—1840），字肇嘉，號厚甫，蘇州人，一說仁和（今杭州）人。清嘉慶四年（1799）進士，散館改兵部主事，又改戶部，嘉慶九年（1804）充順天同考官，官至浙江杭嘉湖道。博通經史，尤工時文。所撰傳奇《紅樓夢》，依據小說改編。另有《聽雨軒集》。

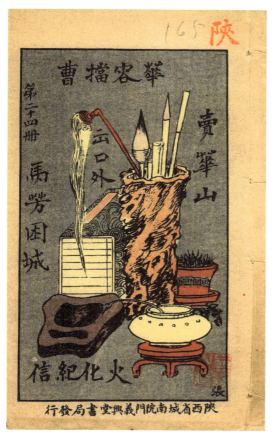

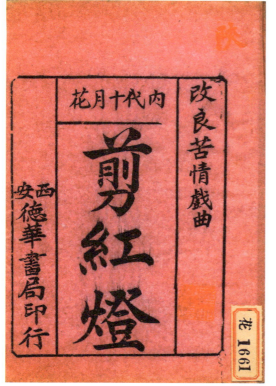

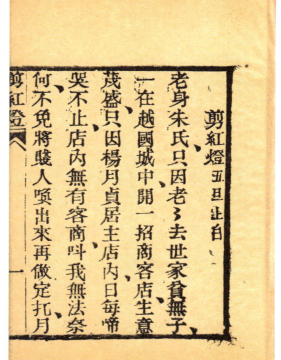

秦腔劇本三集　齊如山輯　民國間陝西西安城南院門義興堂書局石印本暨民國十九年
（1930）西安德華書局刻本

　　框高 14 釐米，寬 9 釐米。半葉十五行，行字不等，白口，四周單邊。三函一百三十二册。
封面彩圖，題“陝西省城南院門義興堂書局發行”。並題劇名。鈐“齊如山藏”印。每册卷首
前有插圖。卷首鈐“中國戲曲研究院藏書”印。書名據原著録編目題。原爲齊如山先生收藏，
1956 年歸中國戲曲研究院，現由中國藝術研究院圖書館收藏。

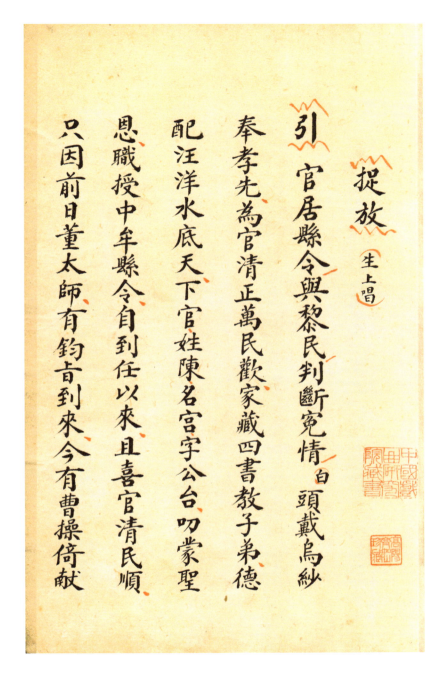

捉放總講　（清）佚名輯　清內府朱墨抄本

　　高 26.5 釐米，寬 19 釐米。半葉六行，行十八字，小字不等，無板框。毛裝。有朱筆圈點。書名據封面書籤題。有國劇陳列館書籤，題"本家六行皮黃二黃存庫本，齊如山藏，捉放總講，NO.47-5-1."。收入館藏《內學六行皮黃存庫本》中。卷首末鈐"高陽齊如山珍藏""中國戲曲研究院藏書""梅蘭芳捐贈"等印。原爲高陽齊氏百舍齋藏書，後歸國劇陳列館，後捐中國戲曲研究院，現由中國藝術研究院圖書館收藏。《故宮珍本叢刊》收入昇平署亂彈單齣一種。昇平署提綱本一種。

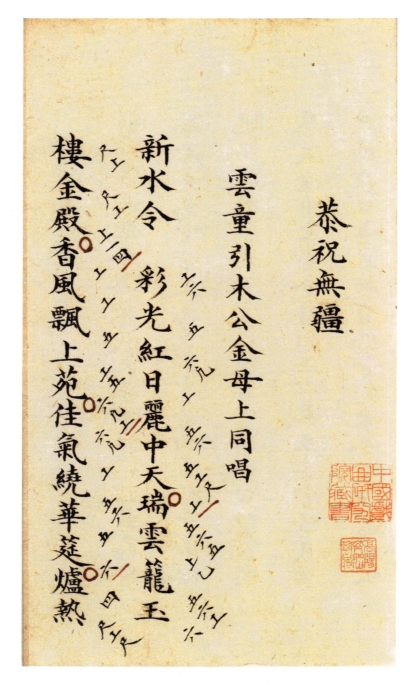

恭祝無疆總本 （清）昇平署輯　清光緒間昇平署朱墨抄本

　　高 24 釐米，寬 15.4 釐米。半葉四行，行大小字不等，無邊框。一冊。毛裝。書名據封面書簽題。有國劇陳列館書簽，題"光緒時代安殿本，齊如山藏"。有朱筆圈點。有工尺譜。卷首末鈐"高陽齊如山珍藏""中國戲曲研究院藏書""梅蘭芳捐贈"等印。原爲高陽齊氏所藏，齊梅合作期間歸國劇陳列館，後捐中國戲曲研究院，現由中國藝術研究院圖書館收藏。收入館藏《光緒朝昇平署曲譜》中。《故宮珍本叢刊》收入昇平署崑弋開場承應戲一種。

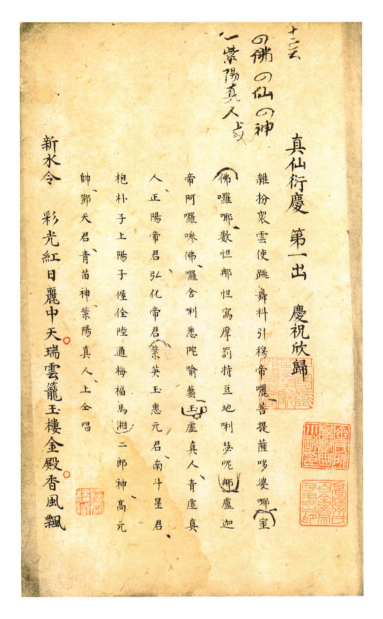

真仙衍慶 十齣 （清）昇平署輯 清昇平署抄本

　　高 26.2 釐米，寬 18 釐米。半葉八行，行二十一字，小字同，無邊框。一函一册。毛裝。書名據封面書簽題。封面鈐"舊大班"。有墨筆刪改及朱筆圈點。封套題"清書堂藏"。齣目爲：慶祝欣歸、心思成道、孔雀幻形、巧媾良緣、紫陽訪跡、幻形相爭、肅慎遇仙、問祝訴因、蠻夷助戰、準提收島。行款規整，字體統一，抄功工穩，紙質墨色均符合清中期昇平署抄本特徵。卷首末鈐"望緑蔭齋""曙雯樓藏""因百所有""鄭騫""春雨樓頭所讀""慕歌家世""鄭""騫""齊林玉世世子孫永寶用""高陽齊氏百舍齋存書之印""齊氏所藏戲曲小說印""中國戲曲學院藏書""如山讀過"等印。原爲鄭騫望緑蔭齋及齊如山百舍齋藏書，後捐中國戲曲研究院，現爲中國藝術研究院圖書館藏書。

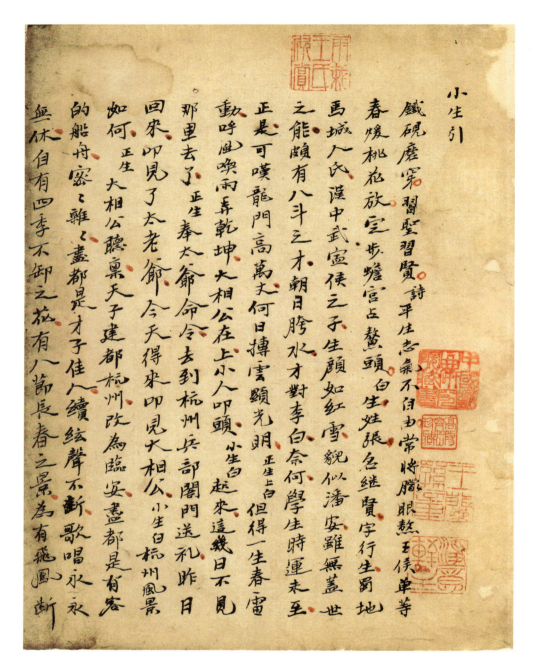

梆子送銀燈 （清）王蘭蓀輯　清朱墨精抄本

　　高 28 釐米，寬 20.5 釐米。半葉十二行，行字不等，無邊框。有裝裱。書名據封面書簽題，封面朱筆題"梆子送銀燈"。卷端鈐"靜意軒主""王蘭蓀章""雨栽王氏所賞""高陽齊如山珍藏""中國戲曲研究院藏書"等印。此書紙質老舊，抄功工穩。原爲王蘭蓀收藏，後歸高陽齊氏所藏，後捐中國戲曲研究院，現爲中國藝術研究院圖書館藏書。清代有王蘭蓀者兩人，一字九如，吳縣（今江蘇蘇州）人，常熟吳嵊之妻。善鼓琴，工詩畫，《西泠閨詠》載。一字慧珠，華亭（今上海松江）人，適諸生程班。工製貼絨花卉，爲世所稱，《骨董瑣記》載。

桂劇一集　齊如山輯　民國間桂林坊刻本

高 15 釐米，寬 10 釐米。各冊半葉九至十一行，行字不等，白口，四周單邊，單黑魚尾。各冊板框不同。兩函六十二冊。這批桂林坊刻本是徐悲鴻先生贈予齊如山先生收藏的，是徐悲鴻客居桂林時所得，徐悲鴻上世紀三十年代中期曾於廣西桂林創作。封底齊如山墨跡題 "徐悲鴻先生贈" "廣西"。封底有 "1956 年 9 月 22 日"，是齊如山先生捐贈中國戲曲研究院收藏的時間。封面鈐 "齊如山藏" 印，卷端鈐 "中國戲曲研究院藏書" 印。有幾種坊刻本堂號，"本堂新刻各樣戲文與名班俱同貴客光顧請認桂林省布政司西轅門□□堂便是" "桂林省城西華門大街沈榮記" "桂林省城西華門大街楊占元堂發兌" "桂林省城西華門楊文茂堂" "桂林西華門承印" "桂林鼓樓街楊大元" "占元堂" "本堂新刻各朝戲文引白唱調過場排子與名班一樣店在桂林省審司大街壽富門內光顧者請認招牌便是" 等書坊名號。書坊均稱 "桂林" 爲 "省"，清朝設桂林府，民國元年（1912）設廣西省並遷南寧，改臨桂縣爲桂林縣。民國二十五年（1936）廣西省制遷回桂林，民國二十九年（1940）桂林直屬廣西省政府，改桂林縣爲臨桂縣，即今桂林市區。民國三十一年（1942）設直屬行政區，民國三十八年（1949）廣西省遷回南寧。所以這批坊刻本應該是上世紀三十年代中期的產物。

劇名列於下：賈氏扇墳三折、反昭關六折、文昭關、武昭關三折、武昭關雙折、陰五雷全本五折、王英下山、拿曹放曹、轅門射戟三折、北門樓斬呂布、三送徐庶、打鼓罵曹四折、黃河樓飲宴五折、三氣

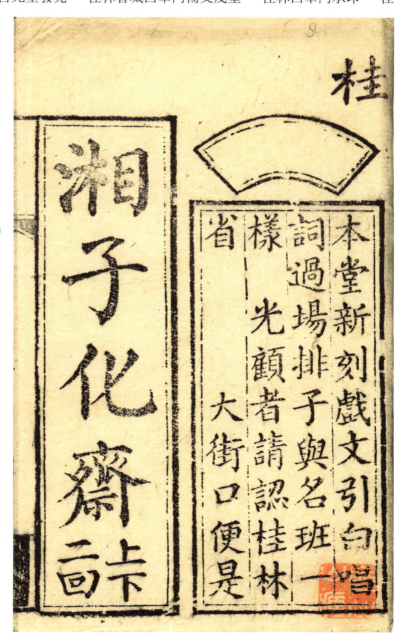

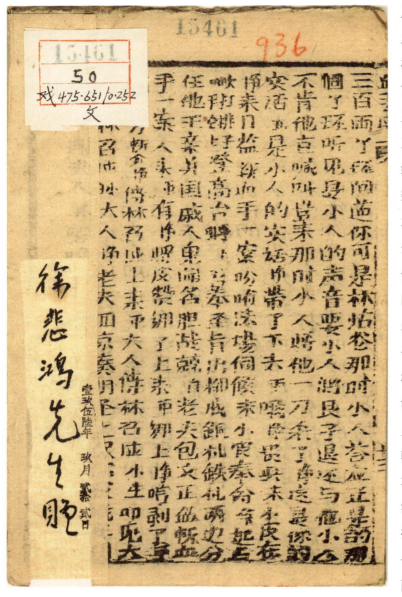

周瑜八折、取定軍山四折、取成都八折、張松獻圖四折、張松獻圖一回、孔明拜斗三折、南陽關三折、斬雄信三本、秦王弔孝五折、臨潼山李淵勸兵五折、宮門掛帶四折、盜女媧鏡、平貴別窰、仁貴回窰三折、梨花斬子、梨花斬子雙折、金水橋銀屏綁子、金水橋女綁子全本八折、郭子儀上壽、郭子儀上壽雙折、劉高搶親、五花陣柴紹成親、大下南塘十三折、殺四門三折、高旺正表、取高平關、取高平關三折、楊滾教槍五折、楊滾教槍五折、大下河東十四折、斬黃袍五折、二皇登殿四折、二王登殿四折、轅門斬子六折、孟良頒兵上下本、五郎出家、血手印六折、湘子化齋上下本、獨占花魁七折、大鬧嚴府六折、徐楊三奏七折、王金龍進院五折、春秋配撿蘆柴全部四折、春娥教子三折、桃花莊風七折、考火下山四折、斷橋會雙折、士林祭塔、合銀牌三回。

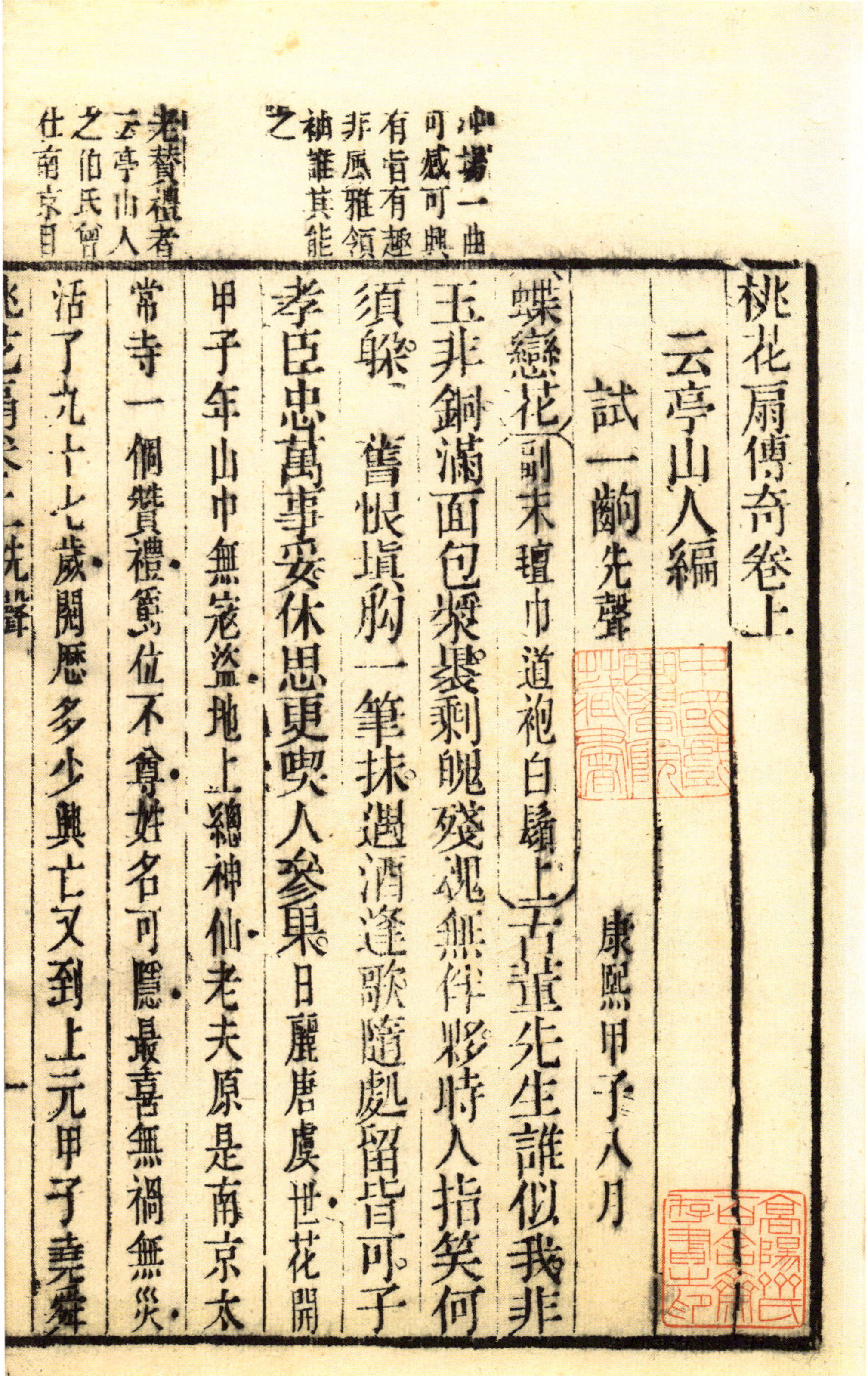

桃花扇傳奇卷上

云亭山人編

試一齣先聲　　康熙甲子八月

蝶戀花（副末瑝巾道袍白鬚上）丑號先生誰似我非

玉非銅滿面包漿裹剝殘魂無伴彩牯人指笑何

須躲　舊恨塡胸一筆抹遇酒逢歌隨處留皆可子

孝臣忠萬事安休思更喫人參棗日麗唐虞世花開

甲子年山中無甕盜地上總神仙老夫原是南京太

常寺一個贊禮篤位不貪姓名可隱最喜無禍無災

活了九十七歲開應多少興亡又到上元甲子堯舜

沖場一曲
可藏可興
有旨有趣
非風雅領
袖誰其能
之

老贊禮者
云亭山人
之伯氏曾
仕南京曰

桃花扇傳奇卷上·試一齣先聲

桃花扇傳奇　二卷四十齣　（清）孔尚任編　清康熙間刻本

框高 16.5 釐米，寬 12 釐米。半葉十行，行二十字，小字同，白口，四周單邊。一函六册。有眉批雙行四字。白紙本。書名葉題“桃花扇傳奇”。卷前有夢鶴居士序、凡例、康熙三十八年（1699）雲亭山人小引、題詞、侯方域《李姬傳》、目録。卷末有北平吳穆鏡庵氏後序、《砌抹》（題“雲亭山人漫録”）《考據》（“雲亭山人漫録”）《本末》（“雲亭山人漫録”）。有黃元治、劉中柱、李柟、陳四如、劉凡、葉藩跋語、康熙四十七年（1708）雲亭山人小識。封套書簽及掛簽爲齊如山墨跡。封面卷首末鈐“高陽齊氏百舍齋存書之印”“齊林玉世世子孫永寶用”“齊氏所藏戲曲小說印”“齊如山”“中國戲曲學院藏書”等印。原爲高陽齊氏百舍齋收藏，後捐中國戲曲研究院，現爲中國藝術研究院藏書。

《桃花扇傳奇》各齣卷端下方標注年代：試一齣“康熙甲子八月（二十三年，1684）”，第一齣“崇禎癸未二月（十六年，1643）”，一直到第十二齣均爲癸未年。第十三齣“甲申三月（崇禎十七年，1644），至上卷二十齣均爲崇禎甲申年（1644）。下卷加二十一齣“康熙甲子八月（康熙二十三年，1684）”，下卷第二十一齣仍爲甲申年（崇禎甲申，1644），至第二十三齣爲崇禎甲申（1644）。第二十四齣爲乙酉（乾隆四十四年，1705），至四十齣均爲乙酉年（乾隆四十四年 1705）。續四十齣“餘韻”爲“戊子九月”（乾隆四十七年，1708）。

孔尚任（1648—1718），清戲曲作家、詩人，字聘之，又字季重，號東塘、岸堂，又號雲亭山人。山東曲阜人，爲孔子六十四代孫。康熙第一次南巡時，應詔講經，頗受賞識。曾任國子監博士，戶部員外郎。康熙三十三年（1694），與顧彩合作完成了他的第一部傳奇《小忽雷》。這個劇本是孔尚任在創作《桃花扇》之前的探索，它爲《桃花扇》的創作提供了藝術經驗。經過十幾年的苦心經營，並前後三易其稿，於康熙三十八年（1699）六月，完成了傳奇名著《桃花扇》。《桃花扇》標志著湯顯祖以後，中國戲曲文學發展到了一個新的高峰。他與洪昇齊名，稱“南洪北孔”，成了清代最享盛名的戲曲作家。孔尚任著作中《宮詞》《魯諺》《律呂管見》《介安堂集》《岸堂文集》《綽約詞》《節序同風録》《祖庭新記》等，皆未見傳本，部分存世的有《岸堂詩集》。存世詩文作品有《石門山集》《湖海集》《長留集》《享金簿》《人瑞録》等，近人匯爲《孔尚任詩文集》。戲劇作品皆存，《桃花扇》有康熙刻本、蘭雪堂本、西園本、暖紅室本、梁啓超注本。有人民文學出版社王季思、蘇寰中合注本，可以參考。

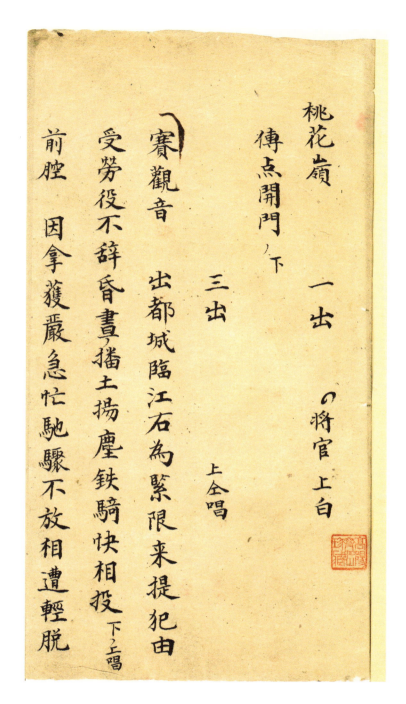

桃花嶺　存三齣　（清）佚名輯　清抄本

　　高 25 釐米，寬 14.5 釐米。半葉六行，行字不等，無邊框。清代戲曲各腳公用單本，有朱墨筆圈點刪改。紙張老舊，年代久遠，墨色沉鬱，抄功工穩。從書品看似爲內府、昇平署承應戲所遺物件。卷首鈐“高陽齊如山珍藏”印。原爲高陽齊氏百舍齋收藏，現由中國藝術研究院圖書館收藏。收入館藏《各腳公用大本》中。《故宮珍本叢刊》收入崑腔單齣本一種，昇平署崑腔單齣曲譜一種，昇平署串頭本一種。

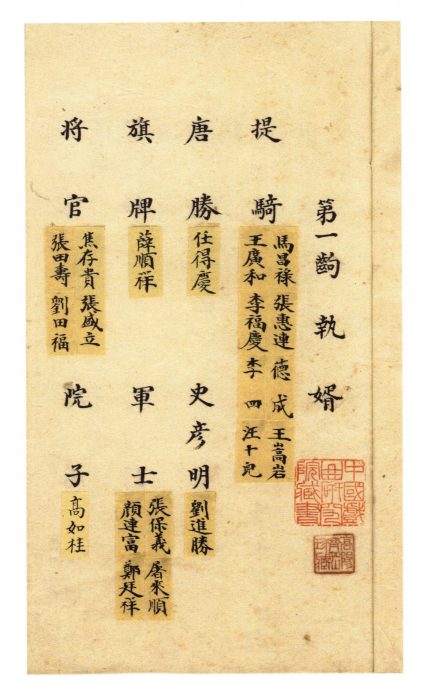

桃花嶺提綱　　四齣　（清）昇平署輯　清昇平署抄本

　　高 21.5 釐米，寬 12.7 釐米。半葉五行，行字不等，無邊框。一册。毛裝。書名據封面書簽題，人物腳色下有扮演演員名簽粘貼（黄色）。有國劇陳列館書簽，題"崑弋安殿提綱，齊如山藏，桃花嶺"。卷首末鈐"高陽齊如山珍藏""中國戲曲研究院藏書""梅蘭芳捐贈"等印。原爲高陽齊氏百舍齋藏書，後歸國劇陳列館收藏，後捐中國戲曲研究院，現爲中國藝術研究院圖書館藏書。《故宫珍本叢刊》收入崑腔單齣本一種，昇平署崑腔單齣曲譜一種，昇平署串頭本一種。

桃符記　二卷二十七齣　（清）佚名撰　清朱墨抄本

高 27.3 釐米，寬 15.3 釐米。半葉十行，行字不等，無邊框。一函兩冊。朱墨刪改。有工尺譜。有國劇陳列館籤"桃符記傳奇，綴玉軒藏"。此書紙張老舊，抄功工穩，清初抄本，爲文人精抄錄本。封套書籤及掛籤爲齊如山墨跡。鈐"如山讀過"印。原爲綴玉軒藏書，經齊如山過目，或有刪改圈點，金鑲玉裝裱。原爲齊梅合作期間藏書，後歸國劇陳列館，後捐中國戲曲研究院，現藏中國藝術研究院圖書館。《桃符記》是明代劇作家沈璟作品。

索廟　孫春山輯　清孫春山抄本

高 24 釐米，寬 14.8 釐米。半
葉十二行，行字不等，無邊框。一
函一冊。内有孫壯（字伯恒）給齊
如山信函封套一幀。卷末題"先叔
祖春山公手寫《索廟》，北平孫壯
謹記於雪園"。鈐"孫壯得來"。民
國二十一年（1932）孫壯將此抄本
贈送齊如山收藏。此抄本爲京劇
抄本。卷首末鈐"高陽齊如山珍
藏""中國戲曲學院藏書"等印。
原爲高陽齊氏所藏，後捐中國戲曲
研究院收藏，現由中國藝術研究院
圖書館收藏。

孫壯（1879—?），直隸（今
河北）大興人。原籍浙江餘姚。字
伯恒，號雪園，室名讀雪齋、玉簡
草堂、澄秋館、抱樸齋、塡室。國
子監學生，肄業同文館、京師大學
堂。後任北京商務印書館經理，中
國營造學社校理等職。爲考古學社
社員。著有《永樂大典考》《版籍
叢録》《集拓魏石經》《楚器圖考》
《北京風土記》《俗語古注》《雪園
藏吉語印譜》《讀雪齋藏吉印》《玉
簡草堂藏玉圖譜》《澄秋館吉金圖》
《抱樸齋經眼録》《塡室題跋·藏陶
考》等。

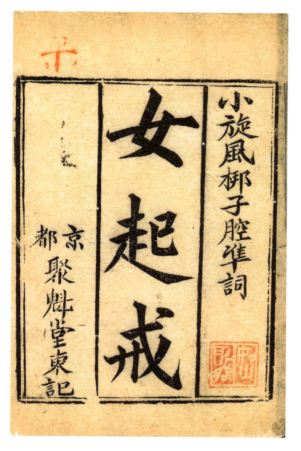
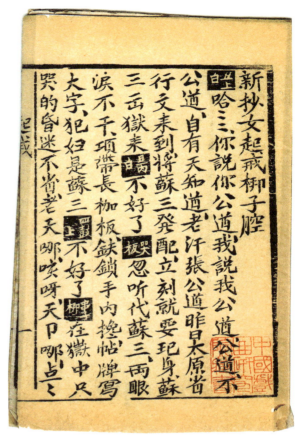

晉劇三集　三十六種　齊如山輯　清末民國初刻本暨石印本

　　半葉行、字不等。板框、開本尺寸不一。一函三十六冊。包括：晉劇《女起解》石印本、京都五月鮮梆子腔準詞《女起解》刻本、晉劇《蹬樓》石印本、通州萬壽宮秀文堂五月鮮梆子腔準詞《女起戒》刻本、京都聚魁堂東記小旋風梆子腔準詞《女起戒》刻本（兩部）、京都致文堂新刻梆子腔《女起解》、晉劇《秦雪梅弔孝》石印本、晉劇《改良擠白菜》石印本、晉劇《十家排》石印本、晉劇《張公趕子》石印本、晉劇《殺府》石印本、通州秀文堂梆子腔《殺府逃國》刻本、錦文堂梆子腔《殺府逃國》刻本（兩部）、小元紅梆子腔準詞《新抄斬子》刻本（兩部）、晉劇《斬子》石印本、晉劇《大釘鋼》石印本、晉劇《偷山藥旦》石印本、晉劇《崇禎顯魂》石印本、京都錦文堂抄寫準詞梆子腔《狀元祭塔》刻本、晉劇《祭塔》石印本、晉劇《遊神頭》石印本、京都致文堂新刻梆子腔《胡迪罵閻》刻本（兩部）、晉劇《罵閻》石印本、晉劇《花亭》石印本、錦文堂元紅梆子腔《新抄渭水河》刻本、晉劇《渭水河》石印本、晉劇《撿柴》石印本、晉劇《大割青菜》石印本、晉劇《偷冬瓜》石印本、晉劇《蘆花》石印本、晉劇《拜年》石印本、晉劇《偷點心》石印本、晉劇《賣芫荽》石印本。封面卷端鈐“齊如山藏”“如山所藏”“中國戲曲研究院藏書”等印。原爲高陽齊如山先生收藏，1956年中國戲曲研究院編爲《晉劇三集》。現由中國藝術研究院圖書館收藏。凡各個堂號所出版劇本均爲刻本，凡題“晉劇”某某者多題“華美工廠印”，爲石印本。刻本封面均題劇名，石印本封面題劇名並有人物插圖。兩部分版本年代或有前後，從書品上看，刻本年代要早一些，均爲清末民國初坊間所爲。從鈐印上看，刻本均鈐“如山所藏”，石印本均鈐“齊如山藏”，兩部分收集入藏的時間也不一致，應該是一先一後的。

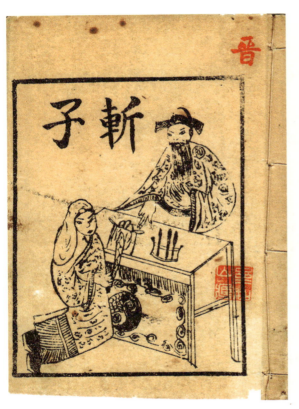
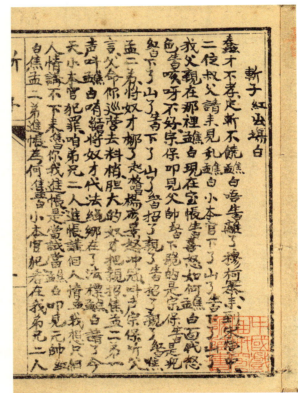

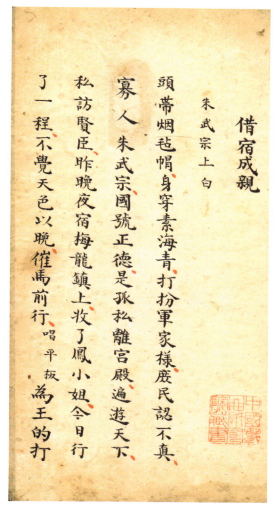

借宿成親　（清）昇平署輯　清昇平署抄本

　　高 22.5 釐米，寬 13.2 釐米。半葉六行，行二十字，小字同，無板框。一函一冊。毛裝。封面題"借宿成親總本"。有朱筆圈點。有國劇陳列館書籤，題"皮黃安殿本，齊如山藏"。封面黃色封皮紅色書籤，卷首末鈐"中國戲曲研究院藏書""梅蘭芳捐贈"等印。原爲高陽齊氏百舍齋藏書，後捐國劇陳列館，後捐中國戲曲研究院，現由中國藝術研究院圖書館收藏。

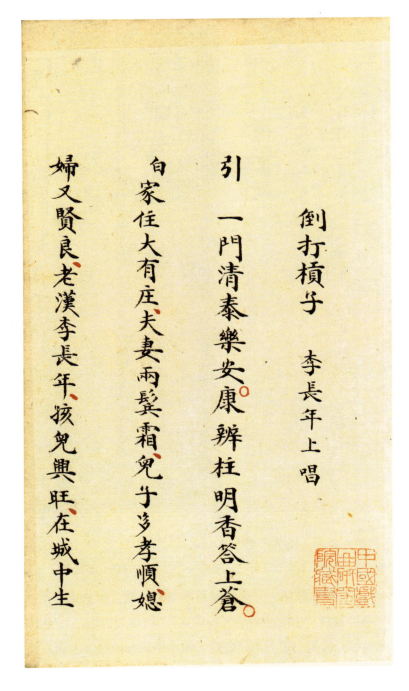

倒打櫃子 李長年上唱

引一門清泰樂安康　辦柱明香答上蒼。

自家住大有庄夫妻兩鬢霜　兒子多孝順媳

婦又賢良　老漢李長年，孩兒興旺在城中生

倒打櫃子總本　（清）昇平署輯　清同治光緒間昇平署朱墨抄本

高24釐米，寬15.4釐米。半葉四行，行大小字不等，無邊框。一册。毛裝。書名據封面書
簽題。有國劇陳列館書簽，題"崑曲四行安殿本，齊如山藏"。有朱筆圈點。有工尺譜。卷首末
鈐"中國戲曲研究院藏書""梅蘭芳捐贈"等印。原爲高陽齊氏所藏，齊梅合作期間歸國劇陳列
館，後捐中國戲曲研究院，現由中國藝術研究院圖書館收藏。收入館藏《崑曲四行曲譜》中。《故
宮珍本叢刊》收入崑腔單齣一種，昇平署崑腔單齣曲譜一種。

齊如山百舍齋藏善本知見錄

下

俞冰 著

國家圖書館出版社

倭袍記　二十九齣　（清）佚名撰　清抄本

高 21.5 釐米，寬 15.8 釐米。半葉八行，行字不等，無邊框。一函兩册。書名據封套書簽題。封套書簽題"倭袍記，兩本，綴玉軒藏，如山"。封套書簽及掛簽爲齊如山墨跡。卷前有齣目。卷首鈐"如山讀過"印。原爲齊梅合作期間收集，後捐中國戲曲研究院，現由中國藝術研究院圖書館收藏。《倭袍記》爲清代禁毀小說之一。

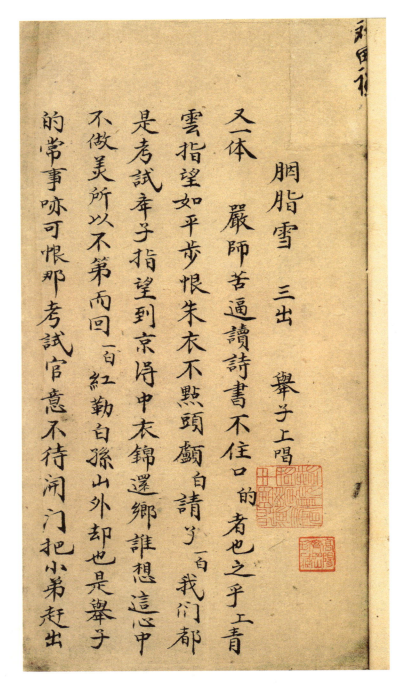

胭脂雪　三出　舉子上唱

又一体　嚴師苦逼讀詩書不住口的者也之乎工青

雲指望如平步恨朱衣不點頭顧白請乎一百我们都

是考試牵子指望到京得中未錦還鄉誰想這心中

不做美所以不第而回一百紅勒白孫山外却也是舉子

的常事咏可恨那考試官意不待闹门把小弟赶出

胭脂雪　存兩齣　（清）昇平署輯　清昇平署抄本

高 24.2 釐米，寬 14.2 釐米。半葉六行，行字不等，無邊框。存第三、四齣。封面題 "胭脂雪，舉子"。有國劇陳列館簽，題 "各腳單本，齊如山藏"。卷端上方題 "劉田福"。卷首末鈐 "中國戲曲研究院藏書" "梅蘭芳捐贈" 等印。原爲高陽齊氏收藏，齊梅合作期間歸國劇陳列館，後捐中國戲曲研究院，現由中國藝術研究院圖書館收藏。《故宮珍本叢刊》收入昇平署崑弋壽戲一種。昇平署亂彈單齣一種。昇平署崑腔單齣曲譜一種。

胭脂舄傳奇　二卷十六齣　（清）李文瀚填詞　（清）周齋盛正譜　（清）張簱評點　清道光二十二年（1842）味塵軒刻本

　　框高17.3釐米，寬13.3釐米。半葉九行，行十八字，小字同，黑口，四周雙邊，單黑魚尾。一函兩冊。有四字雙行眉批。封套書簽及掛簽爲齊如山墨跡。卷前有道光二十二年（1842）許麗京序、周齋盛序、道光二十二年（1842）李文瀚自序、題詞、目錄。封面卷首末鈐“高陽齊氏百舍齋存書之印”“齊林玉世世子孫永寶用”“齊氏所藏戲曲小說印”“中國戲曲學院藏書”“齊如山”等印。原爲高陽齊氏百舍齋所藏，後捐中國戲曲研究院，現爲中國藝術研究院圖書館藏書。此劇爲李文瀚《味塵軒曲四種》（又名《李雲生四種曲》）之一。

　　李文瀚（1805—1856），字雲生，號蓮舫，別號訊鏡詞人。安徽宣城人，清道光九年（1829）舉於鄉。歷任陝西樂城知縣、岐山知縣、長安知縣、大荔知縣、鄜州知州、四川夔州知府等官。著有傳奇《胭脂舄》《紫荊花》《鳳飛樓》《銀漢槎》，合稱《味塵軒曲四種》，均作於陝西任上，生前編定付刻。四種傳奇在清代傳奇創作式微背景下獨樹一幟，特別以公案戲《胭脂舄》最爲成功。另有詩文集《味塵軒文集》，詩集《我誤集》《他山集》《筆耒集》《西笑集》《聽風集》《治岐撮要》《守嘉州紀要》《鄠縣修城記》等。

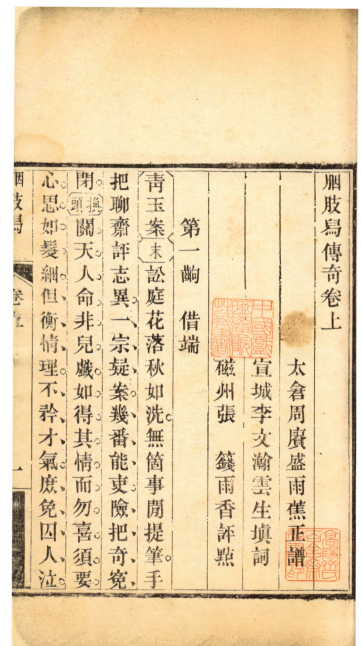

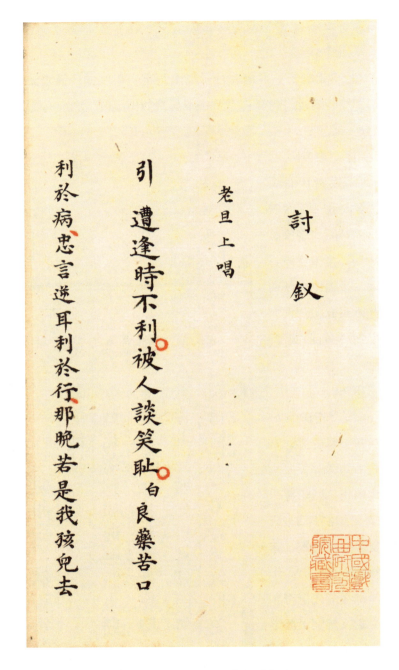

討釵總本 （清）昇平署輯　清同治光緒間昇平署朱墨抄本

高 24 釐米，寬 15.4 釐米。半葉四行，行大小字不等，無邊框。一册。毛裝。書名據封面書籤題。有國劇陳列館書籤，題"崑曲四行安殿本，齊如山藏"。有朱筆圈點。有工尺譜。館藏《崑曲四行曲譜》中《亭會總本》卷前有齊如山墨筆題識"崑曲四行安殿本，此亦爲同光時代之物，至光緒中年則專尚皮黃梆子腔矣"。齊氏此言蓋謂崑腔皮黃梆子腔之交替。卷首末鈐"中國戲曲研究院藏書""梅蘭芳捐贈"等印。原爲高陽齊氏所藏，齊梅合作期間歸國劇陳列館，後捐中國戲曲研究院，現由中國藝術研究院圖書館收藏。收入館藏《崑曲四行曲譜》中。

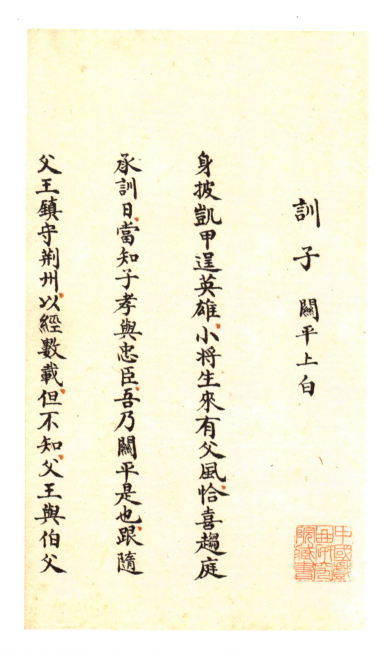

訓子總本　（清）昇平署輯　　清同治光緒間昇平署朱墨抄本

高 24 釐米，寬 15.4 釐米。半葉四行，行大小字不等，無邊框。一冊。毛裝。書名據封面書
簽題。有國劇陳列館書簽，題“崑曲四行安殿本，齊如山藏”。有朱筆圈點。有工尺譜。館藏《崑
曲四行曲譜》中《亭會總本》卷前有齊如山墨筆題識“崑曲四行安殿本，此亦爲同光時代之物，
至光緒中年則專尚皮黃梆子腔矣”。齊氏此言蓋謂崑腔皮黃梆子腔之交替。卷首末鈐“中國戲曲
研究院藏書”“梅蘭芳捐贈”等印。原爲高陽齊氏所藏，齊梅合作期間歸國劇陳列館，後捐中國
戲曲研究院，現由中國藝術研究院圖書館收藏。收入館藏《崑曲四行曲譜》中。《故宮珍本叢刊》
收錄昇平署崑腔單齣《關公訓子》一種。另有快書《徐母訓子》一種與此無關。

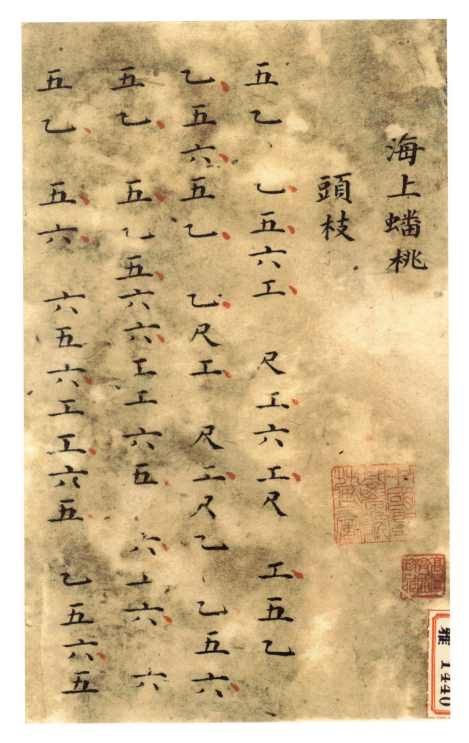

海上蟠桃 （清）佚名輯　清抄本

　　高 21 釐米，寬 14 釐米。半葉六行，行字不等，無邊框。一册。卷首鈐 "高陽齊如山珍藏" "中國戲曲學院藏書" 等印。有朱筆圈點。有工尺譜。原爲齊如山藏，後捐中國戲曲研究院，現爲中國藝術研究院圖書館藏書。

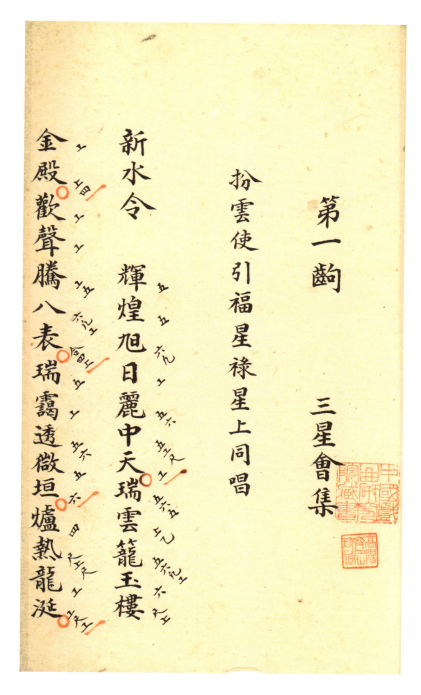

祥芝迎壽總本　四齣　（清）昇平署輯　清光緒間昇平署朱墨抄本

　　高 24 釐米，寬 15.4 釐米。半葉四行，行大小字不等，無邊框。一册。毛裝。有朱筆圈點。有工尺譜。書名據封面書簽題。有國劇陳列館書簽，題“光緒時代安殿本，齊如山藏”。卷首末鈐“高陽齊如山珍藏”“中國戲曲研究院藏書”“梅蘭芳捐贈”等印。原爲高陽齊氏所藏，齊梅合作期間歸國劇陳列館，後捐中國戲曲研究院，現由中國藝術研究院圖書館收藏。收入館藏《光緒朝昇平署曲譜》中。《故宮珍本叢刊》收入昇平署崑弋開場承應戲一種。

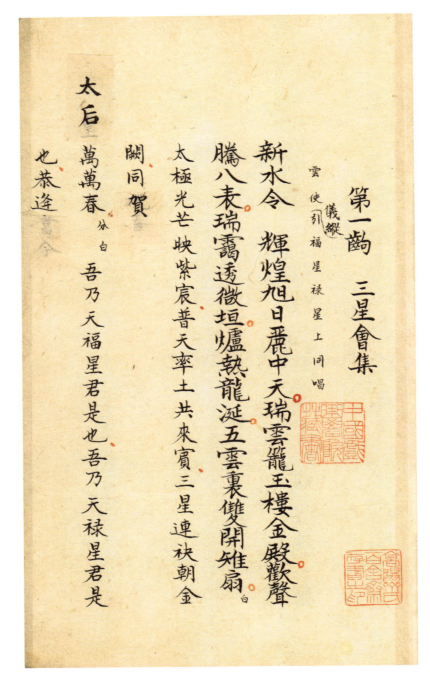

祥芝應瑞串關 四齣 （清）昇平署輯 清昇平署抄本

高 25 釐米，寬 16.8 釐米。半葉八行，行二十二字，小字同，無邊框。一册。毛裝。有朱筆圈點。書名據封面書簽題。封套題“清畫堂藏”。封面卷首末鈐“高陽齊氏百舍齋存書之印”“齊氏所藏戲曲小說印”“中國戲曲學院藏書”“如山讀過”等印。原爲高陽齊氏百舍齋所藏，後捐中國戲曲研究院，現由中國藝術研究院圖書館收藏。收入館藏《法宮雅奏九九大慶》中。《故宮珍本叢刊》收入昇平署排場本一種。

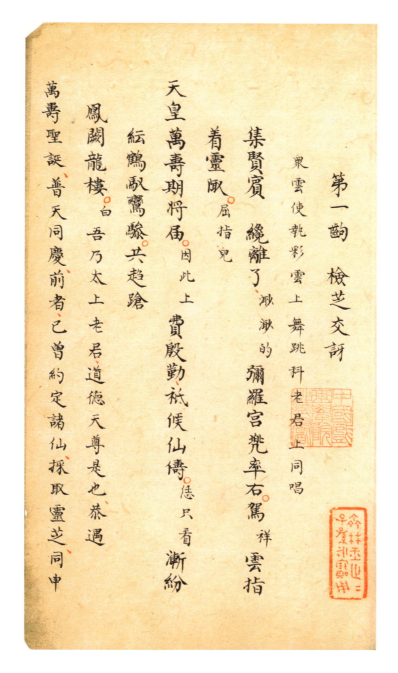

祥符太極　八齣　（清）昇平署輯　清昇平署抄本

　　高 24.7 釐米，寬 16.2 釐米。半葉八行，行二十二字，小字同，無邊框。一冊。毛裝。有朱
筆圈點。書名據封面書簽題。封面題"松蘿館藏昇平署抄本，且安居士題"。封套題"清畫堂藏"。
齣目包括：檢芝交詫、真贗相淆、循根索葉、返本還原、合詞指證、執訊辨明、群仙斗武、太極
開祥。封面卷首末鈐"高陽齊氏百舍齋存書之印""齊林玉世世子孫永寶用""齊氏所藏戲曲小
說印""中國戲曲學院藏書""齊如山"等印。原爲高陽齊氏百舍齋所藏，後捐中國戲曲研究院，
現由中國藝術研究院圖書館收藏。

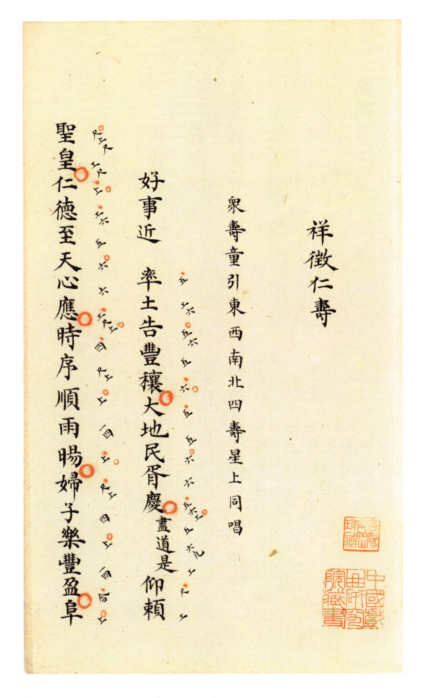

祥徵仁壽總本　（清）昇平署輯　清昇平署朱墨抄本

　　高 24 釐米，寬 15.4 釐米。半葉四行，行大小字十九字，無邊框。一冊。毛裝。有朱筆圈點。有工尺譜。書名據封面書簽題。有國劇陳列館書簽，題"同光時代安殿本，齊如山藏"。卷首末鈐"高陽齊如山珍藏""中國戲曲研究院藏書""梅蘭芳捐贈"等印。原爲高陽齊氏所藏，齊梅合作期間歸國劇陳列館，後捐中國戲曲研究院，現由中國藝術研究院圖書館收藏。《故宮珍本叢刊》收入昇平署崑弋開場承應戲一種，昇平署排場本一種。

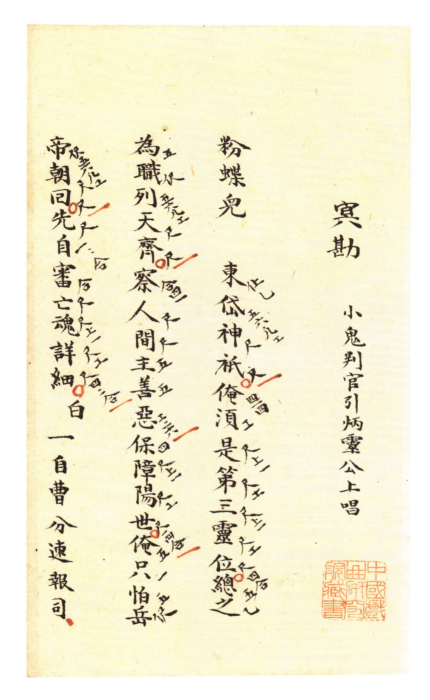

冥勘總本 （清）昇平署輯　清同治光緒間昇平署朱墨抄本

高 24 釐米，寬 15.4 釐米。半葉四行，行大小字不等，無邊框。一册。毛裝。書名據封面書籤題。有國劇陳列館書籤，題"崑曲四行安殿本，齊如山藏"。有朱筆圈點。有工尺譜。卷首末鈐"中國戲曲研究院藏書""梅蘭芳捐贈"等印。原爲高陽齊氏所藏，齊梅合作期間歸國劇陳列館，後捐中國戲曲研究院，現由中國藝術研究院圖書館收藏。收入館藏《崑曲四行曲譜》中。

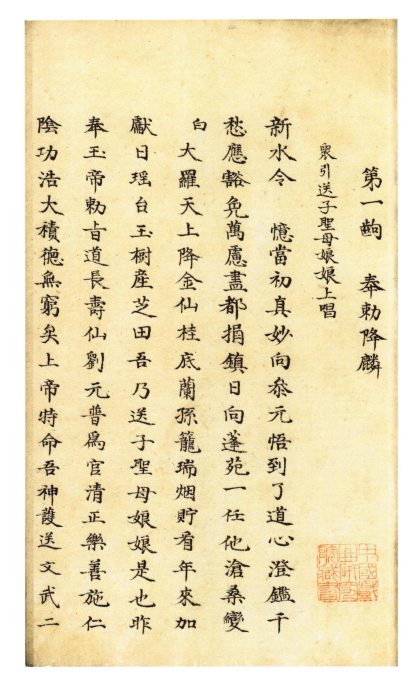

通仙枕總本 八齣 （清）昇平署輯 清乾隆嘉慶間昇平署抄本

高 25.5 釐米，寬 16 釐米。半葉八行，行二十字，小字不等，無邊框。一冊。毛裝。書名據封面書籤題，封面有國劇陳列館書籤，題"通仙枕，齊如山藏，承應大戲存庫本，NO.66."。封面鈐"舊外二學"印，書"吉"字。卷首末鈐"中國戲曲研究院藏書""梅蘭芳捐贈"等印。原為齊氏所藏，齊梅合作期間歸國劇陳列館，後捐中國戲曲研究院，現由中國藝術研究院圖書館收藏。收入《承應大戲存庫本》中。雙楷書屋吳曉鈴曾著錄一種殘本。

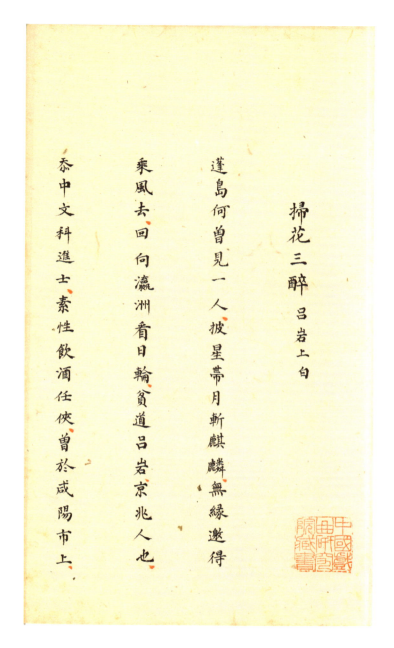

掃花三醉總本 （清）昇平署輯　清同治光緒間昇平署朱墨抄本

　　高 24 釐米，寬 15.4 釐米。半葉四行，行大小字不等，無邊框。一册。毛裝。有朱筆圈點。有工尺譜。書名據封面書簽題。有國劇陳列館書簽，題"崑曲四行安殿本，齊如山藏"。館藏《崑曲四行曲譜》中《亭會總本》卷前有齊如山墨筆題識"崑曲四行安殿本，此亦爲同光時代之物，至光緒中年則專尚皮黃梆子腔矣"。齊氏此言蓋謂崑腔皮黃梆子腔之交替。卷首末鈐"中國戲曲研究院藏書""梅蘭芳捐贈"等印。原爲高陽齊氏所藏，齊梅合作期間歸國劇陳列館，後捐中國戲曲研究院，現由中國藝術研究院圖書館收藏。收入館藏《崑曲四行曲譜》中。《故宮珍本叢刊》收入昇平署崑腔單齣《掃花》一種。

梅玉配傳奇　四本三十二齣　（清）佚名撰　清抄本

高 24.2 釐米，寬 19 釐米。半葉八行，行字不等，無邊框。一函四册。此本經清人陳鐸（嘉樑，筠石）重新校訂，各本前有陳氏臚列齣目。第一本爲"辭朝接印""遇盜""宿店詢問""求芊拾帕""遣媒說親""詳帕訴情""驚帕定約""過禮藏櫃"，第二本爲"華誕慶壽""園中戲蘭""梳妝用膳""馮喜捉姦""送花探信""追節改日""薦醫看病""漏情識破"，第三本爲"火靈遣神""借居自縊""吵鬧染病""問情設計""冤魂訴苦""醫生騙銀""焚宅釋放"，第四本爲"幽冥判斷""許親分別""夫妻思女""白仙鬧宅""定元考試""金殿乞假""蘇徐行路""拜師團圓"。

全本四册爲兩種字體，一册、三册抄録工穩，出自文人之手，二册、四册抄工近乎平常，出自

藝人之手。有朱筆墨圈點刪改。《車王府曲本》有《梅玉配》，清佚名撰。莊一佛《古典戲曲存目匯考》著録清代傳奇有《梅玉配》。《梅玉配》又名《櫃中緣》，原爲崑曲本，京劇有同名劇目。這個本子紙張老舊，墨色沉鬱，抄功工穩，不似藝人手筆，出自文人墨跡，年代久遠，逮至清中，早於道光，經清人陳鐸（嘉樑）整理做目，裝裱精良，金鑲玉裝，綴玉軒曾藏，齊如山過眼，出自名家，藏於名家，應該是較爲接近原本的一個重要抄本。陳鐸，字嘉樑，號筠石，清末民國初戲曲研究家。收藏整理抄録過大量清代戲曲劇本，一部分藏於我院圖書館。專藏目録待整理。卷首鈐"如山過目""中國戲曲學院藏書"等印。原爲齊氏所藏，後捐中國戲曲研究院，現爲中國藝術研究院圖書館藏書。

梅花夢 二卷三十四折 （清）張道填詞 清光緒二十年（1894）張預長沙使院刻本

框高 17.3 釐米，寬 13 釐米。半葉九行，行二十二字，小字同，白口，左右雙邊，單黑魚尾。一函四冊。封套書簽題"梅花夢傳奇，如山署"。卷前有清同治元年（1862）張道（劫海逸叟）自序、題詞、折目、扮色、切抹。卷末有《梅花夢雜言》，爲清咸豐十年（1860）和同治元年（1862）張道自題。有清光緒二十年（1894）張預《刻梅花夢後跋》。張預爲張道之子。卷首末鈐"中國戲曲研究院藏書""梅蘭芳捐贈"等印。此書未鈐齊氏藏印，原爲齊氏所藏，概於齊梅合作期間收藏，後捐中國戲曲研究院，現由中國藝術研究院圖書館收藏。

《梅花夢》據張道自稱於咸豐九年（1859）"余十七歲時曾取小青事演雜劇四折，去冬偶然檢覽，殊悔少作，遂改玄更譜，爲是書緣起"。張道認爲《療妒羹》常演於梨園，與小青身份殊不相稱，於是自出機抒，翻卻窠臼，獨創新意。傳奇一出輒請海鹽黃韻珊先生正譜，又請同好方先生按拍而歌。因避庚申之難，劫後復得，一直到光緒二十年（1894），方才由其子張預刊刻。彈詞有《梅花夢》者，又名《何必西廂》，演明代張靈遇南昌教諭崔鶴女崔鶯故事。

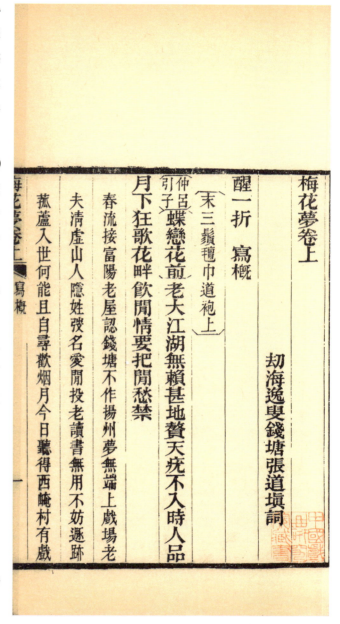

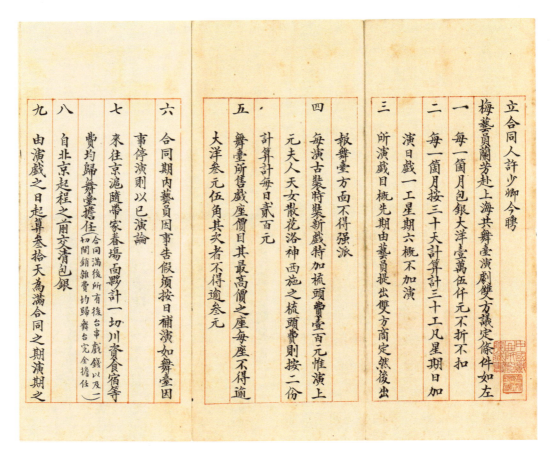

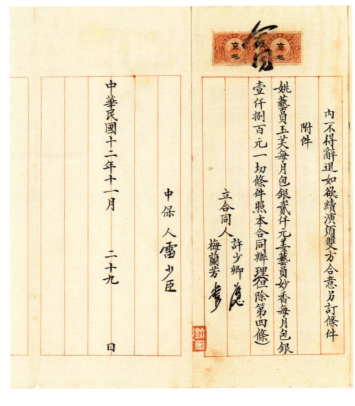

梅蘭芳演戲合同　齊如山輯　民國十二年（1923）抄本

半葉六行，行二十一字。折裝。書名據卷端代擬。是民國十二年（1923）上海共舞臺老闆許少卿聘請梅蘭芳來上海演出的合同。鈐"高陽齊如山珍藏""中國戲曲研究院藏書""綴玉軒""梅蘭芳捐贈"等印。原爲齊氏在齊梅合作期間收藏，後歸中國戲曲研究院，現由中國藝術研究院圖書館收藏。

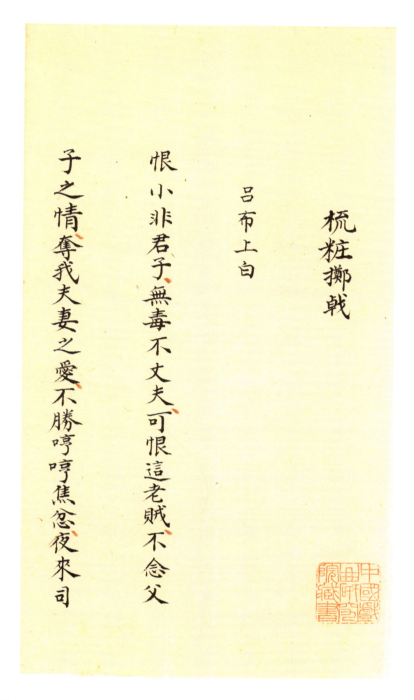

梳妝擲戟總本 （清）昇平署輯　清同治光緒間昇平署朱墨抄本

高 24 釐米，寬 15.4 釐米。半葉四行，行大小字不等，無邊框。一册。毛裝。書名據封面書籤題。有國劇陳列館書籤，題"崑曲四行安殿本，齊如山藏"。有朱筆圈點。有工尺譜。卷首末鈐"中國戲曲研究院藏書""梅蘭芳捐贈"等印。原爲高陽齊氏所藏，齊梅合作期間歸國劇陳列館，後捐中國戲曲研究院，現由中國藝術研究院圖書館收藏。收入館藏《崑曲四行曲譜》中。《故宮珍本叢刊》收入昇平署崑腔單齣一種。

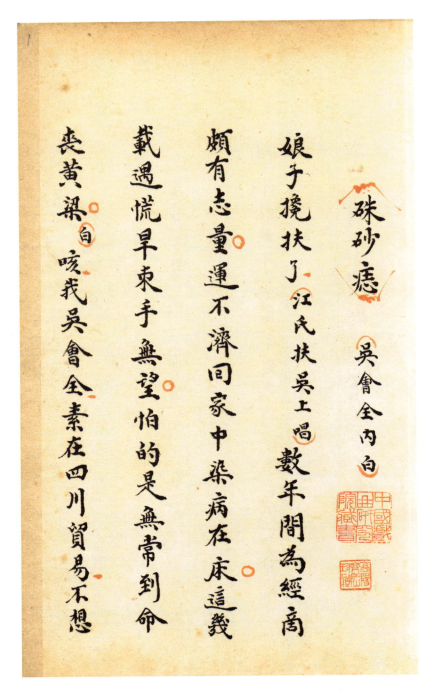

硃砂痣總本 （清）佚名輯　清內府朱墨抄本

　　高 27.3 釐米，寬 18.8 釐米。半葉五行，行大小字不等，無板框。毛裝。有朱筆圈點。書名據封面書簽題。不標曲牌及板式。收入館藏《內學五行皮黃存庫本》中。卷首末鈐"高陽齊如山珍藏""中國戲曲研究院藏書""梅蘭芳捐贈"等印。原爲高陽齊氏百舍齋藏書，後歸國劇陳列館，後捐中國戲曲研究院，現由中國藝術研究院圖書館收藏。《故宮珍本叢刊》收入昇平署提綱本一種。

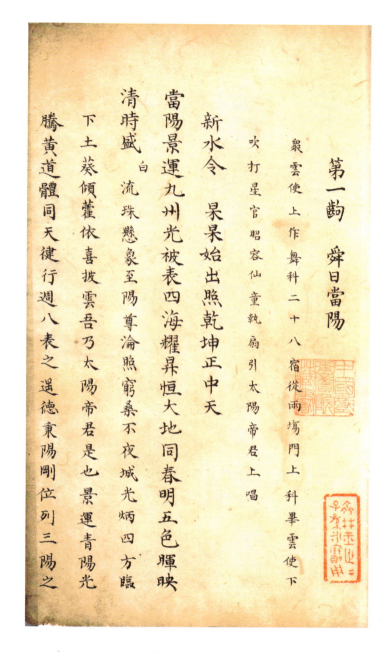

盛世昇平　十齣　（清）昇平署輯　清昇平署抄本

高 24.7 釐米，寬 16.2 釐米。半葉八行，行二十四字，小字同，無邊框。一册。毛裝。有朱筆圈點。書名據封面書籤題。封面題"昇平署抄本松蘿室藏，灌隱署耑"。封套題"清畫堂藏"。齣目包括：舜日當陽、慶雲溥遍、瑞呈五彩、祥徵三素、仙集神京、壽拱天閶、雲開無心、福來有意、咸齊福禄、壽同日月。封面卷首末鈐"高陽齊氏百舍齋存書之印""齊林玉世世子孫永寶用""齊氏所藏戲曲小說印""中國戲曲學院藏書""齊如山"等印。原爲高陽齊氏百舍齋所藏，後捐中國戲曲研究院，現由中國藝術研究院圖書館收藏。"盛世昇平"的題名應是松蘿室灌隱氏自擬，昇平署抄本不稱"盛世"云云。

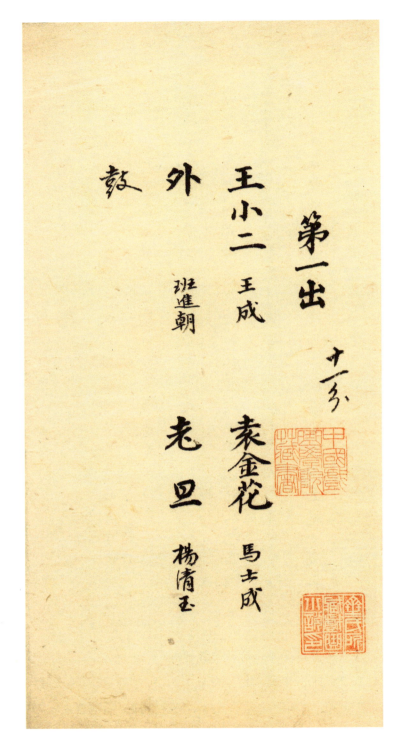

眼前報提綱　四齣　（清）昇平署輯　清昇平署抄本

　　高 24.5 釐米，寬 14.7 釐米。半葉五行，行字不等，無邊框。一册。毛裝。書名據封面書籤題，封面題"鼓，劉玉，排五刻九分，插單六刻"。卷首鈐"齊氏所藏戲曲小說印""中國戲曲學院藏書"等印。原爲高陽齊氏藏，後捐中國戲曲研究院，現由中國藝術研究院圖書館收藏。

野叟曝言 二十卷一百五十二回 （清）夏敬渠撰 清光緒七年（1881）毗陵匯珍樓活字本

框高 20.2 釐米，寬 13.8 釐米。半葉十行，行二十八字，小字雙行同，白口，左右雙邊，單黑魚尾。兩函四十冊。版心上方題"第一奇書"。二十卷版心下方各題"奮武揆文天下無雙正士鎔經鑄史人間第一奇書"二十字。封面牌記題"光緒歲次辛巳冬月，野叟曝言，毗陵匯珍樓新刊"。封二題"奮武揆文天下無雙正士鎔經鑄史人間第一奇書"。卷前有知不足齋主人光緒七年（1881）書於蘭陵旅次之序言、凡例，目錄。卷端題"第一奇書野叟曝言奮字卷之一"。原書不題撰人，據序言及《江陰縣誌·藝文志》可知是書爲夏敬渠撰。封面序端卷端鈐"荆玉山人""高陽齊氏百舍齋存書之印""齊林玉世世子孫永寶用""齊氏所藏戲曲小說""中國戲曲學院藏書"等印。卷端鈐"荆玉山人"不知誰氏，後爲高陽齊如山百舍齋藏書，後歸中國戲曲研究院，最終由中國藝術研究院收藏。

《中國通俗小說總目提要》著錄此書。該書成書於清乾隆年間，僅有抄本流傳。至光緒七年（1881）有毗陵匯珍樓活字本，是最早流行的刻本，南京圖書館藏有該版本，有插圖十六幅，中國藝術研究院所藏這個本子無插圖，其餘均與之同；南圖本殘，藝研院本完好。向未有書著錄藝研院藏本。另外此書還有光緒八年（1882）申報館本，二十卷一百五十四回，較活字本多

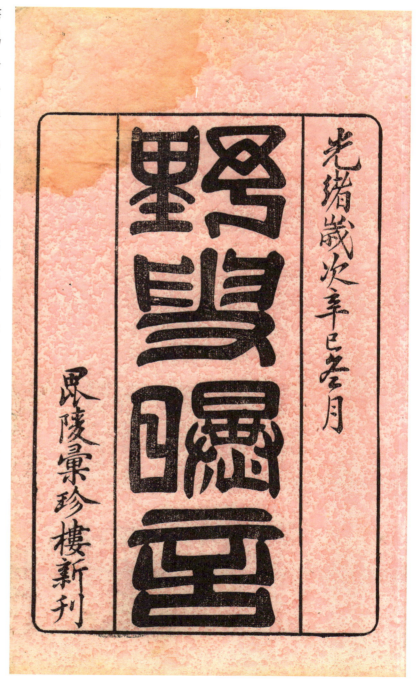

出兩回，或係後增補。還有光緒八年（1882）石印本，半葉二十二行三十五字。

夏敬渠（1705—1787），字懋修，號二銘，江陰（今屬江蘇）人，清諸生。通經史旁及百家，禮樂兵刑天文算數之學。負才遊歷江蘇、浙江、安徽、江西、山東、河北、陝西各省，結交當時名公巨卿，然而屢躓科場。所著除《野叟曝言》外，還有《浣玉軒詩文集》《唐詩臆解》《醫學發蒙》等。

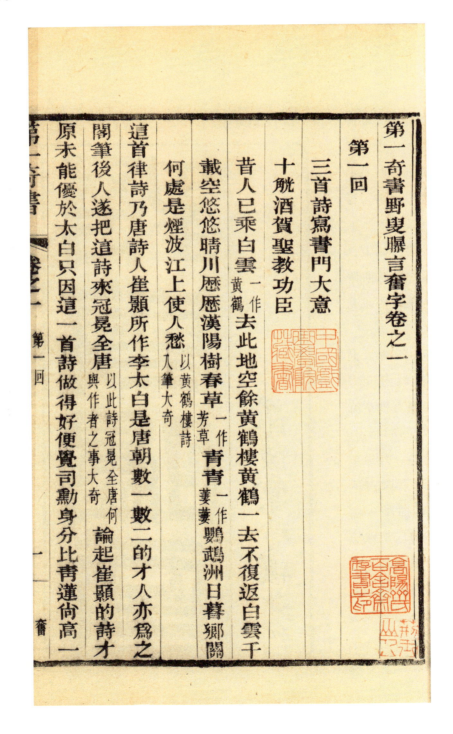

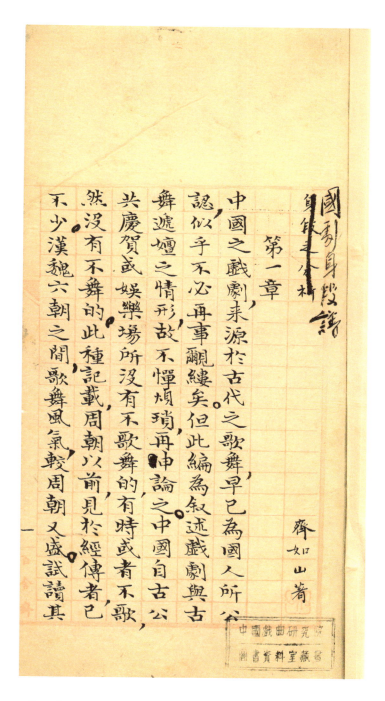

國劇身段譜　四章　齊如山撰　民國間百舍齋紅格稿本

　　框高 17.3 釐米，寬 11.3 釐米。半葉八行，行二十字，白口，四周雙邊，單魚尾。三册。版心題 "百舍齋"。卷端題 "齊如山著"。封面爲齊氏墨筆題簽。有目録四章及各章名目。有墨筆圈點，是齊氏稿本的謄抄本。可以看出此稿原名爲《身段之分析》，齊氏墨筆改爲《國劇身段譜》。卷首末鈐 "如山" "梅蘭芳捐贈" 等印。1957 年 8 月 29 日贈中國戲曲研究院收藏。《國劇身段譜》一書有民國二十四年（1935）國劇學會鉛印本，較爲通行，收入《齊如山劇學叢書之四》。

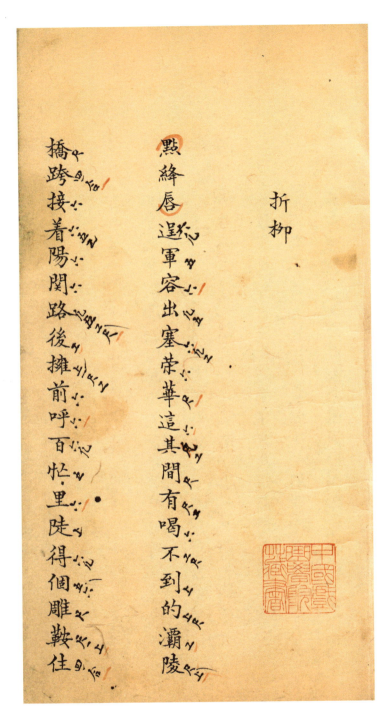

崑弋雅集　存一部四卷　齊如山輯　民國間綴玉軒朱墨抄本

　　高 22.7 釐米，寬 13.5 釐米。半葉三行，行二十字，無邊框。一函四冊。散佚卷本輯佚，存貞部九至十二卷。二十四齣崑弋劇目。每冊前夾目録頁，爲齊氏墨跡。前後由百舍齋紅格箋紙裝訂，鈐"如山"印。此爲齊梅合作期間收集抄録之本，有朱筆圈點。有工尺譜。或爲更早的清代精抄本，爲齊氏收集整理，裝幀成冊，故非全帙。卷首鈐"中國戲曲學院藏書"印。

崑亂合唱本 （清）佚名輯　清抄本

　　高 30.5 釐米，寬 21 釐米。半葉十二行，行字不等，無邊框。一函一冊。有朱筆圈點。書名
據封面書簽題，封面題"如山藏"，爲齊如山墨跡。包括厲家莊、清風亭、乾坤鏡、看親。卷首
鈐"高陽齊如山珍藏""中國戲曲學院藏書"等印。原爲高陽齊氏所藏，後捐中國戲曲研究院，
現由中國藝術研究院圖書館收藏。

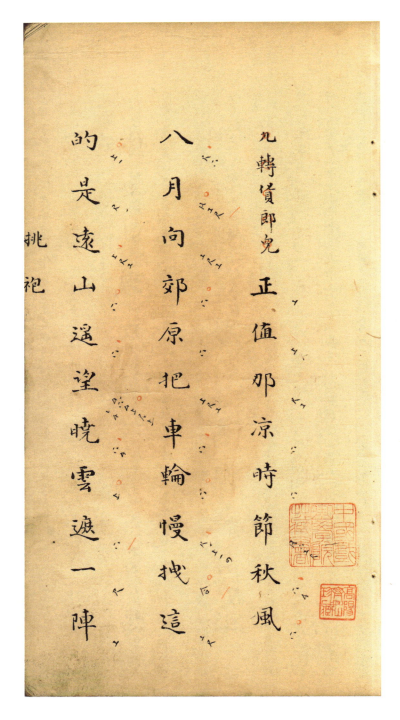

崔少白藏曲譜六十種 （清）崔少白輯　清崔少白朱墨精抄本

　　高 24.6 釐米，寬 14 釐米。半葉三行，行十一字，無邊框。一函六册。書名據鈐印代擬。封套原題 "曲譜六十種"。崑曲單齣抄本。封面扉葉卷末鈐 "少白家藏" "崔氏家藏" "竹解虛心即我師" "耕藝山房書畫印章" 等印。各册封面及封二有目録。卷首鈐 "高陽齊如山珍藏" "中國戲曲學院藏書" 等印。原爲高陽齊氏所藏，後捐中國戲曲研究院，現爲中國藝術研究院藏書。

梨園原 （清）黄旛綽撰　清抄本

高 27.3 釐米，寬 22.5 釐米。半葉十行，行二十字，無邊框。一函一冊。封面題"梨園原，如山藏"。卷前有《胥園居士贈黃旛綽先生梨園原序》、嘉慶二十四年（1819）惕廠居士序、道光九年（1829）秋泉居士《修正增補梨園原序》。卷末有道光九年（1829）俞維琛、龔瑞豐口述，秋泉居士題識。卷首鈐"中國戲曲研究院藏書"印。

黃旛綽是清乾嘉時期的崑山腔演員，他放棄舉業，潛心從藝，匯集生平的表演經驗，著成戲曲理論著作《明心鑒》一書，嘉慶間經其友人胥園居士（莊肇奎，順天宛平人，乾隆十八年舉人）於卷首增益部分考證內容，改名《梨園原》。書成未刻，原稿保存不善，多有漫漶。到道光時，黃的弟子俞維琛、龔瑞豐得到這一殘稿，並各出心得，托友人秋泉居士（葉元清，字瑩之，別號秋泉居士，保定人）代為修正增飾後再度成書，但仍未刊行，以抄本流傳。民國六年（1917），夢菊居士匯輯了兩種存世抄本，並加以校訂，初次鉛印出版（這個本子有夢菊居士民國六年序言）。此後又有上海出版的兩種石印本（一種附在《梨園大全》之內），北京中華印字館出版的一種鉛印本（附《老狼討封》），都是根據夢菊居士本重印。從這個本子看，應為《梨園原》諸多清抄本之一。齊如山另外藏有一部用百舍齋紅格稿紙抄録的《梨園原》，是民國十八年（1929）吳橶禪抄録的過録本。

梨園集成 四十六種 （清）李世忠輯 清光緒六年（1880）王賀成刻本

框高 16.8 釐米，寬 12.5 釐米。半葉十行，行二十一字，小字雙行二十四字，白口，四周單邊，單黑魚尾。兩函十二冊。卷前有清光緒四年（1878）李世忠自序、清光緒四年（1878）松崖氏再敘（按：稱"自序"，此松崖氏不是嘉慶間長白覺羅松崖氏，不知是否李世忠另一別號）。有《新著選刊出本目次》，目録中列四十六種，實際共四十七種，在唐代目録下《摩天嶺》後《藥王傳》前應該有《朱砂印》一種，周貽白《中國戲劇史長編》載四十八種，多出《緑牡丹》一種，當另有刻本。目次卷末題"洪都南煙傳棟編次曲目"；版心題刻各個曲目名稱，多以"新著"打頭。如第一種題"新著天開全本"，卷端題"新著天開榜全本，懷邑王賀成校訂"。

李世忠，生卒年不詳，原名李昭壽，河南固始三河尖人，客死安慶，少爲强梁，清咸豐三年（1853），與薛之元在安徽霍邱結撚起義，活動於太平天國和清朝的交錯地區。一介武夫，卻偏嗜戲曲。《梨園集成》的出現，說明了"四大徽班"進京後安慶一代梨園並沒有門庭冷落，反而一片蓬勃景象。當時他的科班廣徵名腳，演唱皮黃，有楊月樓、產桂林。楊小樓《長坂坡》、譚鑫培《魯肅求計》、余叔岩《魚藏劍》、梅蘭芳、譚富英《四郎探母》均以《梨園集成》劇本爲藍本改編傳演。其他如漢劇、川劇、湘劇、滇劇、贛劇、桂劇、秦腔均移植改編《梨園集成》刊本，反映了同光間長江中下游一代徽調、皮黃聲腔的歷史狀況。

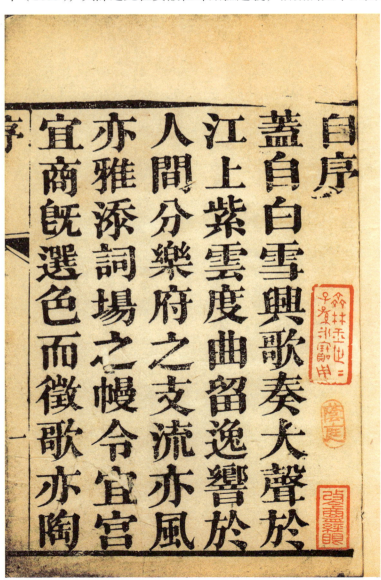

此藏本是殘本，包括：天開榜、摘星樓、雙義節、戰宛城、祭風臺、反西涼、取南郡、濮陽城、罵曹、沙陀國、風雲會、斬黃袍、五國城、紅書劍、珠沙印、因果報、長坂坡、薛姣觀畫、百子圖十九種。其中紅書劍一種封面有謝山題識，此人得此書即爲

殘卷（完帙卷前原有書名葉，題"光緒庚辰新刊，遵班雅曲，梨園集成，板存安省倒扒獅竹友齋刷印"）。封面序端、目錄端、卷端鈐"蔭庭""改盦經眼""高陽齊氏百舍齋存書之印""齊林玉世世子孫永寶用""齊氏所藏戲曲小說""中國戲曲學院藏書"等印。前兩方朱印或可能是謝山所屬。後歸齊如山百舍齋收藏，封面有齊如山墨筆書簽"王賀成刊皮黃劇本""王賀成刊時劇"，後歸中國戲曲研究院，最終由中國藝術研究院圖書館收藏。

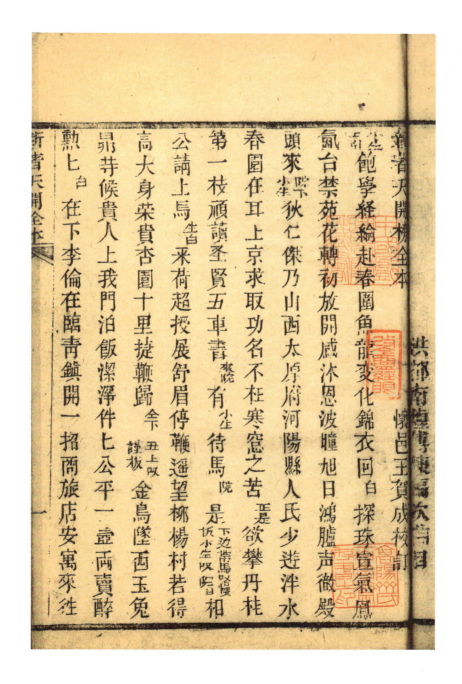

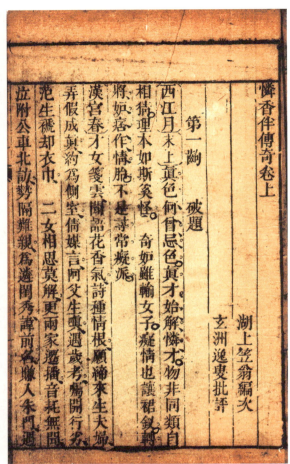

笠翁傳奇十種 （清）李漁編次 （清）玄洲逸叟批評 清康熙間世德堂刻本

框高22.3釐米，寬15釐米。半葉上下欄，上欄小字三字雙行，下欄十一行二十二字，小字同，白口，四周單邊，單黑魚尾。兩函二十册。書名據書名葉題，書名葉題"笠翁傳奇十種，憐香伴，風箏誤，意中緣，蜃中樓，鳳求凰，奈何天，比目魚，玉搔頭，巧團圓，慎鸞交，世德堂藏板"。序言端卷末鈐"如山讀過""梅蘭芳捐贈"等印。原爲齊梅合作期間收藏，後捐中國戲曲研究院，現由中國藝術研究院圖書館收藏。《笠翁傳奇十種》有多個本子。有半葉九行十八字本，即清經術堂袖珍本，大知堂本，有清半葉十一行二十三字款本，有康熙半葉十行二十四字本和半葉九行二十字本，及康熙上下欄十一行二十二字本，還有民國七年（1918）上海朝記書莊石印本。

憐香伴傳奇 二卷三十六齣 湖上笠翁編次 玄洲逸叟批評 有虞巍（玄洲）序言，目録，插圖六幅，上詩下圖。

風箏誤傳奇 二卷三十齣 湖上笠翁編次 朴齋主人批評 有虞鏌序言，目録，插圖六幅，上詩下圖。

意中緣傳奇 二卷三十齣 湖上笠翁編次 禾中女史批評 有序言（缺落款），目録，插圖六幅，上詩下圖。

　　蜃中樓傳奇　二卷三十齣　湖上笠翁編次　疊庵居士批評　有孫治序言，目錄，插圖六幅，上詩下圖。

　　鳳求凰傳奇　二卷三十齣　湖上笠翁編次　泠西梅客批評　有杜濬序言，目錄，插圖六幅，上詩下圖。

　　奈何天傳奇（一名奇福記）　湖上笠翁編次　紫珍道人批評　有胡介序言，目錄，插圖六幅，上詩下圖。

　　比目魚傳奇　二卷三十二齣　湖上笠翁編次　秦淮醉侯批評　有康熙六十年（1721）王端淑序言，目錄，插圖六幅，上詩下圖。

　　玉搔頭傳奇　二卷三十齣　湖上笠翁編次　睡鄉祭酒批評　有康熙五十七年（1718）黃鶴山農序言，目錄，插圖六幅，上詩下圖（上卷第八齣是"締盟"，目錄中少第八齣齣目）。

　　巧團圓傳奇（一名夢中樓）　二卷三十三齣　湖上笠翁編次　莫愁釣客　睡鄉祭酒合評　有康熙七年（1668）檞道人序言，目錄，插圖十二幅，上詩下圖（下卷應該從第十七齣起，將十七齣誤刻成十八齣，致使最後一齣是三十四齣，應該是三十三齣，下卷爲新亭牧子、華嶽居民合評）。

　　慎鸞交傳奇　二卷三十四齣　湖上笠翁編次　框廬居士　雲間木叟合評　有郭傳芳序言，目錄，插圖十二幅，上詩下圖。

笠翁新三種傳奇　三種　（清）佚名撰　清刻本

框高 19.5 釐米，寬 12.2 釐米。半葉八行，行二十字，小字同，白口，四周單邊，單黑魚尾。三函十二册。書名據書名葉題，書名葉題"笠翁新三種傳奇，關公補天記，周處雙瑞記，四元記，本衙藏板"。該書封套題簽"李笠翁新傳奇三種，珠還室珍藏，二十二年九月三日得於文禄堂"。封面目録卷首末鈐"鳴晦廬藏金石書畫記""珠還室藏曲記""王立承""孝慈""高陽齊氏百舍齋存書之印""齊林玉世世子孫永寶用""齊氏所藏戲曲小説印""中國戲曲學院藏書""如山過目"等印。原爲"王立承"及高陽齊氏百舍齋所藏，後捐中國戲曲研究院，現爲中國藝術研究院圖書館藏書。"珠還室藏曲記"見於北京大學吳梅藏《雙魚記》一種中，但此印未確切考證爲吳梅印，或爲王立承收藏印。"鳴晦廬藏金石書畫記"爲王立承藏書印。《補天記》著者有一種著録爲"小齋主人"。本書一説爲清初刻本。品相較好，收藏有序。

李漁，明朝秀才，入清未試，出身富有，冠於邑中。清兵入浙，家道衰落，遂移居杭州，轉徙南京。致力著述，以芥子園書鋪刻售圖書，又蓄養家班，北抵燕秦，南行浙閩，演於達官貴人府邸，自編自導。在此期間與吳偉業、尤侗結交。後因班中主演喬姬、王姬相繼亡故，本人亦已垂老，境況困窘，再度遷居杭州以終。平生著作除確定的《笠翁十種曲》外，另有《偷甲記》《四元記》《雙錘記》《魚籃記》《萬全記》

《十醋記》《雙瑞記》《補天記》八種，是否出自他的手筆，尚無定論；黃文暘《曲海總目提要》中將《偷甲記》《四元記》《雙錘記》《魚籃記》《萬全記》著者著錄爲李漁，不確。鑒於李漁改編導演創作演出劇本，又刊刻書籍，當然可以經手這些劇本，加以改編並自行刊刻，這些署名的混淆也是情理之中的。另有小說《無聲戲》(又名《連城璧》)《十二樓》《織錦回文傳》《肉蒲團》等，雜著《閒情偶寄》和詩文集《笠翁一家言》等。

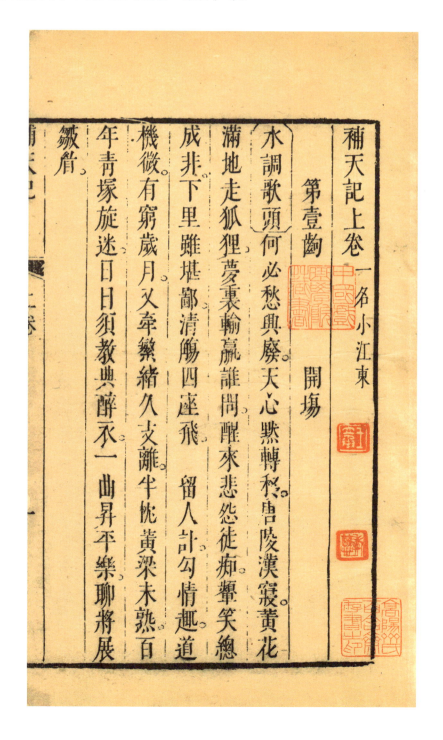

第六才子書西廂記　八卷附才子西廂醉心篇　（元）王實甫撰　（清）金聖歎評　清道光二十九年（1849）味蘭軒刻本

框高 12.2 釐米，寬 7.9 釐米。半葉九行，行二十五字，小字雙行同，白口，左右雙邊，單魚尾。兩函十冊。從卷四開始上下雙欄，上欄眉批五字雙行，下欄九行十九字，小字雙行同。書名葉題“道光己酉年鑴，聖歎先生評點，西廂詮注，味蘭軒藏板”。封套掛簽爲齊如山墨跡。有道光二十九年（1849）味蘭軒主人序言、例言、《雙文小像》及題詠、目錄，卷四有插圖四幅，卷五有插圖四幅，卷六有插圖四幅，卷七有插圖四幅，卷八有插圖四幅。封面卷首末鈐“高陽齊氏百舍齋存書之印”“齊林玉世世子孫永寶用”“齊氏所藏戲曲小說印”“中國戲曲學院藏書”等印。原爲高陽齊氏百舍齋所藏，後捐中國戲曲研究院，現爲中國藝術研究院圖書館藏書。此書與八卷本《貫華堂第六才子書》爲一個系統。卷一爲序一慟哭古人，序二留贈後人；卷二金聖歎讀西廂記法；卷三會真記附詩、醉心篇（附於書後）。卷四至卷七爲正文，卷八續篇四折。

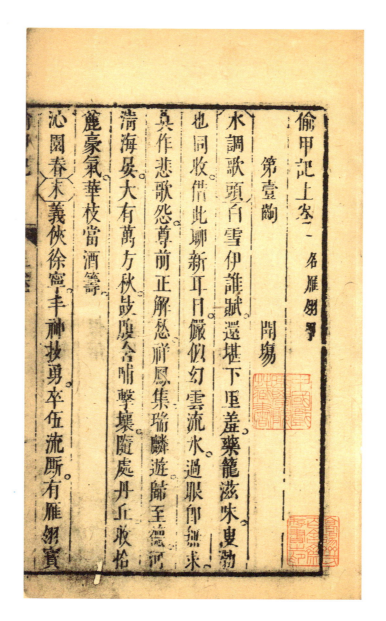

偷甲記（又名雁翎甲） 二卷三十六齣 （清）范希哲撰 清康熙間刻本

　　框高 19.5 釐米，寬 12 釐米。半葉八行，行二十字，小字同，白口，四周單邊，單黑魚尾。一函四册。卷前有目錄，目錄分上下卷。封套書簽及掛簽爲齊如山墨跡。卷端不題撰者名。一作范希哲撰，又作李漁撰。《偷甲記》《四元記》《雙鍾記》《魚籃記》《萬全記》《十醋記》《補天記》《雙瑞記》合稱《八種傳奇》。范希哲與李漁交往甚密，李漁開鋪刻書，創作劇本，結交名流，搬演戲曲，或有一些經他手刊刻之本也是可以講得通的。八種曲有著錄爲《傳奇八種本》的，其中一部分行款格式均同。封面卷首末鈐"高陽齊氏百舍齋存書之印""齊林玉世世子孫永寶用""齊氏所藏戲曲小說印""如山過目""中國戲曲學院藏書"等印。原爲高陽齊氏百舍齋收藏，後捐中國戲曲研究院，現爲中國藝術研究院圖書館藏書。

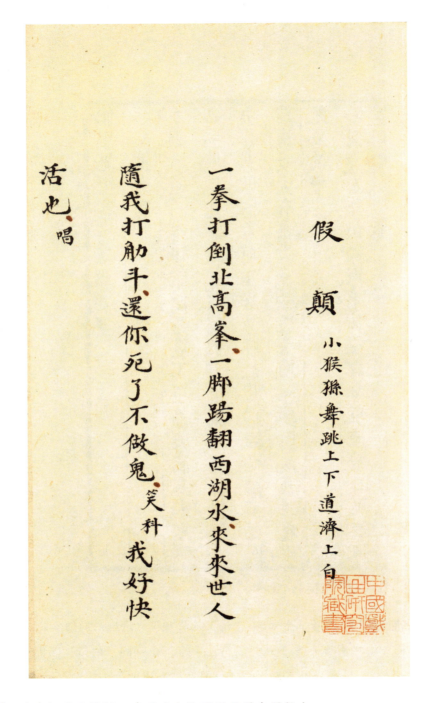

假顚總本 （清）昇平署輯　清同治光緒間昇平署朱墨抄本

高 24 釐米，寬 15.4 釐米。半葉四行，行大小字不等，無邊框。一册。毛裝。有朱筆圈點。有工尺譜。書名據封面書籤題。有國劇陳列館書籤，題"崑曲四行安殿本，齊如山藏"。卷首末鈐"中國戲曲研究院藏書""梅蘭芳捐贈"等印。原爲高陽齊氏所藏，齊梅合作期間歸國劇陳列館，後捐中國戲曲研究院，現由中國藝術研究院圖書館收藏。收入館藏《崑曲四行曲譜》中。《故宮珍本叢刊》收入昇平署崑腔單齣兩種，昇平署崑腔單齣曲譜一種。

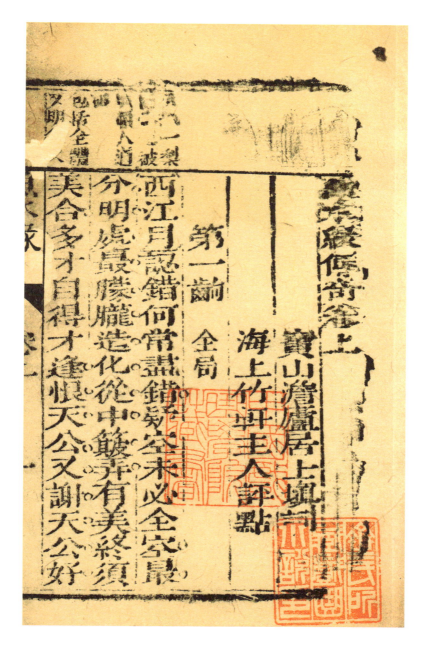

魚水緣傳奇　二卷三十二齣　（清）周書填詞　（清）竹軒主人評點　清乾隆間刻本

　　框高 10.5 釐米，寬 7 釐米。半葉上下欄，上欄眉批雙行四字，下欄七行十六字，白口，四周雙邊，單黑魚尾。一函八冊。卷前有乾隆三十五年（1770）古愚學者《袖珍魚水緣傳奇序》，有乾隆二十五年（1760）陳世熙跋、題詞。插圖十五葉十五幅，一圖一詠（應爲十六幅，缺第七幅）。有《魚水緣傳奇目次》。封套題簽及掛簽爲齊如山墨跡。封面目録卷首末鈐"高陽齊氏百舍齋存書之印""齊氏所藏戲曲小說印""齊林玉世世子孫永寶用""中國戲曲學院藏書""如山讀過"等印。原爲高陽齊氏百舍齋藏書，後捐中國戲曲研究院，現由中國藝術研究院圖書館收藏。

魚水緣傳奇 二卷三十二齣 （清）周書填詞 （清）竹軒主人評點 清乾隆二十六年（1761）博文堂刻本

框高 19.3 釐米，寬 11.3 釐米。半葉上下欄，上欄眉批雙行六字，下欄八行二十字，白口，四周雙邊，單黑魚尾。一函四冊。卷前有乾隆二十五年（1760）陳世熙跋，乾隆二十五年（1760）王永熙序言，乾隆二十五年（1760）澹廬居士自序、題詞。插圖十六葉十六幅，一圖一詠。有《魚水緣傳奇目次》。封套題簽及掛簽爲齊如山墨跡。周書即澹廬居士，自序末有"周書之印""澹廬居士"等印。周書約爲乾隆間人，少孤貧，有才情，享譽藝壇，擷取安陽酒民《情夢柝選詞》故事，創作《魚水緣傳奇》，"以胡沈之緣實於寶魚之換晶珮"，並定名《魚水緣》，遂付與伶倫演之，很受歡迎，好事者持而付梓。封面目録卷首末鈐"高陽齊氏百舍齋存書之印""齊氏所藏戲曲小說印""齊林玉世世子孫永寶用""中國戲曲學院藏書""齊如山"等印。原爲高陽齊氏百舍齋藏書，後捐中國戲曲研究院，現由中國藝術研究院圖書館收藏。

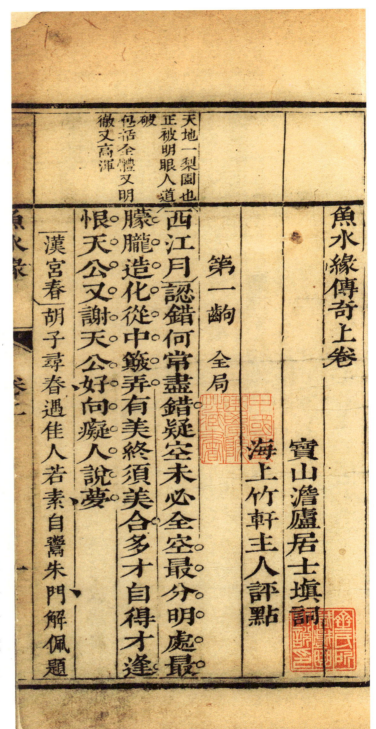

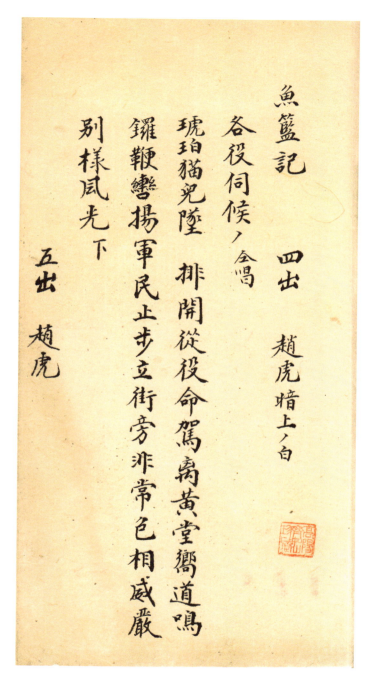

魚籃記　　四出　　趙虎暗上，白

各役伺候　合唱

琥珀猫兒墜　排開從役命駕離黃堂響道鳴

鑼鞭彎揚軍民止步立街旁非常色相威嚴

別樣風光下

五出　趙虎

魚籃記　　*存兩齣　（清）佚名輯　清抄本*

　　高 25 釐米，寬 14.5 釐米。半葉六行，行字不等，無邊框。清代戲曲各腳公用單本，存第三、四齣。卷首題"趙虎暗上，白"。紙張老舊，年代久遠，墨色沉鬱，抄功工穩。從書品看似爲内府、昇平署承應戲所遺物件。卷首鈐"高陽齊如山珍藏"印。原爲高陽齊氏百舍齋收藏，現爲中國藝術研究院圖書館藏書。收入館藏《各腳公用大本》中。《故宮珍本叢刊》收入昇平署崑弋壽戲一種，昇平署串頭本一種，昇平署排場本一種。

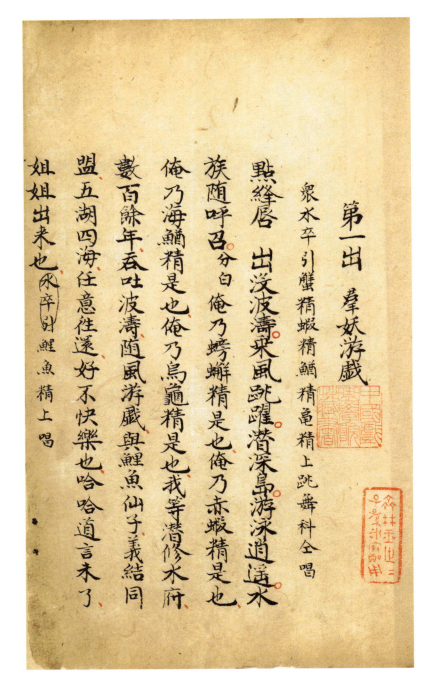

魚籃記 八齣 （清）昇平署輯 清昇平署朱墨抄本

高 24.7 釐米，寬 18 釐米。半葉九行，行字不等，無邊框。毛裝。一函一册。有朱筆圈點。封套題"清書堂藏"。封套書籤題"嘉慶昇平署抄本，松蘿館藏"。封面卷首末鈐"高陽齊氏百舍齋存書之印""齊林玉世世子孫永寶用""齊氏所藏戲曲小說印""如山過目""中國戲曲學院藏書"等印。原爲高陽齊氏百舍齋收藏，後捐中國戲曲研究院，現爲中國藝術研究院圖書館藏書。《故宮珍本叢刊》收入昇平署崑弋壽戲一種，昇平署串頭本一種，昇平署排場本一種。

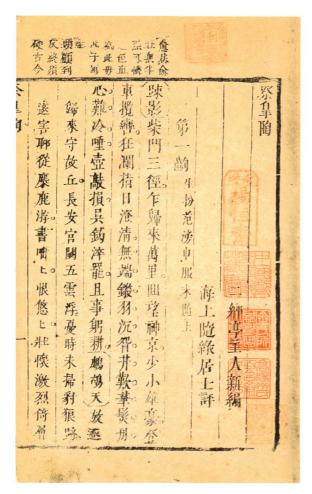
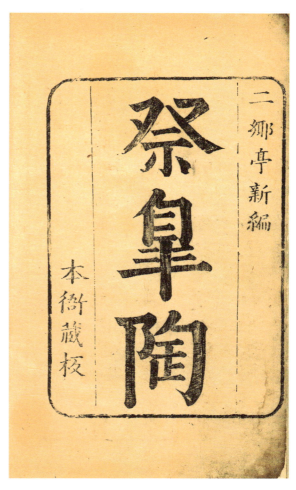

祭皋陶　四齣　（清）宋琬編　（清）海上隨緣居士評　清康熙間刻本

框高 19 釐米，寬 13 釐米。半葉九行，行二十字，小字同，白口，四周單邊。一函一册。有眉批三字雙行。書名葉題"二鄉亭新編，祭皋陶，本衙藏板"。卷前有康熙十一年（1672）杜陵容水生《並語》、隨緣居士題詞。封面卷首末鈐"利順圖書""南巷楊恒齋""高陽齊氏百舍齋存書之印""齊林玉世世子孫永寶用""齊氏所藏戲曲小說印""中國戲曲學院藏書""中國戲曲研究院藏書"等印。原爲南巷楊恒齋及高陽齊氏百舍齋收藏，後捐中國戲曲研究院，現爲中國藝術研究院圖書館藏書。

宋琬（1614—1674），清初詩人，清詩八大家之一。字玉叔，號荔裳，萊陽（今山東）人。順治四年（1647）進士，授戶部主事，累遷永平兵僕道、寧紹台道，被誣下獄三年，久之得白，流寓吳、越間，起復任四川按察使。詩詞與施潤章齊名，有"南施北宋"之稱，又與嚴沆、施閏章、丁彭等合稱"燕臺七子"，著有《安雅堂集》及《二鄉亭詞》。

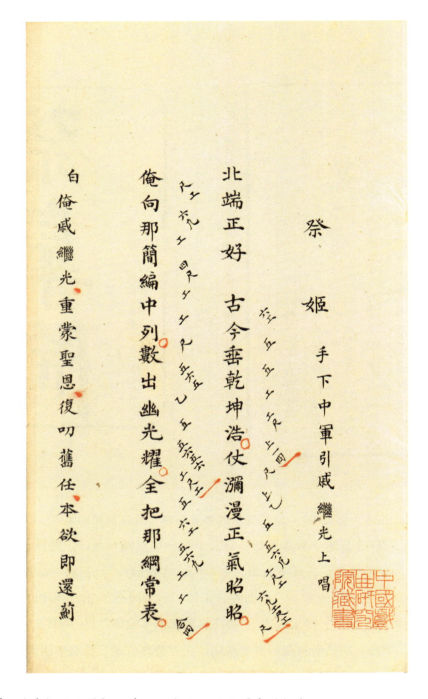

祭姬總本 （清）昇平署輯　清同治光緒間昇平署朱墨抄本

　　高 24 釐米，寬 15.4 釐米。半葉四行，行大小字不等，無邊框。一册。毛裝。有朱筆圈點。有工尺譜。書名據封面書簽題。有國劇陳列館書簽，題 "崑曲四行安殿本，齊如山藏"。卷首末鈐 "中國戲曲研究院藏書" "梅蘭芳捐贈" 等印。原爲高陽齊氏所藏，齊梅合作期間歸國劇陳列館，後捐中國戲曲研究院，現由中國藝術研究院圖書館收藏。收入館藏《崑曲四行曲譜》中。《故宫珍本叢刊》收入昇平署崑腔單齣一種。

庶幾堂今樂初二集　二十八種　（清）余治撰　清光緒間蘇州元妙觀得見齋書坊刻本

框高 16 釐米，寬 10.5 釐米。半葉十行，行二十二字，小字雙行同，白口，四周雙邊，單黑魚尾。一函十冊。封面書籤題"庶幾堂今樂，曲園題"，鈐"曲園居士"。書名葉篆字"庶幾堂今樂"。封二題"蘇州元妙觀得見齋書坊藏版"。卷前有清同治二年（1863）俞樾序言、清咸豐十年（1860）余治自序、題詞、他所撰的《引古》《答客問》《上當事書》及例言、目録。書名著者據封面書籤、序言、目録、版心題。封面序言目録鈐"高陽齊氏百舍齋存書之印""齊林玉世世子孫永寶用""齊氏所藏戲曲小說印""中國戲曲學院藏書"等印。原爲高陽齊如山百舍齋藏書，後歸中國戲曲研究院，現由中國藝術研究院圖書館收藏。此書一種著録爲清光緒六年（1880）刻本，不知何根據；一種著録爲黃紙本，藝研院藏本爲白紙本。

余治（1809—1874），字翼廷，號蓮村、晦齋、寄雲山人、望炊樓主人，晚署"木鋒先生"，門人私謚"孝惠"，江蘇無錫人。清末慈善家、戲曲作家。五應鄉試而不舉。咸豐八年（1858）由附生保舉訓導，同治五年（1866）充廣方言館監督。畢生愛好戲曲，作品甚多，内容多爲勸人行善，宣揚忠孝節義，曾養童伶戲班，招募貧窮子弟教授皮黃劇目。他是清代第一個創作大量皮黃劇本的文人劇作家，編撰皮黃劇本數十種，所撰皮黃劇本共三十餘種，現存二十八種，輯爲《庶幾堂今樂》。另著有《尊小學齋詩文集》

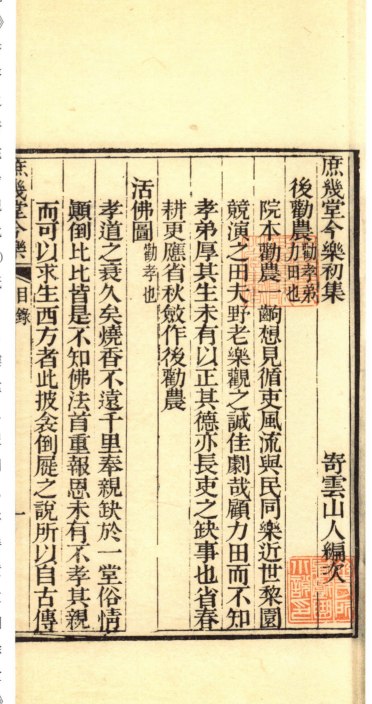

《得一録》十六卷。生平事跡見吳師澄《余孝惠先生年譜》及俞礎所撰墓誌銘、彭慰高所撰墓表。

下列《庶幾堂今樂初二集》目録：

《初集》：後勸農、活佛圖（秀水王葆壖王賓鷺捐刻）、同胞案（待鶴齋同人代刻）、義民記（待鶴齋鄭氏捐刻）、海烈婦記（待鶴齋同人代刻）、岳侯訓子（待鶴齋鄭氏捐刻）、英雄譜（錫山李氏捐刻）、風流鑒（待鶴齋鄭氏捐刻）、延壽籙（錫山李氏捐刻）、育怪圖（待鶴齋同人代刻）、屠牛報（待鶴齋同人代刻）、老年福（待鶴齋同人代刻）、文星現（浙西金粟庵主人捐刻）、掃螺記（待鶴齋同人代刻）、前出劫（望炊樓捐刻）、後出劫（望炊樓捐刻）。

《二集》：義犬記（待鶴齋同人代刻）、回頭案（待鶴齋同人代刻）、推磨記（待鶴齋同人代刻）、公平判（錫山李氏捐刻）、陰陽獄（待鶴齋同人代刻）、朱砂痣（待鶴齋同人代刻）、同科報（浙西敦善行堂沈捐刻）、福善圖（待鶴齋同人代刻）、酒樓記（待鶴齋同人代刻）、緑林鐸（錫山雲軒氏捐刻）、劫海圖（浙西小夢檪館嚴捐刻）、燒香案（待鶴齋同人代刻）。

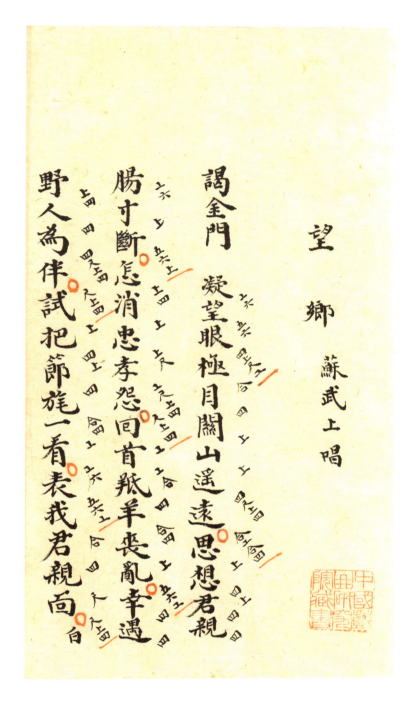

望鄉總本 （清）昇平署輯　清同治光緒間昇平署朱墨抄本

　　高 24 釐米，寬 15.4 釐米。半葉四行，行大小字不等，無邊框。一册。毛裝。有朱筆圈點。有工尺譜。書名據封面書簽題。有國劇陳列館書簽，題 "崑曲四行安殿本，齊如山藏"。卷首末鈐 "中國戲曲研究院藏書" "梅蘭芳捐贈" 等印。原爲高陽齊氏所藏，齊梅合作期間歸國劇陳列館，後捐中國戲曲研究院，現由中國藝術研究院圖書館收藏。收入館藏《崑曲四行曲譜》中。光緒十年《外派崑腔提綱本》中收入《望鄉》一種，行款與此本不同，不知藏於何處。

望湖亭記　二卷三十六齣　（明）沈自晉撰　明刻本

框高 20 釐米，寬 14 釐米。半葉九行，行二十字，白口，四周單邊，單黑魚尾。一函兩冊。卷端題"吳郡鞠通生筆"。原書名葉缺。有插圖十二幅，六幅爲劇情插圖，六幅爲團扇插圖。有目録，題三十五齣下卷較正文少一齣目録。或爲漏刻。封套書簽"明板望湖亭傳奇"爲齊如山墨跡。此本爲明刻《十種傳奇》本。封面序端卷首末鈐"高陽齊氏百舍齋存書之印""齊氏所藏戲曲小說印""齊林玉世世子孫永寶用""中國戲曲學院藏書""如山過目"等印。原爲高陽齊氏百舍齋藏書，後捐中國戲曲研究院，現由中國藝術研究院收藏。

沈自晉（1583—1665），字伯明，晚字長康，號西來，又號鞠通，明末清初劇作家。出身吳江沈氏旺族。現存傳奇有《翠屏山》《望湖亭》，《耆英會》（僅存收録於《南詞新譜》中的五支佚曲）。另有《廣輯詞隱先生南九宮十三調詞譜》（簡稱《南詞新譜》），對研究南曲腔格，搜集晚明劇作家史料，尤其是吳江沈氏家族資料，具有參考價值。所著《黍離續奏》《越溪新詠》《不殊堂近草》，合稱《鞠通樂府》，多寫明清鼎革離亂之情。沈自晉的散曲作品還有散見於馮夢龍《太霞新奏》中的七套套曲、七支單曲以及散存於《南詞新譜》的十三支單曲。詩作存二十二首，清乾隆五年（1740）《吳江沈氏詩集録》存三首，《南詞新譜·凡例續紀》中有《和子猶辭世原韻》七律二首，《鞠通樂府》內插附《自題小像》等十七首。

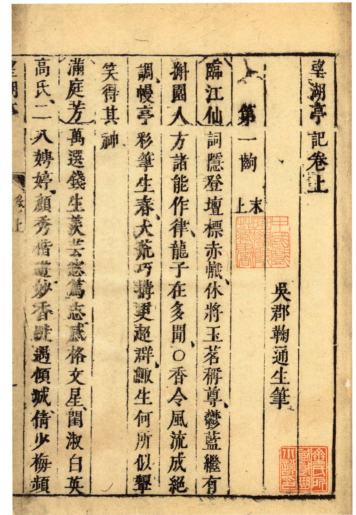

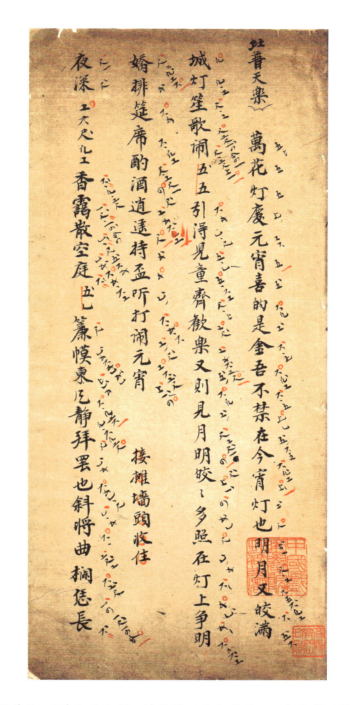

粗細鑼鼓譜 附時曲 （清）佚名輯 清乾隆五十七年（1792）朱德昭抄本

高 26 釐米，寬 13.8 釐米。半葉行、字不等，無邊框。一函一冊。有朱筆圈點。書名據封面書簽題，封面題"乾隆壬子荷月立，朱德昭，粗細鑼鼓譜，萬花燈，如山"。後附"時曲"爲乾隆五十八年（1793）抄本，輯錄者稱"安定"。選自元人百種，十段錦。卷首末鈐"高陽齊如山珍藏""中國戲曲學院藏書"等印。原爲齊如山藏，後捐中國戲曲研究院，現爲中國藝術研究院圖書館藏書。

清人雜劇二集　四十種　鄭振鐸輯　民國二十三年（1934）長樂鄭振鐸石印本

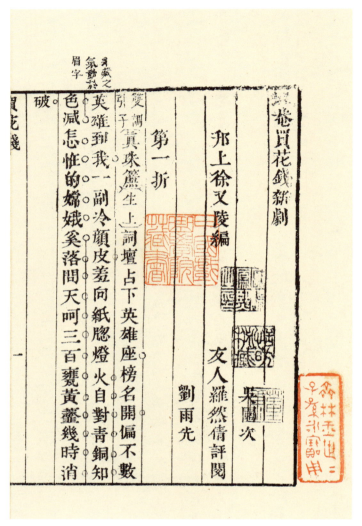

框高 13 釐米，寬 9 釐米。半葉九行，行二十字，小字雙行同，白口，四周雙邊（以第一種爲例，板式各種不同）。一函十二冊。書名葉題"清人雜劇二集"。牌記題"中華民國二十三年五月長樂鄭氏印行"。卷前有民國二十年（1931）吳梅序，民國二十三年（1934）鄭振鐸題記，目次。卷末有鄭振鐸出版預告。另附目錄《清人雜劇三集四十種》（嗣出），《清人雜劇四集一百種》（嗣出），《清人雜劇五集一百種》（嗣出），《元明雜劇初集二十種》（嗣出）。函套掛簽爲齊如山墨跡。封套書簽爲容庚題寫。封面序端卷首卷末鈐"齊林玉世世子孫永寶用""高陽齊氏百舍齋存書之印""齊氏所藏戲曲小說印""中國戲曲學院藏書""齊如山"等印。原爲高陽齊氏百舍齋所藏，後捐中國戲曲研究院，現爲中國藝術研究院圖書館藏書。

清人雜劇初集　四十種　鄭振鐸輯　民國二十年（1931）長樂鄭振鐸石印本

框高 13.4 釐米，寬 9.4 釐米。半葉九行，行十九字，小字雙行同，白口，左右雙邊，單黑魚尾（以第一種爲例，板式各種不同）。一函十冊。扉葉有鄭振鐸題贈晴帆先生的簽名。扉葉背面有"銘九"題識稱：鄭振鐸民國二十年（1931）暮春邀集商務印書館編譯所同人俱樂會，並將此書持贈。並鈐"字曰情農"朱印。書名葉題簽"西諦所刊雜劇傳奇第一種"。又題"清人雜劇初集"。牌記題"中華民國二十年正月長樂鄭氏印行"。卷前有鄭振鐸民國二十年（1931）序言、例言、目次。卷末有民國二十年（1931）鄭振鐸跋語。另附《清人雜劇二集四十種目録》《西諦景印元明清本散曲目録》十種。函套掛簽爲齊如山墨跡。封面序端卷首卷末鈐"齊林玉世世子孫永寶用""高陽齊氏百舍齋存書之印""齊氏所藏戲曲小說印""中國戲曲學院藏書""齊如山"等印。原爲高陽齊氏百舍齋所藏，後捐中國戲曲研究院，現爲中國藝術研究院圖書館藏書。

封套題簽爲"青山農"，鈐"黃"朱印。查此人即黃葆（1880—1969），小名破鉢，字渴農，號鄰谷，別號青山農。福建長樂縣青山村人。民國間福建圖書館館長，上海商務印書館資深編輯，負責審校《宋拓淳化閣帖》《天籟閣舊存宋人畫册》，任商務印書館美術部主任二十多年，"神州國光社"成員，專擅搜集鑒定出版歷代書畫，辨別真僞。

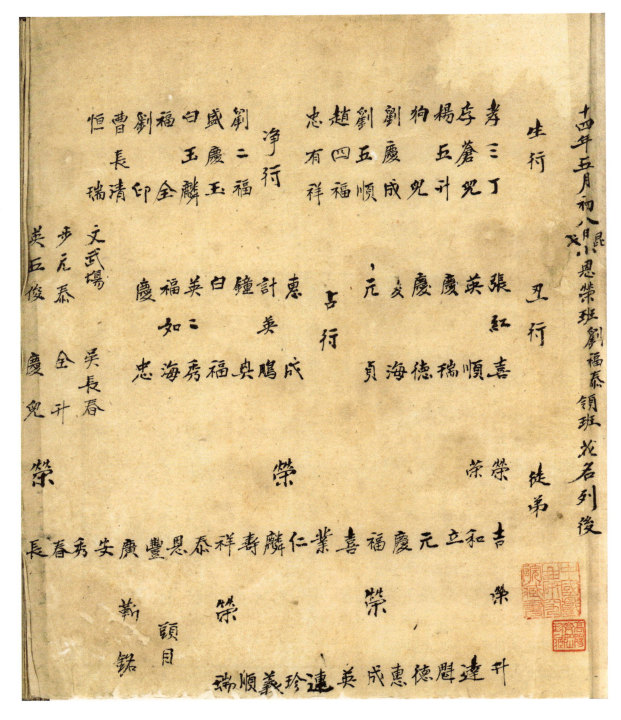

清光緒十四年各戲班花名册 （清）佚名輯　清光緒十四年（1888）抄本

高 25 釐米，寬 28 釐米。半葉行、字不等，無邊框。一函一册。書名年代據内外封面書簽題。外封爲齊如山墨跡。封面卷首末鈐"高陽齊如山珍藏""中國戲曲研究院藏書""梅蘭芳捐贈"等印原爲齊氏百舍齋藏書，後捐中國戲曲研究院，現由中國藝術研究院圖書館收藏。

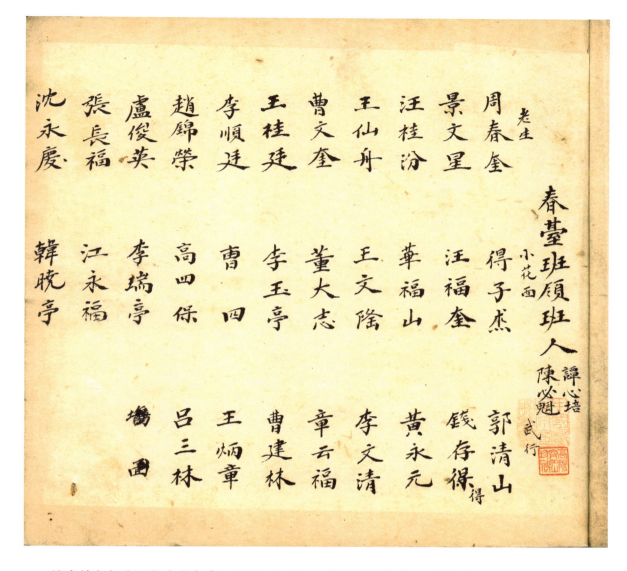

清光緒九年班園往來花名底 （清）佚名輯　清光緒九年（1883）抄本

　　高 24 釐米，寬 27 釐米。半葉行、字不等，無邊框。一函一冊。書名年代據內外封面書籤題。外封爲齊如山墨跡。卷首即録春臺班演員名録。封面卷首末鈐“高陽齊如山珍藏”“中國戲曲研究院藏書”“梅蘭芳捐贈”等印。原爲齊氏百舍齋藏書，後捐中國戲曲研究院，現由中國藝術研究院圖書館收藏。

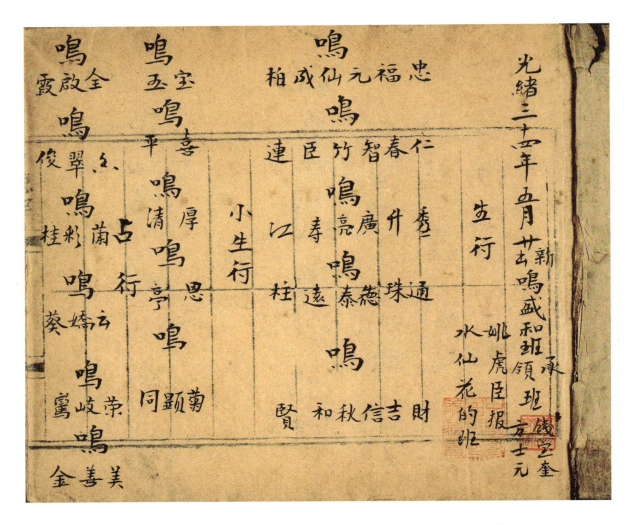

清光緒三十四年各戲班花名冊 （清）佚名輯　清光緒三十四年（1908）蘭格抄本

　　高 22.5 釐米，寬 17.5 釐米。半葉行、字不等。"德祥"蘭格帳頁抄錄。一函一冊。書名年代據內外封面書簽題。外封爲齊如山墨跡。封面卷首末鈐"高陽齊如山珍藏""中國戲曲研究院藏書""梅蘭芳捐贈"等印。原爲齊氏百舍齋藏書，後捐中國戲曲研究院，現由中國藝術研究院圖書館收藏。

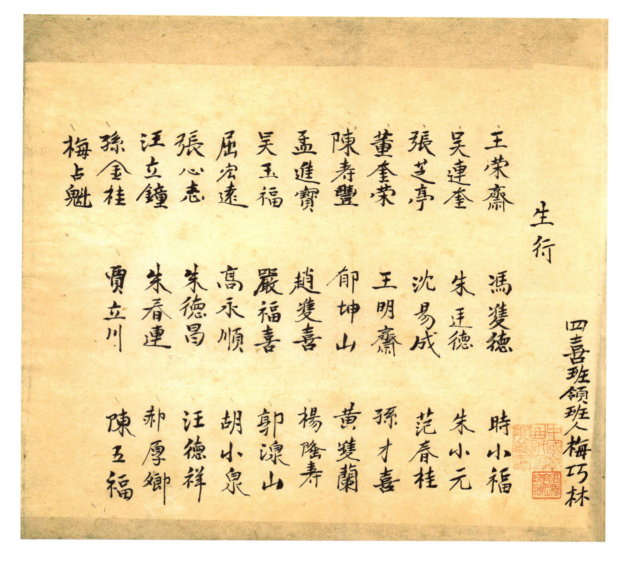

清光緒三年梨園各班花名册 （清）佚名輯　清光緒三年（1877）抄本

高 24 釐米，寬 29 釐米。半葉行、字不等，無邊框。一函一册。書名年代據內外封面書簽題。外封爲齊如山墨跡。卷首即録四喜班領班"梅巧林"。封面卷首末鈐"高陽齊如山珍藏""中國戲曲研究院藏書""梅蘭芳捐贈"等印。原爲齊氏百舍齋藏書，後捐中國戲曲研究院，現由中國藝術研究院圖書館收藏。

清同光間戲班報班手續檔及其他　齊如山輯　民國間百舍齋紅格抄本

框高 17.3 釐米，寬 11.3 釐米。半葉八行，行二十字，白口，四周單邊，單黑魚尾。一函五冊。毛裝。書名據封套題簽代擬。封面卷首末鈐"如山""中國戲曲研究院藏書""梅蘭芳捐贈"等印。原爲齊氏百舍齋藏書，1956 年 9 月 22 日捐中國戲曲研究院，現由中國藝術研究院圖書館收藏。包括：

（第一冊）光緒間四喜班、春慶和班、永勝奎班、瑞勝和班、信勝和班、承慶班、慶順和班、宏興奎班、永成班、吉利班、同慶和班、勝春班、榮福班、嵩祝成班史料。

（第二冊）同光間崐弋慶壽班、小福勝班、新出承平班、秦腔德勝和班、小雙慶和班、阜成班史料。

（第三冊）同光間全慶社男班（民國十二年）、小長慶班、玉成班、慶春班、寶勝和班、義順和班、福壽班、秦腔瑞慶和班、同春班、春和班、三慶班、四喜班、安慶班、阜成班、春臺班、萬順奎班、小福勝秦腔班、雙奎班、奎慶崐腔班、重慶班、普慶班、復出九和崐腔班、重慶崐腔班、喜慶崐腔班、吉生崐弋班、鎰勝班、復出雙奎班、全順和班、復出嵩慶班、復出慶壽崐弋班、全慶和班、集慶華班、義順和班、雙順利班、祥泰班、金臺班、高升崐腔班、慶和成崐腔班、全慶和班、久和春崐腔班、永慶和崐腔班、同慶崐腔班、萬春和秦腔班、榮春和崐腔班、金臺崐腔班、全慶和班、小和春崐腔班、瑞和成崐腔班、同春和班、永和成崐腔班、喜春奎崐腔班、鴻順和班、勝春奎班、吉利秦腔班、永勝奎崐腔班、雙勝奎班、德勝奎班全福班史料。

（第四冊）同治二年（1863）至民國三年（1914）各戲班名録。

（第五冊）光緒十三年（1887）昇平署當差人等旗色年貌花名册。

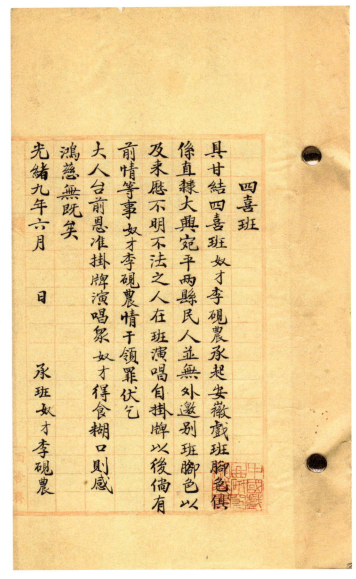

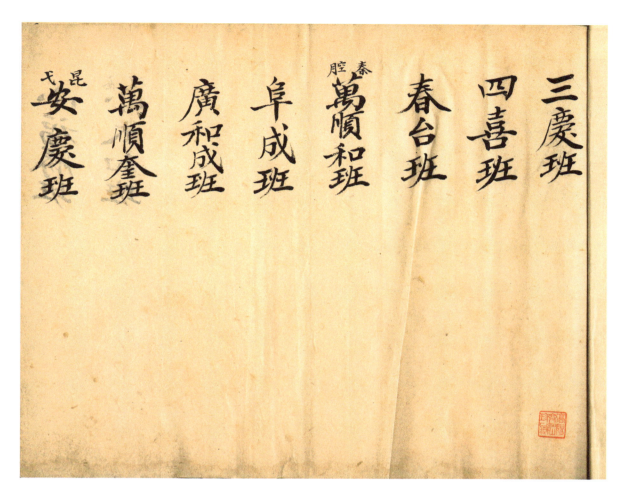

清同治二年大小各班花名總册 （清）佚名輯　清同治二年（1863）抄本

高 22 釐米，寬 29.5 釐米。半葉行、字不等，無邊框。書名年代據內外封面書簽題。外封爲齊如山墨跡。封面卷首末鈐 "高陽齊如山珍藏" "梅蘭芳捐贈" 等印。原爲齊氏百舍齋藏書，後捐中國戲曲研究院，現由中國藝術研究院圖書館收藏。

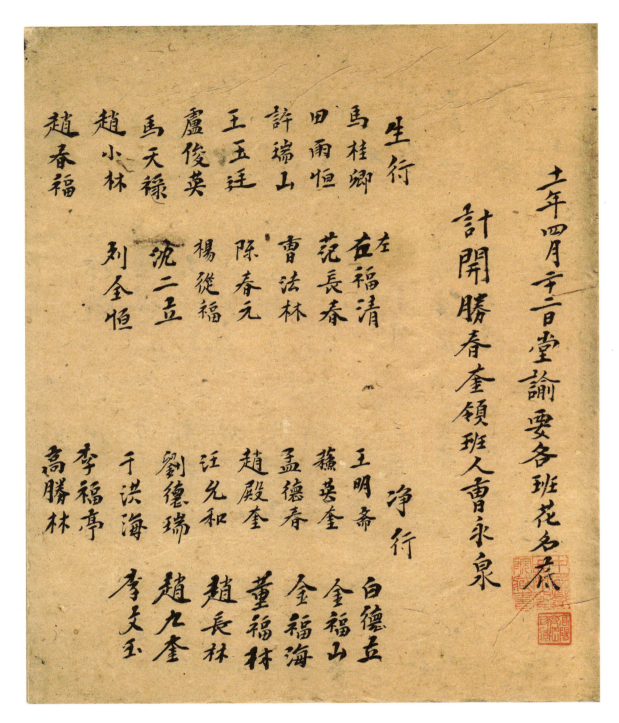

清同治十一年梨園花名册底簿 （清）佚名輯　清同治十一年（1872）精忠廟抄本

高 24.5 釐米，寬 27 釐米。半葉行、字不等，無邊框。一函一冊。書名年代據內外封面書簽題。外封爲齊如山墨跡。內封題"精忠廟"。卷首即錄勝春奎班演員名錄。封面卷首末鈐"高陽齊如山珍藏""中國戲曲研究院藏書""梅蘭芳捐贈"等印。原爲齊氏百舍齋藏書，後捐中國戲曲研究院，現由中國藝術研究院圖書館收藏。

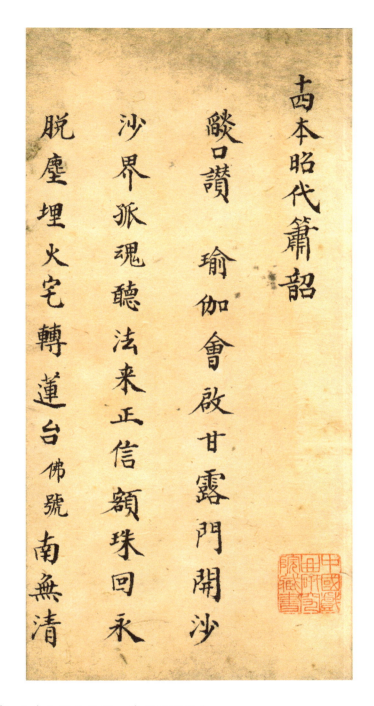

清宮公用單本 （清）昇平署輯　清昇平署抄本

　　高 24 釐米，寬 14.5 釐米。半葉四行，行字不等，無邊框。毛裝。有朱筆圈點刪改。封面題"清宮公用單本，如山藏"。有國劇陳列館簽，題"各腳公用單本，齊如山藏，清宮公用單本，No.28.–"。內封題"十四本昭代簫韶，燄口贊"。卷首末鈐"中國戲曲研究院藏書""梅蘭芳捐贈"等印。原爲高陽齊氏收藏，齊梅合作期間歸國劇陳列館，後捐中國戲曲研究院，現由中國藝術研究院圖書館收藏。收入館藏《公用單本》中。

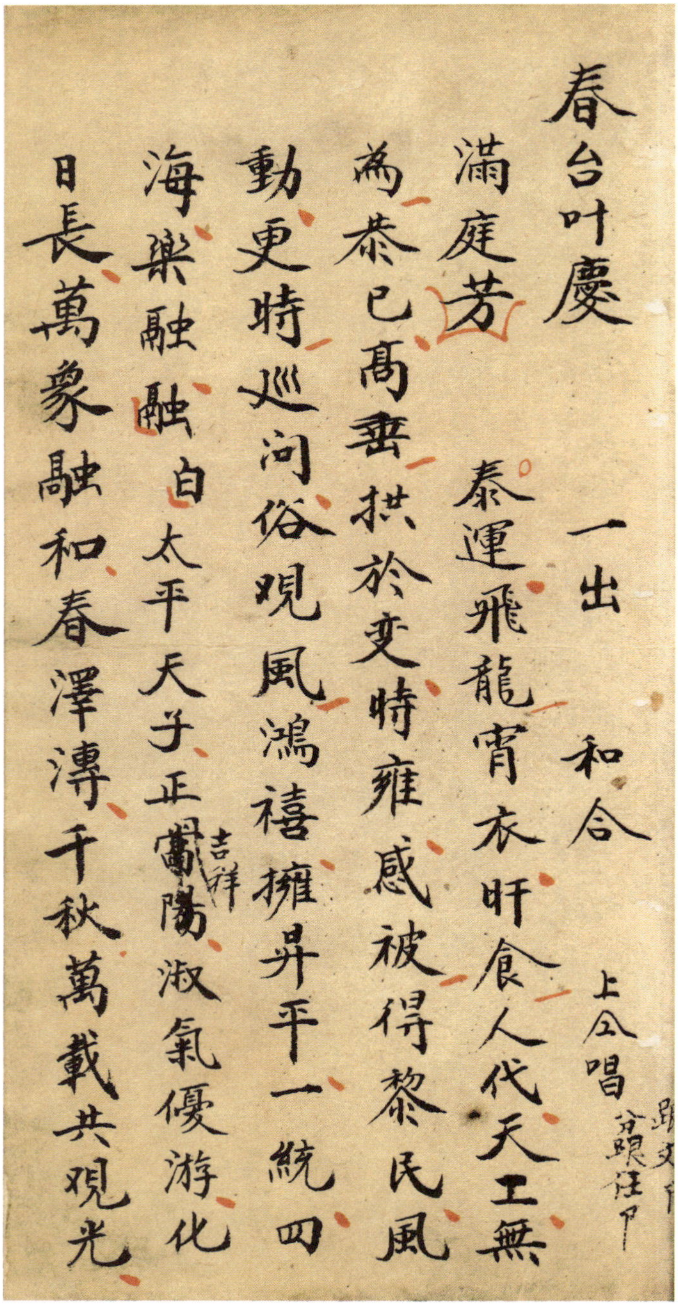

春台叶慶

滿庭芳　一出　和合

泰運飛龍宵衣肝食人代天工無　上仝唱

為恭己高要拱於夒特雍感被得黎民風

動更特巡問俗觀風鴻禧擁舁平一統四

海樂融融白太平天子正當陽淑氣優游化

日長萬象融和春澤溥千秋萬載共觀光

清宮各腳單本 （清）昇平署輯　清昇平署抄本

高 24 釐米，寬 14.5 釐米。半葉六行，行字不等，無邊框。毛裝。封面題 "清宮各腳單本，如山藏"。有齊如山題識："各腳單本，戲班排一新例與各腳各抄單本，祇録本人詞句，凡與他腳有關係之處，皆誌一 "丿"，念詞者見此便知應讓他人說話，此即名曰單本，宮中演亦然。" 此册是多個單本合訂本，齊如山藏簽題曰 "各腳自用單本"。包括：《福壽延年》第一齣、第六齣，《萬壽長生》第四齣、第七齣，《雙福壽》第一齣、第四齣、第五齣、第六齣，《虞庭集福》第八齣，《祥芝應瑞》第四齣，《河清海晏》第三齣、第七齣，《靈仙祝壽》第一齣、第四齣，《春臺葉慶》第一齣、第二齣、第四齣、《羅漢渡海》。《萬壽無疆》《福禄天長》《寶塔莊嚴》《福禄壽》。卷首末鈐 "中國戲曲研究院藏書" "梅蘭芳捐贈" 等印。原爲高陽齊氏收藏，齊梅合作期間歸國劇陳列館，後捐中國戲曲研究院，現由中國藝術研究院圖書館收藏。收入館藏《公用單本》中。

《故宮珍本叢刊》收入南府崑弋開場承應戲《福壽延年》一種，崑弋承應大戲曲譜一種，昇平署串頭本一種。《故宮珍本叢刊》收入昇平署崑弋開場承應戲《萬壽長生》一種，昇平署崑弋開場承應戲曲譜一種，昇平署排場本一種。《故宮珍本叢刊》收入昇平署崑弋開場承應戲《雙福壽》一種，昇平署排場本一種。《故宮珍本叢刊》收入昇平署崑弋開場承應戲《虞庭集福》一種，崑弋承應大戲曲譜一種，昇平署串頭本一種。《故宮珍本叢刊》收入昇平署排場本《祥芝應瑞》一種。《故宮珍本叢刊》收入昇平署崑弋開場承應戲《靈仙祝壽》一種，崑弋承應宴戲曲譜一種，昇平署排場本一種。《故宮珍本叢刊》收入昇平署崑弋開場承應戲《春臺葉慶》一種，昇平署崑弋承應大戲曲譜一種，昇平署排場本一種。《故宮珍本叢刊》收入昇平署崑弋開場承應戲《羅漢渡海》一種，昇平署排場本一種。《故宮珍本叢刊》收入南府崑弋開場承應戲《太平有象萬壽無疆》一種，昇平署提綱本《萬壽無疆》一種，昇平署岔曲《萬壽無疆》一種。《故宮珍本叢刊》收入昇平署崑弋開場承應戲《福禄天長》一種。《故宮珍本叢刊》收入昇平署排場本《寶塔莊嚴》一種。《故宮珍本叢刊》收入昇平署崑弋開場承應戲《福禄壽》一種，昇平署串頭本一種。

点絳唇　萬年如意燈

律轉風條斗回星鳥春燈鬧人樂

元宵早一輪明月升天了

混江龍　洛陽街道擔頭兜桃得春融暖

勾回了梅花夢冷照見楊柳年韶到夜来滿巷

陌珠光縈繞充甲第彩翠飄蕭金閏裡秀

清宮各腳單本 （清）昇平署輯　清昇平署抄本

高 24 釐米，寬 14.5 釐米。半葉六行，行字不等（各種不等），無邊框。毛裝。有朱筆圈點。封面題"清宮各腳單本，如山藏"。有國劇陳列館簽，題"各腳單本，齊如山藏，清宮各腳單本"。此冊爲清宮各腳單本集，包括：《恭祝無疆》《迓福迎祥》《行圍得瑞·獻舞稱觴》《景星協慶·燈月交輝》《萬年長春富貴燈》《福禄壽燈》《萬年如意燈》《膺受多福》《喜朝五位·歲登四時》《九華品菊·衆美飛霞》《東皇布令》《聖母巡行·群仙赴會》《三元百福》《福壽雙喜》《喜恰祥和》。卷首末鈐"中國戲曲研究院藏書""梅蘭芳捐贈"等印。原爲高陽齊氏收藏，齊梅合作期間歸國劇陳列館，後捐中國戲曲研究院，現由中國藝術研究院圖書館收藏。收入館藏《公用單本》中。

《故宮珍本叢刊》收入昇平署崑弋開場承應戲《恭祝無疆》一種；收入昇平署崑弋月令承應戲《迓福迎祥》一種，昇平署崑弋月令承應戲曲譜一種，昇平署提綱本一種；收入昇平署崑弋開場承應戲《行圍得瑞》一種，昇平署崑弋開場承應戲曲譜《行圍得瑞》一種，昇平署提綱本《行圍得瑞》一種；收入昇平署崑弋月令承應戲《景星協慶·燈月交輝》一種；收入昇平署串頭本《萬年長春富貴燈》一種，昇平署排場本一種；收入昇平署崑弋開場承應戲《福禄壽燈》一種，昇平署崑弋開場承應戲曲譜一種；收入崑弋開場承應戲《萬年如意燈》一種，昇平署排場本一種；收入昇平署崑弋承應宴戲《膺受多福萬福攸同》一種，昇平署提綱本《膺受多福》一種；收入南府崑弋月令承應戲《喜朝五位歲發四時》一種，昇平署提綱本《喜朝五位歲發四時》一種；收入南府崑弋月令承應戲《九華品菊·衆美飛霞》一種，昇平署提綱本一種；收入南府崑弋月令承應戲《東皇布令斂福錫民》一種；收入南府月令承應戲《聖母巡行群仙赴會》一種；收入昇平署崑弋開場承應戲《三元百福》一種，昇平署提綱本一種，昇平署排場本一種；收入昇平署崑弋開場承應戲《福壽雙喜》一種；收入昇平署崑弋開場承應戲《喜恰祥和》一種，昇平署崑弋開場承應戲曲譜一種，昇平署排場本一種。

混元盒傳奇 十六齣 （清）佚名撰 清內府朱絲欄精抄本

框高 22 釐米，寬 15.2 釐米。半葉八行，行大小字同，白口，四周雙邊，單黑魚尾。一函四册。書名據封套書簽題。封套書簽題"抄本混元盒傳奇，後半部，清內府抄本"，爲齊如山墨跡。紙質老舊，質地綿軟，墨色沉著，抄功工穩，通篇避"玄"字，應爲康熙間內府抄本。卷首末鈐"鑑心書屋""齊林玉世世子孫永寶用""高陽齊氏百舍齋存書之印""齊氏所藏戲曲小說印""中國戲曲學院藏書"等印。原爲鑑心書屋及齊如山藏書，後捐中國戲曲研究院，現爲中國藝術研究院圖書館藏書。《故宮珍本叢刊》收入昇平署崑弋壽戲一種。

《混元盒》創作於明清之間，演張天師故事，清代小說有《混元盒無毒全傳》，京劇有此劇目。地方戲中也有據此情節改編的劇目，如川劇《菖蒲劍》。原爲宮廷供奉劇目，後流到民間，經藝人改編，產生了不同的版本，並摻入《封神榜》中情節（如碧遊宮、翻天印諸事）。《混元盒》原爲崑曲劇本，六十九齣，清乾嘉以前甚爲流行，後內廷據此改爲承應大戲《闡道除邪》，以崑曲、弋腔夾演。同治間，四大徽班之春臺班，又取材《混元盒》及《闡道除邪》加入《封神傳》小說中情節改編，漸漸崑、亂、皮黃雜糅搬演。此抄本第一齣原爲"天庭點將"，改爲"承帝敕玄都點將"；第二齣原爲"劉府開筵"，改爲"賞端陽守府開樽"；第三齣原爲"漁色逢妖"，改爲"觀社會漁色逢妖"；第四齣原爲"猜詩遭魅"，改爲"坐書齋猜詩著魅"。第五齣後均爲七字句齣目。可見此本雖爲康熙間本但經過後改，齣目前後不一致。南府昇平署本隨抄隨改或抄定後改的情況是比較普遍的。

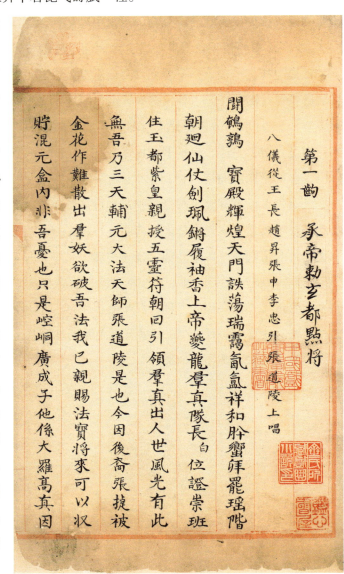

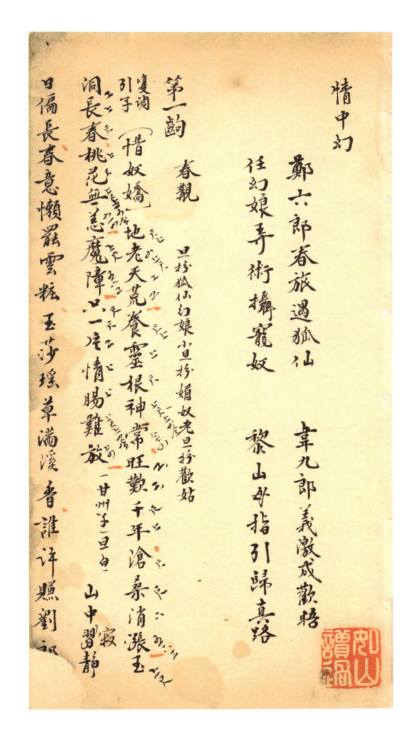

情中幻 四齣 （清）佚名撰 清抄本

高 25 釐米，寬 15.3 釐米。半葉七行，行字不等，無邊框。一函一冊。有朱筆圈點。有工尺譜，有腳色提示。封套書簽及掛簽爲齊如山墨跡。卷首鈐"如山讀過"印。封套題"綴玉軒藏，如山"。原爲齊梅合作期間齊氏鑒定，歸綴玉軒收藏，後捐中國戲曲研究院，現由中國藝術研究院圖書館收藏。

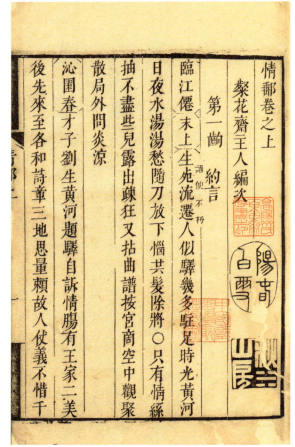

情郵 二卷四十三齣 （明）粲花齋主人編次 清青藤書屋重刻本

框高 19.7 釐米，寬 14.2 釐米。半葉九行，行二十字，小字同，大黑口，四周單邊，單黑魚尾。一函四冊。有夾批。書名葉題"情郵，粲花主人原本，青藤書屋重鐫"。鈐有"一簾花影半牀書""寶芝堂"朱印。有粲花主人題"情郵說"、目次。封套及掛籤爲齊如山墨跡。封面卷首末鈐"高陽齊氏百舍齋存書之印""齊林玉世世子孫永寶用""齊氏所藏戲曲小說印""齊如山""中國戲曲學院藏書"等印。原爲高陽齊氏百舍齋收藏，後捐中國戲曲研究院，現爲中國藝術研究院圖書館藏書。該書有明崇禎間刻本。

情郵傳奇　二卷四十三齣　（明）吳炳撰　明崇禎間刻本

框高 20 釐米，寬 14.5 釐米。半葉九行，行二十字，小字同，白口，四周單邊，單白魚尾。一函八册。卷前有目次、插圖八葉十六幅。有眉批四字雙行。封套及掛籤爲齊如山墨跡。封面卷首末鈐"高陽齊氏百舍齋存書之印""齊林玉世世子孫永寶用""齊氏所藏戲曲小說印""齊如山""中國戲曲學院藏書"等印。原爲高陽齊氏百舍齋收藏，後捐中國戲曲研究院，現爲中國藝術研究院圖書館藏書。

吳炳（1595—1648），字可先，號石渠，晚年又自稱"粲花主人"，宜興人（今宜城鎮），明代末年戲曲作家。萬曆四十七年（1619）進士，任湖北武昌府蒲圻縣知縣，後任江西提學副使，調任工部都水司主事。崇禎年間，由大司馬陸完學推薦，擔任江西提學副使。崇禎帝自縊後，便隨南明流寓廣東，清順治三年（1646）十月，永明王在廣東肇慶即帝位，次年稱"永曆"元年。一月，被授爲兵部右侍郎，從至桂林。二月拜爲禮部尚書兼東閣大學士，仍兼兵部右侍郎的職務。四月，隨同永明王至湖南武岡地區。八月二十四日，聽說清兵將到，便急忙和永明王一起奔向湖南靖州。受永明王命，吳炳護送王太子到湖南城步，同往的衹有吏部主事侯偉時。到達時，城池已經被清兵佔領，稍戰即爲清兵所俘，因於衡州湘山寺。清順治五年（1648）正月十八日，連續絕食七天而亡，年僅五十四歲。鄭振鐸在《插圖本中國文學史》中稱吳炳、孟稱舜、范文若"同爲臨川派的最偉大的劇作家"。吳炳著有《說易》《雅俗稽言》《絕命詩》等，同時，還精心編撰傳奇劇本多種，尤以《綠牡丹》《畫中人》《西園記》《情郵記》《療妒羹》五個劇本最爲著名，後人把這五個戲劇合稱《粲花別墅五種》，又名《石渠五種曲》。

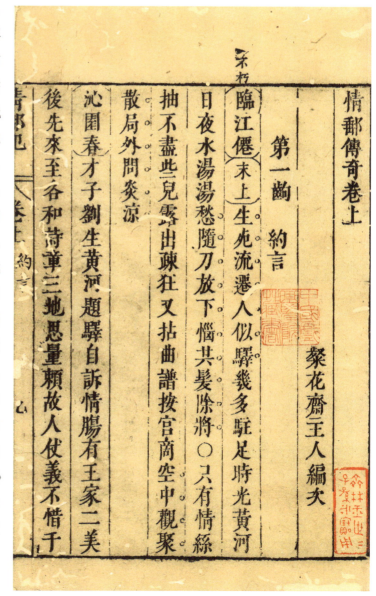

惜春樂府　　十卷　（宋）趙長卿撰　明崇禎間毛晉汲古閣刻本

框高 18.6 釐米，寬 14.5 釐米。半葉八行，行十八字，小字雙行同，白口，左右雙邊。版心下方題刻"汲古閣"。一函兩冊。該書是明崇禎間刻叢書《宋名家詞六十一種》的零種。卷前書名葉題"汲古閣繡鐫惜春樂府"。有目錄。卷末有汲古閣主人毛晉題識："長卿自號仙源居士，蓋南豐宗室也。不棲志紛華，獨安心風雅，每遇花間鶯外輒觸詠自娛。鄉貢進士劉澤集其樂府，以春景夏景秋景冬景及總詞賀生辰補遺類編，釐爲十卷。雖未敢與南唐二主相伯仲，方之徽宗則迥出雲霄矣。湖南毛晉識。"毛晉題識基本道出該詞集原委。

趙長卿，生卒年不詳，約宋寧宗嘉定末前後（1224）在世。著有《惜香樂府》十卷。《四庫全書總目》著錄"長卿恬於仕進，觸詠自娛，隨意成吟，多得淡遠蕭疏之致"。從作品中可知少時孤子，厭惡豪奢，後辭帝京，縱遊山水，客居江南，遁世隱居，恬淡清貧，他同情百姓，友善鄉鄰，常作詞酬和，晚年孤寂。

這部《惜春樂府》封面目錄端卷端卷末鈐"高陽齊氏百舍齋存書之印""齊氏所藏戲曲小說印""齊林玉世世子孫永寶用""齊如山""中國戲曲學院藏書"等印。原爲高陽齊如山百舍齋藏書，後歸中國戲曲研究院，最終由中國藝術研究院圖書館收藏。

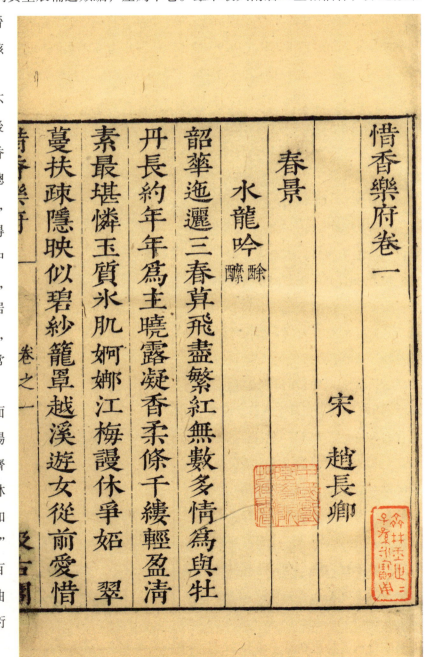

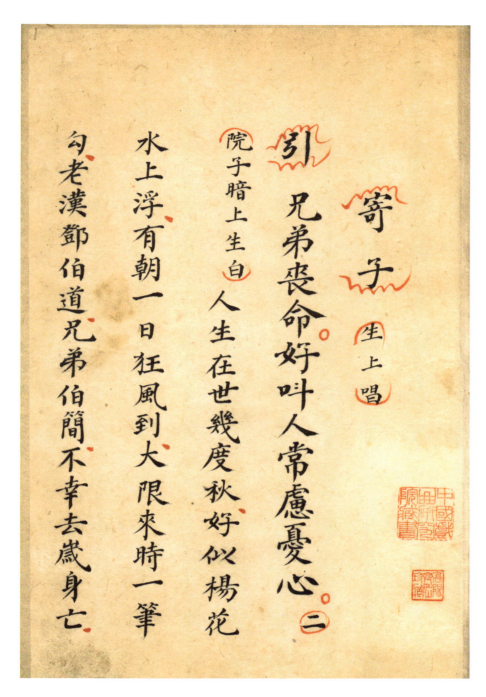

寄子總本　（清）佚名輯　清內府朱墨抄本

　　高 27.3 釐米，寬 21 釐米。半葉五行，行大小字不等，無邊框。毛裝。有朱筆圈點。書名據封面書簽題。有國劇陳列館書簽，題"本家五行皮黃存庫本，齊如山藏，寄子總本，NO.49-5-1."。收入館藏《內學五行皮黃存庫本》中。卷首末鈐"高陽齊如山珍藏""中國戲曲研究院藏書""梅蘭芳捐贈"等印。原為高陽齊氏百舍齋藏書，後歸國劇陳列館，後捐中國戲曲研究院，現由中國藝術研究院圖書館收藏。《故宮珍本叢刊》收入昇平署亂彈單齣一種。

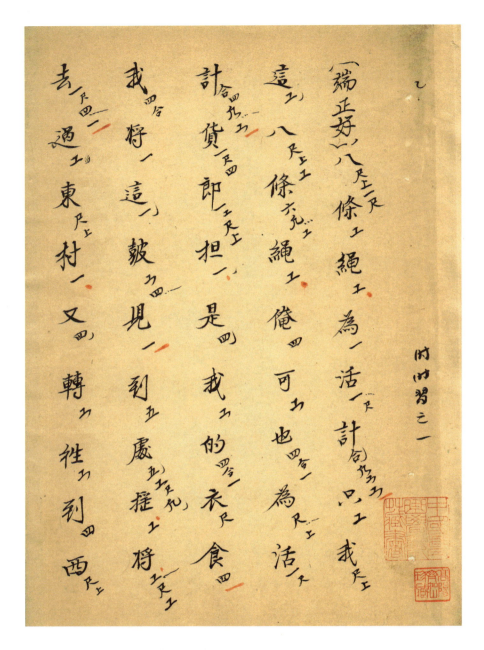

寄信曲譜　（清）永遠堂輯　清永遠堂朱墨抄本

高 29 釐米，寬 19.5 釐米。半葉五行，行九字，譜字不等，無邊框。一函一冊。有朱筆圈點。有工尺譜。書名據封套書籤題。封面書籤題"二百二十號，寄信工尺譜，描容身段譜，永遠堂書，時時習之"。封面書籤爲齊如山墨跡，題"寄信，如山藏，詳注身段劇本"。《描容身段譜》原缺。卷首鈐"高陽齊如山珍藏""中國戲曲學院藏書"等印。原爲高陽齊氏所藏，後捐中國戲曲研究院，現爲中國藝術研究院藏書。

張玉娘閨房三清鸚鵡墓貞文記　二卷三十五齣　（明）孟稱舜撰　（明）陳箴言　（明）呂王師　（明）俞而介　（明）王毓蘭同點正　環翠樓據明刻本抄本

框高 19.5 釐米，寬 13.2 釐米。半葉十行，行二十字，小字同，白口，四周雙邊，單黑魚尾。一函兩冊。版心題"環翠樓"。卷前有崇禎十六年（1643）孟稱舜序言、目次。封面卷首末鈐"曙雯樓""望綠蔭齋""高陽齊氏百舍齋存書之印""齊林玉世世子孫永寶用""齊氏所藏戲曲小說印""如山過目""中國戲曲學院藏書"等印。原爲鄭氏望綠蔭齋、曙雯樓及高陽齊氏百舍齋收藏，後捐中國戲曲研究院，現由中國藝術研究院圖書館收藏。下冊封面題"珠還室藏"。

孟稱舜（1599—1684？），字子塞，又作子若、子適，號小蓬萊臥雲子、花嶼仙史，會稽（今浙江紹興）人，一說烏程人。崇禎諸生。入清嘗爲松陽令。孟稱舜工曲，作傳奇五種，雜劇六種，現存傳奇《二胥記》《貞文記》《嬌紅記》，雜劇《桃花人面》《英雄成敗》《死裏逃生》《花前一笑》《眼兒媚》，並編纂元明雜劇《柳枝集》《酹江集》二集，合稱《古今名劇合選》。

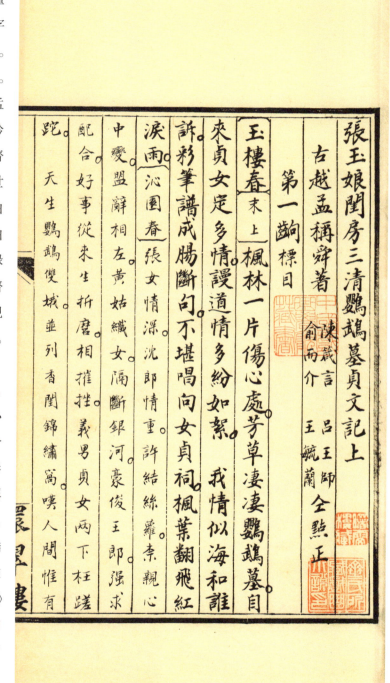

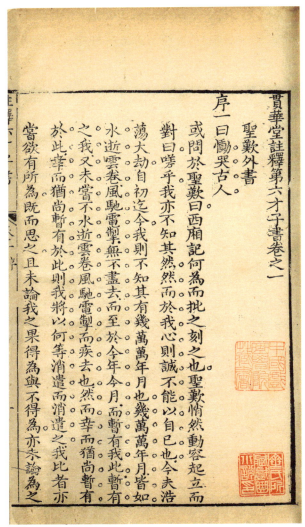

貫華堂注釋第六才子書　六卷　（元）王實甫撰　（清）金聖歎評　清初貫華堂寫刻本

　　框高 19.8 釐米，寬 13.2 釐米。半葉十行，行二十八字，小字雙行同，白口，四周單邊，單黑魚尾。一函六册。書名葉題“注釋第六才子書，貫華堂”。有插圖九幅，目錄。封套書簽爲齊如山墨跡。書品上乘，裝幀考究。卷一分上下卷，卷一上包括：序一慟哭古人，序二留贈後人，讀第六才子書法，會真記。卷一下包括：六才子書原韻一百三十九首。卷二至卷五，包括十六折。卷六爲續四折。卷端題“聖歎外書”。一種著錄續四折爲關漢卿撰。封面卷首末鈐“高陽齊氏百舍齋存書之印”“齊林玉世世子孫永寶用”“齊氏所藏戲曲小説印”“中國戲曲學院藏書”“如山過目”等印。原爲高陽齊氏百舍齋所藏，後捐中國戲曲研究院，現爲中國藝術研究院圖書館藏書。

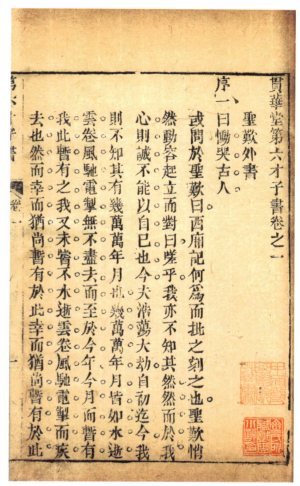

貫華堂第六才子書 八卷 （元）王實甫撰 （清）金聖歎評 清四美堂刻本

框高 21 釐米，寬 14.4 釐米。半葉十行，行二十二字，小字雙行同，白口，四周單邊，單黑魚尾。一函六册。有朱筆圈點眉批。書名葉題"繪像真本，金聖歎先生批點，貫華堂第六才子書，四美堂梓"。插圖二十二幅，最末幅落款"庚辰陽月望日書十美圖後"。或爲康熙三十九年（1700）。書品上乘，裝幀考究。八卷本《貫華堂第六才子書》有康熙四十七年（1708）本，九行十九字。此外《貫華堂第六才子書》還有十一行二十二字本、九行二十字三亦齋本、八行二十字本，均爲善本。前三卷内容與六卷本《貫華堂注釋第六才子書》卷一上相同，沒有六卷本卷一下之《六才子書原韻》一百三十九首。藏家以爲六卷本是貫華堂之原本。封面卷首末鈐"高陽齊氏百舍齋存書之印""齊林玉世世子孫永寶用""齊氏所藏戲曲小說印""中國戲曲學院藏書""如山過目"等印。原爲高陽齊氏百舍齋所藏，後捐中國戲曲研究院，現爲中國藝術研究院圖書館藏書。

琴香堂繪像第七才子書　六卷四十二

齣　（元）高明撰　（清）毛綸　毛宗崗評　清
乾隆間周素庵琴香堂刻巾箱本

　　框高 10 釐米，寬 7 釐米。半葉八行，行
十六字，小字雙行同，白口，四周雙邊，單黑
魚尾。一函十二册。版心題"琴香堂"。有周
素庵序、康熙五年（1666）浮雲客子序、康熙
四年（1665）吳儂悔庵序、目録、插圖二十四
葉四十八幅（圖末有"鄭炳元刊"字樣）。卷
一包括毛氏自序、總論及"前人評語，附參論"。
封套書簽及掛簽爲齊如山墨跡。封面卷首末鈐
"高陽齊氏百舍齋存書之印""齊林玉世世子孫
永寶用""齊氏所藏戲曲小說印""齊如山""中
國戲曲學院藏書""中國戲曲研究院藏書"等
印。原爲高陽齊氏百舍齋收藏，後捐中國戲曲
研究院，現爲中國藝術研究院圖書館藏書。此
本是繼明刊《陳眉公批評琵琶記》《卓吾批評
琵琶記》《三先生合評琵琶記》後的又一個重
要批評本。

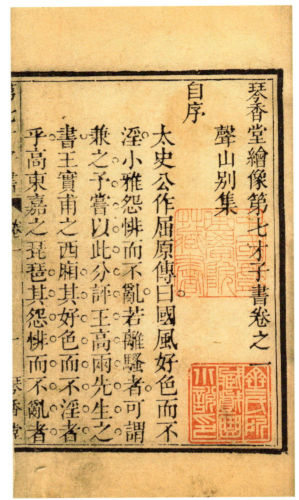

揚州夢 二卷三十二齣 （清）嵇永仁填詞 清雍正間寫刻本

框高 18 釐米，寬 14 釐米。半葉九行，行十九字，小字同，黑口，左右雙邊，單黑魚尾。一函四册。金鑲玉裝裱，品相完好。封面書簽爲齊如山墨跡。書名葉題“抱犢山農填詞，揚州夢”。卷前有李琯引言，清康熙十年（1671）雲林老農《揚州夢傳奇引》，抱犢山農自題，目録。卷端題“葭秋堂舊刻”。封面目録卷首末鈐“高陽齊氏百舍齋存書之印”“齊氏所藏戲曲小説印”“齊林玉世世子孫永寶用”“中國戲曲學院藏書”“齊如山”等印。原爲高陽齊氏百舍齋藏書，後捐中國戲曲研究院，現由中國藝術研究院圖書館收藏。此書一著録爲康熙間刻本，或此書本有康熙間刻本，而齊藏是書應爲雍正間《抱犢山房集》本，卷端所題“葭秋堂舊刻”，或爲康熙間刻本。此書另有清同治十一年（1872）刻本。

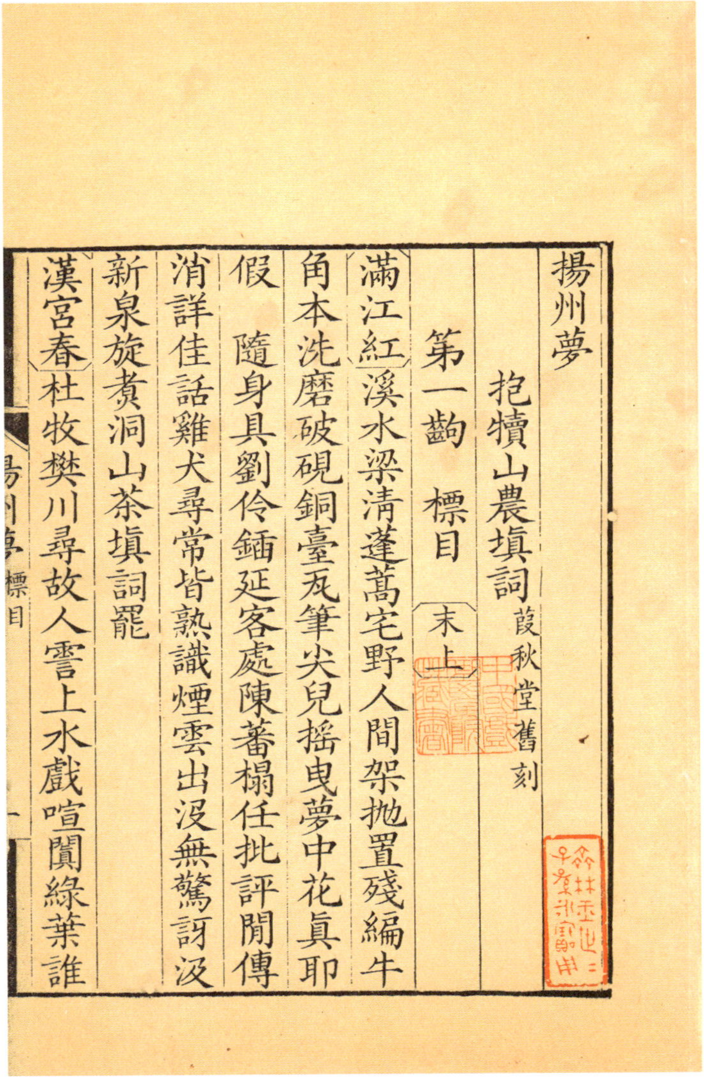
揚州夢
抱犢山農填詞　葭秋堂舊刻
第一齣　標目　末上
滿江紅　溪水梁清蓬蒿宅野人間架拋置殘編牛角本洗磨破硯銅臺瓦筆尖兒搖曳夢中花眞耶假　隨身具劉伶鍤延客處陳蕃榻任批評閒傳消詳佳話雞犬尋常皆熟識煙雲出沒無驚訝汲新泉旋煑洞山茶塡詞罷
漢宮春　杜牧樊川尋故人雲上水戲喧闐綠葉誰

嵇永仁（1637—1676），一作稽永仁，初字框侯，字留山，號抱犢山農，江蘇常熟人，居無錫。工詩詞，善音律，明諸生，入清屢試不第，以教館行醫爲生。康熙二十年（1673）入福建總督范承謨幕，耿精忠反，拘范承謨、嵇永仁。嵇被囚三年，自縊死。著有《百苦吟集》，《抱犢山房集》六卷，醫書《東田醫補》十二卷。另有傳奇《揚州夢》《珊瑚鞭》《雙報應》，雜劇《續離騷》。《雙報應》和《續離騷》作於被囚時，多憤世之音。

揚州夢傳奇　二卷二十四齣　（清）玉池生填詞　清康熙四十年（1701）啓賢堂刻本

框高 20.5 釐米，寬 14 釐米。半葉九行，行二十二字，小字同，四周雙邊，單黑魚尾。一函兩冊。卷前有洪昇序言、康熙四十年（1701）朱襄跋語、目錄。《目錄》端題“長白玉池生填詞，長白棲鶴堂老人尤侗鑒定，無錫朱襄、吳江顧卓、新安俞瀾同校”。封套題“清畫堂藏”。封面目錄卷首末鈐“高陽齊氏百舍齋存書之印”“齊氏所藏戲曲小說印”“中國戲曲學院藏書”“齊如山”等印。原爲清畫堂及高陽齊氏百舍齋藏書，後捐中國戲曲研究院，現由中國藝術研究院圖書館收藏。

愛新覺羅·岳端（生卒年不詳），約乾隆元年（1736）前後在世，一名作袁端，又作蘊端，字正子，一字兼山，號玉池生，別號紅蘭室主人，清多羅安和親王岳樂子，初封固山貝子，繼封慎郡王，居遷安縣。有詩集《紅蘭集》《蓼汀集》《出塞詩》《無題詩》。又作《玉池生稿》《雪橋詩話》。以老子、尹喜事譜爲《揚州夢傳奇》，《曲錄》著錄。

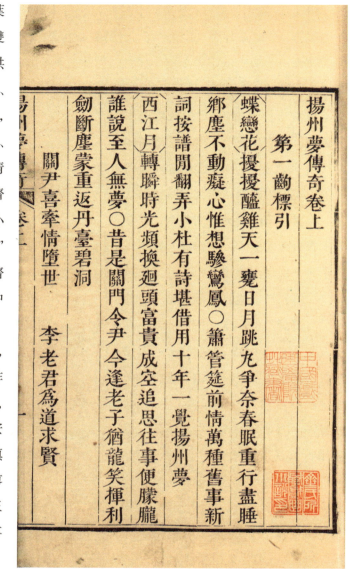

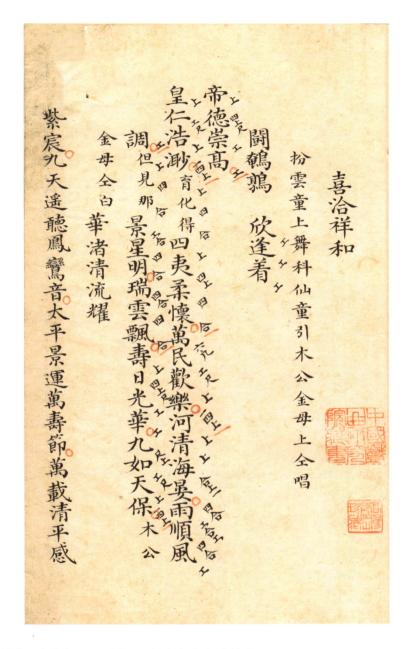

喜恰祥和總本 （清）昇平署輯　清昇平署朱墨抄本

高 24 釐米，寬 15.4 釐米。半葉八行，行大小字二十二字，無邊框。一冊。毛裝。有朱墨圈點。有工尺譜。書名據封面書籤題。封面題"喜恰祥和總本"。有國劇陳列館書籤，題"嘉道間安殿本，齊如山藏"。齊梅合作期間收集整理之昇平署文獻。八行本爲清中期抄本，行款整飭，裝幀規範，墨色瑩潤，抄功工穩。卷首末鈐"高陽齊如山珍藏""中國戲曲研究院藏書""梅蘭芳捐贈"等印。原爲高陽齊氏所藏，後歸國劇陳列館，後捐中國戲曲研究院，現由中國藝術研究院圖書館收藏。《故宮珍本叢刊》收入崑弋開場承應戲一種，昇平署崑弋開場承應戲曲譜一種，昇平署排場本一種。

喜逢春　二卷三十四齣　（明）金陵桃葉渡清嘯生驛括　（明）吳門錦帆涇藻香子校閱　明刻本

框高 20 釐米，寬 14 釐米。半葉九行，行二十字，小字雙行同，白口，四周單邊，單黑魚尾。一函兩冊。有插圖四幅一圖一詠。爲明刊《十種傳奇》本。封面書籤及掛籤爲齊如山墨跡。封面卷首末鈐"鳴晦廬珍藏金石書畫記""高陽齊氏百舍齋存書之印""齊林玉世世子孫永寶用""齊氏所藏戲曲小說印""中國戲曲學院藏書""如山過目"等印。原爲民國間王立承鳴晦廬及齊如山百舍齋藏書，後捐中國戲曲研究院，現由中國藝術研究院圖書館收藏。

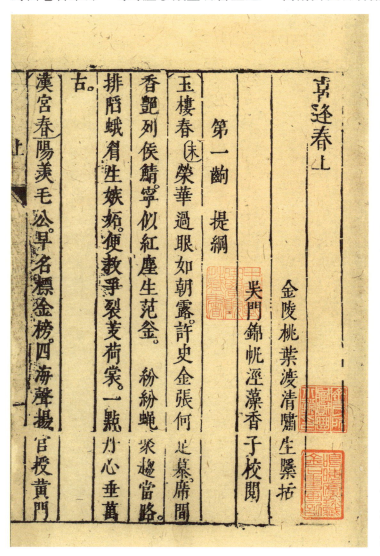

清嘯生，或作清笑生，生卒年、生平事跡不詳，金陵（今江蘇南京）人。所撰傳奇《喜逢春》今存於世。此書有長樂鄭氏匯印傳奇本。明代目前還未見官方禁毀戲曲劇目的禁令。清代禁毀戲曲劇目，從王利器《元明清三代禁毀小說戲曲史料》、姚覲元《清代禁毀書目四種及補遺》、孫殿起《清代禁書知見錄》和館藏於華東師大圖書館的《咨查書目》、館藏於上海圖書館的《違礙書目》及雷夢辰《清代各省禁書匯考》幾書中搜羅查檢，有計約四十多種六十餘冊，其中就有《喜逢春》一種。

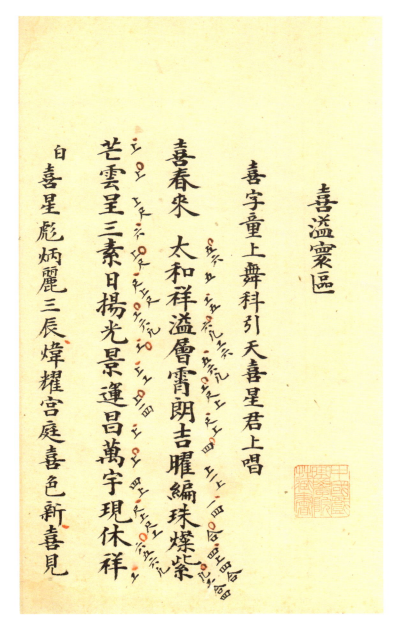

喜溢寰區 （清）昇平署輯　清昇平署朱墨抄本

高 26.5 釐米，寬 18.4 釐米。半葉五行，行大小字不等，無邊框。一函一册。有朱筆圈點。有工尺譜。封面書籤題"喜溢寰區總本"。有國劇陳列館書籤，題"慈禧晚年安殿本，齊如山藏"。卷末有齊如山題識："孝欽晚年安殿本，前此安殿本皆□開紙本，此則爲□開，蓋因孝欽晚年眼愈花，故字體愈大矣。"兩處"□"，是指紙張整張開數，體現開本大小。卷首鈐"中國戲曲學院藏書"印。原爲高陽齊氏所藏，後歸國劇陳列館，後捐中國戲曲研究院，現爲中國藝術研究院圖書館藏書。《故宫珍本叢刊》收入崑弋開場承應戲一種，昇平署崑弋開場承應戲曲譜一種，昇平署排場本一種。

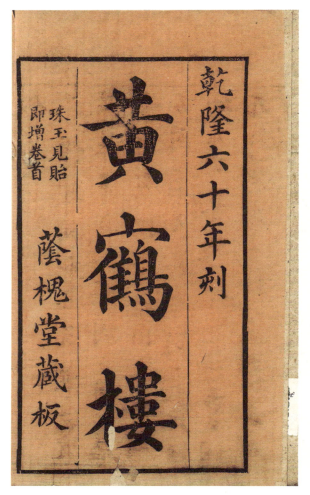
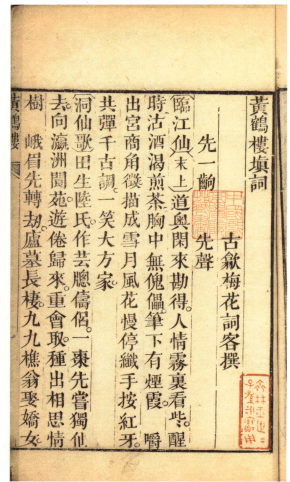

黃鶴樓填詞 二卷二十四齣先一齣餘韻兩齣 （清）梅花詞客撰 清乾隆六十年（1795）蔭槐堂刻本

框高 17.5 釐米，寬 12 釐米。半葉十行，行十八字，小字同，白口，四周單邊，單黑魚尾。一函兩冊。牌記題"乾隆六十年刻，黃鶴樓，珠玉見貽，即增卷首，蔭槐堂藏板"。有乾隆六十年（1795）曹浩勛序言、乾隆五十九年（1794）梅花詞客周暟自序、題詞、凡例、目錄。封套題簽及掛簽爲齊如山墨跡。封面目錄卷首末鈐"高陽齊氏百舍齋存書之印""齊氏所藏戲曲小說印""齊林玉世世子孫永寶用""中國戲曲學院藏書""齊如山"等印。原爲高陽齊氏百舍齋藏書，後捐中國戲曲研究院，現爲中國藝術研究院圖書館藏書。此劇是歌詠太平而寓意勸世。清乾隆五十六年（1791）周暟與仰松合刻《黃山二布衣詞稿》。

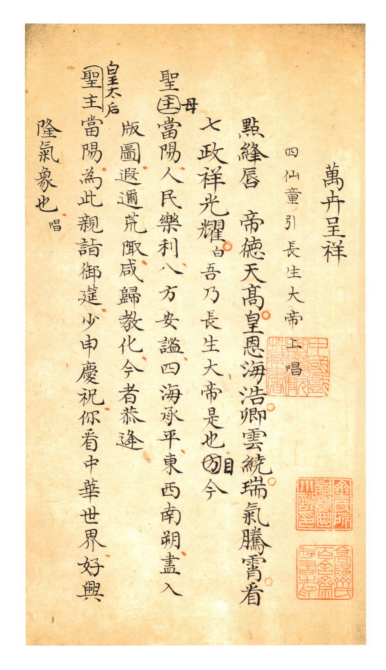

萬卉呈祥（又名樂壽長生）（清）昇平署輯　清昇平署抄本

　　高25釐米，寬16.2釐米。半葉八行，行二十二字，小字同，無邊框。一册。毛裝。書名據封面書簽題。有朱筆圈點。封面題"今改樂壽長生"。卷中改"聖母""皇太后"。封套題"清畫堂藏"。封面卷首末鈐"高陽齊氏百舍齋存書之印""齊氏所藏戲曲小說印""中國戲曲學院藏書""如山讀過"等印。原爲高陽齊氏百舍齋所藏，後捐中國戲曲研究院，現由中國藝術研究院圖書館收藏。收入館藏《法宮雅奏九九大慶》。《故宮珍本叢刊》收入《樂壽長生》昇平署崑弋開場承應戲一種，昇平署排場戲一種。

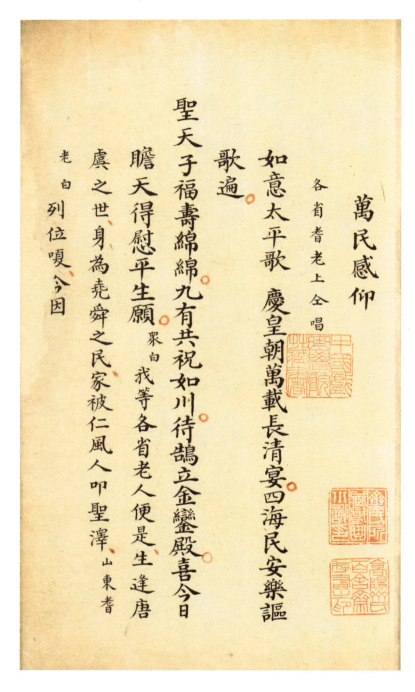

萬民感仰 （清）昇平署輯　清昇平署抄本

　　高 24 釐米，寬 16 釐米。半葉八行，行二十二字，小字同，無邊框。一冊。毛裝。書名據封面書籤題。有朱筆圈點。封套題"清書堂藏"。封面卷首末鈐"高陽齊氏百舍齋存書之印""齊氏所藏戲曲小說印""中國戲曲學院藏書""如山讀過"等印。原爲高陽齊氏百舍齋所藏，後捐中國戲曲研究院，現由中國藝術研究院圖書館收藏。收入館藏《法宮雅奏九九大慶》。《故宮珍本叢刊》收入昇平署崑弋開場承應戲一種。

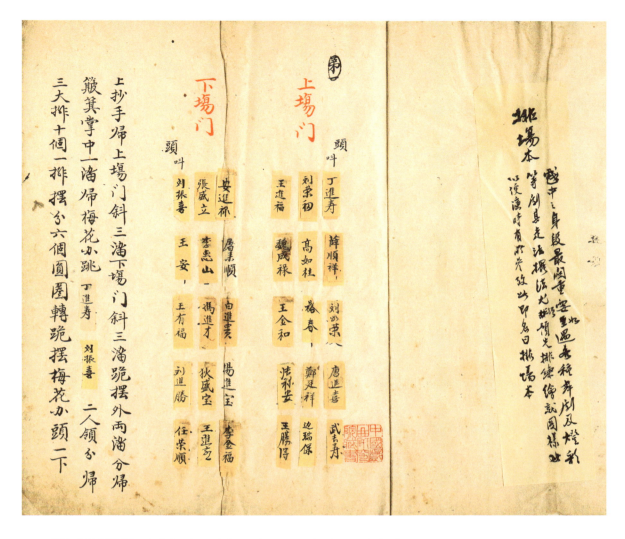

萬年甲子排場 （清）昇平署輯　清同治八年（1869）抄本

高 29 釐米，寬 24 釐米。半葉行、字不等，無邊框。毛裝。封面題"同治八年三月准排場"。有齊如山題識，曰："排場本，戲中之身段最關重要，如遇各種舞劇及燈彩等劇，其走法擺法，尤需預先排練，繪就圖樣，以便演時有所參考，此即名曰'排場本'。"卷冊中粘貼之名簽，爲搬演演員姓名及腳色位置。卷首末鈐"中國戲曲研究院藏書""梅蘭芳捐贈"等印。原爲高陽齊氏藏，齊梅合作期間歸國劇陳列館，後捐中國戲曲研究院，現由中國藝術研究院圖書館收藏。《故宮珍本叢刊》收入南府崑弋開場承應戲一種。

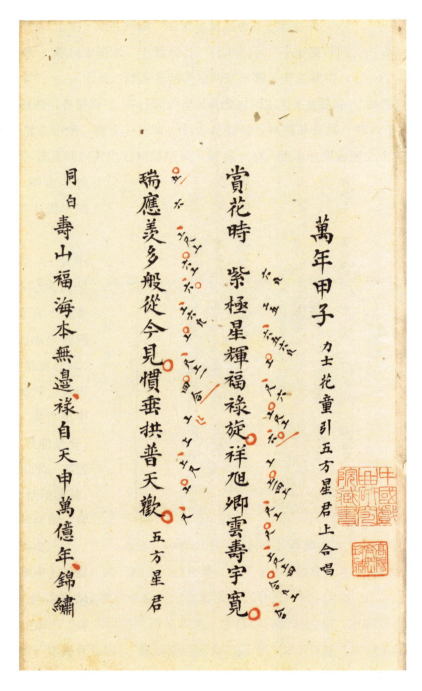

萬年甲子總本 （清）昇平署輯　清昇平署朱墨抄本

高 24 釐米，寬 15.4 釐米。半葉四行，行二十字，無邊框。一冊。毛裝。有朱筆圈點。有工尺譜。書名據封面書簽題。有國劇陳列館書簽，題"臨時改辭安殿本，齊如山藏"。改辭黃紙粘貼處題"聖母"。卷首末鈐"高陽齊如山珍藏""中國戲曲研究院藏書""梅蘭芳捐贈"等印。原爲高陽齊氏所藏，齊梅合作期間歸國劇陳列館，後捐中國戲曲研究院，現由中國藝術研究院圖書館收藏。《故宮珍本叢刊》收入南府崑弋開場承應戲一種。

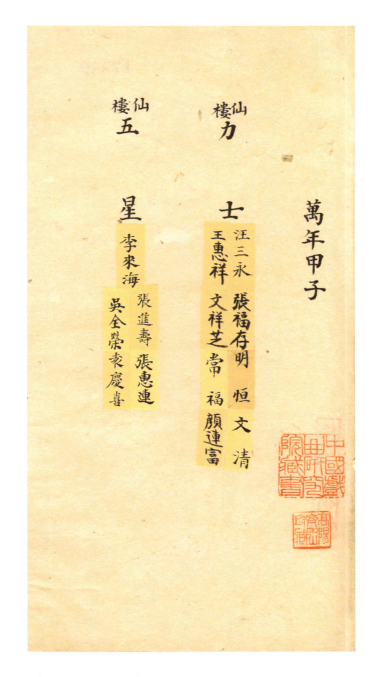

萬年甲子提綱 （清）昇平署輯　清昇平署抄本

　　高 21.4 釐米，寬 12.5 釐米。半葉三行，行字不等，無邊框。一册。毛裝。書名據封面書簽。承應戲安殿提綱本。有國劇陳列館簽。題"承應戲安殿提綱，齊如山藏"。黃紙粘貼演員姓名簽以備該腳色飾演演員之更換。至有多人姓名重疊一處者。卷首末鈐"高陽齊如山珍藏""中國戲曲研究院藏書""梅蘭芳捐贈"等印。原爲高陽齊氏所藏，齊梅合作期間歸國劇陳列館，後捐中國戲曲研究院，現由中國藝術研究院圖書館收藏。收入館藏《承應戲安殿提綱》函中。《故宮珍本叢刊》收入南府崑弋開場承應戲一種。

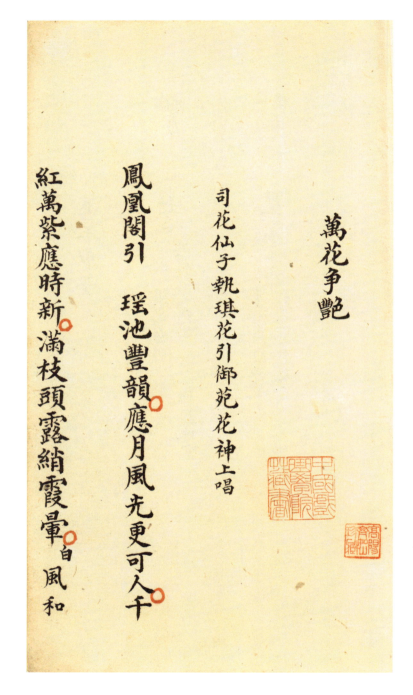

萬花爭豔總本 （清）昇平署輯　清光緒間昇平署朱墨抄本

　　高 23.8 釐米，寬 15.5 釐米。半葉四行，行大小字不等，無邊框。一册。有朱筆圈點。有工尺譜。書名據封面書籤題。有國劇陳列館書籤，題"光緒時代安殿本，齊如山藏"。卷首末鈐"高陽齊如山珍藏""中國戲曲學院藏書"等印。原爲高陽齊氏所藏，後捐中國戲曲研究院，現由中國藝術研究院圖書館收藏。《故宮珍本叢刊》收入南府崑弋開場承應戲一種，昇平署崑弋開場承應戲曲譜一種。

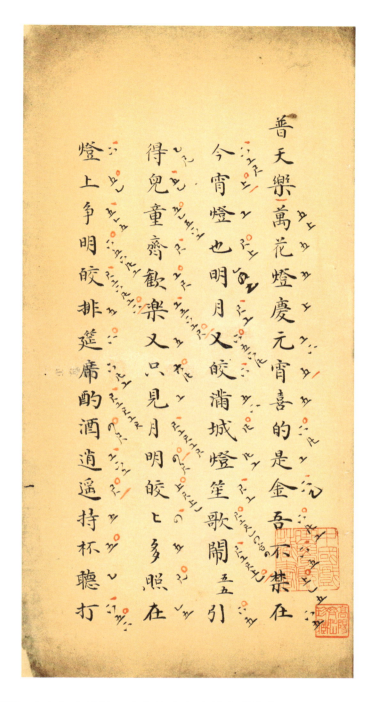

萬花燈吹打鑼鼓 （清）陳鐸輯　清末餘慶堂陳鐸朱墨抄本

　　高24.5釐米，寬14.7釐米。半葉四行，行字不等，無邊框。一函一冊。有朱筆圈點。有鑼鼓譜、工尺譜。書名爲輯錄者據封面書籤題。封面題"陽春白雪，觀心室藏，餘慶堂陳"。封面書籤爲齊如山墨跡。卷首鈐"高陽齊如山珍藏""中國戲曲學院藏書"等印。原爲齊如山藏，後捐中國戲曲研究院，現由中國藝術研究院圖書館收藏。"餘慶堂""觀心室"均爲清末民初陳鐸室名別號，此人抄錄戲曲本子藏於藝術研究院圖書館者頗多，爲清末民初抄本。

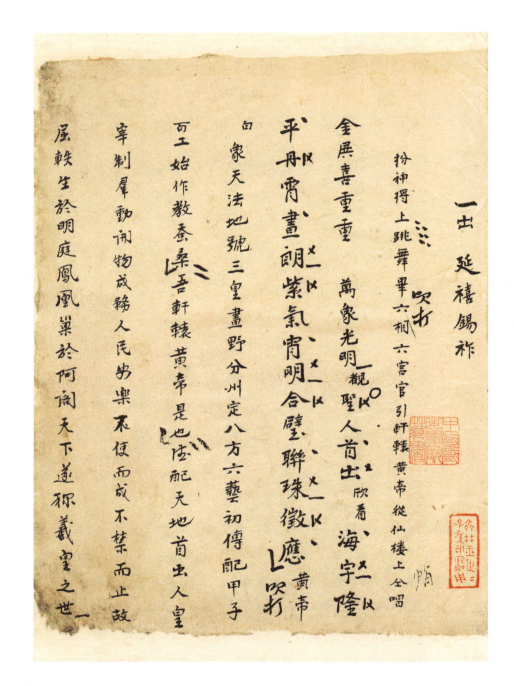

萬國嵩呼　十二齣　（清）昇平署輯　清昇平署抄本

高 31 釐米，寬 24 釐米。半葉八行，行字不等，無邊框。一函四冊。書名據封面書籤題。封面題"鼓板，兆奎，劉"。劉兆奎或爲清宮供奉演員，或爲此抄本輯錄者，待考。有墨筆圈點刪改符號。紙張符合昇平署抄本特性，應爲藝人手筆。封套題"清晝堂藏"。卷首末鈐"齊林玉世世子孫永寶用""高陽齊氏百舍齋存書之印""齊氏所藏戲曲小說印""中國戲曲學院藏書"等印。原爲清晝堂及齊如山百舍齋藏書，後捐中國戲曲研究院，現由中國藝術研究院圖書館收藏。《故宮珍本叢刊》收入南府崑弋開場承應戲一種，串頭一種。

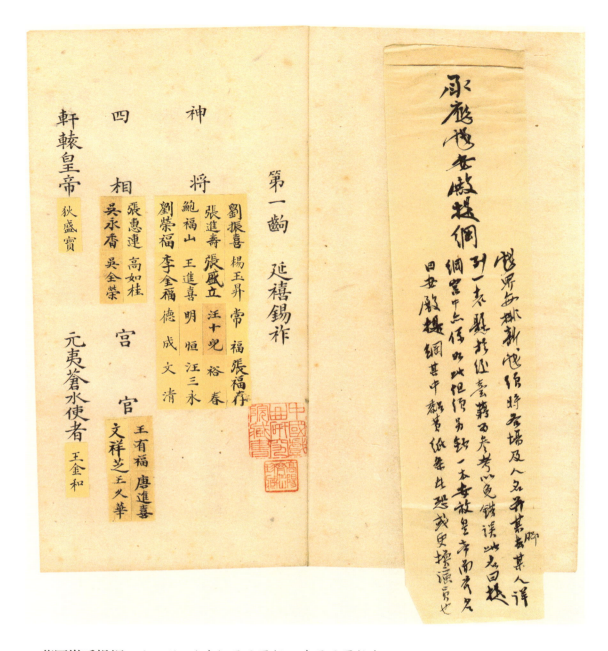

萬國嵩呼提綱 十二齣 （清）昇平署輯 清昇平署抄本

高 21.4 釐米，寬 12.5 釐米。半葉五行，行字不等，無邊框。一册。毛裝。書名據封面書簽題。承應戲安殿提綱本。有齊如山題識，曰："承應戲安殿提綱，戲界每排新戲，須將各場及人名並某腳某人詳列一表，懸於後臺，藉爲參考，以免錯誤，此名曰'提綱'。宮中亦係如此，但須另抄一本安放在皇帝面前，曰'安殿提綱'。其中粘黃紙條者，恐或更換演員也。"卷首末鈐"高陽齊如山珍藏""中國戲曲研究院藏書""梅蘭芳捐贈"等印。原爲高陽齊氏所藏，後捐中國戲曲研究院，現由中國藝術研究院圖書館收藏。收入館藏《承應戲安殿提綱》函中。《故宮珍本叢刊》收入南府崑弋開場承應戲一種，串頭一種。

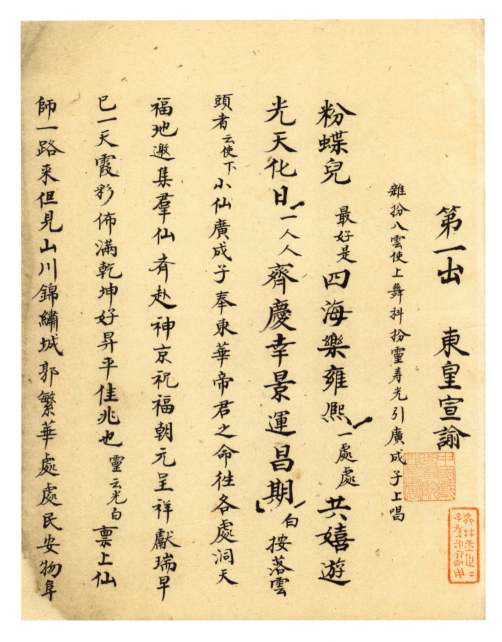

萬象春輝　六齣　（清）南府輯　清南府抄本

高 28.5 釐米，寬 23.3 釐米。半葉八行，行大小字不等，無邊框。一冊。毛裝。有墨筆圈點。書名據封面書籤題，封面題"萬象春輝，鼓板"。封套題"清晝堂藏"。封面鈐"曙雯樓藏"。館藏有此鈐印者均爲較好版本。這種大開本大字抄本，應是早期南府產物。齣目包括：東皇宣諭、強柳欺桃、桃柳爭春、左道惑衆、嚴呂鬥法、擷芳獻瑞。封面卷首末鈐"高陽齊氏百舍齋存書之印""齊林玉世世子孫永寶用""齊氏所藏戲曲小說印""中國戲曲學院藏書""齊如山"等印。原爲高陽齊氏百舍齋所藏，後捐中國戲曲研究院，現由中國藝術研究院圖書館收藏。《故宮珍本叢刊》收入南府崑弋開場承應戲一種，昇平署提綱本一種，昇平署排場本一種。

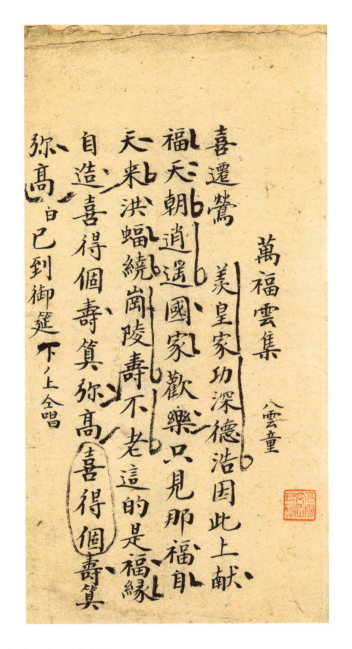

萬福雲集 （清）佚名輯　清抄本

　　高 25 釐米，寬 14.5 釐米。半葉六行，行字不等，無邊框。清代戲曲各腳公用單本，卷首題
"八雲童"。有墨筆圈點刪改。似內府、昇平署承應戲所遺物件。卷首鈐"高陽齊如山珍藏"印。
原爲高陽齊氏百舍齋藏，現由中國藝術研究院圖書館收藏。收入館藏《各腳公用大本》中。《故
宮珍本叢刊》收入南府崑弋開場承應戲一種，昇平署崑弋開場承應戲曲譜一種。

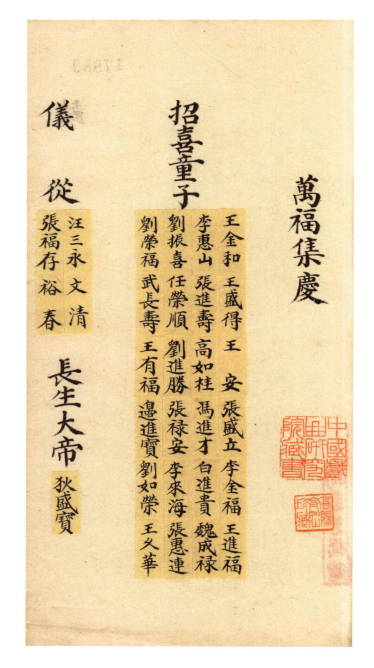

萬福集慶提綱 （清）昇平署輯　清昇平署抄本

　　高 21.4 釐米，寬 12.5 釐米。半葉三行，行字不等，無邊框。一冊。毛裝。書名據封面書籤題。承應戲安殿提綱本。有國劇陳列館籤，題"承應戲安殿提綱，齊如山藏"。黃紙粘貼演員姓名籤以備該腳色飾演演員之更換，至有多人姓名重疊一處者。卷首末鈐"高陽齊如山珍藏""中國戲曲研究院藏書""梅蘭芳捐贈"等印。原爲高陽齊氏所藏，齊梅合作期間歸國劇陳列館，後捐中國戲曲研究院，現由中國藝術研究院圖書館收藏。收入館藏《承應戲安殿提綱》函中。《故宮珍本叢刊》收入南府崑弋開場承應戲一種。

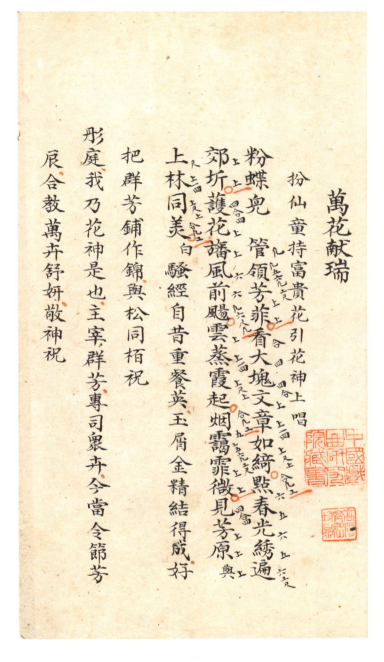

萬壽長春總本　（清）昇平署輯　清昇平署朱墨抄本

高24釐米，寬15.4釐米。半葉八行，行二十二字，無邊框。一册。毛裝。書名據封面書籤題。有朱墨圈點。有工尺譜。封面題"萬壽長春總本"。有國劇陳列館書籤，題"嘉道間安殿本，齊如山藏"。齊梅合作期間齊氏收集整理之昇平署文獻。行款規整，裝幀精良，墨色瑩潤，抄功工穩。卷首末鈐"高陽齊如山珍藏""中國戲曲研究院藏書""梅蘭芳捐贈"等印。原爲高陽齊氏所藏，後歸國劇陳列館，又捐中國戲曲研究院，現由中國藝術研究院圖書館收藏。《故宮珍本叢刊》收入昇平署崑弋開場承應戲一種，昇平署崑弋開場承應戲曲譜一種，昇平署排場本一種。

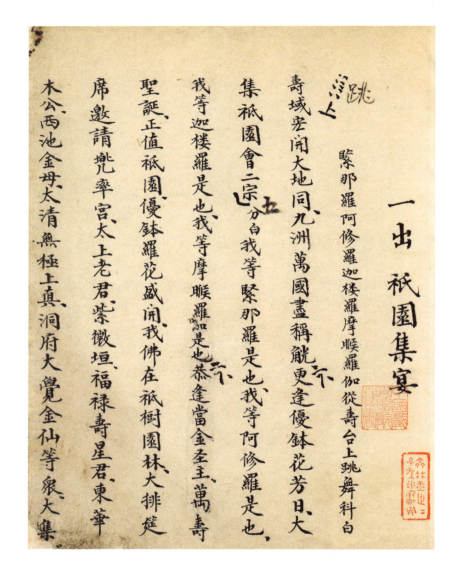

萬壽祥開　十二齣　（清）昇平署輯　清昇平署抄本

　　高 28 釐米，寬 23.7 釐米。半葉八行，行字不等，無邊框。一函一冊。有朱筆圈點修改。書名據封面題，封面題"萬壽祥開，鼓板"。封套題"清書堂藏"。封面卷首末鈐"高陽齊氏百舍齋存書之印""齊林玉世世子孫永寶用""齊氏所藏戲曲小說印""齊如山""中國戲曲學院藏書"等印。原爲高陽齊氏百舍齋藏，後捐中國戲曲研究院，現由中國藝術研究院圖書館收藏。

　　《開團場節令等總目錄》《節令宴戲大戲軸子目錄》和《中國劇目辭典》均著錄此劇，此劇爲宮廷崑腔承應戲。有清光緒二十八年（1902）昇平署朱墨抄本。爲皇帝萬壽聖誕承應和皇太后萬壽承應劇目，分十二齣。寫恭逢聖主萬壽聖誕，諸神佛前往慶賀。四大天王足下踏踩的八怪爲瞻仰皇家盛典，冒充神仙，搶奪玉璋，被拘禁靈鷲山。諸神佛聚齊，布獻嘉祥。太上老君命衆仙將玉璋合撰成圖，祝聖天子萬壽無疆。《故宮珍本叢刊》收入昇平署崑弋開場承應戲一種，昇平署崑弋承應戲曲譜一種，昇平署串頭本一種。

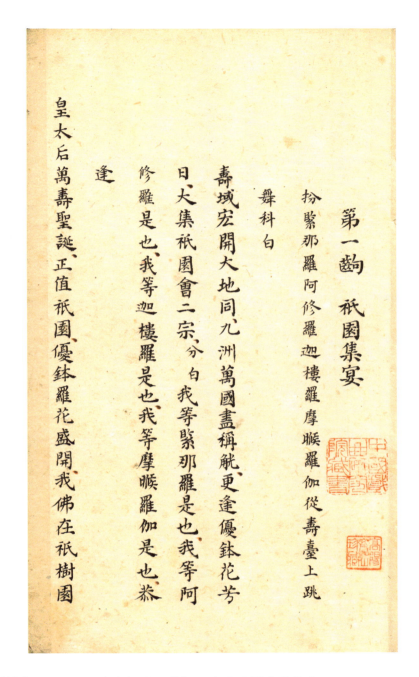

第一齣　祇園集宴

扮紫那羅阿修羅迦樓羅摩㬋羅伽從壽臺上跳

舞科白

壽域宏開大地同九洲萬國盡稱觴更逢優鉢花芳
日，大集祇園會二宗，分白我等緊那羅是也我等阿
修羅是也，我等迦樓羅是也，我等摩㬋羅伽是也，恭
逢

皇太后萬壽聖誕，正值祇園優鉢羅花盛開我佛在祇樹園

萬壽祥開總本　十二齣　（清）昇平署輯　清昇平署朱墨抄本

高 24 釐米，寬 15.4 釐米。半葉八行，行二十三字，無邊框。一册。毛裝。書名據封面書簽題。封面題"萬壽祥開總本"。有國劇陳列館書簽，題"嘉道間安殿本，齊如山藏"。有朱墨圈點。有工尺譜。齊梅合作期間齊氏收集整理之昇平署文獻。行款整飭，裝幀規範，墨色瑩潤，抄功工穩。卷首末鈐"高陽齊如山珍藏""中國戲曲研究院藏書""梅蘭芳捐贈"等印。原爲高陽齊氏所藏，後歸國劇陳列館，又捐中國戲曲研究院，現由中國藝術研究院圖書館收藏。《故宮珍本叢刊》收入昇平署崑弋開場承應戲一種，昇平署崑弋承應戲曲譜一種，昇平署串頭本一種。

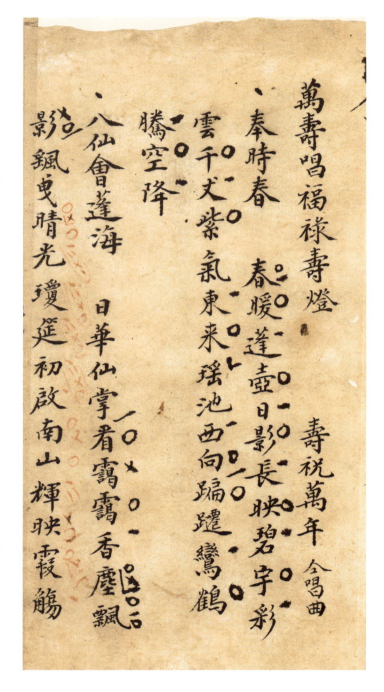

萬壽唱福禄壽燈 （清）佚名輯　清抄本

　　高 25 釐米，寬 14.5 釐米。半葉六行，行字不等，無邊框。清代戲曲各腳公用單本，卷首題
"壽祝萬年，仝唱"。書口右上方題 "劉"，應該是此腳色扮演之演員。有朱墨筆圈點。似内府、
昇平署承應戲所遺物件。卷首鈐 "高陽齊如山珍藏" 等印。原爲高陽齊氏百舍齋藏，現由中國
藝術研究院圖書館收藏。收入館藏《各腳公用大本》中。《故宫珍本叢刊》收入《福禄壽燈》昇
平署崑弋開場承應戲一種，昇平署崑弋開場承應戲曲譜一種。

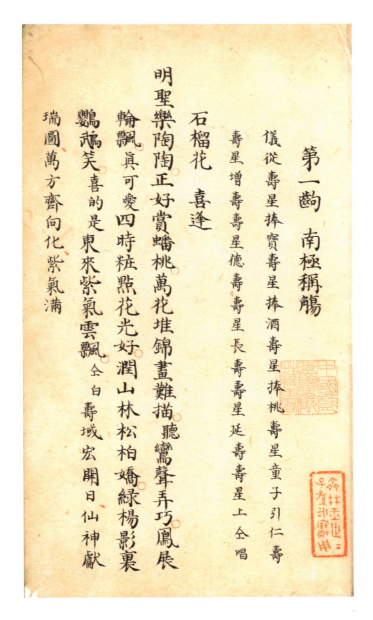

萬壽無疆　十二齣　（清）昇平署輯　清昇平署抄本

高 24.7 釐米，寬 16.2 釐米。半葉八行，行二十四字，小字同，無邊框。一册。毛裝。有朱筆圈點。封面僅題一"壽"字，據第十二齣目題名暫定書名。封面題"此本原題僅一'壽'字未詳正名，戊寅浴佛日雨中題"。字跡與松蘿室主人同。封套題"清書堂藏"。齣目包括：南極稱觴、伊尼傾葍、引類呼朋、氣求聲應、行圍得瑞、閲武開筵、獲鹿相爭、攔途觝角、幻假冒真、遇真破假、群仙較勇、萬壽無疆。封面卷首末鈐"高陽齊氏百舍齋存書之印""齊林玉世世子孫永寶用""齊氏所藏戲曲小説印""中國戲曲學院藏書""齊如山"等印。原爲高陽齊氏百舍齋所藏，後捐中國戲曲研究院，現由中國藝術研究院圖書館收藏。《故宫珍本叢刊》收入南府崑弋開場承應戲《太平有象·萬壽無疆》一種，昇平署提綱本一種，昇平署串頭本一種。

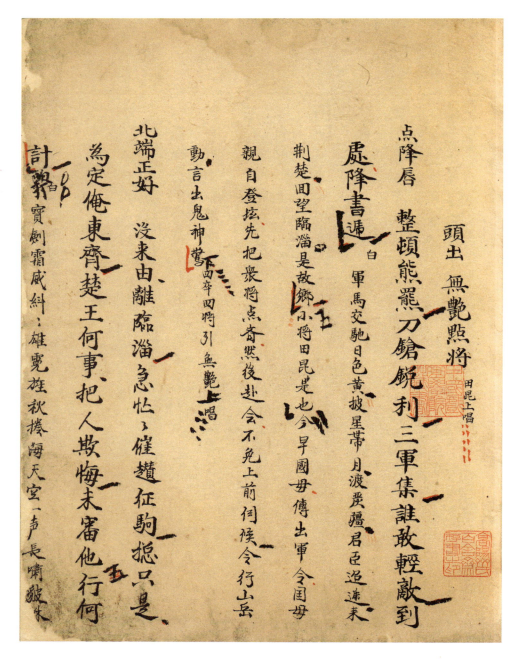

棋盤會 六齣 （清）昇平署輯 清昇平署抄本

高 28.7 釐米，寬 23.5 釐米。半葉九行，行字不等，無邊框。一函一册。書名據封面書籤題。封面題"鼓板"。鈐"望綠蔭齋"印。抄功隨意，有朱墨筆圈改。封套題"清書堂藏"。約爲嘉道間承應戲抄本。封面卷首末鈐"高陽齊氏百舍齋存書之印""齊林玉世世子孫永寶用""齊氏所藏戲曲小說印""如山讀過""中國戲曲學院藏書"等印。原爲望綠蔭齋鄭氏及高陽齊氏百舍齋收藏，後捐中國戲曲研究院，現由中國藝術研究院圖書館收藏。《故宮珍本叢刊》收入昇平署崑腔單本一種，昇平署串頭本一種。

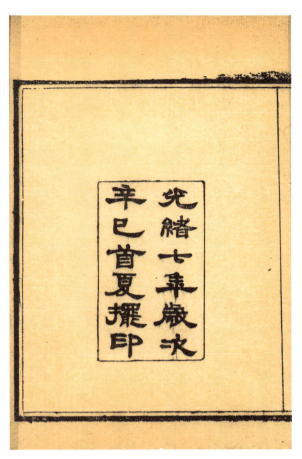
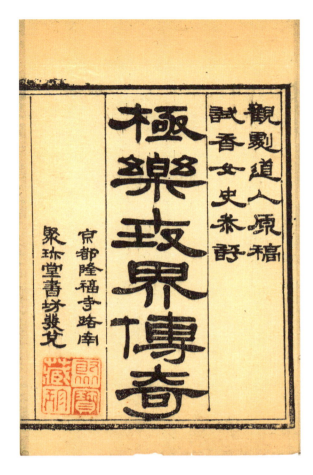

極樂世界傳奇　　八卷　（清）觀劇道人原稿　（清）試香女史參評　　清光緒七年（1881）京都聚珍堂活字本

　　框高 14.5 釐米，寬 10.8 釐米。半葉十行，行二十二字，小字單行同，白口，四周雙邊，單黑魚尾。一函八冊。版心題"極樂世界，聚珍堂"。卷前書名葉題"觀劇道人原稿，試香女史參評，極樂世界傳奇，京都隆福寺路南聚珍堂書坊發兌"。鈐"聚寶藏珍"印。牌記題"光緒七年歲次辛酉首夏擺印"。有清道光二十年（1840）惰園主人于如是住庵雨窗下所撰序言、凡例、目錄。該書輯錄南北曲傳奇八十二齣，在腳色安排上於貼旦之外增加一小旦腳色，龍珠、一枝花絕不同場，不遵南曲及亂彈唱法而用北曲一人主唱，合唱用崑腔，平仄處理多用京音，間或用爲讀仄爲平，曲子不禁用重韻，而詩詞概不重壓，二黃上句入韻較爲適應歌唱者，上場引子爲了排場生色可以增加，劇名羅刹、夜叉、龍、姓氏，皆託名非真人，有些類似今天"如有雷同純屬虛構"的意思。說明這個時期二黃尚楚音，崑腔尚吳音的習俗已經發生變化，崑亂花部聲腔的融合進一步向觀衆愛好傾斜。封面序言卷首鈐"高陽齊氏百舍齋存書之印""齊林玉世世子孫永寶用""齊氏所藏戲曲小說印""中國戲曲學院藏書"等印。該書原爲高陽齊如山百舍齋收藏，後捐贈中國戲曲研究院，現由中國藝術研究院圖書館收藏。品相完好，原裝原裱黃紙本，有齊如山先生墨跡掛簽，並由齊如山先生將卷本分爲"沉浸醲鬱含英咀華"八冊。該書也是京劇早期重要劇目文獻。

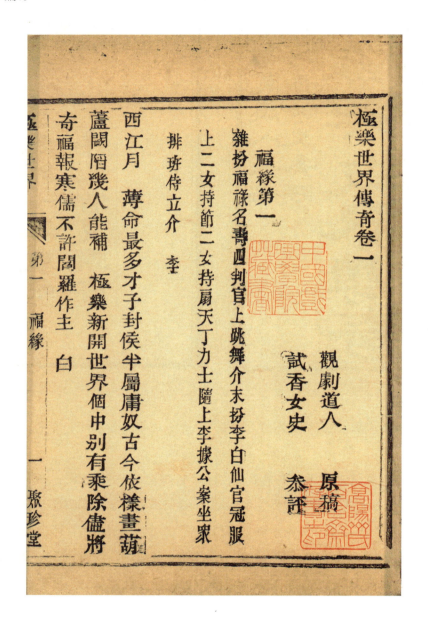

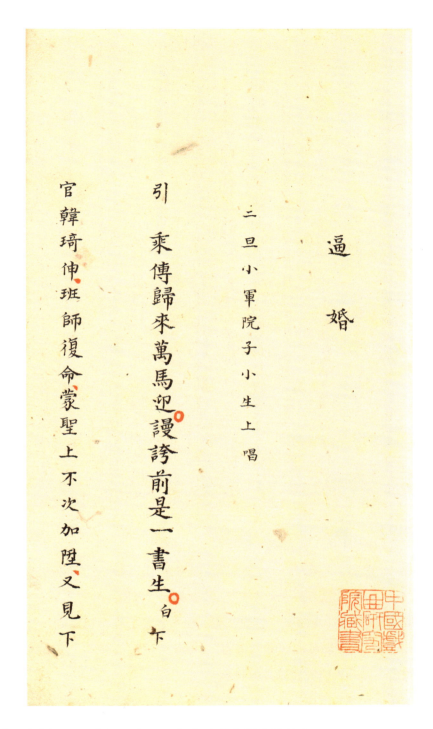

逼婚總本 （清）昇平署輯 清同治光緒間昇平署朱墨抄本

高 24 釐米，寬 15.4 釐米。半葉四行，行大小字不等，無邊框。一冊。毛裝。有朱筆圈點。有工尺譜。書名據封面書籤題。有國劇陳列館書籤，題"崑曲四行安殿本，齊如山藏"。卷首末鈐"中國戲曲研究院藏書""梅蘭芳捐贈"等印。原爲高陽齊氏所藏，齊梅合作期間歸國劇陳列館，後捐中國戲曲研究院，現由中國藝術研究院圖書館收藏。收入館藏《崑曲四行曲譜》中。

殘本鐵旗陣　存四齣　（清）佚名撰　清抄本

　　高 28 釐米，寬 11 釐米。半葉六行，行字不等，無邊框。一函四冊。經折裝。存第十五齣“椿岩敗北讒言進”、第十六齣“耶律圖南天象違”、第十七齣“書抛一計害三賢”、第十八齣“陣列三軍圍一帥”。四齣均爲第九本中單齣。抄功工穩，紙質老舊，有扮相穿戴、上下場提示。卷首末鈐“高陽齊如山珍藏”“中國戲曲研究院藏書”“梅蘭芳捐贈”等印。原爲齊氏藏書，後捐中國戲曲研究院，現由中國藝術研究院圖書館收藏。

　　《鐵旗陣》爲清宮連臺本歷史大戲，寫楊家將楊七郎、楊八郎平南唐故事。《楊家將演義》無本劇演義情節。有昇平署提綱本存世。記載了《鐵騎陣之十一》一齣頭場、二場、三場、四場、五場、六場，二齣七場，三齣八場至十一場，四齣十二至十四場的劇中人和扮演者。《故宮珍本叢刊》中收錄一種昇平署亂彈本戲《鐵旗陣》，崑弋本戲一種，提綱本一種。

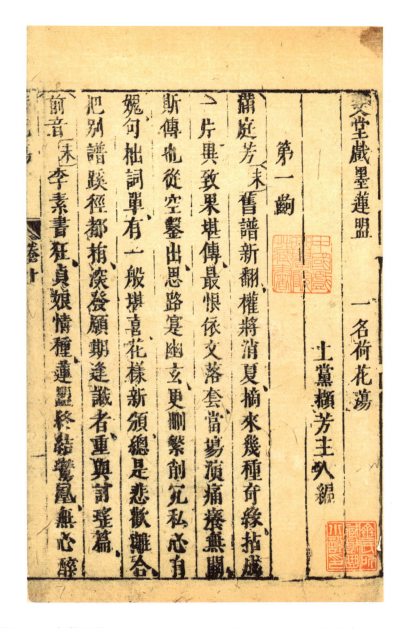

斐堂戲墨蓮盟（又名荷花蕩） 二卷十四齣 （明）馬佶人編 明刻本

框高 20 釐米，寬 14 釐米。半葉九行，行二十字，小字雙行同，白口，四周單邊，單黑魚尾。一函兩冊。卷前有目次，有插圖六葉六幅，一圖一畫。封套及掛籤爲齊如山墨跡。封面卷首末鈐"高陽齊氏百舍齋存書之印""齊林玉世世子孫永寶用""齊氏所藏戲曲小說印""如山過目""中國戲曲學院藏書"等印。原爲高陽齊氏百舍齋收藏，後捐中國戲曲研究院，現爲中國藝術研究院圖書館藏書。此爲明刻《十種傳奇》本。

馬佶人，即擷芳主人，名更生，一作亙生，字吉甫，吳縣（一作杭州）人。清初戲曲家，生卒年不詳，約明崇禎九年（1636）前後在世。工曲，著有傳奇《梅花樓》（一作《索花樓》）《荷花蕩》《十錦塘》三種。

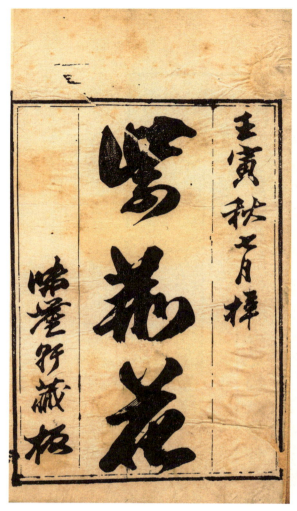
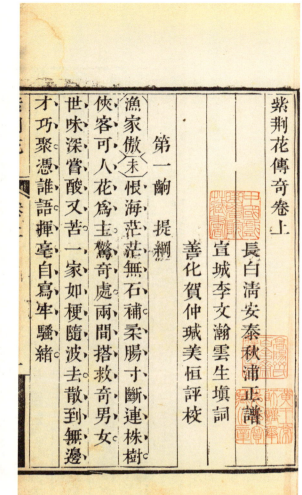

紫荆花傳奇　二卷三十二齣　（清）李文瀚填詞　（清）清安泰正譜　（清）賀仲瑊評校　清道光二十二年（1842）味塵軒刻本

框高 18.5 釐米，寬 13.2 釐米。半葉九行，行十八字，小字同，黑口，四周單邊，單黑魚尾。一函兩冊。牌記題"壬寅秋七月梓，紫荆花，味塵軒藏板"。卷前有清道光十八年（1838）金寶樹序言、凡例、道光二十二年（1842）自序、目録。封套書簽爲齊如山墨跡。封面卷首末鈐"黄王常師謹承先志寶藏之章""高陽齊氏百舍齋存書之印""齊林玉世世子孫永寶用""齊氏所藏戲曲小説印""中國戲曲學院藏書""齊如山"等印。原爲高陽齊氏百舍齋所藏，後捐中國戲曲研究院，現爲中國藝術研究院圖書館藏書。

李文瀚，字雲生，號蓮舫。清安徽宣城人，道光間舉人。歷任陝西大荔知縣、郿州知州、四川夔州知府等官。著有傳奇《胭脂烏》《紫荆花》《鳳飛樓》《銀漢槎》，合稱《味塵軒曲四種》。另有詩文集《味塵軒文集》，詩集《我誤集》《他山集》《筆耒集》《西笑集》《聽風集》，另有《治岐撮要》《守嘉州紀要》《鄠縣修城記》等。

紫蘭宮傳奇　十二齣　（清）藕湖居士填詞　清道光間抄稿本

高 24.5 釐米，寬 16 釐米。半葉十一行，行二十三字，小字同，無邊框。卷首前有藕湖居士題識："壬午冬莫流寓京師，檢閱樂蓮裳孝廉《耳食錄》二編河生了奴一則，喜其新異盡脫凡，

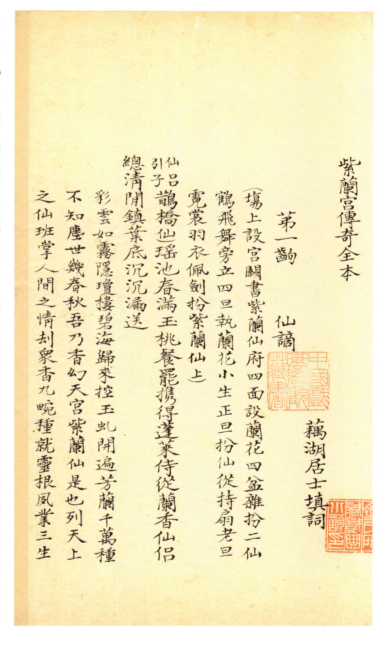

逕因廣其意製劇十二齣，名紫蘭宮，仍其舊也。時則殘雪在地冰叉墜簷，擁敗絮以挑燈，撥寒灰而命酒，凡二十餘日，而後脫稿，空中樓閣，影裏情郎，作如是觀想當然語，不足資歌場一噱也。藕湖居士。"卷前有目錄。藕湖居士，與呂師、程景傅、錢維喬、劉可培、董達章、呂星垣、吳堦、莊達吉、張琦、陸繼輅、湯貽汾、陳森同爲清代中期常州戲曲作家，武進陽湖人，著有《藕湖詞》《菰米山房文抄》等。題識中提及"壬午"，應該推算爲清道光二年（1822），蔣學沂就是這個時期的人。據吳書蔭先生考證，此書很可能是蔣氏戲曲作品稿本。封面序端卷首鈐"高陽齊氏百舍齋存書之印""齊林玉世世子孫永寶用""齊氏所藏戲曲小說印""中國戲曲學院藏書"等印。原爲高陽齊氏百舍齋所藏，後捐中國戲曲研究院，現由中國藝術研究院圖書館藏。與藕湖居士另一種傳奇《麒麟閣傳奇》六齣合訂一册。封套書簽爲齊如山墨跡。

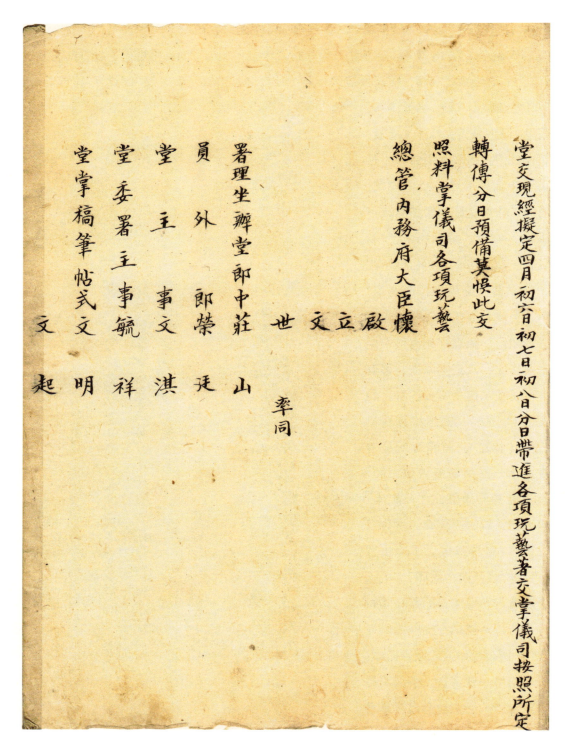

掌儀司各項玩藝兒檔 （清）昇平署輯　清光緒二十三年（1897）昇平署抄本

　　高 28.5 釐米，寬 22.5 釐米。半葉十三行，行字不等，無邊框。一册。封面題"頤樂殿承差，光緒二十三年四月日"。外封書簽爲齊如山墨跡。原爲高陽齊氏所藏，後捐中國戲曲研究院，現由中國藝術研究院圖書館藏。收於館藏《昇平署檔案抄匯》中。

鼎峙春秋 存十二齣 （清）昇平署輯 清道光間昇平署抄本

高 27.2 釐米，寬 17.2 釐米。半葉九行，行二十字，小字同，無邊框。一函一冊。書名據封面書簽題。封面題"如山藏"。有國劇陳列館簽，題"昇平署人員收藏秘本，齊如山藏"。存第十三齣至第二十四齣。齣目爲：通信久婚、孫劉結親、遣使召琰、文姬入塞、暗困催歸、潛逃歸境、二氣周瑜、文姬按伯、周瑜定計、借計賺瑜、致書訣別、三氣周瑜。有齊如山藏簽"昇平署腳色自抄私本"。有墨筆題識："昇平署人員收藏秘本說明。此種《鼎峙春秋》當在張天德所編之前，蓋爲頌揚用兵西域報捷之作，而抄寫則在嘉慶時代，因其中'寧'字已缺筆矣。其格式爲方本九行行二十字，與昇平署後臺公用舊本有相同之點，而書名特書秘本字樣，則知非公家物，蓋宮中各本皆無此等字樣也。"這個題識不似齊如山墨跡。昇平署各種藏本多有朱筆圈點，此本皆無，或爲一種獨特特點，值得注意。"寧"字缺筆應爲道光間產物，題識中似誤。卷首末鈐"中國戲曲學院藏書"印。原爲齊氏收藏，後捐國劇陳列館，後捐中國戲曲研究院，現爲中國藝術研究院圖書館藏書。《故宮珍本叢刊》收入昇平署崑弋本戲全本一種，昇平署提綱本一種，昇平署串頭本一種。

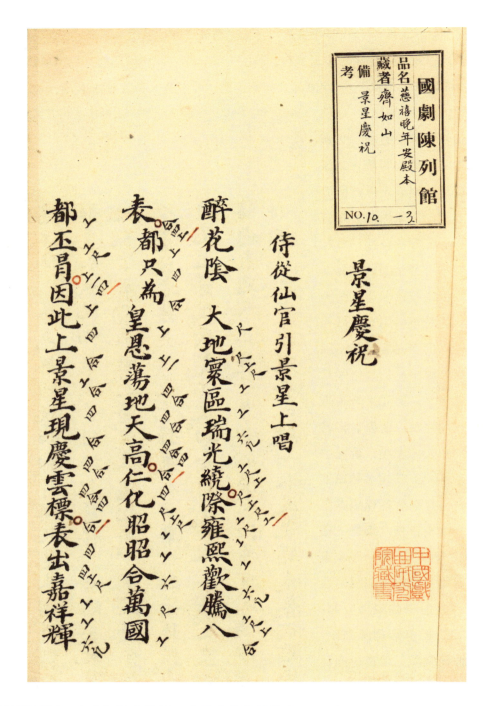

景星慶祝總本　（清）昇平署輯　清昇平署朱墨抄本

　　高 26.5 釐米，寬 19 釐米。半葉五行，行大小字不等，無板框。一函一冊。毛裝。有朱筆圈點。有工尺譜。書名據封面書籤題。有國劇陳列館書籤，題 "慈禧晚年安殿本，齊如山藏，景星慶祝，NO.10.–3."。卷首末鈐 "中國戲曲研究院藏書" "梅蘭芳捐贈" 等印。原爲高陽齊氏所藏，後歸國劇陳列館，後捐中國戲曲研究院，現由中國藝術研究院圖書館收藏。《故宮珍本叢刊》收入昇平署崑弋承應宴戲《景星協慶燈月交輝》一種。

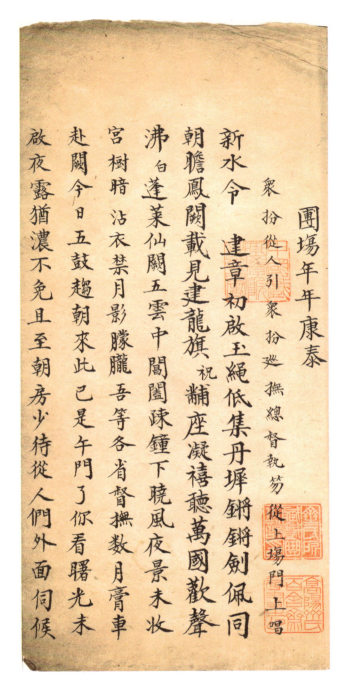

圍場年年康泰 （清）昇平署輯　清昇平署抄本

　　高 24.5 釐米，寬 14.3 釐米。半葉八行，行十九字，小字同，無邊框。一册。毛裝。封面書
簽題"年年康泰總本"。封套題"清畫堂藏"。封面卷首末鈐"高陽齊氏百舍齋存書之印""齊氏
所藏戲曲小說印""中國戲曲學院藏書""如山讀過"等印。原爲高陽齊氏百舍齋所藏，後捐中
國戲曲研究院，現由中國藝術研究院圖書館收藏。收入館藏《法宫雅奏九九大慶》中。《故宫珍
本叢刊》收入昇平署崑弋開場承應戲《年年康泰》一種。

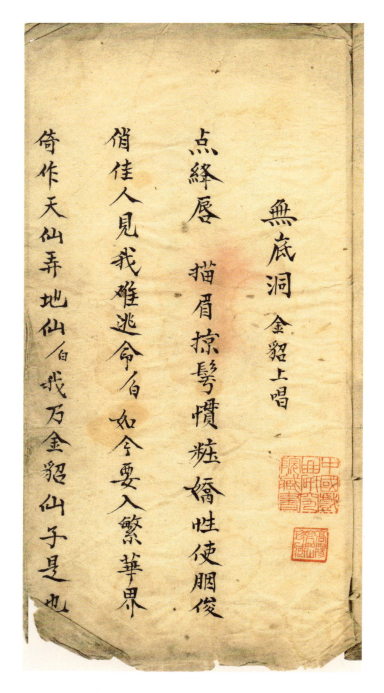

無底洞　（清）昇平署輯　清昇平署抄本

　　高 24 釐米，寬 14.5 釐米。半葉四行，行字不等，無邊框。毛裝。封面題"無底洞，金貂，張吉祥，王有才"。有國劇陳列館簽，題"各腳單本，齊如山藏"。有朱筆圈點。有工尺譜。卷首末鈐"高陽齊如山珍藏""中國戲曲研究院藏書""梅蘭芳捐贈"等印。原爲高陽齊氏收藏，齊梅合作期間歸國劇陳列館，後捐中國戲曲研究院，現由中國藝術研究院圖書館收藏。收入館藏《公用單本》中。《故宮珍本叢刊》收入昇平署亂彈單齣一種，昇平署提綱本一種。

集成曲譜 四集三十二卷 王季烈 劉富樑輯 民國十四年（1925）商務印書館石印本

框高 16 釐米，寬 12 釐米。半葉文字、曲譜、行款不等，白口，四周雙邊，單魚尾。四函三十二冊。有眉批，有工尺譜。封面書簽爲齊氏墨跡。書名葉題"集成曲譜金集，山陰頑鈍題"，"集成曲譜聲集，鈴宗海粟廬"，"集成曲譜玉集，甲子夏吳梅"，"集成曲譜振集，甲子仲冬范孫，嚴修私印"。有民國十二年（1923）魏銊序、凡例、目錄。有王季烈《螾廬曲談》六章。該書共收入八十八部傳奇裏的四百一十六齣折子戲。該書一改《遏雲閣曲譜》之前有譜無詞和有詞無譜且輯錄單調的弊病，更全面更完善地輯錄前代的戲曲曲譜，是一部大成之作。封面序端卷端鈴"高陽齊氏百舍齋存書之印""齊林玉世世子孫永寶用""齊氏所藏戲曲小說印""中國戲曲學院藏書"等印。該書存世量很大，品相完好。原爲高陽齊氏百舍齋藏書，後捐中國戲曲研究院，現由中國藝術研究院圖書館收藏。

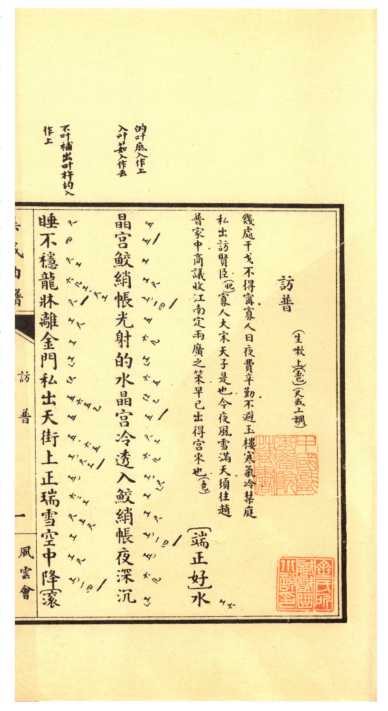

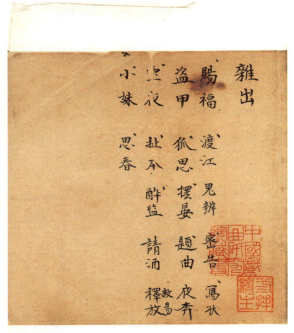

集芳班戲目　（清）吳金鳳輯　清道光九年（1829）抄本

高 12 釐米，寬 14.5 釐米。半葉五行，行字不等，無邊框。一函一册。書名輯録者據封面題。封面卷首末鈐"二拜樓主""高陽齊如山珍藏""中國戲曲研究院藏書""梅蘭芳捐贈"等印。爲齊梅合作期間齊氏收藏，後捐中國戲曲研究院，現由中國藝術研究院圖書館收藏。《揚州畫舫録》載，道光初有集芳班。《兩般秋雨庵隨筆》《夢華瑣簿》《長安看花記》《金臺殘淚記》均記載有相關資料。

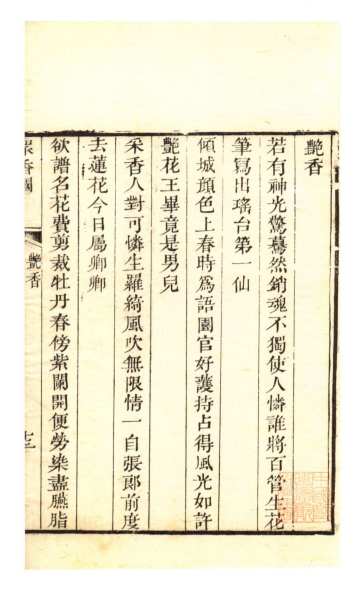

衆香國 （清）衆香主人輯　清嘉慶十一年（1806）刻本

高 18.3 釐米，寬 13.6 釐米。半葉八行，行二十字，小字雙行同，白口，左右雙邊，單黑魚尾。一函一冊。版心及書名葉均題"衆香國"。前有嘉慶十一年（1806）衆香主人序言、凡例、衆香國題詞。正文分豔香、媚香、幽香、慧香、小有香、別有香六部，記載演員名稱、隸屬班社、演藝評價。記載班社有春臺、雙和、慶寧、四喜、三慶、三和、和春、三多、順寧。後附"望儀館主悼落花詩爲魯意蘭作"。封面、序言、卷端目錄鈐"齊林玉世世子孫永寶用""齊氏所藏戲曲小說""高陽齊氏百舍齋存書之印""中國戲曲學院藏書""如山讀過"等印。原爲高陽齊氏百舍齋藏書，後歸中國戲曲研究院，現由中國藝術研究院圖書館收藏。該書與清嘉慶二十一年（1816）刻本常月卿輯《評花》屬同一類型，由此看出嘉慶初四大徽班及各色班社演員已經紅極一時。

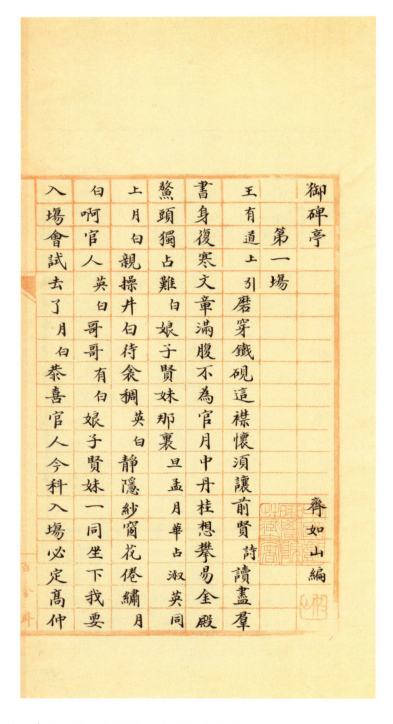

御碑亭　八場　齊如山編　民國間百舍齋紅格抄本

　　框高 17.3 釐米，寬 11.3 釐米。半葉八行，行二十字，白口，四周單邊，單黑魚尾。一函一冊。京劇劇本。版心題"百舍齋"。卷首末鈐"如山""中國戲曲學院藏書"等印。此本爲齊氏謄寫殺青的本子，應該是經過齊氏整理的本子。我院另藏三種百舍齋紅格《御碑亭》抄本，其一是謄抄殺青本子；其二是齊氏修改的初稿整理本，十場本；其三是齊氏修改的唱詞抄本。

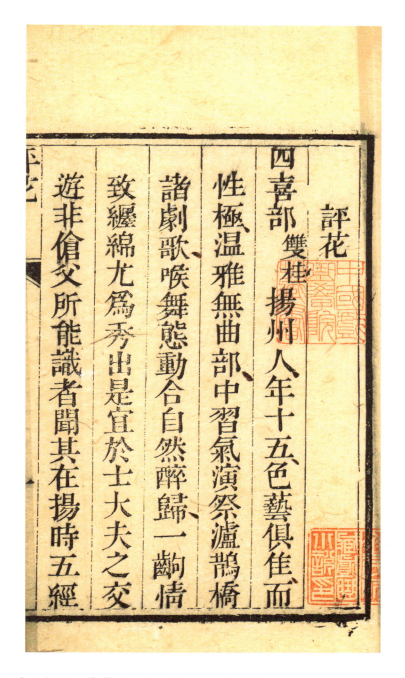

評花 （清）常月卿輯　清嘉慶二十一年（1816）刻本

框高 13.5 釐米，寬 9.3 釐米。半葉六行，行十六字，小字雙行同，白口，四周雙邊，單黑魚尾。一函一冊。封面書簽及書名葉均題"評花"。前有嘉慶二十一年（1816）緝香氏序言、題詞、目次、副冊。輯錄三慶班、四喜班、和春班、春臺班演員三十六位，是記錄四大徽班演員史料。封面序言卷端目錄鈐"齊林玉世世子孫永寶用""齊氏所藏戲曲小說""高陽齊氏百舍齋存書之印""中國戲曲學院藏書""如山讀過"等印。原爲高陽齊氏百舍齋藏書，後歸中國戲曲研究院，現由中國藝術研究院圖書館收藏。

評點鳳求凰　二卷三十齣　（明）李漁編　明刻本

框高 21.3 釐米，寬 14.5 釐米。半葉十行，行二十二字，小字雙行同，白口，左右雙邊，單白魚尾。一函兩册。卷前有目録，有插圖四幅。封面目録卷首末鈐"高陽齊氏百舍齋存書之印""齊氏所藏戲曲小說印""齊林玉世世子孫永寶用""中國戲曲學院藏書""齊如山"等印。

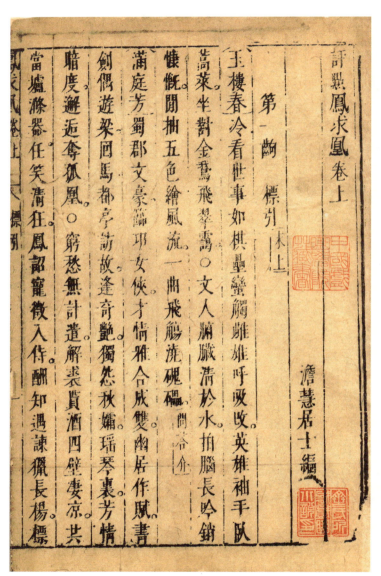

原爲高陽齊氏百舍齋藏書，後捐中國戲曲研究院，現由中國藝術研究院圖書館收藏。《古本戲曲叢刊二集》收入鄭振鐸藏本。

澹慧居士即李漁（1611—約1679），清戲曲理論家、劇作家。字笠鴻，又字謫凡，號笠翁，又號覺世稗官、別署笠道人、隨庵主人、新亭樵客、湖上笠翁等，時有才子之譽，稱"李十郎"。原籍蘭溪（今浙江省蘭溪縣），生於雉皋（今江蘇省如皋縣）。家境殷實，入清家道中落。鄉試，屢不及第，遂醉心小說、戲劇創作。蓄家班，常演於達官貴人門下。先居杭州十年，後居金陵（今江蘇省南京市）達二十年，經營書鋪"芥子園"，以刊書聞名。所作傳奇《比目魚》《風箏誤》等十種，全稱《笠翁十種曲》。另有短篇小說集《十二樓》（一名《覺世名言》），又有詩文雜著《李笠翁一家言》等行世。

詠懷堂新編十錯認春燈謎記 四卷四十齣 （明）阮大鋮撰 清嘉慶二年（1797）刻本

框高 9.8 釐米，寬 7.5 釐米。半葉八行，行十六字，小字同，白口，左右雙邊，單魚尾。一函八册。卷前有王思任序言、崇禎六年（1633）百子山樵序言、崇禎六年（1633）百子山樵自序、題詞、目録（各卷目録附於卷首）。有插圖十二幅，一題一詠。每卷十齣，卷四齣目共十一齣，第十一齣"題祀"，但卷四末齣爲"表錯"，無"題祀"一齣。卷末墨筆題識"道光癸未（1823）巧月達夫氏藏"。鈐"醉月"印。掛籤爲齊如山墨跡。封面卷首末鈐"醉月""高陽齊氏百舍齋存書之印""齊林玉世世子孫永寶用""齊氏所藏戲曲小説印""齊如山""中國戲曲學院藏書"等印。原爲清道光三年（1823）達夫氏及高陽齊氏百舍齋收藏，後捐中國戲曲研究院，現爲中國藝術研究院藏書。

阮大鋮（1586—1646），字集之，號圓海，又號石巢、百子山樵。懷甯（今安徽樅陽藕山）人。明末戲曲作家。萬曆四十四年（1616）進士，天啓年間官給事中，依附閹宦魏忠賢。南明弘光朝，經馬士英推薦官至兵部尚書。清順治二年（1645 年）南京爲清兵所破，逃至浙江方國安軍中。次年，降清，領清兵破金華，從攻仙霞嶺，中風而死。一説爲清兵所殺。一生頗負才名，善詩詞，作傳奇《燕子箋》《春燈謎》《牟尼合》《雙金榜》，合稱《石巢四種》。

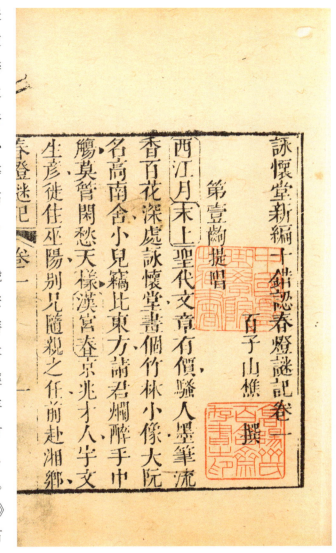

詠懷堂新編十錯認春燈謎記　二卷四十齣　（明）阮大鋮撰　明刻本

框高 20.3 釐米，寬 14.1 釐米。半葉九行，行二十字，小字雙行同，白口，四周單邊，單黑魚尾。一函兩冊。卷前有《詠懷堂新編十錯認春燈謎記目》。有插圖七葉七幅，一幅插圖一幅團

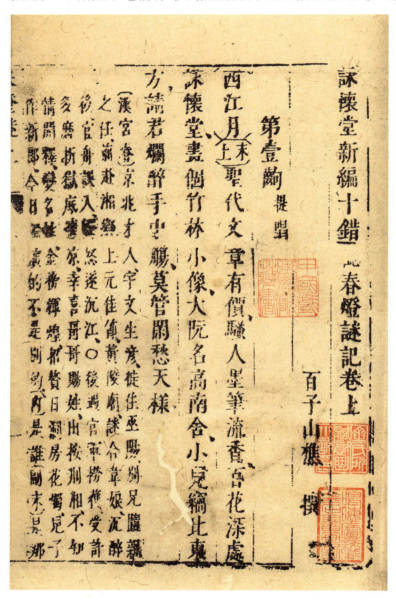

扇花卉文房動物圖。封套書簽爲齊如山墨跡。封面卷首末鈐"鳴晦廬珍藏金石書畫記""高陽齊氏百舍齋存書之印""齊林玉世世子孫永寶用""齊氏所藏戲曲小說印""如山過目""中國戲曲學院藏書"等印。原爲鳴晦廬王立承及高陽齊氏百舍齋收藏，後捐中國戲曲研究院，現爲中國藝術研究院藏書。王立承，近代藏書家，有《鳴晦廬書目》。鈐印有"立承""孝慈""立承寫定""王立承""鳴晦秘寶"等。藝研院圖書館經此人手的藏書還有相當一批，均爲戲曲小說。此版本爲明刻《十種傳奇》本。目錄原題四十齣，第三十六齣有閏齣一齣，應爲第三十七齣，即"留餘"，故末尾一齣爲三十九齣，不標四十齣。嘉慶二年版本標"留餘"爲三十七齣。

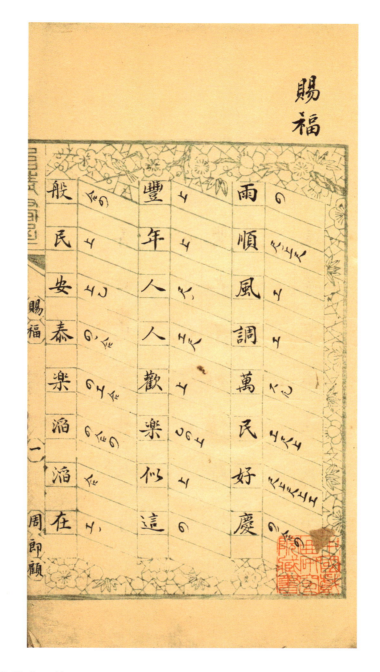

詒清書屋崑曲抄本四齣　哈殺黃輯　民國間綠博古欄精抄本

　　框高 16.7 釐米，寬 11.3 釐米。半葉三行，行十六字，譜三行，白口，四周博古欄，單黑魚尾。一函一冊。有工尺譜。版心題"詒清書屋"。版心下方題"周郎顧"。收録"賜福""賞荷""掃花""三醉"。崑曲單齣抄本。扉葉題"如山先生惠存，殺黃贈"。鈐"哈秋慰"印。哈殺黃爲民國間伶界名人，與徐凌霄、陳墨香、鄭菊瘦、劉步堂、汪俠公、景孤血、翁偶虹等名家皆爲《立言畫刊》撰稿。卷首鈐"中國戲曲研究院藏書"印。此崑曲抄本或爲哈氏得來轉贈齊如山，後捐中國戲曲研究院，現由中國藝術研究院圖書館收藏。

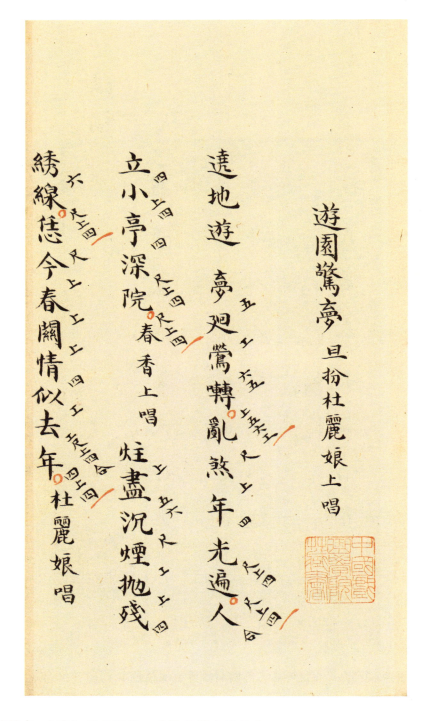

遊園驚夢總本 （清）昇平署輯　清昇平署朱墨抄本

　　高 24 釐米，寬 15.5 釐米。半葉四行，行大小字不等，無邊框。有朱筆圈點。有工尺譜。書名據封面書簽題。有國劇陳列館書簽，題“崑曲四行安殿本，齊如山藏，遊園驚夢”。卷首鈐“中國戲曲學院藏書”印。原爲高陽齊氏所藏，後捐中國戲曲研究院，現由中國藝術研究院圖書館收藏。

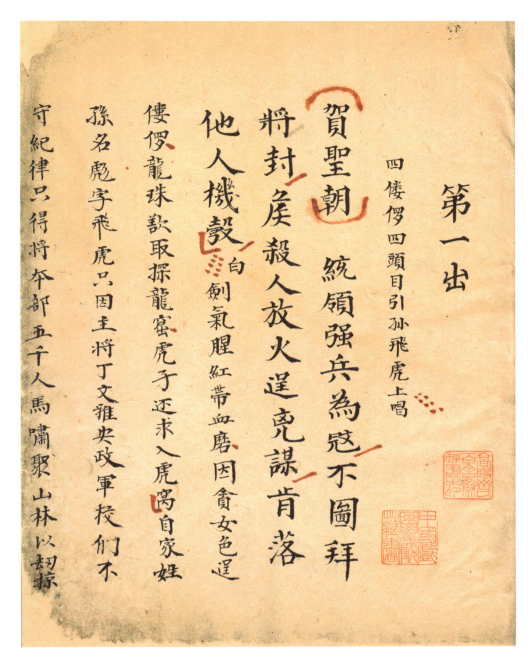

普救寺 四齣 （清）南府輯 清南府朱墨抄本

高 27.5 釐米，寬 23.5 釐米。半葉八行，行大小字不等，無邊框。一函一冊。書名據封面書籤題。封面題"普救寺，四齣，鼓板"。有朱筆圈點增字。有工尺譜。字體碩大，墨色沉著，抄功工穩，具備南府抄本風貌。第一齣無齣目，四嘍囉四頭目引孫飛虎上唱；第二齣無齣目，惠明、旦上唱；第三齣爲"投書"；第四齣爲"解圍"。卷首末鈐"齊林玉世世子孫永寶用""高陽齊氏百舍齋存書之印""齊氏所藏戲曲小說印""中國戲曲學院藏書"等印。原爲齊如山藏書，後捐中國戲曲研究院，現由中國藝術研究院圖書館收藏。

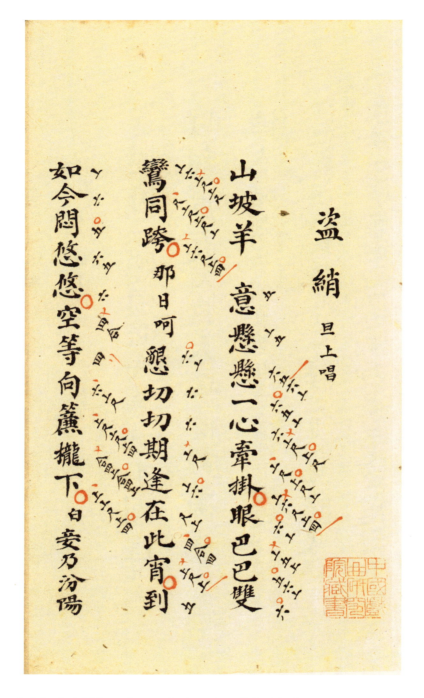

盜綃總本　（清）昇平署輯　清同治光緒間昇平署朱墨抄本

　　高 24 釐米，寬 15.4 釐米。半葉四行，行大小字不等，無邊框。一冊。毛裝。有朱筆圈點。有工尺譜。書名據封面書簽題。有國劇陳列館書簽，題"崑曲四行安殿本，齊如山藏"。卷首末鈐"中國戲曲研究院藏書""梅蘭芳捐贈"等印。原爲高陽齊氏所藏，齊梅合作期間歸國劇陳列館，後捐中國戲曲研究院，現由中國藝術研究院圖書館收藏。收入館藏《崑曲四行曲譜》中。《故宮珍本叢刊》收入昇平署崑腔單齣曲譜一種。

惺齋五種（又名新曲六種） 六種 （清）夏綸撰 清乾隆間世光堂刻本

半葉上欄十行，小字雙行六字，下欄十行，行二十字，白口，四周單邊，單黑魚尾。版心題"惺齋五種""世光堂"。書名葉題"西湖惺齋矓叟偶編，新曲六種，無暇璧，杏花村，瑞筠圖，廣寒梯，南陽樂，花萼吟"。封面有書商印記，題"姑蘇，崇錦堂向在江蘇浙閩廣揀選古今書籍發兌"。每種傳奇分上下卷，卷前各有齣目。敍端卷首鈐"如山讀過""中國戲曲研究院藏書""梅蘭芳捐贈"等印。原爲高陽齊氏所藏，1956 年 9 月 22 日捐中國戲曲研究院，現由中國藝術研究院圖書館收藏。

無暇璧傳奇 二卷三十二齣 （清）夏綸撰 徐夢元評 書名葉題"褒忠傳奇，無暇璧，惺齋五種之一"。有清乾隆十四年（1749）壺天隱叟題詞、沈乾寫《撚髭圖》、東湖樵謙圖贊、乾隆十七年（1752）龔淇《撚髭圖記》，有《明史稿》節録、《明史紀事本末》。

南陽樂傳奇 二卷三十二齣 （清）夏綸撰 徐夢元評 書名葉題"補恨傳奇，南陽樂，惺齋五種之一"。

瑞筠圖傳奇 二卷三十二齣 （清）夏綸撰 徐夢元評 書名葉題"褒節傳奇，瑞筠圖，惺齋五種之一"。

廣寒梯傳奇 二卷三十二齣 （清）夏綸撰 徐夢元評 書名葉題"勸義傳奇，廣寒梯，惺齋五種之一"。

杏花村傳奇 二卷三十二齣 （清）夏綸撰 徐夢元評 書名葉題"闡孝傳奇，杏花村，惺齋五種之一"。

花萼吟傳奇 二卷三十二齣 （清）夏綸撰 徐夢元評 書名葉題"式好傳奇，花萼吟，惺齋壬申續編"。版心題"惺齋續編"。

夏綸（1680—1753），字惺齋，浙江錢塘人。十四歲應康熙三十二年鄉試，八次不第。乾隆元年（1736）應博學鴻詞科。有阻之者，以歸，一生以著述自娛。六十歲後，開始創作戲曲。據乾隆十七年（1752）龔淇《撚髭圖記》云："惺齋先生自製《新曲六種》合刻將竣，以《撚髭圖》

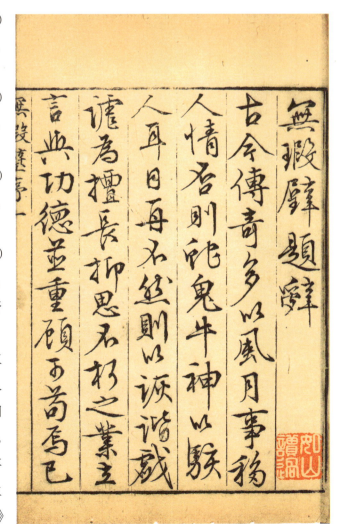

冠集首，而屬淇作文記之。"東湖樵謙圖贊云："吾友惺齋先生，少具異才，甫舞勺即補博士弟子員，後不得志於有司，遂棄括貼，閉戶著書。年六十餘轉舉二雄，自爲課訓，以娛朝夕。此六種蓋其督課餘所成也。"原爲五種，開雕於清乾隆十四年（1749），題名《惺齋五種》。乾隆十七年（1752）續編《花萼吟》一種，成六種，改稱《新曲六種》。有一種完整的乾隆間刻本牌記題"乾隆癸酉（1753）世光堂合刻"，與齊藏這部不同，前有乾隆十四年（1749）徐夢元之《五種總序》，乾隆十六年（1751）惺齋朧叟《五種自序》。看來此書刊刻約成於乾隆十八年（1753）。

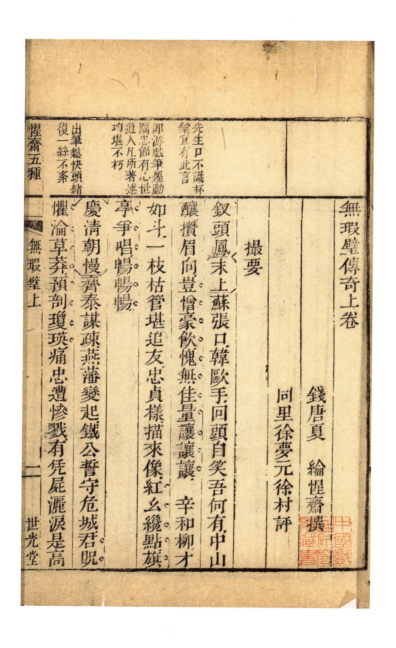

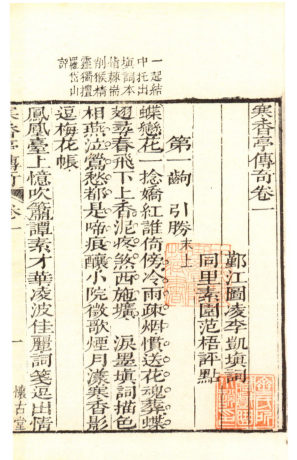

寒香亭傳奇　四卷四十齣卷首一卷　（清）李凱填詞　（清）范梧評點　清嘉慶二年（1797）友益堂刻本

　　框高 12.3 釐米，寬 10 釐米。半葉九行，行二十字，小字單雙行同，白口，左右雙邊，單黑魚尾。一函四冊。版心題“懷古堂”。有眉批三字雙行。卷前有牌記題“嘉慶二年新鐫，鄞江圖淩李凱填詞，同里素園范梧評點，寒香亭傳奇，友益齋藏板”。有清雍正九年（1731）范梧序言、清乾隆四十二年（1777）羅有高序言、目録、題詞。封面卷首末鈐“高陽齊氏百舍齋存書之印”“齊林玉世世子孫永寶用”“齊氏所藏戲曲小說印”“中國戲曲學院藏書”“齊如山”等印。原爲高陽齊氏百舍齋所藏，後捐中國戲曲研究院，現爲中國藝術研究院圖書館藏書。

補天石傳奇　八卷八種　（清）周樂清填詞　（清）譚光祐正譜　清道光十七年（1837）靜遠草堂刻本

　　框高 18.7 釐米，寬 13.5 釐米。半葉六行，行十六字，小字雙行同，白口，四周雙邊，單黑魚尾。一函八冊。有眉批雙行四字。有工尺譜。每種傳奇各齣齣目有書名葉，每齣目後有插圖一幅。卷前有書名葉題"道光庚寅仲冬，補天石傳奇，靜遠草堂藏板"。有清道光十年（1830）陳階平序言、道光十年（1830）吹鐵簫人譚光祐序言、道光十年（1830）邱開來序言、道光十七年（1837）呂恩湛跋語、鍊情子自序、題詞、凡例，提綱，總目。封套書簽爲齊如

山墨跡。八種包括：《宴金臺》六齣，《定中原》六齣，《河梁歸》四齣，《琵琶語》六齣，《紉蘭佩》六齣，《碎金牌》六齣，《紞如鼓》四齣，《波弋香》六齣。封面序端卷首末鈐"高陽齊氏百舍齋存書之印""齊林玉世世子孫永寶用""齊氏所藏戲曲小說""中國戲曲學院藏書""齊如山"等印。原爲高陽齊氏百舍齋藏，後捐中國戲曲研究院，現由中國藝術研究院圖書館收藏。齊如山還藏有一部《補天石傳奇》清朱墨抄本，也藏於中國藝術研究院圖書館。《補天石傳奇》還有咸豐五年（1855）重刻本。

　　周樂清（1785—1855），字安榴，號文泉，別署鍊情子，浙江海寧人，屢試不第，嘉慶十九年（1814）以父蔭官道州通判，先後知湖南祁陽、沅陵、黔陽和山東成武、掖縣、即墨、萊州，咸豐三年（1853）因病辭官，卒於萊州。有《靜遠草堂初稿》存世。

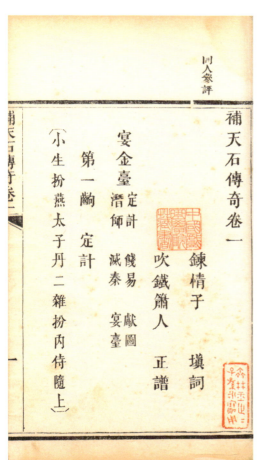

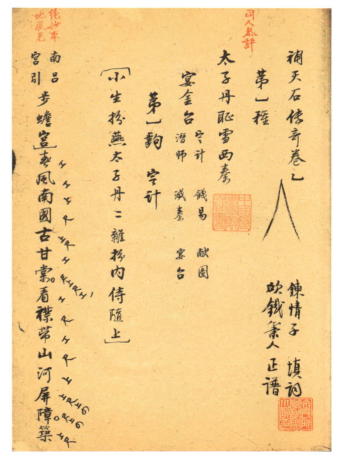

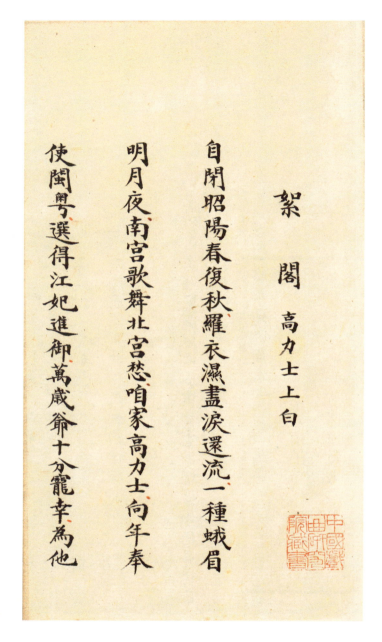

絮閣總本 （清）昇平署輯　清同治光緒間昇平署朱墨抄本

高 24 釐米，寬 15.4 釐米。半葉四行，行大小字不等，無邊框。一冊。毛裝。有朱筆圈點。有工尺譜。書名據封面書簽題。有國劇陳列館書簽，題"崑曲四行安殿本，齊如山藏"。卷首末鈐"中國戲曲研究院藏書""梅蘭芳捐贈"等印。原爲高陽齊氏所藏，齊梅合作期間歸國劇陳列館，後捐中國戲曲研究院，現由中國藝術研究院圖書館收藏。收入館藏《崑曲四行曲譜》中。

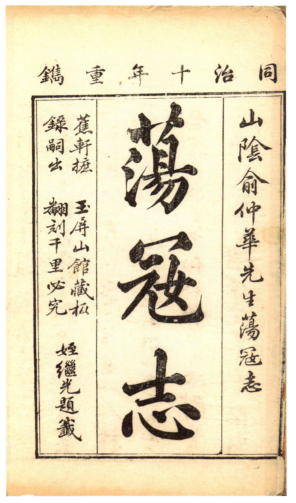

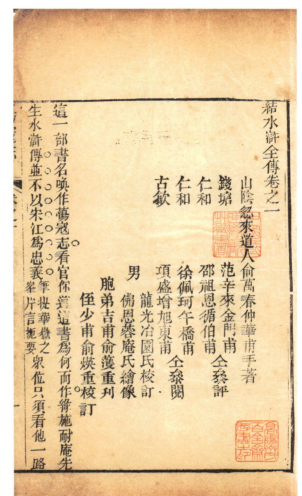

結水滸全傳（又名蕩寇志） 七十卷七十回末一卷結子 （清）俞萬春撰 清同治十年（1871）
玉屏山館重刻本

　　框高 19.3 釐米，寬 13.7 釐米。半葉十行，行二十五字，小字雙行同，白口，左右雙邊與四
周單邊不等，單黑魚尾。四函二十冊。該書扉葉有清同治十年（1871）俞焕題識。封二牌記題："同
治十年重鎸，山陰俞仲華先生蕩寇志。蕩寇志，蕉軒摭錄嗣出，玉屏山館藏板，翻刻千里必究，
侄繼光題籤。"有清咸豐二年（1852）陳奐序、咸豐二年（1852）徐佩珂序言、咸豐元年（1851）
古月老人序言；錢湘《續刻蕩寇志序》、清同治十年（1871）俞蟲序言、續序一篇、半月老人同
治九年（1870）續序、同治十一年（1872）鏡水湖邊老漁跋、清嘉慶十一年（1806）忽來道人
自題《蕩寇志緣起》。有目錄，目錄從七十一回起至一百四十回止，共計七十回。有插圖五十七
葉一百一十四幅，一圖一詠。

　　俞萬春（1794—1849），浙江山陰（今紹興）人。年少穎悟，博覽群書，兼通文武，諳熟弓馬，
享名一方。年二十隨父宦遊廣東，嘉慶中瑤民起，萬春參知軍務有功，後英夷犯境又獻策軍門，

深受劉玉坡撫軍賞識。其著述《騎射論》《大器考》《戚南塘紀效新書釋》《醫學辯癥》《淨土事相》均未傳世，惟獨《蕩寇志》鐫刻流行。《蕩寇志》始作於清道光六年（1826），完成於道光二十七年（1847）。直至清咸豐元年（1851）方才由其子俞龍光付梓刊刻。該書原名《蕩寇志》，後由古月老人改名《結水滸全傳》，並附友人范金門、邵循伯評語。這其中緣由在俞龍光開篇的題識中記載得很清楚。

《蕩寇志》一書《中國通俗小說總目提要》著録。該書初刻本爲清咸豐三年（1853）徐佩珂南京刻本。半葉十行二十五字，圖五十七葉。這個本子一直被認爲是初刻本。國家圖書館、北京大學圖書館、南京圖書館均有藏本。除此之外還有幾個重刻本，即清咸豐七年（1857）重刻本，半葉八行二十二字行款，增加了東籬山人《重刻蕩寇志序》。還有一個本子即清同治十年（1871）玉屏山館重刻本，增加了錢湘序，俞灝續序，半月老人續序，老漁跋等幾篇東西。復旦大學圖書館有藏本。根據藝研院藏本看，同治十年本與咸豐七年重刻本或者更遠，而離原本咸豐三年本更近。他們的行款全同，且刷印清晰，版刻流暢，斷版缺版較少，版面爽利，藝研院藏本應是原本之後不久、重刻本之前的一個後印的本子。版刻中大部分是左右雙邊，也間或有四周單邊，可能是略作修板即行刷印了。各書中未見著録這部藏本。這部藏本封面序端目録端卷端鈐“高陽齊氏百舍齋存書之印”“齊林玉世世子孫永寶用”“齊氏所藏戲曲小說印”“中國戲曲學院藏書”等印。原爲高陽齊如山百舍齋藏書，後歸中國戲曲研究院，現由中國藝術研究院圖書館收藏。

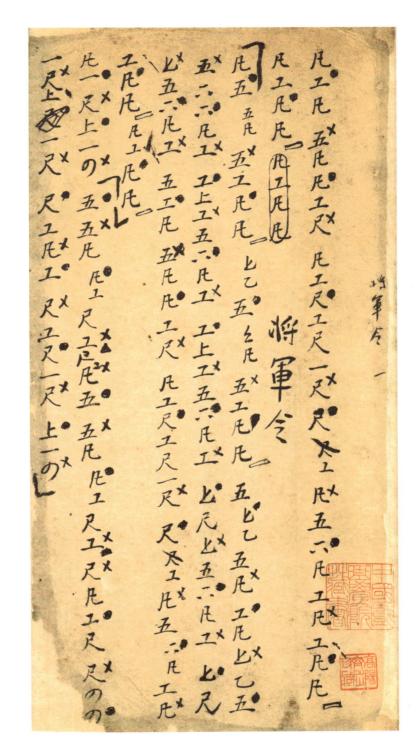

牌子 （清）佚名輯 清抄本

高 25 釐米，寬 14.6 釐米。半葉行、字不等，無邊框。有朱墨筆圈點。書名據封面書簽題。封面題 "如山"。包括 "將軍令" "到春來" "水龍吟" "傍妝臺"。卷首鈐 "高陽齊如山珍藏" "中國戲曲學院藏書" 等印。

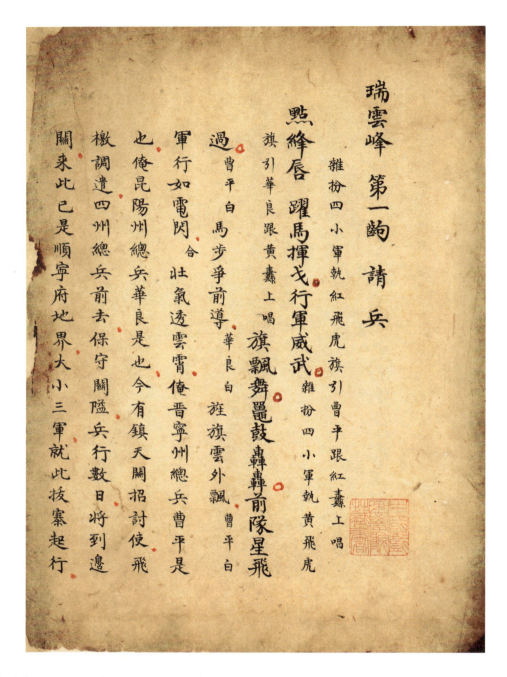

瑞雲峰　六齣　（清）昇平署輯　清昇平署朱墨抄本

　　高 25.7 釐米，寬 21.5 釐米。半葉九行，行字不等，無邊框。一函一册。有朱筆圈點。封面題“串關，不全”。有國劇陳列館書簽，題“老存庫本，齊如山藏”。齣目爲：請兵、聞報、賭勝、救圍、服衆、獲擒。卷末有齊如山題識：“老存庫本，宮中排一新戲，將劇本斟酌妥當後，即清抄一本，存於庫中，作爲定本，此即名曰存庫本，以後遇有抄錄單本時，即照此抄之，此種九行抄本，當爲乾嘉時代之物。”從紙張墨色裝幀看，均可做乾嘉時期昇平署抄本典範。卷首鈐“中國戲曲學院藏書”印。原爲齊氏藏書，後捐中國戲曲研究院，現由中國藝術研究院圖書館藏。

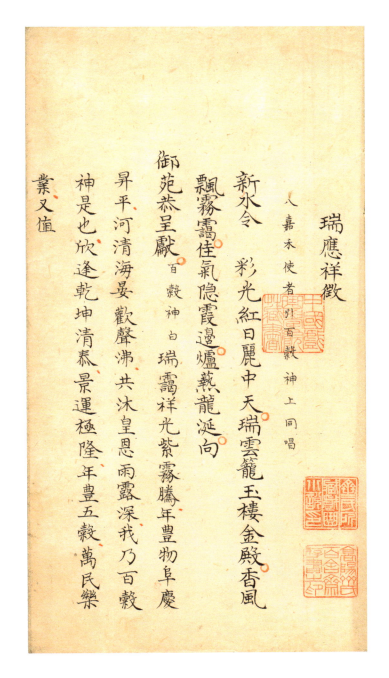

瑞應祥徵 （清）昇平署輯　清昇平署抄本

　　高 25 釐米，寬 16 釐米。半葉八行，行二十二字，小字同，無邊框。一册。毛裝。有朱筆圈點。書名據封面書籤題。封套題“清書堂藏”。封面卷首末鈐“高陽齊氏百舍齋存書之印”“齊氏所藏戲曲小說印”“中國戲曲學院藏書”“如山讀過”等印。原爲高陽齊氏百舍齋所藏，後捐中國戲曲研究院，現由中國藝術研究院圖書館藏。收入館藏《法宮雅奏九九大慶》中。

載花舲傳奇 二卷三十二齣 （清）徐沁填詞 （清）鹿溪居士評閱 清曲波園刻本

框高 19.5 釐米，寬 13.5 釐米。半葉九行，行二十字，小字同，白口，半葉四周單邊。一函兩册。書名葉、序言原缺。版心題"曲波園"。有眉批雙行四字。插圖六幅，一圖一詠。封套書簽及掛簽爲齊如山墨跡。封面目録卷首末鈐"漱芳書屋""吳巷巢凡氏校""□□□心胸""齊林玉世世子孫永寶用""中國戲曲學院藏書""齊如山"等印。原爲高陽齊氏百舍齋藏書，後捐中國戲曲研究院，現由中國藝術研究院圖書館收藏。

徐沁（1626—1683），字野公，水浣，號野畦，別署雙溪薦山、若耶野老、蒼山子等。浙江餘姚人，居於會稽。徐氏與李漁友善，博通經史，善考證。康熙十七年（1678）薦舉博學鴻詞，

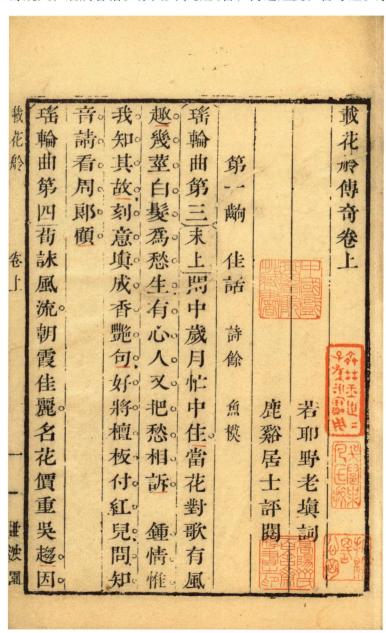

辭不就，退居耶溪秋水堂。著有《秋水堂稿》《越書小纂》《三晉紀行》《墨苑志》《楚遊録》《謝皋羽年譜》等。戲曲作品今知有八種，在《載花舲》三十二齣"尾聲"中寫道："《曲波園七種》新編定，還有《香草吟》未曾求政，待我回到稽山續請評。"八種曲爲《載花舲》《香草吟》《廣寒香》《芙蓉樓》《易水歌》《豐樂樓》，餘二種劇目待考。前五種今存。《載花舲》《香草吟》有康熙間合刊本，題《曲波園傳奇二種》；《廣寒香》有文治堂刊本和書帶草堂刊本，署"蒼山子編"；《芙蓉樓》有叩缽齋刊本，署"雙溪薦山填詞"；《易水歌》有雙溪原刊本，署"雙溪薦山"。《傳奇匯考標目》謂"雙溪薦山"係清汪光被。《曲海總目提要》在《芙蓉樓》《廣寒香》下加注"汪光被撰"。對徐氏劇作，李漁評價很高。

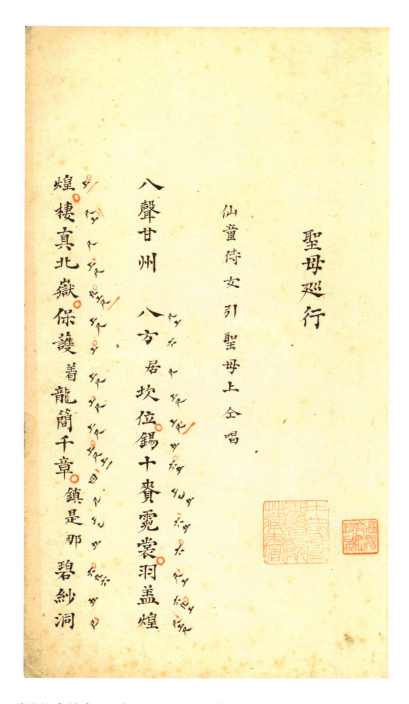

聖母巡行·群仙赴會總本 （清）昇平署輯　清昇平署朱墨抄本

　　高 24 釐米，寬 15.4 釐米。半葉四行，行十八字，無邊框。一函一册。有朱墨圈點。有工尺譜。書名據封面書簽題。封面題"聖母巡行，群仙赴會總本"。有國劇陳列館書簽，題"同光時代安殿本，齊如山藏"。卷首鈐"高陽齊如山珍藏""中國戲曲學院藏書"。原爲高陽齊氏所藏，後捐中國戲曲研究院，現由中國藝術研究院圖書館收藏。《故宮珍本叢刊》收録南府崑弋月令承應戲一種。

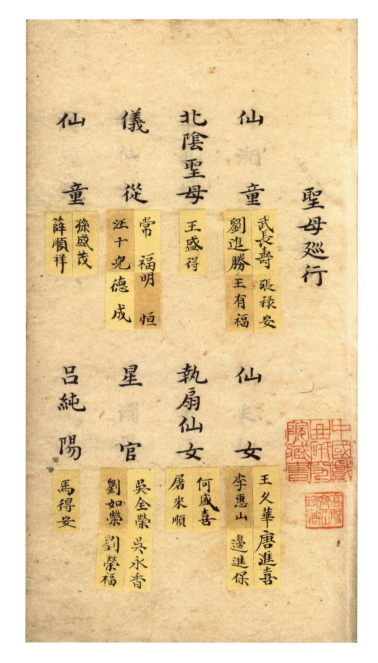

聖母巡行·群仙赴會提綱 （清）昇平署輯　清昇平署抄本

　　高 21.4 釐米，寬 12.5 釐米。半葉五行，行字不等，無邊框。一册。毛裝。書名據封面書簽題。
承應戲安殿提綱本。有國劇陳列館簽，題"承應戲安殿提綱，齊如山藏"。黄紙粘貼演員姓名簽
以備該脚色飾演演員之更換。至有多人姓名重疊一處者。卷首末鈐"高陽齊如山珍藏""中國戲
曲研究院藏書""梅蘭芳捐贈"等印。原爲高陽齊氏所藏，齊梅合作期間歸國劇陳列館，後捐中
國戲曲研究院，現由中國藝術研究院圖書館收藏。收入館藏《承應戲安殿提綱》函中。《故宫珍
本叢刊》收録南府崑弋月令承應戲一種。

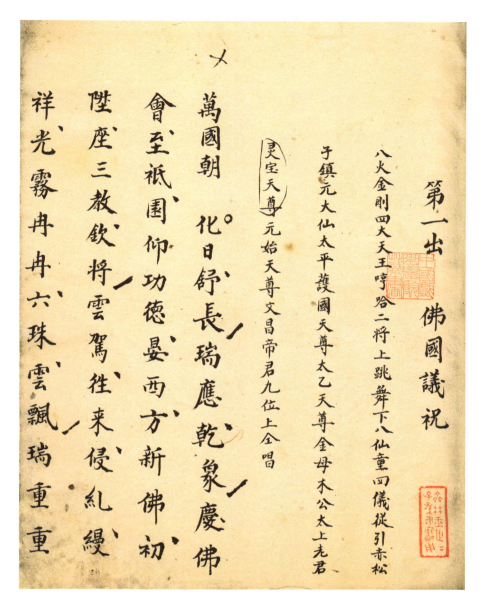

聖壽永慶昇平　十二齣　（清）昇平署輯　清昇平署抄本

高 29 釐米，寬 23.5 釐米。半葉八行，行大小字不等，無邊框。一函三冊。有墨筆圈點。書名據封面書籤題。封面題"鼓板"又題"劉，沈大"，或爲輯錄者或搬演者。封面原題"永慶昇平"，後圈改"聖壽昇平"。封套題"清書堂藏"。齣目爲：佛國議祝、求假歸山、喬扮僧衆、連環巧賺、誤責兄長、水底遭纏、假言求救、誤認金蟬、雙竊瑞果、展光獲仙、刹女歸正、永慶豐年。紙質墨色均符合清中期南府昇平署抄本特徵。卷首末鈐"齊林玉世世子孫永寶用""高陽齊氏百舍齋存書之印""齊氏所藏戲曲小說印""中國戲曲學院藏書""齊如山"等印。原爲清書堂及齊如山百舍齋藏書，後捐中國戲曲研究院，現由中國藝術研究院圖書館收藏。《故宮珍本叢刊》收錄南府崑弋開場承應戲及提綱本《聖壽昇平》各一種。

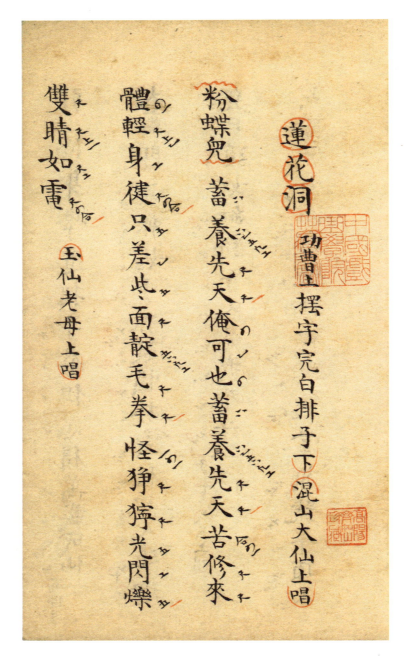

蓮花洞曲譜 （清）昇平署輯　清昇平署朱墨抄本

　　高 20.5 釐米，寬 13.5 釐米。半葉四行，行十七字，小字不等，無邊框。有工尺譜。有朱筆圈點。崑弋抄本。書名據封面書簽題。有國劇陳列館簽，題"存庫本曲譜，齊如山藏，蓮花洞"。卷末有齊如山墨筆題識"存庫本曲譜，宮中劇本除將全劇劇詞錄存庫外，並將全劇工尺譜另錄一本，亦存庫中，遇有新腳學唱，則照此錄與，以較總本易檢查也"。卷首鈐"高陽齊如山珍藏""中國戲曲學院藏書"等印。原爲高陽齊氏所藏，後捐中國戲曲研究院，現爲中國藝術研究院藏書。《故宮珍本叢刊》收入昇平署崑弋單腳本一種，昇平署提綱本一種。

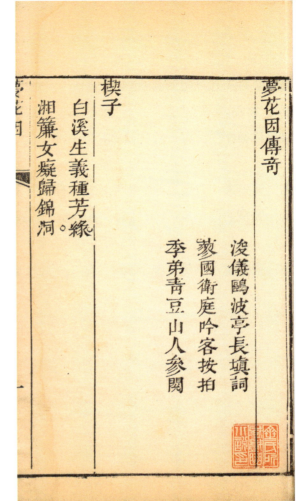

夢花因傳奇　四折一楔子　（清）鷗波亭長填詞　（清）衛庭吟客按拍　（清）青豆山人參閱　清道光元年（1821）桐蔭書屋刻本

框高 19 釐米，寬 12.5 釐米。半葉八行，行二十字，小字同，白口，四周雙邊，單黑魚尾。一函一册。牌記題"道光元年秋鐫，夢花因傳奇，桐蔭書屋藏版"。卷前有道光元年（1821）李兆洛序言、題詞。封面卷首末鈐"高陽齊氏百舍齋存書之印""齊林玉世世子孫永寶用""齊氏所藏戲曲小說印""中國戲曲學院藏書"等印。原由高陽齊氏百舍齋收藏，後捐中國戲曲研究院，現爲中國藝術研究院圖書館藏書。

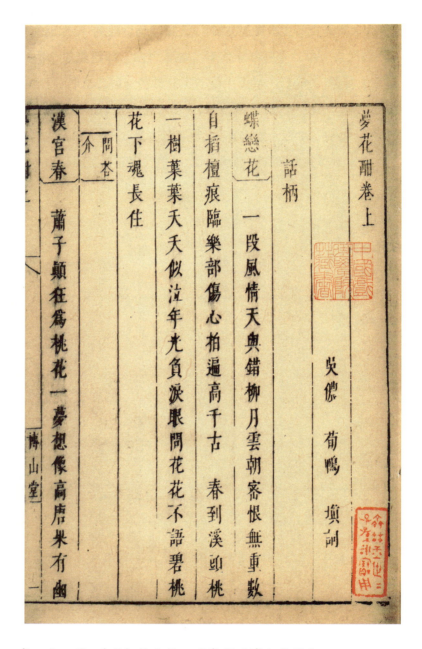

夢花酣　二卷三十四齣　（明）范文若　明崇禎間博山堂刻本

　　框高 20.2 釐米，寬 14.3 釐米。半葉九行，行二十字，小字雙行同，白口，四周單邊，單白魚尾。一函兩冊。版心題"博山堂"。有眉批三字雙行。卷前有明崇禎五年（1632）鄭元勳題詞、吳儂荀鴨序、《夢花酣目》（分上下卷）。卷首"話柄"不列目録中，不標齣次。此爲《博山堂三種》本。封套書簽及掛簽爲齊如山墨跡。封面卷首末鈐"高陽齊氏百舍齋存書之印""齊林玉世世子孫永寶用""齊氏所藏戲曲小說印""齊如山""中國戲曲學院藏書"等印。原爲高陽齊氏百舍齋收藏，後捐中國戲曲研究院，現爲中國藝術研究院圖書館藏書。范文若所撰《花筵賺》《夢花酣》《鴛鴦棒》三種傳奇，合稱《博山堂三種》。

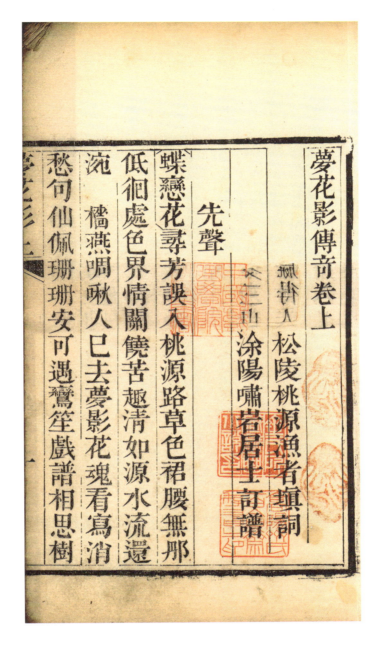

夢花影傳奇　二卷四齣附《夢花影二十四人詞》（清）桃源漁者填詞　（清）嘯岩居士訂譜　清嘉慶間刻本

框高 13.8 釐米，寬 10 釐米。半葉八行，行十六字，小字同，白口，四周單邊，單黑魚尾。一函一册。卷前有嘉慶五年（1800）孫藹春序言。封套書簽及掛簽爲齊如山墨跡。封面卷首末鈐"高陽齊氏百舍齋存書之印""齊林玉世世子孫永寶用""齊氏所藏戲曲小説印""中國戲曲學院藏書""如山讀過"等印。原爲高陽齊氏百舍齋所藏，後捐中國戲曲研究院，現爲中國藝術研究院圖書館藏書。

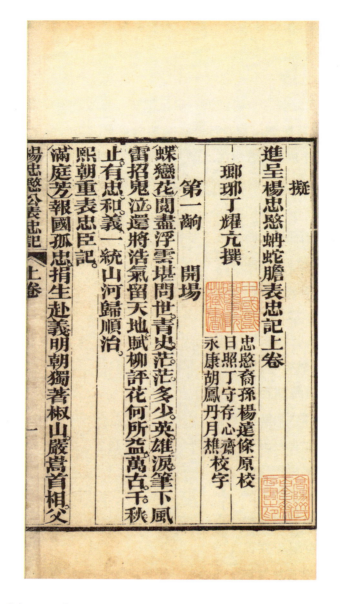

楊忠愍蚺蛇膽表忠記　二卷三十六齣　（清）丁耀亢撰　清同治十一年（1872）刻本

框高 18.2 釐米，寬 13 釐米。半葉十行，行二十二字，小字同，白口，四周雙邊，單黑魚尾。一函四册。書名葉題“表忠記傳奇”。牌記題“同治壬申冬月重鐫”。卷前有順治十六年（1659）郭棻原序、題詞、目録。卷端題“忠滑裔孫楊遠條原校，日照丁守存心齋，永康胡鳳丹月樵校字”。封套書簽及掛簽爲齊如山墨跡。此書有順治間刻《丁野鶴集五種》之一。封面卷首末鈐“高陽齊氏百舍齋存書之印”“齊林玉世世子孫永寶用”“齊氏所藏戲曲小說印”“中國戲曲學院藏書”“齊如山”等印。原爲高陽齊氏百舍齋所藏，後捐中國戲曲研究院，現爲中國藝術研究院圖書館藏書。此版本高陽齊如山藏兩部，均藏中國藝術研究院圖書館。

雷峰塔傳奇　四卷三十四齣　（清）方成培改本　（清）海棠巢客點校　清乾隆三十七年（1772）水竹居刻巾箱本

　　框高 10.2 釐米，高 7.4 釐米。半葉七行，行十五字，小字同，白口，四周雙邊，單黑魚尾。一函四冊。牌記題"乾隆壬辰新鐫，雷峰塔傳奇定本，水竹居藏板"。卷前有乾隆三十六年（1771）方成培自序、目錄。本應有題詞、跋語。較之初印本，顯然這個本子是後印後裝訂本。封套書簽及掛簽爲齊如山墨跡。封面卷首末鈐"須夢華館""孫華卿印""高陽齊氏百舍齋存書之印""齊林玉世世子孫永寶用""齊氏所藏戲曲小說印""齊如山""中國戲曲學院藏書"等印。原爲高陽齊氏百舍齋收藏，後捐中國戲曲研究院，現爲中國藝術研究院圖書館藏書。孫華卿，可考資料不詳，或爲近代藏家。《參廖子詩集》明崇禎本中曾見到"孫華卿章""華卿經眼"等印。可見此人藏書之富贍。

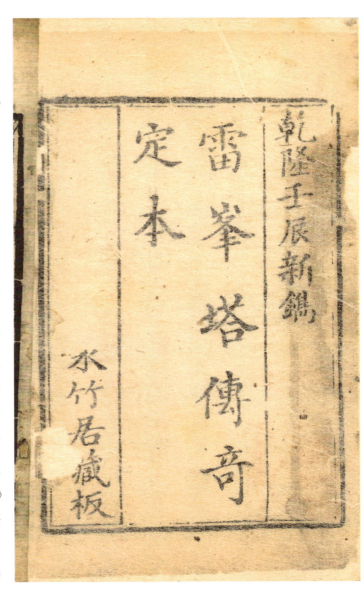

　　方成培（1713—1808），字仰松，號岫雲詞逸，安徽歙縣人。精通詩詞，酷愛戲曲，著作甚豐。據《安徽文獻書目》記載，其著作有《雷峰塔傳奇》四卷、《香研居詞塵》四卷、《香研居談咫》一卷、《聽奕軒小稿》三卷、《方仰松詞榘》十三卷。此外，還著有《雙泉記傳奇》《誦詞記疑》《鏡古續錄》《記後巖學詩》等。方氏所作《雷峰塔傳奇》爲後人改名爲《白蛇傳》。其傳奇作品《雙泉記》和《雷峰塔》，前者曾被列爲"違礙書籍"，今已佚，後者今存。清黃圖珌《雷峰塔》問世之後，曾被梨園改編。此後，方氏認爲這種本子"辭鄙調僞"而決意重新改作。修改後的本子在場次結構上有所調整，改寫了曲詞賓白並補入每齣的下場詩，但在戲劇衝突和人物形象方面無大更動。同黃圖珌的《雷峰塔》相比，方本新增了"求草""水鬥""斷橋"等重要場次，故事情節更完善，白蛇形象更完美，劇中的法海則成爲

反派代表人物，因而作品更具有思想性和戲劇衝突。方氏與翁方綱有舊，翁氏《跋余忠宣篆鄭公釣臺字》一文，考其生卒，述其生平，稱其有"好古懷賢"之志，亦善金石碑拓。

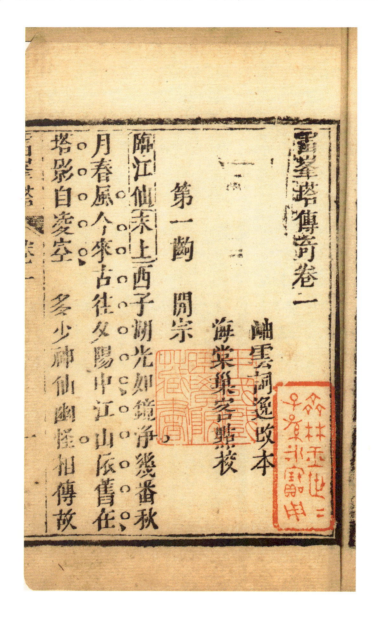

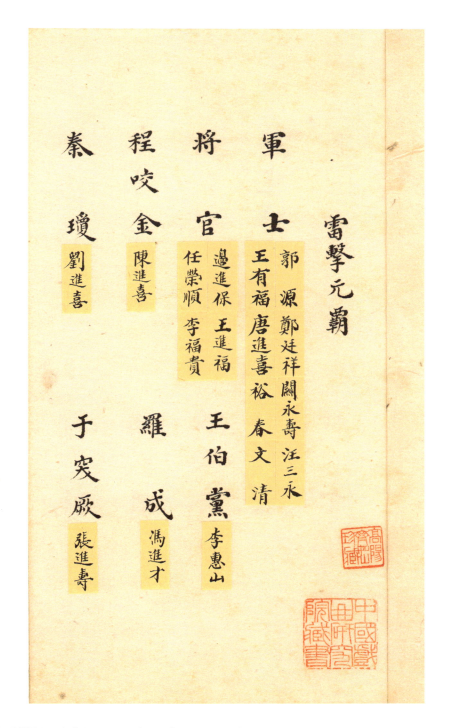

雷擊元霸提綱 （清）昇平署輯　清昇平署抄本

高 21.5 釐米，寬 12.7 釐米。半葉五行，行字不等，無邊框。一冊。書名據封面書籤題，人物腳色下有扮演演員名籤粘貼（黃色），毛裝。有國劇陳列館書籤，題“崑弋安殿提綱，齊如山藏，雷擊元霸”。卷首末鈐“高陽齊如山珍藏”“中國戲曲研究院藏書”“梅蘭芳捐贈”等印。原爲高陽齊氏百舍齋藏書，後歸國劇陳列館，後捐中國戲曲研究院，現爲中國藝術研究院圖書館藏書。

粲花齋新樂府四種 （明）吳炳編　明金陵兩衡堂刻本

框高 19 釐米，寬 14.6 釐米。半葉九行，行二十字，小字雙行同，白口，四周單邊，單白魚尾。眉批雙行四字。兩函八册。卷前書名葉題“粲花齋新樂府四種，綠牡丹，療妒羹，畫中人，西園，金陵兩衡堂梓行”。目録端卷端鈐“高陽齊氏百舍齋存書之印”“齊林玉世世子孫永寶用”“齊氏所藏戲曲小説印”“中國戲曲學院藏書”“齊如山”等印。原爲高陽齊氏百舍齋藏書，後捐中國戲曲研究院，現爲中國藝術研究院圖書館藏書。封面書簽爲齊如山墨跡。卷首鈐“瑞圖”“豈潛”印。書名葉鈐“樂琴書以消憂”“梅竹齋”印。其中“瑞圖”或爲明代畫家張瑞圖。張瑞圖（1570–1641），字長公、無畫，號二水、果亭山人、芥子、白毫庵主、白毫庵主道人等。萬曆三十五年（1607）探花及第，授翰林院編修，後以禮部尚書入閣，加建極閣大學士。爲明代

四大書法家之一，與董其昌、邢侗、米萬鐘齊名，有“南張北董”之號。另一方“豈潛”應該與“瑞圖”爲一人，查張瑞圖無此名號。或此兩方印另有其人。

綠牡丹傳奇　二卷三十齣　題“粲花齋主人編，牡丹花史評”。卷前有齣目，齣目題“綠牡丹傳奇目次”。

療妒羹傳奇　二卷三十二齣　題“粲花齋主人編次，鶡鷦子評”。卷前有齣目，齣目題“療妒羹傳奇目次”。

畫中人傳奇　二卷三十四齣　題“粲花齋主人編，畫隱先生評”。卷前有齣目，齣目題“畫中人傳奇目次”。

西園記　二卷三十三齣　題“粲花主人編，西園公子評”。卷前有齣目。各齣標明宫調韻脚。齣目題“新刻西園記目次”，與前三種不同，應爲後刻補入。

吳炳（1595—1648），字可先，

號石渠，江蘇宜興人。明末戲曲作家。明萬曆四十七年（1619）進士，任湖北武昌蒲圻知縣，後告病歸，居宜城南門外五雲莊"糝花別墅"，潛心詩文戲曲。明崇禎間出任江西提學副使，明亡流寓廣東。清順治五年（1648）正月十八日，絕食七天而亡，年五十四。清乾隆四十一年（1776）賜諡"忠節"。吳炳著有《說易》《雅俗稽言》《絕命詩》等，所撰戲曲《綠牡丹》《畫中人》《西園記》《情郵記》《療妒羹》，合稱《糝花五種》，又名《石渠五種曲》《糝花齋五種曲》。

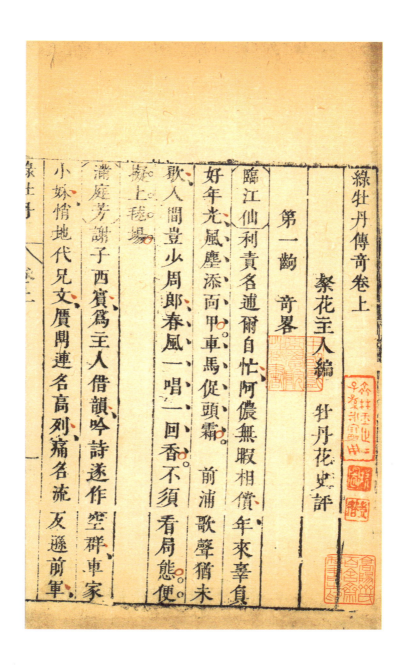

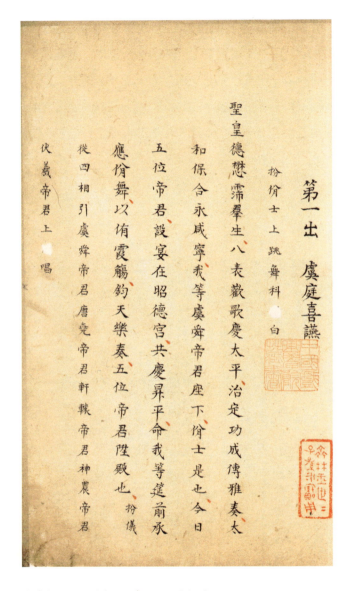

虞廷集福　七齣　（清）昇平署輯　清昇平署抄本

高 24.7 釐米，寬 15.5 釐米。半葉八行，行二十二字，小字同，無邊框。一册。毛裝。有朱筆圈點。書名據封面題識題。有白紙墨筆刪改書簽。封套題"清晝堂藏"。封面題識："此本正名未詳，或是虞廷集福，然第一齣爲虞廷喜讌，又恐非集福耳。今日陰天，我亦糊塗，數行草字，卻似有風趣者。胡說八道信口雌黃蓋此亦三杯酒下咽喉把事作錯耶。"看筆體很像松蘿館主人青城山民墨跡。有鈐印，已漫漶。齣目包括：虞廷喜讌、石畔藏書、壽徵寶錄、擒縛靈仙、角端遺仙、仙鳳施智、百靈效順。待有識者查證。封面卷首末鈐"高陽齊氏百舍齋存書之印""齊林玉世世子孫永寶用""齊氏所藏戲曲小說印""中國戲曲學院藏書""齊如山"等印。原爲高陽齊氏百舍齋所藏，後捐中國戲曲研究院，現由中國藝術研究院圖書館收藏。《故宮珍本叢刊》收入昇平署崑弋開場承應戲一種，昇平署崑弋承應大戲曲譜一種，昇平署串頭本一種。

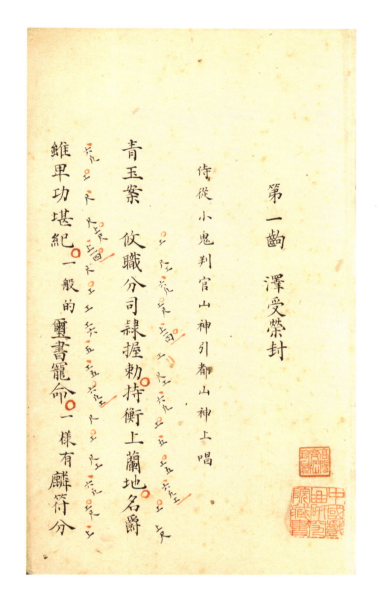

虞庭集福總本　八齣　（清）昇平署輯　清昇平署朱墨抄本

　　高 24 釐米，寬 15.4 釐米。半葉四行，行大小字二十字，無邊框。兩冊。毛裝。有朱筆圈點。有工尺譜。封面題前後本（即上下冊），各四齣。書名據封面書籤題。有國劇陳列館書籤，題"同光時代安殿本，齊如山藏"。卷首末鈐"高陽齊如山珍藏""中國戲曲研究院藏書""梅蘭芳捐贈"等印。原爲高陽齊氏所藏，齊梅合作期間歸國劇陳列館，後捐中國戲曲研究院，現由中國藝術研究院圖書館收藏。《故宮珍本叢刊》收入昇平署崑弋開場承應戲一種，昇平署崑弋承應大戲曲譜一種，昇平署串頭本一種。

業海扁舟　六齣　（清）蓮池居士撰　清道光十三年（1833）五色精抄本

　　框高 16.6 釐米，寬 9.1 釐米。半葉八行，行十八字，小字雙行同，白口，四周雙邊，單黑魚尾。一函一冊。此書書名葉題曰："業海扁舟，酸心苦口，萬語殷勤，至願回首。時壬戌題於東閣廣明謹記。"鈐"仲述"。這個書名葉不是道光時產物，清同治元年（1862）是壬戌年，民國十一年（1922）是壬戌年，似乎應該是民國時產物。卷前有清道光十三年（1833）金連凱序，道光十三年（1833）惇順序言及題詩，白山悟夢子題詞，金連凱題詞，道光十三年（1833）友月居士題句，六乙子題句（六乙子記惇順），惇順再題句，白山悟夢子題識。卷末有道光十三年（1833）白山悟夢子《靈臺小補》書成即綴二律於卷末。封套書籤及掛籤爲齊如山墨跡。該傳奇劇本是據《昇平寶筏》《勸善金科》編綴而成，作者據前後序言題詞，應爲"蓮池居士"。此本爲紅黃綠蘭黑五色精抄本。封面目錄卷首末鈐"高陽齊氏百舍齋存書之印""齊林玉世世子孫永寶用""齊氏所藏戲曲小說印""中國戲曲學院藏書""齊如山"等印。原爲高陽齊氏百舍齋藏書，後捐中國戲曲研究院，現由中國藝術研究院圖書館收藏。《業海扁舟》又名《蘭橈南渡》，是賜名，爲皇親貴冑子弟編演並進呈宮廷排演的劇目。該書版本另有國劇陳列館藏王府進呈本、傅惜華先生藏抄本、國家圖書館和上海圖書館分別有館藏抄本。

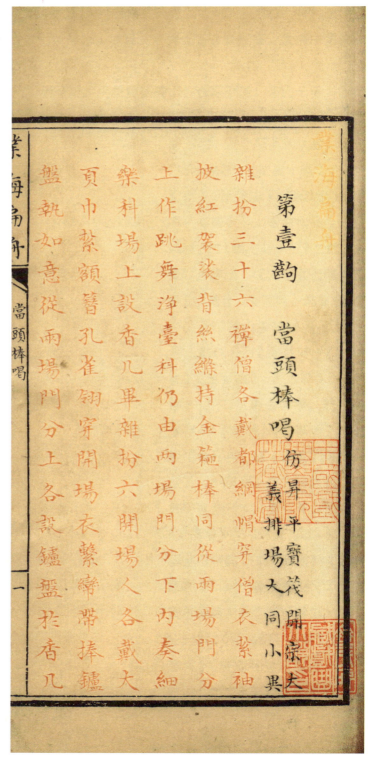

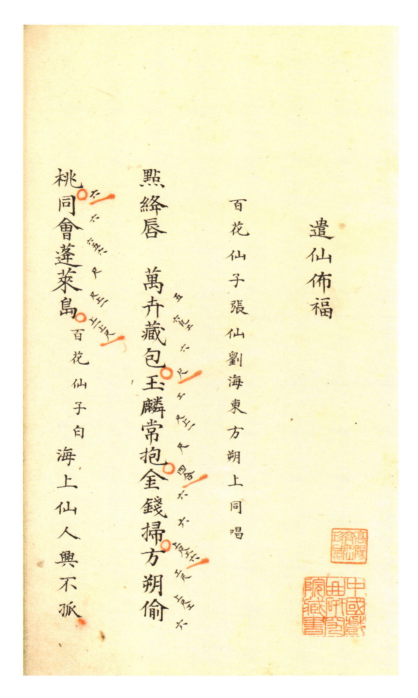

遣仙布福總本 （清）昇平署輯　清昇平署朱墨抄本

高 24 釐米，寬 15.4 釐米。半葉四行，行大小字二十字，無邊框。一册。毛裝。有朱筆圈點。有工尺譜。書名據封面書籤題。有國劇陳列館書籤，題"同光時代安殿本，齊如山藏"。卷首末鈐"高陽齊如山珍藏""中國戲曲研究院藏書""梅蘭芳捐贈"等印。原爲高陽齊氏所藏，齊梅合作期間歸國劇陳列館，後捐中國戲曲研究院，現由中國藝術研究院圖書館收藏。《故宮珍本叢刊》收入昇平署崑弋開場承應戲一種。

圓香夢雜劇 四折 （清）梁廷枏填詞 （清）藕香水榭訂譜 清道光間刻《藤花亭十七種》本

框高 16.5 釐米，寬 11.8 釐米。半葉八行，行十八字，小字同，白口，四周雙邊，雙對黑魚尾。一函兩册。封面有“文會堂”鈐記。書名葉題“圓鄉夢雜劇”。封套書簽爲齊如山墨跡。有清道光四年（1824）龔元序言、題詞，卷末有藕香水榭跋、畸農跋。封面序端卷首末鈐“高陽齊氏

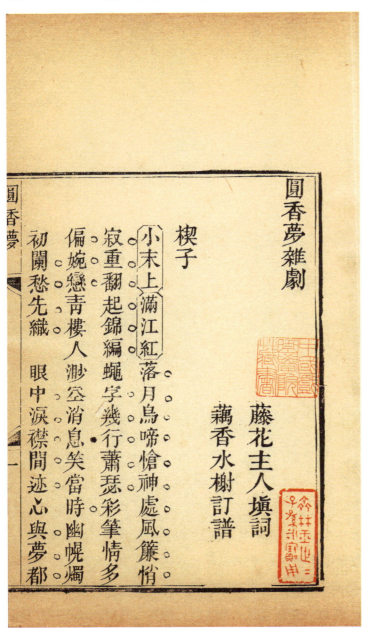

百舍齋存書之印”“齊氏所藏戲曲小說印”“齊林玉世世子孫永寶用”“中國戲曲學院藏書”“齊如山”等印。原爲高陽齊氏百舍齋收藏，後捐中國戲曲研究院，現由中國藝術研究院收藏。

梁廷枏（1796—1861），字章冉，別號藤花主人。廣東順德人。出身書香，遍覽家藏圖書。稍長，精研史學，兼擅詩文戲曲，但科場失意，三十八歲即道光十四年（1834）才考中副貢。歷任澄海縣教諭，廣州越華、粵秀書院監院，學海堂學長，粵海關志總纂，廣東海防書局總纂。咸豐初，“因襄贊夷務”有功賞內閣中書職。一生著作共約三十八種，二百八十八卷。著有《曲話》五卷，論審音填詞以及批評優劣，總稱《藤花亭十種》。復取蘇東坡事跡，薈萃成編，分十七目，作《東坡事類》二十二卷。另有雜劇四種《江海夢雜劇》《圓香夢雜劇》《曇花夢雜劇》《斷緣夢雜劇》。以及梁氏《論語古解》《南越五主傳》《南越叢錄》，合刻《藤花亭十七種》行世。

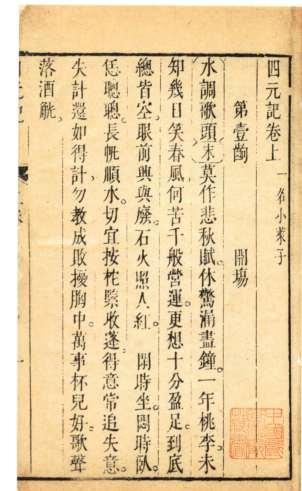 

傳奇十一種　存五種九卷　（清）范希哲撰　清初刻本

高 19.5 釐米，寬 12 釐米。半葉八行，行二十字，小字單雙行同，白口，四周單邊，單黑魚尾。兩函十八册。存《偷甲記》（一名《雁翎甲》）二卷，《雙瑞記》（一名《中庸解》）二卷，《四元記》（一名《小萊子》）二卷，《雙錘記》（一名《合歡錘》）二卷，《萬古情》一卷。

《偷甲記》二卷，分上下卷，三十六齣，卷前有秋堂和尚書於棒龕之《偷甲記序》。序爲抄配。

《雙瑞記》二卷，分上下卷，三十六齣，卷前有長安不可解人自題《中庸解序說》。序說、目録爲抄配。

《四元記》二卷，分上下卷，三十六齣，卷前有燕客退拙子自題《四元記》序言。序言爲抄配。

《雙錘記》二卷，分上下卷，三十六齣，卷前有看松主人自題《雙錘記》序言。序言爲抄配。

《萬古情》一卷，六齣。這一種刻本有小字雙行，也爲二十字，行格或有或無，應該與其他四種不是刻於一個時期。

范希哲，明末清初戲曲作家，號四願居士、西湖素岷主人、小齋主人、不可解人、秋堂和尚、燕客退拙子、看松主人、魚籃道人等，生卒年、事跡不詳，杭州（今屬浙江）人，與李漁交往甚密。一說撰有八種傳奇，《萬全記》《十醋記》《補天記》《雙瑞記》《偷甲記》《四元記》《雙鍾記》《魚籃記》，今皆存於世。崑曲《盜甲》即出自《偷甲記》。館藏存本函套夾籤題"笠翁又十種曲"。整理者誤以爲《李漁十種曲》又一版本。《傳奇十一種》包括：《萬全記》《魚籃記》《十醋記》《豆棚閑記》《萬古情》《萬家春》《雙鍾記》《四元記》《雙瑞記》《補天記》《偷甲記》。國家圖書館有藏本。

卷端序端目録端鈐有"齊林玉世世子孫永寶用""齊氏所藏戲曲小說印""慕歌家世""望緑蔭齋""中國戲曲學院藏書"等印。"慕歌家世""望緑蔭齋"兩方朱印爲鄭騫藏印。原爲鄭氏望緑蔭齋和齊氏百舍齋藏書，後捐中國戲曲研究院，現由中國藝術研究院圖書館收藏。

會幔亭籤鏗祝壽 （清）昇平署輯 清昇平署抄本

高 24 釐米，寬 16 釐米。半葉八行，行二十二字，小字同，無邊框。一册。毛裝。書名據封面書籤題，內封題"會幔亭籤鏗祝壽串關"。封套題"清晝堂藏"。封面卷首末鈐"高陽齊氏百舍齋存書之印""齊氏所藏戲曲小說印""中國戲曲學院藏書""如山讀過"等印。原爲高陽齊氏百舍齋所藏，後捐中國戲曲研究院，現由中國藝術研究院圖書館收藏。收入館藏《法宫雅奏九九大慶》中。

彭祖，一作彭鏗，或云姓籛名鏗，大彭氏國（江蘇徐州）人，傳以長壽見稱。原係先秦傳說中的仙人，養生家，後道教奉爲仙真。相傳長壽一百四十歲。被奉爲養生、武術、烹飪鼻祖。

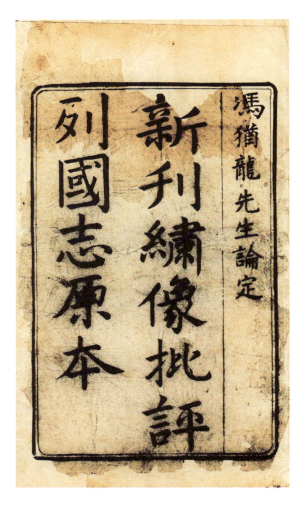
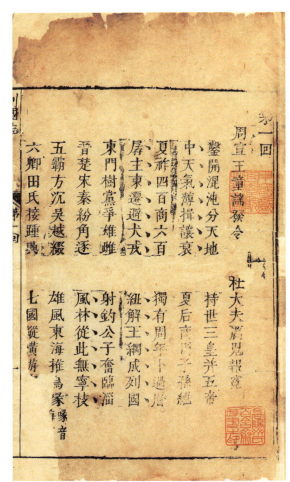

新列國志　一百零八回　（明）馮夢龍編　明刻本

　　框高 20.4 釐米，寬 14 釐米。半葉十行，行二十二字，白口，左右雙邊，單黑魚尾。四函二十四册。書名葉題 "馮猶龍先生論定，新刊繡像批評列國志原本"。卷前有吳門可觀道人小雅氏敘言、目録、凡例、引首；有地圖兩幅，圖五十三葉一百零六幅（缺一葉兩幅插圖）。封面書籤題 "新刊繡像批評列國志原本"，爲齊如山墨跡。書中間或有挖改鏟板痕跡。封面序端卷端卷末鈐 "高陽齊氏百舍齋存書之印" "齊林玉世世子孫永寶用" "齊氏所藏戲曲小說印" "齊如山" "中國戲曲學院藏書" 等印。原爲高陽齊氏百舍齋藏書，後輾轉由中國戲曲研究院收藏，現由中國藝術研究院圖書館收藏。《中國通俗小說總目提要》著録此書。《中國通俗小說總目提要》題 "墨憨齋新編"。本書未見此字樣。日本內閣文庫收藏一部明金閶葉敬池刻本；另一種明代刻本即國家圖書館、天津圖書館藏本，與此藏本同，但《中國通俗小說總目提要》未見著録；還有一種明贈言堂刻本及另一種清初刻本藏於南京圖書館、遼寧圖書館；鄭振鐸西諦藏書有清德聚堂刻本《新刻出相玉鼎列國志》，也是一百零八回本；清人蔡元放刪改加評語名之爲《東周列國志》乾隆間刻本，存世較多。

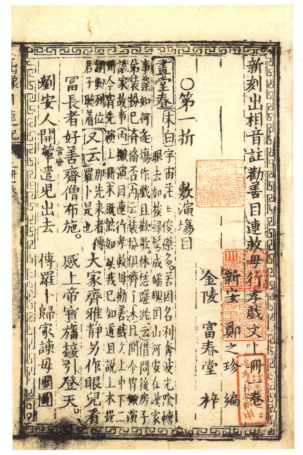 

新刻出相音註勸善目連救母行孝戲文 三册八卷一百零二折 （明）鄭之珍編 明金陵唐氏富春堂刻本

　　框高 19.8 釐米，寬 13 釐米。半葉十行，行二十一字，小字雙行同，白口，四周博古欄，單黑魚尾。一函四册。版心下題"富春堂"。該書分上、中、下三册。上册兩卷三十三折、中册兩卷三十五、下册四卷三十四折。共一百零二折。上中下册各有一書名葉。各册插圖爲：上册一卷八幅九個半葉，其中兩個半葉合一幅。上册二卷六幅七個半葉，其中兩個半葉合一幅。中册一卷六幅六個半葉。中册二卷七幅十個半葉，其中六個半葉合三幅。下册一卷五幅七個半葉，其中四個半葉合兩幅。下册二卷三幅三個半葉。下册三卷四幅五個半葉，其中兩個半葉合一幅。下册四卷三幅五個半葉，其中四個半葉合兩幅。封面目録卷首末鈐"高陽齊氏百舍齋存書之印""齊林玉世世子孫永寶用""齊氏所藏戲曲小說印""中國戲曲學院藏書""齊如山"等印。原爲高陽齊氏百舍齋藏書，後捐中國戲曲研究院，現由中國藝術研究院圖書館收藏。此書品相較好，較接近初刻初印。書名葉完好。金鑲玉裝幀。中册二卷、下册二卷、下册四卷卷末各有半葉抄配。

　　金陵富春堂主人，即唐富春，號對溪。堂址在金陵三山街。富春堂刊刻的戲曲數量居金陵

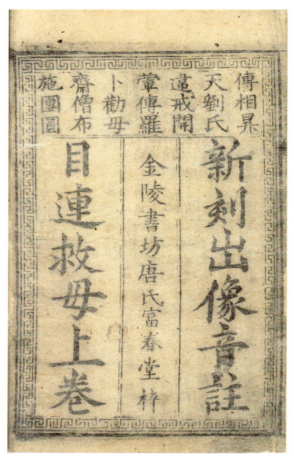

衆家書坊之首，據說多達百種，今存者不及半百，現知唐富春刊刻的戲曲刊本最早爲明萬曆五年（1577）《校梓注釋圈證蔡伯喈大全》四卷，其他大部分都是萬曆中期所刊，此書大致也是這個時期刊刻。

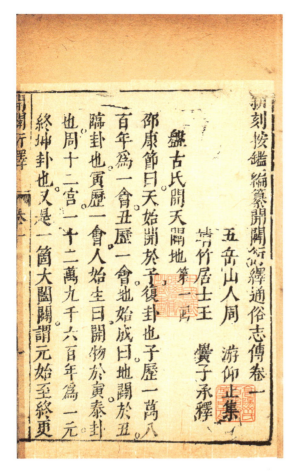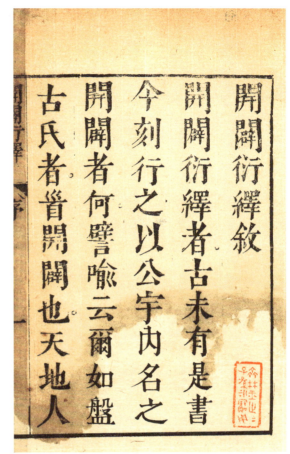

新刻按鑑編纂開闢衍繹通俗志傳　六卷八十回　（明）周游集　（明）王黌釋　明崇禎間刻清初麟瑞堂遞修本

框高 19.5 釐米，寬 13.5 釐米。半葉九行，行十八字，白口，四周單邊，單黑魚尾。一函六冊。版心上方題"開闢衍繹"。書名葉題"鐘伯敬先生原評，開闢演義，繡像，古吳麟瑞堂藏板"。前有明崇禎八年（1635）靖竹居士汪黌敘、《附錄乩仙天地判說》、目錄。又有圖四十四幅，存第一至二十、二十三、二十四葉，《中國通俗小說總目提要》著錄爲四十六葉（即九十二幅），恐誤，待考。按插圖與回目對比，並不是一回一圖，插圖第二十四葉版心題"二十四止"，或原來應該有四十八幅插圖。卷端題"五嶽山人周游仰止集，靖竹居士王黌子承釋"。該書演義盤古開天地至周武王伐紂的歷史故事。《新刻按鑑編纂開闢衍繹通俗志傳》據《中國通俗小說總目提要》著錄有明崇禎間刻本、明崇禎間刻清初麟瑞堂遞修本、清道光三年（1823）刻本、清道光十年（1830）刻本、清同治八年（1869）刻本、民國二十年（1931）上海沈鶴書局石印本。這部《新刻按鑑編纂開闢衍繹通俗志傳》原來是高陽齊如山先生百舍齋收藏，後輾轉到中國戲曲研究院、中國戲曲學院，現由中國藝術研究院圖書館收藏。封面序端目錄端卷端鈐"高陽齊氏百舍齋存書之印""齊林玉世世子孫永寶用""齊氏所藏戲曲小說印""中國戲曲學院藏書"等印。

新刻鍾伯敬先生批評封神演義　十九卷一百回　（明）許仲琳編輯　清康熙間四雪草堂刻本

框高 21 釐米，寬 14.5 釐米。半葉十一行，行二十四字，白口，四周單邊，單黑魚尾。版心題"四雪草堂"。兩函二十册。卷前有清康熙三十四年（1695）長洲褚人穫題於四雪草堂之序、目録，有插圖五十葉一百幅。明金閶舒載陽刻本卷二卷端題"鍾山逸叟許仲琳編輯"，編輯者應爲許仲琳，其他卷端均不著撰人。查，許仲琳爲南直隸應天府人，生平事跡不詳。《中國通俗小說總目提要》著録。該書最早版本爲明金閶舒載陽刻本，半葉十行二十字，插圖五十葉，有李雲翔序，該版本藏於日本內閣文庫。其後又有清初覆刻明本，半葉十五行三十二字，插圖二十葉，有長洲周之標序，又題名"封神傳"，藏於北京大學圖書館。其後又有清初蔚文堂覆印本，半葉十五行三十二字，有長洲周之標序，又題名"商周列國全傳"，"鍾伯敬先生評"。也藏於北京大學圖書館。北大這兩個本子均不避清初諱，應爲康熙以前版本。其次就是這個清康熙間四雪草堂刻本，藏於國家圖書館，各書並未提及藝研院這部齊如山百舍齋舊藏本。這個康熙本是避"玄"字的，所以是康熙間刻本。和四雪草堂相同的一個本子就是清康熙三十四年（1695）善成堂刻本，行款相同插圖僅有三十二葉，藏於遼寧圖書館。另外南京圖書館藏有一部清乾隆四十七年（1782）茂選樓刻本。藝研院藏本封面序端目録端卷端卷末鈐"酒中仙""先思古人""高陽齊氏百舍齋存書之印""齊林玉世世子孫永寶用""齊氏所藏戲曲小說印""齊如山""中國戲曲學院藏書"等印。齊氏得到此書後重加裝裱，天頭地腳裁切過，傷及最初藏家鈐印部分。此書後歸中國戲曲研究院，最終由中國藝術研究院圖書館收藏。

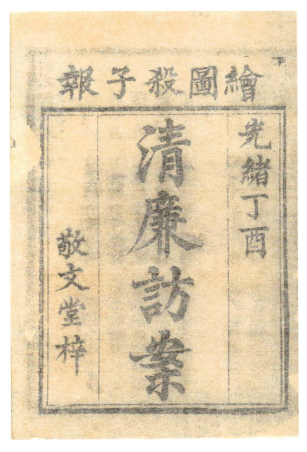
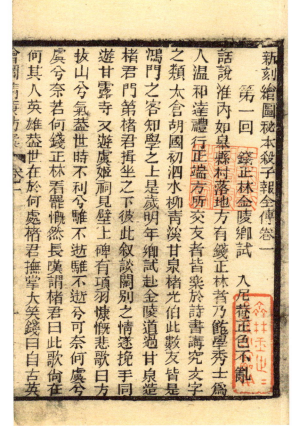

新刻繪圖秘本殺子報全傳　四卷二十回　（清）佚名撰　清光緒二十三年（1897）敬文堂刻本

　　框高 13 釐米，寬 9.2 釐米。半葉十一行，行二十二字，白口，左右雙邊與四周單邊不等，單黑魚尾。正文無行格。一函六冊。卷前牌記題"繪圖殺子報，光緒丁酉，清廉訪案，敬文堂梓"。有總目四卷二十回；插圖七葉十四幅。《中國通俗小說總目提要》著錄，稱孫楷第《中國通俗小說書目》未見著錄，另有民國九年（1920）刻本，題"丁巳十月錫山樵者訂正"。此書本事據清景星杓《山齋客談》改編。藏本以清光緒二十三年（1897）敬文堂刻本爲最好，藏於北京師範大學圖書館，未見著錄藝研院圖書館藏本。此藏本品相完好，版刻刷印屬於初刻初印，版畫略顯粗拙，坊間風貌，白紙本，收藏源流有序。封面目錄端卷端鈐"高陽齊氏百舍齋存書之印""齊林玉世世子孫永寶用""齊氏所藏戲曲小說印""中國戲曲學院藏書"等印。原爲高陽齊如山百舍齋藏書，後歸中國戲曲研究院，最終由中國藝術研究院圖書館收藏。

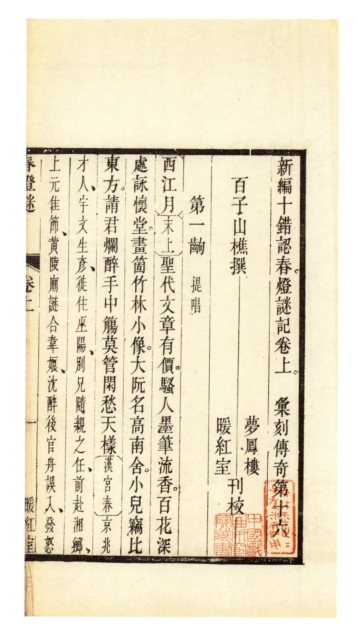

新編十錯認春燈謎記　　二卷四十齣　（明）百子山樵撰　民國間貴池劉世珩暖紅室匯刻傳奇本

　　框高 20.3 釐米，寬 13 釐米。半葉九行二十字小字同白口四周單邊單黑魚尾。一函兩冊。封面書籤題 "匯刻傳奇第十六，曉虹題"。書名葉題 "春燈謎，傅春珊曉虹署"。鈐有 "劉傳春珊，暖紅室"。有目錄，卷端題 "匯刻傳奇第十六，百子山樵撰，夢鳳樓，暖紅室刊校"。有插圖八幅。封面卷首末鈐 "高陽齊氏百舍齋存書之印" "齊林玉世世子孫永寶用" "齊氏所藏戲曲小說印" "中國戲曲研究院藏書" 等印。原爲高陽齊氏百舍齋收藏，後捐中國戲曲研究院，現爲中國藝術研究院藏書。

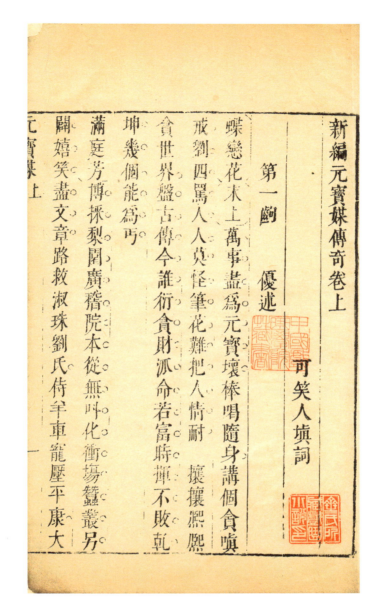

新編元寶媒傳奇 二卷二十八齣 （清）周稺廉填詞 清康熙間書帶堂刻本

框高 19 釐米，寬 13.5 釐米。半葉九行，行二十字，小字同，白口，四周單邊。一函兩冊。卷前有范鑽序言；插圖兩幅，一圖一詠；有目錄。此本爲《容居堂三種曲》之一。封套題簽及掛簽爲齊如山墨跡。封面目錄卷首末鈐 "高陽齊氏百舍齋存書之印" "齊氏所藏戲曲小說印" "齊林玉世世子孫永寶用" "中國戲曲學院藏書" "齊如山" 等印。原爲高陽齊氏百舍齋藏書，後捐中國戲曲研究院，現由中國藝術研究院圖書館收藏。

周稺廉（1662—1701？），一作汝廉，字冰持，號可笑人，松江華亭（今上海）人。康熙二十八年（1689），與洪昇遇之於揚州，酬以詩。稺廉著有《容居堂詩詞》及《四六文》，又著傳奇數十種，僅《元寶媒》《雙忠廟》《珊瑚玦》存，《曲海總目提要》著錄，有刻本傳世。

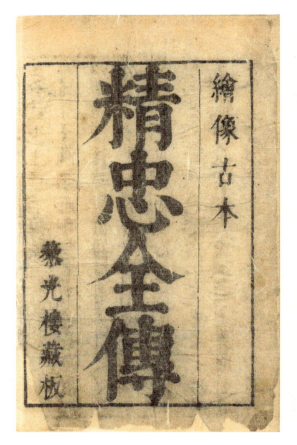
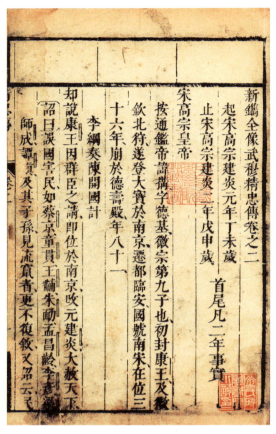

新鐫全像武穆精忠傳　八卷　（明）余應鼇編　清藜光樓刻本

　　框高 20.3 釐米，寬 14 釐米。半葉下欄十一行二十二字，上欄小字雙行四字，粗黑口，四周單邊，單黑魚尾。兩函八冊。卷前書名葉題"繪像古本，精忠全傳，藜光樓藏板"。有《岳鄂武穆王精忠傳敘》，序言落款缺，題名缺。有《精忠贊論》，爲寫刻板，包括李綱、宗澤、韓世忠、岳飛、劉錡附張俊、劉光世。有目録存七卷，卷八目録缺刻，不是損毀挖掉。各卷前有插圖，卷一六葉十二幅、卷二卷三四葉八幅、卷四三葉六幅、卷五四葉八幅、卷六兩葉四幅、卷七卷八四葉八幅。各卷開篇有宋史年號及所敘述故事的起止年和史書本傳節目。如第一卷卷端題"起靖康元年丙午歲，止建炎元年丁未歲，首尾凡一年事實"。按宋史本傳節目。而後開篇七字題目。考《中國通俗小說總目提要》著録明鄒元標編《岳武穆精忠傳》六卷六十八回玉茗堂原本是既分卷又分回，此書是分卷不分回。玉茗堂本是十四字上下句回目，此書是七字句標目。此書還有清代經元堂、兩儀堂刻本，半葉十三行二十四字，李贄評本，與這個本子不同，與玉茗堂原本也不同。此藏本是黃紙本，版刻刷印品相完好。封面序言端目録端卷端卷末鈐"高陽齊氏百舍齋存書之印""齊林玉世世子孫永寶用""齊氏所藏戲曲小說印""如山讀過""中國戲曲學院藏書"等印。原爲高陽齊如山百舍齋藏書，後歸中國戲曲研究院，最終歸中國藝術研究院圖書館收藏。

新鐫批評出相韓湘子　三十回　（明）雉衡山人編次　（明）泰和仙客評閱　明刻清遞修本

框高 19.8 釐米，寬 14 釐米。半葉十行，行二十二字，白口，左右雙邊，單魚尾。一函八冊。卷前有明天啟三年（1623）煙霞外史題於泰和堂之敘，有目錄三十卷，有韓湘子像十六葉三十二幅。據考證，雉衡山人即楊爾增別號，他還著有《兩晉秘史》。《中國通俗小說總目提要》著錄此書爲明天啟三年（1623）金陵九如堂刻本，但各書均沒有著錄明刻清遞修本一款，藝研院這部藏本與明刻本行款格式、序言、插圖均相同，惟獨缺內封，是明九如堂刻本一個系統。但其中第一回第九葉第一行、第一回第十一葉第四行避“玄”字，故應爲明刻清遞修本。也就是說，明金陵九如堂刻本有清代遞修本一款。《中國通俗小說總目提要》著錄《韓湘子》一書明九如堂刻本爲八卷本，而這部清代遞修本是不分卷的，所以大致可以推斷明九如堂刻本確有一部與其相近的清代遞修本。藏本封面序端卷端卷末鈐“高陽齊氏百舍齋存書之印”“齊氏所藏戲曲小說印”“齊如山”“中國戲曲學院藏書”等印。藏本原爲高陽齊如山百舍齋藏書，後歸中國戲曲研究院，最終由中國藝術研究院圖書館收藏。

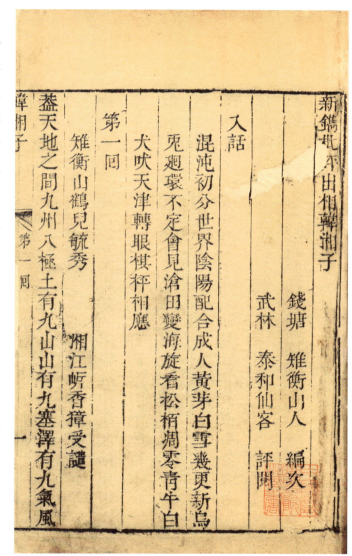

新鐫批評繡像玉嬌梨小傳　二十回　（清）荑秋散人編次　清寫刻本

框高 18.6 釐米，寬 11.5 釐米。半葉九行，行二十四字，白口，四周單邊，單黑魚尾。有圈點，無行格，無插圖。一函十冊。此書卷前序言首末頁殘，據哈佛大學圖書館藏本序言作者應爲"素政堂主人"。有目錄凡二十回不分卷。荑秋散人或爲明末清初人士，又稱"夷狄散人""荻岸散人"，有人考證與《平山冷燕》作者天花藏主人爲同一人。清沈季友認爲是秀水諸生張匀，清盛百二認爲是嘉興張劭，"天花藏主人"編訂著述作序的小說很多，如《飛花詠》《兩交婚》《金雲翹》《麟兒報》《玉支肌》《畫圖緣》《定情人》《賽紅絲》《幻中真》《人間樂》《錦疑團》《鴛鴦媒》《梁武帝西來演義》《濟顛大師醉菩提全傳》等。近代學者戴不凡認爲"天花藏主人"即嘉興徐震。該書《中國通俗小說總目提要》著錄。該書版本以美國哈佛大學圖書館藏齊如山百舍齋本最早，該藏本卷末有民國三十三年（1944）齊如山題識。北京大學圖書館藏有清初刻本，與哈佛本相

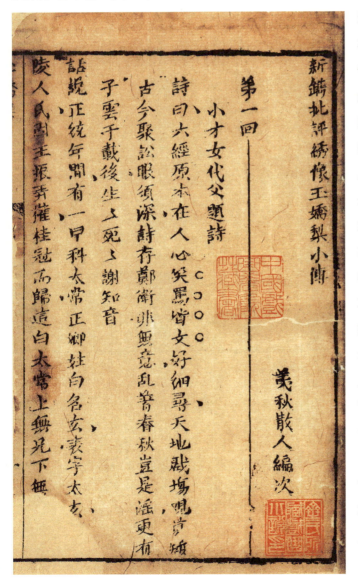

近，不避清諱，紙張古舊，應是清初本。近代學者林庚、王青平考證了另一個本子，全部特徵與此藏本相近，認爲是用明末版清初補刻封面目錄後刷印的，或者就是明末原版重印的。但均未提及藝研院這個藏本，可以確定此藏本與上述三種本子是一個體系的，當初也是高陽齊如山百舍齋另一個藏本。《玉嬌梨》清康熙本爲八行二十字有圖，現均藏於日本。另外還有一種合刻本，上欄爲《三才子書玉嬌梨》，下欄爲《四才子書平山冷燕》，均題：天花藏主人批評。這種形制的本子年代也很早，爲清順治十五年（1658）至清康熙初年。此藏本封面序端卷端卷末鈐"高陽齊氏百舍齋存書之印""齊林玉世世子孫永寶用""齊氏所藏戲曲小說印""如山過目""中國戲曲學院藏書"等印。原爲高陽齊如山百舍齋藏書，後歸中國戲曲研究院，最終由中國藝術研究院圖書館收藏。

滄桑豔 二卷二十齣 （清）丁傳靖填詞 （清）張士瑛評點 （清）石凌漢正拍 清光緒三十四年（1908）刻本

框高 17.2 釐米，寬 12.3 釐米。半葉九行，行二十一字，小字同，白口，左右雙邊，單黑魚尾。一函一冊。版心題"豹隱廬雜著"。卷端題"樊樊山、繆藝風兩先生鑒定"。有眉批四字雙行。書名葉題"滄桑豔，孝煃篆"。牌記題"光緒戊申開鋟"。封套書簽及掛簽爲齊如山墨跡。有照相製版陳圓圓小像一幅、清光緒三十四年（1908）丁傳靖序言、目錄、《陳圓圓事輯》、丁傳靖《圓圓傳輯補》、附錄（注：以下數條與諸說異存之以備參考）。卷末有《繆藝風師題詞》。封面卷首末鈐"高陽齊氏百舍齋存書之印""齊林玉世世子孫永寶用""齊氏所藏戲曲小說印""中國戲曲學院藏書"等印。原爲高陽齊氏百舍齋所藏，後捐中國戲曲研究院，現爲中國藝術研究院圖書館藏書。

丁傳靖（1870—1930），江蘇丹徒（今江蘇鎮江）人，近代藏書家、學者。字秀甫，一字岱思，號湘舲、闇公，別號滄桑詞客，又有鶴睫、鬼車子、招隱行腳僧等別號。晚年定居於天津。光緒二十三年（1897）副貢。因文內引用《淮南子》被斥，壓到副榜最末一名，後入江陰南菁書院。陳寶琛舉薦清宣統二年（1910）爲禮學館纂修。詩文久負盛名，尤工戲曲，創作了《霜天碧》《滄桑豔》《七曇果》等傳奇。其中《滄桑豔》寫陳圓圓事，尤爲著名。後來上海掃葉山房書店曾私自翻印，引起一場版權官司。民國時期入馮國璋幕。後隨馮國璋到北京任總統府秘書。丁廣搜佚書，藏書"白雪庵"，輯成《宋人軼事匯編》，近代藏書家倫明曾向其多次借抄河北豐潤張允亮收藏《明季清初二十八科進士履歷》《崇禎十五年縉紳錄》等書。其藏書建國後由其子丁瑗（號蓮卿）捐獻給鎮江紹宗國學藏書樓。現歸於鎮江市圖書館。丁氏自行刊刻有《滄桑豔》《明事雜詠》。並著《東林別傳》《闇公文存》《詩存》《清軍機大臣年表》《清督撫年表》《歷代帝王世系宗譜》《清六部尚書年表》《甲乙之際宮閨錄》《秋華堂詩文》《四庫全書人名韻編》等。

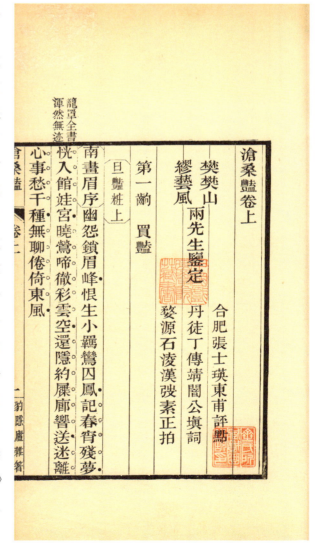

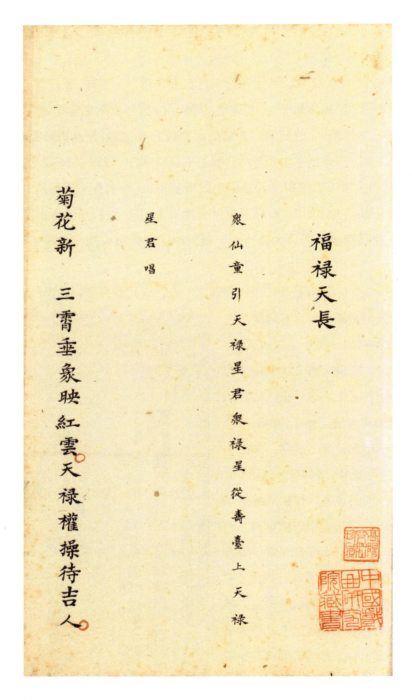

福禄天長總本 （清）昇平署輯　清昇平署朱墨抄本

　　高 24 釐米，寬 15.4 釐米。半葉四行，行大小字二十字，無邊框。一册。毛裝。有朱筆圈點。有工尺譜。書名據封面書籤題。有國劇陳列館書籤，題"同光時代安殿本，齊如山藏，NO.8.-14"。卷首末鈐"高陽齊如山珍藏""中國戲曲研究院藏書""梅蘭芳捐贈"等印。原爲高陽齊氏所藏，齊梅合作期間歸國劇陳列館，後捐中國戲曲研究院，現由中國藝術研究院圖書館收藏。《故宫珍本叢刊》收入南府崑弋開場承應戲一種。

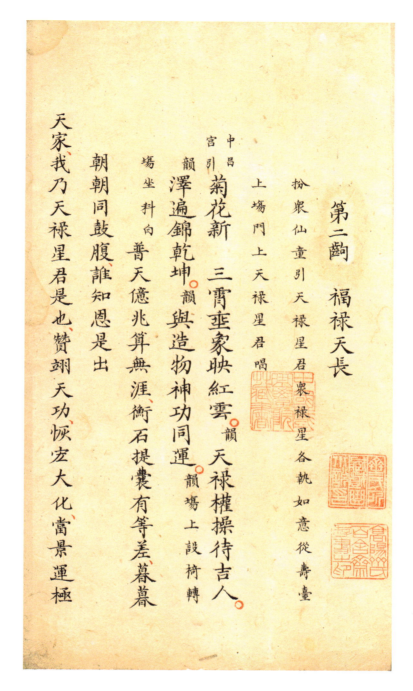

福禄天長總本 　存一齣　（清）昇平署輯　清昇平署抄本

　　高 25 釐米，寬 16.4 釐米。半葉八行，行二十二字，小字同，無邊框。一册。毛裝。有朱筆圈點。書名據封面書籤題，存第二齣。卷中避"宏"字，應爲乾隆間抄本。封套題"清書堂藏"。封面卷首末鈐"高陽齊氏百舍齋存書之印""齊氏所藏戲曲小說印""中國戲曲學院藏書""如山讀過"等印。原爲高陽齊氏百舍齋所藏，後捐中國戲曲研究院，現由中國藝術研究院圖書館藏。收入館藏《法宮雅奏九九大慶》中，《故宮珍本叢刊》收入南府崑弋開場承應戲一種。

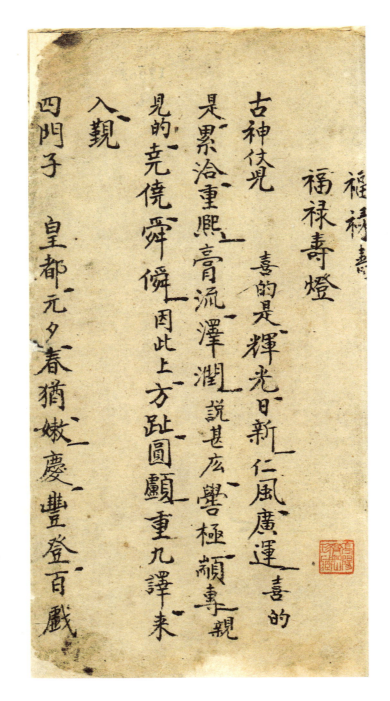

福禄壽燈 （清）佚名輯　清抄本

　　高 25 釐米，寬 14.5 釐米。半葉六行，行字不等，無邊框。清代戲曲各腳公用單本，有墨筆圈點。紙張老舊，年代久遠，墨色沉鬱，抄功工穩。從書品看似爲内府、昇平署承應戲所遺物件。卷首鈐“高陽齊如山珍藏”印。原爲高陽齊氏百舍齋收藏，現由中國藝術研究院圖書館收藏。收入館藏《各腳公用大本》中。《故宮珍本叢刊》收入昇平署崑弋開場承應戲一種，昇平署崑弋開場承應戲曲譜一種。

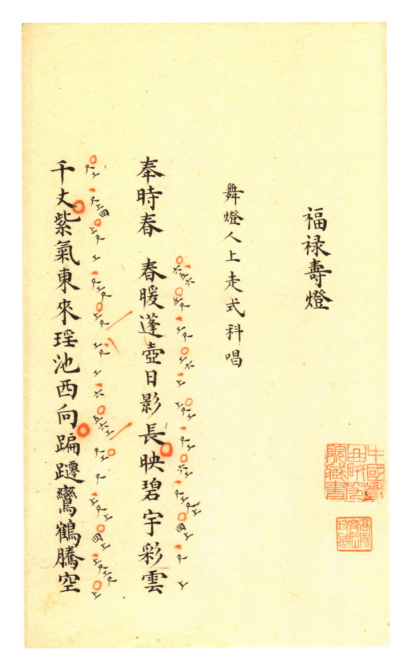

福禄壽燈總本 （清）昇平署輯　清光緒間昇平署朱墨抄本

高 24 釐米，寬 15.4 釐米。半葉四行，行大小字不等，無邊框。一册。毛裝。有朱筆圈點。有工尺譜。書名據封面書籤題。有國劇陳列館書籤，題 "光緒時代安殿本，齊如山藏"。卷首末鈐 "高陽齊如山珍藏" "中國戲曲研究院藏書" "梅蘭芳捐贈" 等印。原爲高陽齊氏所藏，齊梅合作期間歸國劇陳列館，後捐中國戲曲研究院，現由中國藝術研究院圖書館收藏。收入館藏《光緒朝昇平署曲譜》中。《故宮珍本叢刊》收入昇平署崑弋開場承應戲一種，昇平署崑弋開場承應戲曲譜一種。

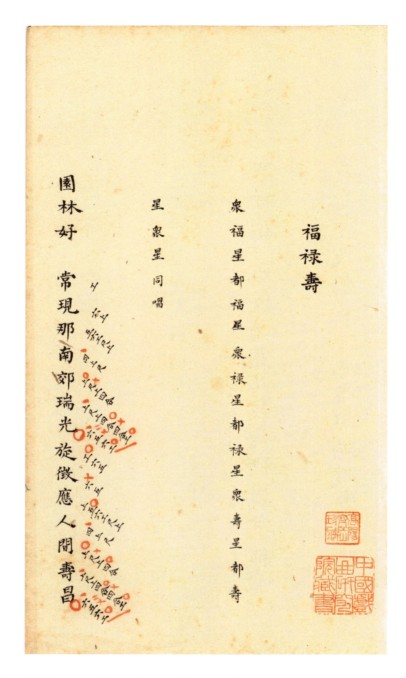

福禄壽總本　（清）昇平署輯　清昇平署朱墨抄本

　　高 24 釐米，寬 15.4 釐米。半葉四行，行大小字二十字，無邊框。一册。毛裝。有朱筆圈點。有工尺譜。書名據封面書籤題。有國劇陳列館書籤，題“臨時改辭安殿本，齊如山藏”。改辭黄紙粘貼處題“天子”“榮惠皇貴妃千秋令節”。卷首末鈐“高陽齊如山珍藏”“中國戲曲研究院藏書”“梅蘭芳捐贈”等印。原爲高陽齊氏所藏，齊梅合作期間歸國劇陳列館，後捐中國戲曲研究院，現由中國藝術研究院圖書館收藏。《故宫珍本叢刊》收入昇平署崑弋開場承應戲一種，昇平署排場本一種。

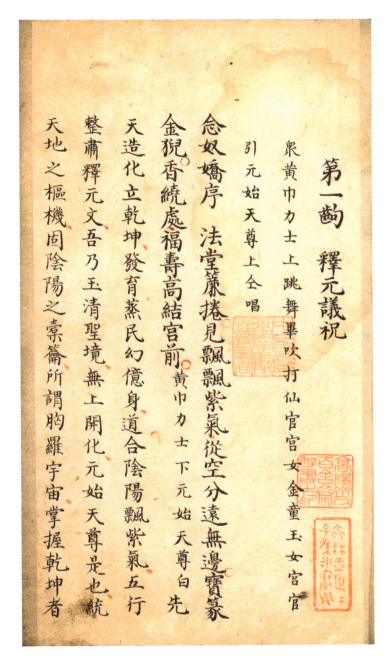

福壽同天總本　十齣　（清）昇平署輯　清昇平署朱墨抄本

高 24.6 釐米，寬 16.2 釐米。半葉八行，行二十四字，無邊框。一函兩冊。毛裝。有朱筆圈點。書名據封面題。封套題"清晝堂藏"。有黃紙改動粘貼簽。封面題"十二年正月二十九日，主改皇太后，趕，折總，笛，鼓，慶，舊外二學，初十日"。封面卷首末鈐"高陽齊氏百舍齋存書之印""齊林玉世世子孫永寶用""齊氏所藏戲曲小說印""如山讀過""中國戲曲學院藏書"等印。原爲高陽齊氏百舍齋收藏，後捐中國戲曲研究院，現爲中國藝術研究院圖書館藏書。《故宮珍本叢刊》收入昇平署崑弋承應大戲曲譜一種。

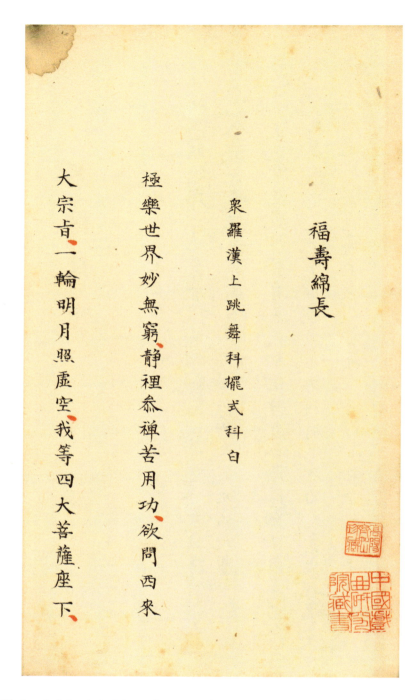

福壽綿長總本 （清）昇平署輯　清昇平署朱墨抄本

　　高 24 釐米，寬 15.5 釐米。半葉四行，行十八字，小字同，無邊框。毛裝。有朱筆圈點。書名據封面書簽題。有國劇陳列館書簽，題"弋腔安殿本，齊如山藏，福壽綿長，昇平署"。卷首末鈐"高陽齊如山珍藏""中國戲曲研究院藏書""梅蘭芳捐贈"等印。原爲高陽齊氏百舍齋藏書，後歸國劇陳列館，後捐中國戲曲研究院，現由中國藝術研究院圖書館收藏。《故宫珍本叢刊》收入昇平署提綱本一種，昇平署排場本一種。

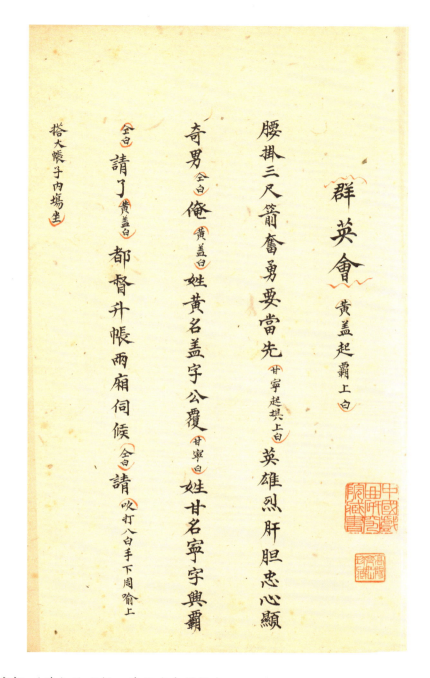

群英會總書 （清）佚名輯　清內府朱墨抄本

高 27.3 釐米，寬 18.8 釐米。半葉五行，行大小字不等，無邊框。毛裝。有朱筆圈點。書名據封面書簽題。有國劇陳列館書簽，題"本家五行皮黃存庫本，齊如山藏，群英會總書，NO.49-5-1."。收入館藏《內學五行皮黃存庫本》中。卷首末鈐"高陽齊如山珍藏""中國戲曲研究院藏書""梅蘭芳捐贈"等印。原爲高陽齊氏百舍齋藏書，後歸國劇陳列館，後捐中國戲曲研究院，現由中國藝術研究院圖書館收藏。《故宮珍本叢刊》收入昇平署亂彈單齣一種，昇平署提綱本兩種。

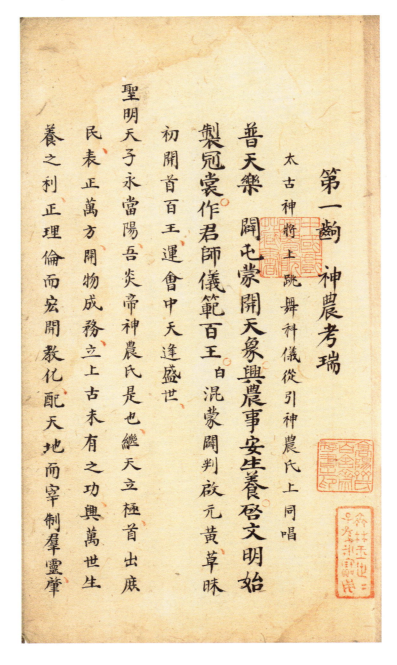

綏豐協慶 八齣 （清）昇平署輯　清昇平署朱墨抄本

　　高 24.5 釐米，寬 16 釐米。半葉八行，行二十二字，無邊框。一函一冊。毛裝。有朱筆圈點。
書名據封面題。封套題"清晝堂藏"。封面卷首末鈐"高陽齊氏百舍齋存書之印""齊林玉世世
子孫永寶用""齊氏所藏戲曲小說印""如山讀過""中國戲曲學院藏書"等印。原高陽齊氏百舍
齋收藏，後捐中國戲曲研究院，現爲中國藝術研究院圖書館藏書。《故宮珍本叢刊》收入昇平署
提綱本一種。

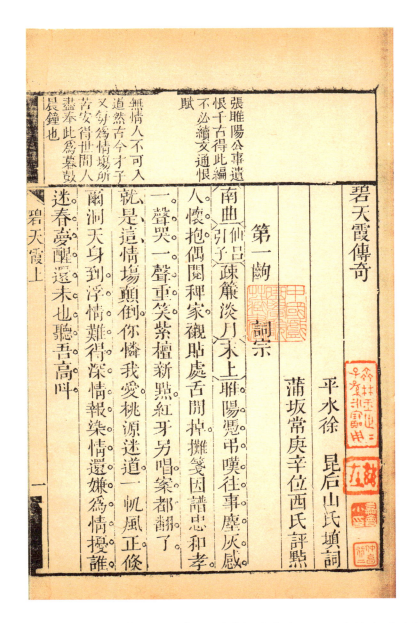

碧天霞傳奇 二卷四十齣 （清）徐崑填詞 （清）常庚辛評點 清乾隆間刻本

框高 20 釐米，寬 14 釐米。半葉上下欄，上欄十行小字，雙行六字，下欄十行二十字，小字雙行同，黑口，四周單邊，單黑魚尾。一函四册。書名葉題"碧天霞"。有王棚菴序，吳克成、半醒園夫、張允中、杜元勳、樊墉、白澍題詞，有目次。封套及掛籤爲齊如山墨跡。封面目錄卷首末鈐"古楊張嘉會字仲享章""醫懶欲無方""書癖印癖華癖""茲在""嘉會小印""仲享行二""高陽齊氏百舍齋存書之印""齊氏所藏戲曲小說印""中國戲曲學院藏書""齊如山"等印。原爲古楊張嘉會及高陽齊氏百舍齋藏書，後捐中國戲曲研究院，現爲中國藝術研究院圖書館藏書。鈐印中"張嘉會"應該是個醫生。根據序言看，《碧天霞傳奇》應該創作於《雨花臺傳奇》之後的清乾隆三十一年（1766）。"古楊"，古代地名，或在山東。

碧聲吟館叢書　存七種　（清）許善長撰　清光緒三年至十一年（1877—1885）刻本

框高 16.3 釐米，寬 12.4 釐米。半葉九行，行二十二字，小字同，白口，左右雙邊，單黑魚尾。有眉批雙行四字。一函十一冊。封套書籤爲齊如山墨跡，題"碧聲吟館叢刻，劇六種，附塵談"。序端卷首鈐"梅玉龍印""高陽齊氏百舍齋存書之印""齊林玉世世子孫永寶用""齊氏所藏戲曲小說""中國戲曲學院藏書"等印。原爲高陽齊氏"百舍齋藏，後捐中國戲曲研究院，現爲中國藝術研究院圖書館藏書。所存七種爲：

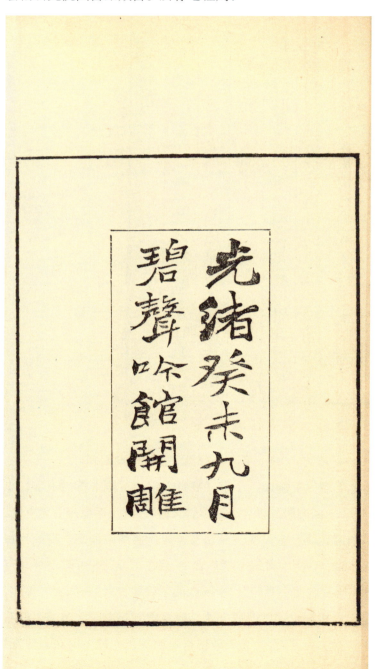

胭脂獄　十六齣　（清）玉泉樵子填詞　清光緒十年（1884）刻本

茯苓仙　十四齣　（清）玉泉樵子填詞　清光緒九年（1883）刻本

靈媧石　十齣附兩齣　（清）玉泉樵子填詞　清光緒十一年（1885）刻本

神山引　八齣　（清）玉泉樵子填詞　清光緒十一年（1885）刻本

風雲會傳奇　兩卷二十四齣　（清）玉泉樵子填詞　梅溪逸叟訂譜　清光緒三年（1877）刻本

碧聲吟館塵談　四卷　（清）許善長撰　清光緒四年（1878）刻本

香銷酒醒詞　（清）趙慶熺撰　清光緒十一年（1885）刻本

此叢書缺《瘞雲巖傳奇》二卷，（清）玉泉樵子填詞；《硯辯》一卷，（清）孫森撰；《香銷酒醒曲》一卷，（清）趙慶熺撰；《碧聲吟館倡酬録》一卷，（清）許善長輯。

許善長（1823—1899？），字不詳，號玉泉樵子，浙江仁和（今杭州）人。清同治間任於江西河口牙厘局、湖口牙厘局，光緒間嘗守建昌，官至廣信知府。其他事跡不詳。善工作曲，著有《神山引》《靈媧石》《茯苓仙》《瘞雲巖》《胭脂獄》《風雲會》等傳奇六種，合稱《碧聲吟館六種》，傳於世。另有筆記《塵談》傳世。

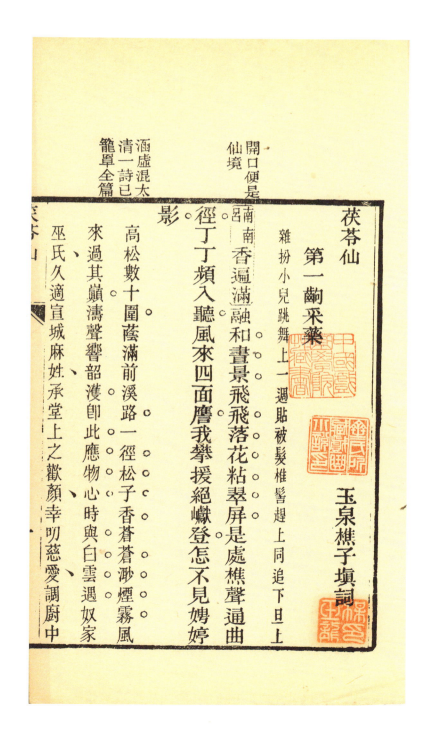

嘉興鑼鼓 （清）芝秀堂輯　清道光十三年（1833）芝秀堂楊氏抄本

高 24.2 釐米，寬 13.2 釐米。半葉六行，行字不等，無邊框。一函一册。書名輯錄者年代據封面書簽題。封面書簽爲齊如山墨跡。卷首末鈐"高陽齊如山珍藏""中國戲曲學院藏書"等印。原爲齊如山藏，後捐中國戲曲研究院，現爲中國藝術研究院圖書館藏書。

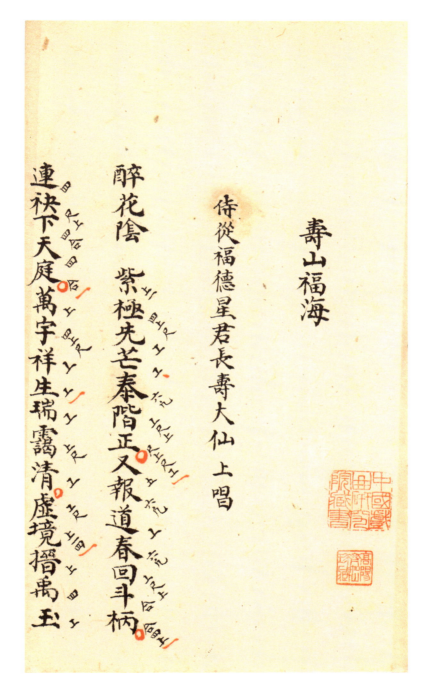

壽山福海總本 （清）昇平署輯　清光緒間昇平署朱墨抄本

高 24 釐米，寬 15.4 釐米。半葉四行，行大小字不等，無邊框。一册。毛裝。有朱筆圈點。有工尺譜。書名據封面書簽題。有國劇陳列館書簽，題"光緒時代安殿本，齊如山藏"。卷首末鈐"高陽齊如山珍藏""中國戲曲研究院藏書""梅蘭芳捐贈"等印。原爲高陽齊氏所藏，齊梅合作期間歸國劇陳列館，後捐中國戲曲研究院，現由中國藝術研究院圖書館收藏。收入館藏《光緒朝昇平署曲譜》中。《故宮珍本叢刊》收入昇平署崑弋開場承應戲一種，昇平署排場本一種。

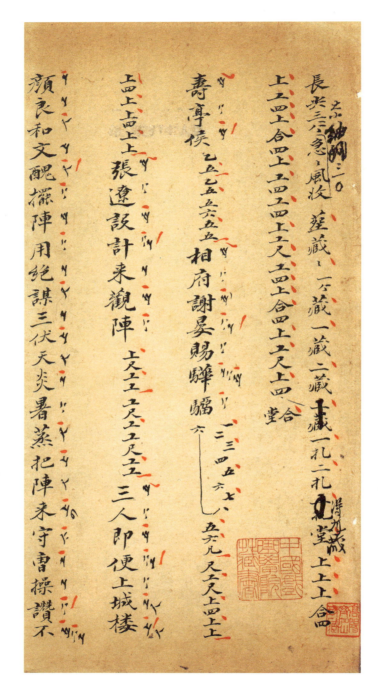

壽亭侯 （清）綠天書屋主人輯　清綠天書屋主人抄本

高 24.2 釐米，寬 14.7 釐米。半葉五行，行字不等，無邊框。一函一冊。有朱筆圈點。有鑼鼓譜、工尺譜。書名輯錄者據封面書簽題。封面書簽爲齊如山墨跡。卷首鈐"高陽齊如山珍藏""中國戲曲學院藏書"印。原爲齊如山藏，後捐中國戲曲研究院，現由中國藝術研究院圖書館收藏。封面題"般字第□號"，鈐"精於勤"等印。可知此公抄本不止於此。爲清中期產物。名稱有誤，關羽封漢壽亭侯。漢壽是地名，亭侯是封號。

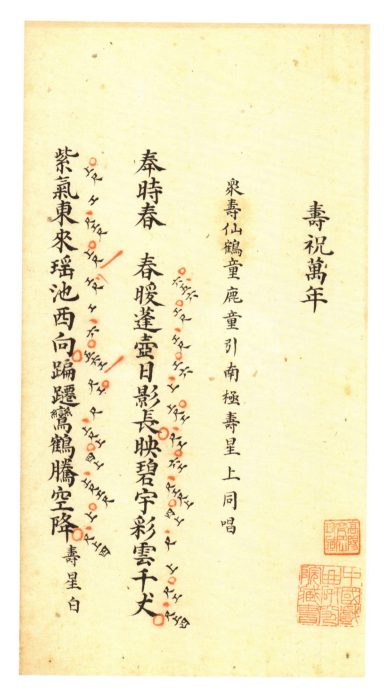

壽祝萬年總本　（清）昇平署輯　清光緒間昇平署朱墨抄本

　　高 24 釐米，寬 15.4 釐米。半葉四行，行大小字不等，無邊框。一冊。毛裝。有朱筆圈點。有工尺譜。書名據封面書簽題。有國劇陳列館書簽，題“光緒時代安殿本，齊如山藏”。卷首末鈐“高陽齊如山珍藏”“中國戲曲研究院藏書”“梅蘭芳捐贈”等印。原爲高陽齊氏所藏，齊梅合作期間歸國劇陳列館，後捐中國戲曲研究院，現由中國藝術研究院圖書館收藏。收入館藏《光緒朝昇平署曲譜》中。《故宮珍本叢刊》收入昇平署崑弋開場承應戲一種。

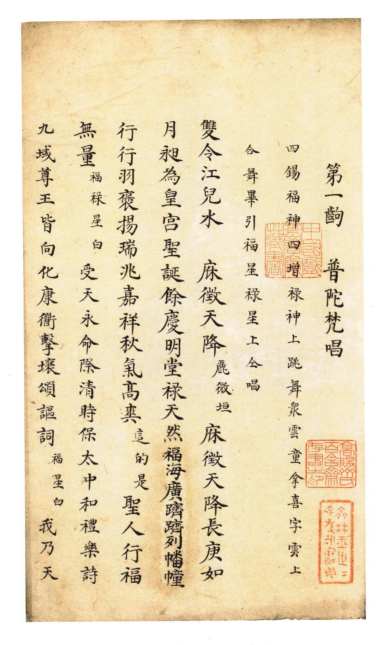

壽益京垓總本　八齣　（清）昇平署輯　清昇平署抄本

　　高 25.7 釐米，寬 17 釐米。半葉八行，行二十二字，小字同，無邊框。一函一冊。毛裝。有朱筆圈點。書名據封面書籤題。封面題："壽益京垓總本，八齣，大時刻。'慶'字黃紙籤。"鈐"舊外二學"印。齣目爲：普陀梵唱、九陽慕道、南山壽現、蓬萊仙集、羽童感格、群真向化、方外來賓、環中拱瑞。行款規整，字體統一，抄功工穩，紙質墨色均符合清中期昇平署抄本特徵。卷首末鈐"齊林玉世世子孫永寶用""高陽齊氏百舍齋存書之印""齊氏所藏戲曲小說印""中國戲曲學院藏書""如山讀過"等印。原爲齊如山百舍齋藏書，後捐中國戲曲研究院，現爲中國藝術研究院圖書館藏書。《故宮珍本叢刊》中收録昇平署崑弋開場承應戲一種。

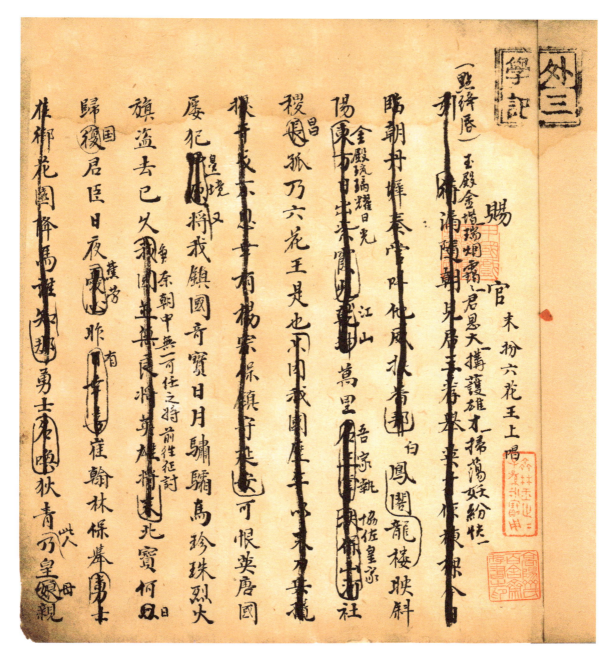

奪崑崙　七齣　（清）昇平署輯　清昇平署抄本

　　高 26.5 釐米，寬 24.5 釐米。半葉九至十行，行字數不等，無邊框。毛裝。一函一冊。書名據封套書簽題。封套題"清書堂藏"，"昇平署舊本殘帙"。抄功隨意，整本有多處墨筆圈改。應為嘉道間承應戲用本，待改定本。卷端鈐"外三學記"。包括賜官、勸愚、哭子、比武、報信、法場、鬧宮。封面卷首末鈐有"高陽齊氏百舍齋存書之印""齊林玉世世子孫永寶用""齊氏所藏戲曲小說印""如山讀過""中國戲曲學院藏書"等印。原為高陽齊氏百舍齋收藏，後捐中國戲曲研究院，現為中國藝術研究院圖書館藏書。

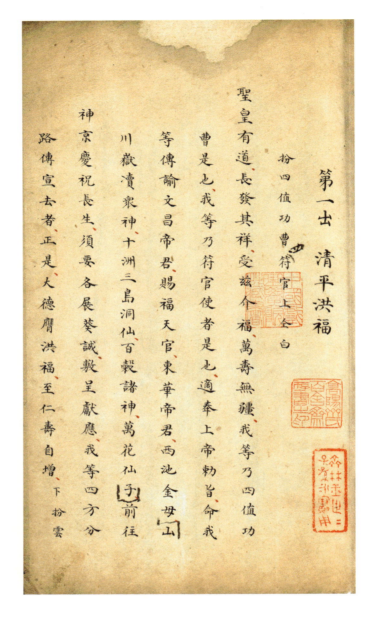

箕籌五福 　十二齣 　（清）昇平署輯 　清昇平署抄本

　　高 24.7 釐米，寬 15.5 釐米。半葉八行，行二十二字，小字同，無邊框。一册。有朱筆圈點。有墨筆刪改。毛裝。書名據封面書簽題。封面題"松蘿館藏昇平署抄本，青城山民"。封套題"清書堂藏"。齣目包括：清平洪福、斂時五福、豐年布福、文明盛福、百子祥福、三星祝福、萬方集福、聿懷多福、來儀景福、千禄百福、攸同萬福、無疆壽福。此本卷中多處夾入紅簽添改文字，而其他昇平署本多加黄簽、白簽刪改加字。封面卷首末鈐"高陽齊氏百舍齋存書之印""齊林玉世世子孫永寶用""齊氏所藏戲曲小說印""中國戲曲學院藏書""齊如山"等印。原爲高陽齊氏百舍齋所藏，後捐中國戲曲研究院，現由中國藝術研究院圖書館藏。《故宮珍本叢刊》收入南府崑弋開場承應戲一種，昇平署排場本一種。

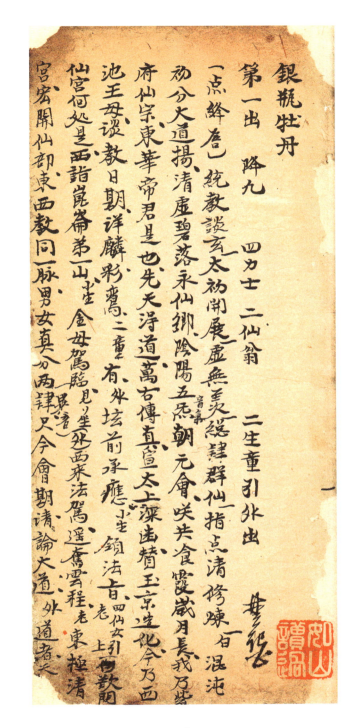

銀瓶牡丹傳奇 三十六齣 （清）佚名撰 清抄本

　　高 26 釐米，寬 14 釐米。半葉八行，行字不等，無邊框。一函兩冊。書名據封面書簽題。

封面題"銀瓶牡丹傳奇，兩本，綴玉軒藏，如山"。封面書簽及掛簽爲齊如山墨跡。紙質老舊，

抄功隨意，不似文人手筆。卷首鈐"如山讀過"印。此書爲齊梅合作期間收集，後捐中國戲曲

研究院，現由中國藝術研究院圖書館收藏。李修生主編《古本戲曲劇目提要》著錄此書。

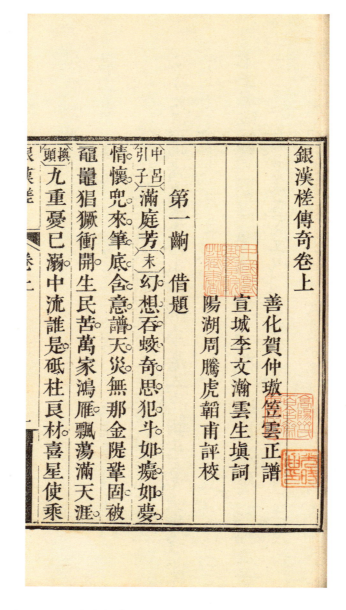

銀漢槎傳奇　二卷十八齣　（清）李文瀚填詞　（清）賀仲璵正譜　（清）周騰虎評校　清道光二十五年（1845）味塵軒刻本

　　框高 17.8 釐米，寬 13.2 釐米。半葉九行，行十八字，小字同，黑口，四周雙邊，單黑魚尾。一函兩冊。卷前有清道光二十五年（1845）周騰虎序言、道光二十五年（1845）武澄序言、道光二十五年（1845）李文瀚（訊鏡詞人）于岐山官廨之風笛樓自序、題詞、《張騫本傳節略》《汲黯本傳節略》、凡例、考據、目錄。封套書簽爲齊如山墨跡。封面卷首末鈐"光時涵印"、"瑞仁"、"高陽齊氏百舍齋存書之印""齊林玉世世子孫永寶用""齊氏所藏戲曲小說印""中國戲曲學院藏書""齊如山"等印。原爲高陽齊氏百舍齋所藏，後捐中國戲曲研究院，現爲中國藝術研究院圖書館藏書。此劇爲李文瀚《味塵軒曲四種》（又名《李雲生四種曲》）之一。

鳳凰池 四卷十六回 （清）劉璋編 清寫刻本

框高 17.5 釐米，寬 11 釐米。半葉十行，行二十八字，白口，四周單邊，單黑魚尾，無行格。一函四冊。卷前書名葉題"步月主人評，鳳凰池，鼎翰樓梓行"，書名葉右下角刻一"英"字。無序言，無目録。僅有卷一卷端題"煙霞散人編"，字跡漫漶不清，其餘三卷卷端均不題撰人。封面卷端卷末鈐"高陽齊氏百舍齋存書之印""齊林玉世世子孫永寶用""齊氏所藏戲曲小說""齊如山""中國戲曲學院藏書"等印。原爲高陽齊如山百舍齋藏書，後歸中國戲曲研究院，最終由中國藝術研究院圖書館收藏。

"煙霞散人"即清初太原（又作陽直）人劉璋。劉璋，字於堂，號介符，別號煙霞散人，樵雲山人，生於清康熙六年（1667），康熙三十五年（1696）舉人，清雍正元年（1723）官深澤縣令，後解職。同治間修《深澤縣誌》有載。已知作品有小說《鳳凰池》《斬鬼傳》《巧聯珠》《飛花豔想》。《中國通俗小說總目提要》著録該書的原刻本和後印本，没有著録藝研院這一藏本。北京大學圖書館藏本爲原刻本，半葉九行，行二十字，書名葉題"續四才子書，煙霞散人編，鳳凰池，七律一首"。卷端正題"新編鳳凰池續四才子書"。不分卷十六回,有"華茵主人漫題"之《鳳凰池序》。大連圖書館藏有該刻本的後印本,題"耕書屋梓行",無序言。據考證,此書仿效"四才子書"《平山冷燕》創作。原刻本刊刻年代應該在順治十五年(1658)《平山冷燕》刊行之後,日本享保十三年(清雍正六年,1728)《舶載書目》著録之前。藝研院藏本或爲較晚的坊刻本,序言卷端分卷均與原刻本不同,版刻刷印明顯有瑕疵,多有斷板走板虛印糊板處,卷二卷三中章回有裝訂順序倒置的現象,後做金鑲玉裝訂修復時沒有重新排序。

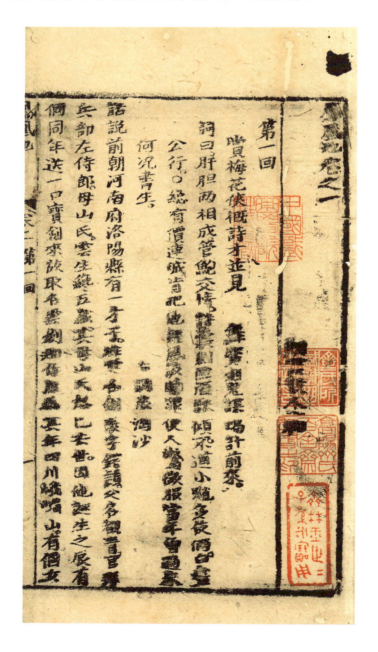

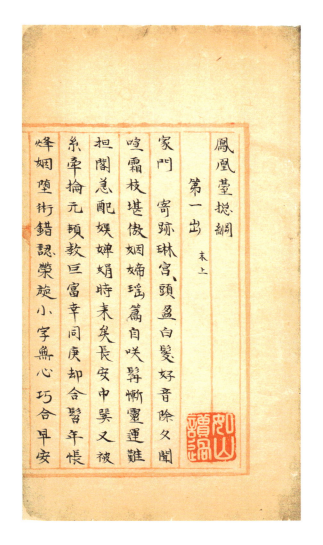

鳳凰臺總綱 （清）佚名撰　清朱絲欄精抄本

　　框高 16 釐米，寬 10 釐米。半葉七行，行十六字，小字同，白口，四周雙邊，單黑魚尾。一函四册。封套書籤題“鳳凰臺總綱，四本，綴玉軒藏，如山”，“鳳凰臺傳奇，清抄本”。有國劇陳列館籤“鳳凰臺，綴玉軒藏，不題撰人”。卷中注“三本”。有眉批。僅第一齣標齣次，其餘不標。不避“寧”諱，應爲道光以前抄本。抄功工穩，行款規整，紙張老舊。卷首鈐“如山讀過”。爲齊梅合作期間收集，後捐中國戲曲研究院，現由中國藝術研究院圖書館收藏。封面書籤爲齊如山墨跡。

　　藝研院另藏一清乾隆抄本，高 24 釐米，寬 14 釐米。半葉九行，行二十四字，無界欄。卷端題“小旋風柴進里人”。據《水滸傳》，柴進籍貫滄州，由此可知抄藏者籍里。書中有七葉略殘。凡二十七齣，分裝二册。第一册爲第一齣至第十四齣，第二册爲第十五齣至第二十七齣。函套題“串本鳳凰臺乾隆抄本”。卷内所夾北京市文物局書籤題“鳳凰臺抄本二册”。1989年第二期《文獻》雜誌上有原戲曲研究所黃秀嫻撰文介紹。首都圖書館藏一種七齣的本子。

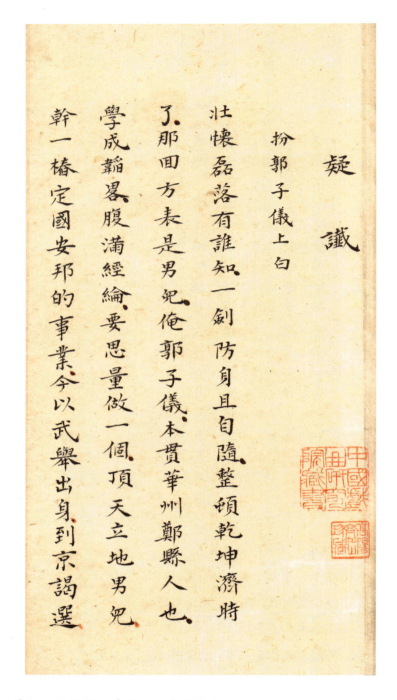

疑讖總本 （清）昇平署輯　清昇平署朱墨抄本

　　高 22.7 釐米，寬 13.4 釐米。半葉六行，行大小字不等，無邊框。一冊。毛裝。有朱筆圈點。有工尺譜。書名據封面書簽題。有國劇陳列館書簽，題"崑曲六行安殿本，齊如山藏"。六行安殿本稍早於四行安殿本，約同光稍早時期產物。卷首末鈐"高陽齊如山珍藏""中國戲曲研究院藏書""梅蘭芳捐贈"等印。原爲高陽齊氏所藏，齊梅合作期間歸國劇陳列館，後捐中國戲曲研究院，現由中國藝術研究院圖書館收藏。《故宮珍本叢刊》收入昇平署崑腔單齣一種。

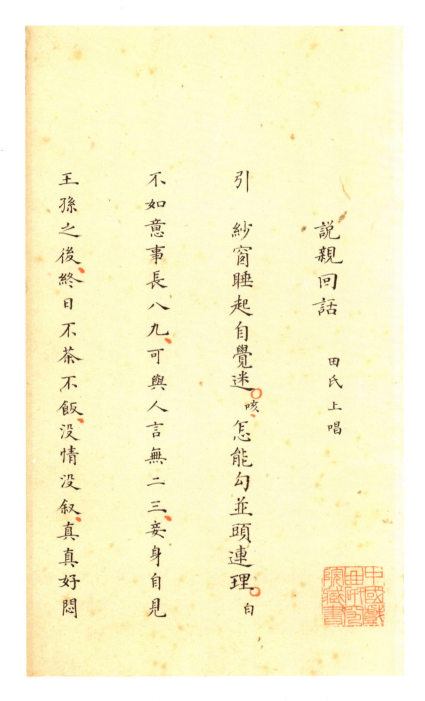

說親回話總本 （清）昇平署輯　清同治光緒間昇平署朱墨抄本

高 24 釐米，寬 15.4 釐米。半葉四行，行大小字不等，無邊框。一冊。毛裝。有朱筆圈點。有工尺譜。書名據封面書籤題。有國劇陳列館書籤，題"崑曲四行安殿本，齊如山藏"。卷首末鈐"中國戲曲研究院藏書"、"梅蘭芳捐贈"等印。原爲高陽齊氏所藏，齊梅合作期間歸國劇陳列館，後捐中國戲曲研究院，現由中國藝術研究院圖書館收藏。收入館藏《崑曲四行曲譜》中。《故宮珍本叢刊》收入昇平署崑腔單齣一種。

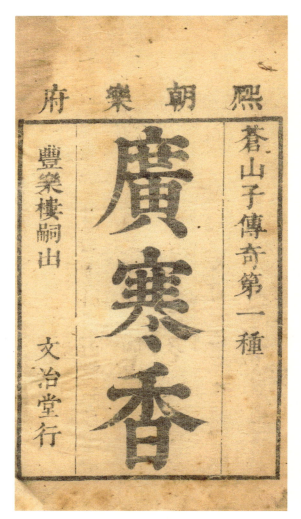
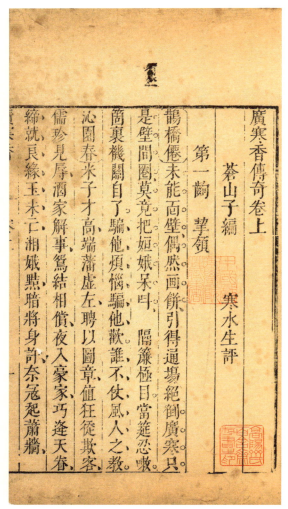

廣寒香傳奇　二卷三十二齣　（清）汪光被編　（清）寒水生評　清康熙間文治堂刻本

　　高 18.2 釐米，寬 12.8 釐米。半葉九行，行二十字，小字同，白口，左右雙邊。眉批雙行四字。一函四冊。書名葉題"熙朝樂府，蒼山子傳奇第一種，廣寒香，豐樂樓嗣出，文治堂行"。封套書簽及掛簽爲齊如山墨跡。前有寒水生弁言、目次。上下卷各四葉插圖，共十六幅。封面序端卷首末鈐"高陽齊氏百舍齋存書之印""齊氏所藏戲曲小說印""齊林玉世世子孫永寶用""中國戲曲學院藏書""齊如山"等印。原爲高陽齊氏百舍齋收藏，後捐中國戲曲研究院，現由中國藝術研究院收藏。

　　蒼山子即汪光被，歙縣人，生卒年不詳，字幼闇，別號雙溪鳶山、溪鳶山、鳶山、豸山、蒼山子。作《易水寒》《芙蓉樓》《廣寒香》三種傳奇。《全清詞》《明畫錄》中記載此人，《曲海總目提要》《傳奇匯考標目》均著錄其作品。此書版刻插圖特徵明顯，是清初的代表作，收入《中國美術全集》。《西諦書目》《古典戲曲存目匯考》《中國古籍善本書目》著錄。《古本戲曲叢刊》第五集收入吳曉鈴藏本。

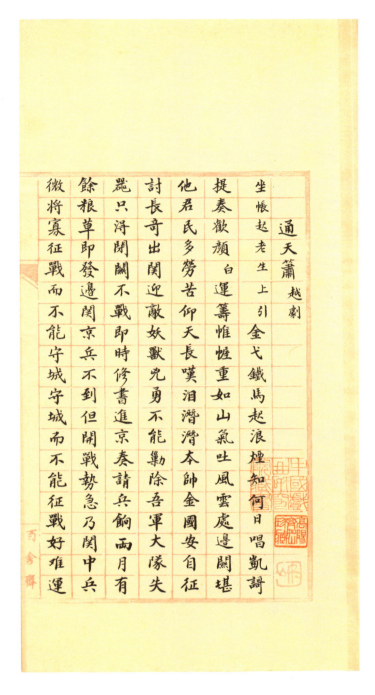

齊如山輯抄越劇劇本七種　*齊如山輯　民國間百舍齋紅格抄本*

　　框高 17.3 釐米，寬 11.3 釐米。半葉八行，行二十字，白口，四周單邊，單黑魚尾。一函七冊。版心題"百舍齋"。封面書籤劇名題字爲齊如山先生筆跡，並題"如山"。劇目包括：通天簫、五美圖、雙金錠、龍鳳鎖、金玉緣（附八美圖）、後朱砂、倭袍。卷端鈐"如山""高陽齊如山珍藏""中國戲曲研究院藏書"等印。1956 年 9 月 22 日由中國戲曲研究院圖書館收藏。原編目卡著錄題名"越劇四集"。

旗亭記　二卷三十六齣　（清）金兆燕撰　清乾隆二十四年（1759）雅雨堂刻本

框高 18.5 釐米，寬 14.3 釐米。半葉十行，行二十一字，小字同，白口，四周單邊，單黑魚尾。有朱筆圈改。一函四冊。有眉批雙行五字。版心題"雅雨堂"。牌記題"乾隆己卯，旗亭記，雅雨堂藏板"。前有《旗亭記事跡》代序、目錄。這個本子應該是《雅雨堂兩種曲》本，一直被誤以爲是盧見曾撰，實爲金兆燕撰。《旗亭記》還有另外一個清乾隆間刻本與這個"雅雨堂"本不同。這個本子第二齣爲"春遊"，第三齣爲"曉妝"。另一乾隆間刻本第二齣爲"曉妝"，第三齣爲"春遊"。正好相反。藝研院《旗亭記》乾隆本卷前有書名葉題"旗亭記"。有一則乾隆二十四年（1759）山東傖父寫於揚州館舍梅亭的序言，稱"全椒蘭皋生，矜尚風雅，假館真州"與之論詩，談及唐人《集異記》旗亭畫壁一事，遺憾其不能被之管弦，過了一年，蘭皋生又到真州，

拿出《旗亭記》全本，詞藻華麗但不協宮商，於是請來老教師爲之點板排場，使其雅俗共賞，並經過沈長洲先生鑒賞"爲奏終曲"。序言將作者和創作經過講述的很清楚。"山東傖父"很可能就是盧見曾，盧是山東德州人。乾隆本還有《甯都盧端臣先生跋》、凡例、事跡（版心題"事跡"，而"雅雨堂"本此處版心題"序"）、長洲沈歸愚先生題詞。在"雅雨堂"本子上，校讀者是根據乾隆本對照，將兩者差異處用朱筆改於卷冊行格之間。從刊刻風貌看，"雅雨堂"本要遠優於乾隆本。封面目錄卷首末鈐"高陽齊氏百舍齋存書之印""齊林玉世世子孫永寶用""齊氏所藏戲曲小說印""中國戲曲學院藏書""如山過目"等印。原爲高陽齊氏百舍齋藏書，後捐中國戲曲研究院，現爲中國藝術研究院圖書館藏書。

金兆燕（約 1717—1791），字鐘越，一字棕亭，別號蕪城外史，蘭皋生，安徽全椒人，約乾隆四十年

（1775）前後在世。幼稱神童，與張仲翀齊名。乾隆三十一年（1766）進士。年屆四十九歲，一說五十多歲。乾隆初年以舉人官揚州府教授，六十二歲遷國子監博士。吳錫麒稱其："分箋角勝，落筆如飛，覩辯追之，不能及也。"兆燕工詩詞，尤精元人院曲。偶作傳奇《旗亭畫壁記》，爲兩淮鹽運使盧見曾愛而刊刻之。所以後人有以爲《雅雨堂兩種曲》之《旗亭記》是盧見曾作品。著有《棕亭古文抄》十卷，《駢體文抄》八卷，《詩抄》十八卷，《詞抄》七卷，總名《國子先生全集》。《清史列傳》有傳。金父是吳敬梓表兄弟又是連襟，吳歿後，金爲之刊刻《儒林外史》，稱"金本"，惜已佚。金與鄭板橋交厚，還分校過《四庫全書》。

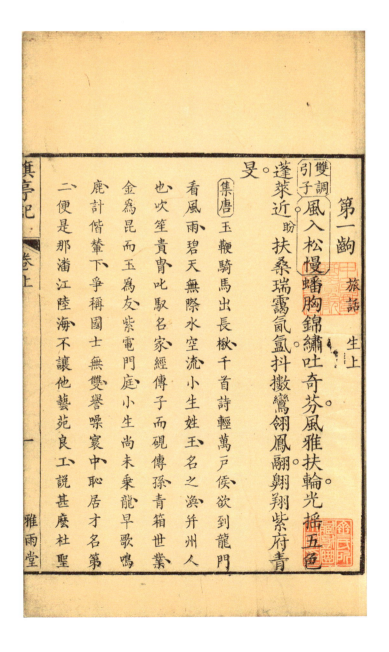

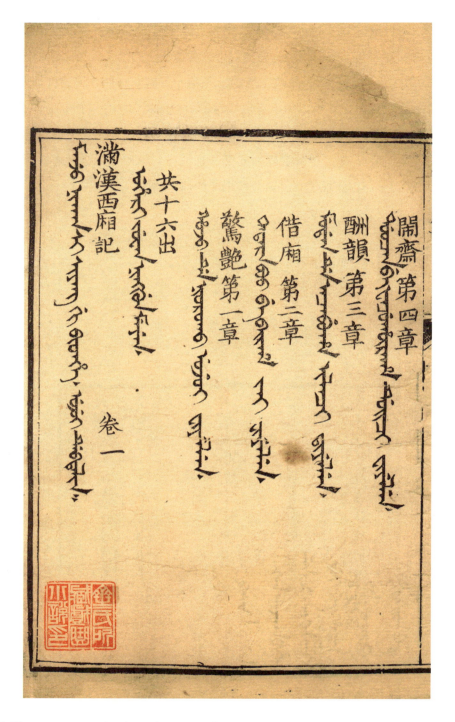

滿漢西廂記　十六齣　（元）王實甫撰　清刻本

　　框高 16.6 釐米，寬 11.9 釐米。半葉六行，行大小字不等，白口，四周雙邊，單黑魚尾。一函四册。封面卷首末鈐"高陽齊氏百舍齋存書之印""齊林玉世世子孫永寶用""齊氏所藏戲曲小說印""中國戲曲學院藏書""如山過目"等印。原爲高陽齊氏百舍齋所藏，後捐中國戲曲研究院，現爲中國藝術研究院圖書館藏書。

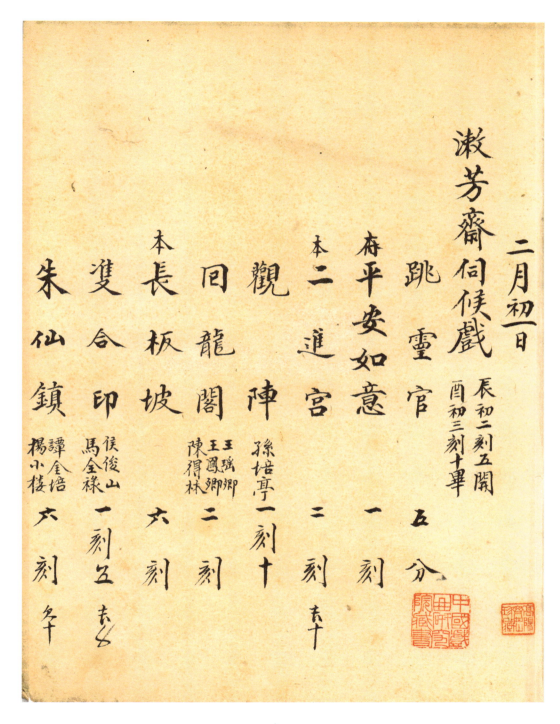

漱芳齋純一齋伺候戲 （清）昇平署輯　清宣統三年（1911）昇平署抄本

高 27.5 釐米，寬 22.8 釐米。半葉十行，行字不等，無邊框。一册。毛裝。封面題 "宣統三年正月立，差事檔"。有齊如山藏簽 "昇平署差事檔，宣統三年，齊如山藏"。卷首鈐 "高陽齊如山珍藏" "中國戲曲研究院藏書" 等印。原爲高陽齊氏所藏，後捐中國戲曲研究院，現由中國藝術研究院圖書館藏。收於館藏《昇平署檔案抄匯》中。

漁邨記　二卷十三折　（清）妙有山人漫筆　（清）湘巖居士評點　清光緒二年（1876）妙有山房刻本

框高 18.5 釐米，寬 13.2 釐米。半葉上下欄，上欄行六字，雙行，下欄九行二十二字，小字同，白口，左右雙邊。一函四册。卷前有書名葉"漁邨記"。有吳鉞序言、劉泰序言、清乾隆三十一年（1766）秦錫淳序言、乾隆三十二年（1767）湘巖韓錫胙序言、乾隆十八年（1753）妙有山人自序、目録、凡例十則、腳色總類、青田湘巖填詞《南山法曲》。卷末有乾隆三十四年（1769）姚大源後序、周鳳岐《與韓湘巖明府書》《跋漁邨記六首》。此書有黑口、白口兩種版本。版心題"妙有山房"。封套書籤及掛籤爲齊如山墨跡。封面卷首末鈐"高陽齊氏百舍齋存書之印""齊林玉世世子孫永寶用""齊氏所藏戲曲小説印""中國戲曲學院藏書""齊如山"等印。原爲高陽齊氏百舍齋所藏，後捐中國戲曲研究院，現爲中國藝術研究院圖書館藏書。

妙有山人爲別號，"妙有"即清溪"廟右"之託名，取"河干"二字合音，此公姓韓氏。前後序跋均在乾隆間，此人或爲乾隆間人士，湘巖居士即韓錫胙，妙有山人應爲其同宗族人。此劇取慕孝子廬墓思親感動神祇，遣淑女爲配，教以黃白丹灶之術，卒令慕孝子脫胎換骨，純爲遊戲之筆。

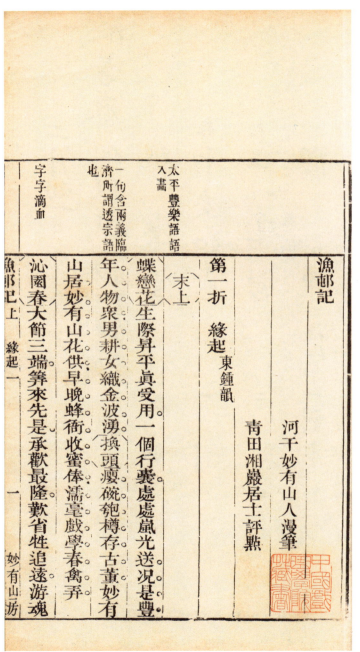

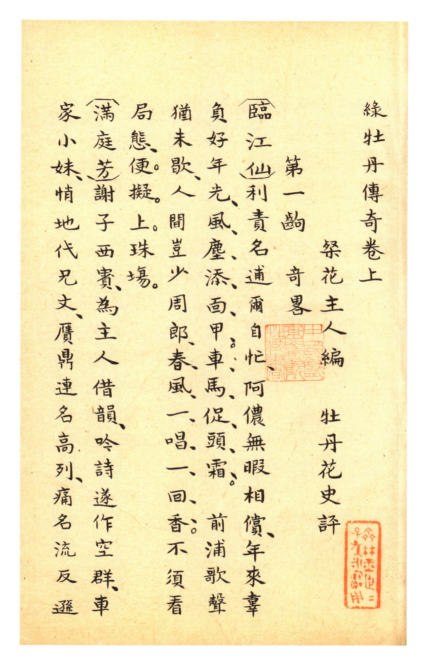

綠牡丹傳奇 二卷三十齣 （明）粲花主人編 （明）牡丹花史評 清抄本

　　高 26 釐米，寬 17.5 釐米。半葉九行，行十九字，小字同，無邊框。一函兩册。卷前有目次。封套原題"清乾嘉抄本"，但似乎不是乾嘉抄本。紙張老舊程度不夠，墨色較豔，不夠沉著，暫定清抄本較妥。封套題簽及掛簽爲齊如山墨跡。行款格式與明末兩衡堂刻本及清初本均不同。封面卷首末鈐"高陽齊氏百舍齋存書之印""齊林玉世世子孫永寶用""齊氏所藏戲曲小說印""中國戲曲學院藏書"等印。原爲高陽齊氏百舍齋收藏，後捐中國戲曲研究院，現爲中國藝術研究院圖書館藏書。

綴白裘　十二集四十八卷　（清）錢德蒼輯　清乾隆間共賞齋刻本

框高 16.2 釐米，寬 10.2 釐米。半葉九行，行二十字，小字同，白口，四周單邊，單魚尾。四函二十四册。

"初集"卷前牌記題"乾隆四十六年新鎸，重訂綴白裘新集合編，集古堂□"。卷前有清乾隆三十五年（1770）程大衡《新鎸綴白裘合集序》，有插圖三幅，前後半葉各一幅，中間兩個半葉拼成一幅整體插圖。

"二集"卷前有牌記"乾隆四十六年新鎸，重訂綴白裘二集，共賞齋藏板"。有乾隆二十九年（1764）李宸《綴白裘二集敘》。

"三集"卷前有牌記"乾隆四十六年新鎸，重訂綴白裘三集，共賞齋藏板"。有乾隆三十一年（1766）許仁緒序。

"四集"卷前有牌記"乾隆四十六年新鐫，重訂綴白裘四集，共賞齋藏板"。有乾隆三十一年（1766）陸伯焜序。

"五集"卷前有牌記"乾隆四十六年新鐫，重訂綴白裘五集，共賞齋藏板"。有乾隆三十三年（1768）沈瀛序。

"六集"卷前有牌記"乾隆四十六年新鐫，重訂綴白裘六集，共賞齋藏板"。有乾隆三十五年（1770）葉宗寶敘。

"七集"缺卷前牌記"乾隆四十六年新鐫，重訂綴白裘七集，共賞齋藏板"部分。有乾隆三十六年（1771）朱禄建序。

"八集"卷前有牌記"乾隆四十六年新鐫，重訂綴白裘八集，共賞齋藏板"。有乾隆二十八年（1763）許永昌序。

"九集"卷前有牌記"乾隆四十六年新鐫，重訂綴白裘九集，共賞齋藏板"。有乾隆三十七年（1772）時元亮序。

"十集"卷前有牌記"乾隆四十七年新鐫，重訂綴白裘十集，共賞齋藏板"。有乾隆三十七年（1772）朱鴻鈞序。

"十一集"卷前有牌記"乾隆四十六年新鐫，重訂綴白裘十一集，共賞齋藏板"。有乾隆三十九年（1774）許道承序。

"十二集"卷前有牌記"乾隆四十六年新鐫，重訂綴白裘十二集，共賞齋藏板"。有乾隆三十九年（1774）葵圃居士序。

從卷首牌記看，第一集牌記題"集古堂"，不知與"共賞齋"何關係，抑或同爲一家，抑或同爲原本之外不同傳刻本，待考。第十集前題"乾隆四十七年新鐫"值得注意，是筆誤還是實際情況，待考。《綴白裘》乾隆二十八至三十九年（1763—1774）蘇州寶仁堂錢氏原刻本也是十年間陸續刊刻，所以這個重刻本也不可能在乾隆四十六年（1781）刊刻完成。從各集卷前序言看，是乾隆二十九年（1764）至乾隆三十九年（1774）之間。所以這個共賞齋本祇可能是乾隆四十六年（1781）開刻至完成。封套書簽及掛簽爲齊如山墨跡。封面序端卷首鈐"齊林玉世世子孫永寶用""高陽齊氏百舍齋存書之印""齊氏所藏戲曲小說印""中國戲曲學院藏書"等印。原爲高陽齊氏百舍齋所藏，後捐中國戲曲研究院，現爲中國藝術研究院圖書館藏書。

《綴白裘》書名，是"取百狐之腋，聚而成裘"的意思，是錢德蒼根據玩花主人的舊編本增刪改訂，自乾隆二十八至三十九年（1763—1774）陸續編成，並由他在蘇州開設的寶仁堂刊行。明末已有題名爲"綴白裘"的戲曲選本。清康熙二十七年（1688）翼聖堂補刻，鬱崗樵隱和積金山人同輯之《綴白裘合選》的序言中記載，它最早是由"醒齋"編選的，後出現多種同名的選本。錢德蒼編印的《綴白裘》發行後，各地書坊不斷翻印，於是，其他刊本逐漸被它代替。

錢德蒼，自稱吳門人，又稱長洲人，字沛思，號鏡心居士，生卒年不詳，科舉不第。錢氏編選《綴白裘》竟是爲了生計。由於他常常自歌自詠，若醉若狂，愛好戲曲，熟悉場上，所以，這個選本具有演出腳本的特點。《綴白裘》收錄的主要是崑曲劇目，有八十餘部作品的四百多個選齣。

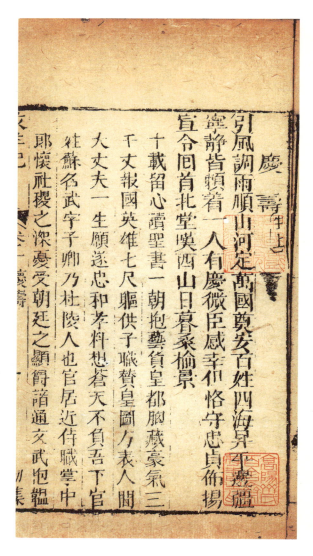

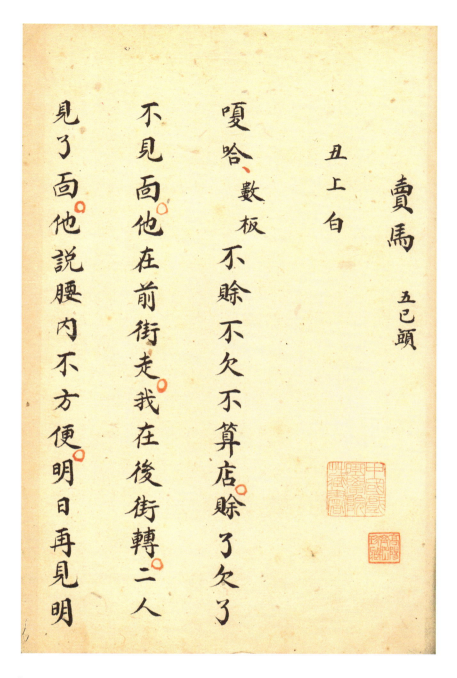

賣馬 （清）昇平署輯　清昇平署朱墨抄本

　　高 26.5 釐米，寬 19 釐米。半葉五行，行十五字，小字雙行不等，無邊框。一函一册。京劇抄本。封面題"賣馬總本"。內夾書籤題"本家五行皮黃安殿本"。抄功工穩。卷首鈐"高陽齊如山珍藏""中國戲曲學院藏書"等印。原爲高陽齊氏百舍齋所藏，後捐中國戲曲研究院，現由中國藝術研究院圖書館收藏。《故宮珍本叢刊》收入昇平署亂彈單齣一種。

樓外樓訂正妥註第六才子書　六卷首一卷　（元）王實甫撰　（清）金聖歎評　（清）鄒聖脈注　（清）鄒廷猷訂正　清乾隆四十七年（1782）樓外樓刻本

框高 21.5 釐米，寬 14.5 釐米。半葉上下欄，上欄行七字雙行，下欄十三行二十四字，小字雙行同，白口，四周單邊，單黑魚尾。一函六冊。書名葉題"壬寅年新刊，繡像妥註第六才子書，西廂原本，樓外樓藏板"。卷前有鄒聖脈序言、凡例、目録、插圖六葉十二幅。卷首一卷包括序一慟哭古人，序二留贈後人，《會真記》《讀西廂記法》《宮譜辯證》《音韻考》。卷一至卷四爲十六折。卷五爲續編四折。卷六爲醉心編（卷六卷端題"樓外樓訂正妥注第六才子制藝文卷之六"）。此本與《貫華堂第六才子書》八卷本一個系統。多出《宮譜辯證》《音韻考》兩部分爲鄒氏所爲。鄒氏稱："貫華堂原本字句不拘譜法多寡，余得即空觀主人日新堂本，將襯字細一分，

不與本調實字相混，今依之。後之作詞者，庶幾遵循之。"封面卷首末鈐"高陽齊氏百舍齋存書之印""齊林玉世世子孫永寶用""齊氏所藏戲曲小說印""中國戲曲學院藏書""齊如山"等印。原爲高陽齊氏百舍齋所藏，後捐中國戲曲研究院，現爲中國藝術研究院圖書館藏書。

鄒聖脈（1691—1762），字宜彥，別號梧岡，清初著名啓蒙讀物《幼學瓊林》作者之一。他工文學，善書法，爲清代聲名頗著的學者之一。梧岡父仁聲，就是"鐫經史、秦漢諸書，廣而佈之"雕版印書者。一生作品所留甚少，千百中不及十一，後人"檢校蟲叢"，爲之匯集《寄傲山房詩文集》四冊、《書經備旨》《易經備旨》《書畫同珍》《繪像妥注第六才子書》《寄傲山房塾課新增幼學故事瓊林》等。鄒可庭（1715年—1803年），名廷猷，字征鯤，號涉園。刻書家鄒

聖脈次子。早年是監生出身，曾參與增訂《新增幼學故事瓊林》，輯有《酬世錦囊》。與岳父謝梅林收集鄒聖脈生前舊詩，刻成《寄傲山房詩集》。據鄒氏父子生卒年及鄒氏三代刊刻書籍背景，此書或成於乾隆四十七年（1782），鄒聖脈身後二十年。

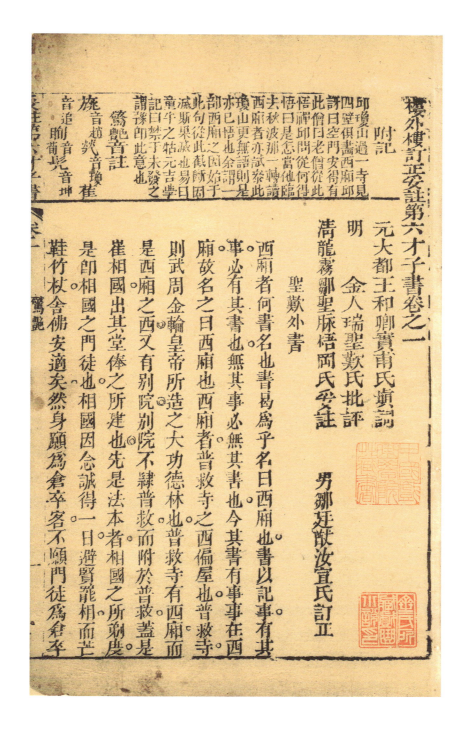

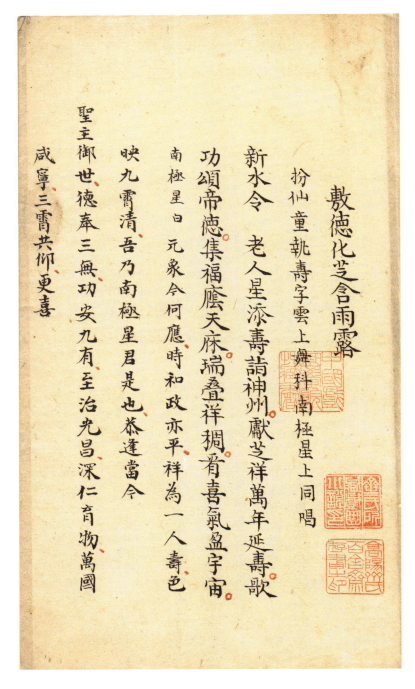

敷德化芝含雨露串關 （清）昇平署輯　清昇平署抄本

　　高 25.2 釐米，寬 16.7 釐米。半葉八行，行二十二字，小字同，無邊框。一冊。毛裝。書名據封面書簽題。卷末有題識"此本，貴妃千秋承應"。封套題"清晝堂藏"。有朱筆圈點。封面卷首末鈐"高陽齊氏百舍齋存書之印""齊氏所藏戲曲小說印""中國戲曲學院藏書""如山讀過"等印。原爲高陽齊氏百舍齋所藏，後捐中國戲曲研究院，現由中國藝術研究院圖書館藏。收入館藏《法宮雅奏九九大慶》中。

賢賢堂芙蓉樓傳奇 二卷三十齣 （清）張衢填詞 清乾隆間刻本

框高 19.2 釐米，寬 13.8 釐米。半葉十行，行二十二字，小字同，四周單邊。一函四冊。卷前有清乾隆五十六年（1791）張衢自序、偶言。有插圖一幅題詠兩幅、目錄。卷末有嘉慶八年（1803）姚權序言、《佛說消愁經》。封套題簽及掛簽爲齊如山墨跡。封面卷首末鈐"高陽齊氏百舍齋存書之印""齊林玉世世子孫永寶用""齊氏所藏戲曲小說印""齊如山""中國戲曲學院藏書"等印。原爲高陽齊氏百舍齋收藏，後捐中國戲曲研究院，現爲中國藝術研究院藏書。

張衢，生卒年不詳，字睅齋，號情齋，蕭山人。卷末有《無題》詩，爲乾隆四十一年（1776）作，自稱年二十二歲，據此可知張衢生於乾隆十九年（1754）。約清道光初還在世。弱冠補諸生。嘗客都中。以工曲聞名，所著有《芙蓉樓》《玉節記》傳奇，已刊行。其《信芳錄》《賢賢堂集》及《外書》，皆未刊。在後序中姚權提到嘉慶七年（1802）看到張衢所作傳奇《玉節記》，並稱《芙蓉樓傳奇》早已刊刻流行。這個後序似乎與《玉節記》有關。張衢兩種傳奇是否有乾隆、嘉慶間刻本，還是其後人始刻於咸豐元年（1851），或合刻兩種，待考。

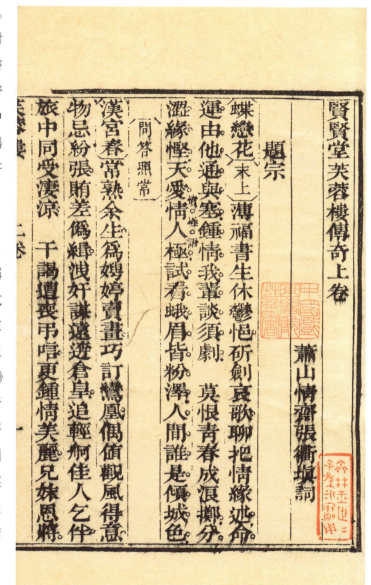

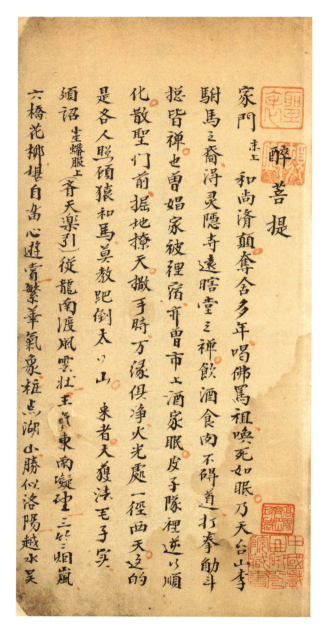

醉菩提 （清）佚名撰　清抄本

　　高 24.5 釐米，寬 13.8 釐米。半葉八行，行字不等，無邊框。一函一册。有朱筆圈點，有腳色提示，有工尺譜。封面題"醉菩提傳奇"，"如山藏"，爲齊如山墨跡。卷首末鈐"聖表""頓邱""高陽齊如山珍藏""中國戲曲研究院藏書""梅蘭芳捐贈"等印。原爲高陽齊如山收藏，1956 年 9 月 22 日歸中國戲曲研究院，現由中國藝術研究院收藏。卷末題"光緒三十一年（1905）元旦月七日重記"。此書抄録於此年之前。清初天花藏主人有《醉菩提》小說。《醉菩提傳奇》計有十七齣：家門、爭獲、遊院、講法、披剃、驚訝、付篋、打坐、湖晏、得遇、得音、伏虎、冥勾、遊冥、得促、責限、秋興。此本抄功工穩，字跡圓熟，朱墨粲然，一望而知文人手筆。

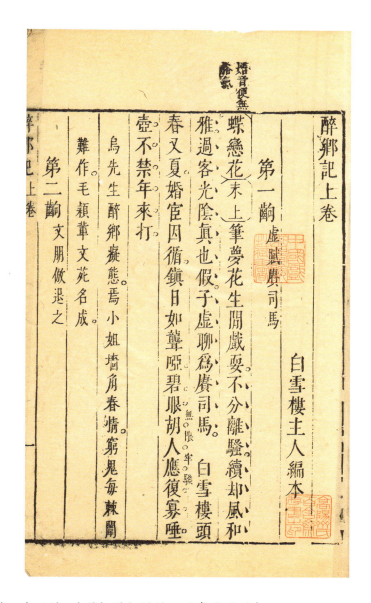

醉鄉記　二卷四十二齣　（明）孫仁孺編　明崇禎間刻本

框高 20.8 釐米，寬 14.6 釐米。半葉十行，行二十字，小字同，白口，四周單邊。一函兩冊。有眉批雙行四字，有夾批圈點。卷前有崇禎三年（1630）晴空居士王克家序、目錄。此書爲《白雪樓二種》之一。白雪樓主人即孫仁孺。封面卷首末鈐"高陽齊氏百舍齋存書之印""齊林玉世世子孫永寶用""齊氏所藏戲曲小說印""齊如山""中國戲曲學院藏書"等印。原爲高陽齊氏百舍齋收藏，後捐中國戲曲研究院，現爲中國藝術研究院藏書。該書目錄題四十二齣，實際爲四十四齣，明清傳奇雜劇劇本刻板錯誤者不僅見於是書。

孫仁孺，生卒年不詳，約萬曆四十年（1612）前後在世。號蛾眉子，亦稱白雪樓主，蜀人，工於曲，著有傳奇《醉鄉記》《東郭記》，合稱《白雪樓二種》，並傳於世。《醉鄉記》是懷才不遇，寄託牢騷之作。

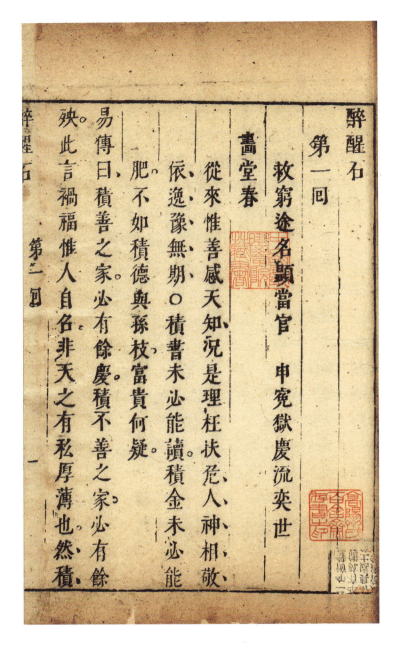

醉醒石 十四回 （清）東魯古狂生編輯 清刻本

框高 20 釐米，寬 13.6 釐米。半葉九行，行十九字，白口，四周單邊。一函六册。卷前有題辭，有插圖十四葉一圖一詠，有目次，題"東魯古狂生編輯"（十四回目錄）。關於東魯古狂生，一直以爲是明末清初人氏。《醉醒石》中稱"先朝""明季"又稱"我朝"，可見此書筆之於明而成於清，也曾有人認爲此書有明刊本，但未見著錄。封面序端卷端卷末鈐"高陽齊氏百舍齋存書之印""齊林玉世世子孫永寶用""齊氏所藏戲曲小說印""齊如山""中國戲曲學院藏書"等印。藝研院藏《醉醒石》十四回本原應該另有藏家，原封面卷首鈐印三處被挖去，後爲高陽齊如山氏收藏，再輾轉歸於中國戲曲研究院，最終由中國藝術研究院圖書館收藏。

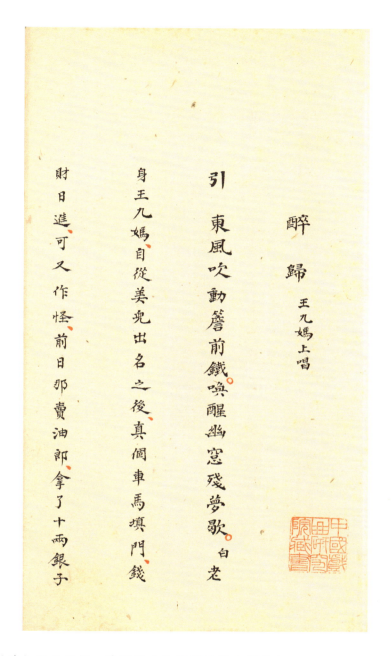

醉歸總本 （清）昇平署輯　清同治光緒間昇平署朱墨抄本

高 24 釐米，寬 15.4 釐米。半葉四行，行大小字不等，無邊框。一冊。毛裝。有朱筆圈點。有工尺譜。書名據封面書籤題。有國劇陳列館書籤，題"崑曲四行安殿本，齊如山藏"。卷首末鈐"中國戲曲研究院藏書""梅蘭芳捐贈"等印。原爲高陽齊氏所藏，齊梅合作期間歸國劇陳列館，後捐中國戲曲研究院，現由中國藝術研究院圖書館收藏。收入館藏《崑曲四行曲譜》中。《故宮珍本叢刊》收入昇平署崑腔單齣一種。

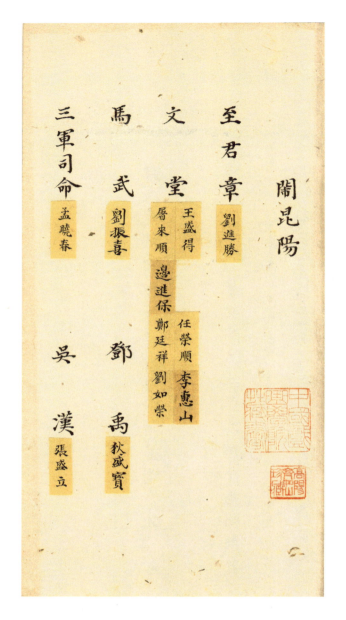

鬧崑陽提綱 （清）昇平署輯　清昇平署抄本

　　高 21.5 釐米，寬 12.5 釐米。半葉五行，行字不等，無邊框。一冊。毛裝。崑弋安殿提綱。書名據封面書簽。有國劇陳列館簽。題"崑弋安殿提綱，齊如山藏"。黃紙粘貼演員姓名簽以備該腳色飾演演員之更換，至有多人姓名重疊一處者。卷首末鈐"高陽齊如山珍藏""中國戲曲研究院藏書""梅蘭芳捐贈"等印。原爲高陽齊氏所藏，齊梅合作期間歸國劇陳列館，後捐中國戲曲研究院，現由中國藝術研究院圖書館收藏。收入館藏《梅藏安殿本》函中。《故宮珍本叢刊》收入昇平署崑腔單齣一種。京劇有同名傳統劇目，久已息跡舞臺，源自《聚獸牌》傳奇。亦名《飛叉陣》《馬援歸漢》。清道光四年（1824）"慶昇平班"有此劇目，爲武生花臉並重劇目，楊小樓最擅此劇。其中"飛叉"爲武生絕技。

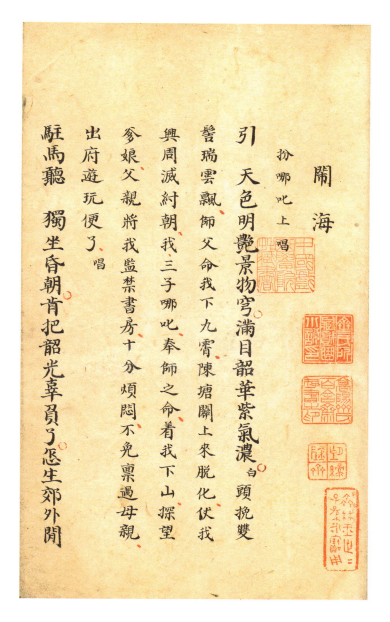

鬧海總本 （清）南府輯　清南府抄本

　　高 24.5 釐米，寬 16 釐米。半葉八行，行二十字，小字同，無邊框。一函一冊。毛裝。有朱筆圈點。書名據封面書籤題。抄功工穩，行款規整，墨色沉著。朱筆粲然，爲南府時期產物。封面卷首末鈐"望綠蔭齋""齊林玉世世子孫永寶用""高陽齊氏百舍齋存書之印""齊氏所藏戲曲小說印""中國戲曲學院藏書""如山過目"等印。原爲鄭氏望綠蔭齋及齊氏百舍齋藏書，後捐中國戲曲研究院，現由中國藝術研究院圖書館收藏。故宮昇平署檔案文獻中有《哪吒鬧海》戲像兩冊。

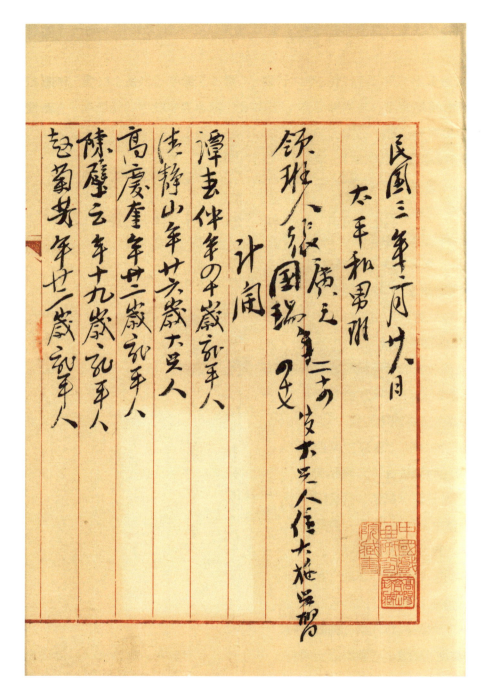

劇社題名錄 齊如山輯 民國三年至十六年（1914—1927）紅格抄本

　　框高 20.3 釐米，寬 15.3 釐米。半葉十行，行字不等，四周單邊，單黑魚尾。一函四冊。封套封面書簽爲齊如山墨跡。收錄民國三年至民國十六年（1914—1927）戲曲班社及人員名單。輯錄班社名、班主名、演員名及籍貫年齒里居。是極其有價值的戲曲史料檔案。卷首末鈐“高陽齊如山珍藏”“中國戲曲研究院藏書”“梅蘭芳捐贈”等印。原爲高陽齊氏百舍齋收藏，後捐中國戲曲研究院，現由中國藝術研究院圖書館收藏。

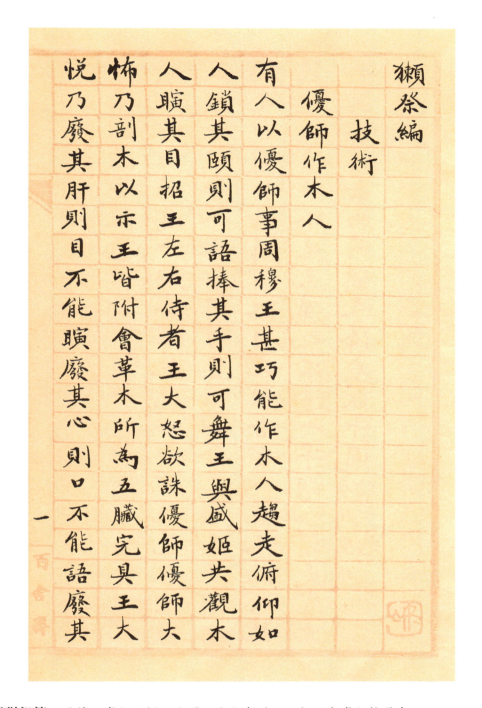

悦乃廢其肝則目不能瞑廢其心則口不能語廢其

怖乃剖木以示王皆附會草木所為五臟完具王大

人瞋其目招王左右侍者王大怒欲誅優師優師大

人鎖其頤則可語捧其手則可舞王與盛姬共觀木

有人以優師事周穆王甚巧能作木人趨走俯仰如

優師作木人

技術

獺祭編

劇學獺祭篇　兩篇　齊如山撰　民國三十七年（1948）百舍齋紅格稿本

框高 17.3 釐米，寬 11.3 釐米。半葉八行，行二十字，白口，四周單邊。一函一冊。版心題"百舍齋"。封面題"如山"，鈐"如山"朱印。前有目錄，鈐"中國戲劇家協會資料室"朱印，2009 年中國文聯捐贈中國藝術研究院收藏。查《齊如山全集》未收。爲齊如山墨跡。

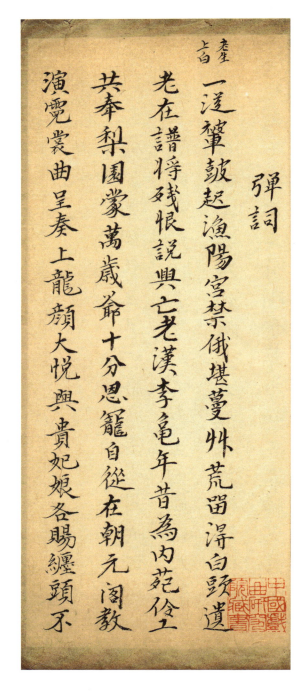

賞心樂事崑弋劇曲譜　十一種　（清）鴻雪軒輯　清道光十八年（1838）抄本

　　高 26 釐米，寬 12 釐米。半葉五行，行字不等，無邊框。一函一册。有工尺譜。書名輯錄者據封面題，年代據卷末題。卷末題"道光十八年歲在己亥四月上朔自松江府海石堂九獅圖之後虛舟對門偶錄"。前有目錄，包括彈詞、聞鈴、藏舟、絮閣、折柳、三醉、思凡、掃花、訪素、水鬥。目錄卷首鈐"如山所藏""中國戲曲研究院藏書"等印。原爲高陽齊氏所藏，後捐中國戲曲研究院，現爲中國藝術研究院藏書。

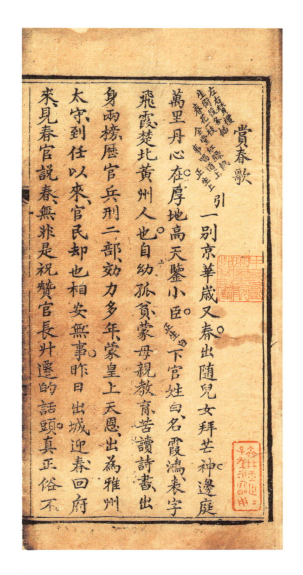

賞春歌 （清）黃雲鵠輯　清同治九年（1870）刻本

框高 22.8 釐米，寬 12 釐米。半葉七行，行二十二字，白口，四周雙邊，單黑魚尾。一函一冊。書名據卷端題。此書係黃雲鵠出守雅州時搜集民歌編輯而成，還可以自編自舞以求娛樂，承歡太淑人前。卷末有清同治九年（1870）黃雲鵠跋語。有腳色動作提示。卷首鈐"齊林玉世世子孫永寶用""中國戲曲學院藏書"等印。原爲高陽齊氏所藏，後捐中國戲曲研究院，現由中國藝術研究院圖書館藏。

黃雲鵠（1819—1898），字翔雲，湖北蘄春青石嶺鄉大樟樹村人，北宋黃庭堅第十七世孫，近代國學大師黃侃（季剛）之父。清咸豐三年（1853）進士，歷任四川雅州太守、四川鹽茶道、成都知府、四川按察使等職。清咸同光緒間學者，經學家、文學家、書法家。晚年歷任湖北兩湖、江漢、經心三書院山長，爲張之洞密友。其書法，近黃庭堅，畫工寫蘭竹，墨跡遍佈蜀中、鄂中，亦善操琴。著有《歸田詩抄》《學易淺說》《清畫家詩史·益州書畫錄續編》等，還編著《粥譜》等。

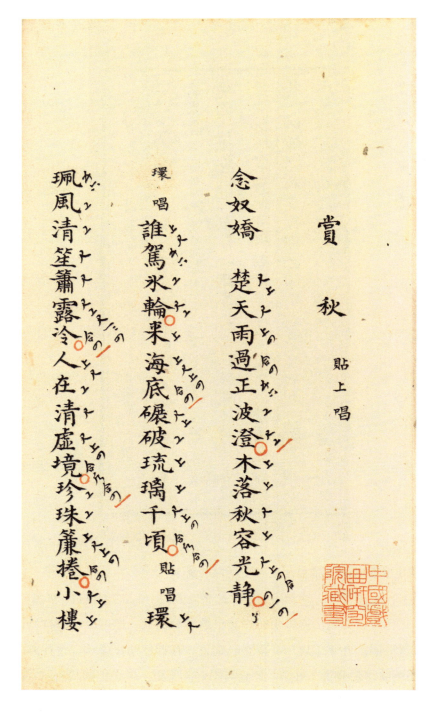

賞秋總本 （清）昇平署輯　清同治光緒間昇平署朱墨抄本

高 24 釐米，寬 15.4 釐米。半葉四行，行大小字不等，無邊框。一册。毛裝。有朱筆圈點。有工尺譜。書名據封面書籤題。有國劇陳列館書籤，題"崑曲四行安殿本，齊如山藏"。卷首末鈐"中國戲曲研究院藏書""梅蘭芳捐贈"等印。原爲高陽齊氏所藏，齊梅合作期間歸國劇陳列館，後捐中國戲曲研究院，現由中國藝術研究院圖書館收藏。收入館藏《崑曲四行曲譜》中。

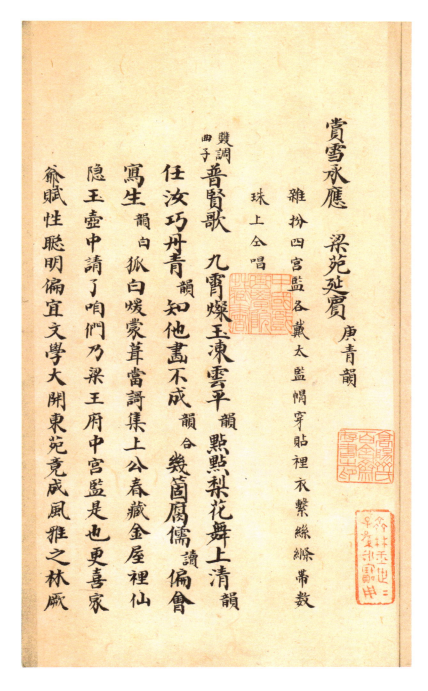

賞雪承應‧梁苑延賓‧兔園作賦 （清）昇平署輯　清乾隆嘉慶間昇平署朱墨抄本

高 25 釐米，寬 16.8 釐米。半葉八行，行二十二字，小字同，無邊框。一册。毛裝。有朱筆圈點。書名據封面，封面題"賞雪承應，梁苑延賓，兔園作賦"。封套原題"清畫堂藏"。卷首末鈐"齊林玉世世子孫永寶用""高陽齊氏百舍齋存書之印""齊氏所藏戲曲小說印""中國戲曲學院藏書""如山過目"等印。原爲高陽齊氏百舍齋所藏，後捐中國戲曲研究院，現由中國藝術研究院圖書館收藏。收入館藏《月令承應》中。《故宮珍本叢刊》收入昇平署提綱本一種。

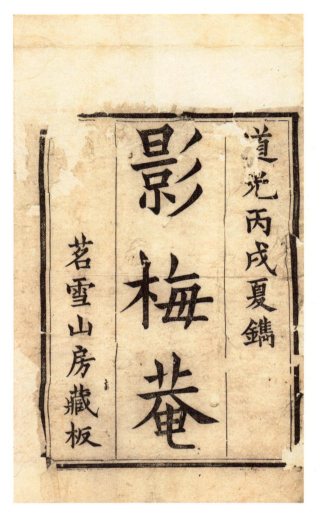
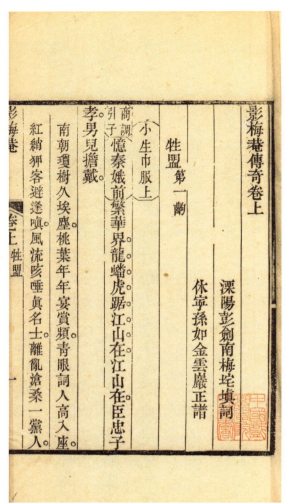

影梅庵傳奇 二卷二十八齣 （清）彭劍南填詞 （清）孫如金正譜 清道光六年（1826）
茗雪山房刻本

框高 17.5 釐米，寬 12.8 釐米。半葉九行，行二十二字，小字同，白口，左右雙邊，單黑魚尾。
一函兩冊。牌記題 "道光丙戌夏鐫，影梅庵，茗雪山房藏板"。卷前有李蟠根敘言、馮調鼎敘言、
題詞、目録。正文前有 "楔子"。卷末有《影梅庵捐名目録》。封套書簽爲齊如山墨跡。封面卷
首末鈐 "高陽齊氏百舍齋存書之印""齊林玉世世子孫永寶用""齊氏所藏戲曲小說印""中國戲
曲學院藏書""齊如山"等印。原爲高陽齊氏百舍齋所藏，後捐中國戲曲研究院，現爲中國藝術
研究院圖書館藏書。

彭劍南（1785？—1850？），字梅垞，一字小陸，別署稚觀主人，生平事跡不詳，溧陽（今
江蘇）人。清諸生。所撰傳奇兩種:《影梅庵》《香畹樓》，合稱《茗雪山房二種曲》，今存於世。

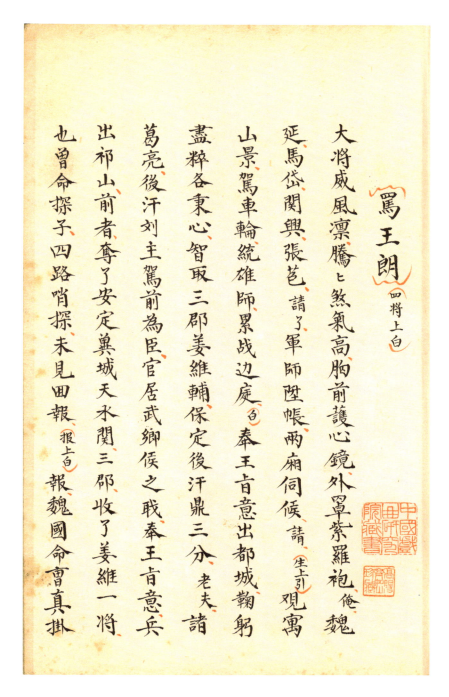

罵王朗總本 （清）佚名輯　清內府朱墨抄本

高 27 釐米，寬 18 釐米。半葉八行，行二十二字，小字不等，無邊框。有朱筆圈點。不標曲牌及板式。書名據封面書簽題。毛裝。有國劇陳列館書簽，題"本家八行皮黃存庫本，齊如山藏，罵王朗總本，NO.46-3-1."。收入館藏《內學八行皮黃存庫本》。卷首末鈐"高陽齊如山珍藏""中國戲曲研究院藏書""梅蘭芳捐贈"等印。原爲高陽齊氏百舍齋藏書，後歸國劇陳列館，後捐中國戲曲研究院，現由中國藝術研究院圖書館收藏。

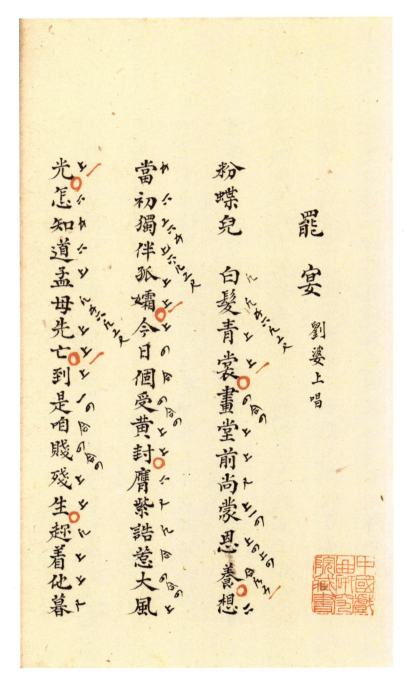

罷宴總本 （清）昇平署輯　清同治光緒間昇平署朱墨抄本

　　高 24 釐米，寬 15.4 釐米。半葉四行，行大小字不等，無邊框。一册。毛裝。書名據封面書籤題。有國劇陳列館書籤，題"崑曲四行安殿本，齊如山藏"。有朱筆圈點。有工尺譜。卷首末鈐"中國戲曲研究院藏書""梅蘭芳捐贈"等印。原爲高陽齊氏所藏，齊梅合作期間歸國劇陳列館，後捐中國戲曲研究院，現由中國藝術研究院圖書館收藏。收入館藏《崑曲四行曲譜》中。《故宮珍本叢刊》收入昇平署崑腔單齣一種。

墨憨齋定本十種傳奇 （明）馮夢龍輯　明刻本

框高 20 釐米，寬 14.2 釐米。半葉八行，行二十一字，小字雙行同，白口，左右雙邊。五函二十冊。書名葉題"十種傳奇，新灌園，酒家傭，女丈夫，量江記，精忠記旗，雙雄記，萬事足，夢磊記，灑雪堂，楚江情"。版心題"墨憨齋定本"。有眉批五字雙行。每種傳奇分上下卷，都各有目錄。卷前有古吳詞奴龍子猶序言（龍子貓即馮夢龍，鈐刻"子猶"、"馮姓龍氏"）。十種包括：墨憨齋新灌園傳奇，兩卷，三十六齣，古吳張伯起創稿，同郡龍子猶更定。墨憨齋詳定酒家傭傳奇，兩卷，三十七齣，姑蘇陸無從、飲虹江二稿，同郡龍子猶更定。

墨憨齋（卷首原缺"齋"字，目錄有之，下卷卷端有之，誤漏刻）重定女丈夫傳奇，兩卷，三十六齣，長洲張伯起、劉晉充二稿，吳郡龍子猶更定；墨憨齋重定量江記，二卷，三十六齣，池陽聿雲氏原編，姑蘇龍子猶詳定。

墨憨齋新訂精忠旗傳奇，二卷，三十七齣，西陵李梅實草創，東吳龍子猶詳定。

墨憨齋重定雙雄傳奇，二卷，三十六齣，古吳龍子猶編，松陵沈伯明較。

墨憨齋訂定萬事足傳奇，二卷，三十六齣，姑蘇龍子猶新編，同邑袁幔亭樂句。

墨憨齋重定夢磊傳奇，二卷，三十五齣，會稽史叔考朒稿，吳門龍子猶詳定。

墨憨齋新定灑雪堂傳奇，二卷，四十齣，楚黃梅孝巳草創，吳國龍子猶審定。

墨憨齋重定西樓楚江情傳奇，二卷，三十六齣，姑蘇袁白賓創稿，同邑龍子猶重定。

封面序端卷首鈐"齊林玉

世世子孫永寶用""高陽齊氏百舍齋存書之印""齊氏所藏戲曲小說印""中國戲曲學院藏書"等
書。原爲高陽齊氏百舍齋所藏，後捐中國戲曲研究院，現爲中國藝術研究院圖書館藏書。書品
上乘，裝幀精美。

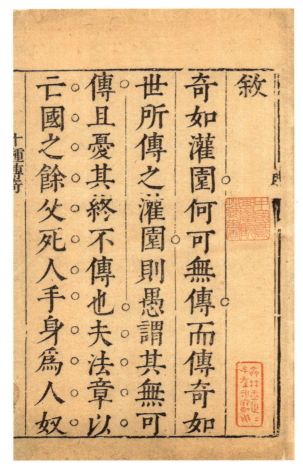

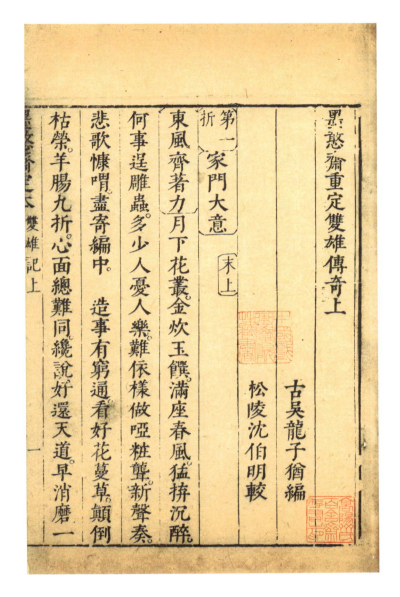

墨憨齋重定雙雄傳奇 二卷三十六折 （明）馮夢龍編 （明）沈伯明較 明刻本

框高 19.8 釐米，寬 14.4 釐米。半葉八行，行二十一字，小字雙行同，白口，左右雙邊。一函兩冊。有眉批雙行五字。版心題"墨憨齋定本，雙雄記"。卷前有目錄分上下卷，書名葉、序言已佚。此爲《墨憨齋新曲四種》之一。該書另有乾隆五十七年（1792）重修《墨憨齋新曲十種》本。金鑲玉裝裱，品相完好。封面目錄卷首末鈐"慕歌家世""望綠蔭齋""高陽齊氏百舍齋存書之印""齊氏所藏戲曲小說印""齊林玉世世子孫永寶用""中國戲曲學院藏書""齊如山"等印。原爲鄭氏藏書，後歸高陽齊氏百舍齋藏書，後捐中國戲曲研究院，現爲中國藝術研究院圖書館藏書。

墨憨齋重訂永團圓傳奇　二卷三十二折　（清）李玉初稿　（清）馮夢龍審定　清乾隆
五十九年（1794）寶研齋刻本

框高 20 釐米，寬 14.2 釐米。半葉八行，行二十一字，小字雙行同，白口，左右雙邊。一函
兩冊。封套書簽及掛簽爲齊如山墨跡。卷前目錄題"墨憨齋重定永團圓傳奇"，爲《一笠庵四種曲》
之一。封面卷首末鈐"高陽齊氏百舍齋存書之印""齊林玉世世子孫永寶用""齊氏所藏戲曲小
說印""中國戲曲學院藏書""齊如山"等印。原爲高陽齊氏百舍齋所藏，後捐中國戲曲研究院，
現爲中國藝術研究院圖書館藏書。

李玉，生卒年不詳，約生於明萬曆十九年（1591）前後，卒於清康熙十年（1671）以後。
明末清初戲曲作家。字玄玉，號蘇門嘯侶，又號一笠庵主人。吳縣（今屬江蘇）人。出身低微，
其父曾是明朝大學士申時行府中的奴僕，他也因此受到壓抑，不得應科舉，明末始中副貢。入
清後無意仕進，畢生致力於戲曲創作和研究。所作傳奇四十二種，今存《一捧雪》《人獸關》《永
團圓》《占花魁》《清忠譜》《麒麟閣》《眉
山秀》《兩鬚眉》《太平錢》《萬里圓》《牛
頭山》《七國記》《昊天塔》《風雲會》《五
高風》《一品爵》《連城璧》《千忠祿》等
十八種有傳本。《洛陽橋》《埋輪亭》與朱
佐朝合作僅有散齣存世。《千里舟》存散曲。
其他如《萬民安》《長生像》《武當山》《羅
天醮》未見傳本。《曲海總目提要》載：《三
生果》《虎邱山》《掛玉帶》《意中緣》《鳳
雲翹》《麒麟種》《禪真會》《上苑春》《清
平調》《秦樓月》《五侯封》《洪都賦》《燕
雙飛》《銅雀臺》《洛神廟》《珊瑚屏》，僅
見著錄，內容不詳。其中《意中緣》李漁
有同名之作，《秦樓月》朱素臣有同名之作，
《洛神廟》呂履恒有同名之作，三劇是否李
玉作品，可能著錄之誤。他與畢魏、朱素臣、
張大復、葉稚斐共同創作傳奇劇本。他根
據徐於室《北詞九宮譜》編訂《北詞廣證
譜》，吳偉業爲之作序稱"騷壇鼓吹，堪與
漢文唐詩並傳不朽"。

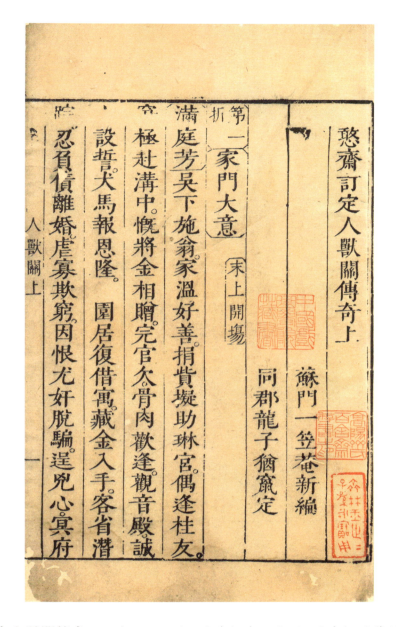

墨憨齋訂定人獸關傳奇　二卷三十三折　（清）李玉新編　（清）馮夢龍審定　清乾隆五十九年（1794）寶研齋刻本

　　框高 19.5 釐米，寬 14.2 釐米。半葉八行，行二十一字，小字雙行同，白口，左右雙邊。一函兩冊。卷前目録題“一笠庵重定人獸關傳奇”，爲《一笠庵四種曲》之一。封套書簽及掛簽爲齊如山墨跡。封面卷首末鈐“高陽齊氏百舍齋存書之印”“齊林玉世世子孫永寶用”“齊氏所藏戲曲小說印”“中國戲曲學院藏書”“齊如山”等印。原爲高陽齊氏百舍齋所藏，後捐中國戲曲研究院，現爲中國藝術研究院圖書館藏書。

墨憨齋訂定萬事足傳奇　二卷三十六折　（明）馮夢龍新編　（明）袁幔亭樂句　明刻本

框高 19.8 釐米，寬 14.4 釐米。半葉八行，行二十一字，小字雙行同，白口，左右雙邊。一函兩册。有眉批雙行五字。版心題"墨憨齋定本，萬事足"。卷前有目録分上下卷，書名葉、序言已佚。此爲《墨憨齋新曲四種》之一。該書另有清乾隆五十七年（1792）重修《墨憨齋新曲十種》本。金鑲玉裝裱，品相完好。封面目録卷首末鈐"慕歌家世""望綠蔭齋""高陽齊氏百舍齋存書之印""齊氏所藏戲曲小説印""齊林玉世世子孫永寶用""中國戲曲學院藏書""齊如山"等印。原爲鄭氏藏書，後歸高陽齊氏百舍齋，後捐中國戲曲研究院，現爲中國藝術研究院圖書館藏書。

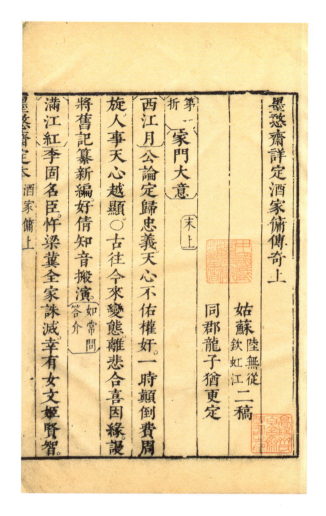

墨憨齋詳定酒家傭傳奇 上下卷三十七折 （明）陸無從 飲虹江撰 （明）馮夢龍更定 明刻本

框高 19.7 釐米，寬 14.2 釐米。半葉八行，行二十一字，小字雙行同，白口，左右雙邊。一函兩册。有眉批五字雙行。封套及掛簽爲齊如山墨跡。卷前有龍子猶序言、總評、《墨憨齋詳定酒家傭傳奇目》。此本有《墨憨齋新曲十種》本，明刻清乾隆五十七年（1792）重修本。封面卷首末鈐“高陽齊氏百舍齋存書之印”“齊林玉世世子孫永寶用”“齊氏所藏戲曲小說印”“齊如山”“中國戲曲學院藏書”等印。原爲高陽齊氏百舍齋收藏，後捐中國戲曲研究院，現由中國藝術研究院圖書館收藏。

馮夢龍序言稱：“存孤奇事，胡可無傳。先輩陸天池、飲虹江各有著述。”將陸無從誤認定爲陸天池。此本傳奇是馮夢龍在陸無從、飲虹江同名傳奇基礎上合併校訂而成，陸無從即陸弼，生卒年不詳，約嘉靖萬曆間在世，字無從，江都人，諸生，年七十餘歲。好學博涉，多所撰述。結交名宿，聲名藉甚。萬曆間曾徵魏學禮、王穉登及陸弼等入史館參與纂修。弼工曲，著有傳奇《存孤記》一本，《曲録》著録又與飲虹江合作《酒家傭》一本；詩文有《正始堂集》二十四卷，《列朝詩集》有傳。

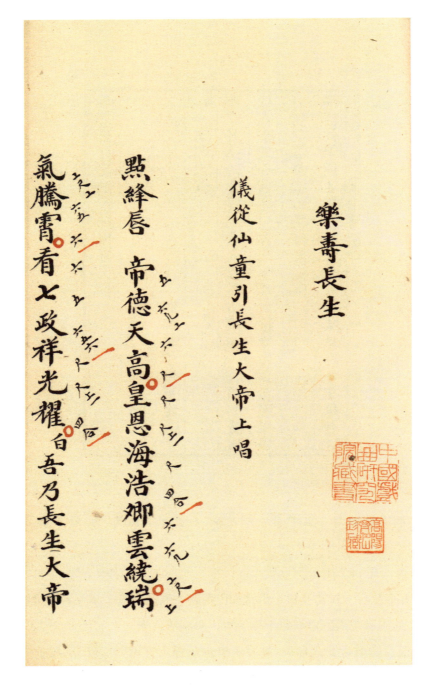

樂壽長生總本　（清）昇平署輯　清光緒間昇平署朱墨抄本

　　高 24 釐米，寬 15.4 釐米。半葉四行，行大小字不等，無邊框。一冊。毛裝。有朱筆圈點。有工尺譜。書名據封面書籤題。有國劇陳列館書籤，題"光緒時代安殿本，齊如山藏"。卷首末鈐"高陽齊如山珍藏""中國戲曲研究院藏書""梅蘭芳捐贈"等印。原爲高陽齊氏所藏，齊梅合作期間歸國劇陳列館，後捐中國戲曲研究院，現由中國藝術研究院圖書館收藏。收入館藏《光緒朝昇平署曲譜》中。《故宮珍本叢刊》收錄昇平署崑弋開場承應戲一種。

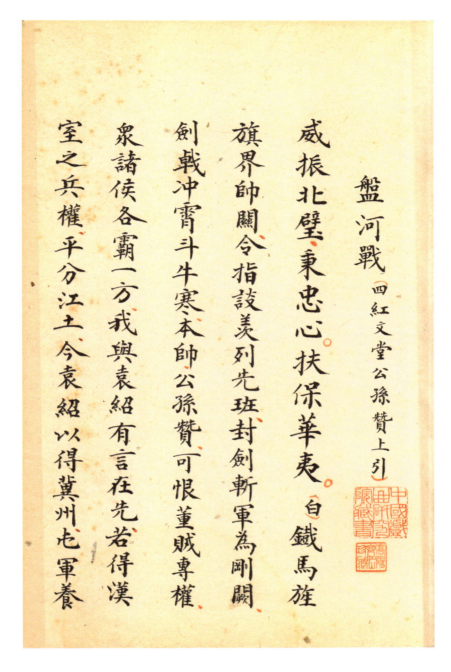

盤河戰總本 （清）佚名輯　清內府朱墨抄本

　　高 26.5 釐米，寬 19 釐米。半葉六行，行大小字不等，無板框。毛裝。有朱筆圈點。書名據封面書簽題。有國劇陳列館書簽，題"本家六行皮黃二黃存庫本，齊如山藏，盤河戰，NO.47-5."。收入館藏《內學六行皮黃存庫本》中。卷首末鈐"高陽齊如山珍藏""中國戲曲研究院藏書""梅蘭芳捐贈"等印。原爲高陽齊氏百舍齋藏書，後歸國劇陳列館，後捐中國戲曲研究院，現由中國藝術研究院圖書館收藏。《故宮珍本叢刊》收入昇平署亂彈單齣一種，昇平署提綱本一種。

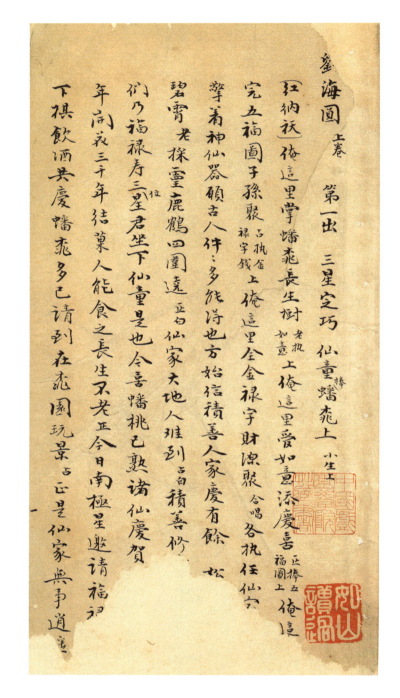

劉海圓傳奇　二卷三十四齣　（清）佚名撰　清抄本

　　高 24.6 釐米，寬 15 釐米。半葉八行，行字數不等，無邊框。一函兩冊。書名據封套書籤題，封套書籤題"劉海圓傳奇，四本，綴玉軒藏，如山"。紙質老舊，抄功工穩，行款規整，文人手筆。卷首鈐"如山讀過""中國戲曲學院藏書"等印。此書原爲齊梅合作期間收集，後捐中國戲曲研究院，現由中國藝術研究院圖書館收藏。封套書籤及掛籤爲齊如山墨跡。李修生《古本戲曲劇目提要》有著錄。

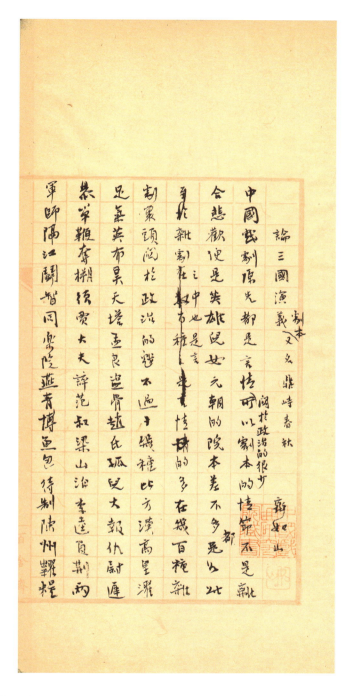

論三國演義劇本　齊如山撰　民國間百舍齋紅格稿本

　　框高 17.3 釐米，寬 11.3 釐米。半葉八行，行二十字，白口，四周單邊，單黑魚尾。毛裝。版心題"百舍齋"。封面題字及正文墨跡確爲齊氏手筆。此書齊如山專門談十本《鼎峙春秋》（或名《鼎盛春秋》）的目錄、演員及作爲歷史劇的特點。有齊氏墨筆刪改處。卷首末鈐"如山""中國戲曲研究院藏書"等印。1956 年 9 月 22 日捐贈中國戲曲研究院收藏，現由中國藝術研究院圖書館收藏。

瘞雲巖傳奇 二卷十二齣 （清）許善長填詞 （清）海陽停雲逸客評點 清光緒三年（1877）許氏碧聲吟館刻本

框高 16.5 釐米，寬 12.5 釐米。半葉九行，行二十二字，小字同，白口，左右雙邊，單黑魚尾。

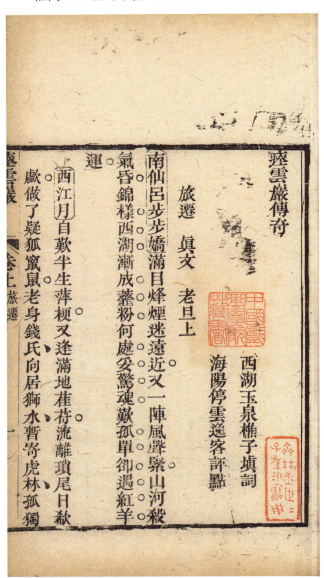

一函兩冊。有眉批四字雙行。書名葉題"瘞雲巖，憨寮居士題"。鈐"趙孺卿"。有西湖玉泉樵子自題傳概、目錄、清同治九年（1870）鄭忠訓序言、王天璧序言、題辭、柳江情癡子《愛雲小傳》（附錄同治三年《愛雲回書》）。卷末有同治九年（1870）海陽逸客跋語。封套書籤及掛籤爲齊如山墨跡。封面卷首末鈐"高陽齊氏百舍齋存書之印""齊林玉世世子孫永寶用""齊氏所藏戲曲小說印""齊如山""中國戲曲學院藏書"等印。原高陽齊氏百舍齋收藏，後捐中國戲曲研究院，現爲中國藝術研究院圖書館藏書。

西湖玉泉樵子即許善長。許善長（1823—1889？），字不詳，號玉泉樵子，浙江仁和（今杭州）人。同治間江西河口鎮牙厘局、湖口牙厘局任職，光緒間嘗知建昌，後任廣信知府，光緒中在世。善長工曲，著有《神山引》《靈媧石》《茯苓仙》《瘞雲巖》《胭脂獄》《風雲會》六種，合稱《碧聲吟館六種》。所作《塵談》是研究戲曲史的一手資料。

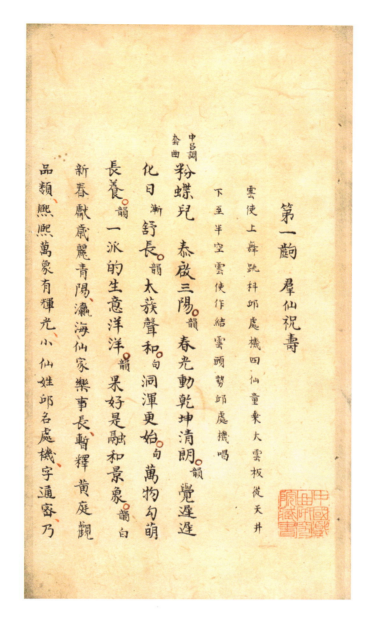

慶樂長春 六齣 （清）昇平署輯 清乾隆嘉慶間昇平署抄本

高 25.5 釐米，寬 16 釐米。半葉八行，行二十一字，小字同，無邊框。一册。有朱筆圈點。書名據裝幀封面書籤題，爲齊如山墨跡，題"南府慶樂長春，齊如山藏"。封面有國劇陳列館書籤，題"存庫本，齊如山藏"。原封面題"燕九承應慶樂長春"。卷首末鈐"中國戲曲研究院藏書""梅蘭芳捐贈"等印。原爲齊氏所藏，齊梅合作期間歸國劇陳列館，後捐中國戲曲研究院，現由中國藝術研究院圖書館收藏。收入《承應大戲存庫本》中。

燕九承應爲月令承應之一。燕九即正月十九日，爲道教的節慶日，相傳此日爲長春道人邱處機誕辰。每到此節清宮必要演戲，常用劇目有：《洞賓下凡》《聖姆巡行》《太平民樂》《霞自雲邁侶舅》《慶樂長春》《顯異或真》《丹並幻跡》等。

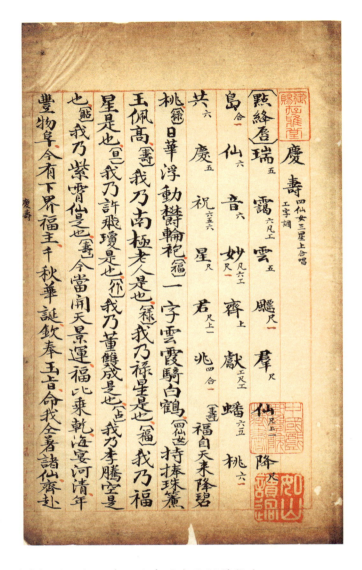

選聲集 六卷 （清）琴和輯 清眤曲書屋朱絲欄精抄本

框高 19 釐米，寬 12.5 釐米。半葉九行，行字不等，白口，四周單邊。一函六册。版心題"眤曲書屋"。卷前有凡例，各卷前有目録。收録六十齣崑曲單齣，每卷十齣。有工尺譜，版心題崑曲單齣名目。崑曲單齣抄本。目録端鈐"琴和"印。卷首鈐"如山讀過""御賜存雅堂""中國戲曲學院藏書"等印。高陽齊如山氏過眼過手，後捐中國戲曲研究院，現由中國藝術研究院圖書館收藏。

"琴和""御賜存雅堂"，或爲輯録者，輯録者堂號"眤曲書屋"，浙江浦江浦陽仙華方氏，世代興旺，曾有存雅堂之號，但此種稱謂明清不止一二，待考。此抄本抄工精良，紙張老舊，似清代中期産物，有凡例說明輯録者精心篩選，精工謄抄，自用箋紙，永爲保藏。凡例中提到"醉白裘"，"醉"爲"綴"之誤，可見其抄本約於乾隆稍晚；輯録者藉此爲梨園之繩墨，清客之排遣。凡例中又提到《納書楹曲譜》，則更應該是清中葉以後傳抄之本，並且是蘇州崑曲一脈。

擁雙豔三種　三種六卷　（清）萬樹編次　清康熙二十五年（1686）粲花別墅刻本

框高 18.2 釐米，寬 13.4 釐米。半葉九行，行二十二字，小字單雙行同，白口，四周單邊，單黑魚尾。一函六冊。版心題"粲花別墅"。眉批雙行五字。卷前書名葉題"陽羨萬紅友編次，擁雙豔三種，風流棒，念八翻，空山石，粲花別墅藏板"。封面序端卷首卷末鈐"高陽齊氏百舍齋存書之印""齊林玉世世子孫永寶用""齊氏所藏戲曲小說""中國戲曲學院藏書""如山過目"等印。原爲高陽齊氏百舍齋藏，後捐中國戲曲研究院，現由中國藝術研究院圖書館收藏。館藏有高陽齊如山另藏一部相同版本《擁雙豔三種》，是清末揚州吳引孫家藏圖書，鈐"真州吳氏有福讀書堂藏書"印。此書另外一種著錄爲康熙間刻本，亦妥。書中夾簽爲齊如山墨跡，題"擁雙豔傳奇三種，粲花別墅原板"。

風流棒傳奇　二十六齣　（清）萬樹編次　（清）吳秉鈞題評　書名葉題"樂府新編，紅友寓言，風流棒，粲花別墅"。有清康熙二十五年（1686）吳秉鈞序言，清康熙二十五年（1686）吳棠禎序言。目次題"風流棒傳奇卷上目次"，缺"風流棒傳奇卷下目次"。

空青石傳奇　二十九齣　（清）萬樹編次　（清）吳棠禎題評　書名葉題"樂府新編，紅友寓言，空青石，粲花別墅"。有清康熙二十五年（1686）吳棠禎序言。目次題"空青石傳奇卷上目次，空青石傳奇卷下目次"。

念八翻傳奇　二十八齣　（清）萬樹編次　（清）呂洪烈題評　書名葉題"樂府新編，紅友寓言，念八翻，粲花別墅"。有清康熙二十五年（1686）呂洪烈序言。目次題"玉壺樂府念八翻傳奇卷上目次，玉壺樂府念八翻傳奇卷下目次"。目次前有一葉《念八翻》第

一齣，改定開場，後有凝陽子識。

　　萬樹（1630—1688 ？），字紅友，一字花農，號山翁、山農，江蘇宜興人。明末戲曲家吳炳外甥，清順治間以監生遊北京，康熙間入兩廣總督吳興祚幕，工詩詞及場上之曲。康熙二十七年（1688）告病歸，死於歸途舟中。所作戲曲二十餘種，僅存《擁雙豔三種曲》，另有《堆絮園集》《花濃集》已佚，《璿璣碎錦》《香膽詞》傳世。

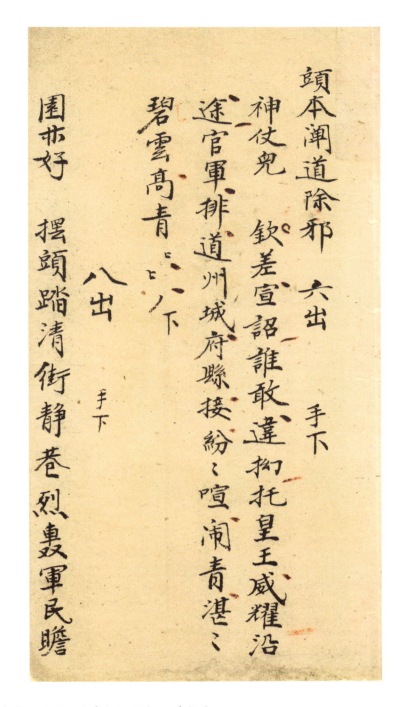

頭本闡道除邪　兩齣　（清）佚名輯　清抄本

高 25 釐米，寬 14.5 釐米。半葉六行，行字不等，無邊框。有朱筆圈點。清代戲曲各腳公用單本，存第六齣和第八齣。第六齣卷首題"手下"，唱【神仗兒】。第八齣"手下"唱【園林好】。似為內府、昇平署承應戲所遺物件。卷首鈐"高陽齊如山珍藏"印。原為高陽齊氏百舍齋收藏，現由中國藝術研究院圖書館收藏。收入館藏《各腳公用大本》中。《故宮珍本叢刊》收錄昇平署崑腔單齣一種，昇平署提綱本兩種。

醒世恒言　四十卷　（明）馮夢龍輯　可一居士評　墨浪主人較　明虎林衍慶堂刻本

框高 18.5 釐米，寬 13.5 釐米。半葉十二行，行二十二字，白口，四周單邊，單黑魚尾。兩函二十四冊。書名葉題："醒世恒言。本坊重價求購古今通俗演義一百二十種，初刻爲喻世明言，二刻爲警世通言，海內均奉爲□□珍玩矣。茲三刻爲醒世恒言，種種典寔事事□□，總取木鐸醒世之意，羿前刻共成完璧云。虎林衍慶堂謹識。"前有明天啓七年（1627）隴西可一居士序、目次。目次下題"可一居士評，墨浪主人較"。《中國通俗小說總目提要》著錄此書，此書有明金閶葉敬池刻本，明金閶葉敬溪刻本，明虎林衍慶堂刻本及《萬有文庫》本和顧學頡校注本。這個本子刪去原來的第二十三卷《金海陵縱欲亡身》，而將第二十卷《張廷秀逃生救父》一分爲二，即卷二十卷二十一兩卷，原卷二十一《呂洞賓飛劍斬黃龍》退至卷二十二，原卷二十二《張淑兒巧計脫楊生》退至卷二十三。其他卷目皆同。應該是較金閶葉氏兩個本子及衍慶堂足本晚出的一個本子。封面序端目錄端卷首鈐"高陽齊氏百舍齋存書之印""齊氏所藏戲曲小說印""齊林玉世世子孫永寶用""中國戲曲學院藏書"等印。

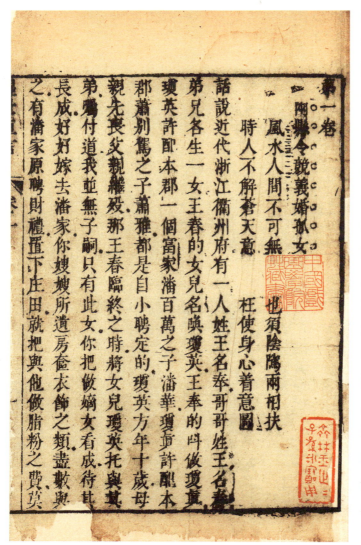

霓裳豔傳奇 　二卷二十齣　　曲隱道人填詞　　借園居士評點　　民國十一年刻本

框高 16.2 釐米，寬 12 釐米。半葉九行，行二十字，小字同，白口，四周單邊，單黑魚尾。一函兩册。牌記題"壬戌冬月刊成翻刻必究"。有眉批四字雙行。卷前有周夢駕序言、題詞。封套書籤及掛簽爲齊如山墨跡。封面卷首末鈐"高陽齊氏百舍齋存書之印""齊林玉世世子孫永寶用""齊氏所藏戲曲小說印""中國戲曲學院藏書"等印。原高陽齊氏百舍齋收藏，後捐中國戲曲研究院，現爲中國藝術研究院圖書館藏書。

許之衡（1877—1935），字守白，號飲流，一作隱流，別署曲隱道人、冷道人，廣東番禺人。早年曾留學日本，上世紀 20 年代初繼吳梅之後，在北京大學教授中國戲曲，民國二十二年（1933）參加北平崑弋學會。著有《戲曲史》（是繼王國維《宋元戲曲史》後與吳梅《中國戲曲概論》並肩的作品）《作曲法》《曲律易知》《曲學研究》《戲曲源流》等曲學著作，所撰《玉虎墜》《錦瑟記》《霓裳豔》劇作三種。他平生非常喜好收集崑班藝人的演出本，並親自抄録校訂，世稱"飲流齋本"。校訂精良，字體雋秀，題識遍佈，鈐印粲然，考證精闢，見解獨到。許氏身後，"飲流齋本"抄本文獻大部爲國家圖書館收藏，一小部分爲傅氏"碧藥館"收藏。現藏中國藝術研究院圖書館。包括《白兔記》《元宵鬧》《還帶記》《竹葉舟》《三報恩》《虎符記》《牟尼合》《崖山烈》《十五貫》《醉菩提》《潛龍佩》《伏虎韜》《忠孝福》《慶有餘》等十幾種。各本皆以朱絲欄或綠色絲欄稿紙抄寫，卷首序處末尾常鈐"飲流"朱印。

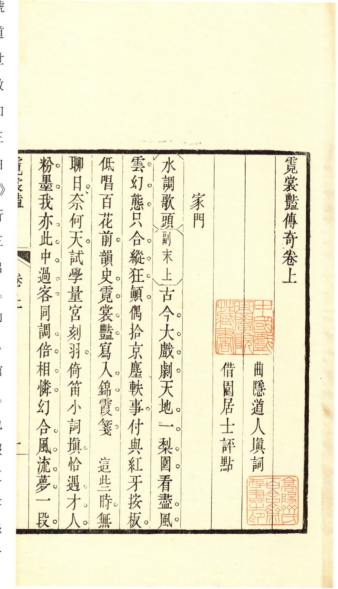

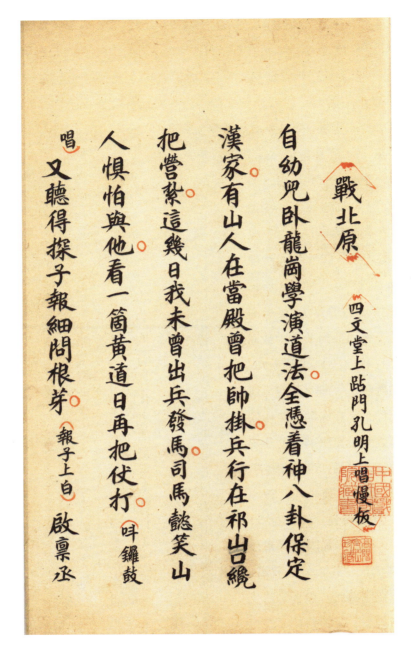

戰北原總本　（清）佚名輯　清內府朱墨抄本

高 26.5 釐米，寬 19 釐米。半葉六行，行十八字，小字不等，無板框。毛裝。有朱筆圈點。
書名據封面書籤題。收入館藏《內學六行皮黃存庫本》中。卷首末鈐"高陽齊如山珍藏""中國
戲曲研究院藏書""梅蘭芳捐贈"等印。原爲高陽齊氏百舍齋藏書，後歸國劇陳列館，後捐中國
戲曲研究院，現由中國藝術研究院圖書館收藏。《故宮珍本叢刊》收入昇平署亂彈單齣一種。

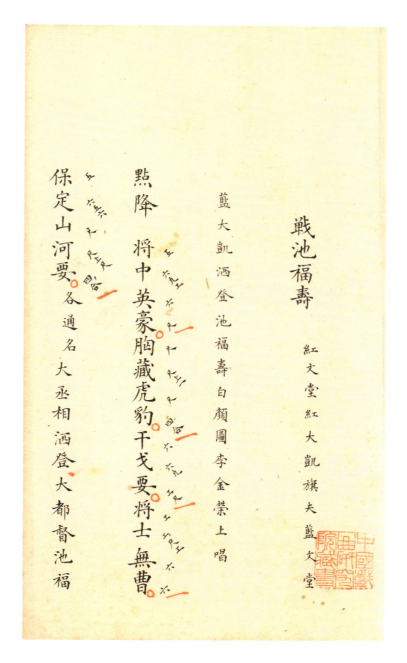

戰池福壽總本 （清）昇平署輯　清同治光緒間昇平署朱墨抄本

高 24 釐米，寬 15.4 釐米。半葉四行，行大小字不等，無邊框。一册。毛裝。有朱筆圈點，有工尺譜。書名據封面書籤題。有國劇陳列館書籤，題"崑曲四行安殿本，齊如山藏"。卷首末鈐"中國戲曲研究院藏書""梅蘭芳捐贈"等印。原爲高陽齊氏所藏，齊梅合作期間歸國劇陳列館，後捐中國戲曲研究院，現由中國藝術研究院圖書館收藏。收入館藏《崑曲四行曲譜》中。《故宮珍本叢刊》收入昇平署崑腔單齣一種，昇平署提綱本一種。

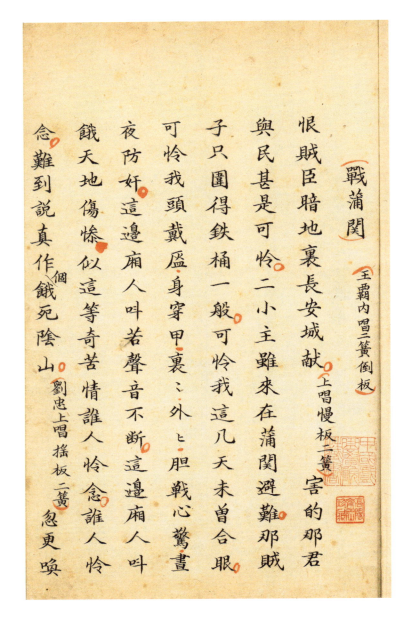

戰蒲關　（清）昇平署輯　清昇平署朱墨抄本

高 26.5 釐米，寬 18.5 釐米。半葉八行，行十八字，小字不等，無邊框。一函一册。有朱筆圈點。京劇抄本。封面題"戰蒲關總本"。抄功工穩，書品上乘，朱墨粲然，紙質考究。卷首鈐"高陽齊如山珍藏""中國戲曲學院藏書"等印。原爲高陽齊氏所藏，後捐中國戲曲研究院，現由中國藝術研究院圖書館收藏。《故宮珍本叢刊》收入昇平署亂彈單齣一種。

第壹出　叙花

小生扮文昌帝君上寫
〔黜降唇〕
平扮四雲旗　龍虎二將
白騎二隻

瑞氣雲霄應兆佳祥　所
朱衣點額天榜召魁　示魁
〔改打上台介白〕
蒼穹表

勅定魁榜保護着山河壯
星書筆名姓標吾乃梓童帝君是也曾為開化宗師濟
人度世之心每播諸詞翰墨勸人惜字經文訓飭士子一十七
世為士大夫全在廣行陰隲救難濟急憫孤容過隨時隨地並
不存一求云廣者由上文諸士而推極之也蓋人身處為士大夫
之位顧安國家社稷使救天下蒼生晉蒙其澤咸分內所應以

興唐傳傳奇　二十六齣　（清）佚名撰　清抄本

高 25.5 釐米，寬 19 釐米。半葉八行，行字數不等，無邊框。一函兩冊。書名據封套書簽題。封套書簽題"興唐傳傳奇，兩本，綴玉軒藏，如山"。有國劇陳列館簽題"興唐傳傳奇，綴玉軒藏，不題撰人"。有朱筆圈點，有上下場演員腳色提示。紙張老舊，上冊抄功工穩，下冊一般，並非一人抄寫。卷首鈐有"如山讀過""中國戲曲學院藏書"等印。此書爲齊梅合作期間收集，後捐中國戲曲研究院，現由中國藝術研究院圖書館收藏。封面書簽及掛簽爲齊如山墨跡。齣目爲：敘花、朝賀、庵誘、山操、悅情、悟鎚、忠忿、貶後盡節、聞報、請印捉拿、藥酒劫獄、奪救、托御、激反、附曹、嫖院、借春、伏兵大戰、棟母貶嗣、掛官、收妖、議興、聘剛、演法對陣、滅妖、收驪退位。

儒酸福傳奇　二卷十四齣大旨餘味各一齣　（清）魏熙元填詞　（清）汪繩武正譜　（清）倪星垣評文　清光緒十年（1884）玉玲瓏館刻本

框高 15.8 釐米，寬 12.5 釐米。半葉九行，行二十字，小字單雙行同，白口，左右雙邊，單黑魚尾。一函兩冊。版心題“玉玲瓏館”。眉批雙行四字。書名葉題“儒酸福傳奇，瑤華令史署檢”。牌記題“光緒十年歲在甲申春上□開雕”。卷前有光緒七年（1881）倪星垣序言、例言、目次。封套書籤題“儒酸福，光緒甲申玉玲瓏館刻本，北平鄭氏慕歌堂藏書”。封面目錄卷首末鈐“高陽齊氏百舍齋存書之印”“齊氏所藏戲曲小說印”“齊林玉世世子孫永寶用”“中國戲曲學院藏書”“齊如山”等印。原爲慕歌堂鄭騫和高陽齊氏百舍齋藏書，後捐中國戲曲研究院，現由中國藝術研究院圖書館收藏。

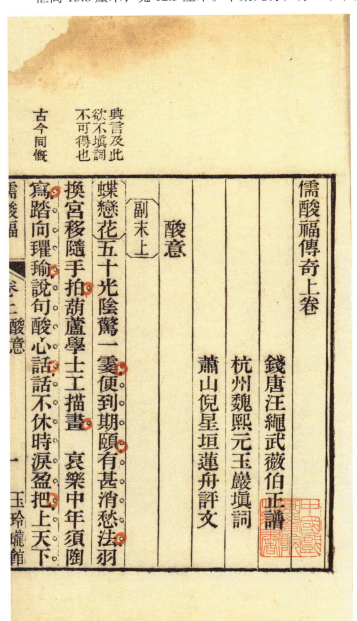

魏熙元（1830？—1888？），清代戲曲作家，字玉巖，號玉玲瓏館主人，杭州（今浙江）人。咸豐八年（1858）舉人，會試屢不中，曾任桐鄉教諭。所撰傳奇四種：《犁樂軒》《玉堂春》《西樓夢》《寶石莊》，合稱《餐英館樂府四種》，已佚；晚年作傳奇《儒酸福》，以十六個“酸”字連綴若干故事。今存。另有《玉玲瓏館詞存》。

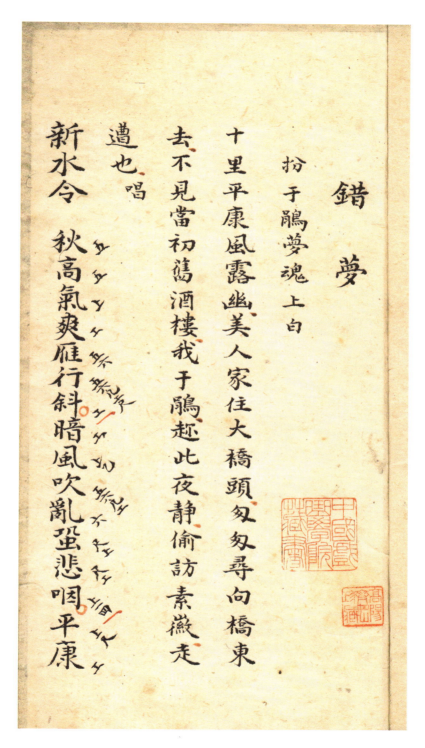

錯夢總本 （清）昇平署輯 清昇平署朱墨抄本

　　高 22.5 釐米，寬 13 釐米。半葉六行，行大小字不等，無邊框。有朱筆圈點。有工尺譜。書名據封面書籤題。卷首鈐"高陽齊如山珍藏""中國戲曲學院藏書"等印。原爲高陽齊氏所藏，後捐中國戲曲研究院，現由中國藝術研究院圖書館收藏。

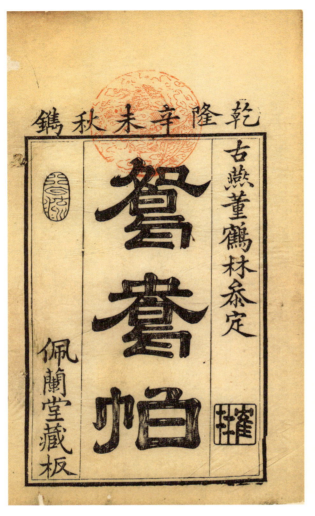
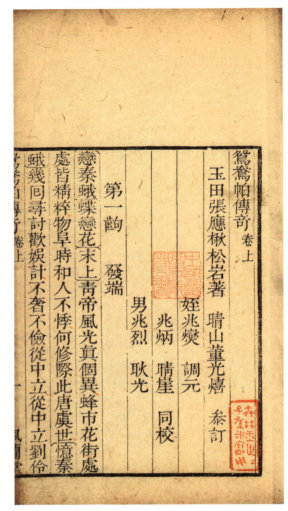

　　鴛鴦帕傳奇　二卷三十四齣　（清）張應楸撰　（清）董光熺參訂　（清）張兆燮　張兆炳　張兆烈同校　清乾隆十六年（1751）佩蘭堂刻本

　　框高 16.7 釐米，寬 12 釐米。半葉九行，行二十字，小字同，白口，左右雙邊。一函四冊。版心題“佩蘭堂”。牌記題“乾隆辛未秋鐫，古燕董鶴林參定，鴛鴦帕，佩蘭堂藏板”。卷前有乾隆十六年（1751）董光熺序言、乾隆十四年（1749）天放散人郝鑑弁言、董光熺題詞、目錄。封套題簽及掛簽爲齊如山墨跡。封面卷首末鈐“高陽齊氏百舍齋存書之印”“齊林玉世世子孫永寶用”“齊氏所藏戲曲小說印”“如山讀過”“中國戲曲研究院藏書”等印。原爲高陽齊氏百舍齋收藏，後捐中國戲曲研究院，現爲中國藝術研究院藏書。

　　張應楸，清康乾時期詩人。玉田（今屬河北唐山市）人，以詩聞名，有今人輯錄詩詞。

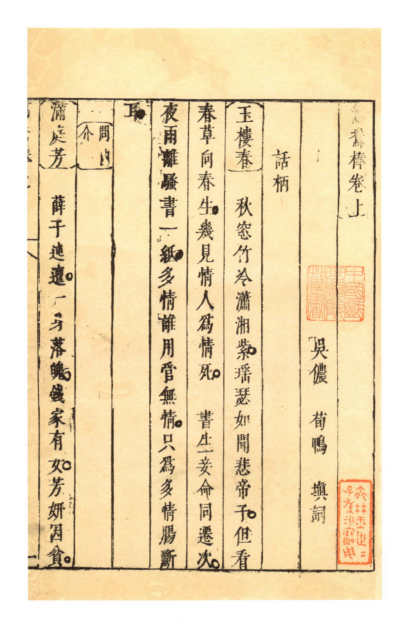

鴛鴦棒 二卷三十一齣 （明）范文若填詞 明刻本

框高 19.8 釐米，寬 14.1 釐米。半葉九行，行二十字，小字雙行，白口，四周單邊，單白魚尾。一函兩冊。卷前有《鴛鴦棒目》，有插圖六葉六幅，一圖一畫。封套書簽爲齊如山墨跡。此書目錄標三十二齣，實爲三十一齣。目錄中第一齣"話柄"，正文"話柄"不標齣次，算作開篇。第一齣起只標齣次不標齣名。此本爲明刻《十種傳奇》本。封面卷首末鈐"高陽齊氏百舍齋存書之印""齊林玉世世子孫永寶用""齊氏所藏戲曲小說印""如山過目""中國戲曲學院藏書"等印。原爲高陽齊氏百舍齋收藏，後捐中國戲曲研究院，現爲中國藝術研究院圖書館藏書。

范文若所撰《花筵賺》《夢花酣》《鴛鴦棒》三種傳奇，合稱《博山堂三種》，有崇禎年間博山堂刊本。

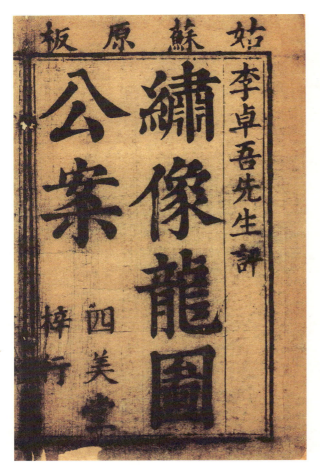

龍圖公案 十卷一百則 （明）佚名撰 清四美堂刻本

　　框高 20 釐米，寬 12.3 釐米。半葉十行，行二十二字，白口，四周單邊，單黑魚尾。一函十冊。書名葉題"姑蘇原本，李卓吾先生評，繡像龍圖公案，四美堂梓行"。卷前有江左陶烺元乃斌父題於虎丘之悟石軒序、目錄，有插圖五葉十幅（版心題"種書堂梓"），題曰"李卓吾評"而實無評語。《龍圖公案》有繁簡本之分，簡本改自繁本。《中國通俗小說總目提要》著錄此書。北京大學有較早的清初聽雨齋評語大字本，大連圖書館藏清四美堂本，天津圖書館藏清乾隆四十一年（1776）雨餘堂刻本（八卷本），遼寧圖書館藏清乾隆四十年（1775）書業堂刻本，日本天理圖書館藏清嘉慶七年（1802）刻本（又名《新評龍圖神斷公案》），復旦大學圖書館藏嘉慶間《龍圖剛峰公案合編》中《龍圖公案》（六卷八十九則），以及一些常見版本如清道光二十三年（1843）藜照樓刻本，道光二十九年（1849）三社堂刻本，光緒二十六年（1900）上海書局石印本（又名《包公七十二件無頭案》）。該書序端目錄端卷端卷末鈐"高陽齊氏百舍齋存書之印""齊氏所藏戲曲小說印""中國戲曲學院藏書""齊如山"等印。該書與大連圖書館藏本同，先由百舍齋齊氏所藏，後輾轉收藏於中國戲曲研究院和中國戲曲學院，現由中國藝術研究院圖書館收藏。

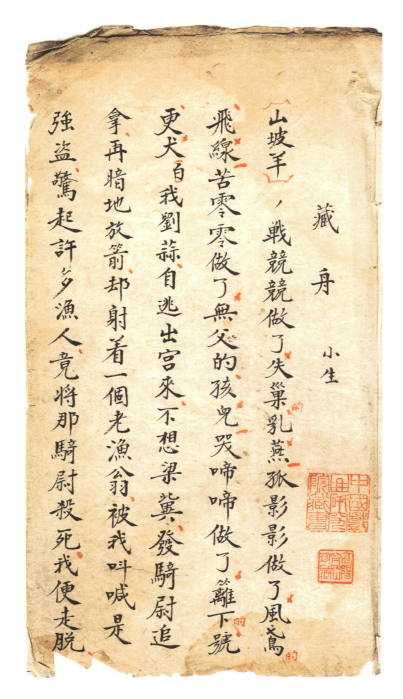

藏舟　（清）昇平署輯　清昇平署抄本

　　高 24 釐米，寬 14.5 釐米。半葉六行，行字不等，無邊框。毛裝。有朱筆圈點刪改。封面題"藏舟，小生"。有國劇陳列館簽，題"各腳單本，齊如山藏"。卷首末鈐"高陽齊如山珍藏""中國戲曲研究院藏書""梅蘭芳捐贈"等印。原爲高陽齊氏收藏，齊梅合作期間歸國劇陳列館，後捐中國戲曲研究院，現由中國藝術研究院圖書館收藏。收入館藏《公用單本》中。《故宮珍本叢刊》收入昇平署崑腔單齣一種，昇平署崑腔單齣曲譜一種。

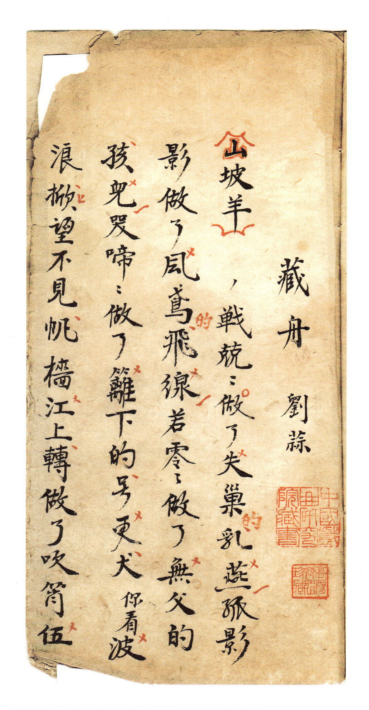

藏舟 （清）昇平署輯　清光緒五年（1879）昇平署抄本

　　高 24 釐米，寬 14.5 釐米。半葉五行，行字不等，無邊框。毛裝。封面題"藏舟，劉蒜，光緒五年正月二十五日"。有國劇陳列館簽，題"各腳單本，齊如山藏"。有朱筆圈點刪改。卷首末鈐"高陽齊如山珍藏""中國戲曲研究院藏書""梅蘭芳捐贈"等印。原爲高陽齊氏收藏，齊梅合作期間歸國劇陳列館，後捐中國戲曲研究院，現由中國藝術研究院圖書館收藏。收入館藏《公用單本》中。《故宮珍本叢刊》收入昇平署崑腔單齣一種，昇平署崑腔單齣曲譜一種。

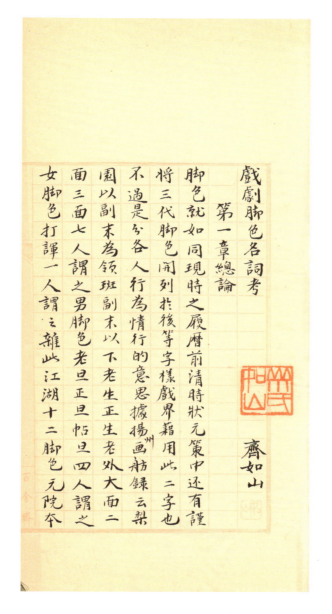

戲劇腳色名詞考　八章　齊如山撰　民國間百舍齋紅格稿本

　　高 17.3 釐米，寬 11.3 釐米。半葉八行，行二十字，白口，四周單邊，單黑魚尾。毛裝。版心題"百舍齋"。封面題字及正文墨跡確爲齊氏手筆。卷前有目錄、凡例。是齊如山專門談戲劇腳色行當的著作。第一章總論、第二章生行、第三章旦行、第四章淨行、第五章末行、第六章醜行、第七章雜色行務名詞、第八章各科名詞。有齊氏墨筆刪改眉批處。正文不全是齊氏墨跡，有寫手謄錄。卷首末鈐"如山""齊氏如山""梅蘭芳捐贈"等印。1956 年 9 月 22 日捐贈中國戲曲研究院收藏。現由中國藝術研究院圖書館收藏。齊如山先生《戲劇腳色名詞考》一書，另有一種稿本，也藏於藝研院圖書館，並有民國十六年（1927）趙尊嶽序言一通，寫於彩箋上，有破損。齊氏《戲劇腳色名詞考》有民國間鉛印本，輯爲《齊如山劇學叢書》，由程硯秋題簽。

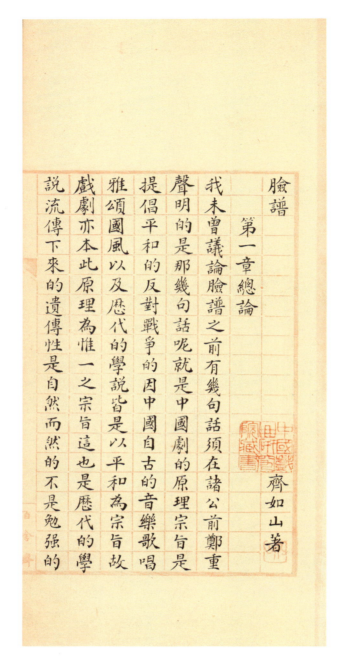

臉譜 十章 齊如山撰 民國間百舍齋紅格稿本

　　框高 17.3 釐米，寬 11.3 釐米。半葉八行，行二十字，白口，四周雙邊，單魚尾。一冊。毛裝。版心題"百舍齋"。卷端題"齊如山著"。有目錄，章次名目不全，正文僅存八章，是齊氏未完成之稿本。卷首末鈐"如山""中國戲曲研究院藏書""梅蘭芳捐贈"等印。1956 年 9 月 22 日捐贈中國戲曲研究院收藏。《臉譜》一書有民國二十三年（1934）文嵐簃印書局鉛印本，較爲通行，收入《齊如山劇學叢書之七》。第一章總論、第二章論顏色、第三章論奸臉、第四章論勾法、第五章論眉、第六章論眼窩、第七章論嘴、第八章論腦門，缺第九章第十章名目及正文。

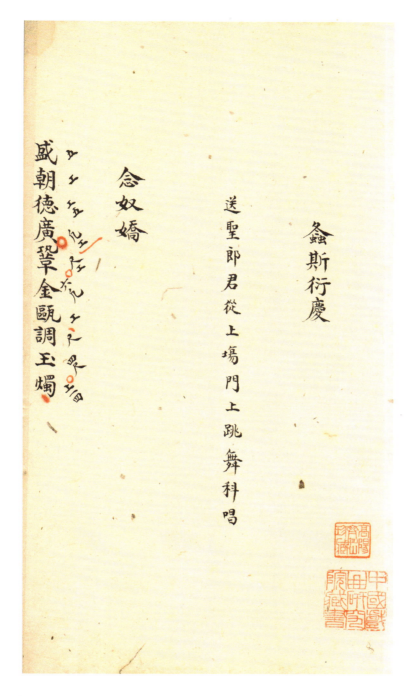

螽斯衍慶總本 （清）昇平署輯　清昇平署朱墨抄本

　　高 24 釐米，寬 15.4 釐米。半葉四行，行大小字二十字，無邊框。一册。毛裝。有朱筆圈點。有工尺譜。書名據封面書簽題。有國劇陳列館書簽，題"同光時代安殿本，齊如山藏"。卷首末鈐"高陽齊如山珍藏""中國戲曲研究院藏書""梅蘭芳捐贈"等印。原爲高陽齊氏所藏，齊梅合作期間歸國劇陳列館，後捐中國戲曲研究院，現由中國藝術研究院圖書館收藏。《故宮珍本叢刊》收入昇平署崑弋開場承應戲一種，昇平署排場本一種。

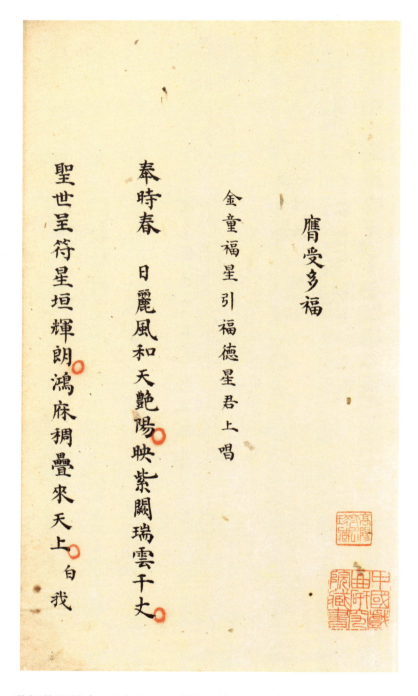

膺受多福·萬福攸同總本 （清）昇平署輯　清昇平署朱墨抄本

　　高 24 釐米，寬 15.4 釐米。半葉四行，行大小字二十字，無邊框。一冊。毛裝。有朱筆圈點。有工尺譜。書名據封面書簽題。有國劇陳列館書簽，題"同光時代安殿本，齊如山藏"。卷首末鈐"高陽齊如山珍藏""中國戲曲研究院藏書""梅蘭芳捐贈"等印。原爲高陽齊氏所藏，齊梅合作期間歸國劇陳列館，後捐中國戲曲研究院，現由中國藝術研究院圖書館收藏。《故宮珍本叢刊》收入昇平署崑弋承應宴戲一種。

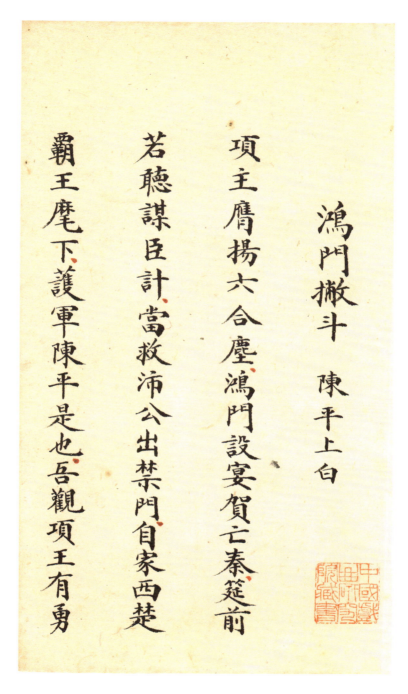

鴻門撇斗總本 （清）昇平署輯　清同治光緒間昇平署朱墨抄本

高 24 釐米，寬 15.4 釐米。半葉四行，行大小字不等，無邊框。一册。毛裝。有朱筆圈點。有工尺譜。書名據封面書簽題。有國劇陳列館書簽，題"崑曲四行安殿本，齊如山藏"。卷首末鈐"中國戲曲研究院藏書""梅蘭芳捐贈"等印。原爲高陽齊氏所藏，齊梅合作期間歸國劇陳列館，後捐中國戲曲研究院，現由中國藝術研究院圖書館收藏。收入館藏《崑曲四行曲譜》中。《故宮珍本叢刊》收入昇平署崑腔單齣一種。

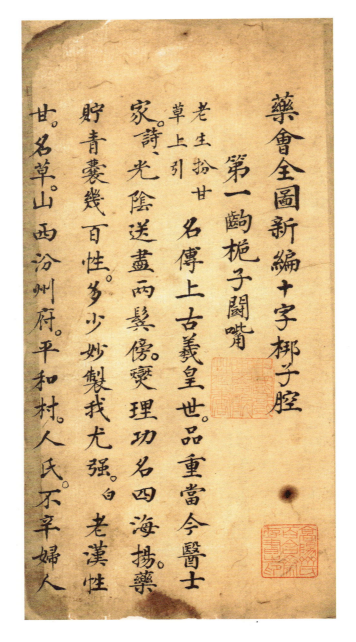

藥會全圖新編十字梆子腔　十回　（清）佚名撰　清抄稿本

　　高 23.5 釐米，寬 13.7 釐米。半葉六行，行字不等，無邊框。一函一冊。書名據卷端題。卷前有手繪插圖，蓬萊、梵洲客兩幅，有序一篇。作者序言中稱，甲子年在寶豐縣與邱姓縣令談及藥性及其草木春秋之事，作者以爲"不必整襟而談，但從戲言而出，生旦淨醜演成一段實事，悲歡離合弄出許多笑談"。意欲通過戲言明白醫理藥理之辯證。目錄中分回，正文中分齣，是作者未辯章回之區分。封套書籤及夾籤爲齊如山墨跡。封面序端卷端鈐"齊林玉世世子孫永寶用""高陽齊氏百舍齋存書之印""齊氏所藏戲曲小說印""中國戲曲學院藏書"等印。原爲高陽齊氏百舍齋所藏，後捐中國戲曲研究院，現爲中國藝術研究院藏書。

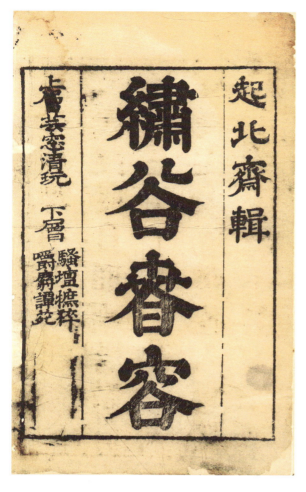
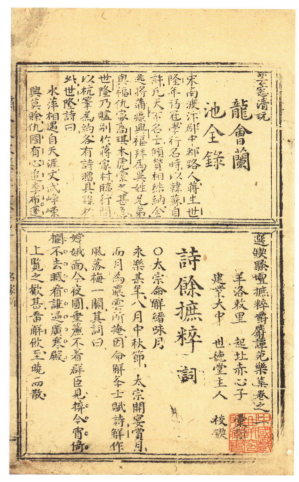

繡谷春容　十二卷　（明）羊洛敕里起北赤子心匯輯　（明）建業大中世德堂主人校鍥　明萬曆間金陵世德堂刻本

　　框高 22 釐米，寬 14.5 釐米。上欄半葉十四行十二字，下欄半葉十二行十七字，白口，四周雙邊。半葉獨立板框，版心題 "起北齋輯"。兩函十二册。十二卷分禮、樂、射、御、書、數、智、仁、聖、義、中、和。書名葉題 "起北齋輯，繡谷春容，上層芸窗清玩，下層騷壇摭粹，嚼麝譚苑"。書名葉左下角處鏟去，此處應爲板藏地題名處。卷前有魯連居士題序、《起北齋輯騷壇摭粹嚼麝譚苑總目》，所以此書一名《騷壇摭粹嚼麝譚苑》。共輯錄小說十三種，其中 "新話摭粹" 一種包括短篇小說一百六十種。卷二第十七葉上角鈐 "永盛字型大小" 朱印，可能是言錄紙張經銷商所用的字型大小，可以通過它判斷成書年代，待考。《中國通俗小說總目提要》著錄此書，未著錄藏家，國家圖書館有藏本。該書卷首末鈐 "中國藝術研究院藏書" 印，序言卷端收藏印挖去，應爲 "齊林玉世世子孫永寶用" 一枚，封套題字爲齊如山墨跡。故此書原爲高陽齊氏所藏，後輾轉歸由中國戲曲研究院，最終由中國藝術研究院圖書館收藏。

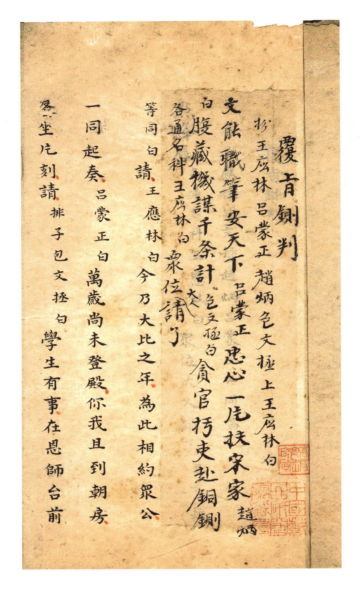

覆旨鍘判　（清）昇平署輯　清昇平署抄本

　　高 22.5 釐米，寬 13 釐米。半葉六行，行二十字，小字同，無板框。一冊。毛裝。有朱筆圈點。封面書簽題"覆旨鍘判總本"。有國劇陳列館書簽，題"覆旨鍘判，齊如山藏，昇平署老二黃本，NO.315."。卷首末鈐"高陽齊如山珍藏""中國戲曲研究院藏書""梅蘭芳捐贈"等印。原爲高陽齊如山藏書，後歸國劇陳列館，再由中國戲曲研究院收藏，最終由中國藝術研究院圖書館收藏。此本卷首葉前三行修改重抄爲五行，後三行原貌。其他地方有修改重抄錄處。收入館藏《老二黃劇本集》中。《故宮珍本叢刊》收入昇平署提綱本一種。

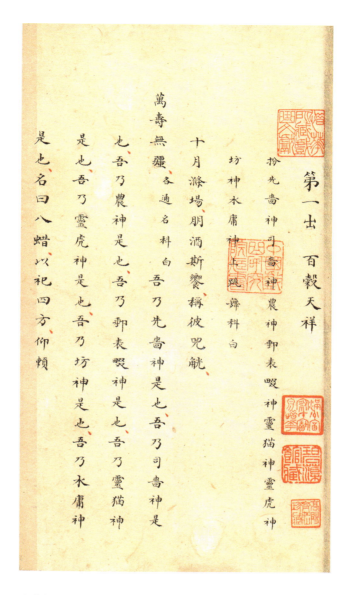

豐綏穀寶 八齣 （清）南府輯 清南府抄本

高 24.5 釐米，寬 15.8 釐米。半葉八行，行二十二字，小字同，無邊框。一函一册。書名據封面書籤題。原封面題"豐綏谷寶，'慶'字籤"。鈐"舊大班"。裝訂封面題"南府抄本，豐綏谷寶，齊如山藏"。有國劇陳列館籤"存庫本，齊如山藏"。行款規整，抄功工穩，朱筆圈點，符合南府抄本特點。齣目爲：百穀天祥、千倉寶瑞、萬方大有、億庾綏豐、兆庶歡歌、京垓喜頌、秭穰物阜、正壽綿長。卷中黃紙籤"龍門"改"禹門"；"以御田祖"改"以迓田祖"，可見爲供奉皇帝之用。卷首末鈐"高陽齊如山珍藏""碧蕖館藏""滿洲富察氏寶泉惜華""中國戲曲研究院藏書""惜華所藏戲曲文獻"等印。原爲齊如山百舍齋和傅惜華碧蕖館收藏，後捐國劇陳列館，又捐中國戲曲研究院，現由中國藝術研究院圖書館收藏。舊時齊氏與其他藏家多有交往，善本互借，共同藏有，不分彼此，傳爲佳話。《故宮珍本叢刊》收入昇平署提綱本一種。

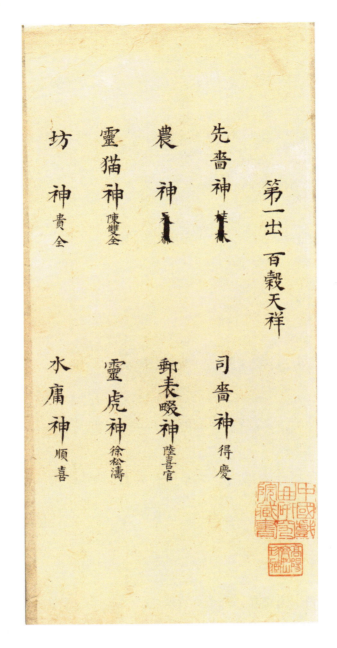

豐綏穀實提綱 （清）昇平署輯　清昇平署抄本

　　高 23 釐米，寬 13 釐米。半葉五行，行字不等，無邊框。一冊。書名據封面書籤。南府抄本存庫本提綱。封面題"南府抄本，豐綏穀實提綱，齊如山藏"，爲齊如山墨跡。有國劇陳列館籤，題"存庫本提綱，齊如山藏"。封面題"慶，舊大班"。有齊如山題識，曰："存庫本提綱，宮中劇本除將總本抄錄存庫外，並將某場某人及某腳去某人詳錄一冊，存於庫中，以備將來查對。"卷首末鈐"高陽齊如山珍藏""中國戲曲研究院藏書""梅蘭芳卷捐贈"等印。原爲高陽齊氏所藏，齊梅合作期間歸國劇陳列館，後捐中國戲曲研究院，現由中國藝術研究院圖書館收藏。收入館藏《存庫本提綱》函中。《故宮珍本叢刊》收錄昇平署提綱本一種。

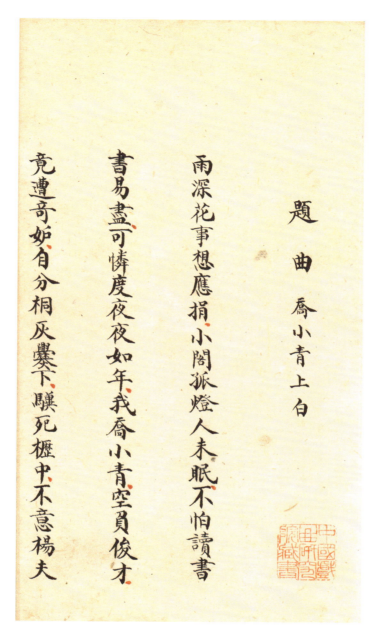

題曲　喬小青上白

雨深花事想應捐　小閣孤燈人未眠　不怕讀書

書易盡可憐度夜夜如年　我喬小青空員俊才

竟遭奇妒自分桐灰爨下驤死柩中不意楊夫

題曲總本　（清）昇平署輯　清同治光緒間昇平署朱墨抄本

高 24 釐米，寬 15.4 釐米。半葉四行，行大小字不等，無邊框。一冊。毛裝。有朱筆圈點。有工尺譜。書名據封面書籤題。有國劇陳列館書籤，題“崑曲四行安殿本，齊如山藏”。卷首末鈐“中國戲曲研究院藏書”“梅蘭芳捐贈”等印。原爲高陽齊氏所藏，齊梅合作期間歸國劇陳列館，後捐中國戲曲研究院，現由中國藝術研究院圖書館收藏。收入館藏《崑曲四行曲譜》中。《故宮珍本叢刊》收入昇平署崑腔單齣一種。

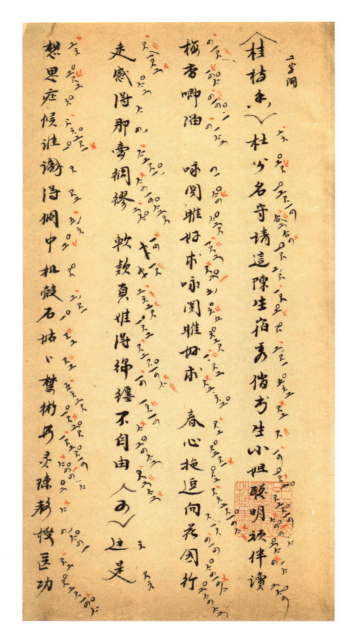

題曲譜 （清）曹文瀾輯　清曹文瀾耕心堂朱墨抄本

　　高 28.5 釐米，寬 16 釐米。半葉四行，行字不等，無邊框。一函一冊。書名據封面題，封面題 "壬申上元日，物有東西，戲有南北，曹文瀾題，耕心堂"。鈐 "如在天" 印。"壬申" 或爲清同治十一年（1872）。"耕心堂""曹文瀾" 所抄劇本藝研院另有藏本。有朱筆圈點。有工尺譜。崑曲抄本。封面卷端鈐 "高陽齊如山珍藏""中國戲曲學院藏書" 等印。原爲高陽齊氏所藏，後捐中國戲曲研究院，現爲中國藝術研究院藏書。

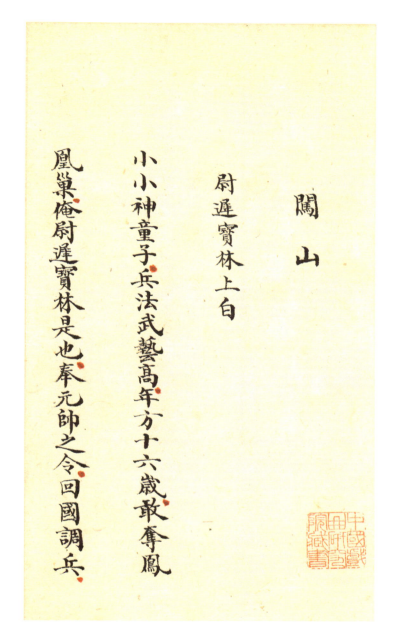

闖山總本 （清）昇平署輯　清同治光緒間昇平署朱墨抄本

　　高 24 釐米，寬 15.4 釐米。半葉四行，行大小字不等，無邊框。一冊。毛裝。有朱筆圈點。有工尺譜。書名據封面書簽題。有國劇陳列館書簽，題“崑曲四行安殿本，齊如山藏”。館藏《崑曲四行曲譜》中《亭會總本》卷前有齊如山墨筆題識“崑曲四行安殿本，此亦爲同光時代之物，至光緒中年則專尚皮黃梆子腔矣”。齊氏此言蓋謂崑腔皮黃梆子腔之交替。卷首末鈐“中國戲曲研究院藏書”“梅蘭芳捐贈”等印。原爲高陽齊氏所藏，齊梅合作期間歸國劇陳列館，後捐中國戲曲研究院，現由中國藝術研究院圖書館收藏。收入館藏《崑曲四行曲譜》中。《故宮珍本叢刊》收入南府亂彈單齣一種。

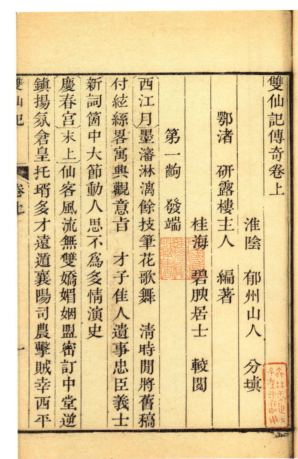

雙仙記傳奇 二卷三十六齣 （清）崔應階編著 （清）鬱州山人分填 （清）碧腴居士校閱 清乾隆間香雪山房刻本

框高 20 釐米，寬 15 釐米。半葉十行，行二十字，小字同，白口，左右雙邊，單黑魚尾。一函兩冊。書名葉題“研露樓主人編著，雙仙記，香雪山房藏板”。卷前有乾隆三十二年（1767）研露樓主人序言，梁翥鴻、徐績、吳恒宣題詞，目錄。卷末有胡德林跋語。封面卷首末鈐“高陽齊氏百舍齋存書之印”“齊林玉世世子孫永寶用”“齊氏所藏戲曲小說印”“如山過目”“中國戲曲學院藏書”等印。原高陽齊氏百舍齋藏，後捐中國戲曲研究院，現由中國藝術研究院圖書館收藏。封套書簽及掛簽爲齊如山墨跡。

崔應階（1699—1780），字吉升，號拙圃，別號研露樓主人，湖北江夏（今湖北省武漢市）人，清代戲曲作家、詩人。父相國，官浙江處州鎮總兵。應階爲蔭生，初授順天府通判，遷西路同知。雍正中，擢山西汾州知府。曾任河南南陽知府、河南驛鹽道，後升任安徽按察使、山東布政使、山東巡撫。官至刑部尚書、遷左都御史。一生嗜好古琴。乾隆間與琴家王受白交往凡三十年，得其傳授。王受白操縵高古淡遠，不同凡響，所謂中州一派。後崔氏將受白傳譜精選二十曲輯爲《研露樓琴譜》於清乾隆三十一年（1766）刊行，並概括了中州派的演奏風格。

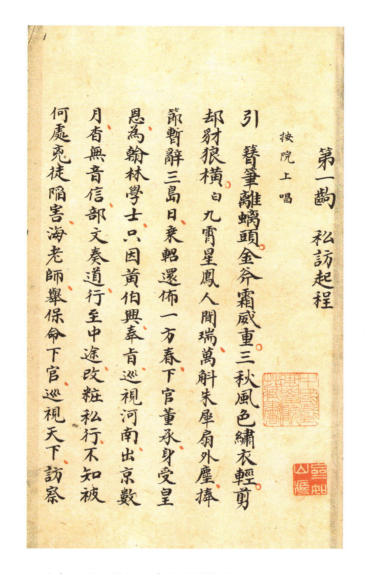

雙合印總本 八齣 （清）昇平署輯 清昇平署抄本

高 23 釐米，寬 15 釐米。半葉八行，行字不等，無邊框。一函一冊。毛裝。有朱筆圈點。書名據封面題，有國劇陳列館簽，題"嘉道間安殿本，齊如山藏，雙合印"。齊如山掛簽題"崑曲庫存本"。鈐有"如山""中國戲曲學院藏書""高陽齊如山珍藏"等印。原爲齊氏所藏，後捐中國戲曲研究院，現由中國藝術研究院圖書館收藏。齣目爲：私訪起程、路訴寫狀、董承相面、做詩拷打、水牢搭救、探監結義、假扮巡按、法場天打。八齣中抄寫字體、墨跡爲兩種，應是不同抄手抄錄，在不同時期抄本合併裝訂而成。這種現象在昇平署抄本中比較少見。《故宮珍本叢刊》收入崑弋承應壽戲本一種，崑弋曲譜一種，提綱本一種。

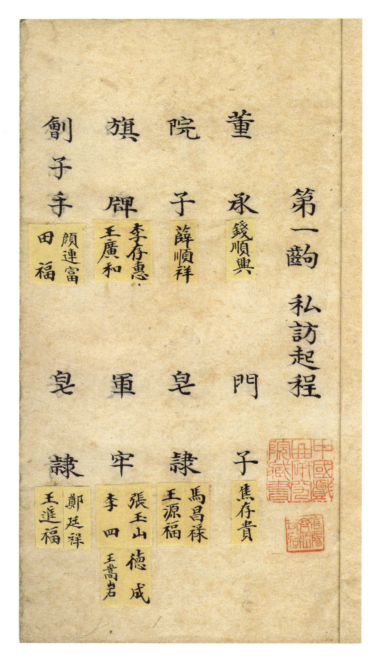

雙合印提綱 八齣 （清）昇平署輯　清昇平署抄本

　　高 21.5 釐米，寬 12.7 釐米。半葉五行，行字不等，無邊框。一册。毛裝。書名據封面書簽題，人物脚色下有扮演演員名簽粘貼。有國劇陳列館書簽，題 "崑弋安殿提綱，齊如山藏，雙合印，昇平署，NO.18.-9."。卷首末鈐 "高陽齊如山珍藏" "中國戲曲研究院藏書" "梅蘭芳捐贈" 等印。原爲高陽齊氏百舍齋藏書，後歸國劇陳列館，又捐中國戲曲研究院，現由中國藝術研究院圖書館收藏。《故宫珍本叢刊》收入昇平署崑弋承應壽戲本一種，崑弋曲譜一種，提綱本一種。

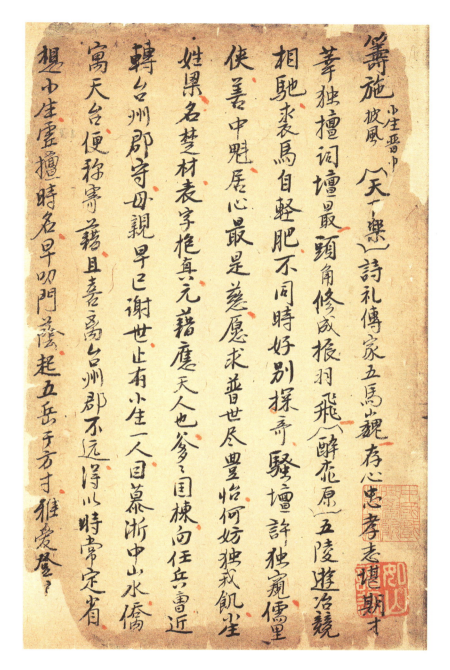

雙金牌傳奇　四本三十六齣　（清）佚名撰　清抄本

高 25.8 釐米，寬 18.5 釐米。半葉八行，行字不等，無邊框。一函四册。封套題"雙金牌傳奇，四本，綴玉軒藏，如山"。卷前有齣目。第二本卷中題"民國六年歲次丁巳壬寅月辛未日重訂，陳嘉樑"。卷前"發始"末端鈐"筠石""陳鐸"印。"發始"末端題"梁楚材"，或爲撰人或爲抄録者，待考。"發始"原抄在卷末位置，卷前者爲後補抄，齣目中"發始"置於最後末齣"雙圓"之後。卷首鈐"如山讀過""中國戲曲學院藏書"等印。原爲齊梅合作期間收集，後捐中國戲曲研究院，現由中國藝術研究院圖書館收藏。封套書簽及掛簽爲齊如山墨跡。

雙報應　三十齣　（清）嵇永仁撰　清雍正間寫刻本

框高 18 釐米，寬 14 釐米。半葉九行，行十九字，小字同，大黑口，左右雙邊，單黑魚尾。金鑲玉裝。一函四册。卷前有沈上章序言，目錄。序言爲抄配。卷端題"難中遺稿"。封面書簽"雙報應傳奇"爲齊如山墨跡。封面目錄卷首末鈐"高陽齊氏百舍齋存書之印""齊氏所藏戲曲小說印""齊林玉世世子孫永寶用""中國戲曲學院藏書""齊如山"等印。原爲高陽齊氏百舍齋藏書，後捐中國戲曲研究院，現由中國藝術研究院圖書館收藏。

《雙報應》傳奇，敍知府孫裔昌斷錢可貴、張子俊兩案故事；情節雙綫發展，結構佈置頗爲得宜；科白生動，曲詞本色。其中錢妻賣身數齣，寫貧民苦況，真切動人。該劇作於被囚時，故多憤世之音。

嵇永仁（1637—1676），一作稽永仁，清代文學家、戲曲作家。初字框侯，又字留山，號抱犢山農，江蘇常熟人，寓居無錫。工詩文，通音律，善製曲。明亡後曾屢試不中，遂以教館和行醫爲生。康熙十二年（1673）入福建總督范承謨幕。耿精忠反，拘范承謨，累及嵇永仁，囚禁三年，自縊而死。

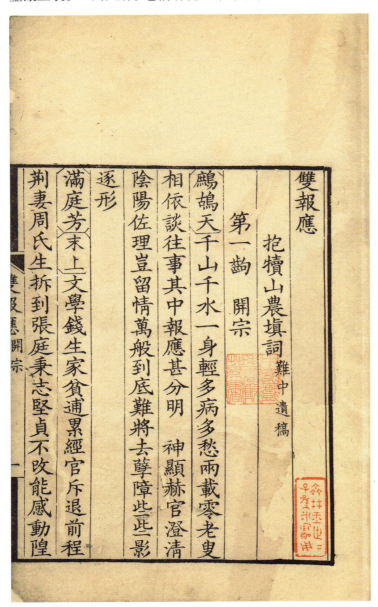

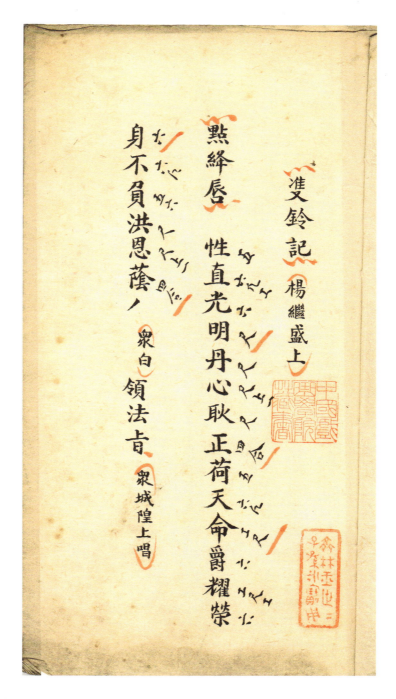

雙鈴記 （清）昇平署輯　清昇平署朱墨抄本

　　高 24.5 釐米，寬 14.5 釐米。半葉四行，行十八字，無邊框。一函一册。毛裝。有朱墨圈點。有工尺譜。封面題"雙鈴記曲譜"。崑曲抄本。卷端題"楊繼盛上"。卷首鈐"齊林玉世世子孫永寶用""中國戲曲學院藏書"等印。卷中有改詞粘貼處，應爲改詞安殿本。原爲高陽齊氏所藏，後捐中國戲曲研究院，現由中國藝術研究院圖書館收藏。《故宮珍本叢刊》收入昇平署亂彈本一種。

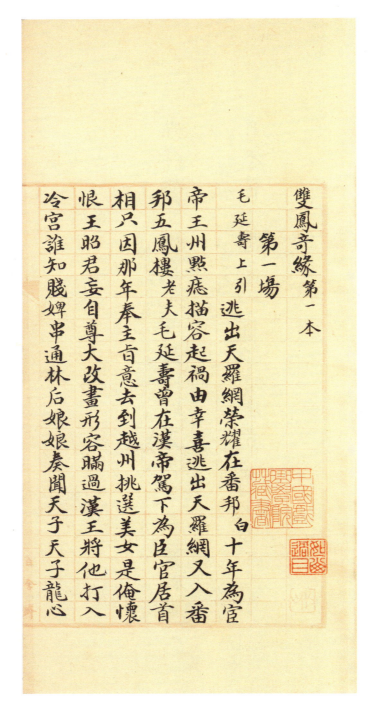

雙鳳奇緣　四場　齊如山輯　民國間百舍齋紅格抄本

　　框高 17.3 釐米，寬 11.3 釐米。半葉八行，行二十字，白口，四周單邊，單黑魚尾。一函兩冊。版心題“百舍齋”。京劇劇本。第一本十一場，第二本九場，第三本六場，第四本九場。封面書籤爲齊如山墨跡。卷首末鈐“如山”“如山過目”“中國戲曲學院藏書”等印。此本爲齊氏謄寫的抄本，應該經過齊氏整理。本事與清雪樵主人之小說《雙鳳奇緣》（又名《昭君傳》）稍有別。

雙錘記（又名合歡錘） 二卷三十六齣 （清）范希哲撰 清康熙間刻本

框高 19.5 釐米，寬 12 釐米。半葉八行，行二十字，小字同，白口，四周單邊，單黑魚尾。一函四册。卷前有目録，目録分上下卷。卷端不題撰者名。一作范希哲撰，又作李漁撰。封面卷首末鈐"高陽齊氏百舍齋存書之印""齊林玉世世子孫永寶用""齊氏所藏戲曲小說印""如山過目""中國戲曲學院藏書"等印。原爲高陽齊氏百舍齋藏，後捐中國戲曲研究院，現由中國藝術研究院圖書館收藏。封套書簽及掛簽爲齊如山墨跡。

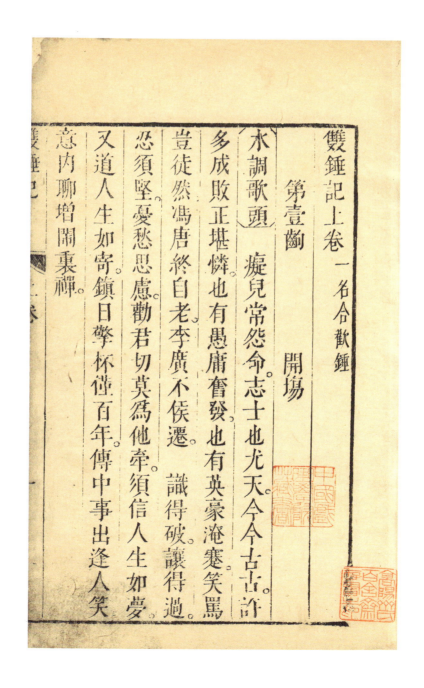

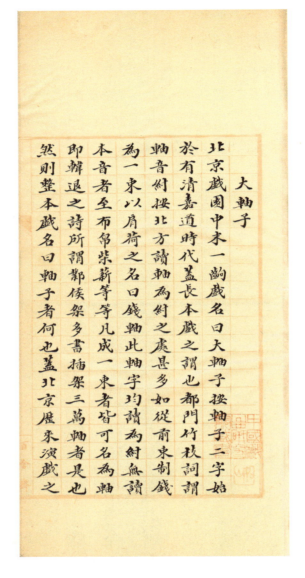

雜言 八章 齊如山撰 民國間百舍齋紅格稿本

框高 17.3 釐米，寬 11.3 釐米。半葉八行，行二十字，白口，四周單邊，單黑魚尾。毛裝。版心題"百舍齋"。封面題字及正文墨跡確爲齊氏手筆。正文爲寫手謄錄。不題目錄、凡例。應該是齊氏隨意撰寫有關戲曲各個方面的劄記文字，應屬未刊佈稿。茲錄名目如下：大軸子、注重旦腳乃是復古、戲劇的音節、論戲劇之中州韻有統一語言之能力宜竭力保護之、論旦腳出場之身來源於唐朝之各種舞、翼宿星君、觀劇宜注意全局、觀劇宜注意道德、觀劇宜細心、觀劇需注意戲情、觀劇不可分黨派、論時下觀劇叫好者之派別、論北京名觀劇曰聽戲之不妥、論編戲道德主義與美術主義並重、論編劇需分高下各種、論編排戲宜細研究、論舊戲中之烘托法、新舊劇難易之比較。卷首末鈐"如山""中國戲曲研究院藏書"等印。此書 1956 年 9 月 22 日捐贈中國戲曲研究院。現由中國藝術研究院圖書館收藏。

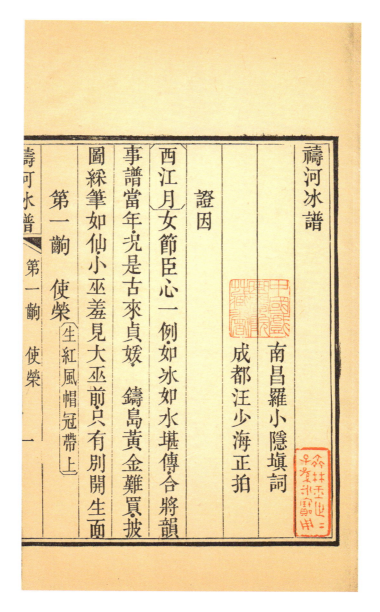

禱河冰譜　十二齣　（清）羅小隱填詞　汪少海正拍　清道光四年（1824）刻本

　　框高16.5釐米，寬12.3釐米。半葉八行，行十八字，小字雙行同，白口，四周單邊，單黑魚尾。一函兩冊。書名葉題"禱河冰譜"。有清道光四年（1824）耿維祐序、成都汪仲洋（少海）題詞、目錄。卷端題"禱河冰譜"。包括使榮、貞歡、巡河、冰警、漕迫、禱祠、履冰、神應、開冰、慶挽、錫封、祠宴十二齣。封面題"禱河冰譜傳奇"，爲齊如山墨跡。序末卷末題"吳儀寫刊"。封面序端、目錄端、卷端卷末鈐"高陽齊氏百舍齋存書之印""齊氏所藏戲曲小說印""齊林玉世世子孫永寶用""中國戲曲學院藏書""齊如山"等印。原爲高陽齊氏百舍齋藏書，後捐中國戲曲研究院，現由中國藝術研究院圖書館收藏。此傳奇爲羅小隱應耿維祐之邀爲《漕河禱冰圖詩冊》所作。《漕河禱冰圖詩冊》是記錄清給諫某公因河水凍結而禱告於露筋神女祠，得邀靈貺的事。

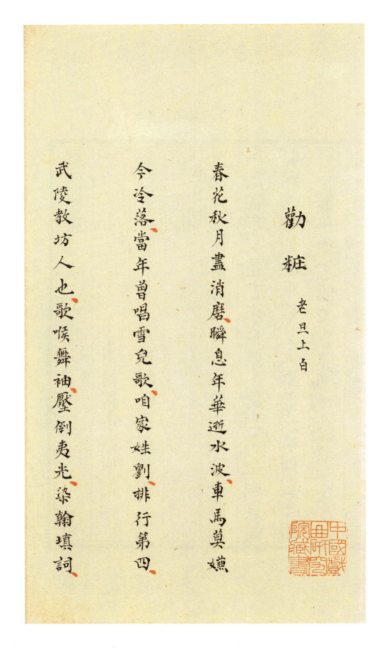

勸妝總本 （清）昇平署輯　清同治光緒間昇平署朱墨抄本

　　高 24 釐米，寬 15.4 釐米。半葉四行，行大小字不等，無邊框。一冊。毛裝。有朱筆圈點。有工尺譜。書名據封面書簽題。有國劇陳列館書簽，題"崑曲四行安殿本，齊如山藏"。館藏《崑曲四行曲譜》中《亭會總本》卷前有齊如山墨筆題識"崑曲四行安殿本，此亦爲同光時代之物，至光緒中年則專尚皮黃梆子腔矣"。齊氏此言蓋謂崑腔、皮黃、梆子腔之交替。卷首末鈐"中國戲曲研究院藏書""梅蘭芳捐贈"等印。原爲高陽齊氏所藏，齊梅合作期間歸國劇陳列館，後捐中國戲曲研究院，現由中國藝術研究院圖書館收藏。收入館藏《崑曲四行曲譜》中。

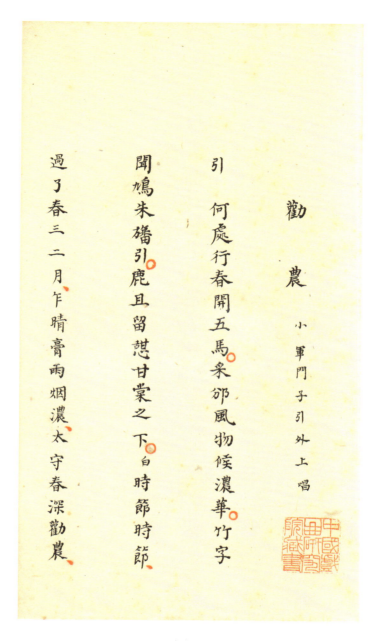

勸農總本 （清）昇平署輯　清同治光緒間昇平署朱墨抄本

　　高 24 釐米，寬 15.4 釐米。半葉四行，行大小字不等，無邊框。一冊。毛裝。有朱筆圈點。有工尺譜。書名據封面書籤題。有國劇陳列館書籤，題“崑曲四行安殿本，齊如山藏”。館藏《崑曲四行曲譜》中《亭會總本》卷前有齊如山墨筆題識“崑曲四行安殿本，此亦爲同光時代之物，至光緒中年則專尚皮黃梆子腔矣”。齊氏此言蓋謂崑腔皮黃梆子腔之交替。卷首末鈐“中國戲曲研究院藏書”“梅蘭芳捐贈”等印。原爲高陽齊氏所藏，齊梅合作期間歸國劇陳列館，後捐中國戲曲研究院，現由中國藝術研究院圖書館收藏。收入館藏《崑曲四行曲譜》中。《故宮珍本叢刊》收入昇平署崑腔單齣曲譜一種，昇平署崑腔單齣《杜寶勸農》一種。

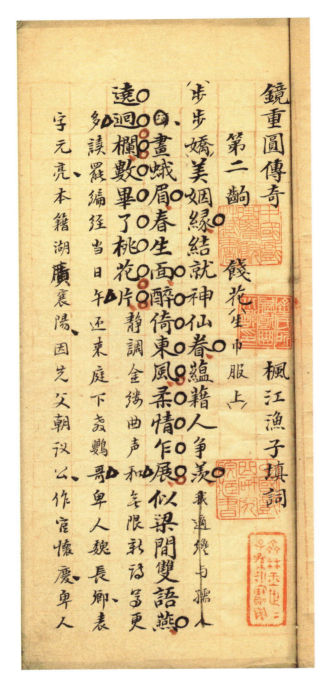

鏡重圓傳奇 十八齣存十七齣 （清）楓江漁子填詞 清紅格稿本

框高 21.4 釐米，寬 10 釐米。半葉七行，行二十二字，小字同，白口，四周單邊。一函一册。有朱墨筆圈點。目録題十七齣缺第一齣。卷端題"楓江漁子填詞"。原封面題"鏡重圓填詞全卷"。封面卷首末鈐"高陽齊氏百舍齋存書之印""齊林玉世世子孫永寶用""齊氏所藏戲曲小説印""中國戲曲學院藏書""齊如山"等印。原爲高陽齊氏百舍齋所藏，後捐中國戲曲研究院，現爲中國藝術研究院圖書館藏書。

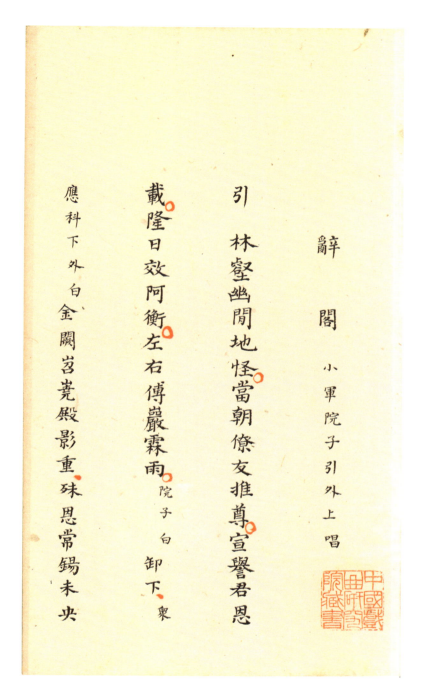

辭閣總本 （清）昇平署輯　清同治光緒間昇平署朱墨抄本

高 24 釐米，寬 15.4 釐米。半葉四行，行大小字不等，無邊框。一册。毛裝。有朱筆圈點。有工尺譜。書名據封面書簽題。有國劇陳列館書簽，題"崑曲四行安殿本，齊如山藏"。卷首末鈐"中國戲曲研究院藏書""梅蘭芳捐贈"等印。原爲高陽齊氏所藏，齊梅合作期間歸國劇陳列館，後捐中國戲曲研究院，現由中國藝術研究院圖書館收藏。收入館藏《崑曲四行曲譜》中。《故宫珍本叢刊》收入昇平署崑腔單齣一種。

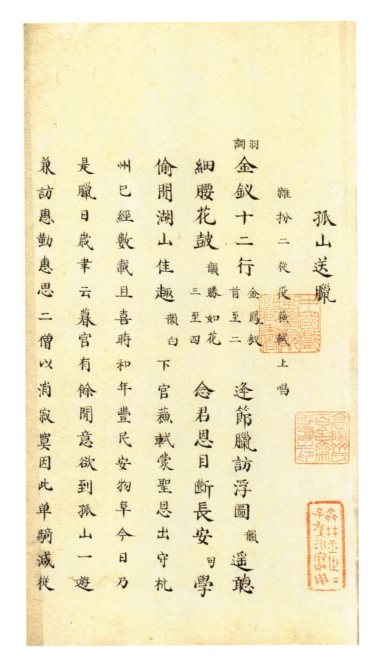

臘日承應‧孤山送臘‧蕭寺尋僧串關 （清）昇平署輯　清乾隆嘉慶間昇平署朱墨抄本

高 25.2 釐米，寬 15.5 釐米。半葉八行，行十八字，小字同，無邊框。一册。毛裝。有朱筆圈點。書名據封面書簽，封面題 "臘日承應、孤山送臘、蕭寺尋僧串關"。封套原題 "清書堂藏"。此本抄功工穩，較一般昇平署抄本爲上佳。卷首末鈐 "齊林玉世世子孫永寶用" "高陽齊氏百舍齋存書之印" "齊氏所藏戲曲小說印" "中國戲曲學院藏書" "如山過目" 等印。原爲高陽齊氏百舍齋所藏，後捐中國戲曲研究院，現由中國藝術研究院圖書館收藏。收入館藏《月令承應》中。

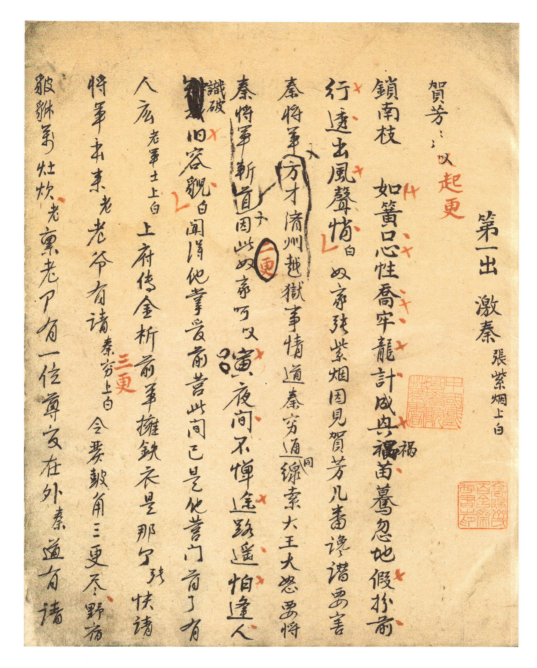

麒麟閣‧賺臨潼 （清）佚名輯　清朱墨抄本

　　高 27.5 釐米，寬 23.5 釐米。半葉十行，行字不等，無邊框。一函一冊。有朱筆增改圈點。包括《麒麟閣》（鼓板）四齣，《賺臨潼》總本六齣。封面鈐"青城山民"印。這應該是最初收藏者，此抄本應爲清中期以前的民間抄本。封面卷首末鈐"高陽齊氏百舍齋存書之印""齊林玉世世子孫永寶用""齊氏所藏戲曲小說印""中國戲曲學院藏書""如山讀過"等印。原爲高陽齊氏百舍齋藏書，後捐中國戲曲研究院，現由中國藝術研究院圖書館收藏。

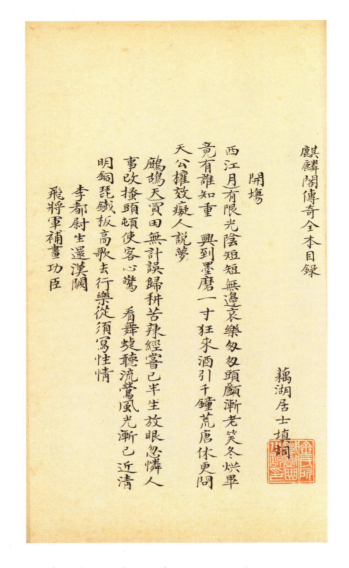

麒麟閣傳奇　六齣　（清）蔣學沂填詞　清道光間抄稿本

高 24.5 釐米，寬 16 釐米。半葉十一行，行二十三字，小字同，無邊框。卷前有藕湖居士題識："李陵生降，太史公以救友被刑，古今遺恨，志士流涕。向欲翻演爲傳奇未暇也。壬午冬莫假寓宣武坊南，風雪中譜紫蘭宮稿本，既畢，謬爲同人許可，暇日複製此曲，自成翻案文字，由此以推，則關壯繆之克復許都，葛武侯之功成歸隱，南霽雲之生滅賀蘭，岳武穆之直抵黃龍，陸秀夫之厓山奏捷，皆人心必然之事。夫人心有之則以爲事竟有之，可也，又何疑焉，有何疑焉。他日被諸管弦，資學士大夫酒醋譚笑，兼使愚夫婦有所觀感云爾。藕湖居士誌。"卷首鈐"齊氏所藏戲曲小說"印。與《紫蘭宮傳奇》合訂一冊。封套書簽爲齊如山墨跡。原爲高陽齊氏百舍齋所藏，後捐中國戲曲研究院，現由中國藝術研究院圖書館收藏。

藕湖居士即蔣學沂，清道咸時期與戲曲家呂師、程景傳、錢維喬、劉可培、董達章、呂星垣、吳埌、莊達吉、張琦、陸繼輅、湯貽汾、陳森等十三人並稱"常州作家群"。

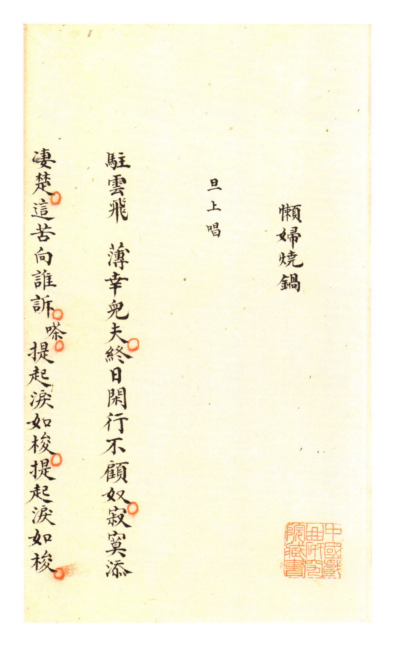

懶婦燒鍋總本 （清）昇平署輯 清同治光緒間昇平署朱墨抄本

高 24 釐米，寬 15.4 釐米，半葉四行，行大小字不等，無邊框。一冊。毛裝。有朱筆圈點。有工尺譜。書名據封面書簽題。有國劇陳列館書簽，題"崑曲四行安殿本，齊如山藏"。卷首末鈐"中國戲曲研究院藏書""梅蘭芳捐贈"等印。原爲高陽齊氏所藏，齊梅合作期間歸國劇陳列館，後捐中國戲曲研究院，現由中國藝術研究院圖書館收藏。收入館藏《崑曲四行曲譜》中。昇平署檔案記載此戲目。

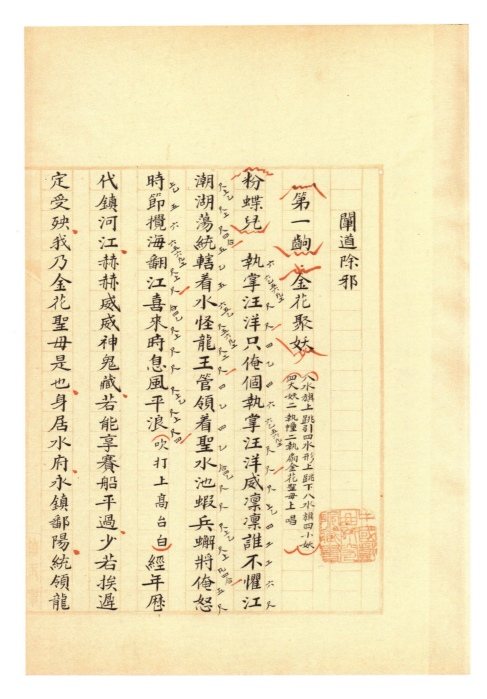

闡道除邪 三十二齣 （清）佚名撰 民國間綴玉軒紅格抄本

　　框高 18.3 釐米，寬 13.9 釐米。半葉七行，行二十二字，小字同，白口，四周單邊，單黑魚尾。一函兩冊。有朱筆圈點。有演出上下場提示，有工尺譜。曲牌板腔體戲曲抄本。封面書簽為齊如山墨跡，題"闡道除邪上下，齊如山藏"。應為齊梅合作期間齊氏收藏據清代古本精抄謄錄之本，為最接近原本之精抄校本。卷首鈐"中國戲曲研究院藏書"印。此書捐中國戲曲研究院，現由中國藝術研究院圖書館收藏。

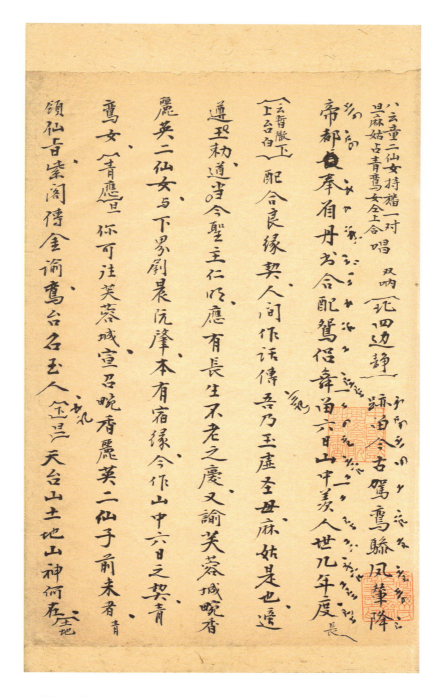

闡道除邪·刺蟒　（清）佚名撰　清抄本

　　高 27.5 釐米，寬 18 釐米。半葉七行，行字不等，無邊框。一册。有工尺譜，有上下場提示。書名據夾籤題，書中夾書籤爲傅惜華墨跡，題"闡道除邪，刺蟒"。《闡道除邪》爲清代宫廷大戲，衍張天師收無毒故事。宫廷演戲分崑腔高腔兩種路子，崑腔頭二本三十二齣，其中有"金針刺蟒"一齣。卷首末鈐"高陽齊氏百舍齋存書之印""中國戲曲學院藏書""如山讀過"等印。原爲高陽齊氏百舍齋所藏，後捐中國戲曲研究院，現由中國藝術研究院圖書館收藏。

闡道除邪 頭二本三十二齣 （清）南府輯 清南府抄本

高 28 釐米，寬 23.5 釐米。半葉八行，行大小字不等，無邊框。一函四冊。毛裝。有朱墨圈點，有工尺譜，封面題"南府總底本，如山藏"。扉葉有齊如山民國二十二年（1933）墨筆題識，以志源流（書影附後）。有朱墨筆箋注，有眉批單雙行字不等。卷末朱筆題"光緒五年譜板全完"。原封面題"新唱十八刻三分"、"新唱十九刻，當兒時刻在內"。第一冊卷末有齊如山墨筆題識："總底稿本，宮中遇排新戲對於戲詞之應添應改及工尺譜腔調之規定，由關係人及場面演員等公同斟酌，大家認爲妥當之後便爲定本，此即爲總底稿本，再清録一份存於中，以備遺失。"頭本齣目：金花聚妖、道陵賜寶、被攝痛妻、午夜吞丹、全節刳腹、起程失篆、二妖獻印、謁師生釁、拘魂辯明、思春獲偶、漁戶憂兒、攝水阻舟、遭冤泣訴、金針刺蟒、劉府開宴、大悲救難。二本齣目：漁色逢妖、猜詩遭魅、癡子隱情、狂狐作祟、靈判閑邪、瘋魔控訴、施威被擒、蠍虎吞兒、結伴聯盟、投井幻形、獻枝（技之誤）投充、得計鎖拿、哭屍露目、議盜同心、諸神預召、四怪全除。此本齣目與崑腔齣目不同，應爲高腔劇目。卷首鈐"高陽齊如山珍藏""中國戲曲學院藏書"等印。原爲高陽齊氏所藏，後捐中國戲曲研究院，現由中國藝術研究院圖書館收藏。封套題簽爲齊如山墨跡，題"闡道除邪，南府總底本，如山藏"。《故宮珍本叢刊》收入昇平署崑弋壽戲一種。昇平署提綱本兩種。

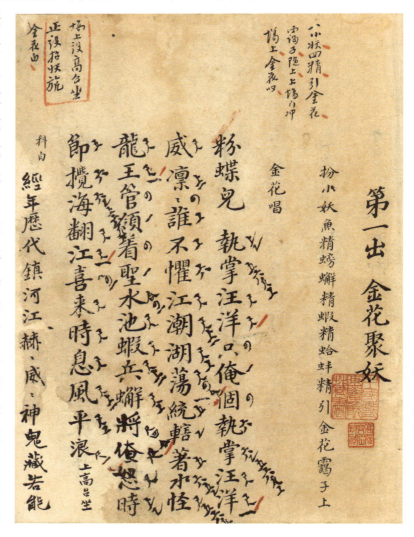

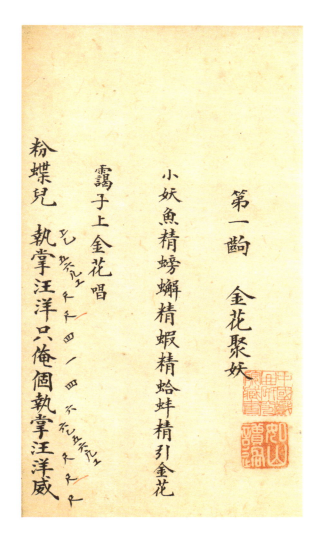

闡道除邪頭二本總本 三十二齣 （清）昇平署輯 清光緒間昇平署朱墨抄本

高 24 釐米，寬 15.4 釐米。半葉四行，行大小字不等，無邊框。八册。毛裝。有朱筆圈點。有工尺譜。書名據封面書簽題。有國劇陳列館書簽，題"光緒時代安殿本，齊如山藏"。頭本十六齣齣目爲：金花聚妖、道陵賜寶、被擄痛妻、午夜吞丹、全節刨腹、起程失篆、二妖獻印、謁師生釁、拘魂辯明、思春獲偶、漁戶憂兒、攝水阻舟、遭冤泣訴、金針刺蟒、劉府開宴、大悲救難。二本十六齣齣目爲：漁色逢妖、猜詩遭魅、癡子隱情、狂狐作祟、靈判閑邪、瘋魔控訴、施威被擒、蠍虎吞兒、結伴聯盟、投井幻形、獻技投充、得計鎖拿、哭屍露目、議盜同心、諸神預召、四怪全除。此抄本與清早些時間南府總底本之《闡道除邪》齣目全同，不是崑腔劇本，應爲高腔系統抄本。卷首末鈐"如山讀過""中國戲曲研究院藏書""梅蘭芳捐贈"等印。原爲高陽齊氏所藏，齊梅合作期間歸國劇陳列館，後捐中國戲曲研究院，現由中國藝術研究院圖書館收藏。收入館藏《光緒朝昇平署曲譜》中。《故宮珍本叢刊》收入昇平署崑弋壽戲一種。昇平署提綱本兩種。

鐫玉茗堂批點殘唐五代史演義傳　六卷六十回　（明）羅貫中編輯　（明）湯顯祖批評　明刻本

框高16.9釐米，寬11.9釐米。半葉九行，行二十字，白口，四周單邊，單黑魚尾。兩函十二册。卷前有長洲周之標君建題於仰蘇樓之《殘唐五代史傳》《鐫斯盛堂批點殘唐五代史演義傳目録》，有插圖八葉十六幅，一圖一詠。《中國通俗小說總目提要》著録此書。該書最早一個本子藏於日本天理圖書館，爲半葉九行二十字，題"李卓吾批點"。天津圖書館、北京師範大學圖書館、南

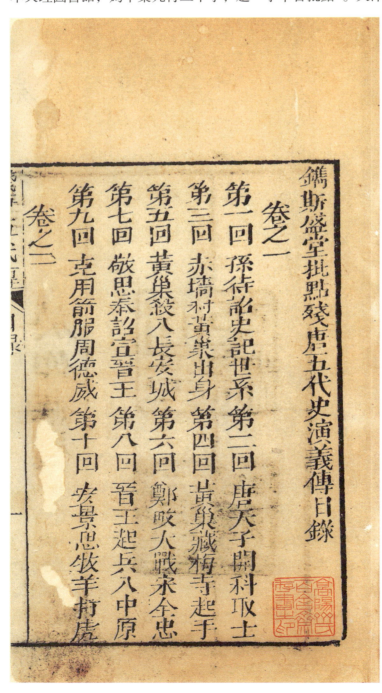

開大學圖書館均藏有八卷六十回本，這幾個本子應該屬於明代刻本的同一系統；明代另一個坊刻本系統爲六卷六十回，半葉十一行二十五字，題"玉茗堂批點"。仍然做"卓吾子評"。此外較晚一些的還有三讓堂刻本及它的挖改本，藏於日本內閣文庫和天津圖書館；另外遼寧圖書館、天津圖書館均藏有一種十二卷六十回的本子。藝研院藏的這個本子與前面提到的均有不同。首先它的目録題"斯盛堂"，各本所無；從版式看，既稱"玉茗堂批點"又與"李卓吾批點"本款式一致；與"李卓吾批點"本款式一致又與"玉茗堂批點"本分卷相同；兼有兩個系統本子的特點，所以由此可以看出從八卷本到六卷本的演變，從"李卓吾批點"到"玉茗堂批點"的過渡形態，所以這個本子具有特殊意義。從版刻字跡看，它將"湯顯祖"的"祖"字刻成左"示"右"艮"，無此字，顯然是刻工之誤；"卓吾子評"刻成"車吾子評"；插圖刻板刻工有

坊刻本風格；此本確有明顯坊刻本痕跡。從以上特點看，藝研院的這個本子以往未見著錄，尚屬於孤本。封面序言端、目錄端、卷端卷末鈐"高陽齊氏百舍齋存書之印""齊林玉世世子孫永寶用""齊氏所藏戲曲小說印""如山讀過""中國戲曲學院藏書"等印。最初是高陽齊如山百舍齋藏書，後歸中國戲曲研究院，最終由中國藝術研究院圖書館收藏。

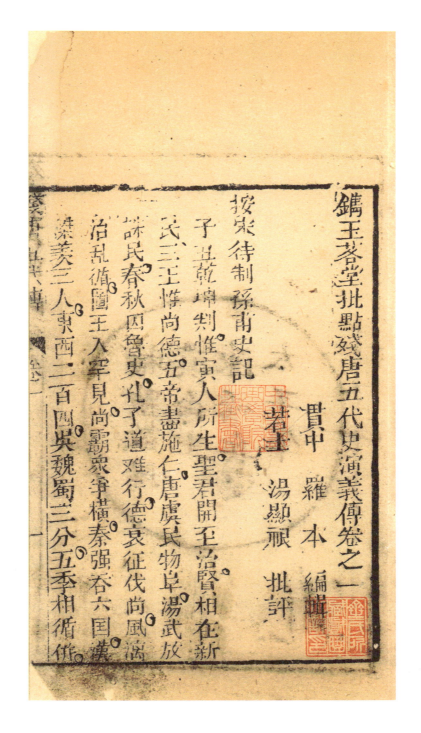

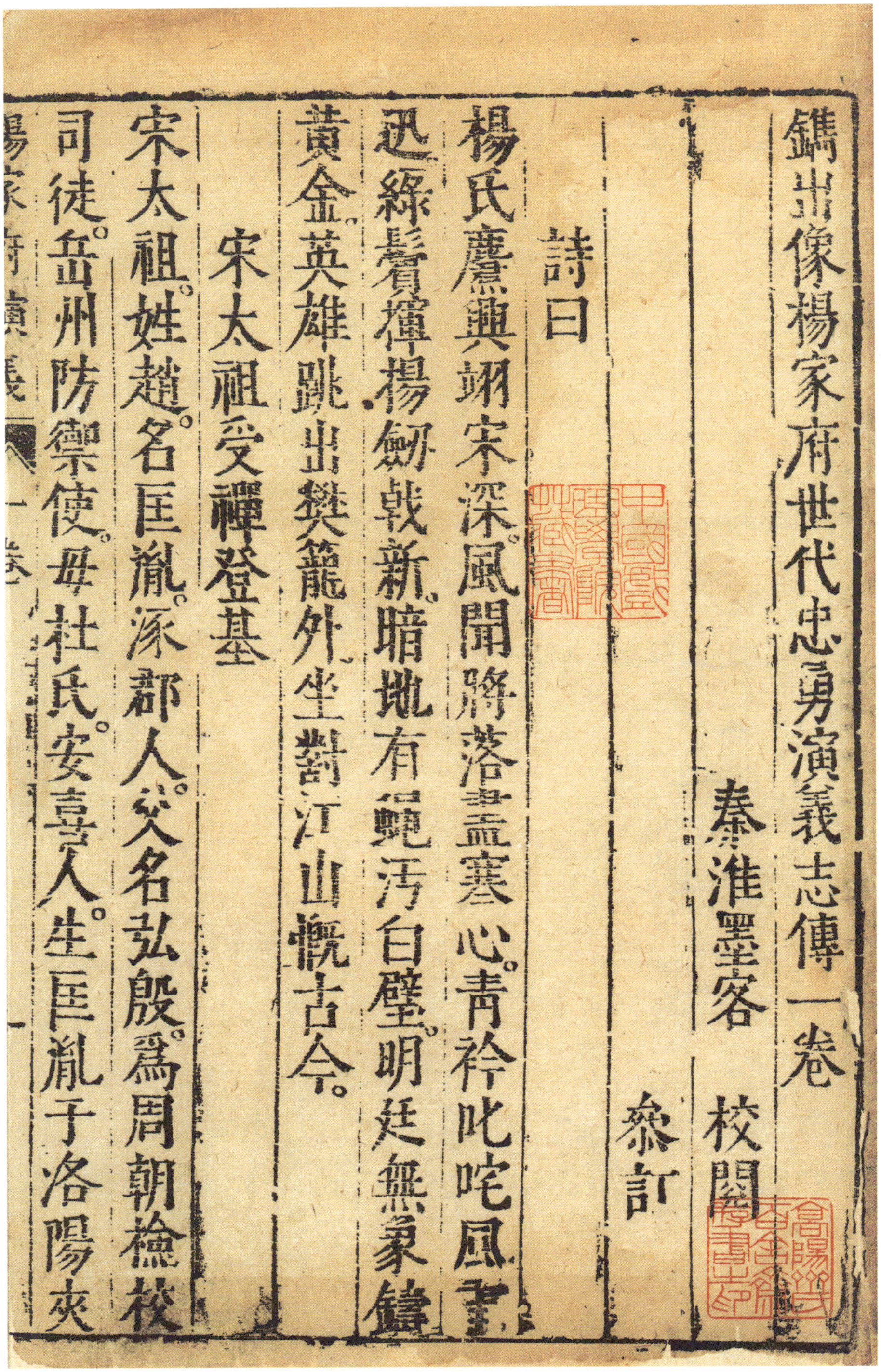

鐫出像楊家府世代忠勇演義志傳一卷

秦淮墨客　校閱

泰訂

詩曰

楊氏鷹與翊宋深，風開驍落畫塞心。青衿叱咤風
迅緣鬢摧楊釼戟新暗胝有艷汚白璧明廷無象鐘
黃金英雄跳出樊籠外坐對江山慨古今。

宋太祖受禪登基

宋太祖姓趙名匡胤涿郡人父名弘殷為周朝檢校
司徒岳州防禦使母杜氏安喜人生匡胤于洛陽夾

楊家府演義　一卷

鐫出像楊家府世代忠勇演義志傳 八卷五十八回 （明）秦淮墨客校閱 （明）煙波釣叟參訂 明萬曆三十四年（1606）臥松閣刻遞修印本

框高 21.5 釐米，寬 14.2 釐米。半葉十行，行二十字，白口，四周單邊，單黑魚尾。一函八册。卷前有明萬曆三十四年（1606）秦淮墨客序（爲抄配），目録。版心題"楊家府演義"。《中國通俗小說總目提要》著録。卷一卷端題"秦淮墨客校閱，□□□□參訂"。"煙波釣叟"四字被挖掉。其餘七卷卷端爲補配，均題"煙波釣叟參訂"。各卷不標章回次第，衹題章回名稱。各個章回前有插圖，插圖爲左右兩半葉合成一幅圖畫。這種插圖是此書特點，是明代特有的一種插圖形式，《金鎖記》等刻本中也有同樣插圖，但都已經是萬曆時期的産物了。此書各卷端及插圖多有損毀，爲後抄配，插圖描摹精細。其中卷二卷端補抄"六郎怒斬野龍"，目録原題"楊六郎怒斬野龍"，少一"楊"字，爲漏抄。卷八卷端補抄"鬼王踢死白額虎"，目録原題"奉國踢死白額虎"，前兩字不同，當另有所依據。考證這個本子應該是明刻本，與《中國通俗小說總目提要》著録國家圖書館和北京大學圖書館藏的本子大略相同，内封缺去，目録題法相同，版心題法相同，各卷前的冠詞略有不同。這與書商刻板粗率及前後印刷修板時的隨意有關。特別是卷一卷端挖去"煙波釣叟"四字，而其他各卷爲抄補，應該是根據明萬曆三十四年（1606）臥松閣原刻本。該書還有清乾隆四十一年（1776）寶興堂刻本、乾隆五十一年（1786）天德堂刻本、嘉慶十四年（1804）刻本、同治元年（1862）刻本、光緒八年（1882）刻本，同治光緒本已經改稱"楊家將"了。

這部藏書封面、序端、目録端、卷端卷末鈐"高陽齊氏百舍齋存書之印""齊林玉世世子孫永寶用""齊氏所藏戲曲小說印""齊如山""中國戲曲學院藏書"等印。原爲高陽齊如山百舍齋藏書，抄補抑或爲齊氏所爲，後輾轉歸中國戲曲研究院，最終由中國藝術研究院圖書館收藏。

紀振倫，明代戲曲作家，生卒年代、事跡不詳，江寧（今南京）人，字春華，號秦淮墨客。除這部小說外還著有傳奇作品七種，爲《三桂記》《七勝記》《折桂記》《西湖記》《雙杯記》《葵花記》《霞箋記》，或校訂或編撰。還編纂戲曲集《陶真選粹樂府紅珊集》，存萬曆三十年（1602）唐振吾刻本。還爲通俗小說《續英烈傳》編校做序。

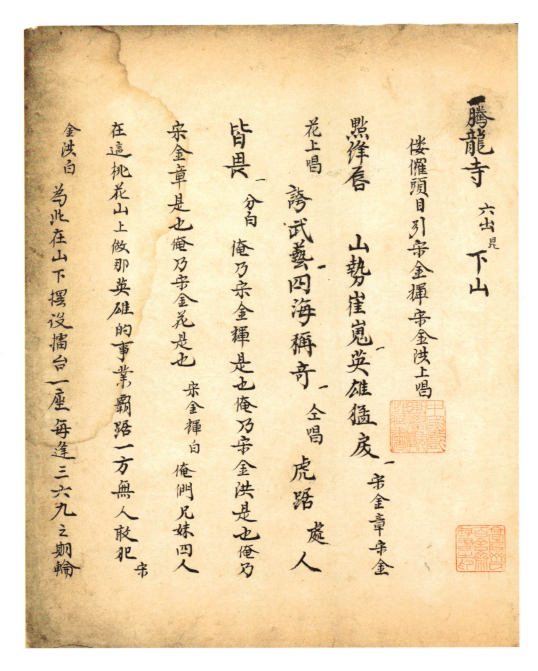

騰龍寺總本　六齣　（清）昇平署輯　清昇平署抄本

　　高 28 釐米，寬 24.5 釐米。半葉八行，行字不等，無邊框。一函一冊。毛裝。書名據封面題，封套題"清書堂藏"。封面題"辰，化，滕字不要草字題"。卷端有"崐"字，爲崑曲本。封套題"昇平署舊抄本，禺廠署崐"。封面卷首末鈐"高陽齊氏百舍齋存書之印""齊林玉世世子孫永寶用""齊氏所藏戲曲小說印""如山讀過""中國戲曲學院藏書"等印。原爲高陽齊氏百舍齋收藏，後捐中國戲曲研究院，現由中國藝術研究院圖書館收藏。《故宮珍本叢刊》收入昇平署崑腔單齣一種。

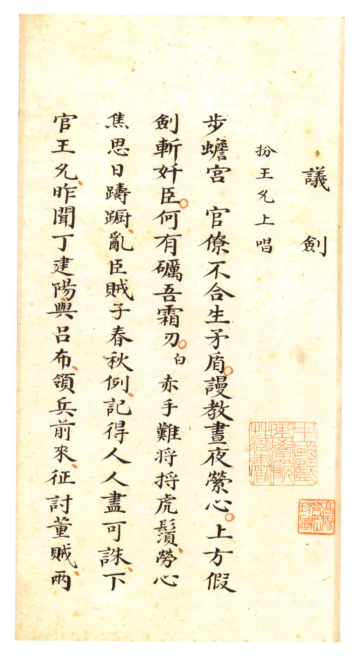

議劍總本　（清）昇平署輯　清昇平署朱墨抄本

　　高 22.7 釐米，寬 13.2 釐米。半葉六行，行二十字，小字同，無邊框。一函一册。毛裝。有
朱筆圈點。有工尺譜。書名據封面書簽題，有國劇陳列館書簽，題“崑曲六行安殿本，齊如山藏，
議劍，昇平署”。卷末有齊如山墨筆題識“崑曲六行安殿本，此蓋爲道光以後之本，因前此多爲
八行，後此多爲四行也”。掛簽爲齊如山墨跡。封面卷首鈐“高陽齊如山珍藏”“中國戲曲學院
藏書”等印。原爲高陽齊氏百舍齋所藏，後歸國劇陳列館，後捐中國戲曲研究院，現由中國藝
術研究院圖書館收藏。《故宮珍本叢刊》收録昇平署崑腔單齣一種。

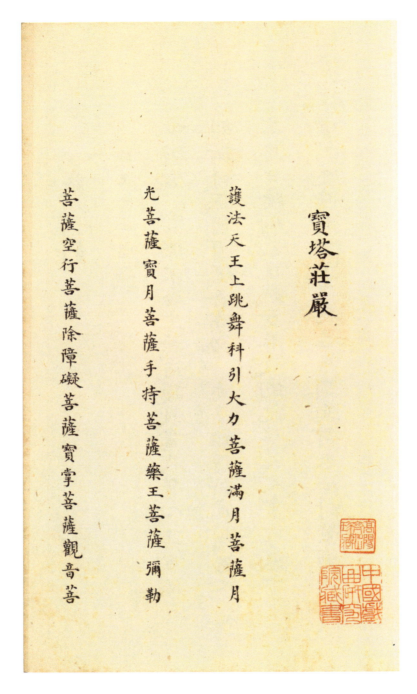

寶塔莊嚴總本 （清）昇平署輯　清昇平署朱墨抄本

　　高 24 釐米，寬 15.4 釐米。半葉四行，行大小字不等，無邊框。一册。毛裝。有朱筆圈點。有工尺譜。書名據封面書簽題。有國劇陳列館書簽，題"同光時代安殿本，齊如山藏"。卷首末鈐"高陽齊如山珍藏""中國戲曲研究院藏書""梅蘭芳捐贈"等印。原爲高陽齊氏所藏，齊梅合作期間歸國劇陳列館，後捐中國戲曲研究院，現由中國藝術研究院圖書館收藏。《故宮珍本叢刊》收入排場本一種。

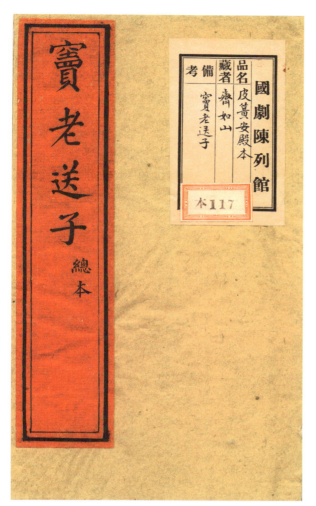

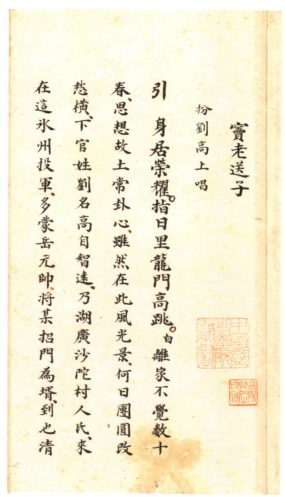

寶老送子 （清）昇平署輯　清昇平署抄本

高 22.5 釐米，寬 13 釐米。半葉六行，行二十字，小字同，無板框。一函一冊。毛裝。有朱筆圈點。封面有國劇陳列館書簽，題“皮黃安殿本，齊如山藏”，“寶老送子總本”。卷末有齊如山墨筆題識“皮黃安殿本，此當係同光時代所抄，因係六行抄寫，且前此皮黃不多見也”。卷首鈐“高陽齊如山珍藏”“中國戲曲學院藏書”等印。原為齊氏百舍齋藏書，後由國劇陳列館收藏，後捐中國戲曲研究院，現為中國藝術研究院圖書館藏書。昇平署抄本行字相同者均應為精抄，六行二十字款抄本均應為同光朝產物。所有昇平署安殿本多為黃紙封面毛裝紅色書簽。《故宮珍本叢刊》收入昇平署亂彈單齣一種。

霸王別姬　十四場附兩種　齊如山編　民國間綴玉軒紅格抄本

　　框高 18.3 釐米，寬 13.9 釐米。半葉七行，行二十二字，小字同，白口，四周單邊，單黑魚尾。版心題"綴玉軒"。一函一冊。扉葉有吳湖帆題識："梅蘭芳兄自存綴玉軒劇本，乙酉初夏借閱記此，吳湖帆。"（"乙酉"爲民國三十四年（1945），此册蓋於此前抄録）有墨筆刪改。此書封面有三種劇目目録及"綴玉軒劇本匯存"，鈐"如山"印。是"綴玉軒劇本匯存"原裝裱書簽，剪裁下來粘貼於封面處，是該書全套散佚之册。此本爲齊梅合作期間齊如山改編，爲齊氏稿本，與《天女散花》六場、《上元夫人》六場合訂一册。抄功工穩。鈐"齊宗康字如山""中國戲曲研究院藏書"等印。現由中國藝術研究院圖書館藏。

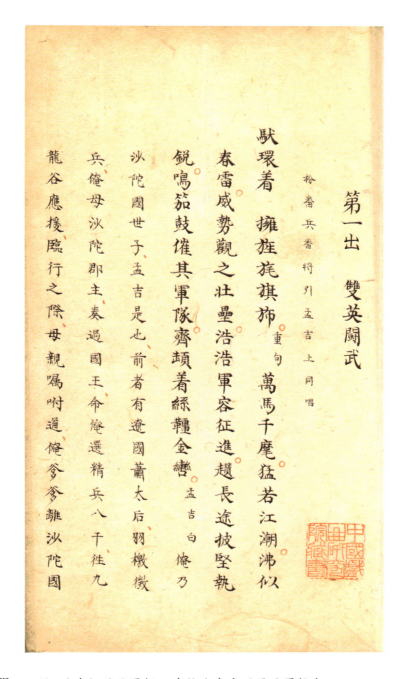

鐵旗陣串關　八齣　（清）昇平署輯　清乾隆嘉慶間昇平署抄本

　　高 25.5 釐米，寬 16 釐米。半葉八行，行二十一字，小字同，無邊框。一冊。毛裝。書名據封面書籤題，封面題“鐵旗陣，三十五段，串關”。封面有國劇陳列館書籤，題“存庫本，齊如山藏”。封面鈐“舊大班”，卷首末鈐“中國戲曲研究院藏書”“梅蘭芳捐贈”等印。原爲齊氏所藏，齊梅合作期間歸國劇陳列館，後捐中國戲曲研究院，現由中國藝術研究院圖書館收藏。收入《承應大戲存庫本》中。《故宮珍本叢刊》收入昇平署亂彈本戲一種，南府崑弋本戲一種，昇平署提綱本兩種，昇平署串頭本一種。

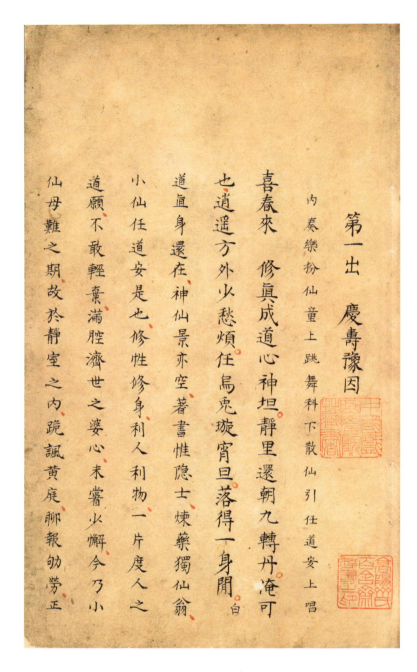

鐵旗陣殘本　八齣　（清）昇平署輯　清昇平署朱墨抄本

　　高 26.3 釐米，寬 16.3 釐米。半葉八行，行二十字，無邊框。一函兩册。有朱墨圈點。書名據封套書簽題。封套題“清内府抄本”。此本或爲《忠義璇圖》之一部分，待考。紙質老舊，抄功工穩，行款規整，爲較早期昇平署抄本。封面卷首末鈐“高陽齊氏百舍齋存書之印”“齊林玉世世子孫永寶用”“齊氏所藏戲曲小說印”“如山讀過”“中國戲曲學院藏書”等印。原爲高陽齊氏百舍齋收藏，後捐中國戲曲研究院，現爲中國藝術研究院圖書館藏書。《故宮珍本叢刊》收入昇平署亂彈本戲一種，南府崑弋本戲一種，昇平署提綱本兩種，昇平署串頭本一種。

續離騷 四折 （清）嵇永仁撰 清雍正間刻本

框高 18 釐米，寬 14 釐米。半葉九行，行十九字，小字單雙行同，黑口，左右雙邊，單黑魚尾。一函一冊。前有竹崖樵叟序言。封面序端、卷首末鈐"高陽齊氏百舍齋存書之印""齊林玉世世子孫永寶用""齊氏所藏戲曲小說""中國戲曲學院藏書""齊如山"等印。原爲高陽齊氏百舍齋藏，後捐中國戲曲研究院，現爲中國藝術研究院圖書館藏書。封套書簽爲齊如山墨跡。

嵇永仁（1637—1676），江蘇常熟人，寓居無錫，一作稽永仁，初字框侯，字留山，號抱犢山農。科舉不第，以教館行醫爲業，康熙十二年（1673）入福建總督范承謨幕，耿精忠反，與范同被拘，囚三年自縊死。著有《百苦吟集》、《抱犢山房集》六卷，醫書《東田醫補》二卷。另有傳奇《揚州夢》《珊瑚鞭》《雙報應》，雜劇《續離騷》《揚州夢》三十二齣。《雙報應》和《續離騷》作於被囚禁時，故多憤世之音。《續離騷》四折，包括《劉國師教習扯淡歌》，寫劉基與張三豐對酌，命子弟演唱所作《扯淡歌》，敘述古往今來興衰；《杜秀才痛哭泥神廟》，寫落魄書生杜默在烏江項羽廟吊古痛哭，指出項羽的種種失策，使泥塑爲之下淚；《癡和尚街頭笑布袋》，取布袋和尚歌加以敷演，寫癡和尚揹布袋鎮日在街頭呵呵笑，罵倒營營碌碌世人；《憤司馬夢裏罵閻羅》，寫司馬貌夢中罵閻王斷善惡不公，要求現世現報。

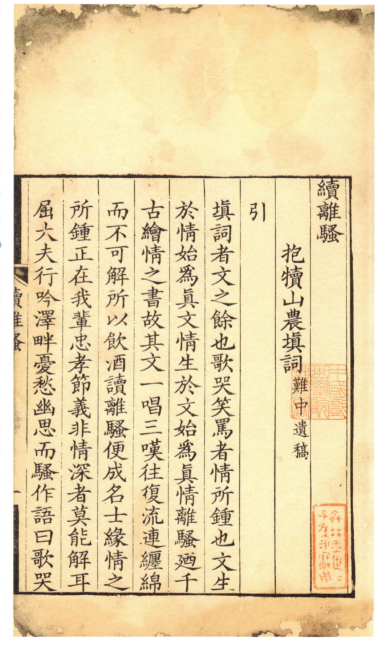

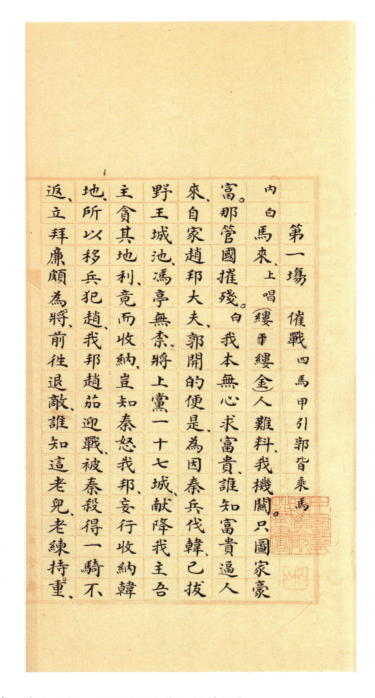

竊兵符頭二本　　齊如山輯　　民國間百舍齋紅格精抄本

　　框高 17.3 釐米，寬 11.3 釐米。半葉八行，行二十字，小字同，白口，四週單邊，單黑魚尾。一函一冊。版心題"百舍齋"。《竊兵符頭本》又名《坑趙卒》十七場，《竊兵符二本》又名《妄殺報》六場。書名據卷末題，卷末題"竊兵符頭本終""竊兵符二本終"。卷首末鈐"如山""中國戲曲學院藏書"等印。此本應係齊如山先生據古本精抄，不是齊氏墨跡，爲請抄手謄録。唱曲牌，唱"慢楚""搖楚""唱快""唱搖"，可以看出爲早期京劇劇本。

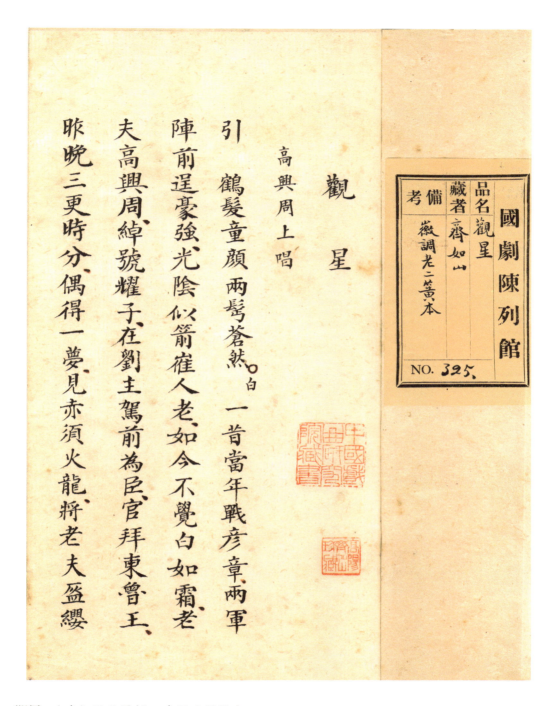

観星　（清）昇平署輯　清昇平署抄本

　　高 22.5 釐米，寬 13 釐米。半葉六行，行二十字，小字同，無板框。一册。毛裝。有朱筆圈點。封面書簽題"観星總本"。有國劇陳列館書簽，題"観星，齊如山藏，徽調老二黃本，NO.325."。卷首末鈐"高陽齊如山珍藏""中國戲曲研究院藏書""梅蘭芳捐贈"等印。原爲高陽齊如山藏書，後歸國劇陳列館，再由中國戲曲研究院收藏，最終歸中國藝術研究院圖書館。收入館藏《老二黃劇本集》中。《故宮珍本叢刊》收入昇平署亂彈單齣一種。

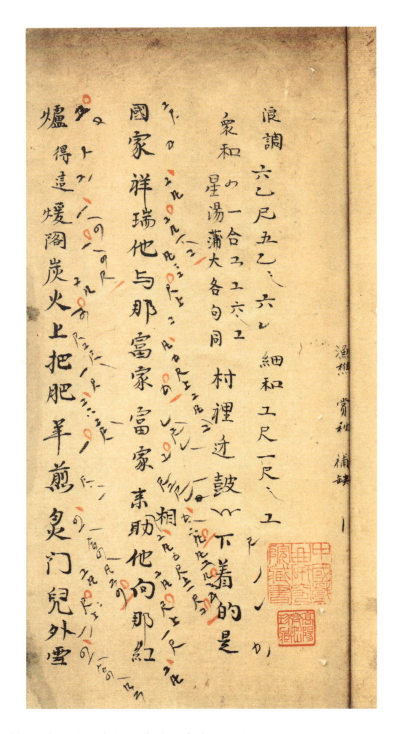

鑼鼓牌子三種 （清）賈增壽輯　清賈增壽朱墨抄本

　　高 27.5 釐米，寬 13 釐米。半葉三行，行字不等，無邊框。一函一册。書名代擬。封面書簽爲齊如山墨跡。題"鑼鼓牌子，如山"。封二題"壬辰歲六月念一日寫，漁樵、賞秋、補缸，賈增壽"。清光緒十八年（1892）爲壬辰年。卷首鈐"高陽齊如山珍藏""中國戲曲研究院藏書"等印。原爲高陽齊氏所藏，後捐中國戲曲研究院，現爲中國藝術研究院藏書。

二本戰長沙大鼓　齊如山輯　民國間百舍齋紅格抄本

框高 17.3 釐米，寬 11.3 釐米。半葉八行，行二十字，白口，四周單邊，單黑魚尾。版心題"百舍齋"。大鼓。《戰長沙》之二。封面題字爲齊如山墨跡。卷首末鈐"如山""中國戲曲研究院藏書""梅蘭芳捐贈"等印。收入《百舍齋抄本鼓詞四十九册》，藏於中國藝術研究院圖書館。

十二賢二十四孝小曲　齊如山輯　民國間百舍齋紅格抄本

框高 17.3 釐米，寬 11.3 釐米。半葉八行，行二十字，白口，四周單邊，單黑魚尾。版心題"百舍齋"。封面題字爲齊如山墨跡。卷首末鈐"如山""中國戲曲研究院藏書""梅蘭芳捐贈"等印。收入《百舍齋抄本鼓詞四十九册》，藏於中國藝術研究院圖書館。

九頭案　三本　齊如山輯　民國間百舍齋紅格抄本

框高 17.3 釐米，寬 11.3 釐米。半葉八行，行二十字，白口，四周單邊，單黑魚尾。三册。梆子腔抄本。卷前有劇中人物。版心題"百舍齋"。封面題字爲齊如山墨跡。封面書籤題"梆子，如山"。卷首末鈐"如山過目""如山""中國戲曲研究院藏書"等印。藏於中國藝術研究院圖書館。

三娘教子單本匯編　齊如山輯　民國間百舍齋紅格抄本

框高 17.3 釐米，寬 11.3 釐米。半葉八行，行二十字，小字同，白口，四周單邊，單黑魚尾。京劇劇本。版心題"百舍齋"。包括《三娘教子》中王春娥單本、薛保單本、乙哥單本、馮謙單本、李氏單本、家院單本、于謙單本、店家單本、衆位單篇單本、羅氏單本、薛衍單本、皇帝單本等十二個單本。卷首末鈐"如山"。此本或爲齊氏刪改修訂本。

大西廂　齊如山輯　民國間百舍齋紅格抄本

框高 17.3 釐米，寬 11.3 釐米。半葉八行，行二十字，白口，四周單邊，單黑魚尾。大鼓。版心題"百舍齋"。封面題字爲齊如山墨跡。卷首末鈐"如山""中國戲曲研究院藏書""梅蘭芳捐贈"等印。收入《百舍齋抄本鼓詞四十九册》，藏於中國藝術研究院圖書館。

上元夫人初稿　齊如山編　民國間百舍齋紅格抄本

框高 17.3 釐米，寬 11.3 釐米。半葉八行，行二十字，小字同，白口，四周單邊，單黑魚尾。京劇劇本。版心題"百舍齋"。書名據封面書籤題。封面題"上元夫人，初稿，零段，齊如山"。鈐"如山"印。卷首末鈐"如山""中國戲曲學院藏書"等印。此本 1958 年後捐贈中國戲曲研究院，現由中國藝術研究院圖書館收藏。

小寡婦上墳小曲　齊如山輯　民國間百舍齋紅格抄本

框高 17.3 釐米，寬 11.3 釐米。半葉八行，行二十字，白口，四周單邊，單黑魚尾。版心題"百舍齋"。封面題字爲齊如山墨跡。卷首末鈐"如山""中國戲曲研究院藏書""梅蘭芳捐贈"等印。收入《百舍齋抄本鼓詞四十九册》，藏於中國藝術研究院圖書館。

山海關總講　（清）佚名輯　清抄本

高 21.5 釐米，寬 11.5 釐米。半葉五行，行字不等，無邊框。一册。唱板腔體，京劇抄本。書名據封面書簽題。卷首鈐"齊林玉世世子孫永寶用""中國戲曲學院藏書"等印。收入館藏《戲界手抄劇本十種》中。行款類似昇平署抄本，紙張墨色不同，有朱筆圈點，應該是與昇平署有關一個路子的傳抄本。原爲高陽齊氏百舍齋藏書，後捐中國戲曲研究院，現由中國藝術研究院圖書館收藏。

千方百計　齊如山輯　民國間百舍齋紅格抄本

框高 17.3 釐米，寬 11.3 釐米。半葉八行，行二十字，白口，四周單邊，單黑魚尾。琴腔抄本。版心題"百舍齋"。封面題字爲齊如山墨跡。封面書簽及卷端均題"琴腔"。卷首末鈐"如山""中國戲曲研究院藏書""梅蘭芳捐贈"等印。藏於中國藝術研究院圖書館。

千金一笑　兩場　齊如山輯　民國間百舍齋紅格抄本

框高 17.3 釐米，寬 11.3 釐米。半葉八行，行二十字，小字同，白口，四周單邊，單黑魚尾。版心題"百舍齋"。一函一册。爲《紅樓夢》中寶玉、襲人、晴雯故事。京劇抄本，做工戲，念白科介很多唱詞很少。封面有齊如山題名。卷首末鈐"如山""中國戲曲學院藏書"等印。齊如山整理謄抄，或爲齊氏墨跡。

子弟過會　齊如山輯　民國間百舍齋紅格抄本

框高 17.3 釐米，寬 11.3 釐米。半葉八行，行二十字，白口，四周單邊，單黑魚尾。琴腔抄本。版心題"百舍齋"。封面題字爲齊如山墨跡。封面書簽及卷端均題"琴腔"。卷首末鈐"如山""中國戲曲研究院藏書""梅蘭芳捐贈"等印。藏於中國藝術研究院圖書館。

子期聽琴大鼓　齊如山輯　民國間百舍齋紅格抄本

框高 17.3 釐米，框高 11.3 釐米。半葉八行，行二十字，白口，四周單邊，單黑魚尾。大鼓。版心題"百舍齋"。封面題字爲齊如山墨跡。卷首末鈐"如山""中國戲曲研究院藏書""梅蘭芳捐贈"等印。收入《百舍齋抄本鼓詞四十九册》，藏於中國藝術研究院圖書館。

王大娘鋸缸小曲　齊如山輯　民國間百舍齋紅格抄本

框高 17.3 釐米，寬 11.3 釐米。半葉八行，行二十字，白口，四周單邊，單黑魚尾。版心題"百舍齋"。封面題字爲齊如山墨跡。卷首末鈐"如山""中國戲曲研究院藏書""梅蘭芳捐贈"等印。收入《百舍齋抄本鼓詞四十九册》，藏於中國藝術研究院圖書館。

五峰會　十八卷　（清）佚名輯　清抄本

高 18 釐米，寬 13 釐米。半葉八行，行字不等。十八册。封面題"北京同樂灤洲影戲社趙振渙陽亭郡周各莊，同樂班"。鈐"如山所藏"印。書品有殘，裝幀粗糙。

《五峰會》是清代灤州影四大影戲中藝術性最高的一部。四大影戲爲《雙失婚》《金石緣》《五峰會》《鎮冤塔》（即《破洪州》）。《五峰會》由《乾天劍》《保龍山》《平西册》三部分組成。據說是由樂亭流浪到遼寧省遼陽縣的藝人齊二黑父女合作編創。演宋代故事，表現愛國主義精神和民族氣節，揭露宋神宗偏信奸佞，歌頌曹克讓等忠臣良將受排擠迫害，卻依然忠心爲國，全家三代同心合力打敗西羌，捍衛邊疆的情節內容。唱念俱佳，人物鮮明，情節動人，場面開闊。《全家福》一場，影幕上竟有十四人之多，充分發揮了把綫藝人的操控技巧。開場即"出曹克讓"。

太真外傳　齊如山編　民國間百舍齋紅格抄本

框高 17.3 釐米，寬 11.3 釐米。半葉八行，行二十字，白口，四周單邊，單黑魚尾。一函一册。京劇劇本。版心題"百舍齋"。此本爲齊氏謄寫殺青，應該是經過齊氏整理的本子。封面題"太真外傳，二，齊如山"。鈐"如山"印。是經過齊氏改編的《太真外傳》之第二本謄抄本。卷首末鈐"如山""中國戲曲學院藏書"等印。

反勸夫大鼓　齊如山輯　民國間百舍齋紅格抄本

框高 17.3 釐米，寬 11.3 釐米。半葉八行，行二十字，白口，四周單邊，單黑魚尾。大鼓。版心題"百舍齋"。封面題字爲齊如山墨跡。卷首末鈐"如山""中國戲曲研究院藏書""梅蘭芳捐贈"等印。收入《百舍齋抄本鼓詞四十九册》，藏於中國藝術研究院圖書館。

分龍會（又名明英烈）　十一部　（清）佚名撰　清抄本

高 18 釐米，寬 13 釐米。半葉八行，行字不等。一函十一册。影戲抄本。清光緒間東派皮影在北京有同樂班班社。該書書品有殘，年代久遠。封面卷端卷末鈐"如山所藏""中國戲曲研究院藏書""梅蘭芳捐贈"等印。原爲國劇陳列館收藏，後歸中國戲曲研究院，最終由中國藝術研究院圖書館收藏。

火燒綿山大鼓 齊如山輯 民國間百舍齋紅格抄本

框高 17.3 釐米，寬 11.3 釐米。半葉八行，行二十字，白口，四周單邊，單黑魚尾。大鼓。版心題"百舍齋"。封面題字爲齊如山墨跡。卷首末鈐"如山""中國戲曲研究院藏書""梅蘭芳捐贈"等印。收入《百舍齋抄本鼓詞四十九册》，藏於中國藝術研究院圖書館。

玉堂春 齊如山輯 民國間百舍齋紅格抄本

框高 17.3 釐米，寬 11.3 釐米。半葉八行，行二十字，白口，四周單邊，單黑魚尾。大鼓。版心題"百舍齋"。封面題字爲齊如山墨跡。卷首末鈐"如山""中國戲曲研究院藏書""梅蘭芳捐贈"等印。收入《百舍齋抄本鼓詞四十九册》，藏於中國藝術研究院圖書館。

玉堂春 六本 綴玉軒輯 民國間綴玉軒紅格抄本

框高 18.3 釐米，寬 13.9 釐米。半葉七行，行二十二字，白口，四周單邊，單黑魚尾。一函三册。此書爲《綴玉軒劇本匯存》另種。版心題"綴玉軒"。封面書簽爲齊如山墨跡，鈐"如山"印。第一本十五場，第二本十五場，第三本十一場，第四本二十二場，第五本十三場，第六本十場。此抄本應該是齊梅合作期間經過齊如山之手校正謄抄的精抄本。卷首鈐"中國戲曲學院藏書""如山"等印。《綴玉軒劇本匯存》大多經過齊氏整理校勘，用綴玉軒紅格箋紙抄録，裝幀統一，總量可觀，分別藏於不同的分類館藏中。

玉簪記 三場 齊如山編 民國間百舍齋紅格抄本

框高 17.3 釐米，寬 11.3 釐米。半葉八行，行二十字，白口，四周單邊，單黑魚尾。一函一册。封面題"初稿，整理，齊如山"。鈐"如山"印。1956 年 9 月 22 日由中國戲曲研究院收藏。卷首鈐"如山""中國戲曲研究院藏書"等印。爲齊梅合作期間齊氏改編崑曲"琴挑""偷詩"爲三場。

打金枝總講 （清）佚名輯 清抄本

高 21.5 釐米，寬 11.5 釐米。半葉五行，行字不等。一册。唱板腔體，京劇抄本。書名據封面書簽題。卷首鈐"齊林玉世世子孫永寶用""中國戲曲學院藏書"等印。收入館藏《戲界手抄劇本十種》中。行款類似昇平署抄本，紙張墨色不同，有朱筆圈點，應該是與昇平署有關一個路子的傳抄本。原爲高陽齊氏百舍齋藏書，後捐中國戲曲研究院，現由中國藝術研究院圖書館收藏。

古城會大鼓 齊如山輯 民國間百舍齋紅格抄本

框高 17.3 釐米，寬 11.3 釐米。半葉八行，行二十字，白口，四周單邊，單黑魚尾。大鼓。版心題"百舍齋"。封面題字爲齊如山墨跡。卷首末鈐"如山""中國戲曲研究院藏書""梅蘭芳捐贈"等印。收入《百舍齋抄本鼓詞四十九册》，藏於中國藝術研究院圖書館。

白帝城托孤大鼓　齊如山輯　民國間百舍齋紅格抄本

框高 17.3 釐米，寬 11.3 釐米。半葉八行，行二十字，白口，四周單邊，單黑魚尾。大鼓。版心題"百舍齋"。封面題字爲齊如山墨跡。卷首末鈐"如山""中國戲曲研究院藏書""梅蘭芳捐贈"等印。收入《百舍齋抄本鼓詞四十九册》，藏於中國藝術研究院圖書館。

皮黄劇目第一次調查　佚名編　民國間油印本

高 29.5 釐米，寬 21.2 釐米。半葉十一行，行字不等，無邊框。按筆劃排序的皮黄劇目索引。卷首末鈐"高陽齊如山珍藏""中國戲曲研究院圖書資料室藏書""梅蘭芳捐贈"等印。此劇目應爲國劇學會時期齊氏所留藏，卷端編者姓名被墨筆劃掉，不知是否齊氏所編。後捐中國戲曲研究院，現由中國藝術研究院收藏。

老漢自歎大鼓　齊如山輯　民國間百舍齋紅格抄本

框高 17.3 釐米，寬 11.3 釐米。半葉八行，行二十字，白口，四周單邊，單黑魚尾。大鼓。版心題"百舍齋"。封面題字爲齊如山墨跡。卷首末鈐"如山""中國戲曲研究院藏書""梅蘭芳捐贈"等印。收入《百舍齋抄本鼓詞四十九册》，藏於中國藝術研究院圖書館。

西廂記·佳期·拷紅　二幕　齊如山編　民國間百舍齋紅格抄本

框高 17.3 釐米，寬 11.3 釐米。半葉八行，行二十字，小字同，白口，四周雙邊，單黑魚尾。一函兩册，共兩部（一式兩份謄抄本）。版心題"百舍齋"。書名據封面書籤題，封面題"齊如山"。鈐"如山"印。此爲經過齊如山改編的劇本，稱"幕"，不稱"齣"。是齊梅合作期間産物。卷首末鈐"如山""中國戲曲學院藏書"等印。原爲高陽齊氏所藏，後捐中國戲曲研究院，現爲中國藝術研究院圖書館藏書。

西廂記·佳期·拷紅　兩幕　齊如山輯　民國間百舍齋紅格抄本

框高 17.3 釐米，寬 11.3 釐米。半葉八行，行二十字，小字同，白口，四周單邊，單黑魚尾。一函一册。版心題"百舍齋"。書名輯録者據封面題，封面題"佳期拷紅電影，法，齊如山"。鈐"如山"印。封面爲齊如山墨跡，卷前有《佳期拷紅説略》。卷首末鈐"如山""中國戲曲研究院藏書"等印。現由中國藝術研究院圖書館藏。

百山圖　齊如山輯　民國間百舍齋紅格抄本

框高 17.3 釐米，寬 11.3 釐米。半葉八行，行二十字，白口，四周單邊，單黑魚尾。大鼓。版心題“百舍齋”。封面題字爲齊如山墨跡。卷首末鈐“如山”印。收入《百舍齋抄本鼓詞四十九册》，藏於中國藝術研究院圖書館。

百花亭　附百花亭說略　齊如山編撰　民國間百舍齋紅格抄本

框高 17.3 釐米，寬 11.3 釐米。半葉八行，行二十字，白口，四周單邊，單黑魚尾。一函一册。京劇劇本。封面題“齊如山”，鈐“如山”印。版心題“百舍齋”。有齊氏墨筆修改。卷首末鈐“如山”“中國戲曲學院藏書”等印。

百花亭總本　齊如山輯　民國間百舍齋紅格抄本

框高 17.3 釐米。寬 11.3 釐米。半葉八行，行二十字，小字同，白口，四周單邊，單黑魚尾。一函一册。版心題“百舍齋”。書名輯録者據封面題，封面爲齊如山墨跡，封面題“秋校過，齊如山”。鈐“如山”印。有墨筆删改，從抄録删改筆跡看或爲齊氏手筆。卷首末鈐“如山”“中國戲曲研究院藏書”等印。現由中國藝術研究院圖書館藏。

百計千方　齊如山輯　民國間百舍齋紅格抄本

框高 17.3 釐米，寬 11.3 釐米。半葉八行，行二十字，白口，四周單邊，單黑魚尾。琴腔抄本。版心題“百舍齋”。封面題字爲齊如山墨跡。封面書簽及卷端均題“琴腔”。卷首末鈐“如山”“中國戲曲研究院藏書”“梅蘭芳捐贈”等印。藏於中國藝術研究院圖書館。

早婚害大鼓　齊如山輯　民國間百舍齋紅格抄本

框高 17.3 釐米，寬 11.3 釐米。半葉八行，行二十字，白口，四周單邊，單黑魚尾。大鼓。版心題“百舍齋”。封面題字爲齊如山墨跡。卷首末鈐“如山”印。收入《百舍齋抄本鼓詞四十九册》，藏於中國藝術研究院圖書館。

回龍閣總講　（清）佚名輯　清抄本

高 21.5 釐米，寬 11.5 釐米。半葉五行，行字不等。一册。唱板腔體，京劇抄本。書名據封面書簽題。收入館藏《戲界手抄劇本十種》中。行款類似昇平署抄本，紙張墨色不同，有朱筆圈點，應該是與昇平署有關的傳抄本。卷首鈐“齊林玉世世子孫永寶用”“中國戲曲學院藏書”等印。原爲高陽齊氏百舍齋藏書，後捐中國戲曲研究院，現由中國藝術研究院圖書館收藏。

舌戰群儒大鼓　*齊如山輯　民國間百舍齋紅格抄本*

框高 17.3 釐米，寬 11.3 釐米。半葉八行，行二十字，白口，四周單邊，單黑魚尾。大鼓。版心題"百舍齋"。封面題字爲齊如山墨跡。卷首末鈐"如山""中國戲曲研究院藏書""梅蘭芳捐贈"等印。收入《百舍齋抄本鼓詞四十九册》，藏於中國藝術研究院圖書館。

伏后罵曹單本　*齊如山輯　民國間百舍齋紅格抄本*

框高 17.3 釐米，寬 11.3 釐米。半葉八行，行二十字，小字同，白口，四周單邊，單黑魚尾。京劇劇本。版心題"百舍齋"。書名據封面書簽題。卷首末鈐"如山""中國戲曲學院藏書"等印。此本或爲齊氏刪改修訂本，1958 年後捐贈中國戲曲研究院，現由中國藝術研究院圖書館收藏。

伏后罵曹獨幕劇　*齊如山輯　民國間百舍齋紅格抄本*

框高 17.3 釐米，寬 11.3 釐米。半葉八行，行二十字，小字同，白口，四周單邊，單黑魚尾。京劇劇本。版心題"百舍齋"。書名據卷端題。不稱單本而稱獨幕劇，是經過改編的，這個提法比較晚近。卷首末鈐"如山""中國戲曲學院藏書"等印。此本或爲齊氏刪改修訂本，1958 年後捐贈中國戲曲研究院，現由中國藝術研究院圖書館收藏。

全本三娘教子總本　*二十場　齊如山輯　民國間百舍齋紅格抄本*

框高 17.3 釐米，寬 11.3 釐米。半葉八行，行二十字，小字同，白口，四周單邊，單黑魚尾。一函一册。版心題"百舍齋"。書名據封面題。抄功工穩。是否經過齊氏整理改編，待考。卷首末鈐"如山"印。現由中國藝術研究院圖書館藏。

全本陰陽扇　*齊如山輯　民國間百舍齋紅格抄本*

框高 17.3 釐米，寬 11.3 釐米。半葉八行，行二十字，白口，四周單邊，單黑魚尾。梆子腔抄本。版心題"百舍齋"。封面題字爲齊如山墨跡。封面書簽題"梆子，如山"。卷首末鈐"如山過目"印。藏於中國藝術研究院圖書館。

全本摔鏡架　*齊如山輯　民國間百舍齋紅格抄本*

框高 17.3 釐米，寬 11.3 釐米。半葉八行，行二十字，白口，四周單邊，單黑魚尾。版心題"百舍齋"。封面題字爲齊如山墨跡。十三道轍。卷首末鈐"如山""中國戲曲研究院藏書""梅蘭芳捐贈"等印。收入《百舍齋抄本鼓詞四十九册》，藏於中國藝術研究院圖書館。

江東橋 　存九本　（清）佚名撰　清抄本

高 18 釐米，寬 13 釐米。半葉八行，行字不等。一函九册。毛裝。存十三至二十一本。此爲影戲抄本，樂亭皮影常演此劇目，清末民初北方影戲流派常演此劇目。封面題"裕慶班"，它是東派皮影光緒年間在北京活躍的班社。民國十三年（1924）上海大成書局石印本有《繡像江東橋影詞》。封面卷端卷末鈐"如山所藏""中國戲曲研究院藏書""梅蘭芳捐贈"等印。原爲國劇陳列館藏，後歸中國戲曲研究院，最終由中國藝術研究院圖書館收藏。此類影戲抄本以清末民初藏本爲多，書品各個有異，清末抄本多於封面標明班社名號，此本略顯完整，其傳承確爲清末裕慶班無疑。

安天會大鼓 　齊如山輯　民國間百舍齋紅格抄本

框高 17.3 釐米，寬 11.3 釐米。半葉八行，行二十字，白口，四周單邊，單黑魚尾。大鼓。版心題"百舍齋"。封面題字爲齊如山墨跡。卷首末鈐"如山""中國戲曲研究院藏書""梅蘭芳捐贈"等印。收入《百舍齋抄本鼓詞四十九册》，藏於中國藝術研究院圖書館。

如意寶册 　四十一齣　齊如山輯　民國間百舍齋紅格抄本

框高 17.3 釐米，寬 11.3 釐米。半葉八行，行二十字，白口，四周單邊，單黑魚尾。上下册。梆子腔抄本。版心題"百舍齋"。封面題字爲齊如山墨跡。封面書籤題"梆子，如山"。卷首末鈐"如山過目""如山""中國戲曲研究院藏書"等印。藏於中國藝術研究院圖書館。

劫後英雄 　十七幕　齊如山輯　民國間百舍齋紅格抄本

框高 17.3 釐米，寬 11.3 釐米。半葉八行，行二十字，小字同，白口，四周單邊，單黑魚尾。一函兩册。版心題"百舍齋"。書名輯録者據封面題，封面爲齊如山墨跡，抄功工穩，天頭處標明腳色人物。卷首末鈐"如山""如山過目"等印。現由中國藝術研究院圖書館藏。此劇爲新編劇目，或爲齊氏所編，待考。

牡丹亭曲詞摘録 　齊如山輯　民國間百舍齋紅格抄本

框高 17.3 釐米，寬 11.3 釐米。半葉八行，行二十字，小字同，白口，四周雙邊，單黑魚尾。一函一册。版心題"百舍齋"。本書是經過齊如山輯録整理謄清的《遊園·驚夢》劇本，是齊梅合作期間産物。卷首末鈐"如山""中國戲曲學院藏書"等印。原爲高陽齊氏所藏，後捐中國戲曲研究院，現爲中國藝術研究院圖書館藏書。

兵械 　齊如山輯　民國間百舍齋紅格稿本

框高 17.3 釐米，寬 11.3 釐米。半葉八行，行二十字，白口，四周雙邊，單魚尾。兩册。毛裝。

版心題"百舍齋"。封面題"兵械，第一二三四稿"。封面爲齊氏墨筆題簽。列舉各路戲曲演出刀槍把子名目，有眉批。看上去是齊氏專著中的細節目録名稱。卷首末鈐"如山""中國戲曲研究院藏書"等印。1956 年 9 月 22 日捐贈中國戲曲研究院。

佛手駒 二十六場 齊如山輯 民國間百舍齋紅格抄本

框高 17.3 釐米，寬 11.3 釐米。半葉八行，行二十字，白口，四周單邊，單黑魚尾。梆子腔抄本。版心題"百舍齋"。封面書簽題"梆子，如山"。封面題字爲齊如山墨跡。卷首末鈐"如山過目""如山""中國戲曲研究院藏書"等印。。藏於中國藝術研究院圖書館。

改良情人頂嘴 齊如山輯 民國間百舍齋紅格抄本

框高 17.3 釐米，寬 11.3 釐米。半葉八行，行二十字，白口，四周單邊，單黑魚尾。版心題"百舍齋"。封面題字爲齊如山墨跡。卷首末鈐"如山"、"中國戲曲研究院藏書"、"梅蘭芳捐贈"等印。收入《百舍齋抄本鼓詞四十九册》，藏於中國藝術研究院圖書館。

改良勸夫 齊如山輯 民國間百舍齋紅格抄本

框高 17.3 釐米，寬 11.3 釐米。半葉八行，行二十字，白口，四周單邊，單黑魚尾。大鼓。版心題"百舍齋"。封面題字爲齊如山墨跡。卷首末鈐"如山""中國戲曲研究院藏書""梅蘭芳捐贈"等印。收入《百舍齋抄本鼓詞四十九册》，藏於中國藝術研究院圖書館。

妓女上墳大鼓 齊如山輯 民國間百舍齋紅格抄本

框高 17.3 釐米，寬 11.3 釐米。半葉八行，行二十字，白口，四周單邊，單黑魚尾。大鼓。版心題"百舍齋"。封面題字爲齊如山墨跡。卷首末鈐"如山""中國戲曲研究院藏書""梅蘭芳捐贈"等印。收入《百舍齋抄本鼓詞四十九册》，藏於中國藝術研究院圖書館。

妓女告狀 齊如山輯 民國間百舍齋紅格抄本

框高 17.3 釐米，寬 11.3 釐米。半葉八行，行二十字，白口，四周單邊，單黑魚尾。樂亭小曲。版心題"百舍齋"。封面題字爲齊如山墨跡。卷首末鈐"如山""中國戲曲研究院藏書""梅蘭芳捐贈"等印。收入《百舍齋抄本鼓詞四十九册》，藏於中國藝術研究院圖書館。

妓女悲秋大鼓 齊如山輯 民國間百舍齋紅格抄本

框高 17.3 釐米，寬 11.3 釐米。半葉八行，行二十字，白口，四周單邊，單黑魚尾。大鼓。版心題"百舍齋"。封面題字爲齊如山墨跡。卷首末鈐"如山""中國戲曲研究院藏書""梅蘭芳捐贈"等印。收入《百舍齋抄本鼓詞四十九册》，藏於中國藝術研究院圖書館。

妓女悲秋曲詞　齊如山輯　民國間百舍齋紅格抄本

框高 17.3 釐米，寬 11.3 釐米。半葉八行，行二十字，白口，四周單邊，單黑魚尾。大鼓。版心題"百舍齋"。封面題字爲齊如山墨跡。卷首末鈐"如山""中國戲曲研究院藏書""梅蘭芳捐贈"等印。收入《百舍齋抄本鼓詞四十九册》，藏於中國藝術研究院圖書館。

武家坡　齊如山輯　民國間百舍齋紅格抄本

框高 17.3 釐米，寬 11.3 釐米。半葉八行，行二十字，白口，四周單邊，單黑魚尾。樂亭大鼓。版心題"百舍齋"。封面題字爲齊如山墨跡。卷首末鈐"如山""中國戲曲研究院藏書""梅蘭芳捐贈"等印。收入《百舍齋抄本鼓詞四十九册》，藏於中國藝術研究院圖書館。

青石山　六齣　（清）昇平署輯　清昇平署抄本

單頁高 59 釐米，寬 59 釐米。半葉行、字不等。僅一頁。有國劇陳列館書簽，題"內外學演戲提綱，齊如山藏，青石山"。有各齣齣次，各齣人物，扮演演員名稱，譚鑫培題做譚金培。鈐"梅蘭芳捐贈""中國戲曲研究院藏書"等印。原爲高陽齊氏百舍齋收藏，後歸國劇陳列館，後捐中國戲曲研究院，現由中國藝術研究院圖書館收藏。

長生樂總講　（清）佚名輯　清抄本

高 21.5 釐米，寬 11.5 釐米。半葉五行，行字不等。一册。唱板腔體，京劇抄本。書名據封面書簽題。卷首鈐"齊林玉世世子孫永寶用""中國戲曲學院藏書"等印。收入館藏《戲界手抄劇本十種》中。行款類似昇平署抄本，紙張墨色不同，有朱筆圈點，應該是與昇平署有關的傳抄本。原爲高陽齊氏百舍齋藏書，後捐中國戲曲研究院收藏，現由中國藝術研究院圖書館收藏。

長坂坡　齊如山輯　民國間百舍齋紅格抄本

框高 17.3 釐米，寬 11.3 釐米。半葉八行，行二十字，白口，四周單邊，單黑魚尾。大鼓。版心題"百舍齋"。封面題字爲齊如山墨跡。卷首末鈐"如山""中國戲曲研究院藏書""梅蘭芳捐贈"等印。收入《百舍齋抄本鼓詞四十九册》，藏於中國藝術研究院圖書館。

奇緣報總講　（清）佚名輯　清抄本

高 21.5 釐米，寬 11.5 釐米。半葉五行，行字不等。一册。唱板腔體，京劇抄本。書名據封面書簽題。行款類似昇平署抄本，紙張墨色不同，有朱筆圈點，應該是與昇平署有關的傳抄本。

卷首鈐"齊林玉世世子孫永寶用""中國戲曲學院藏書"等印。收入館藏《戲界手抄劇本十種》中。原爲高陽齊氏百舍齋藏書，後捐中國戲曲研究院，現由中國藝術研究院圖書館收藏。

明英烈 十二本 （清）佚名撰 清抄本

高 18 釐米，寬 13 釐米。半葉八行，行字不等。一函十二册。影戲抄本。唐山影戲及曲藝說唱系統均有此題材劇目，評話、評書均有此節目，北方各地皮影戲均由唐山皮影傳承該劇目。封面題"裕慶班"，爲清末影戲班社名號。書品有殘未經修補。封面及卷首卷末鈐"如山所藏""中國戲曲研究院藏書""梅蘭芳捐贈"等印。此書由國劇陳列館收藏，後輾轉歸中國戲曲研究院，最終由中國藝術研究院圖書館收藏。

牧羊卷總講 （清）佚名輯 清抄本

高 21.5 釐米，寬 11.5 釐米。半葉五行，行字不等。一册。唱板腔體，京劇抄本。書名據封面書簽題。行款類似昇平署抄本，紙張墨色不同，有朱筆圈點，應該是與昇平署有關的傳抄本。卷首鈐"齊林玉世世子孫永寶用""中國戲曲學院藏書"等印。收入館藏《戲界手抄劇本十種》中。原爲高陽齊氏百舍齋藏書，後捐中國戲曲研究院，現由中國藝術研究院圖書館收藏。

金盆撈月全本工譜 （清）陳盛喜輯 清光緒十三年（1887）觀心室抄本

高 26 釐米，寬 12 釐米。半葉行、字不等，無邊框。一册。崑曲抄本。書名、年代、輯錄者據封面卷末題。封面題有"高陽齊如山珍藏"。觀心室陳氏藏抄本戲曲頗多，多爲清代中晚期産物。原爲齊氏所藏，後捐中國戲曲研究院，現由中國藝術研究院圖書館收藏。

金錢世界 十五幕 齊如山輯 民國間百舍齋紅格抄本

框高 17.3 釐米，寬 11.3 釐米。半葉八行，行二十字，小字同，白口，四周單邊，單黑魚尾。一函一册。版心題"百舍齋"。書名、輯錄者據封面題，封面爲齊如山墨跡。抄功工穩，天頭處標明腳色人物。此劇爲新編劇目，或爲齊氏所編，待考。卷首末鈐"如山""如山過目"等印。現由中國藝術研究院圖書館藏。

金鎖陣 （清）昇平署輯 清昇平署抄本

單葉高 59 釐米，寬 59 釐米。半葉行、字不等。僅一頁。有國劇陳列館書簽，題"內外學演戲提綱，齊如山藏，金鎖陣提綱"。有各齣齣次，各齣人物，扮演演員名稱。鈐"高陽齊如山珍藏""梅蘭芳捐贈""中國戲曲研究院藏書"等印。原爲高陽齊氏百舍齋收藏，後歸國劇陳列館，後捐中國戲曲研究院，現由中國藝術研究院圖書館收藏。

珍珠扇　三部　（清）佚名輯　清抄本

高 18 釐米，寬 13 釐米。半葉七行，行字不等。三冊。影戲抄本。封面題"頭部、二部、三部，裕慶班"。鈐"齊如山藏"印。書品有殘，裝幀粗糙。頭部出場自稱"奴佳（家）任月英，係洛陽人氏，在這錦衣村居住"。卷首鈐"中國戲曲研究院藏書"印。藏於中國藝術研究院圖書館。

拾報母恩大鼓　齊如山輯　民國間百舍齋紅格抄本

框高 17.3 釐米，寬 11.3 釐米。半葉八行，行二十字，白口，四周單邊，單黑魚尾。大鼓。版心題"百舍齋"。封面題字爲齊如山墨跡。卷首末鈐"如山""中國戲曲研究院藏書""梅蘭芳捐贈"等印。收入《百舍齋抄本鼓詞四十九冊》，藏於中國藝術研究院圖書館。

拾愛誇夫大鼓　齊如山輯　民國間百舍齋紅格抄本

框高 17.3 釐米，寬 11.3 釐米。半葉八行，行二十字，白口，四周單邊，單黑魚尾。大鼓。版心題"百舍齋"。封面題字爲齊如山墨跡。卷首末鈐"如山""中國戲曲研究院藏書""梅蘭芳捐贈"等印。收入《百舍齋抄本鼓詞四十九冊》，藏於中國藝術研究院圖書館。

拾愛誇富　齊如山輯　民國間百舍齋紅格抄本

框高 17.3 釐米，寬 11.3 釐米。半葉八行，行二十字，白口，四周單邊，單黑魚尾。大鼓。版心題"百舍齋"。封面題字爲齊如山墨跡。卷首末鈐"如山""中國戲曲研究院藏書""梅蘭芳捐贈"等印。收入《百舍齋抄本鼓詞四十九冊》，藏於中國藝術研究院圖書館。

荊釵記·舟會　（清）佚名撰　清抄本

高 26.5 釐米，寬 14 釐米。半葉四行，行字不等。一函一冊。毛裝。有朱筆圈點。有工尺譜。崑曲抄本。齊如山收藏。卷首鈐"高陽齊如山珍藏""中國戲曲研究院藏書"等印。原爲高陽齊氏所藏，1956 年 9 月 22 日捐中國戲曲研究院，現由中國藝術研究院圖書館收藏。

南柯記·花報　（清）佚名輯　清光緒二十三年（1897）抄本

高 24.5 釐米，寬 13.4 釐米。半葉八行，行字不等，無邊框。一函一冊。崑曲抄本。書名年代據封面書籤題，封面鈐"高陽齊如山珍藏"印。卷末題"接瑤臺"。卷首鈐"中國戲曲學院藏書"印。原爲高陽齊氏所藏，後捐中國戲曲研究院，現爲中國藝術研究院圖書館藏書。

南陽關大鼓　齊如山輯　民國間百舍齋紅格抄本

框高 17.3 釐米，寬 11.3 釐米。半葉八行，行二十字，白口，四周單邊，單黑魚尾。版心題"百舍齋"。封面題字爲齊如山墨跡。大鼓。卷首末鈐"如山""中國戲曲研究院藏書""梅蘭芳捐贈"等印。收入《百舍齋抄本鼓詞四十九册》，藏於中國藝術研究院圖書館。

昭君出塞大鼓　齊如山輯　民國間百舍齋紅格抄本

框高 17.3 釐米，寬 11.3 釐米。半葉八行，行二十字，白口，四周單邊，單黑魚尾。大鼓。版心題"百舍齋"。封面題字爲齊如山墨跡。卷首末鈐"如山""中國戲曲研究院藏書""梅蘭芳捐贈"等印。收入《百舍齋抄本鼓詞四十九册》，藏於中國藝術研究院圖書館。

虹霓關零段初稿　附說略　齊如山撰　民國間百舍齋紅格稿本

框高 17.3 釐米，寬 11.3 釐米。半葉八行，行二十字，白口，四周單邊，單黑魚尾。一函一册。京劇抄本。書名據封面書簽題。版心題"百舍齋"。是齊氏改編整理之稿本，抄功工穩。卷首鈐"如山""中國戲曲學院藏書"等印。原爲齊氏所藏，後捐中國戲曲研究院，現爲中國藝術研究院圖書館藏書。

俞伯牙摔琴大鼓　齊如山輯　民國間百舍齋紅格抄本

框高 17.3 釐米，寬 11.3 釐米。半葉八行，行二十字，白口，四周單邊，單黑魚尾。大鼓。版心題"百舍齋"。封面題字爲齊如山墨跡。卷首末鈐"如山""中國戲曲研究院藏書""梅蘭芳捐贈"等印。收入《百舍齋抄本鼓詞四十九册》，藏於中國藝術研究院圖書館。

洛神總本　六場　齊如山輯　民國間百舍齋紅格抄本

框高 17.3 釐米，寬 11.3 釐米。半葉八行，行二十字，小字同，白口，四周單邊，單黑魚尾。一函兩册。版心題"百舍齋"。書名、輯錄者據封面題，封面爲齊如山墨跡。封面還題有"帶法，秋校過，齊如山"，鈐"如山"印。有墨筆刪改，從抄錄刪改筆跡看或爲齊氏手筆。卷首末鈐"如山""中國戲曲研究院藏書"等印。現由中國藝術研究院圖書館收藏。

飛虎夢　九部　（清）佚名撰　清光緒三十二年（1906）抄本

高 18 釐米，寬 13 釐米。半葉八行，行字不等。一函九册。毛裝。影戲抄本。卷末題"歲次丙午年甲申月丙午日完"。唐山影戲及曲藝說唱系統均有此題材劇目，北方各地皮影戲均由唐山皮影傳承該劇目。封面及卷首卷末鈐"齊如山藏""中國戲曲研究院藏書""梅蘭芳捐贈"等印。此書由國劇陳列館收藏，後輾轉歸中國戲曲研究院，最終由中國藝術研究院圖書館收藏。書品有殘，未經修補。我院另藏一部清代唐山皮影裕慶班抄本，十部，鈐“齊如山藏”印，有殘待修補。從書品和版本年代上看，裕慶班抄本要早於清光緒三十二年（1906）。據《北京通鑒》記載，東派皮影在清光緒年間確實有“三樂”“毓秀”“裕慶”“榮順”“玉順”“同樂”等班社。

紅線盜盒初稿　　齊如山編　　民國間百舍齋紅格抄本

框高 17.3 釐米，寬 11.3 釐米。半葉八行，行二十字，小字同，白口，四周單邊，單黑魚尾。京劇劇本。版心題“百舍齋”。書名據封面書簽題。前有《紅線盜盒說明》。卷首末鈐“如山”“中國戲曲學院藏書”等印。此本有刪改，1958 年後捐贈中國戲曲研究院，現由中國藝術研究院圖書館收藏。

馬前潑水大鼓　　齊如山輯　　民國間百舍齋紅格抄本

框高 17.3 釐米，寬 11.3 釐米。半葉八行，行二十字，白口，四周單邊，單黑魚尾。大鼓。版心題“百舍齋”。封面題字爲齊如山墨跡。卷首末鈐“如山”“中國戲曲研究院藏書”“梅蘭芳捐贈”等印。收入《百舍齋抄本鼓詞四十九册》，藏於中國藝術研究院圖書館。

捌茶大鼓　　齊如山輯　　民國間百舍齋紅格抄本

框高 17.3 釐米，寬 11.3 釐米。半葉八行，行二十字，白口，四周單邊，單黑魚尾。大鼓。版心題“百舍齋”。封面題字爲齊如山墨跡。卷首末鈐“如山”“中國戲曲研究院藏書”“梅蘭芳捐贈”等印。收入《百舍齋抄本鼓詞四十九册》，藏於中國藝術研究院圖書館。

華容道大鼓　　齊如山輯　　民國間百舍齋紅格抄本

框高 17.3 釐米，寬 11.3 釐米。半葉八行，行二十字，白口，四周單邊，單黑魚尾。大鼓。版心題“百舍齋”。封面題字爲齊如山墨跡。卷首末鈐“如山”“中國戲曲研究院藏書”“梅蘭芳捐贈”等印。收入《百舍齋抄本鼓詞四十九册》，藏於中國藝術研究院圖書館。

莊鏡蓉　　十五幕　　齊如山輯　　民國間百舍齋紅格抄本

框高 17.3 釐米，寬 11.3 釐米。半葉八行，行二十字，小字同，白口，四周單邊，單黑魚尾。一函一册。版心題“百舍齋”。書名輯録者據封面題，封面爲齊如山墨跡。抄功工穩，天頭處標明腳色人物。此劇爲新編劇目，或爲齊氏所編，待考。卷首末鈐“如山”“如山過目”等印。現由中國藝術研究院圖書館藏。

桃花扇　三部　（清）佚名撰　清抄本

高 18 釐米，寬 13 釐米。半葉八行，行字不等。三冊。劇演明代廣西桂林府奚山縣沈昭、沈明兄弟二人故事。鄭振鐸先生《1933 年間的古籍發現》中著錄此劇，此本爲影戲抄本。當時鄭振鐸先生以爲乾嘉之前的古本已經不易得到，所以斷定此抄本或係出自清末戲班藝人之手抄本。書品破損。封面鈐“齊如山藏”印，卷首鈐“中國戲曲研究院藏書”印。

桃園結義大鼓（趕板）　齊如山輯　民國間百舍齋紅格抄本

框高 17.3 釐米，寬 11.3 釐米。半葉八行，行二十字，白口，四周單邊，單黑魚尾。大鼓。版心題“百舍齋”。封面題字爲齊如山墨跡。卷首末鈐“如山”“中國戲曲研究院藏書”“梅蘭芳捐贈”等印。收入《百舍齋抄本鼓詞四十九冊》，藏於中國藝術研究院圖書館。

哭五更小曲　齊如山輯　民國間百舍齋紅格抄本

框高 17.3 釐米，寬 11.3 釐米。半葉八行，行二十字，白口，四周單邊，單黑魚尾。版心題“百舍齋”。封面題字爲齊如山墨跡。卷首末鈐“如山”“中國戲曲研究院藏書”“梅蘭芳捐贈”等印。收入《百舍齋抄本鼓詞四十九冊》，藏於中國藝術研究院圖書館。

哭玉大鼓　齊如山輯　民國間百舍齋紅格抄本

框高 17.3 釐米，寬 11.3 釐米。半葉八行，行二十字，白口，四周單邊，單黑魚尾。大鼓。版心題“百舍齋”。封面題字爲齊如山墨跡。卷首末鈐“如山”“中國戲曲研究院藏書”“梅蘭芳捐贈”等印。收入《百舍齋抄本鼓詞四十九冊》，藏於中國藝術研究院圖書館。

倒探親　齊如山輯　民國間百舍齋紅格抄本

框高 17.3 釐米，寬 11.3 釐米。半葉八行，行二十字，白口，四周單邊，單黑魚尾。牌子曲。版心題“百舍齋”。封面題字爲齊如山墨跡。卷首末鈐“如山”“中國戲曲研究院藏書”等印。

陳塘關　齊如山輯　民國間綴玉軒紅格抄本

框高 18.3 釐米，寬 13.9 釐米。半葉七行，行二十二字，白口，四周雙邊，單魚尾。一冊。版心題“綴玉軒”。封面題“陳塘關，齊如山藏”。爲齊氏墨跡。此爲齊如山過手之崑曲抄校本，有工尺譜，有夾批，有朱筆圈點。爲齊梅合作期間產物。卷首鈐“中國戲曲研究院藏書”印。

教學　齊如山輯　民國間百舍齋紅格抄本

框高 17.3 釐米，寬 11.3 釐米。半葉八行，行二十字，白口，四周單邊，單黑魚尾。梆子腔抄本。版心題"百舍齋"。封面題字爲齊如山墨跡。封面書籤題"梆子，如山"。卷首末鈐"如山""中國戲曲研究院藏書"等印。藏於中國藝術研究院圖書館。

斬蔡陽　　*齊如山輯　　民國間百舍齋紅格抄本*

框高 17.3 釐米，寬 11.3 釐米。半葉八行，行二十字，白口，四周單邊，單黑魚尾。大鼓。版心題"百舍齋"。封面題字爲齊如山墨跡。卷首末鈐"如山""中國戲曲研究院藏書""梅蘭芳捐贈"等印。收入《百舍齋抄本鼓詞四十九册》，藏於中國藝術研究院圖書館。

曹操接箭快書　　*齊如山輯　　民國間百舍齋紅格抄本*

框高 17.3 釐米，寬 11.3 釐米。半葉八行，行二十字，白口，四周單邊，單黑魚尾。版心題"百舍齋"。封面題字爲齊如山墨跡。封面題"草船借箭"。卷首末鈐"如山""中國戲曲研究院藏書""梅蘭芳捐贈"等印。收入《百舍齋抄本鼓詞四十九册》，藏於中國藝術研究院圖書館。

雪梅女弔孝大鼓　　*齊如山輯　　民國間百舍齋紅格抄本*

框高 17.3 釐米，寬 11.3 釐米。半葉八行，行二十字，白口，四周單邊，單黑魚尾。大鼓。版心題"百舍齋"。封面題字爲齊如山墨跡。卷首末鈐"如山""中國戲曲研究院藏書""梅蘭芳捐贈"等印。收入《百舍齋抄本鼓詞四十九册》，藏於中國藝術研究院圖書館。

梨園售票情形暨梨園紀念品册　　*齊如山輯　　民國八年（1919）紅格抄本*

框高 18.4 釐米，寬 13 釐米。半葉十一行，行字不等，白口，四周單邊。版心題"京師員警廳"。書名據封面書籤題，封面書籤爲齊如山墨跡。卷首鈐"高陽齊如山珍藏"印。原爲高陽齊氏所藏，後捐中國戲曲研究院，現爲中國藝術研究院圖書館藏書。

混元盒（又名渾元盒、五毒傳、闡道除邪）　　四部　（清）佚名撰　　清抄本

高 18 釐米，寬 13 釐米。半葉八行，行字不等。四册。劇演張天師故事，清傳奇有此劇目，京劇有此劇目。此本爲影戲抄本。書品破損。封面鈐"齊如山藏"印，卷首鈐"中國戲曲研究院藏書"印。

婆媳頂嘴牌子曲　　*齊如山輯　　民國間百舍齋紅格抄本*

框高 17.3 釐米，寬 11.3 釐米。半葉八行，行二十字，白口，四周單邊，單黑魚尾。版心題"百舍齋"。封面題字爲齊如山墨跡。卷首末鈐"如山""中國戲曲研究院藏書""梅蘭芳捐贈"等印。

收入《百舍齋抄本鼓詞四十九册》，藏於中國藝術研究院圖書館。

寄子總講　（清）佚名輯　清抄本

高 21.5 釐米，寬 11.5 釐米。半葉五行，行字不等。一册。唱板腔體，京劇抄本。書名據封面書簽題。行款類似昇平署抄本，紙張墨色不同，有朱筆圈點，應該是與昇平署有關的傳抄本。卷首鈐"齊林玉世世子孫永寶用""中國戲曲學院藏書"等印。原爲高陽齊氏百舍齋藏書，後捐中國戲曲研究院收藏，現由中國藝術研究院圖書館收藏。收入館藏《戲界手抄劇本十種》中。

黃忠失前蹄大鼓　齊如山輯　民國間百舍齋紅格抄本

框高 17.3 釐米，寬 11.3 釐米。半葉八行，行二十字，白口，四周單邊，單黑魚尾。大鼓。《戰長沙》之一。版心題"百舍齋"。封面題字爲齊如山墨跡。卷首末鈐"如山""中國戲曲研究院藏書""梅蘭芳捐贈"等印。收入《百舍齋抄本鼓詞四十九册》，藏於中國藝術研究院圖書館。

跑坡總講　（清）佚名輯　清抄本

高 21.5 釐米，寬 11.5 釐米。半葉五行，行字不等。一册。唱板腔體，京劇抄本。書名據封面書簽題。卷首鈐"齊林玉世世子孫永寶用""中國戲曲學院藏書"等印。行款類似昇平署抄本，紙張墨色不同，有朱筆圈點，應該是與昇平署有關的傳抄本。原爲高陽齊氏百舍齋藏書，後捐中國戲曲研究院，現由中國藝術研究院圖書館收藏。收入館藏《戲界手抄劇本十種》中。

單刀赴會大鼓　齊如山輯　民國間百舍齋紅格抄本

框高 17.3 釐米，寬 11.3 釐米。半葉八行，行二十字，白口，四周單邊，單黑魚尾。大鼓。版心題"百舍齋"。封面題字爲齊如山墨跡。卷首末鈐"如山""中國戲曲研究院藏書""梅蘭芳捐贈"等印。收入《百舍齋抄本鼓詞四十九册》，藏於中國藝術研究院圖書館。

無縫下蛐　齊如山輯　民國間百舍齋紅格抄本

框高 17.3 釐米，寬 11.3 釐米。半葉八行，行二十字，白口，四周單邊，單黑魚尾。琴腔抄本。版心題"百舍齋"。封面題字爲齊如山墨跡。封面書簽及卷端均題"琴腔"。卷首末鈐"如山""中國戲曲研究院藏書""梅蘭芳捐贈"等印。現藏於中國藝術研究院圖書館。

御碑亭總本　八場　齊如山輯　民國間百舍齋紅格抄本

半葉八行，行二十字，小字同，白口，四周單邊，單黑魚尾。一函一册。版心題"百舍齋"。書名、輯録者據封面題。封面爲齊如山墨跡，封面題"秋校過，齊如山"。鈐"如山"印。有墨筆刪改，從抄録刪改筆跡看或爲齊氏手筆。卷首末鈐"如山""中國戲曲研究院藏書"等印。現由中國藝術研究院圖書館收藏。

游龍戲鳳 兩幕　齊如山輯　民國間百舍齋紅格抄本

框高 17.3 釐米，寬 11.3 釐米。半葉八行，行二十字，小字同，白口，四周單邊，單黑魚尾。一函一册。版心題"百舍齋"。書名、輯録者據封面題，封面爲齊如山墨跡，封面題"游龍戲鳳電影，法，齊如山"。鈐"如山"印。卷前有《梅龍鎮又名游龍戲鳳説略》。卷首末鈐"如山""中國戲曲研究院藏書"等印。現由中國藝術研究院圖書館收藏。

甯武關别母大鼓（又名别母亂箭） 齊如山輯　民國間百舍齋紅格抄本

框高 17.3 釐米，寬 11.3 釐米。半葉八行，行二十字，白口，四周單邊，單黑魚尾。大鼓。版心題"百舍齋"。封面題字爲齊如山墨跡。卷首末鈐"如山""中國戲曲研究院藏書""梅蘭芳捐贈"等印。收入《百舍齋抄本鼓詞四十九册》，藏於中國藝術研究院圖書館。

費宫人刺虎 四回　齊如山輯　民國間百舍齋紅格抄本

框高 17.3 釐米，寬 11.3 釐米。半葉八行，行二十字，白口，四周單邊，單黑魚尾。大鼓。版心題"百舍齋"。封面題字爲齊如山墨跡。卷首末鈐"如山""中國戲曲研究院藏書""梅蘭芳捐贈"等印。收入《百舍齋抄本鼓詞四十九册》，藏於中國藝術研究院圖書館。

腳色遞班戲單 齊如山輯　民國間抄本

戲單爲三張，尺寸不一。半葉行、字不等。封面書簽爲齊如山鋼筆墨跡。第一張爲尚和玉戲目，第二張爲王蕙芳戲目，第三張爲周里安戲目。鈐"高陽齊如山珍藏""中國戲曲研究院藏書"等印。原爲齊如山百舍齋收藏，後捐中國戲曲研究院，現由中國藝術研究院圖書館收藏。

誇陽曆大鼓 齊如山輯　民國間百舍齋紅格抄本

框高 17.3 釐米，寬 11.3 釐米。半葉八行，行二十字，白口，四周單邊，單黑魚尾。大鼓。版心題"百舍齋"。封面題字爲齊如山墨跡。卷首末鈐"如山"印。收入《百舍齋抄本鼓詞四十九册》，藏於中國藝術研究院圖書館。

新鴻鸞禧 二十幕　齊如山編　民國間百舍齋紅格抄本

框高 17.3 釐米，寬 11.3 釐米。半葉八行，行二十字，小字同，白口，四周單邊，單黑魚尾。一函一册。版心題"百舍齋"。書名、輯録者據封面題，封面爲齊如山墨跡。抄功工穩，天頭處標明腳色人物。卷首末鈐"如山""如山過目"等印。現由中國藝術研究院圖書館收藏。

群英會 九場 齊如山編 民國間百舍齋紅格抄本

框高 17.3 釐米，寬 11.3 釐米。半葉八行，行二十字，白口，四周單邊，單魚尾。京劇抄本。版心題"百舍齋"。有墨筆圈點刪改。此爲經過齊氏整理修改謄録之本，不確定是否爲齊氏墨跡。卷首鈐"如山""中國戲曲學院藏書"等印。曾捐中國戲曲研究院，現由中國藝術研究院圖書館收藏。

群英會總本 九場 齊如山輯 民國間百舍齋紅格抄本

框高 17.3 釐米，寬 11.3 釐米。半葉八行，行二十字，小字同，白口，四周單邊，單黑魚尾。一函一册。版心題"百舍齋"。書名、輯録者據封面題，封面爲齊如山墨跡，封面題"法，齊如山"，鈐"如山"印。從抄録筆跡看或爲齊氏手筆。卷首末鈐"如山""中國戲曲研究院藏書"等印。現由中國藝術研究院圖書館收藏。

趕三關總講 （清）佚名輯 清抄本

高 21.5 釐米，寬 11.5 釐米。半葉五行，行字不等。一册。唱板腔體，京劇抄本。書名據封面書籤題。行款類似昇平署抄本，紙張墨色不同，有朱筆圈點，應該是與昇平署有關的傳抄本。卷首鈐"齊林玉世世子孫永寶用""中國戲曲學院藏書"等印。收入館藏《戲界手抄劇本十種》中。原爲高陽齊氏百舍齋藏書，後捐中國戲曲研究院，現由中國藝術研究院圖書館收藏。

鳳謀大鼓 齊如山輯 民國間百舍齋紅格抄本

框高 17.3 釐米，寬 11.3 釐米。半葉八行，行二十字，白口，四周單邊，單黑魚尾。大鼓。版心題"百舍齋"。封面題字爲齊如山墨跡。卷首末鈐"如山""中國戲曲研究院藏書""梅蘭芳捐贈"等印。收入《百舍齋抄本鼓詞四十九册》，藏於中國藝術研究院圖書館。

說行頭·說冠巾 附說古裝 齊如山撰 民國間百舍齋紅格抄稿本

框高 17.3 釐米，寬 11.3 釐米。半葉八行，行二十字，小字同，白口，四周單邊，單黑魚尾。一函三册。版心題"百舍齋"。書名、輯録者據封面題，封面爲齊如山墨跡。抄功工穩，天頭處標明腳色人物。此爲齊如山所著民國二十四年（1935）北平國劇學會鉛印本《行頭盔頭》兩卷本的稿本。《說冠巾》即《行頭盔頭》一書下卷。後附《說古裝》一册。卷首末鈐"如山""中國戲曲研究院藏書"等印。現由中國藝術研究院圖書館藏。

說行頭說冠巾說古裝　齊如山撰　民國間百舍齋紅格抄稿本

框高 17.3 釐米，寬 11.3 釐米。半葉八行，行二十字，白口，四周單邊，單黑魚尾。版心題"百舍齋"。一函三册。毛裝。書名據卷端題。民國間國劇學會出版齊如山《行頭盔頭》一書，此爲該書稿本之謄録本。封面有齊氏墨筆題字，並鈐"如山"印。卷首鈐"中國戲曲研究院藏書"印。爲齊梅合作期間捐贈國劇陳列館，後捐中國戲曲研究院，現由中國藝術研究院圖書館收藏。

漁樵耕讀大鼓　齊如山輯　民國間百舍齋紅格抄本

框高 17.3 釐米，寬 11.3 釐米。半葉八行，行二十字，白口，四周單邊，單黑魚尾。大鼓。版心題"百舍齋"。封面題字爲齊如山墨跡。卷首末鈐"如山""中國戲曲研究院藏書""梅蘭芳捐贈"等印。收入《百舍齋抄本鼓詞四十九册》，藏於中國藝術研究院圖書館。

嫦娥奔月總本　十三場　齊如山編　民國間公興紙店紅格抄本

框高 19.5 釐米，寬 13 釐米。半葉九行，行二十字，白口，四週雙邊，單黑魚尾。一函一册。封面題"齊如山編"。有墨筆刪改眉批夾批，爲齊如山墨跡。此本應爲與梅蘭芳合作期間修改稿本。卷首鈐"中國戲曲學院藏書"印。"公興紙店""綴玉軒"紅格箋紙抄録本子中有一些經過齊如山整理，有齊氏刪改圈點眉批夾批墨跡，無鈐印，也是齊氏與梅氏合作期間的手筆。此類抄本如能確認經過齊氏之手的予以收録。

歎青樓小曲　齊如山輯　民國間百舍齋紅格抄本

框高 17.3 釐米，寬 11.3 釐米。半葉八行，行二十字，白口，四周單邊，單黑魚尾。版心題"百舍齋"。封面題字爲齊如山墨跡。卷首末鈐"如山""中國戲曲研究院藏書""梅蘭芳捐贈"等印。收入《百舍齋抄本鼓詞四十九册》，藏於中國藝術研究院圖書館。

歎煙花小曲　齊如山輯　民國間百舍齋紅格抄本

框高 17.3 釐米，寬 11.3 釐米。半葉八行，行二十字，白口，四周單邊，單黑魚尾。版心題"百舍齋"。封面題字爲齊如山墨跡。卷首末鈐"如山""中國戲曲研究院藏書""梅蘭芳捐贈"等印。收入《百舍齋抄本鼓詞四十九册》，藏於中國藝術研究院圖書館。

慶陽圖　（清）佚名撰　清福壽班抄本

高 30 釐米，寬 15.3 釐米。半葉七行，行字不等，無邊框。封面題"福壽班"。京劇抄本。封面卷首末鈐"高陽齊如山珍藏""中國戲曲學院藏書"等印。原爲高陽齊氏所藏，後捐中國戲曲研究院，現由中國藝術研究院圖書館收藏。

劈山救母　博陵松林輯　民國七年（1918）抄本

高 28 釐米，寬 16 釐米。半葉八行，行字不等，無邊框。京劇抄本。輯録者據封面書簽，封面題“民國七年，志，博陵松林，用心”。“劈山救母”書名是後人整理時書寫的便簽。卷首鈐“高陽齊如山珍藏”“中國戲曲研究院藏書”“梅蘭芳捐贈”等印。抄功粗拙，有殘缺破損。原爲高陽齊氏藏書，後捐中國戲曲研究院，現由中國藝術研究院圖書館收藏。收入館藏《京劇劇本第十三集》中。該集中另有一冊齊如山收藏之京劇抄本，卷首不題劇名，包括兩種京劇單齣。

層層見喜大鼓　齊如山輯　民國間百舍齋紅格抄本

框高 17.3 釐米，寬 11.3 釐米。半葉八行，行二十字，白口，四周單邊，單黑魚尾。大鼓。版心題“百舍齋”。封面題字爲齊如山墨跡。卷首末鈐“如山”“中國戲曲研究院藏書”“梅蘭芳捐贈”等印。收入《百舍齋抄本鼓詞四十九冊》，藏於中國藝術研究院圖書館。

薄命花　十八幕　優遊撰　民國間百舍齋紅格抄本

框高 17.3 釐米，寬 11.3 釐米。半葉八行，行二十字，小字同，白口，四周單邊，單黑魚尾。一函一冊。版心題“百舍齋”。書名、輯録者據封面題，封面爲齊如山墨跡。抄功工穩，天頭處標明腳色人物。卷首末鈐“如山”“如山過目”等印。現由中國藝術研究院圖書館藏。“優遊”是否齊如山筆名，待考。

醜妞做夢大鼓　齊如山輯　民國間百舍齋紅格抄本

框高 17.3 釐米，寬 11.3 釐米。半葉八行，行二十字，白口，四周單邊，單黑魚尾。滑稽大鼓。版心題“百舍齋”。封面題字爲齊如山墨跡。卷首末鈐“如山”“中國戲曲研究院藏書”“梅蘭芳捐贈”等印。收入《百舍齋抄本鼓詞四十九冊》，藏於中國藝術研究院圖書館。

燈下勸夫大鼓　齊如山輯　民國間百舍齋紅格抄本

框高 17.3 釐米，寬 11.3 釐米。半葉八行，行二十字，白口，四周單邊，單黑魚尾。大鼓。版心題“百舍齋”。封面題字爲齊如山墨跡。卷首末鈐“如山”“中國戲曲研究院藏書”“梅蘭芳捐贈”等印。收入《百舍齋抄本鼓詞四十九冊》，藏於中國藝術研究院圖書館。

擦白鏡　齊如山輯　民國間百舍齋紅格抄本

框高 17.3 釐米，寬 11.3 釐米。半葉八行，行二十字，白口，四周單邊，單黑魚尾。滑稽大鼓。版心題“百舍齋”。封面題字爲齊如山墨跡。卷首末鈐“如山”“中國戲曲研究院藏書”“梅蘭芳捐贈”等印。收入《百舍齋抄本鼓詞四十九冊》，藏於中國藝術研究院圖書館。

韓信算卦大鼓　齊如山輯　民國間百舍齋紅格抄本

框高 17.3 釐米，寬 11.3 釐米。半葉八行，行二十字，白口，四周單邊，單黑魚尾。大鼓。版心題"百舍齋"。封面題字爲齊如山墨跡。卷首末鈐"如山""中國戲曲研究院藏書""梅蘭芳捐贈"等印。收入《百舍齋抄本鼓詞四十九册》，藏於中國藝術研究院圖書館。

臨潼山總講　（清）佚名輯　清抄本

高 21.5 釐米，寬 11.5 釐米。半葉五行，行字不等。一册。唱板腔體，京劇抄本。書名據封面書簽題。行款類似昇平署抄本，紙張墨色不同，有朱筆圈點，應該是與昇平署有關的傳抄本。卷首鈐"齊林玉世世子孫永寶用""中國戲曲學院藏書"等印。收入館藏《戲界手抄劇本十種》中。原爲高陽齊氏百舍齋藏書，後捐中國戲曲研究院，現由中國藝術研究院圖書館收藏。

戲名一覽　兩種　齊如山輯　民國間抄本．

一種爲民國七年（1918）涵心抄本，一種爲民國間百舍齋紅格抄本。後一種是根據前一種謄録。卷首鈐"高陽齊如山珍藏""中國戲曲研究院藏書"等印。原書經齊如山收藏轉抄，後歸中國戲曲研究院，現由中國藝術研究院圖書館收藏。

黛玉葬花　六場　附黛玉葬花說略　齊如山編撰　民國間百舍齋紅格抄本

框高 17.3 釐米，寬 11.3 釐米。半葉八行，行二十字，白口，四周單邊，單黑魚尾。京劇劇本。版心題"百舍齋"。一函兩册。本書是與梅氏合作期間經過齊氏改編後的謄抄本。卷端題"齊如山編"。封面有齊如山墨跡及鈐印。卷首末鈐"如山""中國戲曲學院藏書"等印。現由中國藝術研究院圖書館收藏。

黛玉悲秋大鼓（代歎四季）　齊如山輯　民國間百舍齋紅格抄本

框高 17.3 釐米，寬 11.3 釐米。半葉八行，行二十字，白口，四周單邊，單黑魚尾。大鼓。版心題"百舍齋"。封面題字爲齊如山墨跡。卷首末鈐"如山""中國戲曲研究院藏書""梅蘭芳捐贈"等印。收入《百舍齋抄本鼓詞四十九册》，藏於中國藝術研究院圖書館。

雙鴛鴦血淚史　十五幕　優遊原著　空空重編　民國間百舍齋紅格抄本

框高 17.3 釐米，寬 11.3 釐米。半葉八行，行二十字，小字同，白口，四周單邊，單黑魚尾。一函一册。版心題"百舍齋"。書名據封面書簽題。著者據卷端。封面爲齊如山墨跡。抄功工穩，天頭處標明腳色人物。卷首末鈐"如山""如山過目"等印。現由中國藝術研究院圖書館藏。此劇爲新編劇目，"優遊""空空"，與齊氏關係待考。

鎮冤塔 九本 （清）佚名撰 清抄本

高 18 釐米，寬 13 釐米。半葉七行，行字不等。一函九册。此爲影戲抄本。清末民初北方影戲流派常演此劇目。封面題 "裕慶班" "付記"。此爲清末北京東派皮影班社 "裕慶班" 傳本。此類影戲抄本以清末民初藏本爲多，書品各個有異，清末抄本多於封面標明班社名號，此本書品略顯完整，其傳承確爲清末裕慶班無疑。封面卷端卷末鈐 "齊如山藏" "中國戲曲研究院藏書" "梅蘭芳捐贈" 等印。原爲國劇陳列館藏，後歸中國戲曲研究院，最終由中國藝術研究院圖書館收藏。

鎮雙龍 十本 （清）佚名撰 清咸豐三年（1853）唐山興和影戲社抄本

高 18 釐米，寬 13 釐米。半葉八行，行字不等。一函十册。影戲抄本。又名 "包公案"。版本年代據第十本封面題。班社名稱據第一本封面題。該書書品有殘，年代久遠。這是至今存世影戲抄本中明確年代較早的版本。說明唐山皮影早在道咸時期就比較活躍了。封面卷端卷末鈐 "如山所藏" "中國戲曲研究院藏書" "梅蘭芳捐贈" 等印。原爲國劇陳列館收藏，後歸中國戲曲研究院，最終由中國藝術研究院圖書館收藏。

繞口令大鼓 齊如山輯 民國間百舍齋紅格抄本

框高 17.3 釐米，寬 11.3 釐米。半葉八行，行二十字，白口，四周單邊，單黑魚尾。大鼓。版心題 "百舍齋"。封面題字爲齊如山墨跡。卷首末鈐 "如山" "中國戲曲研究院藏書" "梅蘭芳捐贈" 等印。收入《百舍齋抄本鼓詞四十九册》，藏於中國藝術研究院圖書館。

勸妓留心 齊如山輯 民國間百舍齋紅格抄本

框高 17.3 釐米，寬 11.3 釐米。半葉八行，行二十字，白口，四周單邊，單黑魚尾。滑稽大鼓。版心題 "百舍齋"。封面題字爲齊如山墨跡。卷首末鈐 "如山" "中國戲曲研究院藏書" "梅蘭芳捐贈" 等印。收入《百舍齋抄本鼓詞四十九册》，藏於中國藝術研究院圖書館。

勸嫖交友大鼓 齊如山輯 民國間百舍齋紅格抄本

框高 17.3 釐米，寬 11.3 釐米。半葉八行，行二十字，白口，四周單邊，單黑魚尾。大鼓。版心題 "百舍齋"。封面題字爲齊如山墨跡。卷首末鈐 "如山" "中國戲曲研究院藏書" "梅蘭芳捐贈" 等印。收入《百舍齋抄本鼓詞四十九册》，藏於中國藝術研究院圖書館。

寶玉探病大鼓 齊如山輯 民國間百舍齋紅格抄本

框高 17.3 釐米，寬 11.3 釐米。半葉八行，行二十字，白口，四周單邊，單黑魚尾。大鼓。

版心題"百舍齋"。封面題字爲齊如山墨跡。卷首末鈐"如山""中國戲曲研究院藏書""梅蘭芳捐贈"等印。收入《百舍齋抄本鼓詞四十九册》，藏於中國藝術研究院圖書館。

寶蓮燈 （清）佚名撰 清抄本

高 29 釐米，寬 15.3 釐米。半葉六行，行字不等，無邊框。一函一册。不標曲牌板式，出自藝人之手。卷首鈐"高陽齊如山珍藏""中國戲曲學院藏書"等印。

霸王別姬總本 齊如山輯 民國間百舍齋紅格抄本

框高 17.3 釐米，寬 11.3 釐米。半葉八行，行二十字，小字同，白口，四周單邊，單黑魚尾。一函一册。版心題"百舍齋"。書名、輯録者據封面題，封面爲齊如山墨跡，鈐"如山"印。有墨筆刪改，從抄録刪改筆跡看或爲齊氏手筆。卷首末鈐"如山""中國戲曲研究院藏書"等印。現由中國藝術研究院圖書館藏。

鐵樹開花 九本 （清）佚名撰 清抄本

高 18 釐米，寬 13 釐米。半葉八行，行字不等。一函九册。毛裝。此爲影戲抄本。《燕京歲時記》記載影戲"借燈取影，哀怨異常，老嫗聽之多能下淚"。清末民初北方影戲流派常演此劇目。原爲國劇陳列館藏，後歸中國戲曲研究院，最終由中國藝術研究院圖書館收藏。此類影戲抄本以清末民初藏本爲多，書品各個有異，清末抄本多於封面標明班社名號，此本略顯完整，抑或是民國初傳抄本，其傳承確爲清末無疑。封面卷端卷末鈐"齊如山藏""中國戲曲研究院藏書""梅蘭芳捐贈"等印。

鑌鐵劍 五卷 （清）佚名撰 清抄本

高 18 釐米，寬 13 釐米。半葉八行，行字不等。一函五册。此爲影戲抄本。此類影戲抄本以清末民初藏本爲多，書品各個有異，清末抄本多於封面標明班社名號，此本略顯完整，或爲民國初傳抄本，其傳承確爲清末無疑。封面卷端卷末鈐"齊如山藏""中國戲曲研究院藏書""梅蘭芳捐贈"等印。原爲國劇陳列館藏，後歸中國戲曲研究院，最終由中國藝術研究院圖書館收藏。

後　記

　　三十年前，我有幸經友人引薦進入國家圖書館善本地下書庫參觀，第一次感受到古書給人心靈的震撼，歷史長河的跨越，古聖先賢的思想，瞬間凝聚在汗牛充棟的書庫中，靜靜地流淌在紙張墨跡五彩斑斕的字裏行間，書香沁人，肅穆莊嚴。後來，又有幸調入國家圖書館善本部，當時叫北京圖書館，更有幸恰巧在郭沫若先生當年使用過的辦公室工作，那時叫善本部綫裝組，倏忽五載。老善本部有冀淑英先生、丁瑜先生、李致忠先生、薛英先生、徐自強先生等等，這些先生都是學有專攻的大家，是代表著一個時代的古籍善本專家，也是引導我走上這條路的老師們。20世紀80年代，在那個物欲尚未橫流到社會各個角落的年代，在那彩虹飛過的綠柳楊波湖岸，在那座庚子賠款建造的琉璃瓦古建築中，在燈光昏黄的地下地上善本書庫中，我遊弋著徜徉著消磨著青春的時光。後來，罹患蟎蟲過敏哮喘，終不能再從事這個我愛好的工作，被先生們戲稱"祖師爺不賞飯"，徒增歎息，改弦易轍。那五年，我的收穫就是，瞭解了古人寫書、做書、編書、藏書、用書的基本方式方法，歷覽了各種各樣的紙本文獻載體形態及書寫刻印裝幀模式，飽覽了明清以來大文人大藏家題跋校讎之五彩蠅頭墨跡，大開眼界，一睹之快，淺嘗輒止，止於皮毛。

　　90年代，我又有幸追隨戲曲理論大家張庚先生，投身《中國戲曲志》的編纂工作，十年一劍，雪抄風纂，大師引領，戮力前行。學習搜集資料，整理比勘，條分縷析，書寫編纂。終於知道了梁任公所言"史料之不具或不確則無復史之可言"這個道理。年屆不惑，使我養成了從實證出發，從基礎資料做起，從古人留下的文獻開始，或許能夠尋找出問題的根源，或許能有些許新的發現，或許能有否定之否定的驚喜。

　　世紀之初，我又終歸宿命，回歸文獻行當，廁身圖書館，轉眼年過知命，又再度從事我熟悉喜愛的文獻整理工作，古語云"人過三十不學藝"，我則五十後三生石上命運輪回，豈不樂天知命矣。想起當初師父們的戲言，竟做了讖語，樂乎天命復何求。

　　2012年，中國藝術研究院王文章院長力主調整重組，將分散在各個研究所的文獻整合起來，使我們有幸看到我院全部的紙本文獻資源全貌。當初編纂《中國善本古籍總目》時，文化部文學藝術研究院、戲曲研究院、音樂研究所、美術研究所四家藏書，集中一處，百川歸海，一覽無餘，幸甚幸甚。所以，我首先選中了齊如山百舍齋藏書，意欲將其整體編目，撰寫提要，敘述源流，略作考證，以使其與流失海外藏於美國哈佛燕京圖書館的齊如山藏書，合爲一道，書散目合，呈現學界，助力研究。在編纂這部《齊如山百舍齋藏善本知見録》時，我發現，齊氏收集了一部分清宮南府昇平署的檔案文獻，與故宮博物院、國家圖書館藏的同類文獻，以及近代諸位藏書家同類文獻，統和起來看，幾近全貌，真是一件幸事。我們終於找到了這樣一批能夠印證三百年中國戲曲發展歷史的唯一的一手資料。過去還沒有學者看到全部這批檔案文獻，祇能看到局部斷簡殘篇，今後，一定會有愈來愈多的學者，愈來愈全面地披覽這批檔案文獻，從而，從一個全新的角度審視清代及近代中國戲曲發展的歷史，我也願意爲此做出一點綿薄的貢獻，並不斷繼續整理，以期新的發現，以饗學人。

　　"江山代有才人出，各領風騷數百年"，趙甌北詩句是何等的氣概，孔子也說過"當仁不讓"，在歷史面前我們永遠是學生，在先生面前我們永遠是學生，我們所能做的祇是述而不作，力所能及，爲文化傳遞，爲先賢存續。

2013 年 7 月俞冰又記於北京惠新北里甲一號中國藝術研究院